# 四川省志

Sichuan Shengzhi

## 农业志

1986—2005

【第四十七卷】

四川省地方志编纂委员会 编

方志出版社
Publishing House of Local Records

**图书在版编目(CIP)数据**

四川省志．农业志:1986—2005／四川省地方志编纂委员会编．—北京:方志出版社，2020.9

ISBN 978-7-5144-4546-6

Ⅰ.①四… Ⅱ.①四… Ⅲ.①四川—地方志 ②农业史—四川—1986-2005 Ⅳ.①K297.1 ②F329.71

中国版本图书馆 CIP 数据核字(2020)第 195832 号

**四川省志·农业志(1986—2005)**

**编　　者**:四川省地方志编纂委员会
**责任编辑**:王　品

**出 版 者**:方志出版社
地址　北京市朝阳区潘家园东里 9 号(国家方志馆 4 层)
邮编　100021
网址　http://www.zgfzcb.cn
**发　　行**:方志出版社图书营销中心
电话(010)67110500
**经　　销**:各地新华书店
**印　　刷**:成都现代印务有限公司

**开　　本**:889mm×1194mm　1/16
**印　　张**:28.25
**字　　数**:731 千
**版　　次**:2020 年 9 月第 1 版　2020 年 9 月第 1 次印刷
**印　　数**:0001~2000 册

ISBN 978-7-5144-4546-6　定价:382.00 元

# 领导关怀 LINGDAOGUANHUAI

1990年3月，农业部部长何康（前排左二）在四川检查指导工作

2005年11月，农业部副部长张宝文（右一）在广安市武胜县检查指导农业科技下乡活动

1994年12月，中共四川省委书记谢世杰（前排左一）在广元市旺苍县检查指导农田基本建设

2003年9月28日，中共四川省委书记张学忠（中）宣布四川省首届花卉博览会开幕

1994年4月，中共四川省委副书记杨崇汇（前）在乐山市出席全省抛秧现场会并抛秧

1997年4月，四川省人民政府副省长张中伟（前排左三）检查指导旱育秧

## 农业工作 NONGYE GONGZUO

1987年10月，四川省农牧厅厅长刘昌杰（左一）在基层检查指导农业科技推广

1989年2月，四川省农牧厅厅长张中伟（右一）在全省农业局长会议上与市（地、州）农业局局长签订农业生产责任书

1998年12月，四川省农业厅厅长文正经（前排中）在全省农广校第八次工作会上讲话

2003年11月，四川省农业厅厅长于伟（右一）在全省花卉生产基地授牌仪式上向基地县授牌

2005年3月，四川省农业厅厅长滕彩元（左一）在绵阳市三台县检查指导小麦条锈病防治工作

## 科技服务 KEJI FUWU

2001年4月，四川省农业厅、南充市农业局在南充市仪陇县开展“农业科技入户”活动

2003年3月，省市县三级农业科技人员在广安市武胜县参加“农业科技下乡”活动

2004年12月，四川省农业科技入户工程在广安市武胜县举行

2004年12月，四川省农业厅组织农业专家下乡为农户提供科技咨询

# 基地建设 JIDI JIANSHE

广元市中低产田土改造——坡改梯（1989年摄于广元市旺苍县）

20世纪90年代，盆地丘陵旱区修建大量抗旱池，解决农田和牲畜用水（1998年摄于广元市苍溪县）

什邡市国家级杂交水稻制种基地（2001年摄于绵阳市什邡市）

# 名优农产品 MINGYOU NONGCHANPIN

1995年，雷波脐橙在全国农业博览会上获金奖（1995年摄于凉山州雷波县）

攀枝花芒果被誉为“热带水果之王”（1999年摄于攀枝花市）

盐源“三红”（红星、红冠、红元帅）苹果，飘香海内外（2000年摄于凉山州盐源县）

龙泉驿桃花、桃子（尤其是水蜜桃）成为成都市乃至四川省的一张名片（2001年摄于成都市龙泉驿区）

资阳市安岳县是全国唯一的柠檬商品生产基地县，安岳柠檬曾获得泰国国际博览会金奖、中国国际农产品博览会名牌产品、全国名特优农产品评比金奖、中华名果等殊荣（2004年摄于资阳市安岳县）

2005年，会理石榴获得中国西部农业博览会金奖（2004年摄于凉山州会理县）

# 乡村文旅 XIANGCUN WENLÜ

每年3月中旬，雪梨之乡苍溪县举办“梨花节”（2002年摄于广元市苍溪县）

成都市举办兰花博览会暨蔬菜花卉展销会（2002年摄于成都市）

# 四川省地方志编纂委员会成员

| | | | | |
|---|---|---|---|---|
| **主任委员** | 王　宁 | | | |
| **副主任委员** | 张为人 | 朱新华 | 蔡　竞 | 杜兰举 |
| | 马小彬 | | | |
| **委　　员** | 叶文培 | 李　酌 | 高　山 | 江红英 |
| | 宋晓云 | 张丽萍 | 李曙光 | 张澜涛 |
| | 吴　成 | 何晓平 | 王映松 | 杨　杉 |
| | 赵家栋 | 张　强 | 向华全 | 欧力生 |
| | 陈　智 | 罗亚夫 | 王孝平 | |

# 《四川省志（1986—2005）》
# 审核委员会成员

**主　　任**　王　宁

**副 主 任**　蔡　竞

**委　　员**　马小彬　冯宝运　何晓平　胡品生
王孝平　谭继和　陈世松　陈廷湘

## 《四川省志（1986—2005）》
## 总编、副总编

**总　　编**　陈建春

**副 总 编**　赵　行　邓　瑜　陶利辉　熊　倩
　　　　　　张兆法　高伟明　朱艳林　牛　淼

## 《四川省志·农业志（1986—2005）》
## 责任总编、责任编辑

**责任总编**　陶利辉

**责任编辑**　邓肖亭

# 《四川省志·农业志（1986—2005）》
# 编纂委员会成员

## 《四川省志·农业志（1986—2005）》初评审查小组成员

（2013年10月）

**组　长**　傅志康

**副组长**　陈协蓉

**成　员**　吴忠厚　杨祥禄　王金华　熊世成

# 《四川省志·农业志（1986—2005）》
## 编辑室


主　　编　傅志康

副 主 编　王金华

总　　纂　蹇继明

副 总 纂　王升华

# 《四川省志（1986—2005）》

## 凡　例

一、本书编纂工作以马克思列宁主义、毛泽东思想、邓小平理论、“三个代表”重要思想、科学发展观、习近平新时代中国特色社会主义思想为指导，坚持辩证唯物主义和历史唯物主义的立场、观点和方法，全面客观地记述四川省行政区域内自然、政治、经济、文化和社会的历史与现状。

二、本书系中华人民共和国成立后首部《四川省志》续编，总名《四川省志（1986—2005）》，由总类、大事纪述、专志、人物、市（州）概况、附录共92卷构成。各分卷名称为《四川省志·××志（1986—2005）》或《四川省志·××志》（后者为特色志志名），设中英文目录。

三、本书上限一般起自1986年，下限一般截至2005年。对前志未设之分卷或篇章从事物发端写起；对前志漏载、误载的某些事项进行补载、更正；对前志记载后变化不大的某些事项进行简要复载；升格详载具有地方特色的某些事项。

四、本书记述的地域范围以1986—2005年四川省行政区划为准。

五、本书采用述、记、志、传、图、表、录等体裁，以志为主。

六、本书总类卷设序言、凡例、总述、卷目等，为各卷之首，全书之纲。关于自然环境、建置沿革、经济与社会历史发展状况等基本省情在总述中作简要复载或反映。各专志（分卷）根据社会分工和学科分类的实际，按“以类相从”或“突出地方特色”的原则设立，以篇、章、节横分类别，节、目以下纵述史实，立足反映四川省行政区域某一事物（事业、行业）断限期内历史与现状的全貌。人物志卷采用传、录、表诸种表述形式，坚持“生不立传”原则，在世人物的突出事迹以事系人载入相关分卷。人物传统一收入人物志。本书大事记以编年体为主，辅以纪事本末体。为完整记述一些重要事物，保存有价值史料，有些分卷设置了专记。

七、本书使用规范的现代语体文记述，行文严谨、朴实、简洁、流畅。使用规范汉字，用词概念准确，符合现代汉语语法规范。使用的标点符号、数字、计量单位等均按国家规定的统一标准书写。

八、本书使用公元纪年，各卷正文（除引文外）采用第三人称表述；行文涉及机构、会议、文件、职衔、地名等，均按当时称谓；除涉及人名、地名、纪年和简称等项采用括注外，其余采用页下脚注。

九、本书资料来源于文献、档案、报刊、书摘、口碑及实地调查等，所用资料均经各修志部门考证、核实。各分卷数据一般采用省统计局公布的数据，省统计局缺乏的，采用有关部门正式提供的数据。

十、各分卷图片分为前置图片和随文插图，随文插图和表格均以篇为单位依次排序编号；所用地图均以省测绘局审定的为准。

十一、各分卷需要特别说明的事项，均在各分卷的编辑说明中注明。

# 《四川省志·农业志（1986—2005）》

# 编 辑 说 明

一、本志主体内容上限一般起于1986年，个别事项追溯其发端；下限止于2005年，个别事项略有下延。

二、本志记述的地域范围，1997年底以前包含今重庆市辖区。但部分专业数据、情况分析、年度走势等资料不包含今重庆市辖区，仅限于建置调整后的四川，文中均有注解。

三、本志为首轮《四川省志·农业志》续编，与前志构架基本相似。由于1986—2005年农村改革巨变，本志设“农业建设与发展”篇，主要记述断限期内的四川农业发展新貌。

四、本志慎用简称，行文涉及的机构、地名、会议、文件等，均按当时称谓。凡有简称的，均在本志首次出现时加以注解说明。

五、本志资料主要由四川省农业厅机关各处室和下属事业单位提供，总纂、编辑由四川省农业厅信息中心完成。

# 目 录

## 第五篇　农作物种子

## 第十篇　农业教育



## 第十一篇　农业管理

## 第十二篇　农业建设与发展

# Contents

## Part 5 Crop Seeds



## Part 6 Soil, Fertilzer and Environmental Protection

## Part 11 Agricultural Management

## Appendices

# 概 述

四川地处中国西南内陆，由西部高原和东部盆地组成，跨亚热带与亚寒带，全省面积48.5万平方公里，居全国第五位。2005年末总人口8750万人，居全国第三位，其中乡村人口6904万人。辖21个市（州）、181个县（市、区），耕地5859.1万亩，其中水田3121万亩、旱地2738.1万亩，耕地有效灌溉面积3743万亩，占63.9%，是全国13个粮食主产省区之一。

## 一

经过改革开放初期的发展，到1985年，全省农村基本实现温饱。1986—2005年，是从温饱向小康奋斗的20年，是计划经济向市场经济转变的关键20年。家庭联产承包责任制“井喷”式的政策效应发挥后，农产品特别是粮食由突破性增长转向稳定性增长。这期间，四川农业始终坚持两条主线：一是确保粮食稳定增长，二是促进农民持续增收。四川农业20年的发展，可分为两大阶段，1986—1999年为第一阶段，2000—2005年为第二阶段。

第一阶段以解决“吃饭”（发展粮食）为主，以“找钱”（增收）为辅，始终坚持“决不放松粮食生产，积极发展多种经营”的方针。1985年起，四川粮食生产连续4年在295亿公斤左右徘徊，解决人民吃饭问题成为头等大事。1989年2月，全省农业局长会议以“依靠科技进步，夺取农业丰收”为主题，明确提出“把全省农业科技人员动员起来，广泛开展技术服务、技术承包，尽快把各种实用增产技术普及到千家万户”；制定开展技术承包的“一保两挂”政策，即保证出差经费，与物质利益挂钩，与评定技术职称挂钩，做到技术、资金、物资三配套。当年全省（含重庆市）有21495名科技人员参与技术服务、技术承包，并取得显著效果，当年增产粮食20.5亿公斤。为实施“科教兴农”战略，开展六大作物育种攻关，加强“以县为中心、乡为纽带、村为基础、专群结合、上下相连、综合服务”的技术推广服务体系建设，多层次、多形式开展技术培训，较好地解决技术推广“有水无渠”和“有渠无水”的矛盾，大大加快科技成果转化与推广普及步伐。杂交良种、耕制改革、保温育苗、规范栽培、地膜覆盖、配方施肥、综防病虫、旱育秧八大实用增产技术在农业生产中得到广泛应用。技术服务、技术承包进一步发展为落实“五良配套”（良壤、良种、良法、良制、良灌），“五子兴科”（出点子、抓种子、教法子、做样子、探路子），“三育”（育土、育种、育人）促“三高”（高产、优质、高效）和搞好“六统一”服务（良种统供、病虫统防、统配、农田统耕、水电统管、技术统训）。这些措施为20世纪80年代、90年代四川农业持续稳定发展起到重要作用。粮食连年丰收，1993年四川省取消使用近40年的粮票，取消城市居民的定量供应，放开粮食价格。

20世纪90年代中后期，四川突出“稳粮增收减负担，真抓实干奔小康”的农业工作主题，大春生产坚持“稳定提高水稻，主攻旱粮生产，突出抓好玉米”的发展思路，坚持抗灾夺丰收的思想，在“早、新、改、防、实”上下功夫。早，即抓早争主动，早谋划、早部署、早准备、早培训、早播栽、早管理；新，即推广新品种、新技术、新农药、新肥料，尤其是在推广水稻旱育秧和抛秧、地膜玉米、杂糯间栽等新技术上取得显著成效；改，即进行耕作制度改革，高塝田、望天田、漏筛田坚定不移地改走旱路，旱地按照“好土必须种小春，种小春必须改制，改制必须带状，带状必须规范，规范必须利用”的要求，改革耕作制度，为大春玉米等作物争早创造时空条件，以达到避灾减灾、增粮增收的目的；防，即防治病虫害，对流行性、暴发性病害和迁飞性虫害，实行统防统治；实，即抓落实，确保各项技术落实到位。经多年努力，1999 年四川粮食总产量 366.85 亿公斤，达到历史最高水平，农民人均纯收入 1843.5 元。

第二阶段在确保粮食安全前提下，大力调整种植结构，突出抓好农民增收。1999 年，四川粮食产量达到历史最高水平后，农民收入增长缓慢的问题凸显。从 2000 年开始，四川结合国家实施西部大开发，进行农业和农村经济结构的战略性调整，提出进行战略性结构调整必须把握“一个前提、五条原则”。一个前提，即以粮食总产量稳定增长、全省人均占有量保持在 400 公斤以上为前提。这一时期的粮食过剩是阶段性、结构性、地区性过剩，也是低消费水平过剩。严防把粮食调垮收入却没有搞上去。四川的地理位置、自然条件、经济发展水平决定粮食必须立足于自给。五条原则：一是面向市场，讲求效益的原则；二是因地制宜，发挥优势的原则；三是调改结合，稳步推进的原则；四是依靠科技，提质降耗的原则；五是农民自愿，引导服务的原则。开始提出的结构调整方向是发展优质、高产、高效农业，后来进一步概括为发展优质、高产、高效、安全、生态农业。

战略性结构调整坚持 4 年后，到 2003 年，全省粮食播种面积下调到 9131.7 万亩，比 1999 年调减 1813.5 万亩，粮食总产量下降到 318.35 亿公斤，比 1999 年减少 48.5 亿公斤，全国特别是沿海地区又出现粮食供求趋紧，确保粮食安全重新提到重要议事日程。中共中央自 20 世纪 80 年代后于 2004 年再次发出关于农业农村工作的 1 号文件，明确提出扶持粮食主产区发展粮食生产。四川采取综合措施，保护和提高粮食生产能力，做到“一个保护、三个提高”，即严格保护耕地，提高粮食质量，提高粮食单产，提高粮食效益；组织实施“332 优质粮食产业工程”，加大对粮食主产区的扶持力度。即集中资金、集中项目、集中力量，抓好水稻、玉米、红薯等高产粮食作物和粮食生产大县，组织 30 个水稻生产大县实施“水稻高产优质工程”，组织 30 个玉米生产大县实施“玉米丰收工程”，组织 20 个红薯生产大县实施“红薯增产工程”。以丘陵产粮大县为重点，开展“三百工程”，即建立水稻、玉米、薯豆高产优质科技示范片各 100 万亩。到 2005 年，四川粮食总产量达 340.9 亿公斤，比 2003 年增产 22.55 亿公斤；农民人均纯收入 2802.8 元，比 2003 年增加 572.9 元，增长 25.7%。

## 二

实行家庭联产承包责任制后，农户成为相对独立的经营主体，成为税费负担的直接承担者。农民负担项目包括农业税收、村提留乡统筹和有关规费以及义务工和劳动积累工。按照规定，农民税外负担总数限定在上年农民人均纯收入的 3%额度内，最高不超过 5%，但随着基层政府职能扩展、机构膨胀以及财政体制变化等原因，各种收费、集资、罚款、摊派及达标升级活动频繁，农民负担呈加重趋势，其增长速度大大超过农民纯收入增长速度，农民人均承担税费由1990年的29.7元上升到1998年的104.8元。税费过重既挫伤农民生产积极性，又激化基层干群矛盾，严重影响农村经济发展和社会稳定。

进入21世纪，中共中央深刻认识国家经济社会发展的阶段特征，与时俱进作出“两个趋向”重要论断，确立“城乡统筹”发展方略，提出“重中之重”基本要求，制定“多予、少取、放活”和“工业反哺农业、城市支持农村”基本方针。新的理论体系催生一系列更直接、更有力的惠农政策。从2004年开始，四川从粮食风险基金中提取40%（共计5.22亿元）用于对种粮农民的直接补贴，2005年增加到6.52亿元。随后，国家和四川省出台一系列强农惠农政策，如出台实施“四取消”和“四补贴”政策，即取消农业税、屠宰税、牧业税、农业特产税和对种粮农民直接补贴、良种补贴、农机具购置补贴、农业生产资料综合补贴，对粮食主产县和财政困难县实行奖励补助的激励政策，对重点粮食品种实行最低收购价的调控政策，对农业农村基础设施建设的强化支持政策，对农村社会事业发展的促进政策，以测土配方施肥、农业政策性保险等为主要内容的直接惠农政策，减轻农民负担，增加农民收入，提高生产服务水平，切实保护和调动农民的积极性。2005年，四川省全面停征农业税及附加。这一系列具有里程碑和划时代意义的强农惠农政策的出台和落实，成为四川社会主义新农村建设的重要发展因素和强劲力量。

## 三

*农业综合生产力水平显著提高。*四川不仅以占全国4.8%的耕地满足占全国6.7%人口的食品需求，而且常年调出稻谷12.5亿公斤，调出杂交水稻种子0.5亿公斤，占全国省际调剂量的60%，调出食用植物油10万—15万吨、蔬菜120万吨、水果30万吨、猪肉80万吨、酒类30万—40万千升。2005年全省粮食总产量达3409万吨，比1985年增产456万吨，增长15.4%；农林牧渔总产值达2457.5亿元，增加2222.7亿元，增长8.5倍；农民人均纯收入2803元，增加2488元，增长6.9倍。

*农村产业结构调整不断优化。*经过20年的农业结构调整，特别是2000年开始的农业农村经济结构战略性调整，产业结构得以优化升级。一是农业内部结构趋于合理。2005年农业产值占农林牧渔业总产值比重为42.2%，比1985年降低26.4个百分点；种植业内部粮食作物与经济作物生产结构由1985年的81∶19调整为2005年的71∶29。二是品质结构得以优化。四大优质水稻、三大“双低”油菜、三大优质柑橘、三大名优茶叶优势区域基本形成；优质稻、“双低”油菜普及率分别达58.3%和72.3%，优质水果、名优茶叶、精细蔬菜的比重分别上升到42.0%、39.2%和36.0%；累计认证无公害农产品1985个，认定无公害农产品产地面积1345万亩；有126家企业的444个产品获得绿色食品标志使用权，36家企业的122个产品获得有机食品认证。三是特色效益农业得到发展。全省抓住西部大开发的战略机遇，大力发展特色效益农业，初步形成区域优势明显的特色农业产业。从产品看，四川是重要的南菜北运基地，西昌的苹果在全国最先上市（9月），攀西的芒果在全国最晚上市（10月），江安的夏橙在全国柑橘淡季上市（5月），安岳的柠檬、广元的橄榄、成都的水蜜桃和枇杷、川西的川芎和川贝等都是全国最大或唯一的生产基地。这些特色产品以物美价廉畅销国内外。

农业产业化经营初具规模。四川农业产业化经营的雏形起源于20世纪90年代初期，最早见于邛崃县的农工商联合经营体。20世纪80年代中期，广汉、新都等农村综合体改试点县积极探索，组建一批尝试将生产、加工、流通融为一体的农（牧）工商公司。同时，一些地方的专业户、专业生产基地得到发展，并开始出现专业市场、专业协会。进入20世纪90年代，省内各地陆续出现一批公司带农户、专业合作社和专业协会带农户等经营形式。90年代中后期，全省农业产业化经营开始加快步伐。特别是1997年，省委、省政府围绕抓农村产业结构调整和农民增收这一中心工作，把积极推进农业产业化经营作为一项重要措施，加大工作力度，取得一定成效，省内建成一大批农产品生产基地，出现一批一体化经营的龙头企业，初步形成市场牵龙头、龙头连基地，基地带农户的经营格局，农民群众从产业化经营中得到较大实惠。进入21世纪，四川农业产业化经营实现快速发展，呈现出规模较大、效益较好、带动能力较强的新态势。四川有规模以上龙头企业1726家。

## 四

随着经济社会快速发展和科技不断进步，农业功能不断拓展、效用不断延伸、内涵不断丰富。主要体现在以下几个方面。

食物保障功能。确保粮食自求平衡，是国家对四川省作为粮食主产省的基本要求。粮食产量稳定在350亿公斤左右，始终是农业最重要、最基本的任务。保障食物数量需求刚性增长、品种要求丰富多样、质量追求日益提高的农业功能越来越突出。

原料供给功能。随着农业产业化经营的深入推进，特别是生物质能源等新兴产业的兴起，农产品新的原料用途不断拓展，新的加工用途不断开发，优质化、标准化、专用化原料生产规模扩大，强化对工业的支撑作用。全省围绕龙头企业建立订单农业基地2200万亩、绿色食品原料基地780万亩。2005年，眉山市泡菜产业加工泡菜30万吨，全省泡菜产品“三分天下有其一”，发展蔬菜原料基地13.7万亩。

就业增收功能。全省61%的农村劳动力从事农牧业生产，农业仍是大多数农民的主业，也是重要的增收产业。开发多种资源，节约使用资源，发展循环经济，延伸产业链条，使农业的就业容量不断增大，增收门路不断向增产增收、节本增收、提质增收、加工增收等多渠道拓展。2005年，全省农民人均种植业纯收入979.5元，占农民人均纯收入的34.9%，当年种植业人均增收47.1元。

生态保护功能。农业作为自然再生产和经济再生产的统一体，既有利用自然、开发资源的一面，也有维护环境、涵养生态的一面。四川发展以沼气为纽带的农业循环经济，实施测土配方施肥项目推进耕地质量建设，实施乡村清洁工程等项目，对实现人与自然和谐相处、建设环境友好型社会发挥重要作用。

观光休闲功能。随着城镇化水平提高、生活质量改善和工作节奏加快，走近自然、亲近自然、享受自然的人越来越多。顺应新变化，以花为媒、以果为媒、以茶为媒的观光休闲业逐步兴起。2005年，成都市龙泉驿区水果面积达28万亩，水果产值占农业增加值的41%；农民人均果业收入1580元，占农民人均纯收入的31%。同时，以花果为媒，经营农业旅游的“农家乐”发展到1045家，每年接待游客350多万人，农民人均旅游收入380多元，占农民人均纯收入的7.4%，农业旅游已壮大成为一个产业。龙泉花果山风景名胜区已成为省级风景名胜区、全国十大桃花观赏景区之一。全国“农家乐”的发源地郫县农科村被誉为“鲜花盛开的村庄，没有围墙的公园”，成为全国农业旅游示范点。

文化传承功能。农业是记录延续农耕文明、传统文化最直观、最重要的载体，长期的农业生产实践创造了光辉灿烂的文明和博大精深的传统文化。四川现代中医药产业的发展就是传承文化精华的典型。雅安市名山县利用蒙顶山国家地理标志保护品牌，举办蒙顶山国际茶文化旅游节、清明节皇茶祭天祀祖、采茶节暨万人品茶等茶文化生态旅游活动，既促进茶业经济的发展，又传承悠久的茶文化。

## 五

由于长期实行城乡区域隔离政策，农业和农村面临的深层次矛盾集中表现在城乡二元分割的体制性障碍，突出问题是四川农业依然是国民经济最薄弱环节，农村依然是全面建设小康社会最大难点，农民依然是最需要关心和支持的社会群体，城乡失衡依然是最大的社会结构性矛盾。具体表现在以下几个方面。

基础设施建设滞后，四川农业基础设施建设的历史欠账较多，靠天吃饭的局面还没有改变。水：全省有水库6657座，其中大型仅5座、中型仅94座，且病害水库比例高达43%；旱山村、严重缺水村近1.5万个，占村总数的29.4%；有近四成耕地无灌溉保证，“望天”耕地达1464万亩。土：人均耕地仅0.67亩，占全国的48%；中低产田土面积占耕地的70.6%，比全国高5.6个百分点；耕地中，有50%少氮、58%缺磷、73%缺钾以及其他元素。路：26万公里农村公路中，等级公路仅占43%；8.8万公里县乡公路中，油（水泥）路仅占20%；17万公里村级道路中，达到公路技术标准的仅占17.6%；有2623个乡未通油（水泥）路，4180个村不通公路。电：10%的村未通电，15%的农户用电条件急需改善。农业抗灾减灾能力差，往往是“风调雨顺增点产，一遇灾害垮下来”的状况。

产业支撑体系较差，许多潜在特色优势还没有转化为现实优势。农业生产效益、农业劳动生产率、农产品优质率偏低，农业对农民增收的带动能力较弱，农业和农村经济增长方式粗放，尚未建立农民增收长效机制。区域产业趋同，商贸业、服务业发展滞后，乡村旅游刚起步，增收潜力尚未充分发挥。县域经济实力不强，城镇化水平仅为33%，小城镇产业聚集和对农村经济发展的辐射能力较差。与山东、河南等省相比，四川农业产业化经营还有很大差距。传统的城乡产业、农业与非农产业严重分离，农村产业素质低下，缺乏规模竞争力。第一产业增加值占国内生产总值的比重为20.1%，比全国高7.5个百分点，分别比山东、河南高9.5个和2.2个百分点。四川农业产业化水平仍处于初加工和粗加工阶段，农产品加工率仅为35%，比全国低10个百分点。发达国家农产品加工率达80%—90%，发达国家农产品加工产值与农产品产值之比一般在2.0∶1—3.7∶1，最高为4∶1，全国已达到1∶1，山东为1.8∶1，而四川仅为0.5∶1。与山东比较，四川的差距主要表现在企业规模、带动面、农产品加工率、出口创汇能力等方面。山东销售收入1亿元以上龙头企业达1050家，是四川的4.6倍；超10亿元的70家，是四川的5.4倍；超50亿元的4家，是四川的2倍。山东各类产业化组织带动农户1340万户，带动面达67%，比四川多313.6万户、高15个百分点。山东农产品加工率达65%，比四川高30个百分点；农产品出口达80.9亿美元，是四川的18倍。与河南比较，四川的差距集中体现在优势农产品精深加工、品牌建设等方面。河南提出要建设“中国的厨房”，其猪肉和面粉加工水平处于全国领先，双汇火腿肠、三全凌汤圆、思念水饺、莲花味精等品牌在国内外均有很大影响。

农民科学文化素质较低，农业科技成果转化应用不高。全省农村劳动力平均受教育年限仅为7.3年，小学及以下文化程度占39.74%，初中文化程度占50.26%，高中及以上文化程度仅占10%。“懂技术、会经营、善管理”的新型农民仅占农村劳动力的13.2%，劳动技能水平低，农村劳动力转移就业仍以体能为主。农业科技研发和创新能力不强，技术集成度不足，成果转化率低，实用农业技术普及程度不高。耕播收作业机械化水平仅有19.4%。产后研发薄弱，粮食产后损失率高达13%—18%，果蔬产后损失率高达20%。

## 六

20年的实践证明，农业发展的基本经验是：一靠政策，二靠科学，三靠投入。集中体现在以下几个方面。

解放思想是解放和发展农村生产力的前提。在推进农村改革的过程中，牢牢抓住解放和发展农村生产力这个根本，坚持市场化取向，冲破计划经济体制的束缚，不断推进、深化农村各项改革，逐步建立适应社会主义市场经济要求的农业政策框架和体制机制。

赋予和尊重农民经营自主权是农村建立市场经济体制的基础。坚持农村家庭联产承包责任制不动摇，坚持农村土地集体所有制，在尊重农民意愿的基础上鼓励进行土地流转，发展适度规模经营。

实现和维护农民的物质利益是加快农业农村经济发展的关键。20年间，特别是中共十六大以后，坚持加强和保护农业，加大农业投入，制定和完善一系列强农惠农的政策措施以及涉农法律法规，保护农民利益。

农业是国民经济基础、粮食是基础的基础。“国以民为本，民以食为天”“仓廪实而知礼节”“手中有粮，心中不慌”“农业有个折腾，三年、五年也扭转不过来”“无农不稳，无粮则乱”“粮食是特殊商品，是战略物资”。这些历史经验总结，都精辟地阐明农业特别是粮食在国民经济中的基础地位。稳定增加农业投入，加强农业基础设施建设，是农业和粮食持续增长的基本保障。

深化农业结构调整，发展优势特色效益农业是促进农民增收的永恒话题。以市场需求变化为导向，发挥区域比较优势，突出特色，深化农业结构调整，建设现代农业产业基地和产业带，增加农民收入，是一项长期的重要任务。

实施农业产业化经营是发展现代农业的现实途径。完善加工组织与农户的利益联结机制，以基地建设为载体，整体推进良种繁育、标准化生产、储藏保鲜、精深加工、品牌创建和市场营销，实行产业化经营，有利于实现农户小规模生产与国内外大市场的对接，能有效提高农产品的市场竞争力，是现代农业发展的必然选择。

农业科技的创新和推广普及是农业发展的关键支撑。四川农业每上一个台阶，都离不开科技进步。科学技术在农业上发挥作用的大小，很大程度上取决于教育、科研、推广的结合程度，取决于农业服务体系的建设力度。

农产品质量安全是关系民生的长远大事。“民以食为天，食以安为先”，农产品质量安全关系到人民群众身体健康和生命安全，关系到国家形象、社会稳定，也关系到中国农业的发展、农产品的国际竞争力。

统筹城乡发展是破解“三农”问题的治本之策。落实科学发展观，把农村改革放在经济社会发展的全局来谋划，统筹城乡发展，实行工业反哺农业、城市支持农村，打破城乡二元结构，使农民获得更多平等发展的机会，从而逐步解决“三农”问题。

# 第一篇　农业自然环境

自然环境是农业发展的前提条件，农业自然环境集中体现在农业资源、农业灾害和农业分区方面。1997年四川行政区划调整，重庆被设为直辖市。1998年，四川省总面积48.5万平方公里，占全国的5.1%，居第五位。其中平原占7.84%，丘陵占8.64%，高原占8.58%，水面占0.58%，农业资源条件、生产环境与1997年以前相比，亦发生相应变化。

# 第一章 农业资源

四川省地处中国西南腹地和长江上游。在重庆被设为直辖市前，四川省位于北纬26°3′—34°19′，东经97°21′—110°12′，东西长1200多公里，南北宽900多公里，东邻湖北、湖南，南接贵州、云南，西依西藏，北靠青海、甘肃、陕西，是连接西南、西北和华中三大区的天然纽带，自古就是“汉藏走廊”。全省总面积56.7万平方公里，占全国的5.9%，仅次于新疆、西藏、内蒙古和青海。

1997年重庆被设为直辖市后，四川省位于北纬26°3′—34°19′，东经97°21′—108°31′，东西长1075公里，南北宽921公里。全省总面积48.5万平方公里，占全国的5.1%，仍为中国第五大省。四川历史悠久、人杰地灵，自古以富饶的物产、秀美的山川著称，被誉为“天府之国”。

## 第一节 土地资源

### 一、地形地貌

重庆市直辖后，四川省的地貌类型、结构略有变化。重庆市直辖前，四川省地跨青藏高原、横断山脉、云贵高原、秦巴山地、四川盆地和湘鄂西山地六大地貌单元；重庆市直辖后，四川省地跨前五大地貌单元。境内地势由西北向东南倾斜，高原在西，盆地在东，山丘广布，地形崎岖，高差悬殊，河流纵横，切割强烈。四川省仍以龙门山—大凉山一线为界，东部为四川盆地及盆缘山地，西部为川西高山、高原及川西南山地，分为四大地形地貌区。一是盆地底部地区。四川盆地是中国四大盆地之一，海拔300—700米，周围被海拔1000—4000米的大巴山、米仓山、龙门山、邛崃山、大凉山、大娄山所环抱。盆地底部龙泉山以西为川西平原区，由成都平原、眉山—峨眉平原组成，其中成都平原面积6200平方公里，是全省第一大平原。龙泉山以东地区为盆地丘陵地貌区。二是盆地边缘地区。该区山地面积占总面积的93%，其中海拔1500—3000米的中低山地占山地面积的96%，北东缘有米仓山、大巴山，西北缘、西南缘有龙门山、邛崃山、大相岭，最高峰为西部岷山主峰雪宝顶，海拔5588米。三是川西南山地区。该区位于青藏高原东部横断山系中段，地貌类型为中山峡谷，海拔多在3000米左右，94%的面积为山地。主要山脉有小凉山、大凉山、小相岭、锦屏山。最高峰为石棉、九龙与康定三县交界处的无名山峰，海拔5793米。该区东部的大凉山山地为山原地貌，山原顶部海拔为3500—4000米，北部为大风顶，南部为黄茅埂。该区中部的安宁河谷为平原，面积约960平方公里，是全省第二大平原。四是川西北高原地区。该区为青藏高原东南缘和横断山脉的一部分，地面海拔4000—4500米，分为川西北高原和川西山地两部分。川西北高原地势由西向东倾斜，分为丘状高原和高平原。川西山地西北高、东南低。根据切割深浅可分为高山原和高山峡谷区。主要山脉在岷山、巴颜喀拉山、牟尼芒起山、大雪山、雀儿山、沙鲁里山。大雪山主峰贡嘎山海拔7556米，是四川第一高峰。

1997年行政区划调整前后四川省地貌结构变化情况表

表1-1　　单位：万平方公里

| 项　目 | | 总面积 | 平坝（平原） | 台地 | 丘陵 | 低山 | 中山 | 高山、极高山 | 高原 | 山原 | 冰雪覆盖地 | 水面 |
|---|---|---|---|---|---|---|---|---|---|---|---|---|
| 调整前 | 面　积 | 56.76 | 4.53 | 0.90 | 5.69 | 8.67 | 20.65 | 10.66 | 4.16 | 1.04 | 0.06 | 1.40 |
| | 占比（%） | 100 | 7.98 | 1.59 | 10.03 | 15.27 | 36.38 | 18.78 | 7.33 | 1.83 | 0.11 | 0.70 |
| 调整后 | 面　积 | 48.5 | 3.80 | 0.69 | 4.19 | 5.09 | 18.89 | 10.66 | 4.16 | 0.68 | 0.06 | 0.28 |
| | 占比（%） | 100 | 7.84 | 1.42 | 8.64 | 10.49 | 38.95 | 21.98 | 8.58 | 1.40 | 0.12 | 0.58 |

## 二、土地利用

重庆市直辖前，四川省土地面积8.55亿亩，1997年行政区划调整后四川省土地面积减少到7.28亿亩。土地利用仍以林牧为主，约占土地面积的70%，且集中在盆周山区和西部高山高原，1997年森林覆盖率17.5%；耕地集中分布在东部盆地和低山丘陵区，占全省耕地的85%以上，耕地后备资源严重不足，宜农荒地资源仅1350万亩，难利用地有7500万亩；园地集中分布在盆地丘陵和西南山地，占全省园地的70%以上。1999年开始实施退耕还林工程，推动农业结构战略性调整，到2005年林牧用地、园地比例提高，未利用土地及荒地比例大幅下降。

全省土壤类型丰富多样，根据第二次土壤普查，有25个土类、66个亚类、137个土属、380个土种，土类和亚类分别占全国总数的43.5%和32.6%。重庆市直辖后，四川省宜农土壤面积减少，宜林宜牧的高山土地面积基本未变，水稻土由6786.6万亩减少到5160.3万亩，减少24%；紫色土由6800万亩减少到3960万亩，减少63.8%；黄壤由4000.1万亩减少到683.6万亩，减少82.2%；暗棕壤、灰化棕色森林土、褐土、粗骨土、亚高山草甸土、高山草甸土没有变化。

1996—2005年四川省土地利用变化情况表

表1-2　　单位：万亩

| 项　目 | | 土　地总面积 | 耕地 | 园地 | 林地 | 牧草地 | 水域 | 交通用地 | 城乡居民点和工矿用地 | 未利用土地及荒地 |
|---|---|---|---|---|---|---|---|---|---|---|
| 1996年 | 面　积 | 85482.1 | 9348.2 | 568.5 | 28969.5 | 26901.0 | 2424.0 | 915.0 | 1848.6 | 14507.3 |
| | 占比（%） | 100 | 10.9 | 0.7 | 33.9 | 31.4 | 2.8 | 1.1 | 2.2 | 17.0 |
| 1997年 | 面　积 | 72750.1 | 6814.5 | 403.2 | 25372.5 | 25299.6 | 1890.0 | 658.8 | 1334.6 | 10976.9 |
| | 占比（%） | 100 | 9.4 | 0.5 | 34.9 | 34.8 | 2.6 | 0.9 | 1.8 | 15.1 |
| 2005年 | 面　积 | 72609.0 | 9556.4 | 961.1 | 28876.1 | 20633.6 | 1661.2 | 446.6 | 1942.0 | 8532.0 |
| | 占比（%） | 100 | 13.2 | 1.3 | 39.8 | 28.4 | 2.3 | 0.6 | 2.7 | 11.7 |

说明：1996年、1997年的面积为统计面积，2005年的面积为国土详查面积

## 三、耕　地

1997年重庆市直辖前，四川省耕地面积9247.7万亩，行政区划调整后四川耕地面积6814.5万亩，缩减2433.2万亩，减少26.3%，耕地中大体田土各半的格局未变，全省人均耕地面积由0.819亩增加到0.823亩。随着1999年退耕还林工程的实施，田的比例逐步提高，2005年全省田面积3121.05万亩，占耕地总面积的53.3%，比1998年提高2.5个百分点。2005年全省耕地面积5859万亩，比1985年减少1251.8万亩，年均减少62.64万亩，其中实施退耕还林任务重的2000—2003年分别减少162.9万亩、92.6万亩、336.8万亩、234.3万亩，人均耕地由0.959亩降到0.678亩，大大低于全国平均水平。

**1986—2005年四川省耕地变化情况表**

表1-3　　单位：万亩

| 年度 | 耕地面积 | 田 | 土 | 年度 | 耕地面积 | 田 | 土 |
|---|---|---|---|---|---|---|---|
| 1986 | 9512.1 | 4854.4 | 4657.7 | 1996 | 9247.8 | 4724.1 | 4523.7 |
| 1987 | 9488.4 | 4840.2 | 4648.2 | 1997 | 6779.9 | 3449.6 | 3330.3 |
| 1988 | 9472.2 | 4834.7 | 4637.5 | 1998 | 6742.4 | 3425.6 | 3316.8 |
| 1989 | 9460.8 | 4832.4 | 4628.4 | 1999 | 6682.1 | 3409.2 | 3272.9 |
| 1990 | 9448.4 | 4833.8 | 4614.6 | 2000 | 6519.2 | 3375.0 | 3144.2 |
| 1991 | 9421.2 | 4825.4 | 4595.7 | 2001 | 6426.6 | 3337.1 | 3089.5 |
| 1992 | 9383.3 | 4806.2 | 4577.1 | 2002 | 6089.9 | 3210.0 | 2879.9 |
| 1993 | 9348.0 | 4779.0 | 4569.0 | 2003 | 5855.6 | 3132.5 | 2723.1 |
| 1994 | 9321.6 | 4762.1 | 4559.5 | 2004 | 5856.6 | 3117.9 | 2738.7 |
| 1995 | 9284.4 | 4734.0 | 4550.4 | 2005 | 5859.0 | 3121.1 | 2737.9 |

说明：1986—1996年的数据含今重庆市辖区

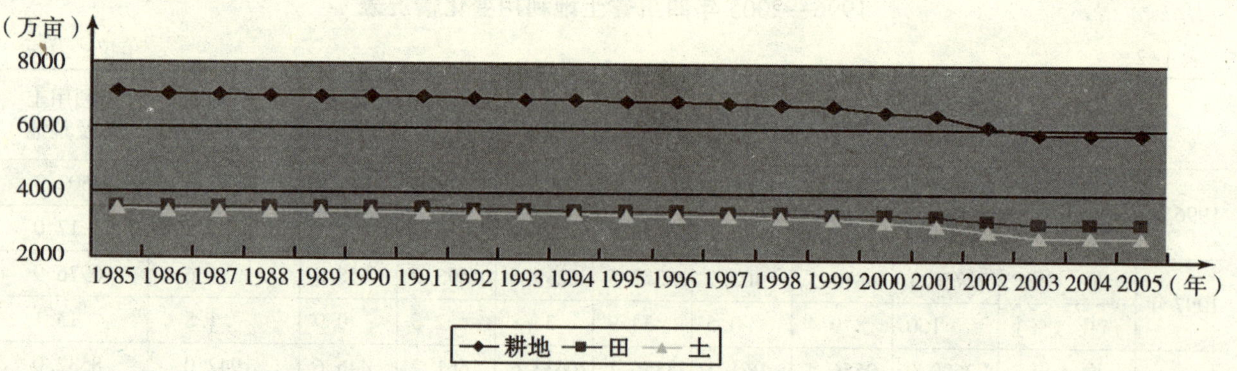


图1-1　1985—2005年四川省（1996年前不含重庆市）耕地变化情况示意图

## 第二节 人力资源

### 一、人口变化

1997 年重庆市直辖前，四川省总人口 11287.5 万人，行政区划调整后四川省总人口 8264.7 万人，缩减 3022.8 万人，减少 26.8%，农业人口占总人口的比例由 82.2%变为 82.7%，人口密度由 196.9 人/平方公里变为 168.3 人/平方公里，分出去的是人口密集区域。2005 年，全省总人口 8642.1 万人，比 1985 年增加 1222.8 万人，年均增加 61.1 万人，100 万以上人口大县 18 个；农业人口达到 6628.3 万人，比 1985 年增加 234.9 万人，占总人口的比例由 86.2%下降到 76.7%；乡村就业人员达到 3473.1 万人，比 1985 年增加 370.1 万人，乡村就业人员占全省就业人员的比例由 82.9%变为 73.9%。

### 二、人口分布

2005 年，全省人口密度 180.4 人/平方公里。东部盆地人口稠密，成都、内江、自贡、广安、遂宁 5 个市在 700 人/平方公里以上，最高的成都市 873.3 人/平方公里；西部高原和盆周山区人口稀少，阿坝、甘孜、凉山、雅安、攀枝花 5 个市（州）大大低于全省平均水平，最低的甘孜州仅 6 人/平方公里。

### 三、人口素质

从 20 世纪 80 年代开始，农民技术教育逐步兴起。到 90 年代初，县、乡、村三级农民技术教育培训体系形成，1996 年全省 85%的乡镇、60%的村建立农民文化技术学校。2005 年，全省有农民技术培训学校 12878 所，毕业人数达 306.1 万人。据四川省 2005 年 1%人口抽样调查数据公报，拥有大学及以上、高中和初中文化程度的人口比例分别为 3.4%、9.34%、33.14%。经测算，人均受教育年限为 7.3 年，比全国平均水平低 0.18 年。与 2000 年第五次全国人口普查相比，大学及以上、高中和初中文化程度的人口比例分别提高 0.93 个、1.75 个、3.8 个百分点，小学文化程度的人口比例下降 2.58 个百分点，文盲率由 9.87%下降到 8.31%。农村人口素质低于城市，据统计，2003 年全省 16 岁以上农村人口中，受过高中以上教育的占 5.1%。

1986—2005 年四川省人口变化情况表

表 1-4 单位：万人

| 年度 | 总人口 | 农业人口 | 乡村就业人员 | 年度 | 总人口 | 农业人口 | 乡村就业人员 |
|---|---|---|---|---|---|---|---|
| 1986 | 10319.5 | 8833.8 | 4418.0 | 1996 | 11238.2 | 9283.1 | 5152.7 |
| 1987 | 10458.3 | 8937.8 | 4551.3 | 1997 | 8215.4 | 6844.6 | 3538.0 |
| 1988 | 10589.7 | 9038.8 | 4681.6 | 1998 | 8315.7 | 6855.4 | 3573.5 |
| 1989 | 10700.3 | 9122.3 | 7800.3 | 1999 | 8358.6 | 6850.9 | 3567.0 |
| 1990 | 10813.4 | 9218.7 | 4890.8 | 2000 | 8407.5 | 6842.5 | 3564.5 |
| 1991 | 10886.8 | 9268.1 | 5329.6 | 2001 | 8436.6 | 6814.5 | 3556.2 |
| 1992 | 10942.9 | 9258.4 | 5389.5 | 2002 | 8474.5 | 6796.9 | 3542.0 |
| 1993 | 11002.4 | 9263.9 | 5173.0 | 2003 | 8529.4 | 6734.2 | 3516.6 |
| 1994 | 11084.2 | 9262.0 | 5159.2 | 2004 | 8595.3 | 6681.0 | 3481.8 |
| 1995 | 11162.9 | 9271.7 | 5177.7 | 2005 | 8642.1 | 6628.3 | — |

说明：1986—1996 年的数据含今重庆市辖区

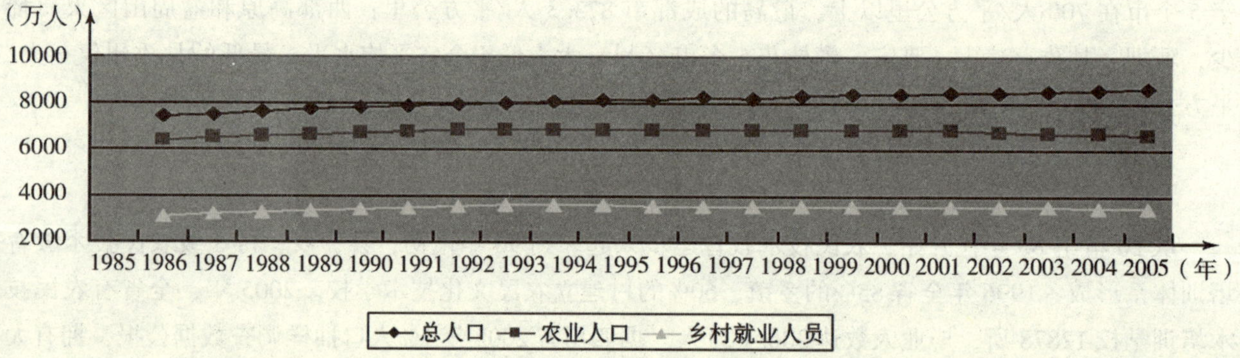


图 1-2 1985—2005 年四川省（1996 年前不含重庆市）人口变化示意图

## 第三节 气候资源

全省年平均气温 1.5℃—20.3℃，最高的攀枝花市为 20.3℃。全省降水量区域分布从东南向西北减少，全省年总降水量 315.7—1732.4 毫米，四川盆地多为 745—1732.4 毫米，是全省气温最高、降水量最多、日照最少的地区。四川省是全国日照最少的地区之一，四川盆地年日照时数为 782—1575 小时，日照最多的理塘县为 2692 小时，最少的宝兴县为 782 小时。四川省年太阳总辐射区域分布是高原山地多盆地少，全省年太阳总辐射量 3310—6373 兆焦耳/平方米，最多的攀枝花市为 6373 兆焦耳/平方米，最少的屏山县为 3310 兆焦耳/平方米。全省热量资源分布特点是四川盆地和川西南山地多，川西高山高原少。

四川省气候的区域性、过渡性和复杂性特征突出，季风气候明显，雨热同季；区域表现差异显著，东部冬暖、春早、夏热、秋雨、多云雾、少日照，西部寒冷、冬长、基本无夏、日照充足、降水集中、干雨季分明；气候垂直变化大，气候类型多，有利于农、林、牧业综合发展；气象灾害种类多，发生频率高、范围大，主要有干旱、暴雨、洪涝、风雹和低温。根据热量、光照和降水条件的差异，全省大致分为三大气候区。

### 一、四川盆地中亚热带湿润气候区

四川盆地及周围山地属中亚热带湿润气候区。该区温暖湿润，年均气温16℃—18℃，最冷月（1月）平均气温4℃—8℃，比同纬度的长江中下游高2℃—4℃，最热月（7月）平均气温24℃—28℃，≥10℃积温4000℃—6000℃，气温日较差小，年较差大，冬暖夏热，无霜期230—340天。盆地云量多，晴天少，全年日照时间较短，仅为1000—1400小时，比同纬度的长江下游地区少600—800小时，为全国最低值区。雨水充沛，年降水量1000—1400毫米，盆周西部山地高达1600毫米，为全省、全国著名的多雨区，80%的降水集中分布在5—10月。

### 二、川西南山地亚热带半湿润区

该区冬暖夏凉，四季不分明，干湿季节分明，垂直变化大。全年气温较高，年均气温12℃—20℃，最冷月（1月）平均气温4℃—12℃，最热月（7月）平均气温20℃—24℃，≥10℃积温3600℃—7500℃，无霜期220—330天。降水量较少，全年有7个月为旱季，年降水量900—1200毫米，90%的降水集中分布在5—10月。云量少，晴天多，日照时间长，年日照2000—2600小时，较盆地区多1000—1600小时。其河谷地区受焚风影响形成典型的干热河谷气候，山地形成显著的立体气候。

### 三、川西北高山高原高寒气候区

该区海拔高差大，气候立体变化明显，从河谷到山脊依次出现亚热带、暖温带、中温带、寒温带、亚寒带、寒带和永冻带。总体上看，以寒温带气候为主，河谷干暖，山地冷湿，冬寒夏凉，水热不足，光照丰富，年均气温4℃—12℃，年降水量500—900毫米，年日照1600—2600小时。

## 第四节 生物资源

四川省复杂多样的自然环境，孕育丰富的生物资源，保存许多珍稀、古老的动植物种类，是全国乃至世界极其宝贵的生物基因库之一。重庆市直辖后，四川省生物资源种类变化不大。

### 一、植物资源

四川省境内植物种类占全国总数的33%，有高等植物1万余种，其中蕨类植物730余种，仅次于云南，居全国第二位；裸子植物88种，居全国第一位；被子植物8450余种，居全国第二位。2005年，在全国389种珍稀濒危保护植物中，四川省分布有74种，其中国家保护植物一级3种、二级32种、三级39种，分别占全国总数的37.5%、20%和18%。

四川农作物种类繁多，粮食作物以水稻、小麦、玉米、薯类为主，豌豆、蚕豆、绿豆、芸豆、小豆、饭豆、爬山豆、荞麦、大麦、青稞、燕麦、高粱等名品杂粮均有分布。经济作物和经济林木中，温带、亚热带、部分热带种类均有分布，有柑橘、梨、苹果、桃、葡萄、荔枝、龙眼、芒果、石榴、猕猴桃、枇杷、李、梅、杏、樱桃、柿、香蕉等；蔬菜有14大类，105个种和变种，上千个品种，食用菌资源达40科、214属、1291种；油脂植物约300种，草本油料中油菜籽产量居全国前列，木本油料以油桐、油茶、核桃著称；茶叶有省级以上优良品种40多个，其中四川省地方良种20多个，名山131、福鼎大白、福选9号、蒙山11号、早白尖等是主推品种；糖料以甘蔗为主，烟叶以烤烟和晒烟为主，麻类中苎麻在全国有一定地位，花卉中绿化苗木、观赏花卉、工业用花卉、药用花卉品种齐全。

四川省名优特产有100多种，通江银耳、汉源花椒、名山蒙顶茶、苍溪雪梨和猕猴桃、龙泉水蜜桃、合江荔枝、泸州桂圆、雷波脐橙、安岳柠檬、会理石榴、南江金银花、渠县黄花，以及青川、平武、北川、通江的黑木耳，双流、龙泉、仁寿的枇杷，理县、茂县、汶川的甜樱桃，享誉全省，闻名全国。

## 二、动物资源

四川省蕴藏着极其丰富的野生动物资源，有34目122科466属959种，脊椎动物有1246种，占全国总数的45%以上，其中兽类217种、鸟类625种、爬行类63种、两栖类76种。四川省野生动物种类占全国的46.4%，仅次于云南，居全国第二位。属国家级重点保护的野生动物有146种，四川省重点保护的77种，大熊猫、金丝猴、牛羚、四川山鹧鸪、绿尾虹雉等闻名于世。

四川省各类畜禽应有尽有，家禽资源中鸡鸭广泛分布。成华猪、雅南猪、凉山猪（乌金猪）、内江猪、藏猪，麦洼牦牛、峨边花牛、三江黄牛、九龙牦牛，成都麻羊、金堂黑山羊、建昌黑山羊、古蔺马羊、藏山羊、藏羊，米易鸡、旧院黑鸡、四川山地乌骨鸡、彭县黄鸡、金阳丝毛鸡、藏鸡，四川麻鸭、建昌鸭，四川白鹅，四川白兔，均是四川省的畜禽遗传资源保护品种。

四川省有各种鱼类230种，其中，国家一级保护的3种，二级保护的7种，省级重点保护的45种，极具经济开发价值的达100种，常见的有草鱼、青鱼、鲢鱼、鲤鱼、鲫鱼等，名贵的有裂腹鱼（雅鱼）、鲟鱼、长吻鮠（江团）等。

## 三、中药资源

四川省被喻为“中药之库”，已查明的中药资源有5042种，其中药用植物4681种、药用动物327种、药用矿物34种，所产中药材占全国药材总产量的三分之一，是国家重要的中药现代化科技产业基地。四川省药用植物以虫草、贝母、大黄、羌活、黄连、天麻、附子、麦冬、川芎、白芍等品质优良，久负盛名，畅销中外。半夏、天南星、白薇、通脱木等药材产量居全国首位。杜仲、黄柏、厚朴等以质量优良而受到青睐。此外，民间利用的草药也很多，如过路黄（金钱草）、夏枯草、马兰（鱼秋串）、岩须、金疮小草（龙胆草）等。川西北地区开发小檗、乌头、马尿光、赛莨菪、紫绒蒿、绿绒蒿等药用植物，用于提取加工新药源。

## 四、蚕种资源

四川省家蚕种质资源库（四川省农业厅苏稽蚕种场）保存家蚕农家土种、生产用种、基因突变品种、特殊性状品种和近缘野生种等700多份，是国内外保存家蚕基因资源数量最多的基因资源库之一。其中，农家土种158个，包括全国20多个省份的农家土种；引进品种72个，包括欧洲、非洲、亚洲等地的农家土种和育成品种，大部分种在原产地已经绝种；基因突变品种436个，有突变基因400多个，包括家蚕全部28个连锁群的连锁检索系统和基因定位检测系统；特殊性状品种34个，有细纤维度、多产卵、幼虫高解舒、耐氟、抗病、抗高温、广食性、黑蛾、透翅蛾、专养雄蚕等品种或育种素材；家蚕非绢丝产品专用品种65个，包括家蚕生物反应器专用品种，各种家蚕卵、幼虫、蛹、蛾食品和保健等专用蚕品种，是世界上唯一保存有大量家蚕非绢丝产品专用蚕品种的基因资源库。

## 第五节　农水资源

在1997年重庆被设为直辖市前，四川省水资源总量4653亿立方米，行政区划调整后四川水资源总量约减少25%。全省大部分地区年降水量1000毫米左右，多年平均降水量为3489.75亿立方米。水资源以河川径流最为丰富，境内有大小河流近1400条，被誉为“千河之省”。

四川省水资源总量3489.7亿立方米，人均占有水资源量4038立方米，高于全国平均水平。其中，多年平均天然河川径流量2547.5亿立方米，占73%；上游入境水量942.2亿立方米，占27%。另外还有地下水资源量546.9亿立方米，年可开采量为115亿立方米；境内遍布湖泊冰川，有湖泊1000多个、冰川200余条及一定面积的沼泽，多分布在川西北和川西南，湖泊蓄水量约15亿立方米，冰川储水量约210亿立方米，沼泽含蓄水量约20亿立方米。四川省水系区域分为金沙江、岷江、嘉陵江、沱江、长江上游等区域。其中，岷江区、金沙江区水流量最大，分别占全省江河径流资源的32%和27%；其次是嘉陵江区，占17.4%；再次为长江干流，占16%。四川省河川径流量的季节分布不均，全年径流量大多集中在6—10月，东部盆地6—10月径流量占总量的60%—80%，川西南山地为70%—80%，川西北高原为80%以上。

2005年，全省总用水量212.30亿立方米。其中，生产用水188.83亿立方米，占用水总量的89.0%，一、二、三产业分别占67.4%、31.1%和1.5%；生活用水21.50亿立方米，占用水总量的10.1%；生态用水1.97亿立方米，占用水总量的0.9%。全省人均用水量246立方米，每万元GDP（当年价）用水量286立方米，农田实灌亩均用水量373立方米，每万元工业增加值（当年价）用水量（取用新水）231立方米。

# 第二章　农业灾害

四川农业面临诸多自然灾害的制约。一方面，受季风气候的影响，降水分布空间上的不均匀性，时间上的不平衡性和季节上的不稳定性，水旱灾害频繁，受灾面积最大；另一方面，人为的生态破坏与盲目发展，造成水土流失、生态系统脆弱、土地退化荒漠化、环境污染等。生态环境的破坏，生物多样性锐减，有益和有害生物的相对平衡被打破，一些灾害性流行性病虫灾害发生危害加重，大发生频率增加，生物灾害造成的农业损失越来越大。据不完全统计，一般年份因灾农作物受灾面积为4000万—6000万亩（次），成灾面积为2500万—3500万亩（次），绝收面积为200万—500万亩，影响粮食产量30亿公斤左右；因灾每年死亡人数约850人，死亡大牲畜近50万头。仅自然灾害造成直接经济损失每年为50亿—100亿元。

## 第一节　农业干旱

四川农业干旱中以春旱、夏旱、伏旱发生频率最高，部分地方是春、夏、伏旱交替发生。

### 一、常发区域与频率

春旱常现区（出现频率达30%以上的地区）位于岷江以东、嘉陵江以西、长江以北地区，其中心区（出现频率大于60%的地区）位于龙泉山东侧，其中以简阳、荣县、威远等地最为严重，出现频率在70%以上。夏旱常现区在春旱区基础上东扩北移，范围较春旱区小，但中心区则比春旱稍大；盆地西北夏旱特别突出，梓潼、绵阳、德阳等地频率达80%左右。伏旱常现区包括盆东、盆中部分地区，中心区位于南充以下的嘉陵江流域，频率70%左右，危害程度仅次于夏旱。省内秋旱不大明显，仅盆地西北部出现频率20%左右。冬干地区分布与春旱区相接近，出现在盆地西北及东北一角，出现频率40%，其余大部地区频率一般为20%。据统计，1986—2005年，四川每年均发生不同程度干旱，其中，发生春旱的有17年，较重的有7年；发生夏旱的有18年，较重的有8年；发生伏旱的有18年，较重的有9年。1988年、2004年和2005年干旱发生最轻，全省农作物受灾面积不足500万亩，1994年、2000年和2001年干旱发生最重，受灾面积超过4600万亩。

### 二、发生年代与损失

20世纪80年代后期是四川农业干旱相对轻发时期，唯1986年为春、夏、伏旱严重发生年。内江、乐山、自贡等市在3—5月中旬70—80天的时间内降水量较常年偏少5成以上；德阳、成都大部

5—7月初降水量较常年偏少3—7成；盆地中部和西部7—8月中旬降水量偏少7—9成。当年全省粮食作物受灾面积3021万亩，产量损失10.8亿公斤。

20世纪90年代干旱呈多发、重发趋势。1990年，盆地西部及盆中的部分县（市）夏旱持续30—50天。旱区降雨量较常年偏少6—9成，高温强光照，干旱强度大、时间长、范围广、危害特重，大面积农作物和经济林木受灾，红薯成片干死，晚秋作物多次补种未见成活，再生稻绝大部分不能发苗，损失粮食约10亿公斤。1991年广元、巴中等盆北地区发生暖冬，盆地西部及北部发生严重伏旱，乐山、雅安、绵阳、成都受旱损失较大；古蔺县旱期长达154天，为历史罕见。1993年5月上旬至6月下旬盆地有113个县（市、区）发生严重的夏旱，其中79个县（市、区）持续干旱50天以上；有92个县（市、区）总降水量不足30毫米，其中32个县（市、区）降水量水不足10毫米。干旱期间，旱区塘库干涸，溪河断流，工程蓄水锐减，农业用水困难。1994年盆地发生特大特重的夏旱和伏旱。盆地中部、西部、北部和南部有103个县（市）发生夏旱，干旱仅次于1969年，旱期一般为30—50天，最长的古蔺、长宁、南溪从4月上旬至6月中旬，持续67天。夏旱期间降水量较常年偏少5—9成。7—8月盆地103个县（市）发生伏旱，几乎遍及全盆区；中心旱区位于盆中的沱江、涪江、嘉陵江三江流域地区以及渠江流域以西地区，有73个县（市）属夏伏旱重发区。伏旱期30—50天，蓬溪伏旱持续时间最长达63天。7月未出现过区域性大—暴雨天气过程，盛夏至9月5日盆中60多个县（市）大雨过程甚少；与此同时，盆地从7月下旬后期连续高温强光照30天左右，日均气温多为30℃左右，极端最高温度≥35℃日数普遍在20天以上，沿长江河谷和盆中丘区多处出现42.9℃、40.0℃以上破纪录高温；强光照每天有8—10小时的日照达50天之多。全省有2500多万人、3000多万头牲畜饮水困难，死亡381人，死亡牲畜31万头，农作物受旱5997万亩，成灾4248万亩，绝收1179万亩，损失粮食产量近50亿公斤。全省因干旱造成直接经济损失94亿元。1997年伏旱发生较重，全省有83个县（市）出现伏旱或伏秋连旱，伏旱发生面积几乎遍及整个盆地，主旱区在北部、中部和东南部；旱期持续30天以上的有51个县（市），南部县长达74天。1998年全省有116个县（市）出现春旱，成灾县（市）84个；干旱持续30—39天的有40个县（市），40—60天的有53个县（市）。

21世纪初，2000年和2001年干旱发生较重，2002—2005年干旱发生时间相对较轻，损失不大。2000年发生严重夏旱，是继1969年、1994年之后发生的第三大夏旱年。夏旱开始早、持续时间长、范围大、程度重，有7个市最高气温超过30.0℃达10天以上，导致16个市的90个县发生严重夏旱，旱期长达44—52天。全省有2342万亩农作物受灾，成灾971万亩，绝收267万亩。夏旱造成的农业直接经济损失18.3亿元。2001年四川盆地相继出现冬干和严重的春旱、夏旱、伏旱，干旱灾害为中华人民共和国成立后最严重的一年。盆地中部和西北部部分地方出现冬、春、夏、伏“四连旱”。春旱开始早、范围大、时间长，气温明显偏高，出现严重春旱的有73个县，主要分布在盆地北部、中部和西南部部分地区的15个市，3月初就出现，旱期30—60天，其中金堂、南充旱期60天以上。初夏盆地有80个县（市）出现严重夏旱，主要分布在盆地西部、北部和中部的14个市及达州、泸州两市部分地方，其中绵阳、什邡最长达71天。盆地中部、西北部的部分地方出现春夏连旱。6月下旬到7月初，盆地有67个县（市）出现严重伏旱，主要分布在盆地东部、中部和西北部的12个市，旱期30—50天，其中阆中、仪陇最长达53天，旱期降水量大部偏少8—9成，严重地区偏少9成以上。

**1986—2005年四川省旱灾发生情况表**

表1-5　　单位：个、万亩

| 年度 | 春旱县数 | 夏旱县数 | 伏旱县数 | 受灾面积 | 成灾面积 |
|---|---|---|---|---|---|
| 1986 | 69 | 59 | 46 | 3021.0 | 1932.0 |
| 1987 | 116 | 71 | 0 | 2940.0 | 1611.0 |
| 1988 | 46 | 53 | 60 | 2788.5 | 1791.0 |
| 1989 | 5 | 17 | 31 | 696.0 | 358.5 |
| 1990 | 20 | 64 | 61 | 4171.5 | 2428.5 |
| 1991 | 49 | 67 | 81 | 1939.5 | 1014.0 |
| 1992 | 15 | 24 | 87 | 3744.0 | 2502.0 |
| 1993 | 12 | 113 | 0 | 3454.5 | 2205.0 |
| 1994 | 0 | 103 | 103 | 5997.0 | 4248.0 |
| 1995 | 81 | 86 | 63 | 2917.5 | 1671.0 |
| 1996 | 43 | 87 | 48 | 2614.5 | 1552.5 |
| 1997 | 26 | 69 | 83 | 2923.5 | 1762.5 |
| 1998 | 84 | 0 | 0 | 2124.0 | 1068.0 |
| 1999 | 100 | 84 | 53 | 1758.0 | 955.5 |
| 2000 | 31 | 90 | 34 | 4639.5 | 2790.0 |
| 2001 | 73 | 80 | 67 | 4881.0 | 3367.5 |
| 2002 | 51 | 35 | 79 | 1354.5 | 670.5 |
| 2003 | 71 | 76 | 43 | 1861.5 | 1437.0 |
| 2004 | 0 | 0 | 54 | 456.0 | 60.0 |
| 2005 | 17 | 41 | 23 | 475.5 | 235.5 |

说明：1986—1995年的数据含今重庆市辖区

## 第二节　暴雨洪涝

四川洪涝的出现与暴雨的时空分布基本一致。四川洪涝灾害年年有发生，一般发生在5—9月，以盛夏7月为最多。大范围洪涝主要出现在盆西、盆西北和盆东北地区，西部较东部多，山溪型洪灾多于江河型洪灾，出现比重约占74%。1985—2005年，洪涝灾害发生较重的有1989年、1990年、1991年、1993年、1995年、1998年、2001年，其余各年都有局部洪涝灾害发生，但发生程度一般，损失程度轻，其中1986年、1992年、1994年、1999年、2002年、2003年、2004年暴雨出现过程时间短，发生县数少，只有20—30个县发生。

1986—1989年，以1989年洪涝灾害最重，其余3年只有局部发生。1989年岷江流域发生洪涝。7月7日晚至11日中午，盆地从西向东，雅安、乐山、成都、达州等地发生历时5天的暴雨，主雨区在涪江、嘉陵江、渠江中下游地段。盆地最大暴雨区在武胜、岳池一带，华蓥市和武胜县出现500年和300年一遇的大暴雨；过程降水量超过300毫米的还有岳池、大竹、邻水等县。华蓥市双河站3日降水量413.3毫米，武胜站450.6毫米，大竹高滩站376毫米，邻水石渣滩站357毫米，超过历史上的大暴雨纪录。大渡河、青衣江、岷江、沱江、涪江、嘉陵江多条江河涨水，加之暴雨与洪水走向一致，主、干支流同时遭遇频繁袭击，导致迅速成灾和在一些江河险段形成复式洪峰，并诱发多起地质灾害。

1990年出现大到暴雨14次，其中12次在盆地西部，是典型西涝（东旱）年。乐山市6月下旬至7月中旬降暴雨5次，成都市8月13日至9月8日出现4次洪涝灾害。8月18日，乐山市沐川县9小时降水204.1毫米，其中2小时内降水量137.7毫米；8月28日岷江、沱江上游12小时内降水150毫米以上，其中郫县6小时降水量156毫米；9月1日峨眉山市降水量228.5毫米，其中1小时最大降水量达88.1毫米，市城区水淹深度1.5米。9月2日蒲江、邛崃等县（市）降大暴雨，长滩水库达231毫米，蒲江、邛崃测站雨量201毫米、173.7毫米。岷江、青衣江、大渡河从8月中旬至9月上旬水位一直维持在警戒水位以上，沿江堤防工程损失严重。全省大部分市（州）遭受洪涝灾害。农田受灾面积1500多万亩，成灾面积730万亩，损失粮食3.3亿公斤。洪灾造成13.6万间房屋倒塌，冲毁堤防456万公里，因灾死亡354人，死亡大牲畜4.13万余头。直接经济损失30亿元。

1991年涝旱交错发生，部分地方先旱后涝，涝后又旱，暴雨洪灾频繁，省内千条大小江河有一半以上两次或三次出现洪水泛滥。8月4—6日，万源、宣汉、南充、西充、蓬安、武胜等县（市）过程降水量一般在100—150毫米，最多达350毫米。盆西、盆西南发生“8·9”特大暴雨洪涝。乐山各县（市）和宜宾市大部24小时降水量在100—200毫米。重灾区宜宾市9个县1个市，因灾死亡54人，6000多人受伤，损失粮食产量2亿多公斤，造成直接经济损失9.12亿元。泸州市境内长江、沱江干流及赤水河、永宁河等支流洪水陡涨危害长达7天6夜；川云公路积水深达1米，12座桥梁被冲毁。泸州市70多条街道居民被洪水围困；因灾死亡7人，受伤258人；全市直接经济损失5亿多元。乐山市因灾死亡36人，受伤520人；损失粮食产量近1亿公斤；直接经济损失3亿多元。1995年8月9—14日暴雨区遍及全省大部，有54个县降了暴雨，绵竹县清平和天池最大降水量673毫米，什邡县红白降水量549毫米，北川县擂鼓降水量502毫米。高强度暴雨致使涪江及其支流通口河和安昌河、沱江及其支流湔江、绵远河和石亭江，以及岷江、青衣江等出现大洪水或特大洪水。盆西大面积受灾，乐山、成都、德阳、绵阳、雅安、内江等市受灾较重。全省农作物受灾面积1755万亩，成灾面积900万亩，绝收面积180万亩。洪水损坏房屋210多万间、倒塌房屋20多万间，中断铁路8条（次）、351小时，中断公路775条（次）。因灾死亡506人，直接经济损失70亿元。

1998年洪涝灾害仅次于1981年。全省先后出现18次暴雨过程，影响较大的区域性暴雨过程12次。年内21个市（州）有133个县（市）发生暴雨，其中日降水量100毫米以上的有68个县（市）。7月3—7日暴雨中心双流、温江两县过程降水量为327.9毫米、445.4毫米，24小时降水量为282.9毫米、356毫米，温江1小时最大降水量超过120毫米，超过记录极值。这10多次暴雨、特大暴雨，造成山洪暴发、河水猛涨。多数江河多次出现超警戒水位和保证水位的洪水，金沙江、大渡河、安宁河、岷江下游、嘉陵江、青衣江、涪江中下游江河长时间处于较高水位，对形成长江中下游的8次洪峰起到重要的垫底和造峰作用。整个汛期，全省有175个县（市）受灾，受灾县次达320个，农作物受灾面积2044万亩，成灾面积1176万亩，绝收面积253万亩，损失粮食产量16.28亿公斤。洪水进入21座县城、561个场镇，46.26万人一度被洪水围困；损坏房屋67.2万间，倒塌房屋23.7万间。因灾死亡488人，失踪33人，受伤2353人，死亡大牲畜49.91万头。洪灾造成的直接经济损失达92.6亿元。

2001年9月18—20日，盆地西部部分地方发生历史同期罕见大暴雨、特大暴雨。德阳城区19日的日降水量达282毫米，突破历史最大值，绵阳城区最大日降水量仅次于1961年6月26日的306毫米，19日6时12分至7时12分，1小时降水量高达90.8毫米，因降水强度大，导致绵阳、德阳两市城区出现中华人民共和国成立后最大内涝灾害，沱江流域出现自1981年以后最大一次洪峰，涪江流域出现较大洪峰。2005年7月7—9日，巴中、达州、广安、宜宾、自贡等市出现暴雨，宣汉县日最大降水量达178.3毫米。7月16—19日，自贡、绵阳、广元、德阳、宜宾、内江、攀枝花7个市大部及乐山、资阳、雅安、成都、遂宁、凉山6个市（州）的部分地方和万源市共51个县（市）出现暴雨，北川地区日最大降水量达179.66毫米。

### 1986—2005年四川省洪灾发生情况表

表1-6

| 年度 | 暴雨发生数（次） | 受灾县数（个） | 受灾面积（万亩） | 成灾面积（万亩） |
|---|---|---|---|---|
| 1986 | 7 | 84 | 664.5 | 322.5 |
| 1987 | 8 | 135 | 1645.5 | 934.5 |
| 1988 | 10 | 123 | 1224.0 | 628.5 |
| 1989 | 9 | 86 | 2085.0 | 1170.0 |
| 1990 | 10 | 41 | 1143.0 | 365.5 |
| 1991 | 10 | 40 | 1846.5 | 1072.5 |
| 1992 | 2 | 21 | 1143.0 | 621.0 |
| 1993 | 4 | 145 | 1855.5 | 1053.0 |
| 1994 | 8 | 183 | 586.1 | 361.5 |
| 1995 | 5 | 141 | 2044.5 | 1176.0 |
| 1996 | 11 | 175 | 844.5 | 477.0 |
| 1997 | 18 | 143 | 708.0 | 334.5 |
| 1998 | 8 | 22 | 2124.0 | 1228.5 |
| 1999 | 6 | 40 | 1224.0 | 679.5 |
| 2000 | 4 | 29 | 1234.5 | 633.0 |
| 2001 | 6 | 27 | 1402.5 | 885.0 |
| 2002 | 7 | 19 | 1392.0 | 897.0 |
| 2003 | 7 | 40 | 1413.0 | 1179.0 |

续表1-6

| 年度 | 暴雨发生数（次） | 受灾县数（个） | 受灾面积（万亩） | 成灾面积（万亩） |
|---|---|---|---|---|
| 2004 | 5 | — | 1051.5 | 1050.0 |
| 2005 | — | — | 1314.0 | 696.0 |

说明：1986—1995年的数据含今重庆市辖区

## 第三节　风　雹

### 一、大　风

四川大风灾害，高原多于盆地，大风强度高原也大于盆地。高原冬、春1—5月或2—6月大风次数约占全年的60%。盆地以盆北广元、剑阁为中心，盆东万源至宣汉，以及盆中简阳、乐至和威远至内江相对多大风，年平均大风日数一般不超过20天。

1989年4月19—21日，特大风暴横扫盆地大部，泸州市全境和自贡市大部受灾最重。19日0时至1时和20日0时15分至2时，10—12级大风夹着密集型冰雹和暴雨，最大风速40米/秒，降雹密度900多粒/平方米，大风路径从威远至合江赤水河畔全长125公里，风带宽2.5公里，大风过境房屋倒塌，人畜伤亡，草残树折，大片成熟待收的小春作物和大春秧苗荡然无存；城市公共设施严重破坏，水、电、气、通信一度中断，学校停课，工厂停产，商业停业。这次特大风雹灾害还波及宜宾、内江、广元、绵阳、遂宁、德阳、成都、南充、达州、乐山、雅安等一些地方，损失惨重。全省直接经济损失15亿多元，仅泸州、自贡两市即达13.7亿元。1993年“4·24”“4·30”风雹灾害是当年重要事件。4月24日19时至25日凌晨、4月30日23时至5月1日1时，全省大部两度遭受大风、冰雹袭击。风雹来势凶猛，在两三个小时内盆地东、西、南、北同时遭受袭击，风力一般6—7级，部分地方9—10级；风暴伴有骤雨，降水雨量一般30—50毫米，4月30日，全省大部分市的局部降水量在80—100毫米以上；风雨夹有冰雹，降雹持续5—10分钟。全省有100多个县（市）受灾，其中灾重县近80个，两次风雹灾害造成较重损失，直接经济损失约10亿元。2002年4月4日凌晨至23时，遂宁、广安、南充、达州、内江、资阳6个市大部，绵阳和巴中两市南部，泸州市北部及广元、宜宾、眉山等市的个别地方遭受大风冰雹袭击，25个县（市）降冰雹，35个县（市）出现17米/秒以上的阵性大风，仪陇、南部、苍溪、岳池、巴中、乐至、屏山等县（市）瞬间风力达20米/秒以上。2005年4月8日，全省有20个县（市）遭受7级以上大风，最大风速出现在兴文县，达26米/秒，乐山、宜宾、达州、广安、南充、雅安6个市部分地方还下了冰雹。全省有600万人口受灾，直接经济损失8.7亿元，其中受灾最重的乐山市、宜宾市分别损失3.5亿元和2.4亿元。

### 二、冰　雹

高原多冰雹，6月是冰雹发生最多的月份；春天的冰雹次数多于秋天，危害较大。盆地降雹多集中在3—5月。

冰雹灾害多局部发生，常和大风灾害相伴，大面积危害较其他灾害为轻，而局部受灾依然是常发性、造成损失较大的一种灾害。如 1991 年 3—8 月，风雹灾害多次发生，5 月 6 日 16 时 58 分至 18 时 30 分，红原遭受特大风雹骤然袭击，大风持续 1 小时 15 分钟，风速大于 17 米/秒；降雹持续 33 分钟，雹径 30—40 毫米；随后持续降大雪 24 小时。雹风雪同时发生，气温骤降，1 小时内降温 18.1℃，其中 10 分钟内降温 15.1℃。灾害致使 6000 多头牲畜死亡，直接经济损失 400 万元。同年 6 月 4 日午后至夜间，盆地自东向西发生一场大范围风雹天气过程，7 级以上大风遍及 50—60 个县（市）；广元市市中区冰雹密度 275 粒/平方米，砸死蛇、青蛙、鸟等不计其数。6 月风雹灾害因灾死亡 46 人，直接经济损失 3.36 亿元。1992 年风雹天气早于 2 月中旬即在一些地方发生，进入 4 月以后发生频繁，影响范围扩大。4 月 18—21 日的风雹天气过程，波及成都、乐山、遂宁、南充、达州、德阳、绵阳、泸州、宜宾、雅安等市部分县（市），损失粮食产量近 0.4 亿公斤、油菜籽产量近 0.1 亿公斤；造成大春秧苗严重不足；因灾死亡 14 人；直接经济损失约 2 亿元。同年 5 月全省大多数地区又一次或多次遭受风雹袭击，损失加重。

# 第三章 农业分区

四川的农业分区为五类，即：成都平原地区、攀西地区、民族地区、丘陵地区和盆周山区。

## 第一节 成都平原地区

成都平原地区，共有29个县，主要分布在成都市、德阳市、绵阳市、乐山市和眉山市5个市，包括北部的绵阳、江油、安县间的涪江冲积平原，中部的岷江、沱江冲积平原和南部的岷江、青衣江、大渡河冲积平原，是全省最大的平原区。

该区位于盆地西部，东抵龙泉山，西达龙门山和邛崃山，由岷江、沱江、涪江三江及其支流冲积洪积而成。北起江油，南至乐山；西缘除一小段与高山高原区相邻外，余皆与盆周山区接界；东顺宝成铁路经过的各县南下，再沿龙泉山西麓至乐山。该区具有得天独厚的自然条件，平原腹地海拔500米左右，都江堰市高达750米。区内年平均温度在16℃以上。冬季约3个月，夏季长达4个月，最冷的1月均温在4℃以上，最热的7月均温在25℃—28℃。年气温≥10℃的积温达5000℃以上。年降水量1000—1200毫米，夏季降水量占50%—60%，5—9月是雨季，降雨最多月份集中在7—8月。冬季多雾，冬暖突出，霜雪少见，无霜期在300天以上。全年日照时数1100—1400小时。

区内土层厚1—2米，表层土以下为黄黏土，再下为卵石层。土壤以灰潮土所占面积最大，多数因种水稻而演变成冲积性水稻土，熟化程度和土壤肥力较高。在一些低洼地方，地下水位高，水温低，排水不良，形成下湿田、冷浸田。平原南部眉山、夹江一带，有红黄壤阶地、再积阶地和紫色土丘陵交错分布，白鳝泥、死黄泥和下湿田较多。德阳、绵竹、广汉、新都一带，土壤质地极细，多形成泥性较重的黏壤质泥田和二泥田。江油一带平原，土壤肥力较高，适种范围广。

2005年，该区总人口为1564.4万人，占全省总人口的17.4%，其中农业人口857.5万人，占全省农业人口的12.3%。农业人口仅占总人口的54.8%，低于全省平均水平。区内耕地面积864.8万亩，占全省总耕地面积的14.7%，其中田710.5万亩，占全省田面积的22.7%，土154.3万亩，占全省土面积的5.6%。区内人均耕地仅有0.55亩，素有精耕细作的传统，2005年复种指数达231%，人均占有粮食304公斤。农作物总播种面积1999.6万亩，其中粮食作物面积1191.1万亩，亩产399公斤，总产475.2万吨。由于亩产水平较高，高出全省平均亩产49公斤，为5个区之最，以致由占全省12.2%的播种面积生产出占全省13.9%的粮食产量。区内主要粮食作物有水稻、小麦、玉米、红薯，分别占区内粮食产量的67.3%、21.8%、5.6%和3.5%；经济作物有油菜籽、甘蔗等，油菜籽亩产水平全省最高，达147公斤，甘蔗亩产仅次于攀西地区，达4068公斤，高于全省平均水平的

919公斤。药材在全省有一定的优势，种植面积22.0万亩，占全省总面积的15.9%。蔬菜产量610.3万吨，占全省总产量的20.4%。水果总产量81.5万吨，占全省总产量的15.1%，其中柑橘产量占一半多。茶叶产量1.2万吨，仅占全省总产量的10.4%。

21世纪初成都平原地区以生产附加值较高、技术含量高和适宜城市居民消费的精细农产品为主，如花卉、大棚蔬菜、水果、油菜等产品进一步集中，形成生产基地及专业性市场，逐步向现代农业、设施农业、观光农业和精品农业区迈进。

## 第二节　攀西地区

攀西地区，包括攀枝花市的全部、凉山州的大部和雅安市的小部及甘孜州的一角，共有24个县，主要是彝族聚居地。该区位于四川省西南部，东北邻盆周山区，西北与川西高山高原区接壤，其余区界与云南相邻，处于青藏高原、云贵高原和四川盆地边缘山区的过渡地带。

该区为山地地貌。大部地面海拔1000—3000米，地形复杂。北部坡陡谷深，中部有宽阔的谷地与盆地，东部主要是山区。耕地分布在海拔1300—2500米之间。气候具有冬季气温高，夏季不炎热，日照充足，垂直差异大和干湿季节分明的特点。河谷地段为干热河谷气候，境内年平均温度为11℃—21℃，1月均温2℃—12℃，7月均温19℃—24℃，≥10℃的积温为3600℃—7000℃，无霜期220—330天。全年日照时数多数地区为2000—2600小时，为全省日照最充足的地区之一。年降水量900—1200毫米，90%集中在6—10月，11月至次年5月的旱季长达半年以上。冬春虽干旱，但日照强，温度高，有效积温亦高，利于农作物及林木的生长。

该区土壤类型，海拔1600米以上的干热河谷地区主要为褐红壤、燥红壤及老冲积黄泥，大部有机质含量少，养分贫乏；海拔1600—2000米地带为山地红壤，表土有机质含量较高；海拔高度再依次上升，土壤类型依次为山地红棕壤（东部为山地黄棕壤）、高山暗棕壤和草甸土。

该区农业人口所占比重最小，复种指数不高。由于山地气候的垂直变化，决定农、林、牧立体农业的布局。农作物中水稻、甘蔗、烤烟及水果优势突出，林业、牧业有一定的基础。2005年总人口579.0万人，占全省总人口的6.4%，其中农业人口459.4万人，占全省农业人口的6.6%。耕地面积548.3万亩，其中田147.2万亩，占全省26.8%，土401.1万亩，占全省73.2%，土多田少。农作物总播种面积1086.1万亩，占全省总播面积的7.7%。复种指数为198.1%，低于全省平均水平。全年粮食面积756.2万亩，总产222.9万吨，亩产比全省低55公斤，人均占有粮食385公斤，比全省低9.5公斤。粮食作物主要有水稻、玉米、小麦等，分别占全省各类作物的31.3%、26.8%、13.7%；经济作物主要有甘蔗、烤烟，是全省最适宜种植地区。甘蔗面积11.8万亩，是除丘陵及盆周山区之外的第二大种植区，由于亩产居全省之最，高于全省平均亩产2212公斤，总产达65.4万吨，占全省总产量的49.1%；烤烟面积占全省的75.0%，亩产与全省基本持平，总产占全省的近75%，质量为全省之首。水果特别是苹果、梨和热带水果，在全省占有重要地位。苹果产量占全省的64.3%、梨占全省的21.4%、香蕉占全省的86.5%。此外，还产剑麻、核桃、油桐、油橄榄、花椒等，其中汉源花椒尤为驰名。

据不完全统计，该区还有药用、芳香油、油脂、淀粉、纤维、单宁等各类植物1500余种。药用植物有岩白菜、天麻、黄柏、茯苓、木香、牛膝等；芳香油植物以黄樟、山苍子、香茅草等分布较多；纤维植物中的山黄麻、瑞香、狼毒等均是制作纤维的上等原料。紫胶虫的寄主植物火绳树、山黄麻等集中分布在干热河谷。

## 第三节　民族地区

该区包括阿坝州全部、甘孜州大部和凉山州木里县，共有31个县，是藏族聚居地。东邻四川盆周山区和成都平原区，东南接川西南山区，西隔金沙江与西藏相望，北与青海、甘肃毗连。东南部为高山峡谷地貌，共18个县；西北部为高原地貌，共13个县。

东南部山高谷深，峰峦重叠，坡陡谷窄，山河相间纵列。山脊海拔一般在4000米以上，贡嘎山海拔7556米。农耕地主要分布在部分阶地，小片积土、浸蚀肩坡，自然条件差。西北部北面为宽广草原，海拔多在3500—4500米，地表呈丘状或平坦高原，起伏不大，岭谷差多在200—500米以下，是天然大牧场；南面河谷盆地以种植业为主。

区内气候复杂，寒冷多变，日照强烈，干旱少雨，具有明显的地域差异和垂直变化。东南部的高山峡谷区从东南到西北，从低海拔到高海拔的年均气温由12℃—15℃，降至0℃以下，≥10℃积温由3000℃以上降至300℃以下。无霜期从210—270天降到无绝对无霜期。大部地区年均气温6℃—14℃，1月均温-4℃—4℃，7月均温15℃—22℃，≥10℃积温1500℃—4100℃，≥10℃初终之间的日数为100—210天。年降水量500—900毫米。日照2000—2400小时，太阳辐射强烈；西北部的高原区，热量低，霜期长，生长季节短，均居全省之首。年均气温0℃—6℃，最冷的1月均温-2℃—-10℃，极端最低气温-20℃—-38℃，有“四川寒极”之称。最热的7月均温10℃—14℃，极端最高气温很少超过30℃，绝大部分地区无绝对无霜期。该区长冬无夏，春秋相连，全年可见霜雪。≥10℃积温多在1000℃以下。年降水量600—700毫米，是四川省最少的地区，且多集中在夏秋季。

土壤垂直变化复杂而明显，自下而上，其带谱为山地灰褐土—山地褐土—山地棕壤—山地暗棕壤—高山草甸土，以山地棕壤、山地暗棕壤分布面广，河谷有少量冲积土。全区水利设施很差。

该区有丰富的水力资源和光照资源。昼夜温差大，一般相差15℃—20℃，有利于植物生产和养分积累。小麦千粒重达50克，较四川盆地高5—8克；马铃薯重的在250克以上。发展甜菜、圆根等块根作物很有利。

该区有31个县，2005年总人口181.5万人，仅占全省总人口的2.1%，其中农业人口149.4万人，仅占全省总人口的2.2%。耕地面积237.0万亩，占全省总耕地的4.0%，其中田0.7万亩，占该区耕地的0.3%，土236.3万亩，占该区耕地的99.7%，土多田少明显。62.7%的耕地分布在高山峡谷的半山、半高山，37.3%的耕地分布在高原，且多零星分散，坡度大，土层薄，水土流失严重。人均耕地1.3亩，比全省高0.5亩。农作物总播种面积230.8万亩，仅占全省总播面的1.6%，复种指数仅为97%。全年粮食种植面积195.7万亩，亩产比全省平均亩产低158公斤，总产37.9万吨，仅占全省总产量的1.1%，人均占有粮食209公斤，比全省低281公斤。粮食作物主要有玉米、青稞、小麦，分别占全年粮食的32.4%、21.0%和7.0%，是全省唯一的青稞种植区。经济作物主要有油菜籽，油菜籽面积4.1万亩，亩产比全省平均亩产低29公斤，总产0.4万吨，占全省油菜总产量的0.3%。近年来作为成都的蔬菜基地，蔬菜生产发展较快，面积达16.0万亩，亩产比全省平均亩产高336.3公斤，总产33.1万吨，占全省蔬菜总产量的2.5%，水果特别是苹果和梨在全省有一定的优势，分别占全省苹果总产量的17.8%、梨总产量的3.8%。

该区野生药用植物有贝母、虫草、大黄、黄芪、羌活、甘松、雪莲花等，野生动物性药材有麝香、鹿茸和牛黄等。各类牲畜数量较多，主要有牦牛、犏牛、山羊、绵羊和马等。西北高原是四川牧业基地，也是全国五大牧区之一。

## 第四节　丘陵地区

四川丘陵地区有97个县，占全省总县数的53%，是5个区中县数多的区，也是粮食和经济作物的主要产区，种植业在全省占有重要地位。主要分布在成都、自贡、泸州、绵阳、遂宁、内江、资阳、乐山、宜宾、南充、达州、雅安、广元、巴中和广安。

盆地丘陵地区，大部地表平缓，地势起伏不大，海拔多在200—750米，并向东南倾斜。因盆地四周环山，热量不易散失，北方冷空气受阻不易入侵，故气温高于其他同纬度地区。最冷的1月平均气温4℃—8℃，较同纬度的上海、武汉约高2℃—4℃。全年平均温度为16℃—18℃，≥10℃积温5000℃—6000℃，盆地南部长江河谷及其支流下游河谷一带，年气温≥10℃积温6100℃以上，具有南亚热带气候属性。区内年降水量1000—1200毫米，50%—60%集中在夏季，冬季降水仅占年降水量的1%—5%，秋季则阴雨连绵。盆地多夜雨，夜雨率在60%以上，自古有“巴山夜雨”之说。

盆地丘陵区是全国湿度大、云雾多、日照少的地区之一，年平均相对湿度75%—85%，月际间变化不大。全年雾日25—50天，阴天日数在200天以上。无霜期280—350天。全年日照时数1100—1400小时，仅为可照射时数的25%—35%。西南边缘年日照时数更少，在1000小时以下。但由于光照、温度、雨量多集中在4—9月，为大春作物生长提供良好条件。区内河流密布，长江横贯境内南部，北侧有岷江、沱江、涪江、渠江等支流，南侧有赤水河等。年径流深度为300—600毫米。区内地下水资源地区间差异极大。盆地边缘储量较多，西南边缘的青衣江和岷江下游及盆地东部平行岭谷区的两侧，地下水亦较丰。除上述以外，其余地区均为地下水贫乏区。

丘陵地区大部为紫色土壤，磷、钾含量较丰富，保水、保肥性能良好，肥力较高。但在丘陵上部，一般坡度较大，水土流失严重，形成薄层紫色石骨子土；丘陵中部，坡度缓，土壤有一定厚度，形成中等肥力的紫色土或紫色土性的水稻土；丘陵下部和谷底为淤积较厚的冲积层，地下水位高，水源条件好，多发育成肥力较高的水稻土，但排水不良者，则成为烂泥田。平原边缘台地多为酸性黏重的黄泥田（土）。沱江、涪江沿岸除冲积土外，还有零星的姜石黄泥土分布。盆东平行岭谷区，低山为黄壤，山的下部垦殖熟化为黄泥田（土）。

1997年重庆市直辖前，四川盆地丘陵区除上述地区外，还包含重庆市的大部和涪陵、黔江的小部。全省丘陵地区土地面积12.1万平方公里，占全省总面积的21.5%，耕地面积5476万亩，占全省总耕地面积的56.6%。

## 第五节 盆周山区

盆周山区，降水量丰富，气候温和湿润，年降水量1000—1400毫米，为全省降水量最多地区。特别是盆地西缘山地，年降水量高达1300—2000毫米。年平均径流深度600—1000毫米，西缘高达900—1600毫米，为全省之冠。年均气温14℃—18℃，≥10℃的积温在4200℃以上。温度随山地海拔升高而降低，雨量随山地海拔升高而增加，但最大降水带在海拔1500—2000米地带。海拔高度600—1000米，年平均温度16℃—13℃，年降水量小于1300毫米；海拔高度1000—1500米，年平均温度13℃—10℃，年降水量1300—1400毫米；海拔高度1500—2000米，年平均温度10℃—7℃，年降水量1400—2000毫米；海拔高度2000米以上，年平均温度小于7℃，年降水量在2000毫米以下。年无霜期220—260天。

盆周山区相对湿度大于70%，云雾、降雨日较多，日照短，年仅900—1100小时，为全国著名的少日照地区之一。区内土壤呈垂直变化。基带土壤为黄壤，多见于海拔1300—1500米以下的石灰岩、砂岩、页岩形成的山地，适于种茶，是四川茶叶主产区。山地黄壤以上是山地黄棕壤，再上还有棕壤、暗棕壤、草甸土分布。

2005年区内总人口6665.1万人，占全省总人口的74.1%，其中农业人口5491.1万人，占全省农业人口的78.9%，是农业人口比例最高的区。区内耕地面积4216.0万亩，占全省总耕地面积的71.9%，人均耕地0.63亩，略低于全省平均水平，田土基本各半。农作物总播种面积10802.7万亩，占全省总播面的76.5%，复种指数达256%，高于全省平均水平。区内粮经作物种类繁多，粮食作物主要有水稻、玉米、小麦、红薯等，分别占全省各类作物的71.5%、83.3%、71.6%和92.5%，经济作物主要有棉花、油菜籽、甘蔗、烤烟、药材等，其中棉花、油菜籽产量和药材面积占有绝对优势，该区是棉花的唯一种植业，油菜籽产量占全省总产量的72.0%，但是亩产低于全省平均水平4.4公斤，药材面积达48.9万亩，占全省药材总面积的71.2%。蔬菜产量1574.8万吨，占全省蔬菜总产量的66.9%。水果特别是柑橘、龙眼、荔枝和茶叶在全省优势明显，柑橘园面积占全省柑橘园的84%，产量占全省总产量的85.2%，茶园面积占全省茶园的90.8%，产量占全省总产量的87.3%。

# 第二篇 粮 食

粮食生产是四川农业的重头戏。四川粮食生产主要分大春（秋收）、小春（夏收）两季，个别地方有晚秋。主要粮食作物有水稻、小麦、玉米、马铃薯、红薯和杂粮。

# 第一章　水　稻

米饭是四川人民的主食，稻谷是四川各地的主粮和酿酒的重要原料。水稻生产在四川粮食生产中具有举足轻重的地位和作用，民众关心，社会注目，政府重视。

## 第一节　生产概况

四川是以一季中稻为主的稻区，种植面积大，单产、总产水平高，在国内名列前茅。四川各地在水稻生产中，充分利用地形、幅员，以及较丰富的热量、充沛的雨量、有利的灌溉设施等自然条件，发挥生产潜力，狠抓水稻生产。在“十五”期间，水稻种植面积保持在3000万亩左右，约占全省粮食播栽面积的30%；总产量1500万吨左右，占全省粮食总产量的45%。四川省水稻种植面积占全国的7.1%，总产量占全国水稻产量的8.2%，均位居全国第五位。

1986—2005年四川水稻生产，走过一条不平坦的道路，跌宕起伏但波澜不惊，在曲折中前进，在波动中增长。总的形势可以概括为：种植面积减少，优质水稻剧增，高产模式推广，单产水平提高，产量稳中有增。

随着农业产业结构调整升级，大量农村剩余劳动力向非农地区转移，科技推广力度不足，粮食生产的比较效益和农民种粮积极性不高。加之抗御各种自然灾害的能力不强，低温寒潮、高温干旱、严重缺水时有发生，四川省水稻产量表现出“增长—徘徊—滑坡—攀登—调整—恢复”的不同生产阶段。

四川水稻生产的“曲折”经历以及反映出的问题，引起四川省政府的高度重视，紧紧围绕粮食生产的基础地位，调动农民种粮积极性，制定一系列发展粮食生产和农民增收减负的方针、政策。各级政府、农业主管部门加强队伍建设，组织各方面力量，规划目标，增添措施，保证经济建设和人民生活的需求，积极发展水稻生产。

## 1986—2005 年四川省水稻种植面积和产量情况表

表 2-1

| 年度 | 面积（万亩） | 亩产（公斤） | 总产（万吨） | 年度 | 面积（万亩） | 亩产（公斤） | 总产（万吨） |
|---|---|---|---|---|---|---|---|
| 1986 | 4668.1 | 429 | 2002.6 | 1996 | 4530.2 | 501 | 2269.6 |
| 1987 | 4547.2 | 435 | 1978.0 | 1997 | 3294.1 | 516 | 1699.8 |
| 1988 | 4608.8 | 443 | 2041.7 | 1998 | 3251.2 | 519 | 1685.7 |
| 1989 | 4670.0 | 457 | 2134.2 | 1999 | 3264.1 | 528 | 1723.4 |
| 1990 | 4685.7 | 480 | 2251.1 | 2000 | 3185.6 | 531 | 1691.6 |
| 1991 | 4666.0 | 480 | 2251.1 | 2001 | 3054.8 | 475 | 1451.0 |
| 1992 | 4677.9 | 477 | 2229.5 | 2002 | 3030.6 | 508 | 1540.0 |
| 1993 | 4566.3 | 453 | 2070.7 | 2003 | 2894.8 | 518 | 1498.2 |
| 1994 | 4470.2 | 458 | 2047.9 | 2004 | 2956.5 | 516 | 1525.4 |
| 1995 | 4505.0 | 490 | 2206.0 | 2005 | 2993.5 | 510 | 1526.7 |

说明：1986—1996 年的数据含今重庆市辖区

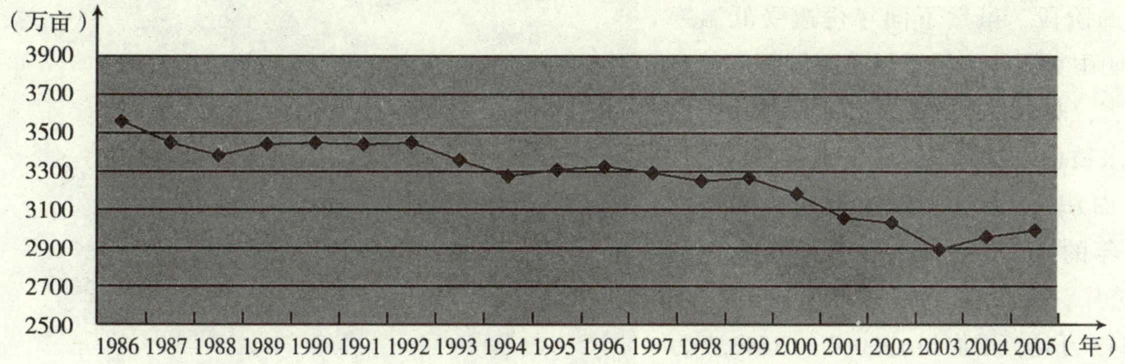


图 2-1 1986—2005 年四川省（不含重庆市）水稻种植面积示意图

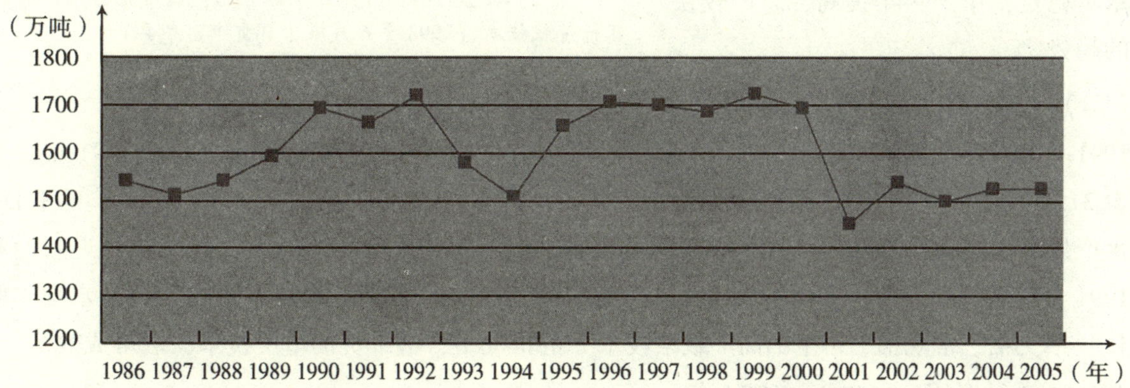


图 2-2 1986—2005 年四川省（不含重庆市）水稻总产量示意图

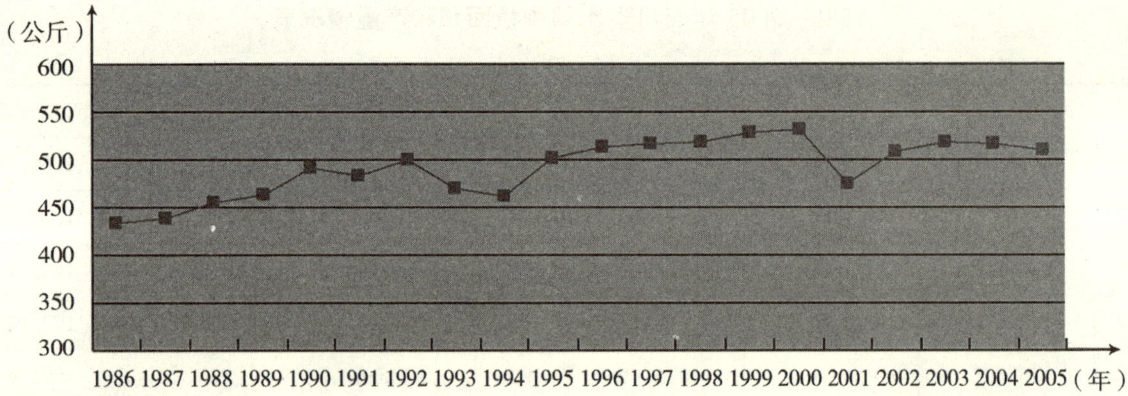


图 2-3　1986—2005 年四川省（不含重庆市）水稻亩产量示意图

## 一、发展历程

1986—2005 年，四川省水稻生产经历“增长—徘徊—滑坡—攀登—调整—恢复”的发展阶段，在波动中前进，在徘徊中上升。

（一）增长阶段（1986—1990 年）

1986—1990 年，是四川水稻生产增长丰收的阶段，虽然不同年份遭受低温寒潮、阴雨寡照、高温干旱等不同程度的自然灾害，对水稻生产带来较大影响，但这时期水稻总体保持增长。这 5 年四川水稻种植面积平均为 3455.4 万亩；亩产由 1986 年的 417.5 公斤，增加到 1990 年的 491 公斤，增长 17.6%；总产量由 1986 年的 1543 万吨，增加到 1990 年的 1693.9 万吨，增长 9.8%，1990 年全省水稻总产量占全省粮食总产量的 53.5%。总体表现为面积基本稳定，单产年年提高，总产较快增加的趋势。

图 2-4　20 世纪 80 年代中期开始，四川大力推广水稻宽窄行条栽技术（1998 年 6 月摄于自贡市富顺县）

（二）徘徊阶段（1991—1992 年）

1991—1992 年，四川水稻种植面积下降，1991 年比 1990 年减少 11.1 万亩，总产 1991 年比 1990 年减少 31.3 万吨，单产 1991 年比 1990 年减产 7.5 公斤。1992 年种植面积、单产、总产略有回升。水稻生产处于徘徊状态的原因，主要是春播与栽插时期严重缺水，无法插秧，同时造成迟栽面积加大，1991 年迟栽 360 万亩，占当年水稻总栽插面积的 10.5%。虽受干旱缺水影响，但在水稻丰收计划项目“杂交稻、常规稻、再生稻高产栽培技术”的推动下，继续贯彻增产技术，取得成效。

（三）滑坡阶段（1993—1994 年）

1993—1994 年，四川水稻生产处于滑坡的阶段。1993 年遭受严重干旱，缺水栽秧，水稻种植面积为 3355.3 万亩，比 1992 年减少 90.6 万亩；生长期受旱，亩产 470.5 公斤，比 1992 年降低 29.0

公斤；总产 1578.7 万吨，比 1992 年减少 142.5 万吨。1994 年水稻栽插面积继续下降，比 1993 年减少 80.1 万亩，单产再次下降，比 1993 年降低 9.5 公斤，为 461.0 公斤，总产下降 68.8 万吨。

这一时期四川水稻生产，面积、单产、总产均处于全面下降阶段。在东北、华北、江浙试验成果的基础上，开始在四川成功推广“旱地育秧”新技术。同时，进行优质杂交稻新品种的应用。在“优质杂交稻的高产栽培技术”项目的推动下，取得抗灾减灾成效。

（四）攀登阶段（1995—1999 年）

1995—1999 年，是四川水稻生产攀登时期。其中，1995—1996 年年均种植面积 3315.8 万亩，基本稳定；单产上升，平均亩产 507.3 公斤，较 1994 年提高 46.3 公斤；年均总产量 1682.1 万吨，较 1994 年增加 172.2 万吨。1997—1999 年年均种植面积 3269.8 万亩，年度波动小；平均单产 520.8 公斤，较 1995—1996 年平均提高 13.5 公斤；年均总产 1703 万吨，较 1995—1996 年平均增加 20.9 万吨。

图 2-5 20 世纪 90 年代旱育秧技术逐步取代水田育秧（1997 年 3 月摄于宜宾市江安县）

这一时期水稻生产，连续几年开展“百千万”科技服务活动，重点贯彻实施杂交稻高产配套技术，促进科技进步。到 1999 年杂交良种推广面积占水稻种植面积的 92.2%，增温育秧推广占水稻种植面积的 93.8%，其中水稻旱地育秧 1324 万亩，占水稻种植面积的 46.6%，抛秧 264.5 万亩。

（五）调整阶段（2000—2003 年）

2000—2003 年，是四川农业发展的新时期。根据中央和省政府有关方针政策，全面开展农村产业结构调整，在种植业生产方面，调整粮经比例，调减粮食面积，扩大蔬菜、水果、花卉、茶叶等经济作物面积，以提高产值，增加农民收入。水稻生产上，以发展优质稻为重点，规划优质稻种植区域，建立优质稻生产基地，选择适宜的品种，合理施用肥料和无公害农药，发展绿色食品生产企业，推进农业产业化经营。

这一时期，四川水稻种植面积由 3185.6 万亩减少至 2894 万亩，亩产由 531 公斤减至 518 公斤，总产由 1691.6 万吨减至 1498.2 万吨。2003 年“国标三级”优质稻种植面积 1550 万亩，占水稻种植面积的 53.2%，增温育秧占水稻种植面积的 94.8%，旱地育秧推广面积 1613.8 万亩、抛秧 480 万亩。

（六）恢复阶段（2004—2005 年）

2004—2005 年，四川年均水稻种植面积 2975 万亩，平均单产 513.0 公斤，年均总产量 1526.1 万吨。这两年“国标三级”优质稻种植面积分别为 1870 万亩和 1930 万亩，占水稻种植面积的 63.3%、64.5%；增温育秧移栽面积分别为 95.7%、95.2%；水稻旱育秧面积分别为 1833.5 万亩、1782.3 万亩，分别占种植面积的 62.1%、59.6%；抛秧面积分别为 538.7 万亩和 719.0 万亩。

恢复性增长时期水稻生产的启示：①面积是基础。2005 年与 2003 年相比，水稻面积增加而增产的稻谷，占水稻增产总量的70%。②涨价是内因。粮价上涨，扭转多年农民种粮亏本的不利局面。③政策是关键。为了保障粮食安全，国家及时制定各项优惠政策，实行“两减免、三补贴”，调动农民的生产积极性。④科技是先导。实施“三百工程”，大力推广先进适用技术，增产效果显著。⑤产业化是方向。施行“订单农业”，建立生产基地，创建优质稻米品牌，优质优价，增加产值，提高效益。

## 二、技术推广

1986年以后，四川逐步建立以农业技术推广机构为主，农业科研单位、有关院校及群众性组织、农民技术员相结合的比较完善的农业技术推广体系，主要承担水稻新品种、新技术的引进、筛选、试验、示范和推广。实施“科教兴农”战略，以国家和四川省的各种项目为载体，推广水稻生产先进技术。如1985年开始实施国家“三高”农业工程，1989年在全国实施的“科技兴农”，2001年开始实施的四川水稻生产“三百工程”，2005年国家和四川开始实施的“农业科技入户工程”，2005年国家和四川实施的“测土配方施肥行动”等。2005年，为了大幅度提高水稻产量，提升水稻综合生产能力、保障国家粮食安全，农业部在四川等省开始实施以“超级稻品种与超高产栽培技术”为核心的“超级稻示范推广”项目。项目带动农业技术推广模式的创新，各地相继出现“专家大院”“农技110”“支部+协会”“科技特派员”“专家+协会”等多种技术推广新模式。

这些项目的实施及技术推广模式的革新，促进四川农业技术推广队伍的建设和创新，从而提高四川水稻生产水平。

## 三、栽培改进

1986年以后，四川杂交水稻面积不断扩大，1985年杂交水稻种植面积占四川水稻面积的59.5%，到20世纪90年代初达到90%以上，实现杂交化。随着品种的更新换代，生产技术也有大的改革与创新，促进杂交水稻的迅速发展。

20世纪80年代中期，四川省农科院等提出杂交水稻“两段秧、宽窄行、巧晒田、综防治”的高产稳产栽培模式，于90年代在生产上大面积推广应用，促进杂交水稻的生产应用和产量提高。

四川农业大学、四川省农业科学院等经过长期研究，形成杂交中稻蓄留再生稻生产技术，并于1986年开始在川东南地区大面积推广，到1989年再生稻种植面积达675.6万亩（含重庆市），为四川水稻增产作出重要贡献。

西南农业大学提出水稻半旱式少免耕栽培技术，于1985年开始在四川推广应用，为改善冬水田不良土壤环境，提高杂交稻产量提供有效途径，并在生产中发展为以水稻免耕垄作为主体的种稻与养殖水生生物相结合的冬水田综合利用模式。

20世纪90年代初，四川省农科院引进并改良，提出水稻“三早”（早播、早发、早熟）、“三省”（省力、省水、省秧田）、“两高”（高产、高效）的水稻旱育秧技术，并逐步实现大、中、小苗配套，成为1995年以后在四川推广的“八大技术”之一。

四川农业大学、绵阳农业专科学校等，研究提出以“壮秧、稀植、增施穗粒肥”为核心的重穗型杂交稻稀植优化生产技术，于20世纪90年代中后期在生产上大面积推广应用。

20世纪90年代中后期，四川省农业厅利用杂交水稻和糯稻的株高、生育期差异，充分利用水、肥、温、光资源，在杂交稻基本不减产的前提下增收糯稻并可控放稻瘟病的“杂糯间栽”技术在四川水稻生产上得到广泛应用。

20世纪90年代末期，四川省农业科学院等研究提出“水稻高产优质无公害生产技术”，推动四川水稻优质、无公害生产的发展。2000年，四川农业大学、四川省农业科学院、四川省农业技术推广中心及四川科农种业有限公司等引进国外水稻强化栽培技术理念，研究提出具有“嫩秧早栽、稀植壮株、湿润强根、控苗壮秆、足肥高产”特点、增产增收效果显著的水稻超高产强化栽培技术体系，为四川水稻超高产栽培开辟新的技术途径。

## 四、品种改良

四川省政府历来注重和支持水稻育种工作，“六五”计划起，四川省政府设立“六大作物育种攻关”，推进四川省水稻科技进步和育种工作的全面快速发展。1985—2005年，全省有234个杂交稻品种通过四川省品种审定委员会审定，满足全省及国内部分地区各个时期水稻生产的需求。

### （一）优质、高产、抗病杂交稻品种选育

1985年以后，四川育成的一系列高产、优质、抗病水稻新品种在四川及南方稻区广泛应用，取得较大社会经济效益。其中冈优22、冈优725等品种获得国家农作物新品种重大补助。川香优1号、汕优多系1号、菲优多系1号、D优527、绵5优527等品种获得国家农业科技跨越计划的资助。四川农业大学水稻研究所、内江市农科所、四川省农科院水稻高粱所、宜宾市农科所分别建立国家水稻原原种繁殖基地。

### （二）育种方法

四川自主创造冈·D型不育系以后，1985年前后培育出G46A、CDR22和蜀恢162等高产高配合力不育系和恢复系，1985年以后利用生态育种技术选育出光敏不育系材料612S，研制出利用隐性核不育性进行水稻轮回育种新方法，创制水稻雄性不育K型质源，水稻核质互作雄性不育恢复基因的分子标记辅助育种等。在此期间，杂交水稻优质育种材料的创新研究也取得突破性进展，育成一大批优质材料。

### （三）种质资源

扩大遗传背景，加大地方稻种资源的收集力度和国外稻种资源的引进力度，不断扩大水稻遗传基础，并对种质资源进行不断创新和改造，形成一批育种中间材料以及利用现代生物技术进行辅助育种。

# 第二节 生态分布

## 一、生态条件

四川雨量充沛，年降水量一般在1000毫米以上，东部盆地为全国、全省多雨区，年降水量1000—1400毫米，雅安高达1700毫米以上；川西南高地，年降水量900—1200毫米。降水量的季节分布：冬季占全年降水量的比例一般不足5%，最少仅1%—2%；夏季降水量所占比例，多数地区

50%—60%，最高为60%—75%，正是水稻生长需水最多的时期。

四川热量资源比较丰富，东部盆地年均气温在16℃以上，部分地区适宜种植双季稻和再生稻；川西南高地冬暖夏凉，四季不分明，垂直变化大，年均气温12℃—20℃。盆地内常年积温为5500℃—7500℃，适合于水稻生长的热量资源比较优越。

四川为全国寡日照地区之一，东部盆地年日照时数1000—1600小时，为全国最低值区；川西南高地日照充足，年日照时数2200—2700小时。盆地内4—8月一季中稻生长期日照时数一般为600—800小时，占全年日照时数的60%以上。

但是，四川水稻生产也存在许多不利气候因素，主要包括：在5—10月发生的暴雨洪涝，常年发生在秋季的连绵阴雨，在春季频繁发生的寒潮侵袭和低温阴雨，在7—8月的高温伏旱，还有发生频率高达30%—80%的春旱、夏旱等季节性干旱，以及寡日照、高湿度、小温差的气候特点和大风、冰雹、雷电等灾害性天气，严重影响四川水稻的高产和稳产。

## 二、水稻分布

四川水稻的分布，从北纬26°1′的攀枝花到32°52′的青川、广元一带，东经97°26′—110°12′的广阔地带均有水稻种植。海拔分布在100—2400米，高低差异大，立体气候特点突出。但四川水稻主要分布在盆地的平坝和丘陵地区，海拔高度在200—800米，其常年水稻面积约占全省总面积的85%，其余则分布在盆周边缘地区和川西南河谷地带。盆西地区地势平坦，河渠密布，灌溉便利，稻田占耕地面积的90%以上；盆南地区丘陵起伏，主要靠水库、塘堰灌溉，也是四川冬水田分布最多的地区，稻田约占耕地面积的70%。

四川水稻分布区域广，稻作环境差异较大，省区划办等部门根据四川稻作环境、地形地貌、行政区划、土壤、耕作制度和栽培品种等，将四川划分为6个稻作区域。

### （一）盆西平原稻区

该区田多土少，两季田比重大，常年水稻面积750万亩。该区稻田大部分是灰色水稻土和灰棕色水稻土，其次为红、黄壤水稻土，姜色黄泥和紫色土，土层深厚，土质肥沃，保水、保温、保肥能力强，适宜种植水稻。该区水资源丰富，年降水量1000毫米以上，雨量多集中在夏季，秋多绵雨；热量条件较好，但春季气温回升较晚且不稳定；云雾多，日照少，地下水位较高，空气湿度大。以一季中稻为主。

### （二）盆中浅丘稻区

该区地处四川盆地腹心地带，以浅丘、馒头山为主，海拔400—700米，相对高差20—100米，常年水稻面积800万亩，约占耕地面积的40%，冬水田面积约占水稻面积的40%，两季田面积约占60%，前作主要为小麦、油菜。该区土壤主要是紫色水稻土，土壤肥力中等。年降水量近1000毫米，夏季雨水多，在春末夏初常有干旱，影响水稻栽插，为四川老旱区；热量比较充足，秋季降温较慢。该区适宜种植一季中稻。

### （三）盆南丘陵稻区

该区常年水稻面积700万亩，约占耕地面积的70%，多分布在海拔350—600米地带，冬水田面积较大，约占稻田面积的70%。该区稻田土壤主要为灰暗紫泥和棕紫泥发育而成的水稻土，水、热稳定性好，但冷浸田、烂泥田面积较大；热量资源丰富，春温回升早，秋温下降慢；降水量较多，年降水量约1200毫米，但季节分布不均，常有高温伏旱。以一年一熟的中稻为主，部分一年两熟，是四川再生稻和双季稻的主要分布区域。

（四）盆东丘陵稻区

该区水稻面积较少，常年水稻面积270万亩，约占耕地面积的70%，冬水田约占水稻面积的50%。该区气候温和，热量丰富，热量资源仅次于盆南，冬暖春早，但春季气温极不稳定；降水量较为丰富，年降水量1000—1200毫米，春雨早，初夏和伏前降水多。光、热、水资源能满足水稻生长需求，沿江河谷低海拔地区适宜蓄留再生稻，但7月下旬至8月上旬常有高温伏旱发生，对中稻开花结实不利。稻田以一季中稻为主，部分为水旱轮作田。

（五）盆周边缘稻区

该区位于四川盆地周围，范围广，零星分散，土多田少，常年水稻面积350万亩，约占耕地面积的40%。该区稻田立体分布范围大，分布在海拔600米以上的稻田面积约占60%，在海拔400米以下的约占12%，在海拔1000米以上的约占10%。河谷地带稻田土壤以冲积水稻土为主，肥力较高，高山地带以棕紫泥水稻土为主，土质瘠薄，坡耕地比重大，水土流失严重，低产田多，是四川水稻亩产最低的地区。气候垂直分布明显、地形差异大，气候变化剧烈，年均温变异大，降水量较大，日照少，秋季多连绵阴雨。稻田一年一熟、一年两熟均有，中、高山地带水稻品种以中熟、早熟为主。

图2-6 凉山州冬水田（2000年摄于凉山州雷波县）

（六）川西南山地稻区

该区位于四川西南部，地势高低差异悬殊，立体气候明显，海拔最低的河谷地带在500米左右，大部分稻田分布在海拔1500—2500米的地区。该区地广人稀，田少土多，大部分为冬炕田土，常年水稻面积130万亩。该区气候干热，热量资源丰富，垂直变异显著，昼夜温差大，日照充足，日照时数为四川最高地区，降水量较多，集中在6—10月，雨热同季，干湿季节分明。根据地势、地貌和气候特点，可以分为河谷地带、盆地地带和山地冷凉地带。

2005年，四川21个市（州）、181个县（市、区）中，产稻县（市、区）有152个。6个稻区中，水稻面积最大、总产量最高的均是盆中浅丘稻区，面积和总产量分别达830.2万亩和421.4万吨。单产以盆南丘陵稻区为最高，达553.4公斤/亩（含再生稻产量），一季中稻产量最高的是盆中浅丘稻区，平均亩产为517.1公斤。

## 2005年四川省水稻分布情况表

表 2-2

| 稻　区 | 县（市、区） | 面积（万亩） | | 2005年亩产（公斤） | 2005年总产（万吨） |
|---|---|---|---|---|---|
| | | 常年 | 2005年 | | |
| 盆西平原稻区（37个县） | 成都市锦江区、金牛区、青羊区、武侯区、成华区、高新区、龙泉驿区、青白江区、温江区、新都区、郫县、彭州市、都江堰市、崇州市、大邑县、邛崃县、蒲江县、新津县、双流县，德阳市旌阳区、绵竹县、什邡市、罗江县、广汉市，乐山市市中区、沙湾区、五通桥区、夹江县，眉山市东坡区、彭山县、青神县、丹棱县，绵阳市涪城区、游仙区、安县、江油市，名山县 | 750 | 738.4 | 490.5 | 364.1 |
| 盆中浅丘稻区（31个县） | 金堂县，中江县，内江市市中区、东兴区，资中县，资阳市雁江区、简阳市、乐至县，威远县，安岳县，仁寿县、梓潼县，遂宁市船山区、安居区、蓬溪县、射洪县、大英县、盐亭县、三台县，南充市顺庆区、嘉陵区、高坪区、南部县、营山县、蓬安县、仪陇县、西充县、阆中县，华蓥市，巴中市巴州区、平昌县 | 800 | 830.2 | 517.1 | 421.4 |
| 盆南丘陵稻区（23个县） | 自贡市自流井区、贡井区、大安区、盐滩区、荣县、富顺县，泸州市江阳区、纳溪县、龙马潭区、泸县、合江县、隆昌县，宜宾市翠屏区、宜宾县、南溪县、江安县、长宁县、高县，犍为县、井研县，岳池县、广安市广安区、武胜县 | 700 | 683.3 | 553.4 | 378.4 |
| 盆东丘陵稻区（7个县） | 通川区、达县、宣汉县、开江县、大竹县、渠县，邻水县 | 270 | 270.7 | 508.4 | 138.1 |
| 盆周边缘稻区（29个县） | 筠连县、兴文县、珙县、屏山县、叙永县、古蔺县、洪雅县、峨眉山市、马边县、乐山市金口河区，广元市市中区、元坝区、朝天区、旺苍县、青川县、剑阁县、苍溪县、平武县、北川县、万源市、通江县、南江县、雅安市雨城区、荥经、天全县、芦山县、宝兴县、沐川县、峨边县 | 350 | 338.7 | 472.7 | 159 |
| 川西南山地稻区（25个县） | 攀枝花市东区、西区、仁和区、米易县、盐边县、石棉县、汉源县、泸定县、西昌市、德昌县、会理县、会东县、木里、宁南、盐源、昭觉、美姑、雷波、甘洛县、越西县、喜德县、普格县、布拖县、金阳县、冕宁县 | 130 | 132.2 | 509.1 | 65.3 |
| 合计 | 152 | 3000 | 2993.5 | 510 | 1526.3 |

## 第三节 技术革新

1986—2005年是四川水稻生产技术飞速发展时期，相对于1986年以前，可谓是“种植品种层出不穷，栽培技术迅猛发展”，在四川水稻生产史上，留下光辉的篇章。

### 一、育种与推广

#### （一）育种技术

1985年以后，四川水稻育种转向三系杂交水稻品种选育。四川农业大学周开达院士等，选用西非晚籼稻品种与矮特南号杂交，分别育成冈型A和D型A不育系，并实现“三系”配套，开创四川“三系”杂交稻育种的新局面。随后，四川水稻品种间杂种优势利用蓬勃发展，相继培育出一大批不育系和恢复系。如不育系泸南A、矮科早A、非改A、D汕A、D297A、二汕A、K19A、D62A、川香29A、宜香1A等；恢复系辐恢06、蜀恢162、多系1号、宜恢1577、江恢364、内恢94-11等。

由于亚种间杂交杂种优势更强，培育的组合产量潜力更高。四川在20世纪80年代后期，周开达院士等开始亚种间杂种优势利用的实践，1990年代初培育出第一个亚种间重穗型杂交稻组合Ⅱ优6078，以后在四川培育出更多的亚种间重穗型杂交稻优良组合投入生产，其中Ⅱ优162、Ⅱ优7号、Ⅱ优602、D优527、K优2527和D优202等先后被农业部认定为超级稻。

图2-7 四川农业大学周开达院士（左）在实验田观察作物长势（1999年8月摄于雅安地区名山县）

在培育高产杂交稻组合的同时，优质杂交水稻的选育也取得较大成绩。1995年以后，四川相继育成米质指标达部颁一级米标准的优质不育系，如：K4226A，泸香90A、D62A，D香1A，蜀光612S，川137A，川香28A，内香1A、CA，宜香1A，绵香1A等；优质恢复系香恢4号、内香灰1号、泸恢926、成灰047、蜀恢168等。组配出大批优质稻组合应用于生产。

四川早在20世纪70年代即开始生物技术育种的探索，四川农业大学90年代初培育的蜀恢162广亲和恢复系，组配出中早熟杂交稻D优162和重穗型组合Ⅱ优162等，在四川水稻生产上大面积应用。1995年以后，四川相继利用分子标记技术辅助聚合优良基因，获得的抗白叶枯病、抗稻瘟病的杂交稻已进入中试。

#### （二）新品种推广

从1985年开始，杂交稻汕优63逐步取代抗性已丧失的汕优2号，与此同时，四川农业大学育成的杂交稻D优63，面积逐年扩大，成为国内栽培面积最大的3个主要杂交稻品种之一，并与汕优63共同成为此期四川水稻主栽品种。

20世纪90年代以后，随着四川杂交水稻育种的快速发展，育成的品种数量大幅度增加，在四川形成多组合集团当家的局面，在不同地区、不同种植制度下选用不同的杂交组合，该阶段推广应用的杂交稻组合主要有D优63、汕优63、汕优多系1号、汕优22、K优1号、协优63、菲优63、D优10号、Ⅱ优63、冈优12、K优3号、Ⅱ优501等。

1995年以后，随着丰产潜力更大、更加适合四川及西南地区生态条件的重穗型杂交稻选育实践的深入，重穗型杂交稻新品种在四川水稻生产上逐渐占主导地位。在四川选育和生产应用的杂交稻组合中，重穗型杂交稻逐渐占到50%以上，该阶段推广应用的杂交稻组合主要有Ⅱ优162、冈优22、冈优501、K优5号、辐优838、冈优725、Ⅱ优7号、冈优881、冈优1577、D优527、冈优527、Ⅱ优725、金优527、B优827、协优527、宜香1577、川香9838、内香1号等。

## 二、种植与耕作

### （一）稻田种植制度

四川人多地少，种植精细。稻田种植，常年除川东南及盆地丘陵地区还有约700万亩冬水田外，多为两熟或三熟种植。盆地稻田的主体种植制度是麦—稻和油—稻水旱轮作制，在部分平原地区和城市郊区还有菜—稻或油—稻—菜种植制度。但是，由于劳动力和经济效益等原因，在川东南热量条件较好的地区，双季稻面积从1985年的89.8万亩降低到2005年的不足1万亩，再生稻面积从1986年的79万亩，到2000年以后发展、稳定在300万亩左右。此外，2000年以后，四川还发展一些新的稻田种植制度，如菜—稻—菜、薯（马铃薯）—稻—薯、油—薯—稻等一年三熟。

### （二）稻田耕作制度

四川水稻田传统的耕作方式是翻耕。冬水田，一般在水稻收获后及时翻耕埋茬，蓄水过冬，翌年再犁耙一次，即可插秧；两季田，一般小春收获后由于季节紧，及时灌水、犁耙、施肥一次，抓紧时间插秧。

20世纪80年代中后期，少免耕技术开始在四川稻作生产上得到广泛应用。西南农业大学教授侯光炯等人经多年系统研究，创立水稻半旱式垄作少免耕栽培技术体系，并于1985年开始在四川冬水田地区推广应用，成为改善不良土壤环境，综合开发冷、深、阴、烂、锈田，提高水稻产量的重要措施。

20世纪80年代初，成都平原稻区开始实践稻田少免耕，随着技术的不断改进，至80年代中后期开始在四川水稻生产上大面积推广应用，形式主要包括免耕撬窝移栽、板田旋耕移栽、板田免耕或旋耕抛秧、两季田固定厢沟双免耕插秧技术等。到2005年，四川水稻年免耕栽培技术面积达950万亩，占四川稻田面积的三分之一。

水稻前茬麦（油）秸秆，长期被农民作为燃料，随着农村经济的发展和煤、电、气的广泛应用，秸秆一般就地焚烧，既浪费资源又污染环境。20世纪80年代中后期，四川开始研究秸秆还田技术，主要技术要点是在田间挖沟掩埋还田，以后逐步发展成更加省力、省工的秸秆行间覆盖还田、秸秆扎碎均匀抛撒田面还田、秸秆扎碎旋耕移栽或抛秧、前茬留高桩还田等。

## 三、育秧变革

四川稻田种植制度多样，必须培育不同秧龄的大、中、小苗，与移栽期配套，是确保水稻大面积高产的关键。20 世纪 70 年代后期四川研究提出“温室两段育秧”技术，即温室内育小苗（2 叶 1 心），再寄栽在秧田培育多蘖壮秧，然后栽插至大田。1985 年前后在生产上大面积推广应用，主要用于两季稻田培育中、大苗多蘖壮秧。该技术既发挥杂交水稻分蘖优势，又能大幅度提高成秧率，节约用种量，还可提早播种，避开高温伏旱对杂交水稻开花结实的不良影响。温室两段育秧秧龄弹性大，可缓和水稻迟栽与高产的矛盾。由于温室育小苗成本较高，1995 年前后还出现地膜育小苗的两段育秧方式。

由于两段育秧成本高，管理复杂，用工量和劳动强度大，20 世纪 80 年代后期，地膜育秧在四川水稻生产上逐步得到应用。主要用于培育中、小苗秧。该技术成秧率虽然比温室两段育秧低，但育秧成本大幅度下降，深受农民欢迎，是 20 世纪 80 年代中后期至 90 年代四川主要应用的育秧方式，直至 2000 年以后，仍有较大面积的应用。该技术通过减少播种量、精细肥水管理，也用于培育多蘖大苗秧。

20 世纪 90 年代初期，四川对从日本引进的水稻旱育秧技术进行系统研究和改进，建立四川不同生态区的水稻旱育秧栽培技术体系，简化苗床技术，床土培肥改原有的“秋培法”为“临培法”，突破 3.5 叶龄限制，实现旱育大、中、小苗配套，扩大在多熟制地区的利用途径。旱育秧秧苗素质好，移栽后返青成活快，具有早播、早发、早熟、秧龄弹性较大、高产等特点，同时省水、省肥、省工、省秧田，减轻劳动强度。在四川不同稻作区均有广泛应用。1995 年以后，该技术成为四川水稻育秧主要技术，到 2000 年，四川水稻栽植面积的 50%以上采用该育秧技术。

除上述主要育秧方式外，2000 年以后，在四川平坝和丘陵区，相继出现水稻院坝育秧、免耕旱育秧等多种育秧方式。

## 四、栽培技术

### （一）密植与稀植

1. 合理密植

20 世纪 80 年代中期随着杂交水稻的推广与普及，确定合理的栽插密度尤为重要。1986—1989 年四川省农科院等根据当时推广的汕优 63 和威优 64 等品种的特性，研究认为：四川一季中稻应该适当增加水稻栽插密度，达到增产效果。提出适宜栽插密度为：盆南、盆东为每亩 1.75 万—2.0 万窝，盆中、盆西为每亩 1.8 万—2.2 万窝，盆周为每亩 2.2 万—2.6 万窝，双季早、晚稻为每亩 2.0 万—2.5 万窝。小、中苗每窝栽 1—2 株（肥田 1 株，一般田 2 株），每亩基本苗 2 万—4 万苗；大苗秧每株 5—6 苗（主茎+分蘖），每亩基本苗 8 万—12 万苗。每亩最高苗 23 万—26 万苗，有效穗 17 万—18 万株。

2. 合理稀植

20 世纪 90 年代随着杂交水稻品种的更新换代，中穗和重穗型品种的大量涌现，稀植优化栽培技术逐步得到重视。90 年代初，四川农业大学等提出和研究“两熟制杂交中稻超多蘖壮秧稀植栽培技术”，主张在培育超多蘖壮秧的前提下，把杂交中稻的栽插密度由 1.6 万—2.0 万窝降低到 0.7 万—1.0 万窝。该技术在绵阳、广元、雅安和巴中等地示范应用取得良好的效果。

此后，随着重穗型杂交组合的大面积推广，对“重穗型杂交稻高产机理及其稀植优化生产技术”进行系统研究，对于提高四川丘陵油—稻、麦—稻两熟制杂交中稻产量和降低生产成本有更好的效果。至2005年，稀植优化栽培在四川省大面积应用，增产、省本、增收效果良好。“重穗型杂交稻高产机理及其稀植优化生产技术”获得2006年四川省科技进步一等奖。

（二）移栽与抛秧

1. 移栽

图2-8　20世纪90年代抛秧在四川南部、中部地区逐步推广（1994年5月摄于乐山市夹江县）

20世纪80年代中期后，四川省注重水稻规范化移栽技术。在栽插方式上，大多数地区推广牵绳定植和“一根绳栽到底”等规范化栽植措施，在丘陵和盆周山区得到很好的落实与巩固。在规范化栽插的基础上，还强调提高栽秧质量，加速返青成活，要求拔秧时尽可能避免秧苗损伤，剔除弱苗、病苗、杂草；地区强调秧苗“三带”（带泥、带药、带肥）下田。栽秧时要求做到浅、匀、直、稳，不栽隔夜秧，避免栽“五爪秧”“断头秧”“翻根秧”“勾头秧”等。

2. 抛秧

1992年四川引进水稻抛秧技术，1998—2003年，在平原、丘陵地区进行试验、示范与推广，累计推广2000余万亩。生产实践表明，抛秧在很大程度上减轻水稻生产的劳动强度，提高劳动效率；同时，抛栽水稻一般分蘖节位低，抛后基本没有明显的缓苗期，前期分蘖力强，有效穗充足，还能取得一定的增产效果。随着多年应用与实践，抛秧栽培的具体方法也呈多样化，如有塑料软盘育秧手工抛栽，也有集中育秧机械抛栽，还有无盘培育大苗抛栽等；抛秧栽培的适应范围从最初的冬水田、冬闲田、蔬菜茬田等扩大到“油—稻”和“麦—稻”两熟制田。

抛秧栽培的主要技术环节：①规范化育秧。机械抛栽一般需要培育2.5—3.0叶的健壮小苗，塑料软盘育秧手工抛栽要培育4.0—5.0叶的健壮中苗，无盘抛栽秧龄弹性较大，在保证秧床营养面积的前提下，秧龄可达40天以上，叶龄8—9叶时抛栽。②抛栽稻田田面要求达到“平”“净”“糊”，适期抛栽，在起秧、运秧和抛栽时严格按规范进行。③注重抛栽后的田间管理等。

（三）测土配方施肥

2001年四川在农业综合开发项目县等进行测土配方施肥试点，采取“测土、试验、配方、生产、供肥、技术指导”一体化服务，将复杂的施肥技术简化，以物化产品直供农户，提高测土配方施肥技术的到位率，节肥效果显著。至2005年全省测土配方施肥农户达100万户，覆盖面积500万亩，其中水稻面积超过200万亩。据三台、安岳等县统计，实施测土配方前水稻常规施肥一般在110公斤/亩以上（包括氮、磷、钾肥），测土后根据土壤情况科学配方，施肥只需80公斤/亩，每亩可节约施肥30公斤，降低成本10—25元。测土配方施肥后化肥的当季利用率比习惯施肥提高10—15个百分点。

（四）节水高效技术

20世纪90年代中期以后，四川农业大学等开展耐旱节水水稻品种的筛选工作，筛选出冈优

727、D优363、冈优827、Ⅱ优7号等耐旱性较强的杂交稻组合。同时稻田农艺综合节水技术初步形成，主要包括：①旱育秧技术，同一条件下的旱育秧用水量仅相当于水育秧的15%—18%。②适时迟栽节水技术，适当推迟秧苗的移栽期，缩短其本田期，本田耗水量相应减少，避旱节水。③覆盖保水技术，利用麦秸、麦糠和油菜荚壳等物覆盖稻田田面，抑制田面水分蒸发。④控制性节灌高产高效技术，节水20%—40%、增产10%以上的“湿、晒、浅、间”节水高产灌溉技术。

（五）杂糯间栽技术

20世纪80年代末期，针对杂交水稻大面积推广后籼稻产量大幅度提高，而糯稻品种老化，净作易倒伏和稻瘟病危害严重的情况，川南宜宾等地开始试行杂交稻和糯稻间栽，取得较好效果。90年代四川推广水稻杂糯间栽技术。据统计，2004年四川省水稻杂糯间栽面积达600余万亩，占全省水稻总面积的22%。生产实践表明，在基本不影响杂交中稻产量的前提下，每亩增产糯谷50公斤，增产增收效果明显。

杂糯间栽的技术要点：选用高产对路良种，做好品种搭配；糯稻与杂交稻适期同步播种、同期移栽；精细整地，科学施肥；控制好间栽密度，规范栽培和加强田间管理等。

（六）超高产强化栽培技术

2000年，四川引进国外水稻强化栽培技术体系（SRI）。四川农业大学等根据水稻强化栽培体系的相关理念和技术，结合四川水稻生产实际，研究并提出“水稻超高产强化栽培技术新体系”。该体系集成大苗、免耕、超稀植、秸秆覆盖、湿润灌溉等技术，形成一套先进实用、适应于迟栽稻田的水稻超高产强化栽培模式，首次提出水稻三角形强化栽培，使稻作群体实现“密中有稀、稀中有密”的有机统一，最大限度地发挥个体增产优势。“超级水稻超级强化三围立体栽培的方法及其多孔开穴器”研究成果获得国家发明专利。2004年后该技术作为四川水稻产量上新台阶的核心技术在全省示范推广，至2005年，该技术应用扩大到15个市的58个县，面积达10.94万亩，平均亩产629公斤，比常规栽培增产96公斤，增产幅度10%—35%。

超高产强化栽培的技术要点：①嫩秧早栽。冬水田可移栽2—3叶龄的秧苗，两季田可移栽3—5叶龄的秧苗。②稀植壮株。本田一般每亩栽插6000—9000窝，比传统技术少栽5000—7000窝。③湿润强根。移栽后田间实行以湿润灌溉为主的灌溉技术，大幅减少用水量。④控苗壮秆。中期晒田，控制无效分蘖的发生和促进有效分蘖的生长。⑤足肥高产。每亩施纯氮一般比常规技术增加1—2公斤，并强调施用有机肥。⑥注重秧苗田间配置。采用三角形栽插方式，即移栽时每窝栽3株，株间呈三角形分布（株距6—10厘米），行间错窝，做到稀中有密，密中有稀，促进分蘖，提高有效穗数。

## 第四节 优质稻

20世纪90年代以后，中国经济、社会全面发展，人民生活水平逐渐提高，民众对农产品的质量要求日益提高。调整农业结构，发展优质高效农业，显得十分必要。水稻生产需要在高产的同时，达到优质。因此，优质稻发展得以加快。

## 一、生产概貌

### （一）品种评优

1987—2002 年四川省农业厅先后组织 4 次优质稻评选，共评选出优质稻品种 92 个，其中，杂交籼稻、常规籼稻、粳稻、糯稻分别占总数的 41.3%、45.7%、8.7%和 4.3%，为四川省优质稻的发展提供重要的品种来源。

1987—2002 年四川省优质稻品种评选情况表

表 2-3 单位：个

| 年度 | 名称 | 评选的优质稻品种数 | | | | 小计 |
|---|---|---|---|---|---|---|
| | | 杂交籼稻 | 常规籼稻 | 粳稻 | 糯稻 | |
| 1987 | 第一次评选 | — | 20 | — | — | 20 |
| 1992 | 首届稻香杯 | 6 | 9 | 3 | 3 | 21 |
| 1999 | 第二届稻香杯 | 16 | 8 | 1 | 1 | 26 |
| 2002 | 第三届稻香杯 | 16 | 5 | 4 | — | 25 |
| 合计 | | 38 | 42 | 8 | 4 | 92 |

### （二）示范推广

为推进四川优质稻生产，四川省农业厅 2001—2003 年连续 3 年每年投入“优质稻示范工程”项目资金 300 万元，在四川 51 个县（市、区）开展示范推广。四川省农业厅、四川省粮食局先后印发《四川省“优质稻示范工程”项目实施意见》《关于切实抓好优质稻生产与开发工作的通知》等文件。据统计，四川省 1999—2003 年分别推广国标三级以上优质稻面积 1000 万、1100 万、1050 万、1324.3 万、1550 万亩，分别占全省水稻种植面积的 32.3%、35.5%、33.9%、42.7%和 50.0%。推广的主栽品种有菲优多系 1 号、金优 10 号、D 优 68、D 优 527、Ⅱ优 7 号、D 优 13、K 优 047、川香优 2 号、E 优 540、胜泰 1 号、银丝粘、滇沌 502、香优 61、巴香-4、宜香优 1577 等 30 余个。平均亩产 500 公斤以上，每亩纯收入 254.6—296.6 元。

## 二、品种选育

2000 年以后四川省加强优质杂交稻的选育攻关工作，四川省农科院作物所、内江杂交水稻研究中心先后育成香优 1 号、菲优 1 号，并获得首批“国家农业科技跨越计划”项目资助。此后，宜宾农科所、内江农科所、四川省农科院水稻高粱所、四川农业大学水稻所、绵阳农科所、南充市农科所、西昌市粮种场等单位相继育成宜香优 1577、内香优 2550、内香 8518、泸香 615、宜香 3728、内香 10 号、宜香 3724、中优 445、D 香 101、宜香 2292、中优 363、泰激 2 号选 6 等优质组合，通过四川省或国家审定。其中，内香 2550 稻米品质达国家二级优质米标准，被列入国家农业科技跨越计划项目。

## 三、产业化发展

优质稻生产，实行基地化布局、订单式生产、品牌式营销的产业化经营模式。2000—2003 年四川优质稻生产订单面积逐年增加，分别为178万亩、200万亩、218万亩和443.4万亩。农民因订单生产优质优价，每亩比种植普通稻谷增加纯收入42—64元。初步形成“市场牵龙头，龙头连基地，基地带农户”的格局。

到2002年，四川优质米加工企业98家，其中年产1万吨以上、有一定品牌知名度的企业23家，形成“企业+农户”“企业+农技体系+农户”“企业+科研单位+农户”的多元化开发主体，逐步实现产加销一条龙、育繁销一体化，产业开发能力明显提高。到2002年，四川优质米品牌70余个，其中“瑞玉”“川粮”“花中花”“台湾上好米”“罗沙贡米”“倍力”等稻米品牌在四川省内外都有一定影响力。

## 第五节 再生稻与双季稻

### 一、生产状况

充分利用四川盆地东南部河谷地区稻田秋季温光资源，提高稻田复种指数，增加水稻产量，提高稻田经济收入，发展“中稻—再生稻”与“双季稻”种植模式。为了做好“中稻—再生稻”生产，四川省农业厅从1998—2005年每年投入再生稻示范推广项目经费28万—50万元。

再生稻和双季稻同处于一个生态区，其中“中稻—再生稻”种植区域在海拔400米以下地区，“双季稻”种植区域在海拔350米以下地区。即双季稻区一定能发展再生稻，而再生稻区则不一定能发展双季稻。因此，随着“中稻—再生稻”栽培技术的不断完善和产量与经济效益的提高，使“中稻—再生稻”面积不断增加，“双季稻”面积逐年递减。

1986—2002年，全省累计蓄留再生稻6794.1万亩（1997年前含重庆市），平均亩产94.8公斤；2003年四川再生稻面积扩大到415.8万亩，平均亩产91.1公斤。

1985年四川省双季稻面积89.8万亩（含今重庆市），平均产量587.5公斤，1990—1994年虽然亩产提高到700余公斤，比1985年提高84%，但种植面积到1994年却下降到36.6万亩，比1985年降低59%。到2003年面积降到不足1万亩，平均产量720公斤/亩。

### 二、技术发展

（一）再生稻

再生稻具有生育期短、日产量高、省种、省工、效益高等特点。20世纪80年代初，四川农业大学等部门开展杂交稻蓄留再生稻的研究，形成“适时早播，培育壮秧，宽窄行栽培，重底早追，防治病虫，施促芽肥，高留稻桩，喷施九二〇”等技术体系，对指导四川再生稻生产，增加稻谷产量起到重要作用。

1987—1995年，四川省农科院等单位对再生稻的生态及高产技术进行系统研究，筛选出再生稻较强的杂交水稻组合K优1号、K优3号、优I63和汕优22，研究提出中稻—再生稻统筹平衡施肥新技术；探明再生稻的高产需肥量为尿素15—25公斤/亩，促芽肥与发苗肥的最佳比例为15∶10，揭示头季稻收割期与再生稻高产的关系，并提出腋芽破鞘现青收割头季稻的确定收割期的方法。

1991—2000年，四川省农科院选育出K优5号、K优926、II优多57、II优7号等再生力强，头季稻产量高而稳，抗病力强，稻米品质优和制种产量高的杂交中稻新组合。提出根据头季稻品种着粒数确定促芽肥施用时间和施用量的再生稻高产栽培新技术。

图2-9　再生稻丰产（1991年，摄于泸州市合江县）

（二）双季稻

1985年以后主要种植双季杂交稻，早稻品种主要有泸南早1号、K优402等杂交组合，晚稻品种有汕优2号、汕优63等杂交组合。该期根据四川气候和土壤特点，早稻利用保温育小苗直插技术，发挥早栽增加低位分蘖，达到增穗增粒增产的目的，发挥杂交早稻的增产优势。晚稻通过两段培育多蘖壮秧，本田采用免耕、底肥一道清施肥法、增加基本苗以栽代发等技术。该时期以杂交早稻增产最多。早稻平均亩产450余公斤，晚稻平均亩产330余公斤，两季亩产达780公斤。

# 第二章 麦 类

四川是全国第五大麦区，麦类种植历史悠久，栽培种类多，分布区域广。

## 第一节 小 麦

### 一、发展历程

小麦在四川省粮食生产中占有重要地位，但生产投入、技术进步明显“滞后”于水稻，发展经历曲折。1987年后，四川省小麦种植面积显著下降，2004年以后单产逐步上升，总产量呈现波浪式发展，无明显增长。

1986—2005年四川省小麦种植面积、产量情况表

表2-4

| 年度 | 面积（万亩） | 亩产（公斤） | 总产（万吨） | 年度 | 面积（万亩） | 亩产（公斤） | 总产（万吨） |
|---|---|---|---|---|---|---|---|
| 1986 | 2993 | 217 | 649.5 | 1996 | 3510 | 229 | 804.5 |
| 1987 | 3022 | 218 | 658.8 | 1997 | 2736 | 251 | 687.5 |
| 1988 | 3115 | 184 | 572.1 | 1998 | 2797 | 241 | 673.0 |
| 1989 | 3224 | 193 | 623.0 | 1999 | 2727 | 226 | 621.0 |
| 1990 | 3332 | 211 | 701.7 | 2000 | 2408 | 255 | 614.5 |
| 1991 | 3421 | 223 | 761.5 | 2001 | 2255 | 230 | 518.0 |
| 1992 | 3444 | 228 | 784.5 | 2002 | 2137 | 246 | 526.5 |
| 1993 | 3507 | 206 | 723.3 | 2003 | 1930 | 203 | 488.5 |
| 1994 | 3432 | 229 | 785.2 | 2004 | 1912 | 262 | 500.0 |
| 1995 | 3498 | 240 | 838.9 | 2005 | 2025 | 267 | 540.6 |

说明：1986—1996年的数据含今重庆市辖区

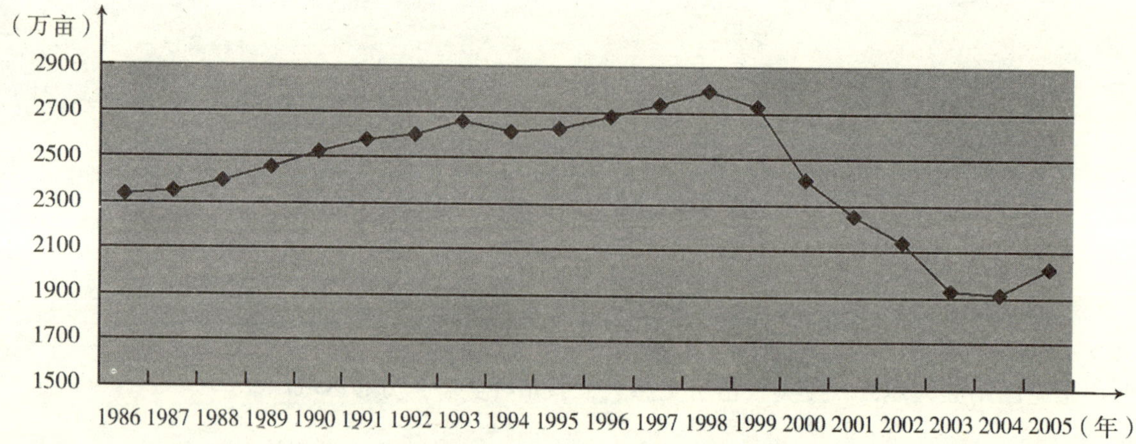


图 2-10　1986—2005 年四川省（不含重庆市）小麦种植面积示意图

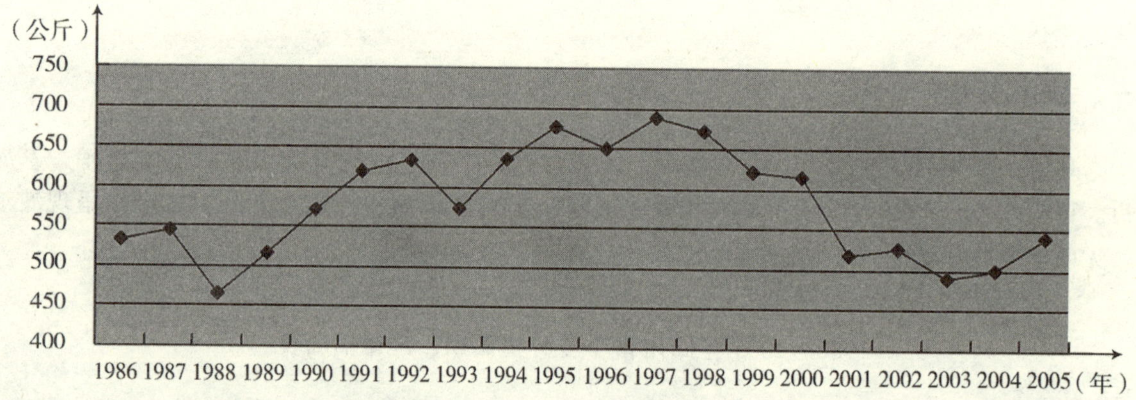


图 2-11　1986—2005 年四川省（不含重庆市）小麦总产量示意图

1986—2005 年四川小麦生产大致分为三个阶段：

（一）徘徊下滑阶段（1986—1989 年）

由于调整农业结构和种麦效益下降等原因，继 1984 年和 1985 年小麦生产下滑后，面积没有回升，单产徘徊甚至下降。1989 年同 1983 年相比，全省小麦面积减少 150 万亩，亩产下降 22 公斤，总产减少 102 万吨。

（二）稳步发展阶段（1990—1999 年）

各级对粮食生产的基础地位认识加强，以及对粮食增产的艰巨性的认识深化，国家调整粮食收购价格，调动农民种麦的积极性。国家和四川省增加经费投入，通过商品粮基地建设、丰收计划、吨粮工程、高产工程等项目实施，改善生产条件，加强先进技术推广，促使小麦种植面积增加，单产稳步提高。20 世纪 90 年代以后，小麦丰收计划，特别是“九五”期间四川省政府下达的“四川五年粮食丰收计划”以及科技部、四川省科技厅下达的“小麦优良新品种及综合配套增产技术”等重大项目的实施，促进小麦丰产技术的组装配套与推广应用，促进全省小麦生产发展。1990—1996 年，全省小麦面积稳定在 3300 万—3500 万亩，平均亩产 223.6 公斤，年总产在 700 万吨以上。1995 年全省小麦面积 3498 万亩，亩产 240 公斤，总产 838.9 万吨，单产和总产均创历史最高水平。

（三）调整走低阶段（2000—2005 年）

由于粮食价格从 1997 年开始急转直下，连续 5 年持续下滑，而农资价格却在高位攀升，导致种麦效益低，甚至亏本种植。1998 年、1999 年粮食部门大幅度减少小麦收储数量，农村普通出现卖麦难的状况。2000 年四川省农业厅提出“适当调减小麦面积，着力主攻单产、改善品质”的指导思想，以适应市场需要，当年全省小麦面积减到 2407.5 万亩，比 1999 年减少 320 万亩，亩产 255 公斤，比 1999 年提高 29 公斤，总产 614.5 万吨。此后，各地根据市场需求的导向，调整种植结构，减少小麦面积。2002—2004 年小麦面积逐年减少，2004 年下降到 1912 万亩。2005 年，在农业部和财政部的支持下，实施优质专用小麦良种补贴项目，实施面积 320 万亩，促进当年小麦生产发展。2005 年有所回升，小麦种植面积 2024.7 万亩，单产 267 公斤，创历史新高，总产 540.6 万吨，占全年粮食总产的 15.9%。

## 二、品种更换

20 世纪 80 年代后期至 90 年代初，发展“三高”农业是农业发展的主导思想。因此，小麦品种的更新换代显得十分迫切。1986—1999 年，开始淘汰绵阳 11，推广绵阳 15、绵阳 19、绵阳 20，川麦 21、川麦 22、80-8、川辐 1 号、蜀万 831、宜宾 6 号等品种，随后又推广川麦 24、川麦 25、川麦 26、绵阳 25、绵阳 26、绵农 1 号、绵农 4 号、川育 11、川育 12、川农麦 1 号、渝麦 4 号、川麦 28 等品种。以绵阳 15、绵阳 20 和绵阳 26 为代表的“绵阳号”，以川麦 22 为代表的“川麦号”，以绵农 4 号为代表的“绵农号”品种为主，实现即中华人民共和国成立后四川小麦品种第六次大更换。到 1992 年川麦 22 在四川推广面积达 700 万亩。

20 世纪 90 年代中后期，小麦条锈病新小种不断扩大蔓延，综合抗性良好兼具丰产和商品性的绵农 4 号和绵阳 26 得到迅速扩大。1998 年绵农 4 号推广面积达 1117 万亩。1999 年绵农 4 号、绵阳 26 号两品种在大面积生产上严重感染条锈病，种植面积开始逐年下降。由于当时后备抗锈品种较少，综合性状也不及这两个品种，加之农民种麦的积极性下降，新品种更新速度放慢。至 2003 年这两个品种仍有较大种植面积。

1999—2002 年，四川小麦连续 4 年大面积发生条锈病危害，小麦主推品种再次发生变化。2000—2005 年，重点推广抗锈丰产和抗锈优质新品种，主要有川麦 107、川麦 30、川麦 36、川麦 39、川麦 41、绵阳 28、绵阳 29、绵阳 35、川农麦 11、川农 18、川农 19、内麦 8 号、川育 14 等。其中，川麦 107 高产、稳产，籽粒商品性好，推广面积最大，2003 年达 850 万亩；川麦 30、绵阳 29、川育 14、川农 11 推广面积次之。

## 三、增产技术

（一）小窝疏株密植技术

因地制宜缩小行窝距，增加单位面积穴数，减少每穴苗数的小窝密植，是适合四川小麦生态条件的优良播种方式，增产效果显著而稳定。主要有开窝点播和开沟点播两种形式。20 世纪 80 年代以后，一直被作为四川小麦增产的一项主要技术加以推广，年推广面积保持在 1000 万—2000 万亩。人工开窝点播费工较多，播种效率较低。80 年代中后期研制成功的 2BJ-2 型简易条沟点播机，在翻耕条件下，开沟与播种一次完成，比人工开窝播种工效提高 10 倍以上。在整地质量较好，机具调节到位，操作熟练的情况下，能够达到小窝密植的农艺要求。90 年代初，全省推广应用约 500 万亩，到 2005 年达 1597 万亩，占小麦面积的 82.6%。

（二）少免耕栽培技术

四川秋雨较多，田湿土黏，耕作不便，影响播种质量，耽误最佳播期，冬水田改制种麦，该情况更为严重。针对这一问题，1986—1989 年，四川省农科院、四川省农业厅在不同生态区和不同土类的稻茬麦田进行免耕种麦的系统研究。据 132 点（次）试验结果，免耕比翻耕小麦增产 6.7%—9.7%。稻茬麦免耕配套技术：适时开沟排水，防止麦田渍水和耕层板结；做好化学除草，控制杂草危害；在重施底肥的基础上，注意中、后期追肥，防止后期脱肥早衰。

图 2-12　1998 年 3 月，全省小春生产现场会在南充市南部县召开

（三）稻茬麦露播覆草栽培技术

由于免耕撬窝点播费工费时，随着劳动力大量外出务工，技术难于落实，应用面积连年滑坡；而翻耕机点播技术也存在对土质和气候要求较严，机械成本偏高等不利因素；农民普遍就地焚烧稻草，浪费资源，造成严重空气污染。针对这些问题，四川省农科院从 20 世纪 90 年代初开始技术探索和攻关，逐步形成以免耕和小窝密植技术为基础，以机械（或人工）露播和稻草覆盖为核心内容的稻茬麦露播覆草简化栽培技术。该项技术有明显的增产效果和经济生态效益，试验表明：露播覆草栽培分别比旋耕、翻耕栽培增产 11.3%和 11.6%，比免耕撬窝栽培增产 6.5%和 8.5%。露播覆草技术的生产成本比免耕撬窝减少 17.1%，主要是降低劳动成本；比翻耕机点减少 20.8%，主要是减少物资成本。

## 四、带状轮作

20 世纪 80 年代以后旱地多熟带状轮作制得到较快发展。1996 年，麦玉薯三熟分带轮作面积发展到 1000 万亩，占全省旱三熟面积的 50%以上。在旱三熟模式基础上，小麦预留行种植胡豆、大麦、油菜、蔬菜等早熟作物，在玉米收后小麦播种之前种植秋大豆、秋豌豆、秋菜等，形成以粮食为主和粮经结合的三熟四作、五作多种新的种植模式，对丘陵区全年粮食增产和农民增收起到重要作用。

小麦分带轮作主要配套技术：适期播种；确定合理的带距和带比；适当增加种植密度，较净作同等面积增加 20%—30%；采用小窝密植播种方式；重施底肥，加强早期管理。

## 第二节 大麦和青稞

### 一、大 麦

(一) 种植情况

20世纪80年代，为适应啤酒工业和畜牧业发展，全省农业科研单位恢复和加强大麦科研，农技推广部门也开展大麦生产开发，取得一些成果。1984—1989年重庆市农科研所通过试验，确认大麦在稻麦两熟田、坡台地比小麦有明显的增产效果，提出调整四川麦类生产布局，开发大麦生产的建议。

1986—1988年，四川省农牧厅组织开展大麦高产综合技术示范，3年合计示范53.9万亩，平均亩产244公斤。边示范、边总结、边推广，促进大麦生产的恢复和发展。全省大麦面积逐步扩大，1991—1996年大麦面积稳定在130万—150万亩，亩产207—246公斤。1996年全省大麦132万亩，亩产237公斤，总产31万吨。1997—1999年全省大麦面积保持在105万—115万亩。2000年起，随着种植结构调整，大麦面积又逐年下降，到2005年全省大麦种植仅50万亩，其中啤酒大麦6.2万亩。2002—2005年平均亩产在250公斤以上。

(二) 主推品种

20世纪80年代以前，四川多种植地方品种和群众称之的加拿大大麦和意大利大麦。1986年四川省农科院引进育成的饲料大麦“威24”，1987、1988年多点试验，分别比早熟3号和西引2号增产39.2%和23.2%，1989年与绵阳11等小麦品种对比试验，平均亩产294.9公斤，比小麦增产22.6%，在高台位坡土上增产更为突出。1991年全省推广威24达62万亩。

20世纪80年代后期重点推广泸麦4号、盐湖矮早三、苏啤1号、潼麦1号、墨青93等，逐步替换混杂退化的早熟3号、二月黄大麦、意大利大麦等品种。1990—1996年先后推广饲料大麦威24、8640、渝稞123、川稞1号等，啤酒大麦81-24、嘉陵2号、嘉陵3号、浙农大3号、浙农大4号等，1997年以后推广205、3155、川农大2号等。

(三) 种植方式

各地利用大麦早熟、耐旱、耐瘠的特性，用于间套和半旱式种植，在丘陵坡台地替换低产小麦等。在麦后棉和夏玉米种植地区推广大小麦间作，为棉花、玉米提供10—15天早茬口，利于全年粮食增产。1998年中江县承担“吨粮工程”项目，采用小麦/大麦—玉米//冬大豆/甘薯的中厢带植形式，示范20245亩，在受到严重干旱的情况下，小麦平均亩产123.5公斤、大麦84.6公斤，实现全年亩产1076.2公斤的目标。

### 二、青 稞

青稞是藏族群众特需的传统主粮，以及酿造青稞酒、青稞啤酒的原料，在藏区有特殊的地位和作用。四川常年种植青稞65万余亩，主要分布在甘孜州、阿坝州、凉山州藏族聚居区。大部分种植在2800—3500米的山地凉温地带，自然环境条件恶劣，农业基础条件差，耕作粗放，产量低而不稳。2005 年全省青稞面积 65.2 万亩，平均亩产 158 公斤，总产 10.3 万吨。其中甘孜州 42.8 万亩，总产 6.88 万吨，阿坝州 18.1 万亩，总产 2.54 万吨；凉山州 4.3 万亩，总产 0.89 万吨。“三州”的藏族群众常年青稞需求量在 15 万吨以上，供给尚有较大缺口，发展青稞生产任重而道远。

“八五”以后，国家和四川省先后实施青稞商品粮基地、藏区青稞生产基地、少数民族特需粮基地建设等项目，给予资金支持，改善青稞生产条件，提高生产能力，对缓解供需矛盾发挥重要作用。

推广品种主要有康青 3 号、黑六棱、阿青 3 号、阿青 4 号、北青 4 号、北青 5 号等，在局部地方推广 809、813、康青 4 号等，取代康青 1 号、康青 2 号、1121、6248 和繁 34 等品种。其中，康青 3 号品质好、适应性广，性状表现最为突出，一般亩产 250—300 公斤。自 1988 年通过审定以后，推广面积逐年扩大。1992 年甘孜州推广 16.2 万亩，此后连续 10 多年推广面积约占该州青稞面积的 50%。

## 三、荞 麦

四川是全国荞麦重要产区，主要分布在凉山州和盆地边远山区，其中凉山州种植面积 60 多万亩，占全省 80%以上，是彝族群众重要粮食之一。四川其他山丘地方也有零星荞麦种植，四川荞麦有苦荞和甜荞，以苦荞品种居多，占 75%—80%，甜荞品种占 20%—25%。甜荞分布在低海拔地区，苦荞分布在高海拔地区。

四川荞麦同其他小杂粮一样，多年没有投入。2004 年开始实施“民族地区增粮增收示范工程”荞麦项目，2004 年、2005 年共投入项目资金 111 万元，促进荞麦生产。2005 年四川荞麦种植面积 77.4 万亩，总产量 12.9 万吨，5 万亩以上的生产大县有美姑、喜德、越西、盐源、昭觉、金阳、会东、冕宁、布拖、普格等。

1986—1996 年，四川（含重庆市）平均种植荞麦面积 76.2 万亩，其中苦荞种植面积 46.8 万亩、甜荞 26.5 万亩；年平均总产量 11.76 万吨，其中苦荞 8.15 万吨、甜荞 3.6 万吨；平均单产 154 公斤，其中苦荞 183 公斤、甜荞 114 公斤。1997—2005 年，四川平均种植荞麦面积 69.4 万亩，其中苦荞 49.7 万亩、甜荞 20.2 万亩；每年平均总产量 13.2 万吨，其中苦荞 10.1 万吨、甜荞 3.1 万吨；平均单产 191 公斤，其中苦荞 204 公斤、甜荞 153 公斤。

# 第三章 玉 米

玉米是四川第三大粮食作物（按面积计算），居全国第八位，居中国西部十二省（区）第二位。玉米，作为饲料、酿酒，以及淀粉、乙醇等产业原料，对四川粮食生产和畜牧业发展，具有重要作用。

## 第一节 生 产

1986—2005年，四川玉米生产阶段性波动明显，主要经历4个发展阶段。

**1986—2005年四川省玉米种植面积、产量情况表**

表2-5

| 年度 | 面积（万亩） | 亩产（公斤） | 总产量（万吨） | 年度 | 面积（万亩） | 亩产（公斤） | 总产量（万吨） |
|---|---|---|---|---|---|---|---|
| 1986 | 2427.2 | 238.0 | 577.7 | 1996 | 2639.3 | 288.4 | 761.2 |
| 1987 | 2474.2 | 211.0 | 521.1 | 1997 | 1935.5 | 313 | 605.7 |
| 1988 | 2480.8 | 235.0 | 582.5 | 1998 | 2047.4 | 322 | 659.4 |
| 1989 | 2494.1 | 244.0 | 607.3 | 1999 | 2038.8 | 340 | 693.7 |
| 1990 | 2567.3 | 264.0 | 678.6 | 2000 | 1853.3 | 333 | 616.6 |
| 1991 | 2623.9 | 259.0 | 679.3 | 2001 | 1801.2 | 274 | 493.1 |
| 1992 | 2583.9 | 249.4 | 644.5 | 2002 | 1716.9 | 337 | 578.3 |
| 1993 | 2553.5 | 250.3 | 639.1 | 2003 | 1652.2 | 347 | 572.7 |
| 1994 | 2564.9 | 230.6 | 591.4 | 2004 | 1734.5 | 358 | 620.4 |
| 1995 | 2572.5 | 258.5 | 665.0 | 2005 | 1777.9 | 361 | 641.8 |

说明：1986—1996年的数据含今重庆市辖区

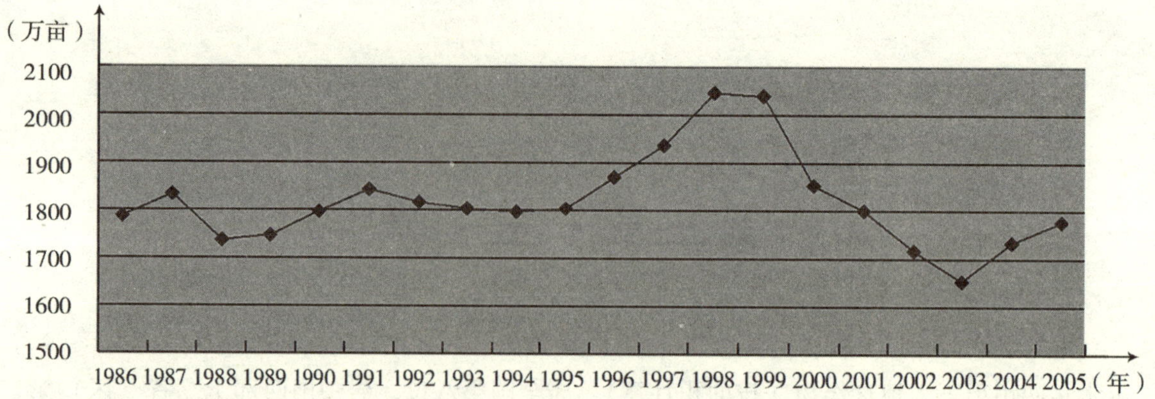


图 2-13　1986—2005 年四川省（不含重庆市）玉米种植面积示意图

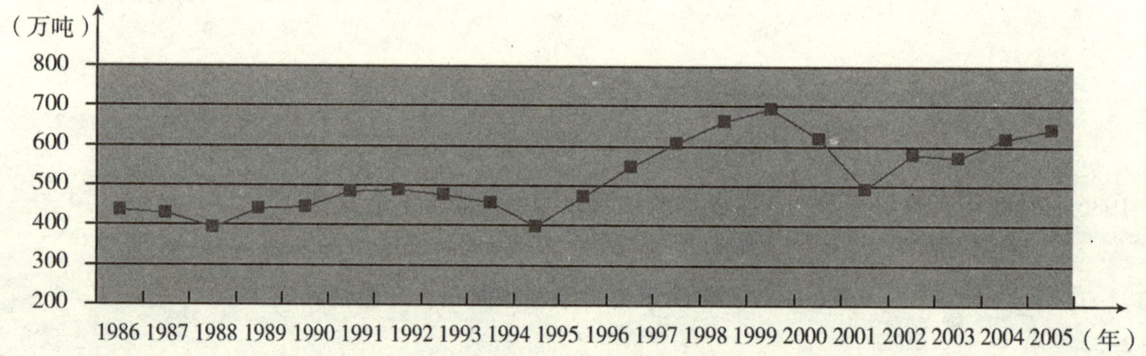


图 2-14　1986—2005 年四川省（不含重庆市）玉米总产量示意图

## 一、踯躅徘徊阶段（1986—1994 年）

20 世纪 80 年代中后期，随着以玉米为主要原料的饲料加工业和食品加工业的发展，玉米的市场需求呈上升势头。面对这一形势，四川省农业厅积极引导，加大推广以“中单 2 号”为代表、生产潜力更大的中熟杂交种，改夏播为春播，配套推广地膜覆盖、适期早播、抓苗攻穗等技术措施，中熟杂交种的生产潜力得到较好发挥，单产比早熟杂交种增产 150 余公斤。

1992 年全国农业工作会议，制定“突出抓好玉米生产”的思想，要求扩大紧凑型玉米新品种示范。四川省科委设立专项，由四川省农业厅和四川省农科院作物所牵头，组成“紧凑型、半紧凑型玉米示范推广协作组”，推广成单 14、川单 9 号、成单 13、成单 11 为代表的一批紧凑型、半紧凑型自育杂交种和紧凑型掖单 13、掖单 51 为代表的引进杂交种，1991—1994 年累计推广面积 3047. 2 万亩。1994 年四川玉米种植面积 2564. 9 万亩，比 1986 年增加 137. 7 万亩，增长 5. 7%；亩产 231 公斤，比 1986 年下降 7 公斤；总产量 591. 4 万吨，比 1986 年增加 12. 9 万吨，增长 2. 2%。

## 二、快速发展阶段（1995—1999 年）

1995 年后，中共四川省委、四川省政府提出要“突出抓好玉米生产”的要求，全力圆好四川玉米梦。省财政每年安排专项资金，支持推广地膜玉米，组织实施“玉米丰收计划”，四川省农业厅成立玉米专家顾问组，为抓好玉米生产出谋划策。同时在全省组织科技人员，到生产第一线开展技术培训、技术指导和设点示范。在全省开展每个村搞50亩、乡搞200亩、县搞2000亩、市（地、州）搞1万亩高产示范片，大声势宣传发动，大现场示范推广。1998年全省玉米种植面积扩大到2047万亩，比1994年增加249万亩，增长13.8%，达到历史最高水平；1999年总产量达693.7万吨，比1994年增长74.3%，创历史最高水平。

图2-15 1999年6月，农技人员在全省玉米生产现场会上介绍玉米种植推广情况

### 三、滑坡下降阶段（2000—2001年）

2000年后，因退耕还林（草），全省玉米种植面积减少200多万亩。同时，由于肥料、农药、种子等生产资料价格的大幅度上涨，物资、劳力的投入大量减少，严重挫伤农民生产积极性，玉米生产急速下滑。2001年，在上年冬干的基础上，玉米生长期中遭遇百年不遇的春旱、夏旱、连伏旱，严重影响玉米的正常生长和发育，相当一部分玉米面积绝产失收，导致单产和总产大幅度下降，单产为274公斤，总产仅为493万吨。

### 四、恢复增长阶段（2002—2005年）

中共十六届三中全会后，国家狠抓粮食生产，相继出台“粮食直补、良种补贴、农机补贴和减免农业税”等政策，加之粮食价格的上升，农民种粮积极性提高。全省玉米种植面积有所恢复，单产稳定上升，总产量再一次增加，到2005年全省玉米种植面积恢复到1777.9万亩，玉米总产量恢复到641.8万吨，平均亩产达到361公斤的历史最高单产水平。

## 第二节 生态分布

四川玉米种植历史悠久，分布很广，从海拔100多米的沿长江河谷到海拔2000多米的高山均有种植。2005年在四川181个县除甘孜州、阿坝州等16个县没有种植外，有165个县种植玉米。按照四川农业区划，四川玉米生产分布为以下5个区。

### 一、盆中浅丘春玉米区

该区28个县，常年种植玉米600万余亩，约占四川玉米种植面积的35%，是四川省玉米主产区之一。该区春季多干旱，大雨开始迟，玉米抽雄期降水保证率不足60%，常因干旱影响，玉米产量年度间波动较大。1986—2005年，该区玉米种植面积、单产和总产总体趋势波动较大。

### 二、盆西北平丘春夏玉米区

该区涉及成都、眉山、乐山、资阳、德阳、绵阳等市的部分县（市、区），有36个县，常年种植玉米280万余亩，占四川玉米面积的15%。该区5—6月夏旱严重，适宜抽雄期为7月上中旬，以迟春早夏玉米为主，玉米平均单产约 300 公斤。1986—2005 年，该区玉米种植面积、单产和总产分别常年维持在 280 万亩、300 公斤/亩和 80 万吨的水平。

## 三、盆东南丘陵春玉米区

该区涉及宜宾、泸州、自贡、广安、达州、巴中等市的 27 个县（市、区），常年种植玉米 280 万余亩，约占四川玉米播种面积的 16%，是四川省玉米主产区和优势产区之一。1986—2005 年，该区玉米单产逐年上升，到 2005 年该区玉米单产由 1986 年的 275 公斤，上升到 411 公斤。

## 四、盆地边缘山地玉米区

该区包括绵阳、广元、巴中、泸州、宜宾、乐山、雅安等市，有 29 个县（市、区），常年种植玉米 700 万余亩，约占四川玉米种植面积的 22%。1986—2005 年，该区玉米单产逐年上升，除 2001 年因严重夏旱、伏旱导致玉米单产下降，到 2005 年该区玉米单产由 1986 年的 184 公斤，上升到 312 公斤。

## 五、川西山地玉米区

该区包括甘孜、阿坝、凉山等高原冷凉地区，有 45 个县，常年玉米种植面积约 230 万亩，约占四川玉米种植面积的 13%。由于该区气候情况复杂，玉米受有效积温的限制，产量较低。1986—2005 年该区玉米种植面积和总产变化趋势不明显，常年维持在 230 万亩和 70 万吨左右的水平；玉米单产则呈逐年上升趋势，到 2005 年该区玉米单产由 1986 年的 242 公斤上升到 328 公斤。

**2005 年四川省玉米种植分布情况表**

表 2-6

| 区 划 | 县（市、区） |
|---|---|
| 盆中浅丘春玉米区（28 个县） | 荣县、内江市市中区、内江市东兴区、威远、资中、资阳市雁江区、乐至、安岳、遂宁市船山区、遂宁市安居区、蓬溪、射洪、大英、中江、三台、盐亭、南充市顺庆区、南充市高坪区、南充市嘉陵区、南部、营山、蓬安、仪陇、西充、阆中、巴中市巴州区、平昌、犍为 |
| 盆西北平丘春夏玉米区（36 个县） | 井研、夹江、丹棱、青神、仁寿、眉山市东坡区、彭山、成都市高新区、成都市龙泉驿区、成都市青北江区、金堂、双流、郫县、新都、彭州、崇州、大邑、邛崃、蒲江、新津、都江堰市、德阳市旌阳区、绵竹、什邡、罗江、广汉、绵阳市涪城区、绵阳市游仙区、安县、梓潼、江油、乐山市市中区、乐山市沙湾区、乐山市五通桥区、名山、简阳 |
| 盆东南丘陵春玉米区（27 个县） | 泸州市江阳区、泸州市纳溪区、泸州市龙马潭区、泸县、宜宾市翠屏区、宜宾、南溪、江安、长宁、高县、自贡市贡井区、自贡市大安区、自贡市沿滩区、富顺、岳池、广安、武胜、邻水、达州市通川区、达县、宣汉、开江、大竹、渠县、隆昌、华蓥、合江 |
| 盆周边缘山地玉米区（29 个县） | 北川、平武、广元市市中区、广元市元坝区、广元市朝天区、旺苍、青川、剑阁、苍溪、通江、南江、万源、筠连、珙县、兴文、屏山、雅安市雨城区、荥经、天全、芦山、宝兴、叙永、古蔺、沐川、峨边、马边、峨眉山市、洪雅、乐山市金口河区 |
| 川西山地玉米区（45 个县） | 攀枝花市东区、攀枝花市西区、攀枝花市仁和区、米易、盐边、汉源、石棉、汶川、理县、茂县、松潘、九寨沟、金川、小金、黑水、马尔康、壤塘、康定、泸定、丹巴、九龙、雅江、道孚、理塘、巴塘、乡城、稻城、得荣、西昌、木里、盐源、德昌、会理、会东、宁南、普格、布拖、金阳、昭觉、喜德、冕宁、越西、甘洛、美姑、雷波 |

## 第三节 技术进步

### 一、杂交良种推广

20世纪80年代后期，四川省玉米育种工作者培育出一批具有高配合力、高抗逆（病）力和高生产力的“三高”自交系，并利用这些自交系相继育成成单系列、川单系列、雅玉系列和绵单系列等一批耐密、高产、优质多抗玉米杂交种，如川单9号、成单11、成单14号、成单13、川单13号、川单23、雅玉2号、绵单1号、南七单交等，其中成单14、川单9号、雅玉2号、南七单交、成单13、绵单1号年推广面积均超过100万亩。

随着新品种、新组合的相继推广应用，全省杂交玉米品种面积逐年上升，玉米单产也逐年上升。到2005年四川省杂交玉米面积1697.9万亩，占全省玉米总面积的95.5%；杂交玉米产量达623.4万吨，占全省玉米产量的97.1%；全省玉米单产361公斤，比1985年提高48.6%。

在杂交玉米推广中，紧凑型、半紧凑型杂交玉米的推广是一项重要内容。1990年山东省莱州全国紧凑型玉米会议后，全省积极选育、引进紧凑型、半紧凑型玉米品种，川单9号、成单11、成单14号、成单13、掖单13、掖单51等一批紧凑型、半紧凑型杂交玉米品种在全省示范推广。到2005年紧凑型、半紧凑型玉米品种种植面积占到全省玉米总面积的55.8%，成为全省玉米的主要种植类型。

2000年后，为适应劳力、物资投入减少带来的生产条件的变化，四川省种子管理站从山东省引进生育期相对较长、单株生产力相对较高的中、大穗型玉米杂交种登海11，通过试验示范该品种表现出较好的增产潜力，推广面积逐年增加，其中2004年种植面积达201.3万亩。

1986—2005年四川省杂交玉米种植面积和产量情况表

表2-7

| 年度 | 面积（万亩） | 占全省玉米面积比例（%） | 总产量（万吨） | 占全省玉米产量比例（%） |
|---|---|---|---|---|
| 1986 | 1704.1 | 70.20 | 462.5 | 79.95 |
| 1987 | 1825.0 | 73.76 | 424.2 | 81.40 |
| 1988 | 1964.1 | 79.17 | 507.9 | 87.19 |
| 1989 | 2064.4 | 82.77 | 562.6 | 92.64 |
| 1990 | 2153.7 | 83.89 | 614.5 | 90.55 |
| 1991 | 2297.7 | 87.57 | 628.3 | 92.49 |
| 1992 | 2287.1 | 88.51 | 600.6 | 93.19 |
| 1993 | 2272.8 | 89.01 | 592.4 | 92.69 |
| 1994 | 2282.3 | 88.98 | 552.1 | 93.35 |
| 1995 | 2292 | 89.10 | 624.2 | 93.86 |

续表2-7

| 年度 | 面积（万亩） | 占全省玉米面积比例（%） | 总产量（万吨） | 占全省玉米产量比例（%） |
|---|---|---|---|---|
| 1996 | 2382.6 | 90.27 | 714.7 | 93.89 |
| 1997 | 1760.5 | 90.96 | 572.9 | 94.58 |
| 1998 | 1829.9 | 89.38 | 612.3 | 92.86 |
| 1999 | 1858 | 91.13 | 659.1 | 95.01 |
| 2000 | 1701 | 91.78 | 587.0 | 95.20 |
| 2001 | 1692.7 | 93.98 | 470.5 | 95.42 |
| 2002 | 1616.5 | 94.15 | 556.9 | 96.30 |
| 2003 | 1569.5 | 94.99 | 556.6 | 97.19 |
| 2004 | 1652.8 | 95.29 | 604.1 | 97.37 |
| 2005 | 1697.9 | 95.50 | 623.4 | 97.13 |

说明：1986—1996 年的数据含今重庆市辖区

## 二、种植制度的更新

### （一）一熟变两熟

一年一熟制主要分布在海拔较高的山区、半山区，种一季春玉米，冬季休闲。通过改制，实行春马铃薯/玉米套作的种植方式。1986 年全省一年一熟制玉米面积 349 万亩，占玉米总面积的 14%，到 2005 年下降到 99 万亩，占玉米总面积的 5.6%。

图 2-16　二季玉米（1999 年摄于南充市西充县）

### （二）两熟变三熟

一年两熟制主要分布在低山及深丘地区，主要有小麦/玉米、油菜/玉米、马铃薯/玉米、春玉米//秋玉米、玉米—晚稻、春玉米—秋大豆等。20 世纪 80 年代中后期，该模式种植面积维持在 600 万亩左右，占全省玉米面积的 20%以上。1991 年后逐步发展小麦（油菜、马铃薯）/玉米/秋作、春玉米//秋玉米/甘薯等模式，到 2005 年该模式种植面积有 251 万亩，占全省玉米面积的 14.1%。

### （三）三熟三作与三熟多作

一年三熟制是四川省玉米种植制度的主体模式，以小麦/玉米/甘薯为主体，其面积占到玉米面积的 80%左右，主要分布在浅丘及河谷平坝地带。这些地区光热条件二熟有余，三熟不足，多采用间、套作种植，达到充分利用光热资源的目的。1998 年在大力发展以玉米为主旱地多熟分带轮作技术的基础上演化出粮、经、饲的三熟三作、三熟四作、三熟五作等多种形式。主要有大麦//小麦/玉米/甘薯//大豆、小麦/玉米/玉米//甘薯、小麦（马铃薯）/玉米/大豆、小麦//蔬菜/玉米/甘薯//蔬菜、小麦/西瓜//玉米/甘薯、小麦/玉米//花生//甘薯或秋豆等。1986 年三熟套作玉米面积 1162.8 万亩，占全省玉米总面积的 47.9%。以后逐年上升，1992 年超过 70%。最高年（1997 年）达 88.2%，2001 年后比例有所下降。

**1986—2005 年四川省一年三熟模式玉米面积情况表**

表 2-8　　单位：万亩、%

| 年度 | 全省玉米总面积 | 一年三熟模式玉米面积 | 占总面积比例 |
|---|---|---|---|
| 1986 | 2427.2 | 1162.8 | 47.91 |
| 1987 | 2474.2 | 1268.4 | 51.27 |
| 1988 | 2480.8 | 1371.8 | 55.30 |
| 1989 | 2494.1 | 1398.5 | 56.07 |
| 1990 | 2567.3 | 1424.0 | 55.47 |
| 1991 | 2623.9 | 1480.3 | 56.42 |
| 1992 | 2583.9 | 2028.0 | 78.49 |
| 1993 | 2553.5 | 1863.6 | 72.98 |
| 1994 | 2564.9 | 1879.6 | 73.28 |
| 1995 | 2572.5 | 1851.4 | 71.97 |
| 1996 | 2639.3 | 1896.5 | 71.86 |
| 1997 | 1935.5 | 1707.4 | 88.21 |
| 1998 | 2047.4 | 1614.8 | 78.87 |
| 1999 | 2038.8 | 1707.7 | 83.76 |
| 2000 | 1853.3 | 1512.4 | 81.61 |
| 2001 | 1801.2 | 1427.9 | 79.27 |
| 2002 | 1716.9 | 1190.4 | 69.33 |
| 2003 | 1652.2 | 1062.6 | 64.31 |
| 2004 | 1734.5 | 1033.9 | 59.61 |
| 2005 | 1777.9 | 1072.7 | 60.34 |

说明：1986—1996 年的数据含今重庆市辖区

（四）宽厢带植

以“双二五”“双三〇”为主要开厢宽度的中厢带植一年三熟种植模式存在的问题，即：玉米苗期与小麦共生，争光、争肥、争水矛盾突出，玉米不易保苗全、苗齐、苗壮；玉米后期与红薯共生，红薯受隐蔽影响较大，不易夺得高产；玉米不能因地制宜适期早播，田间耕作管理较为不便，无法采用机械耕作等。20 世纪 90 年代中后期，四川省农科院开展“宽带多熟种植技术”的研究和示范推广。研究设置“双六〇”（小麦玉米各占 2 米，玉米带内种 4 行玉米）“双五〇”（小麦玉米各占 1.67 米，玉米带内种 4 行玉米）两种带距，利用玉米播前的冬春空闲地后的秋闲地种植养地的豆科、青饲料等作物，发展粮经饲三元作物结构。示范证明全年每亩可增产250—350公斤，增收400—600元。该技术2000年获得四川省科技进步二等奖。

### 三、覆膜盖栽

1985年四川省试种地膜玉米后，地膜玉米面积逐年增加，特别是在连续实施“地膜玉米温饱工程（1989—1999年）”和“地膜玉米丰收计划（1998—2000年）”以后，面积迅速扩大，2005年发展到713.4万亩，占全省玉米面积的40.1%。

四川玉米正常生长发育所需的水分50%以上依靠自然降水，而土壤蓄积降水供水只有40%。针对四川玉米生长期的缺水问题，四川省农科院作物所在“十五”期间研究提出以“保墒”和“纳雨”并重的膜侧节水栽培技术。据多年试验和示范，该技术比传统的露地直播增产33.4%，比育苗露地栽培增产17.7%，比全膜平盖增产8.9%，且省工减耗15元/亩。该技术被列为四川省现代节水农业主推技术之一。

### 四、育苗移栽的改进

20世纪90年代以后，玉米育苗移栽技术得到快速推广应用，但传统育苗移栽技术费工费时且移栽后由于玉米苗龄偏大造成成活率较低。为了适应玉米生产规范化、集约化、简化高效的要求，通过大量的试验研究和生产实践，提出改变传统的肥团和方格育苗为塑料软盘育苗和营养杯育苗，改二叶一心和三叶期移栽为“乳苗”（鸦雀口）移栽。到2005年四川育苗移栽技术推广1158.5万亩，占全省玉米面积的65.2%。

# 第四章 薯 类

## 第一节 红 薯

四川红薯种植面积、总产量一直居全国第一位。红薯既是粮食（或蔬菜），又是饲料，还是工业、食品加工业原料，其生产情况备受关注。

### 一、生产演进

20世纪80年代中期以后，随着农业生产的发展和产业结构调整，四川红薯不再是主粮，且由于红薯的商品性低，经济价值也较低，重要性有所减弱，红薯种植面积和产量都有一定程度下降，新品种的更新速度放慢。1986—1989年，主要推广徐薯18和川薯27及胜利百号等，平均种植面积1915.7万亩，年均总产量417.0万吨（原粮，下同）且产量在年度之间波动较大。

1988年，高产优质新品种南薯88通过审定，1990年和1992年分别获得四川省科技进步奖一等奖和国家科技进步奖一等奖。同时，地膜育苗等新技术得以广泛应用，全省推广"1212"育苗法，使壮藤早栽等增产技术措施得以大面积落实，红薯生产步入稳定发展阶段，1991—1995年连续5年增产。

1999—2003年，由于农村劳动力缺乏，红薯的经济价值未能得到体现，加上此期全国粮食出现阶段性、局部过剩，种植业结构调整是农业工作的主旋律，四川省红薯生产处于下滑阶段，面积逐年下降，幅度为4%—9%，2003年是中华人民共和国成立以后红薯种植面积最低的年份，仅有1171.1万亩。

图2-17 1999年6月，四川省农业厅召开全省红苕生产研讨会

2004年以后，随着红薯加工业的发展，尤其是2000年国家实行"生物能源战略"，在长江流域将红薯确定为燃料乙醇生产加工的非粮作物原料后，红薯种植面积逐年上升。2005年面积已恢复到1222.1万亩，亩产298公斤，创20年来最高水平。

## 1986—2005 年四川省红薯种植面积、产量情况表

表 2-9

| 年度 | 面积（万亩） | 亩产（公斤） | 总产（万吨） | 年度 | 面积（万亩） | 亩产（公斤） | 总产（万吨） |
|---|---|---|---|---|---|---|---|
| 1986 | 1844.0 | 207 | 381.7 | 1996 | 2123.0 | 247 | 523.7 |
| 1987 | 1930.0 | 237 | 457.4 | 1997 | 1439.6 | 218 | 314.5 |
| 1988 | 1914.6 | 200 | 382.9 | 1998 | 1484.6 | 245 | 363.5 |
| 1989 | 1974.1 | 213 | 421.1 | 1999 | 1473.1 | 257 | 379.0 |
| 1990 | 2010.5 | 165 | 331.9 | 2000 | 1355.5 | 278 | 376.0 |
| 1991 | 2035.5 | 193 | 392.7 | 2001 | 1310.7 | 253 | 332.0 |
| 1992 | 2013.2 | 224 | 451.7 | 2002 | 1245.7 | 281 | 350.0 |
| 1993 | 2060.9 | 244 | 502.0 | 2003 | 1171.1 | 291 | 341.0 |
| 1994 | 2127.3 | 219 | 464.8 | 2004 | 1207.4 | 294 | 354.5 |
| 1995 | 2115.9 | 243 | 513.7 | 2005 | 1222.1 | 298 | 363.5 |

说明：1986—1996 年数据含今重庆市辖区

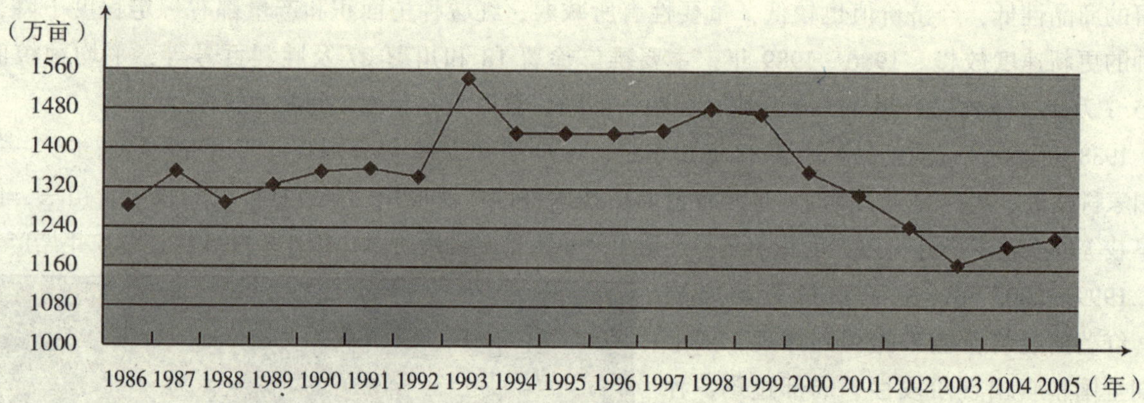


图 2-18　1986—2005 年四川省（不含重庆市）红薯种植面积示意图

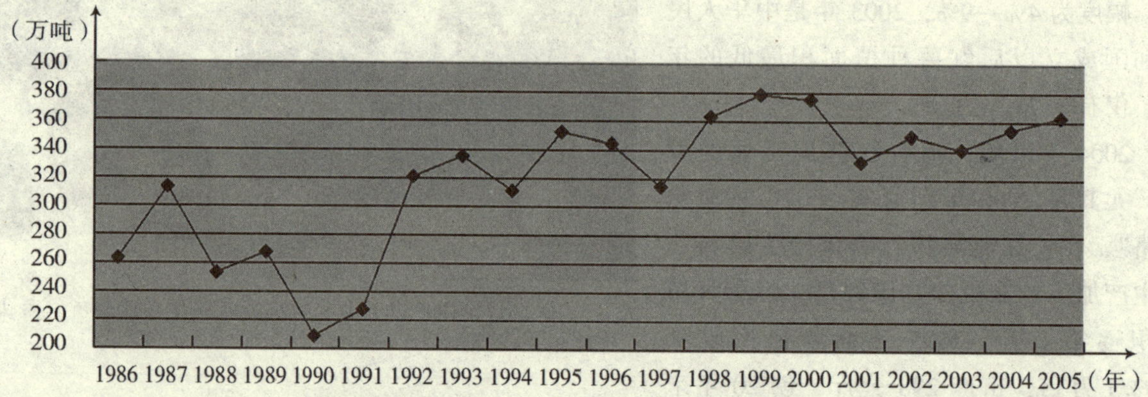


图 2-19　1986—2005 年四川省（不含重庆市）红薯总产量示意图

## 二、生态分布

按照四川农业区域，四川省的红薯种植区域分为3个大区。

### （一）成都平原及盆西浅丘红薯区

该区域是四川红薯的次要产区。主要包括成都、德阳和绵阳、雅安、乐山、眉山的主要地区，该地区土壤条件较为优越，灌溉方便，较为适宜红薯生长。但该地区以水田为主，旱地较少，由于农村产业结构的调整，农户的重视程度低，红薯种植面积逐年减少，产量水平也较低，2005年，该区红薯种植面积297.8万亩，占全省红薯面积的24.4%，总产75.9万吨，占全省总产的20.1%，单产平均为247.1公斤，低于全省平均水平。

### （二）川中、川南丘陵红薯区

该区域是四川红薯的主要产区。主要包括资阳、内江、宜宾、南充、遂宁、自贡、达州、广元、巴中等市，位于长江及其支流的两岸，人口多，土地少，旱地的复种指数高，有精耕细作的习惯，红薯产量较高。该地区气温较高，春季气温回升快，有利于早期育苗，但春夏旱较为严重，会影响红薯的产量，该区采用地膜覆盖、推广脱毒种薯（苗）、合理施肥等栽培技术，保证产量的稳定和提高。2005年该区红薯种植面积854万亩，占全省红薯面积的68.9%，总产267万吨，占全省总产的73.4%。单产大多高于全省平均水平，平均单产320.5公斤。

### （三）盆周边缘及西南山地红薯区

该区围绕盆地边缘，主要包括广元、达州、雅安的部分地区和攀枝花的部分区域，该区山高，土壤较为贫瘠，全年气温较低，自然条件较差，红薯适宜生长的时间较短，种植面积较小，单产较低。但随着地膜覆盖技术的应用，解决前期低温育苗困难的问题，该区的红薯面积一直保持稳定，产量呈上升趋势。

**2005年四川省红薯主要分布情况表**

表2-10

| 区 划 | 县（市、区） | 面积（万亩） | 产量（万吨） |
|---|---|---|---|
| 成都平原及盆西浅丘红薯区（36个县） | 成都市青白江、双流、温江、郫县、新都、金堂、成都市龙泉驿、蒲江、彭州、崇州、大邑、邛崃、新津、都江堰、德阳市旌阳区、绵竹、什邡、广汉、绵阳市涪城、安县、江油、彭山、乐山市市中区、夹江、眉山市东坡区、犍为、乐山市五通桥区、乐山市金口河区、乐山市沙湾区、井研、罗江、青神、洪雅、三台、绵阳市游仙区、中江 | 297.8 | 75.9 |
| 川中、川南丘陵红薯区（66个县） | 自贡市贡井区、自贡市大安区、自贡市沿滩区、荣县、富顺、泸州市江阳区、泸州市纳溪区、泸州市龙马潭区、泸县、遂宁市船山区、遂宁市安居区、蓬溪、射洪、大英、内江市市中区、内江市东兴区、威远、资中、隆昌、南充市顺庆区、南充市高坪区、南充市嘉陵区、南部、营山、蓬安、仪陇、西充、阆中、宜宾市翠屏区、宜宾、南溪、江安、长宁、高县、达州市通川区、达县、宣汉、开江、大竹、渠县、名山、华蓥、岳池、广安市广安区、武胜、邻水、巴中市巴州区、平昌、资阳市雁江区、乐至、安岳、简阳、合江、叙永、古蔺、北川、平武、广元市市中区、广元市元坝区、广元市朝天区、旺苍、筠连、珙县、兴文、南江 | 854.0 | 267.0 |

续表2-10

| 区　划 | 县（市、区） | 面积（万亩） | 产量（万吨） |
|---|---|---|---|
| 盆周边缘山地红薯区（6个县） | 攀枝花市东区、攀枝花市西区、攀枝花市仁和区、汉源、米易、西昌市 | 70.3 | 20.7 |

## 三、技术革新

### （一）新品种选育和推广

从20世纪80年代起，四川省内红薯育种单位承担国家和四川省“六五”重大科技攻关项目。1985—2005年，四川育成并通过审（认）定的新品种24个，主要有四川省农科院育成的胜南、川薯27、川薯101、川薯294和川薯34等川薯系列品种，南充市农科所育成的南薯88、南薯99等南薯系列品种，绵阳市农科所育成的绵粉1号、绵薯4号等绵薯系列品种，以及西南师范大学育成的渝薯、渝苏薯系列品种，万县市农科所育成的万薯系列等品种。其中，南薯88于1990年和1992年分别获得四川省科技进步奖一等奖和国家科技进步奖一等奖，川薯27获得四川省科技进步二等奖，胜南、绵粉1号、南薯99、绵薯4号、渝苏303等分别获得四川省和重庆市科技进步三等奖。至2005年底，四川省红薯自育品种推广应用面积80%左右。

### （二）栽培制度改进

四川省红薯栽培方式以间套作为主，包括二熟制和三熟制。二季作主要是小麦/红薯、油菜/红薯或豌（胡）豆/红薯等方式，但这两种方式的面积已逐步减少，1986年有400多万亩，到2005年减少到近100万亩。

由于四川省丘陵地区高温干旱时常发生，1985年后，大部分丘陵地区号召农户改净作玉米为玉米、红薯套作，改高塝望天田大春一季水稻为旱地玉米、红薯套作，形成一年三熟制。三熟制主要方式：小麦/玉米/红薯，小麦/花生/红薯，马铃薯/玉米/红薯，其中以麦/玉/薯为主，2005年红薯种植面积500多万亩。

此外，1985年以后还发展推广四熟制的小麦/春玉米/夏秋玉米/红薯和小麦/玉米/冬大豆/红薯等耕作方式。同时，各地利用大春早熟作物茬口，开发种植秋红薯。其面积逐年上升，在干旱严重的年份，秋红薯的面积更多，如1988年、1992年等。2005年秋红薯的面积为150万亩左右。

### （三）脱毒种薯繁育和推广

采取茎尖脱毒技术繁殖薯苗或原原种，可明显提高产量和质量。1985年，四川省农科院开始进行脱毒红薯试验，可提高产量15%—80%，由于生产成本较高，脱毒种薯（苗）技术未能大面积推广应用。1998年青神、资阳等地进行小规模的示范，产量比大面积生产增80%以上，增产效果明显。2002年，安岳县从事脱毒红薯引进、繁育、推广和淀粉回收的民营企业昌龙薯业有限公司，开始较大规模引进示范脱毒红薯，并在石羊镇、林凤镇、团结乡建立原种繁育基地400余亩，可提供生产用种150多万公斤。脱毒红薯亩产2000公斤以上，淀粉含量达20%以上。

21世纪初，为加快脱毒红薯技术的推广应用，四川省初步建成三级种薯生产基地。四川省农科院、南充市农科所等科研单位建立为全省提供脱毒种苗的繁育体系；种薯生产企业通过引进、扩繁原原种苗及原原种薯，统一生产、储存、调运原种薯，供应各乡生产种基地扩繁；乡级生产种扩繁基地主要依靠当地农村专业户，引进原种苗及原种薯集中育苗扩繁，向附近广大农户统一供应脱毒生产用种薯。2005 年，四川省脱毒红薯推广面积 113.3 万亩，主要分布在资阳、南充、绵阳、广元、乐山等市。

（四）栽培技术改进

1. 育苗技术改进

红薯早栽可使营养体显著增大，既增加物质积累，促进增产，又提早封厢盖土，抑草与抗御干旱。为保证红薯早栽，1990 年，省农科院提出“1212”地膜覆盖育苗技术（即 1 分苗床地，殡种 100 公斤，用 0.5 公斤地膜盖，保栽 2 亩早红薯），使全省红薯芒种前早栽面积大增加。此后，根据生产的发展，研究提出“9℃密殡种，双膜催芽、拌种剂、稀移繁苗、保证叶面积”等商品化优质育苗为基础的早栽高产技术，使壮藤早栽增产技术措施得以大面积落实。2004 年全省地膜覆盖育苗种植面积 1055.3 万亩，占全省栽插面积的 87%。

2. 栽插密度增加

独埂大厢红薯一般每亩约栽 2000 株，产量提高有一定难度。1990 年以后，改独埂大厢为梯形厢，每亩可多栽红薯 700—800 株，每亩增产 400—500 公斤（鲜薯）。同时，具有减少水土流失的生态效益。

3. 施肥技术提高

早施重施基肥，看苗追肥是保证红薯高产的主要措施之一。起垄时，施包厢肥作底肥。在田间管理上，重点施好“穿林肥”和“裂口肥”（壮薯肥），即玉米收前 20—30 天，穿林追施一次提苗肥；玉米收获后，及时砍去稿秆移出田间，培土垒厢，追施一次裂口肥。既不影响玉米产量，又能促进红薯地上部藤叶生长和满足块根膨大需要，增强红薯耐旱能力，获得高产。同时，在收前 50 天左右，视红薯长势，增施 1 次 500 倍液的磷酸二氢钾叶面肥，增产效果明显。

4. 储藏技术革新

随着农村推行家庭联产承包责任制，集体修建的高温大屋窖已不再使用，生产上又恢复修建平温窖，结合红薯保鲜剂进行储藏，这种方法使用得当可保证红薯损失在 10%左右。21 世纪初部分种薯生产企业采用直接在田间挖坑，种薯用保鲜剂处理，上面用塑料大棚保温的办法，可大量储藏种薯并基本保证质量。

## 四、红薯加工业

20 世纪 80 代以后，红薯淀粉加工、红薯方便粉丝加工、红薯食品加工等产业快速发展，到 21 世纪初，已成为四川农产品加工业的支柱产业，全省红薯鲜薯年加工量 150 万—200 万吨，占红薯鲜薯总产量的 6%—8%，占可用于加工的红薯资源量的 30%。

（一）红薯淀粉加工

四川省红薯淀粉加工与粗制粉条加工是一个传统产业，20 世纪 80 年代多以农户加工为主，20 世纪 90 年代红薯淀粉加工与粗制粉条加工的规模有所扩大，以专业户和小型加工企业为主。到 2000 年，全省加工红薯淀粉约有 5 万户，加工粗制粉条约有 1 万户，主要分布在宜宾、成都、绵阳等红薯主产区。在四川农村多以小机具、小规模生产方式生产，淀粉提取率较低，约 70%，产品质量较差，产品档次较低。

（二）红薯粉丝加工

四川红薯粉丝加工经历从普通红薯粉丝到精白红薯粉丝、从精白红薯粉丝到方便红薯粉丝、从方便红薯粉丝到无明矾红薯粉丝、从无明矾红薯粉丝到全薯营养粉丝的过程，到2005年四川省专门生产红薯精制商品淀粉的厂家有10余家，加工精制能力在3000—5000吨，主要分布在达州、绵阳等地，全省年产精制淀粉约4万吨，主要用于生产快餐粉丝。

1997年红薯方便粉丝率先在四川开发生产，到2001年底迅速发展到20多个品牌、15个厂家、22条生产线，年产65克粉饼3亿个，折合成品3万吨。2004年四川红薯方便粉丝产业实现销售收入3.2亿元，四川省经营规模较大的企业有白家食品有限公司、光友薯业有限公司等。四川光友薯业有限公司从1个人发展到1000名员工团队，2005年资产达1亿多元，销售突破1.5亿元，在30多个城市开设网点，产品60多个系列，形成集薯类食品生产销售、深加工技术研发、薯类机械及农机设备设计制造等为一体的多元化、规模化的大型集团。

（三）红薯加工乙醇

用红薯作原料生产酒精是四川省传统工业。20世纪80年代，以红薯作原料生产食用酒精的主要是一些小型酒厂，90年代后逐渐向大中型企业集中。四川三维酒业有限公司、内江三山药业有限公司等采用红薯鲜薯作为原料生产食用酒精。2005年四川实际利用红薯为原料生产的食用酒精5万—6万吨，消耗鲜薯50万—60万吨。2002年后，国家生物能源发展规划确定以红薯作为生产燃料乙醇原料，为拓宽红薯综合利用打下基础。

## 第二节　马铃薯

### 一、生产演变

1986—1995年，农村实行土地联产承包责任制等政策继续调动农民种粮积极性，粮食生产大发展，四川马铃薯稳定发展，10年间，面积从1986年的637.8万亩发展到1996年的886.7万亩，每年以30万亩左右幅度增长，产量年度间有所波动。鲜薯产量呈逐年增长，由1986年的534.5万吨发展到1996年的837.5万吨，期间最高年份为1990年的592.5万吨，最低为1988年的496.5万吨。鲜薯亩产增长较缓慢，大部分年间在900公斤左右，其中1988年、1990年受气候影响亩产较低，分别为785公斤和770公斤。

1997年重庆市直辖后，四川马铃薯种植面积、总产量在全国的排位下降到第六、七位。1998—2003年，农业工作重心是调优水稻、玉米等大宗粮食作物的品质和调整种植业结构，四川马铃薯生产相对平稳，面积多年稳定在400余万亩，亩产鲜薯由1000公斤增加到近1200公斤，总产量随单产的逐步提高从429万吨增加到525万吨，7年间增加100万吨。

2003年下半年，全国粮食供求趋紧，粮食生产成为农业工作的重中之重。在省委、省政府重视下，四川马铃薯生产得到快速发展，2004年种植面积从上一年的444万亩发展到617万亩，2005年达655万亩，鲜薯产量增加到700多万吨，面积和产量均增加50%左右，马铃薯生产的发展使农民经济效益不断提高。

### 1986—2005年四川省马铃薯种植面积、鲜薯产量情况表

表2-11

| 年 度 | 面积（万亩） | 亩产（公斤） | 总产（万吨） |
|---|---|---|---|
| 1986 | 637.8 | 872.5 | 556.5 |
| 1987 | 648.6 | 845.0 | 548.0 |
| 1988 | 677.4 | 785.0 | 496.5 |
| 1989 | 708.1 | 825.0 | 565.5 |
| 1990 | 752.9 | 770.0 | 592.5 |
| 1991 | 768.8 | 872.5 | 662.0 |
| 1992 | 776.2 | 872.5 | 678.5 |
| 1993 | 797.6 | 890.0 | 710.0 |
| 1994 | 831.0 | 922.5 | 769.0 |
| 1995 | 866.6 | 935.0 | 817.5 |
| 1996 | 886.7 | 932.5 | 837.5 |
| 1997 | 424.8 | 1012.5 | 429.5 |
| 1998 | 443.1 | 1007.5 | 447.5 |
| 1999 | 450.0 | 1047.5 | 472.5 |
| 2000 | 455.6 | 1080.0 | 488.0 |
| 2001 | 467.0 | 1060.0 | 490.5 |
| 2002 | 453.2 | 1160.0 | 520.0 |
| 2003 | 444.2 | 1192.5 | 525.5 |
| 2004 | 617.5 | 1180.0 | 714.5 |
| 2005 | 655.7 | 1187.5 | 766.5 |

说明：1986—1996年数据含今重庆市辖区

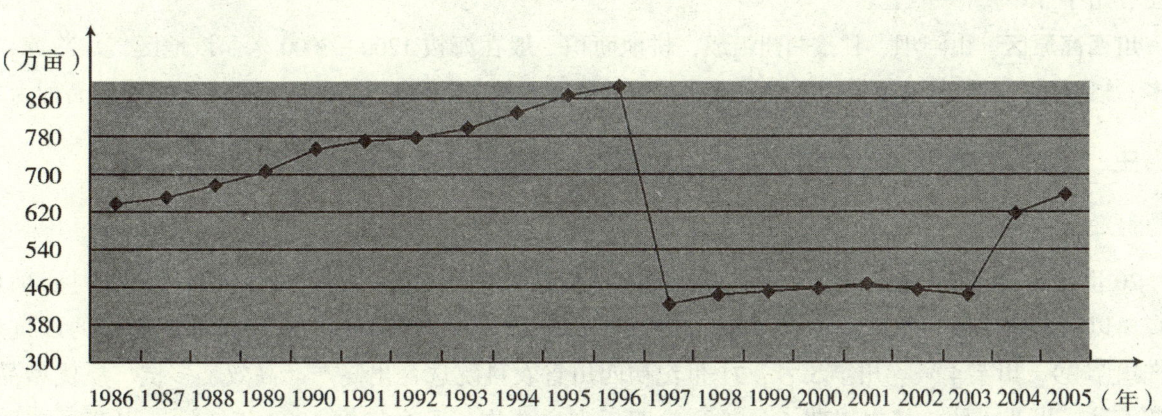


图2-20 1986—2005年四川省（1996年前含重庆市）马铃薯种植面积示意图

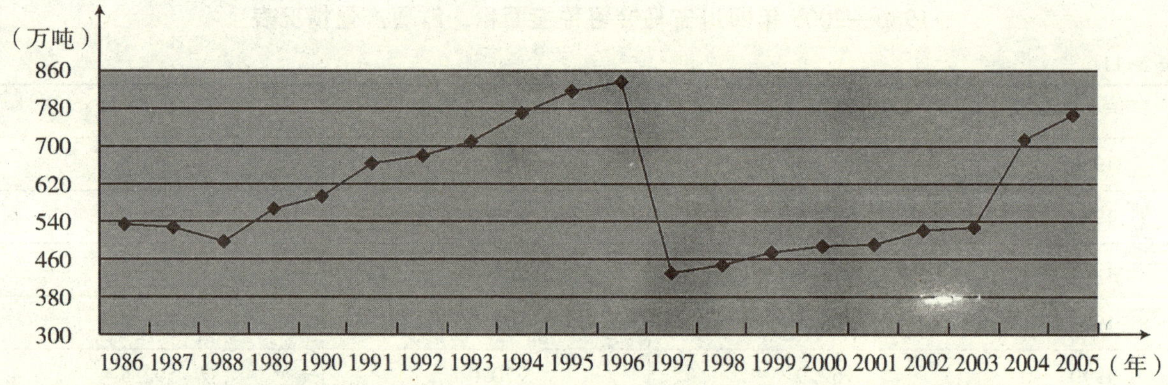


图 2-21　1986—2005 年四川省（1996 年前含重庆市）马铃薯总产量示意图

## 二、生态分布

四川气候条件优越，绝大部分地区适宜马铃薯生长，随着新品种、新技术的推广应用，海拔300—3500 米均有马铃薯种植。根据四川生态类型，马铃薯分布主要集中在以下几大区域：

**川西南山区**　包括川西南地区的凉山、攀枝花、雅安及乐山的部分山区县，马铃薯年栽培面积200 万亩以上。区内以山地为主，立体气候明显，日照充足，昼夜温差大，非常适宜马铃薯生长。主要县（市）有：盐源县、布拖县、昭觉县、越西县、会东县、金阳县、美姑县、雷波县、喜德县、会理县、冕宁县、普格县、甘洛县、汉源县、宝兴县、石棉县、马边县、峨边县等。2005 年马铃薯种植面积、总产分别占全省的 18.5%和 20.2%。

**川西北盆地边缘山区**　包括川西盆地及其边缘山区、临近的浅丘地区，由巴中、广元、绵阳、德阳、成都、雅安及乐山、内江的部分县（市）组成，该区域一般种植一季或春秋两季马铃薯，年种植面积约 280 万亩。该区域气候温和，雨水充沛，土壤湿度大，适宜马铃薯的生长发育，一些边缘山区的高山是天然的马铃薯良种繁育基地，低山平原及浅丘地区是优良的一季或两季作商品薯基地。

**川东、川南山区**　包括川东岭谷区和川东、川南山区，主要由达州、泸州、宜宾部分县（市）组成。该区域热量充足，多暴雨，且春、夏、秋伏旱发生频率高。马铃薯栽培主要分布在海拔 500—1200 米范围，是马铃薯种植的主要产区，生育期从出苗到成熟大部分地区为 80 天左右，主栽品种为米拉、川芋 56 等。

**川西高原区**　由阿坝、甘孜两州组成，耕地面积一般在海拔 1200—3000 米。该地区气候冷凉，日照多，辐射强，马铃薯种植较为零星，晚熟，年种植面积约 25 万亩，品种以南福塔等中晚熟品种为主。

## 三、技术改进

### （一）良种推广

20 世纪 80 年代四川省农业科学院承担国家马铃薯育种攻关、“863”“948”等重大科研项目，选育出以鲜薯食用型为主新品种川芋 56、川芋早，成为生产主推品种。90 年代推广应用的以抗病、高产川芋 39、川芋 4 号、川芋 5 号，21 世纪初四川省农科院选育出高产、高效、多抗、质优型品种川芋 6 号、川芋 8 号，其中川芋 6 号被列为四川省主要推广品种。据 1998 年统计，川芋早在四川（含重庆市）累计推广应用面积 905 万亩，川芋 39、川芋 4 号推广 178.8 万亩以上。1996 年、1999

年川芋56和川芋早、川芋39、川芋4号、川芋5号分别获得四川省政府科技进步三等奖。

（二）脱毒种薯技术应用

四川马铃薯栽培历史悠久，生产品种繁多、退化严重、产量低，为解决退化问题，1984—1985年四川省农科院在江津、平武、峨边等11县（点）试验结果，“疫不加”脱毒一代种薯平均产量较当地生产用种增产45.7%。1985年四川省农科院支援汶川县脱毒“疫不加”、川芋56原种，建立各级种薯繁育体系，到1991年全县应用脱毒种薯生产面积达1.35万亩，占该县马铃薯播种面积的60%。

图2-22 20世纪90年代马铃薯脱毒种薯在凉山州推广，获得丰收

（三）种植模式

**高原山区模式** 改一年只种植一季马铃薯或玉米等作物为马铃薯、玉米套作，重点推广春马铃薯/玉米“双三〇”或“双二五”模式。马铃薯2月中下旬播种，6月中下旬至7月初收获，玉米3月下旬至4月播种，8—9月收获。在此基础上，巴中、达州等地在马铃薯收挖后再增种一季生育期短的反季蔬菜，其收获时正值平丘城镇蔬菜淡季，其效益更高，形成薯—玉—菜（或豆等）“双三〇”或“双二五”模式。

**平丘区模式** 主要推广春马铃薯—水稻—秋菜（秋马铃薯）和春马铃薯—玉米—大豆（或红薯）—秋菜等模式。采用地膜覆盖净作春马铃薯，春马铃薯在12月中、下旬栽种，次年4月上、中旬收获马铃薯后栽插水稻，水稻收后种一季秋菜或秋马铃薯。春马铃薯亩产一般在1500—1800公斤（鲜重），且提早上市，效益显著。

**秋马铃薯模式** 在海拔300—800米的平、丘区利用水稻、玉米收割后、夏粮播种前的空闲时空，通过合理间套，增种一季秋马铃薯，大面积推广应用取得成效。主要方法有：中稻—稻草覆盖秋马铃薯—免耕油菜，以及蔬菜—中稻—稻草覆盖秋马铃薯两种，省工节本高效。

**冬马铃薯模式** 2003年后，泸州、广安、达州等地在海拔300米左右的地区充分利用当地冬春季较好的温光资源，在小春预留行、沿江河谷地带和冬闲田、地内增种一季冬马铃薯。冬马铃薯在10月下旬至12月上旬播种，翌年2月下旬至4月上旬收获。冬马铃薯上市时间恰是省内商品马铃薯紧缺季节，效益超过正季作物，成为适宜区农民增产增收的重大措施。

（四）栽培技术改进

**春马铃薯高产高效栽培技术** 春马铃薯突出“五改”，即改播种偏晚为适时播种；改满天星种植为双行带状垄作；改偏施氮肥为科学平衡施肥；巧施追肥；改粗放田管为科学田管；改大小薯混收混储为分级收储。

**秋马铃薯高产高效栽培技术** 主要技术要点：选好稻田，免耕开厢；种薯处理，带芽播种；合理密植，施足基肥；备足稻草，均匀覆盖；加强管理，分批采收。

**冬马铃薯高产高效栽培技术** 冬马铃薯栽培除采取同春马铃薯生产相同（如选用优良种薯并进行种薯处理等）的技术措施外，关键在于围绕防寒、防冻，选好品种，确定播期和种植密度。重点防治晚疫病。

# 第五章　豆类及杂粮

## 第一节　豆　类

### 一、大　豆

（一）生产概述

1986—1996 年，四川省大豆生产处于徘徊滑坡状态，总面积和总产量均变化不大，且有下降趋势。1986 年全省大豆种植面积 296.9 万亩，总产 34.6 万吨，单产 116 公斤，到 1996 年面积 271.4 万亩，总产 32.8 万吨，单产 121 公斤。其间，1987 年面积最大为 298 万亩，1996 年面积最小为 274.8 万亩；年总产量 1986 年最高为 34.4 万吨，1992 年最低为 29.6 万吨；单产徘徊不前，1996 年单产最高为 121 公斤，1992 年单产最低为 108 公斤。

1997—2005 年，随着人们生活水平的提高，大豆需求量逐年增加，大豆生产获得较快发展。1995 年起，四川省农业厅组织实施“大豆工程”项目，科技部、四川省科技厅实施“大豆优良品种及综合配套技术项目”和“南方红黄壤大豆优良品种及配套技术示范推广项目”，促进四川大豆生产。到 2005 年种植面积达 314.6 万亩，比 1997 年增加 132.6 万亩，总产 51.9 万吨，比 1997 年增加 27.4 万吨，单产 165 公斤，比 1997 年增加 30 公斤。2004 年种植面积最大为 362 万亩，2005 年总产量最高为 51.9 万吨，2005 年单产最高为 165 公斤。

1986—2005 年四川省大豆种植面积、产量情况表

表 2-12

| 年度 | 面积（万亩） | 亩产（公斤） | 总产（万吨） | 年度 | 面积（万亩） | 亩产（公斤） | 总产（万吨） |
|---|---|---|---|---|---|---|---|
| 1986 | 296.9 | 116 | 34.4 | 1993 | 272.6 | 117 | 31.8 |
| 1987 | 298.0 | 109 | 32.5 | 1994 | 280.0 | 114 | 31.9 |
| 1988 | 290.8 | 110 | 31.8 | 1995 | 278.4 | 114 | 31.7 |
| 1989 | 286.9 | 110 | 31.9 | 1996 | 271.4 | 121 | 32.8 |
| 1990 | 287.8 | 114 | 32.8 | 1997 | 182.0 | 135 | 24.5 |
| 1991 | 283.7 | 111 | 31.5 | 1998 | 191.1 | 136 | 26.0 |
| 1992 | 272.4 | 108 | 29.6 | 1999 | 207.1 | 140 | 29.0 |

续表2-12

| 年度 | 面积（万亩） | 亩产（公斤） | 总产（万吨） | 年度 | 面积（万亩） | 亩产（公斤） | 总产（万吨） |
|---|---|---|---|---|---|---|---|
| 2000 | 254.4 | 156 | 39.5 | 2003 | 281.9 | 159 | 44.8 |
| 2001 | 281.1 | 137 | 38.5 | 2004 | 362.0 | 162 | 49.0 |
| 2002 | 274.7 | 154 | 42.3 | 2005 | 314.6 | 165 | 51.9 |

说明：1986—1996 年的数据含今重庆市辖区

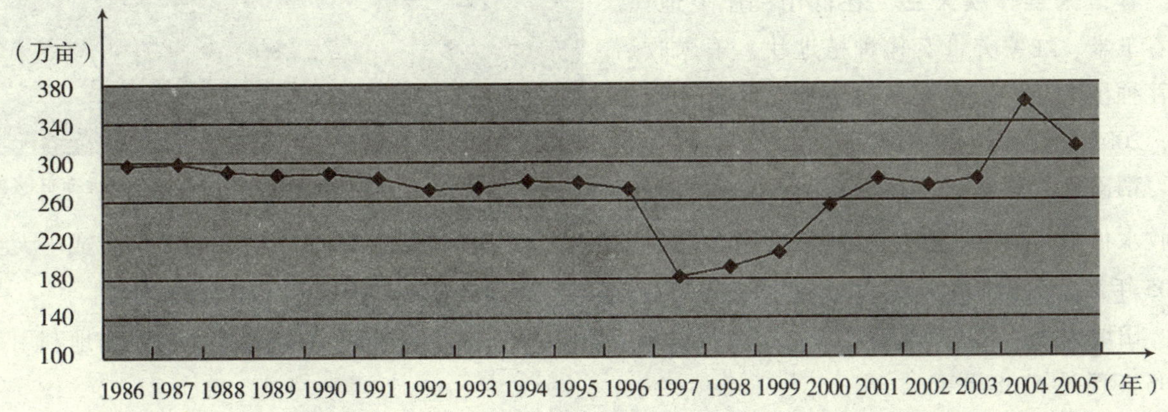


图 2-23 1986—2005 年四川省（1996 年前含重庆市）大豆种植面积示意图

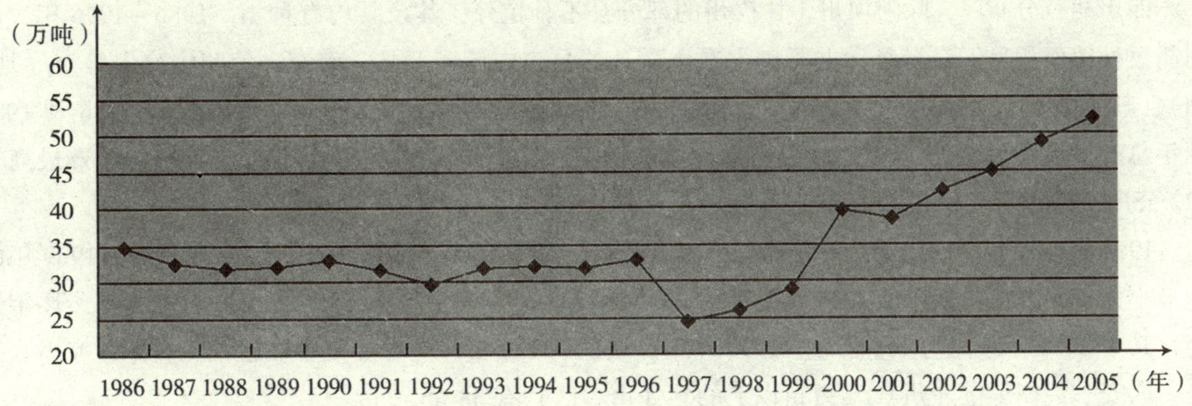


图 2-24 1986—2005 年四川省（1996 年前含重庆市）大豆总产量示意图

## （二）技术进步

### 1. 新品种的选育和推广

1989 年前生产上使用的大豆品种主要为地方品种、引进品种和系统选育品种，如白千成、塞凯 20、川湘早 1 号、铁丰 18、科丰 6 号。1989 年后，四川选育并通过审定一系列新品种，1989—2005 年共审定大豆品种 61 个，包括贡豆 2 号、贡豆 6 号、南豆 5 号 3 个国审品种。其中贡豆 5 号为自贡市农科所 1989 年选育定型的品种，1993 年审定，1995 年累计推广 50 万亩，并获得四川省科技进步三等奖。1997 年引进浙江省农科院选育的浙春 3 号，审定后在乐山、眉山等地大面积推广。

### 2. 种植模式

1985年以后，大豆种植模式不断创新改进，主要有以下四种：

**春玉米间、套作大豆** 一是春玉米间作春大豆。即在春玉米播种或移栽同期，在玉米行间撬窝间种大豆。二是春玉米套作夏大豆。推广麦/玉/薯/豆一年四熟、麦/玉/豆和芋/玉/豆一年三熟间套种植。其中，麦/玉/薯/豆是20世纪80年代以后最主要的套作大豆种植模式。

**春玉米连作秋大豆** 在低山、丘陵地区，在春玉米、红薯分带套作种植地块，玉米收后接茬种植大豆。该模式在伏旱常发区有一定推广，2005年面积达29.3万亩。

图2-25 玉米、大豆间套作（1997年，摄于广元市旺苍县）

**稻田秋大豆模式** 在水稻制种田和川东南早收水稻田，利用水稻收获后到夏收作物播种前近3个月时间增种一季秋大豆，收获鲜豆或干大豆。2005年推广面积5.5万亩。

**田埂大豆** 农民历来有在田坎土边及果园、桑园、幼林隙地种植大豆的习惯，提高耕地利用率，2005年已达57.8万亩。

## 二、胡　豆

四川胡豆分布广，除阿坝州、甘孜州的部分县不种植外，其余县均有种植。1986—1996年，四川胡豆种植面积呈下降趋势，主要集中在重庆、达县、内江、万县、南充、泸州、凉山等市（地、州），其中1986年面积最大为302.9万亩，1996年面积最小为274.8万亩；年总产量1986和1987两年总产量最高为35.5万吨，1989年总产量最低为25.3万吨；单产低而不稳，1995年单产最高为122公斤，1989年单产最低为86公斤。

1997—2005年，四川胡豆种植面积呈上升趋势，其中2005年面积最大为202.1万亩，1999年面积最小为174万亩；总产量2005年最高为32.6万吨，1999年总产量最低为22.6万吨；单产逐年提高，其中2005年最高为161公斤，1999年单产最低为130公斤。主要集中在达州、资阳、凉山、南充、广安、泸州等市（州），1万亩以上的县（市、区）有58个。

大白蚕豆是四川很有特色的一种蚕豆，也是四川推广面积最大的品种，常年种植20万亩，总产量3万吨，商品率在80%以上。

## 三、豌　豆

1986—1996年，四川豌豆主要集中在内江、万县、南充、绵阳、乐山、重庆、达县、遂宁、成都、广元、涪陵等市（地），种植面积呈下降趋势，平均每年种植201.5万亩，年均总产量19.4万吨，平均亩产96公斤。重庆市直辖后，1997—2005年，四川豌豆集中在达州、资阳、凉山、南充、广安、泸州等市（州），种植面积呈上升趋势，平均每年172.8万亩，年均总产量25.8万吨，平均单产149公斤。2005年种植面积170.6万亩，总产25.2万吨，亩产148公斤。

豌豆品种多为地方品种（农家品种），如朱砂豌、大麻豌、青菜豌、白豌豆等，近年推广的良种主要有成豌豆、食荚大豌豆2号等。1998年四川省农技推广站引进的法国半无叶豌豆品种（现定名为龙豌1号），植株直立生长，种白粒大，亩产比普通豌豆高一倍以上，成为2000年以后的主推品种。青豌豆是四川小宗粮豆中的名品之一，因其成熟后的干籽粒种皮为青绿色而得名，集中在阿坝州、甘孜州海拔2000米以上高原地带，常年种植面积15万亩，总产量2万吨。

## 第二节 高 粱

四川高粱，主要作酿酒原料，出酒率高、品质好，享誉全国。四川白酒在全国享有盛誉，且是四川一大经济支柱。因此，高粱在四川种植业中占有不可代替的地位，一直是中国南方高粱种植面积最大、单产最高、总产最多的一个省。

1986—1996年，四川省高粱种植面积年平均115.8万亩，平均总产量26.9万吨，单产平均231公斤。1997—2005年，四川省（重庆市直辖后）年平均种植63.3万亩，其中2002年面积最大为72.1万亩，1998年、1999年两年面积最小为56.1万亩；总产量平均16.5万吨，其中2002年总产量最大为18.9万吨，1999年总产量最低为14.5万吨；单产平均261公斤，其中1997年单产最高为281公斤，2001年单产最低为2336公斤。2005年四川种植面积60.6万亩，总产16.4万吨，亩产271公斤。

高粱在四川各市（州）均有分布，主要集中在川东、川南及川中丘陵地区。四川种植高粱多用地方传统品种，20世纪80年代开始，四川农科院水稻高粱研究所开展杂交高粱三系育种研究，1991年后育成再生力强的粳性杂交种泸杂4号，以及泸糯1号、泸糯2号、泸糯3号、泸糯8号，其产量450—550公斤，比常规种增产30%以上。杂交高粱的推广对提高四川高粱单产起到很大作用。

高粱种植制度。除川南一些地方外，多与甘薯、大豆等矮生作物间套种植或在田边地角种植。2002年后，随着杂交高粱的应用，利用杂交高粱根系发达、抗旱抗寒、再生力强等优点，推广高粱“一季两熟”高产栽培新技术，发展再生高粱，有效利用秋季温光资源，增加高粱种植效益，使高粱亩产突破千斤大关，其中头季亩产300公斤左右，高的可达500公斤，再生季亩产200公斤左右，高的有300—400公斤。

## 第三节 杂 粮

### 一、芸 豆

四川是全国芸豆的重要产区之一，分布在盆周边缘山区海拔800米以上地带，主要集中在雅安、凉山、广元、绵阳等市（州）的部分山区。四川芸豆中，尤以大白芸豆、多花芸豆、黑芸豆，以其粒大、色美而独具特色，深受消费者喜爱，是全国杂粮的名品。芸豆商品率很高，达80%以上，是山区人民的增收作物。

1986—1996年，四川省年平均种植芸豆面积12.48万亩，年平均总产量1.91万吨，平均单产

153公斤。1997—2005年，四川省年平均种植面积12.66万亩，其中1999年面积最大为14.6万亩，2006年面积最小为9.7万亩；平均总产量1.7万吨，其中1997年总产量最多为2.2万吨，2005年总产量最低为1.2万吨；平均单产128公斤，其中1997年单产最多为147公斤，2005年单产最低为106公斤。

大白芸豆是四川小宗名品杂粮之一，粒大色白，又称“雪山大豆”“腰子豆”，是一种营养丰富的珍贵食品。1996年全省种植3.8万亩，总产0.7万吨，2005年全省种植5.7万亩，总产量0.6万吨。

## 二、绿　豆

四川绿豆主要分布在丘陵地区的达州、南充、泸州、广安、宜宾、自贡等市的部分县。其中，四川从地方品种中选育的安岳油绿豆，因其种皮油绿、粒饱满、无“铁石”等优点，深受消费者欢迎，推广面积大。

1986—1996年，四川省年平均种植绿豆面积43.62万亩，平均总产量8.31万吨，平均单产191公斤。1997—2005年，四川年平均种植面积30.9万亩，平均总产量5.3万吨，平均单产170公斤。2005年2万亩以上的生产大县有大竹县、蓬安县、西充县、安岳县、达县等。

## 三、红　豆

四川红豆主要集中在盆周山区的雅安、广元、巴中、达川、万县、涪陵等市（地）的部分山区县及阆中。其中，地处川北山区阆中市等地出产的红豆，以其粒大饱满色鲜，多次被选送省和北京参加展览。

1986—1996年，四川省年平均种植红豆面积11.3万亩，平均总产量1.6万吨，平均单产142公斤。1997—2005年，四川年平均总产量1万余吨，平均单产118公斤。2005年四川种植红豆7.3万亩，总产量0.9万吨，单产123公斤。0.2万亩以上的生产大县（市、区）有阆中、天全、汉源、雅安市雨城区、名山、剑阁、井研、犍为、万源等。

## 四、爬山豆

四川除阿坝州、甘孜州、遂宁市不种外，其余市（州）均有种植，以乐山市、雅安市、重庆市、万县市、涪陵市种植较多。

1986—1996年，四川省年平均种植爬山豆面积16.7万亩，平均总产量2.07万吨，平均单产124公斤。1997—2005年，四川年平均种植面积4.0万亩，平均总产量0.53万吨，平均单产134公斤。2005年全省种植面积1.8万亩，总产量0.3万吨，单产167公斤。

## 五、饭　豆

1986—1996年，四川省平均种植饭豆面积16.6万亩，平均总产量2.75万吨，平均单产166公斤。1997—2005年，四川平均种植饭豆面积4.5万亩，平均总产量0.69万吨，平均单产153公斤。2005年全省种植面积2.9万亩，总产量0.4万吨，单产138公斤。

# 第三篇　经济作物

四川经济作物种类繁多，有棉花、油料、甘蔗、水果、茶叶、药材、烟叶、蚕桑等，在全国占有相当的优势。21 世纪初，四川油料作物居西部第一位，全国第五位；蔬菜居西部第一位，全国第八位。每年调出四川食用植物油 10 万—15 万吨、蔬菜 120 万吨、水果 303 万吨。

# 第一章　油　料

## 第一节　油菜生产

油菜在四川油料作物中，雄踞龙头，其面积、总产均占全省油料作物的80%左右。四川油菜生产，在全国具有重要的地位，面积、总产名列前茅，居西部第一位。

### 一、发展历程

1986年以后，四川油菜生产快速发展，“九五”期间（1996—2000年），四川年均种植面积1030.6万亩，比“八五”扩大56.3万亩，年均总产113.8万吨，增产5.6万吨。“十五”期间（2001—2005年），油菜面积除2002年比上年略有减少外，其余年份稳步扩大，亩产和总产均逐年上升。“十五”期间全省平均种植面积1197万亩，比“九五”扩大167万亩，年均总产153.6万吨，增产39.8万吨。2005年全省油菜种植面积1225.8万亩，亩产138公斤，总产168.7万吨，均超历史最高水平。

**1986—2005年四川省油菜种植面积和产量情况表**

表3-1

| 年度 | 面积（万亩） | 亩产（公斤） | 总产（万吨） | 年度 | 面积（万亩） | 亩产（公斤） | 总产（万吨） |
|---|---|---|---|---|---|---|---|
| 1986 | 1270.0 | 103.0 | 131.00 | 1996 | 1237.4 | 99.7 | 123.4 |
| 1987 | 1252.0 | 107.0 | 134.00 | 1997 | 959.7 | 109.0 | 104.8 |
| 1988 | 1220.0 | 97.0 | 118.30 | 1998 | 996.7 | 113.0 | 112.6 |
| 1989 | 1197.0 | 94.0 | 112.50 | 1999 | 1034.8 | 106.0 | 109.5 |
| 1990 | 1258.8 | 102.0 | 127.90 | 2000 | 1165.1 | 118.0 | 137.5 |
| 1991 | 1351.8 | 108.0 | 146.50 | 2001 | 1170.2 | 114.0 | 133.7 |
| 1992 | 1300.7 | 102.0 | 132.60 | 2002 | 1160.1 | 125.0 | 144.8 |
| 1993 | 1063.9 | 96.0 | 102.35 | 2003 | 1208.4 | 129.0 | 155.9 |
| 1994 | 1097.6 | 103.6 | 113.70 | 2004 | 1221.5 | 135.0 | 165.0 |
| 1995 | 1277.0 | 109.0 | 139.30 | 2005 | 1225.8 | 138.0 | 168.7 |

说明：1986—1996年数据含今重庆市辖区

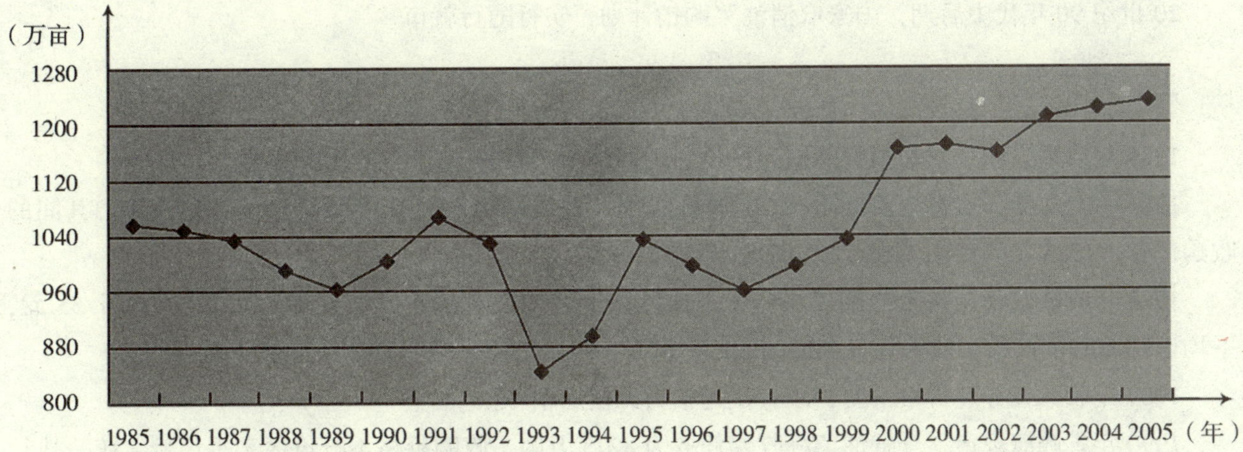


图 3-1　1985—2005 年四川省（不含重庆市）油菜种植面积示意图

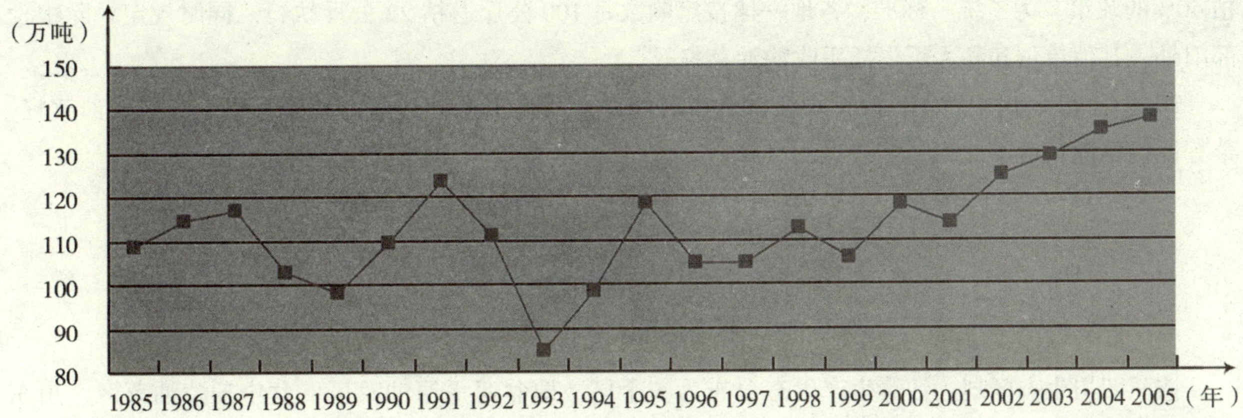


图 3-2　1985—2005 年四川省（不含重庆市）油菜总产量示意图

油菜生产，四川不乏大县。2005 年全省油菜种植面积 30 万亩以上的县，有宣汉县 40.5 万亩，三台县 38.5 万亩，达县 33 万亩，剑阁县 32.2 万亩；总产量达 4 万吨以上的县有宣汉县 6.9 万吨，三台县 6.5 万吨，达县 4.9 万吨，中江县 4.6 万吨，剑阁县 4.5 万吨，乐至县 4.1 万吨；油菜亩产 170 公斤以上的县有三台、宣汉、广汉、仪陇、高坪、旌阳、中江、西充、乐至、越西、射洪、喜德等 15 个县（市、区），最高的黑水县亩产 200 公斤，甘孜县 194 公斤，南部县 190 公斤。

## 二、菜油购销

“六五”期间（1981—1985 年），四川油菜发展较快，食用油购、销、调、存量大幅度增加。“七五”前两年，花生退出统购，油菜任务调减，但由于产量持续上升，食用油收购基本稳定，销售、调出、库存稳中有增。1987 年，全省食用油收购 40.4 万吨，销售 27.2 万吨，调出 12.6 万吨，库存 22.1 万吨。1988 年和 1989 年油菜产量下降，食用油购、销、调量也相应减少，分别比历史最高的 1987 年减少 25.7%、26.3%和 31.7%。1990 年，全省油菜籽产量增加，食用油收购、调出、库存恢复，但销量减少，全省收购 37.6 万吨，调出 9.3 万吨，库存 28.1 万吨，分别比 1989 年增长 25.5%、7.7%和 26.7%，销售量减少 1.8%。

20 世纪 90 年代中后期，国家取消油菜购销计划，实行随行就市。

### 三、政策变迁

1985 年以后，四川对油菜籽购销、价格、返回油饼（油枯）等作过几次改革。

1984—1987 年，实行“倒四六”（四成统购价、六成超购价）比例计价。不封顶政策，其间的收购任务，1985 年调整为 110 万吨，1987 年调整为 87.5 万吨。

1988 年收购政策调整为“倒二八”（二成统购价、八成超购价）加价补贴，每 50 公斤 55 元，平均返枯 40%的政策，收购任务调减为 50 万吨。

1989 年收购任务、价格不变，改有偿返枯为无偿返枯 40%。

1990 年省政府规定，全省油菜籽收购任务为 82.5 万吨，收购价格不分价区和平议价，统一执行每 50 公斤 78 元的政策。对超出国家规定的每 50 公斤 70.4 元的价款，按实际入库数，以 60%作定购，40%作议购入账处理。即每 50 公斤议价油菜为 89.44 元，对 60%定购部分，仍继续执行无偿返枯 40%的政策。为了统一标准，各地一律按定购数每 100 公斤返枯 22 公斤执行。同时规定，除粮食部门外，其他单位和私人不得插手收购油菜籽。

20 世纪 90 年代中后期，改计划经济为市场经济，允许多渠道经营，油菜籽自由买卖，油菜籽、菜籽油价格随行就市。

## 第二节　油菜分布

按照四川生态区划，油菜生产生态分布为 5 个区，即盆西平原油菜区、盆中丘陵油菜区、川东北油菜区、盆周边缘山地油菜区、川西南山地油菜区。

**盆西平原油菜区**　包括成都、德阳、绵阳、眉山的盆地坝区，自然气候极利于油菜生长，油菜种植面积较大，相对集中成片，栽培技术水平较高。2005 年该区种植油菜 312.1 万亩，占全省 25.4%，平均亩产 140 公斤，比全省平均高 2 公斤，是四川省油菜重要产区。

**盆中丘陵油菜区**　以资阳、内江、遂宁等为代表的盆中丘陵油菜区，油菜种植面积大，亩产居全省首位，在全省油菜发展中居重要地位。该区属浅丘陵，地势起伏缓和有利耕作，土壤以紫色大土坭、红色砂坭为主，光照条件基本较好，适宜秋播油菜生长。2005 年种植油菜 356.2 万亩，占全省 28.9%，平均亩产 155.6 公斤，比全省平均高 17.6 公斤，总产 55.45 万吨，占全省 32.8%。

**川东北油菜区**　以广元、巴中、达州为代表的川东北油菜区，近年来油菜生产迅速发展，已成为四川主要产区之一。该区低产田土面积大，种植技术粗放，单产水平较低。2005 年种植油菜 415.94 万亩，占全省 33.8%，平均亩产 133 公斤，比全省平均低 5 公斤，总产 55.33 万吨，占全省 32.7%。

**盆周边缘山地油菜区**　位于四川盆地周围，土多田少，冬水田面积大，且坡陡土薄，气候差异大，自然灾害频繁，种植技术落后，产量低而不稳，是省内油菜低产区。2005 年油菜种植面积和总产分别占全省 10.45%和 7.57%，平均亩产 99.5 公斤，比全省平均低 38.5 公斤。

**川西南山地油菜区**　地处四川盆地和青藏、云贵高原之间的过渡地带，土多田少，地形复杂，气候垂直分布和水平分布差异大，冬春干旱明显，冬油菜整个生育期处在旱季，抽苔开花时受干热风、冰雹等灾害影响，蚜虫危害猖獗，产量低而不稳，种植面积很小。2005 年油菜种植面积和总产分别占全省的 1.47%和 1.17%，平均亩产 109.3 公斤，比全省平均低 28.7 公斤。

## 第三节 油菜栽培技术

### 一、耕制改革

四川油菜耕作可分为水田栽培和旱地栽培两大类型，其中又有两熟制和三熟制栽培。

**水旱轮作，一年两熟地区** 油菜—水稻（即是油菜收后栽水稻），2005 年全省采用这种方式种植油菜 441 万亩，占当年油菜面积的 35.8%，主要分布在成都平原和灌溉条件较好的丘陵地区；少数地区也有油菜—水稻—大豆，2005 年采用这种方式种植油菜 21.2 万亩，比 2001 年扩大 19.3 万亩；油菜—水稻—红薯三熟制为数很少。

**旱地两熟制** 油菜—玉米，全省都有种植，以丘陵地区居多，2005 年全省有 78.9 万亩，比 2001 年扩大 1.2 万亩；油菜—红薯是另一种旱地两熟制，深丘及浅山土层较薄的地方多采用该种方式，由于油菜、红薯亩产较低，面积由 1990 年的 56.2 万亩减少为 1997 年的 22.9 万亩；其他的有 20 万亩，油菜收后种黄麻、棉花、花生等，2005 年全省种植油菜 19.3 万亩。

### 二、技术进步

（一）良种选用

四川种植的油菜品种有白菜型、芥菜型和甘蓝型三大类。大面积种植的黑油菜属甘蓝型。20 世纪 80 年代初，四川主栽品种为西南 302、江油 19 选、川油 9 号、万油 17 等，由于退化，逐渐被中油 821 替代，80 年代中后期成为主栽品种，推广面积由 1987 年的 163 万亩增加到 1991 年的 315 万亩，其他品种逐渐减少，西南 302 由 1986 年的 435 万亩减少到 1991 年的 123 万亩，江油 19 选由 111 万亩减少到 38 万亩，川油 9 号由 64 万亩减少到 20 万亩，万油 17 由 1987 年的 279 万亩减少到 181 万亩。

2005 年，全省甘蓝型油菜种植面积 1106 万亩，占全省油菜总面积的 89.8%。适合四川种植的甘蓝型中熟良种有西南 302、绵油 26、金油 15、川油 9 号等，中熟偏早品种有万油 17、江油 19 选，中熟偏迟的有中油 821。

芥菜型、白菜型油菜品种具有早熟耐旱，需肥水较少等特点，产区群众根据茬口、土质、施肥等情况，有少量种植。2000 年四川芥菜型和白菜型油菜种植面积分布为 59 万亩和 91.2 万亩，2005 年两项合计种植面积为 125 万亩，占全省油菜总面积的 10.2%。

（二）中苗早栽

油菜育苗移栽是四川 20 世纪 70 年代以后油菜栽种的重要技术，主要经验是移栽时做到“三匀”和“三带”。“三匀”是行株距要匀，大小苗分开栽要匀，栽的深浅要匀；“三带”是移栽苗尽量带土而不伤根，移栽前一个星期施送嫁肥（起身肥）带肥移栽，促发新根，移栽前苗床打一次农药，带药移栽。2005年全省育苗移栽面积1014万亩，占全省油菜面积的82%。

中苗早栽是四川20世纪80年代中后期在大壮苗移栽基础上探索出的油菜增产新技术，它充分利用秋季温光资源，多发新根，快长壮叶，扩大营养体，为高产打下基础。1995年广安等10个县实施的“丰收计划”中苗移栽面积58.5万亩，平均亩产125.6公斤，比大苗迟栽增产7.7%。1990年全省仅417万亩，2005年发展到818.2万亩，占全省油菜面积的66.5%，占育苗移栽面积的80.7%。

（三）科学施肥

20世纪80年代四川农民油菜施肥重点在施苔肥，忽略平衡施肥。90年代推广“施足底肥、早施提苗肥、重施开盘肥、看苗施好蕾苔肥”的施肥方法，并且底肥、提苗肥、开盘肥分别按3：3：4比例分配施用。硼肥是油菜不可缺少的微量元素，缺硼会造成油菜花而不实，特别是杂交油菜，缺硼将严重影响产量。1996年、1997年在开江、蓬安、西充、仪陇、岳池、武胜、宣汉、通江、平昌9个县及成都市组织的“油菜新良种及配套增产新技术”丰收计划152.7万亩，施用硼肥面积90万亩，占58.9%。

图3-3　油菜中苗移栽

（四）免耕栽培

稻茬油菜免耕配套栽培，是传统耕作与现代技术有机结合的新发展，具有省工、节本、高产稳产、增产增收的优点，特别是在秋雨多、湿害重的地区，能有效解决迟（迟栽）、湿（湿害）、稀（稀大窝）、草（草害）问题，增产效果显著。1990年全省推广稻茬免耕油菜50.6万亩。随着耕作制度的调整，油菜免耕栽培面积逐年扩大，2000年推广面积213.3万亩，2005年发展到352.5万亩，占全省油菜面积的28.75%，创历史最高水平。

2003年后，四川部分地区示范推广两季田固定厢沟油菜免耕栽培和油菜免耕套种秋马铃薯技术，收到明显效果。

## 第四节　“双低”优质油菜

### 一、发展历程

1981年秋，四川引进多个低芥酸油菜品种，经3年多点试验，认定“81008”表现较好，芥酸含量在5%以下。1985年开始在广汉、什邡示范，1986年在盆中、盆西集中成片进行大面积示范，共种植低芥酸油菜76997亩，由于后期遭遇长期低温阴雨寡照和菌核病危害，平均亩产仅95.5公斤。1988年农业部下达“丰收计划”低芥酸油菜高产示范项目，在简阳市、广汉县示范面积10万亩，省与县、县与乡层层签订合同，实行定面积、定产量、定质量，取得较好成效。但由于低芥酸油菜品种表现不理想，优质优价、测试手段等问题未解决，农民种植积极性不高，低芥酸油菜生产发展缓慢。

20 世纪 90 年代随着种植业结构调整，以及“双低”油菜新品种的选育成功，四川“双低”油菜生产发展迅速，面积不断扩大，优良品种和先进栽培技术得到进一步推广。1991 全省“双低”油菜面积种植 15.8 万亩，2001 年发展到 441.8 万亩，2004 年增加到历史最高的 850.8 万亩，2005 年略有减少，种植面积为 840 万亩，占全省油菜面积的 68.2%。

2003 年，农业部将四川省列为长江流域“双低”油菜优势发展区域。

## 二、良种推广

“双低”油菜的标准为菜饼中水分含量 9%以下，芥酸含量 1%以下，硫甙含量 40 微摩尔/克以下。20 世纪 80 年代以后，四川运用、推广“双低”油菜品种较多，先后有蜀杂 9 号、蜀杂 10 号、蜀杂 7 号、蜀杂 6 号、川油 18、川油 21、蓉油 6 号、蓉油 11 号、蓉油 13 号、德油 6 号、德油 9 号、绵油 12 号等，21 世纪初四川“双低”油菜主推品种为蜀杂 7 号、蜀杂 6 号、川油 21、川油 18、蓉油 6 号等，其中，蜀杂 7 号尤为突出，产量高、出油率高、品质好、抗性强，深受农民群众欢迎。

蜀杂 7 号，系四川联合大学与四川省农科院共同培育成的甘蓝型双低雄性不育中熟两系双低杂交种，芥酸含量低于 1%，菜饼中硫代葡萄糖苷含量低于 30 微摩尔/克，含油量高达 43.6%，丰产性好，1999—2000 年平昌县对比试验，蜀杂 7 号平均亩产 179.4 公斤，比川油 11 增产 52.2%，比中油 119 增产 17.7%。

## 三、产业化

川丰种业有限公司、四川龙丰农业发展有限公司、绵阳国豪种业有限公司等种子企业，联合科研、推广、销售等部门组成联合开发体，促进油菜新品种的推广。“双低”油菜生产的发展，带动优质油脂加工企业的兴旺。2002 年全省加工能力在 1 万吨以上的企业有 40 余家，出现四川嘉里粮油有限公司、四川金石油粕有限公司、宣汉植物油厂、遂宁汇强油脂公司、乐至德发油脂公司等大型企业。以“公司+基地+农户”形式的油菜产业化开发模式逐步形成。三台县 2002 年以企业为依托，发展“订单农业”，建立“双低”油菜生产基地。

# 第五节　花　生

## 一、生产概况

四川是全国花生主产区之一，面积、产量居全国第七位，为西部之首。20 世纪 90 年代后期，农业生产贯彻“稳粮增收调结构”方针，四川花生生产迅速发展，“九五”期间（1996—2000 年）四川年均种植面积 271.68 万亩，年均总产 37.28 万吨，平均亩产 137 公斤。“十五”期间（2001—2005 年）年均种植面积 395.5 万亩，比“九五”扩大 123.8 万亩，年均总产 56.58 万吨，增产 19.4

万吨，平均亩产142公斤，增产5公斤。2005年全省种植花生面积395.9万亩，比历史最高的2003年405万亩减少9.1万亩，亩产157公斤，总产62万吨，均超历史最高水平。种植花生面积10万亩以上的大县有三台县、南部县、剑阁县、资阳市雁江区、仪陇县、蓬安县、南充市嘉陵区、中江县、营山县、渠县、简阳市11个县（市、区），共种植花生146.74万亩，占全省37.1%。

1986—2005年四川省花生种植面积和产量情况表

表3-2

| 年度 | 面积（万亩） | 亩产（公斤） | 总产（万吨） | 年度 | 面积（万亩） | 亩产（公斤） | 总产（万吨） |
|---|---|---|---|---|---|---|---|
| 1986 | 252.0 | 107 | 27.0 | 1996 | 274.5 | 117.7 | 32.3 |
| 1987 | 237.0 | 114 | 27.0 | 1997 | 231.0 | 124.5 | 28.8 |
| 1988 | 234.0 | 114 | 26.7 | 1998 | 249.4 | 133.0 | 33.3 |
| 1989 | 230.1 | 117 | 27.0 | 1999 | 289.7 | 142.0 | 41.2 |
| 1990 | 226.7 | 119 | 26.9 | 2000 | 359.4 | 151.0 | 54.3 |
| 1991 | 227.0 | 125 | 28.1 | 2001 | 386.4 | 119.0 | 45.8 |
| 1992 | 231.0 | 121 | 28.1 | 2002 | 396.3 | 140.0 | 55.4 |
| 1993 | 250.3 | 121 | 30.2 | 2003 | 405.0 | 148.0 | 59.9 |
| 1994 | 269.7 | 90 | 24.2 | 2004 | 394.0 | 152.0 | 59.8 |
| 1995 | 275.9 | 108 | 29.9 | 2005 | 395.9 | 157.0 | 62.0 |

说明：1986—1996年的数据含今重庆市辖区

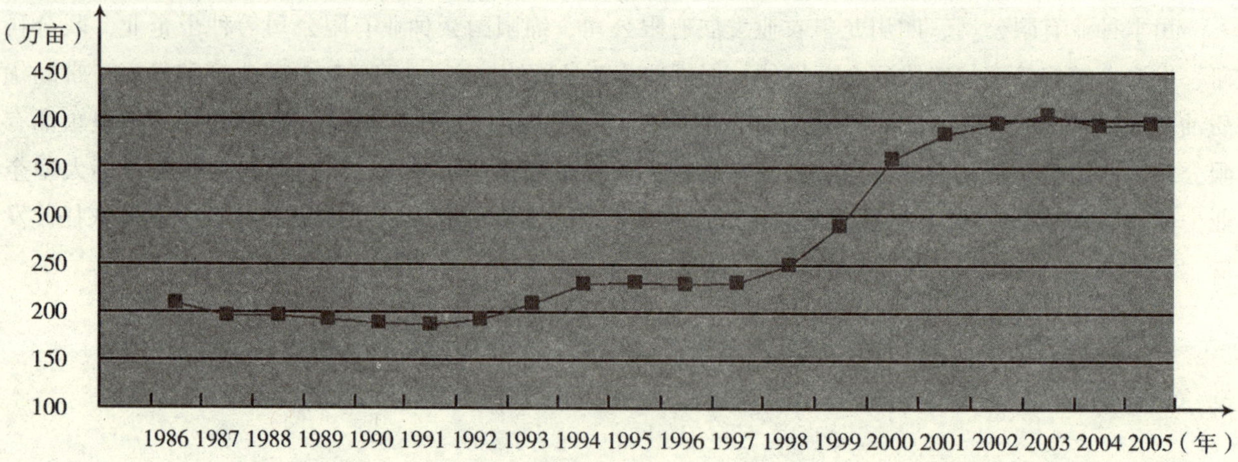


图3-4　1986—2005年四川省（不含重庆市）花生种植面积示意图

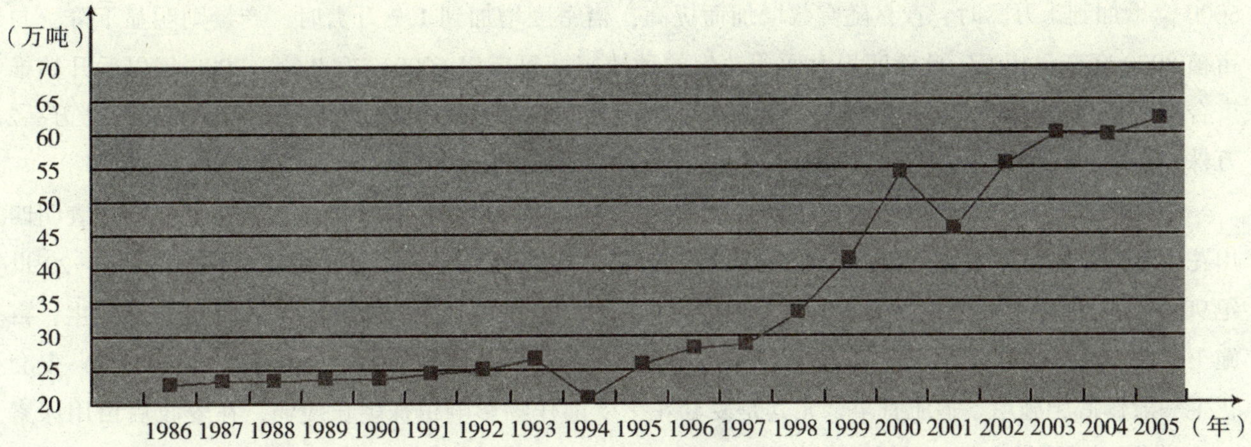


图 3-5　1986—2005 年四川省（不含重庆市）花生总产量示意图

## 二、栽培制度

20 世纪 90 年代以后，随着花生栽培面积的扩大，除垦殖少量荒坡、河滩处，主要推行轮作、间套作形式，提高复种指数。

**轮作换茬**　“花生喜生”忌连作。四川省推广两年轮作方式较多，为小麦套作花生，接茬小麦套作玉米间作红薯；小麦套作花生间作黄豆，接茬小麦套作花生间作黄豆（分带轮作）；小麦套作花生，小麦接茬红薯；蔬菜接茬春花生，接茬蔬菜接茬玉米间作瓜豆接茬蔬菜等。

**套作花生**　套作花生主要是小麦套作花生（包括小麦、花生、黄豆），套作花生，播种较早，有利避开伏旱、秋涝，生产潜力大。

**夏播花生**　主要指小麦（大麦、油菜、豌豆、胡豆）收后播种的花生。一般在 4 月下旬到 5 月上旬播种，花生出苗快，苗子整齐，产量较高。

**春播花生**　主要是红薯收后休闲地、甘蔗换兜地和蔬菜收后种植的花生。

## 三、良种运用

1985 年以前四川花生主栽品种为南充混选 1 号、天府 3 号等。1985 年以后四川省南充市农科所先后育成比天府 3 号增产的高产品种天府 9 号、天府 10 号、天府 11 号、天府 13 号和天府 14 号，这些品种的共同特点是荚果大小适中、果形美观、果壳薄、出仁率高、籽仁适口性好。产区农民根据当地种植制度、土壤质地、伏旱、秋涝等情况，一般选用高熟高产、耐旱、耐瘠、抗性好、适应性广、商品性好的品种。同时，根据市场对品种的特殊要求，选用相应的品种。如生产“天府花生”“嘉陵花生”“盐脆花生”“咸干花生”一般选用天府 5 号、天府 7 号、天府 8 号、天府 10 号、天府 14 号；生产“香酥花生”“多味花生”“密酥花生”一般选用天府 7 号、天府 10 号、中花 2 号、天府 11 号。

## 四、技术进步

**合理密植**　1994 年、1995 年渠县、乐至、顺庆、宜宾用天府 10 号、中花 2 号试验，当亩植

6000窝增加到1万窝时，产量随窝数增加而提高；当密度增加到1.2万窝时，产量则明显下降，与亩植8000窝产量相近。此前四川大面积花生的种植密度每亩仅6000—7000窝。2000年以后开始推广合理密植技术：潮坝地亩植8500—9500窝；坡台地9500—10000窝。每窝播2粒，亩植1.7万—2万株。

**施肥技术** 1987—1988年南充市农科所和四川省农业厅土肥处在13个县试验研究，结果表明四川花生配方施肥量一般以每生产100公斤花生施纯氮2.5—3.0公斤、氧化钾1.2—2.0公斤。20世纪90年代经过多年试验，逐步完善四川花生施肥技术。一是施足。一般亩产200—250公斤花生，亩施土杂肥500—1000公斤，草木灰10—15公斤。二是施早。覆膜栽培、空地花生、宽行（幅）麦套花生一般作底肥施用。追肥宜早，尤其是麦套花生受前作物影响植株生长瘦弱，在麦收后亩用尿素1—2公斤，对清粪水30—40担灌窝提苗。夏花生在齐苗后始花前及时追肥。三是深施。一般采取底肥开沟施、追肥开窝施的方法。

**地膜覆盖** 覆膜栽培比露地栽培每亩增产花生50—80公斤。20世纪90年代随着经济的发展，花生价格放开，销路看好，有利农民增收，地膜覆盖花生面积逐步扩大。“七五”期间（1986—1990年）全省花生地膜覆盖栽培面积5.7万—17.7万亩，年均种植12.6万亩，“十五”（2001—2005年）发展迅速，花生种植面积发展到133.1万—157万亩，年均种植143.44万亩。2005年全省种植地膜花生147.1万亩，占全省花生面积的37.15%。

## 第六节　芝麻及向日葵

芝麻种子含油率居食用油料作物之首，是食品工业的重要原料。四川遂宁等地以芝麻为原料精制的小磨香油、芝麻酱等传统食品，闻名遐迩，畅销全川。

1986—2005年，四川芝麻生产发展缓慢，且极不稳定，年际之间面积、产量波动很大，种植面积3万—15万亩，亩产34—67公斤，总产量徘徊于0.2万—0.6万吨。2005年全省种植芝麻5.2万亩，总产0.6万吨，平均亩产122公斤，创历史最高纪录。芝麻生产发展缓慢的原因，主要是重视不够，芝麻制成品开发滞后，市场潜力待挖掘，没能带动种植的上升。另外种植分散、耕作管理粗放，普遍存在“杂、板、迟、瘦、粗”，即品种杂、不耕地、迟播种、少施肥、粗管理和常遭渍涝、收获少，也是重要原因之一。

四川生产运用推广的芝麻良种，主要是中国油料研究所选育的品种，其中，“宜阳白”，一般比本地种增产约15%，川东种植较多；中芝7号，一般亩产约75公斤，高的在115公斤以上；中芝5号，一般亩产50公斤以上，高的达100公斤。此外，熊芝1号，湖北省潜江县选育，具有节密、蒴密、果柄长、多花、多实、粒白、粒大、高产优质等特点，川东、川中、川北种植表现较好。

芝麻在四川农作物布局中形成一套芝麻的种植制度，即轮作、间作和混作。尤以轮作的方式居多，如豌豆年内复种芝麻，年间轮作豌豆，年内复种红薯；小麦年内复种芝麻，年间轮作油菜，年内复种玉米（大豆）；油菜（胡豆）年内复种芝麻，年间轮作小麦，前后套作棉花等。无论采取哪种轮作方式，产区农民都十分重视轮作不能乱茬，否则会引起严重病害，甚至不如连作产量高。四川各地还有间、混作的经验，间混作的搭配做到作物之间无竞争、有互助的原则。如芝麻和豆科作物（高秆和矮秆）搭配，红薯地里间作芝麻（直立和匍匐作物）搭配。两种作物间作，既增加芝麻产量，又不使红薯减产。芝麻混作搭配，常见的作物有大豆、绿豆和花生。

向日葵的种植，四川一般是作为观赏植物和小宗油料作物零星栽种，多利用田边、地角、路边、沟沿、宅旁等隙地种植。由于种植分散，又多作副食品消费，极少榨油，未起到增加油源的作用。

# 第二章　棉　花

## 第一节　生产发展

### 一、生产演变

1986—2005 年，四川棉花生产经历从计划经济向市场经济的大变革。随着国际行情的变化、中国经济体制的转轨，以及农业发展方针的调整，棉花的战略地位日趋减弱。四川棉花生产在市场经济浪潮中，由于诸多不利因素影响，生产逐渐衰退。到 2005 年全省棉花种植面积、总产量不足 20 世纪 90 年代初期的 20%。

**1986—2005 年四川省棉花种植面积和产量情况表**

表 3-3

| 年度 | 面积（万亩） | 亩产（公斤） | 总产（万吨） | 年度 | 面积（万亩） | 亩产（公斤） | 总产（万吨） |
|---|---|---|---|---|---|---|---|
| 1986 | 177.0 | 55 | 9.7 | 1996 | 229.7 | 54 | 12.3 |
| 1987 | 173.0 | 59 | 10.2 | 1997 | 208.7 | 51 | 10.6 |
| 1988 | 197.7 | 44 | 8.7 | 1998 | 209.4 | 49 | 10.2 |
| 1989 | 174.5 | 49 | 8.5 | 1999 | 141.1 | 54 | 7.6 |
| 1990 | 186.3 | 62 | 11.5 | 2000 | 105.2 | 56 | 5.9 |
| 1991 | 221.1 | 66 | 14.6 | 2001 | 99.7 | 30 | 3.0 |
| 1992 | 242.4 | 62 | 15.1 | 2002 | 49.4 | 49 | 2.4 |
| 1993 | 198.6 | 62 | 12.3 | 2003 | 46.8 | 53 | 2.5 |
| 1994 | 194.7 | 35 | 3.7 | 2004 | 53.7 | 61 | 3.3 |
| 1995 | 209.6 | 53 | 11.2 | 2005 | 41.8 | 60 | 2.5 |

说明：1985—1996 年的数据含今重庆市辖区，但重庆所占比例极低，一般年份不足 1%

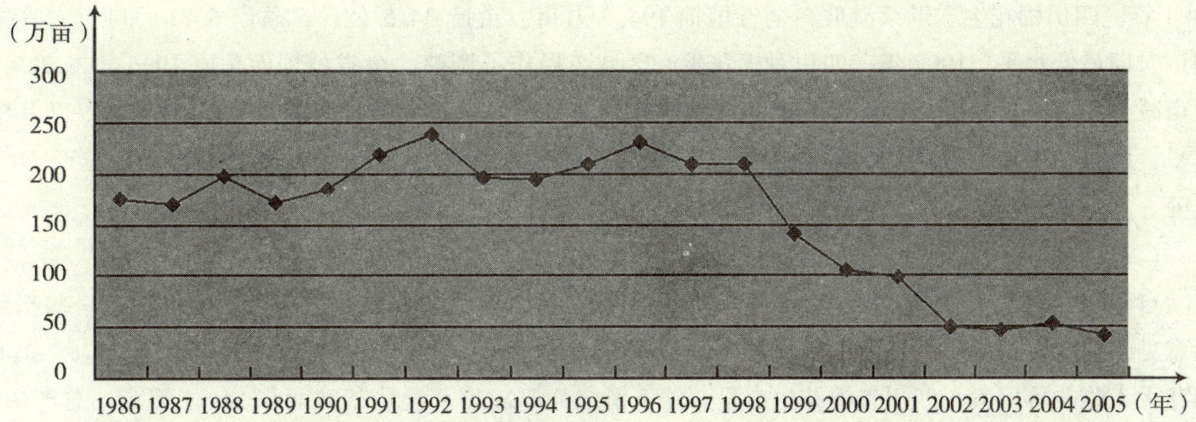


图 3-6　1986—2005 年四川省棉花种植面积示意图

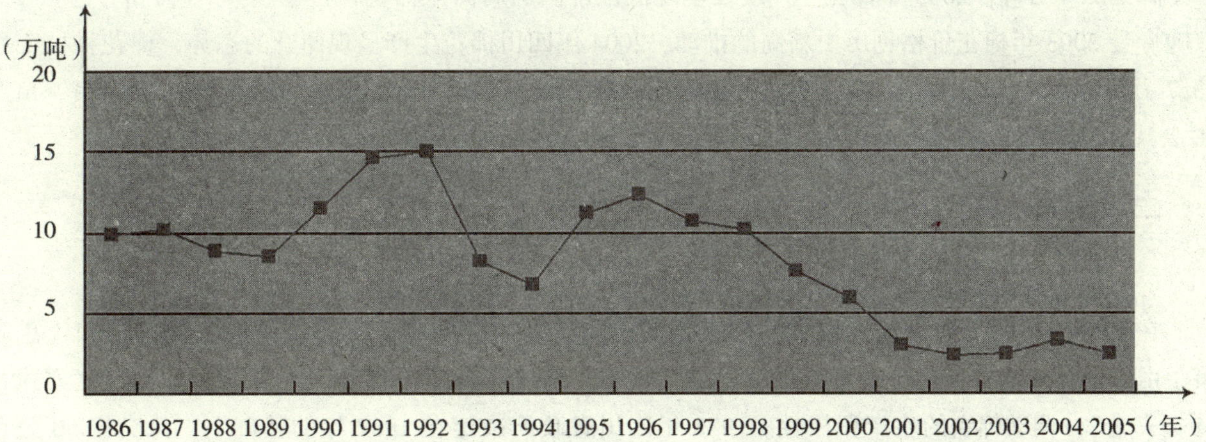


图 3-7　1986—2005 年四川省棉花总产量示意图

（一）国家统购时期（1986—1998）

该阶段四川棉花生产主要受棉花收购价格政策，以及植棉期间气候条件的影响而变化，而且年间波动较大。

1987 年以前，北方执行倒“三七”（30%按牌价，70%按加价），南方执行“三七”开。从 1987 年开始，南、北方均执行倒“三七”，调动棉农的生产积极性。1988 年，四川省政府决定在 1987 年的基础上，每交售 50 公斤 1—4 级机纺棉，省财政再价外补贴 20 元，5 级棉价外补贴 10 元；同时，省财政拨出专款 500 万元，由农业部门用于推广棉花地膜规范化栽培，调动棉农的种植积极性。1988 年全省棉田扩大到 198 万亩，比 1987 年增加 27 万亩。但由于中、后期低温寡照，致使棉花亩产减少 15 公斤，总产仅 8. 8 万吨，比 1987 年减少 13. 7%。

1990 年，中央调整棉花收购价，四川省实行粮差补贴和生产扶持，每公斤标准级皮棉综合价 6. 98 元，比 1989 年提高 1. 34 元。1990—1992 年，受政策推动，全省棉花种植面积逐年上升。1992 年，全省植棉面积扩大到 238. 5 万亩，总产 15 万吨。面积、单产、总产均创历史最高水平。

1992 年，国家收购棉花“打白条”影响 1993 年棉农的植棉积极性。1993 年，大部分棉区 5 月、6 月遭受严重夏旱，特别是 7 月下旬至 8 月中旬连续 20 多天低温、阴雨的影响，导致产量大幅下滑。

1994 年，四川棉花生产继续滑坡，全省植棉 194.8 万亩，亩产 34.5 公斤，总产 6.71 万吨，总产降到该时期最低水平。1997 年，四川对棉花生产区域布局作了调整，全省植棉面积由 1996 年的 229.7 万亩减少为 208.7 万亩。1998 年，四川省继续对棉花生产区域布局进行调整，面积稳定在 1997 年的水平，由于中后期低温阴雨，以及国家对棉花生产的宏观调控，棉花生产呈下滑趋势，总产 10.2 万吨。

（二）市场调节时期（1999—2005 年）

自 1999 年开始，棉花生产由计划经济转向市场经济，收购价格随行就市，国家仅出台一些指导性意见，但农发行每年的贷款上限无形中形成棉花收购价格。由于棉农对市场经济的不适应，担心棉花无人收购等因素，四川省棉花生产呈一路下滑之势。1999 年全省棉花面积 141.1 万亩，总产 7.6 万吨。2001 年遭受前、中期严重干旱以及后期低温阴雨的影响下，全省棉花种植面积 99.7 万亩，总产 3 万吨。2002 年受上年棉花价格下降和棉花单产大幅降低的影响，全省棉花种植面积 49.4 万亩，总产降到 2.4 万吨。2003 年棉花生产继续呈现低位徘徊的局面，棉花种植面积 46.8 万亩，总产 2.5 万吨。受 2003 年棉花价格创历史新高的推动，2004 年四川棉花生产呈现回升的态势，棉花种植面积 53.7 万亩，总产 3.3 万吨。2005 年受上年棉花价格下滑的影响，全省棉花种植面积 41.8 万亩，亩产 60 公斤，总产 2.5 万吨。

## 二、国家政策

（一）价格政策

在 1986—1998 年国家统购时期，国家合同定购计划内的棉花，实行统一的收购价格和优惠政策，由供销社和农业部门的良种棉加工厂统一收购、统一经营。1987 年开始，国家在南、北方执行倒“三七”，调动棉农的生产积极性。1988 年四川省政府决定在 1987 年的基础上，每交售 50 公斤 1—4 级机纺棉，四川省财政再价外补贴 20 元，5 级棉价外补贴 10 元；同时，四川省财政每年拨出专款 500 万元（2000 年取消该项扶持），由农业部门用于推广棉花地膜规范化栽培。1990 年中央调整棉价，四川省实行粮差补贴和生产扶持，每公斤标准级皮棉综合价 6.98 元，比 1989 年提高 1.34 元，推动四川全省棉花种植面积逐年上升。从 1993 年起标准级皮辊棉的收购价格，每公斤由 3 元提高到 3.3 元，1994 年国家将棉花收购价格提高到每公斤 5.44 元，1995 年提高到 7 元，该价格一直维持到 1997 年末。1998 年棉花收购价格降低到中准价 6.5 元/公斤。

在 1999—2005 年市场调节时期，1999 年棉改政策出台，将棉花价格放开，收购价格、销售价格主要由市场形成，不再作统一规定，棉花收购价格波幅较大。

（二）奖售政策

国家的棉花奖售政策主要是实行棉花收购加价款、棉花销售“三挂钩”（预购定金、柴油和低价化肥）奖励和棉花调拨奖励等 3 项补贴政策，对棉农生产和棉花销售进行适当补贴，一定程度上提高棉农和流通企业生产与销售的积极性，促进棉花生产和销售。1988 年起实行棉花化肥奖售政策，棉农每交售 50 公斤皮棉奖售 35 公斤平价优质标准化肥。1993 年起对棉农的奖售政策保持不变，但奖售兑现形式由实物改为退还平议差价，作为价外补贴，直接付给棉农。同时将奖售棉农的化肥、柴油由平价改为议价，实行保量不保价。

20 世纪 90 年代后期开始，棉花生产的奖励政策逐步被取消，实行市场调节。

## 第二节 棉田分布

四川省现有棉区与长江流域棉区基本平行，属丘陵旱地无灌溉棉区。土壤多数属紫色土，具有较强的保水保肥能力，有机质较缺乏而钾素含量丰富；少数沿江冲积土，土质肥沃疏松，有机质丰富而钾素及某些微量元素比较缺乏。

四川盆地内部属于中亚热带季风气候区，由于受季风进退早迟和地形地貌影响，形成盆西与盆东两个不同气候区：盆西热量较差，雨小偏多；盆东热量充沛，日照较多，7—8月多伏旱。四川棉区位于盆中，恰好处在这两个气候区的结合部位，是盆地内部相对少雨、湿度较小、光照条件相对较好而又不受或少受伏旱影响的特殊气候区。气候资料表明，热量优于北方棉区及同纬度棉区，具有冬暖、春早、夏热、霜少等特点，全年平均气温17.1℃，≥10℃积温5439℃，年平均日照1347.7小时，每天3.7小时，但棉花开花结铃期的7—8月，日照385小时，平均每天6.2小时，对形成棉花产量十分有利；年降水量945毫米，与长江流域棉区相近，由于季风影响，全年雨量的77.5%集中在5—9月，与棉花生理需水期基本同步。

1986—2005年，四川植棉面积变化很大，棉区分布的变化也很大。20世纪80年代、90年代四川棉区主要集中在20个县，2000年以后，棉区调整为以射洪为中心的10个县（市、区），即射洪、大英、南部、仁寿、遂宁市安居区、简阳、西充、乐至、三台、中江，该区域为川中丘陵老干旱区。

## 第三节 栽培管理

### 一、品种与良种繁育

（一）品种推广

1986—2005年，四川省棉花生产重点推广抗病虫丰产棉花新品种，其间经历3次大的品种更新换代。

1986—1993年，以丰产抗病品种川73-27为主要推广抗病品种，配套品种有川抗414、盐棉1号、盐棉2号、中棉12、绵阳83-21、川杂1号、川杂2号、川杂3号、川杂4号、南杂1号和内杂1号。其中，丰产抗病的川73-27以其长期不衰的抗病性、高衣分和强结铃性的特点，成为四川省自育常规品种中最具特色和最富成效的品种之一，累计推广1000余万亩。

1994—2002年，品种较为多元化，主要推广品种为丰产性好的川棉56、川碚2号、川棉109、川棉45等抗病虫品种，配套品种为川棉30、川棉243、川棉239、川棉65、川杂6号、川杂7号、川杂8号、川杂9号、川优1号、川杂11号、绵无4176、绵育3号、蜀棉1号等。其中，川棉56在1993年确定为四川棉花生产第四次换种的主要接班品种，年推广100万余亩，约占棉田总面积的50%。川碚2号1993年被列为四川重点推广品种，1994年被列为国家重点推广品种。川棉109实现抗蚜与抗病、丰产与优质的结合，在1999年被科技部定为全国重点推广科技成果，推广应用面积

600万亩。川棉243、川棉239为四川省仅有的国家审定品种，以其抗黄萎病、高抗枯萎病、丰产性好的特点，被列为“2001年种植业重点推广技术”。川棉45以丰产、抗螨、抗病虫的特点，成为该阶段后期的主推品种。

2003—2005年，丰产抗棉铃虫的杂交棉品种川杂13为四川主要推广品种，奠定抗虫棉为主导品种的格局。配套推广的抗虫杂交棉品种有川杂12、川杂棉14、川杂棉15，以及川棉243、川棉239、川棉45、川棉65等常规丰产抗病品种。其中，川杂13等抗虫杂交棉可减少治虫成本70%—80%，每亩为棉农增收节支200元以上。

（二）良种繁育

常规棉品种的良种繁育，1986年以后，四川省逐步建立和完善常规棉良种繁育体系。四川省农业厅统一部署，调整品种布局，分别在沱江流域、涪江流域、嘉陵江流域等四川棉花主产区，布局最适宜品种。生产用种，由简阳棉花原种场等8个国家级优质棉基地县良种棉加工厂和棉花育种单位统一繁种。常规棉花良种繁育方法，主要为“三年三圃制”，采取单株选择、分系比较、混系繁殖，即株行圃、株系圃和原种圃。1986—1999年四川省常规棉种生产量保持在250万公斤水平，种植面积170余万亩。2000—2005年由于面积逐年萎缩，棉种生产量也逐年下降，大部分生产单位逐渐退出。

棉花杂交种子生产，主要采用“两系法”，包括恢复系繁殖、核不育两用系繁殖及杂交制种3个组成部分。生产单位主要有乐至县种子公司、安岳县种子公司、仁寿县种子公司和四川棉花研究所。1986—1999年常年生产量50万公斤，种植面积50余万亩。2000—2005年生产量逐年减少，但自2003年开始，随着抗虫杂交棉的推广，四川省抗虫杂交棉的比重逐年上升，2005年种植面积占到全省棉花面积的70%。

## 二、耕作制度

四川棉区大体可划分为涪江流域、沱江流域、嘉陵江流域3个棉区，各棉区自然条件存在一定差异，耕作制度也不尽相同。1986—2005年，四川棉区形成棉田以棉为主，合理配置早熟前作，协调小春种植与大春种植相结合的耕作制度，其间大致分为两个发展阶段。

第一阶段（1986—1998年），在粮棉两熟耕作制度中，充分利用四川冬、春有利气候资源，提高复种指数，增加棉农收入。四川棉区的主要耕作方式，以小麦预留棉行为主，约占全省棉田的85%。其基本轮作方式是：麦—棉—饲（经）或蔬菜套作。一是采用1.5—1.6米开厢，小春小麦占地0.68—0.70米，预留棉行套种作物占地0.82—0.90米；二是采用双三〇开厢，小春小麦占地1米，预留棉行套种作物占地1米的棉田综利用耕作方式。小春预留棉行套种（饲料、蔬菜），收获前套种马铃薯；大春棉花套种脚板薯、花生、红薯、饲料等作物；8月底9月初在棉田行内及时抢种白菜、萝卜等秋菜，充分利用时空，提高棉田经济效益。

第二阶段（1999—2005年），根据四川棉区自然环境条件，充分利用土地，开发农田可利用空间，提高复种指数，规范农田改制，利用高效套种模式。小麦预留棉行的综合利用得到较大发展，以棉为主、综合利用、开发两头、强化中间、提高全年整体效益，使粮、棉、菜、饲得到协调发展，棉田综合利用约占全省棉田的80%。简阳、射洪、大英等地采取小春小麦宽厢套种豆类、蔬菜、饲料等作物，大春棉花宽厢套种早熟经济作物花生、黄豆、蔬菜、马铃薯、玉米等，进行套种（间种）。同时，在棉花行间套种开发晚秋蔬菜或饲料等综合利用。由于选用抗病虫杂交棉品种，既减少农药的使用，又降低棉田投入，保护环境和人畜安全，棉农得到实惠。实现土地、光、热、水、气等自然资源的充分利用，提高复种指数，增加经济效益。形成一套四川棉田节本增效综合利用的高效种植技术体系。

### 三、栽培技术

1986—1992 年，四川棉区主要推广“地膜规范化栽培”“麦棉套栽”“麦（油）后棉”3 种植棉技术。“地膜规范化栽培”技术，种植方式分为宽窄行种植和等行种植，宽窄行种植即一幅地膜盖两行棉花，等行种植即一幅地膜盖一行棉花。一般初花期揭膜。地膜棉生长发育快，根系主要在耕层分布，生理功能期长，光合效率高，产量比露地棉提高 20%—30%。由于生育期提早，纤维细度、强度、长度优于露地棉，不同程度提高纤维品质。“麦棉套栽”技术，技术要点是小麦播幅，坝地小麦播幅 40%，留行 60%，坡台地小麦播幅 50%，留行 50%；小麦品种要求熟期早、株矮、叶直立、抗病力强；适当的温度，地温和气温稳定通过 15℃；适当的苗龄，子叶二、三叶期；适当麦棉共生期；麦收前 20—25 天；适当的种植密度。“麦（油）后棉”技术，技术要点是早育壮苗，方格育苗，栽前 15 天假植蹲苗；适时抢收前作移栽棉苗，5 月 25 日前栽完；适当增加密度，提早追肥。

1992—2005 年，在上述技术的基础上，重点研究和推广以促早为中心的棉花高产（亩产 125 公斤以上）规范技术。该项技术确立 3 月中下旬播种，4 月中下旬移栽，5 月中旬现蕾，6 月中旬开花，8 月上旬吐絮，9 月 20 日前收花率超过 85%的生育进程指标；确立各期主茎生长最适速度与株高，最适叶面积指数，开花期达到总果枝 80%，总果节 50%，7 月 15 日达到总果节 80%，总铃数 35%—40%，8 月 15 日达到 6. 0 万—6. 5 万个亩铃数，9 月 10 日达到 7. 5 万—8. 5 万个亩铃数的生殖生长指标，植株下、中、上层间距，果枝长度的株冠结构指标，全株平均铃重不低于 4. 2 克，衣分率 42%以上的经济性状指标。该技术实现小面积亩产可超 150 公斤，生产示范可达 125 公斤以上，大面积应用可超过 100 公斤的产量指标；可纺棉一般年景超过 85%的质量指标；9 月 20 日前收花率可超过 85%的熟期指标，亩产值净增 155 元以上的经济指标；可保不削弱地力并提高地力的环境增益目标。

在研究和推广上述主体植棉技术的同时，相继研究和推广“棉花病虫综合防治技术”“化学调控技术”等配套技术，同时，随着育种成果的创新特别是转基因抗虫棉的研究应用，生产上的种植密度也随之作出调整。1990 年以前四川棉花品种以常规棉为主，推广的坝地密度 3300—3400 株，坡台地 3600—3800 株。1990 年后杂交棉种植面积扩大，坝地杂交棉种植密度降到 2800 株，常规棉种植密度 3200 株；坡台地杂交棉种植密度 3000 株，常规棉种植密度 3400 株。2000 年后，坝地杂交棉种植密度再次降低到 2000 株，常规棉种植密度 3000 株；坡台地杂交棉种植密度 2500 株，常规棉种植密度 3200 株。

1991 年后推广四川棉花重要病虫系统控制技术，立足于四川两熟制丘陵棉田生态系统的特点，采用棉花健身栽培、科学使用农药、保护利用天敌等为关键技术，取得明显的经济、社会和生态效益。推广的“化学调控技术”，在棉花蕾期、花期使用缩节安、多效唑等植物生长调节剂，以控制棉花植株内部生理过程和农艺性状的表达，协调营养生长和生殖生长，以培育矮化壮苗，控制徒长，保花防脱落，促进棉花早熟。

# 第三章 甘 蔗

## 第一节 生 产

### 一、生产演变

1986—1990年，全省甘蔗种植效益下降，蔗农的生产积极性不高，种植面积逐年下滑。1988年，四川省政府出台新政策，将蔗价从58元/吨提高到90元/吨，同时继续执行吨糖吨粮和返还糖政策，但由于比较效益仍低于其他作物，种植面积继续减少。1990年四川全省甘蔗种植面积73.2万亩，比1986年减少5.5万亩，减幅7.0%，总产量238.70万吨，下降3.4%。

1990年秋，四川各级政府和糖厂在保持甘蔗收购政策基本稳定的同时，狠抓政策兑现、甘蔗生产基地建设、蔗地综合利用技术推广等工作。1991年，四川的甘蔗面积有了大幅度增加，达79.0万亩，较1990年增加5.8万亩，增幅达8%；产量由1990年的238.70万吨增加到271.50万吨，增幅近14%。当年下半年，国家出台新政策，鼓励农民自由种植，但遇上冬天的低温霜冻，甘蔗留种困难。1992年国家放开糖价，糖价陡降，再加上原用于奖励蔗农的奖售粮价差全部或部分被用作食糖风险基金，专用于工商经营食糖亏损补贴，农民种蔗收入锐减，更挫伤蔗农的种蔗积极性，加上蔗价降低、奖售化肥政策兑现差等因素，致使1992年甘蔗面积大幅度减少，降到68.85万亩，较上年减少10.15万亩，减幅13%。1993年甘蔗面积继续大减，降到54.3万亩。同年，各地取消种蔗奖售粮政策，农资大幅涨价，1994年全省甘蔗面积减少到52.8万亩。1995年，蔗价有了提高，甘蔗面积稍有增加，达53.3万亩。1996年，随着四川盆地白糖厂的破产倒闭，盆地主产区甘蔗面积锐减，全省甘蔗面积降至50.6万亩。

1997—2005年，全省甘蔗种植面积随着糖价的波动呈现波浪势下滑，从1997年46.35万亩降至2005年40.1万亩，产量由155.66万吨降至132.9万吨。1997年和1999年，凉山州宁南县和会东县分别被列为“九五”第一批和第二批国家糖料基地，重点建设甘蔗良繁体系建设、中低产蔗田改造、农技服务体系建设及新技术推广等。2003年，攀枝花市米易县被列为国家特早熟甘蔗良种繁育基地。随着攀西地区国家基地县的先后建成，该区甘蔗的单产和糖分有较大提高，平均亩产由20世纪90年代初的3.7吨，提高到2005年的5.5吨，位居全国平均单产前列，超过国家“双高”甘蔗平均单产5吨的标准；甘蔗含糖分13%，提高2个百分点。实现民族地区蔗农增收和糖厂增效，促进攀西地区糖料产业化发展。

1986—2005年四川省甘蔗种植面积和产量情况表

表3-4

| 年度 | 面积（万亩） | 亩产（公斤） | 总产（万吨） | 年度 | 面积（万亩） | 亩产（公斤） | 总产（万吨） |
|---|---|---|---|---|---|---|---|
| 1986 | 78.70 | 3138 | 246.96 | 1996 | 50.60 | 7132 | 164.20 |
| 1987 | 75.40 | 3186 | 240.22 | 1997 | 46.35 | 6717 | 155.66 |
| 1988 | 74.40 | 3125 | 233.50 | 1998 | 44.40 | 7274 | 161.48 |
| 1989 | 73.60 | 3124 | 229.29 | 1999 | 43.80 | 7332 | 161.00 |
| 1990 | 73.20 | 3261 | 238.70 | 2000 | 45.90 | 7244 | 166.70 |
| 1991 | 79.00 | 3437 | 271.50 | 2001 | 45.90 | 6784 | 155.70 |
| 1992 | 68.85 | 3284 | 226.10 | 2002 | 47.80 | 7164 | 171.20 |
| 1993 | 48.57 | 6906 | 167.71 | 2003 | 47.70 | 7140 | 170.10 |
| 1994 | 52.80 | 6491 | 155.55 | 2004 | 43.17 | 6764 | 146.10 |
| 1995 | 53.30 | 7001 | 170.72 | 2005 | 40.10 | 6628 | 132.90 |

说明：1986—1996年的数据含今重庆市辖区

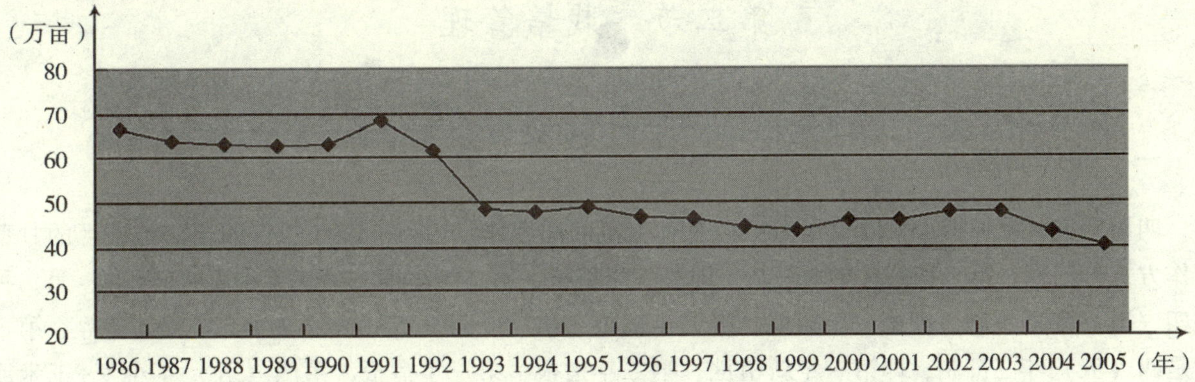


图3-8 1986—2005年四川省（不含重庆市）甘蔗种植面积示意图

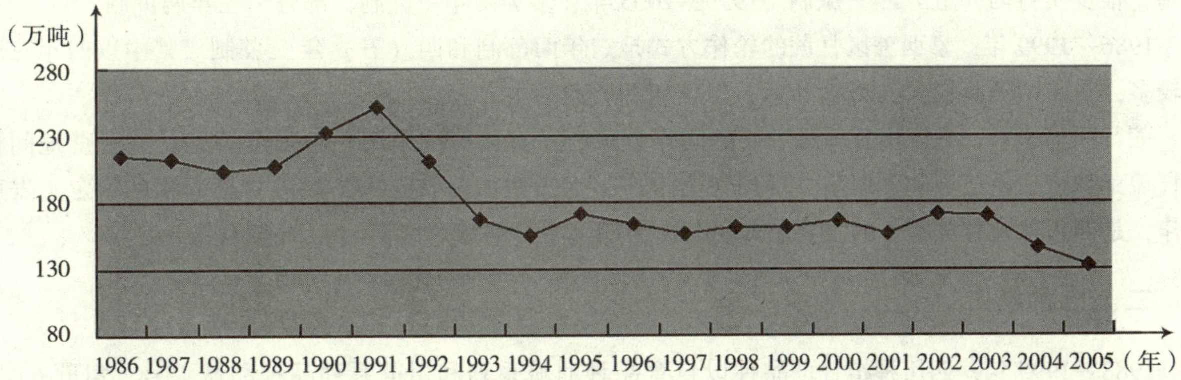


图3-9 1986—2005年四川省（不含重庆市）甘蔗总产量示意图

## 二、产区演变

1986年，四川甘蔗主产区为资中、简阳、资阳、内江、宜宾、犍为、米易、宁南等县，甘蔗面积在2万亩以上，其中资中甘蔗面积近6万亩，为四川甘蔗最大生产县。甘蔗次产区为内江、眉山、遂宁市市中区、渠县、丰都、云阳、南充、合川、江津、铜梁、大足、富顺、德阳市旌阳区等，非主产蔗区有20多个县。随着盆地甘蔗面积的大幅减少，该区银山、内江、球溪、资阳等大糖厂纷纷破产倒闭，盆地甘蔗生产失去优势地位，其主产蔗区的一些县（市）先后退出，进入次产蔗区。1999年，数十年甘蔗面积位居全省第一和第二的资中县、内江县甘蔗面积锐减，退出主产蔗区行列。面积大于2万亩的主产蔗区为宁南、会东、德昌、米易、眉山等少数几个县。全省甘蔗由盆地的分散生产转向具有地理优势的攀西地区，形成两大以生产果蔗和糖果兼用蔗为主的盆地蔗区和以生产糖蔗为主的攀西蔗区。

盆地蔗区年平均气温17℃—19℃，年降雨量1000—1200毫米，年日照1300—1500小时，7—9月甘蔗伸长期光热水资源丰富，秋季凉爽，冬春干旱，常有霜冻低温和寒潮侵袭。攀西蔗区光热水资源丰富，年平均气温19℃—22℃，年日照2100—2500小时，年降水量1000毫米左右，昼夜温差大，灌溉条件好，甘蔗单产、糖分较高，是四川甘蔗特别是糖蔗的集中产区和高产高糖地区。

# 第二节　栽培管理

## 一、耕作制度

四川蔗区甘蔗种植方式以轮作为主，兼有少量的间套作。1986—1995年，四川盆地蔗区的甘蔗轮作方式有三种：第一种是三年两蔗制，即第一年新植、第二年宿根、第三年小麦+玉米等；第二种是四（五）年两蔗制，即第一年新植、第二年宿根、第三或四（五）年小麦+玉米或红薯等；第三种是四（五）年三蔗制，即第一年新植蔗、第二年宿根、第三年宿根、第四（五）年小麦+玉米或红薯等。这几种轮作方式中，三年两蔗制比较普遍，多用于四川盆地丘陵蔗区土层瘦薄的坡地，四（五）年三蔗制多用于盆地的成都平原和丘陵蔗区土层深厚的槽坝地。1996—1998年，多为三年两蔗制，很少实行四（五）年三蔗制。1999—2005年，多为两年一蔗制，部分为三年两蔗制。

1986—1999年，攀西蔗区甘蔗的轮作方式是三年两蔗制和四（五）年三蔗制。其中以四年三蔗制较多，三年两蔗制较少。2000年后，以三年两蔗制为主。

蔗行间种玉米，是四川甘蔗最主要的间作方式，一直被广泛采用。1990年以后，在甘蔗地间种矮秆蔬菜辣椒、番茄等和食用菌，得到大力推广，大大增加蔗农收入，促进甘蔗面积的稳定。麦蔗套作，是四川盆地甘蔗套作的主要形式，其次为胡（豆）蔗套作、豌（豆）蔗套作。

## 二、良种推广

1988—1995年，四川种植甘蔗品种以自育品种甜城系列和川蔗系列品种甜城1号、川蔗6号、川蔗10号、川蔗14等为主，省外引进品种为辅。1996年以后，糖果兼用蔗品种如川蔗6号、川蔗14号和粤糖58-489、甜城15号等开始在盆地蔗区较大面积种植，到1999年，盆地蔗区川蔗6号的生产面积约占四川盆地甘蔗面积的50%，川蔗14号约占30%，粤糖58-489约占8%，甜城15号约占5%。2000—2005年，盆地内甘蔗品种仍以川蔗6号和川蔗14号为主，以甜城14号、甜城15号等为辅。攀西蔗区重点推广省外引进品种新台糖系列和桂糖系列等，如新台糖19号、新台糖22号、桂糖11号、桂糖15号等。2005年，仅宁南蔗区新台糖系列就占到种植面积的30%。

### 三、栽培技术

四川盆地甘蔗春植、夏植、秋植和冬植均有。1986—1991年，四川盆地甘蔗的栽培制度主要是宿根蔗，占甘蔗总面积的40%—50%，春植蔗约占40%，秋植蔗的面积占3%—4%，冬植蔗占4%—5%，夏植蔗不到1%。1992—1995年，宿根蔗面积有所增加，其余则在减少。1996—1998年，四川盆地的白糖厂全部破产倒闭后，春植蔗成为四川盆地最主要的栽培制度，宿根蔗面积大幅减少，夏植蔗和秋植蔗基本消失，冬植蔗虽有种植，但面积很少。1998年后，除交通方便、离市场近、甘蔗面积相对较大的糖果兼用蔗种植区有少量宿根蔗外，其余地区均是春植蔗。攀西蔗区长年宿根面积占其总面积的50%—60%，春植蔗的面积占40%—50%，冬植蔗的面积在5%以下。秋植蔗和夏植蔗虽也有种植，但其面积特别少。

#### （一）春植蔗栽培技术

2月下旬至3月下旬，最迟不超过4月中旬，表土层10厘米处的温度稳定在10℃以上时播种。将蔗种砍成双芽苗、三芽苗。四川盆地播12000芽/亩、攀西蔗区9000—11000芽/亩。施足底肥，亩施猪粪水50—100挑、堆厩肥1000公斤。追肥培土，4—5片叶时施提苗肥，亩施尿素10公斤，粪水20挑，培土成茶盘框状。在分蘖初中期重施分蘖肥，亩施尿素20公斤，水粪30担，培土成板凳状。在伸长初期猛攻拔节肥，亩施尿素30—40公斤，高培土，将蔗厢培土成“乌鱼背”状。在8月上中旬适施壮尾肥，亩施尿素5—10公斤。

#### （二）宿根蔗栽培技术

前季甘蔗实行快锄低铲；早破行，深松蔸；施蔸肥；查苗补缺，减少缺株断行；早追肥，多施肥；高培土；加强病虫防治。

#### （三）秋植蔗栽培技术

9月上旬播种，四川盆地亩播9000—10000个芽；在离蔗苗20—30厘米处松土，促进蔗苗长出苗根而生长健壮；0℃左右时增高培土，以防冻死顶芽；早松土，割除枯黄心叶。

#### （四）冬植蔗栽培技术

12月下旬至次年1月中旬播种，亩植13000—15000芽；亩施农家肥1000—1500公斤，以保暖增温；盖土7—10厘米；用多芽苗做种苗，一个种苗至少要有4—5个芽；当气温回升到10℃以上时，把盖土铲去一层，只留3厘米左右的薄土，让蔗芽早萌发，早出土。

#### （五）甘蔗增产技术

20世纪80年代、90年代，四川省制糖糖料工业研究所研究出甘蔗丰产栽培技术、甘蔗育苗移栽技术、甘蔗地膜覆盖栽培技术、蔗尖蔗蔸育苗移栽技术、攀西甘蔗增产增糖综合地方栽培技术、甘蔗良种高产栽培技术及蔗地综合利用技术，并在四川省甘蔗生产上推广应用。

1986年，全省甘蔗育苗移栽面积3.37万亩，到1993年降到1232亩。1994年以后在生产上少有推广。2000年以后，开始推广甘蔗标准化生产，提高科技植蔗水平，2005年制定四川省地方标准《“双高”甘蔗生产技术规程》，并将规程在攀西地区示范和推广，提高该地区科技植蔗水平，促进农民增收。

# 第四章　烟　叶

## 第一节　烤　烟

### 一、发展历程

1986—1990年，四川烟叶种植推行“良种化、区域化、规范化”生产技术措施，加强烟草品种审定，建立健全种子管理制度和良种繁殖体系。1985年起，先后引进G28、G80、G140、NC82、K326等品种，扭转烟叶品种多、乱、杂的局面；调整烟叶生产布局，使烟草种植向最适宜区和适宜区转移，种植区域日趋合理，片面追求高产、追求面积的问题得到控制。创办优质烟基地，推动烟叶整体水平提高；烟叶生产规范化技术得到普及，培育壮苗、合理密植、科学施肥、成熟采收、科学烘烤技术逐步被广大烟农掌握。

1990—1996年，由于政策明确，科技兴烟力度大，扩大40级烤烟标准的试点验证逐步在全国推行，开展烟叶生产收购达标晋级活动，烟叶生产总体水平和烟叶质量上了一个台阶，烟叶年收购量基本满足省内卷烟工业的需要。1992年，四川烟叶总产量20万吨。1993年起，四川省开始重视在抓适度规模生产的同时，主攻烟叶质量。集中人力、物力和财力，发展凉山、黔江、泸州、涪陵、宜宾5个地区的烤烟生产，同时，发展万县、达县地区白肋烟和什邡的晒烟，其他地区控制发展，不适宜区停止生产。

1997年重庆市直辖后，烟叶生产重点发展凉山、泸州、宜宾、攀枝花4个市（地、州）。经过多年努力，四川初步建成德阳名晒烟生产基地，凉山、泸州、宜宾优质烤烟生产基地，达川、巴中白肋烟生产基地，烟叶产量、质量和等级合格率大幅度提高。上等烟比例由20世纪80年代初期的3%提高到40%。烟叶单位（1/15公顷）产量由最低时的75公斤提高到125公斤，增长67%。烟叶质量、知名度和整体水平明显提高。2000年，国家烟草专卖局（总公司）组织有关机构对全国各省烤烟进行综合质量测评，四川烤烟香气质、香气量、浓度等重要指标与云南、贵州等省的烤烟基本相同，质量达全国一流水平，成为全国重点烟叶生产省。

## 1986—2005 年四川省烤烟种植面积和产量情况表

表 3-5

| 年度 | 面积（万亩） | 总产量（万吨） | 年度 | 面积（万亩） | 总产量（万吨） |
|---|---|---|---|---|---|
| 1986 | 73.8 | 5.7 | 1996 | 58.5 | 7.50 |
| 1987 | 71.0 | 5.3 | 1997 | 103.2 | 12.30 |
| 1988 | 93.4 | 8.6 | 1998 | 69.5 | 5.90 |
| 1989 | 126.8 | 9.8 | 1999 | 73.3 | 6.90 |
| 1990 | 115.5 | 9.8 | 2000 | 81.9 | 9.40 |
| 1991 | 134.5 | 13.6 | 2001 | 63.5 | 6.60 |
| 1992 | 113.0 | 17.8 | 2002 | 68.7 | 8.85 |
| 1993 | 118.0 | 16.2 | 2003 | 67.0 | 9.00 |
| 1994 | 71.2 | 8.5 | 2004 | 68.9 | 9.40 |
| 1995 | 73.8 | 9.3 | 2005 | 88.3 | 13.20 |

说明：1997 年起不含今重庆市辖区。资料来源：农业统计数据

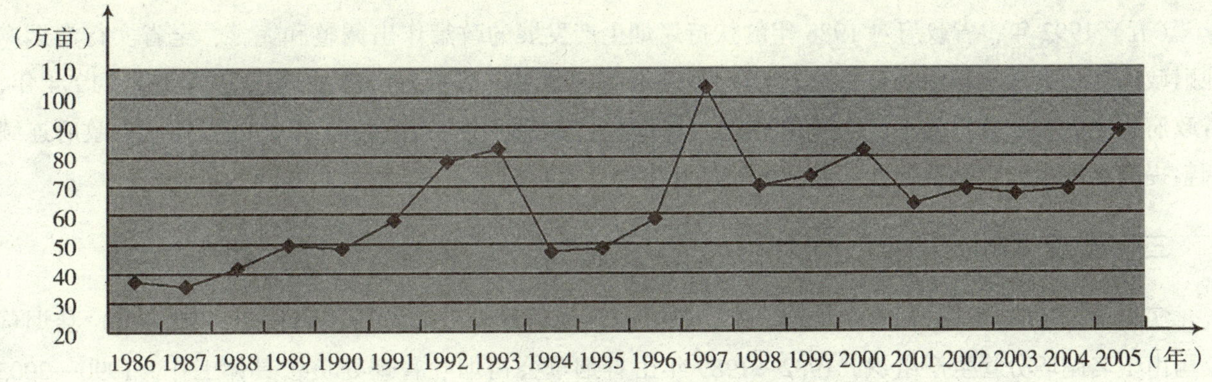


图 3-10　1986—2005 年四川省（不含重庆市）烤烟面积示意图

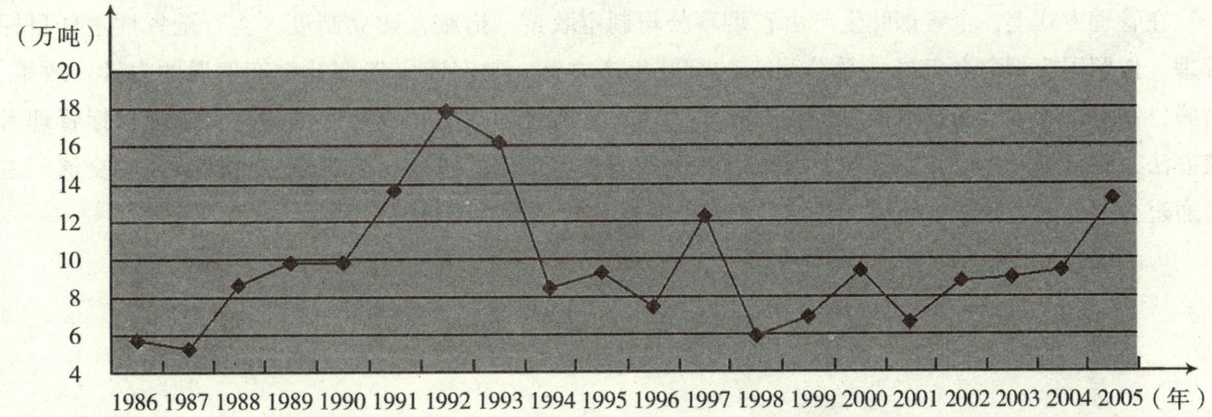


图 3-11　1986—2005 年四川省（不含重庆市）烤烟总产量示意图

## 二、政策措施

四川省烟草行业自1983年实行集中统一管理后，按照“以烟养烟”的原则，相继实行以下几项经济政策：

（一）从1987年起，为了解决烤烟生产扶持资金，鼓励烤烟产地增产优质烟叶，将烟厂调进的4个等级（中一、中二、中三、上一）烤烟，按供应价总值的10%，由烟厂所在地财政返还烤烟产地财政，主要用于扶持烤烟生产。

（二）1987年，将烟厂所在地销售省内卷烟产品税的6%（不含甲级卷烟）返还烟厂所在地财政。

（三）从1988年始，全省实行确定烤烟调拨基数的办法，基数内调拨的烤烟，继续执行上述第一条规定；超基数部分的7个等级（中一、中二、中三、中四、上一、上二、上三）的上、中等烤烟，实行卷烟产地财政向烤烟产地财政返还的办法，每50公斤上等烤烟按全省卷烟平均单箱税的20%，每50公斤中等烤烟按全省卷烟平均单箱税的10%的比例返还。

（四）烤烟产地县建立烤烟发展基金，基金来源包括上述财政返还部分和各地从烟叶税收中投入的部分等。发展基金由县烟叶生产领导小组（或县烟办）直接掌握，专项用于烟粮挂钩、化肥、农膜、良种繁育、新技术推广和烟田基础设施建设等补贴。

（五）1992年，省政府对1988年的扶持烤烟生产发展的政策作出调整和完善，全省实行卷烟产地财政向烤烟产地定额返还办法，按烟厂调进烟叶的数量、质量，向产地返还定额资金。1994年，省政府决定烟叶扶持资金不计入计税基数，全部用于扶持烟叶生产。1995年、1996年，省政府连续调整提高烟叶生产扶持费标准，鼓励发展烟叶生产。

## 三、管理体制

实行由四川省烟草公司集中管理、统一领导、计划管理、专卖专管。省及市（地、州）县烟草公司由1名副职分管生产组织，1982—1989年由省烟草公司烟叶管理处负责具体工作，1990—2005年由四川省烟叶生产购销公司负责，全省组织管理工作通过省、市、县、站四级下伸，形成管理体系和网络。

在管理方式上，全省烟叶生产由省烟草公司制定政策、措施，建立制度，实行全省性责任目标管理。按照国家烟草专卖局（总公司）的烟叶生产方针，制定四川省烟叶生产发展的方针、政策、措施，制定烟叶生产新技术推广等各种办法，建立生产管理制度和农业服务体系，确定目标管理考核办法，制订烟叶生产收购合同，保证烟叶生产的各项工作的落实；组织全省性的研究和交流，主要通过会议形式，分析、研讨、总结、交流、表彰、规划烟叶工作。

# 第二节　晒　烟

晾晒烟（习惯称为“晒烟”），是传入四川最早的烟草品种。由于晾制设施及方法简单，能够直接吸食，传播、种植最为广泛。

## 一、发展历程

20世纪80年代，卷烟工业技术改造取得重大进展，卷烟供应量开始增大，市场对叶烟以及雪茄烟的需求量逐步减少，晒烟的产量急剧下降。90年代，晒烟经营逐步放开，晒烟进入卷烟配方的研究开发滞后、出口受阻等因素，致使四川晒烟销售困难，部分老产区将晒烟作为调整农业产业结构的淘汰对象，四川晒烟产区发生较大变化。新都、崇庆（今崇州）、彭县、郫县、新津、双流、温江、金堂、灌县（今都江堰市）等原主产区县先后停止规模化种植，广汉、德阳等地晒烟生产也逐步萎缩，仅什邡、绵竹两县尚有规模化种植；沱江流域区自50年代一直作为烤烟主产区发展，晒烟早已停止规模化种植；岷江流域区在80年代发展烤烟生产，后期基本不种，仅眉山、犍为等被列入全国名晒烟产地，但产量不大。嘉陵江流域区的剑阁等县，80年代引种什邡晒烟成功后，曾达到年0.2万公顷规模。80年代后期，改种烤烟成功，仅达川、巴中两个地区仍存在规模种植；长江流域区的川南宜宾、泸州地区，自20世纪70年代开始大力发展烤烟生产，晒烟亦停止规模种植。2005年，四川省晒烟产区缩减为川西（什邡、绵竹）和川北（达州市和巴中市）两区。

四川晒烟为历史悠久的传统栽培品种，烟农在300余年的栽培实践中总结大量的繁育良种经验并培植一大批优秀的晒烟品种。旧时种子来源一般以农民自选自留种为主。

四川传统名晒烟代表产品为什邡毛烟、新都柳烟、郫县大烟、绵竹泉烟。依晒后颜色分类，前两种属晒红烟，后两种属晒黄烟。种植面积最大的是毛烟，柳烟仅有少量生产。大烟、泉烟已很少栽培。毛烟原主要分布在川西平原的温江地区，后发展到川东的涪陵、达县、万县、巴中等地。

## 二、栽培技术

春烟播种，一般在头年“寒露”节前后实行冬播。秋烟播种时间一般在当年芒种前，苗龄约55天，才能赶上立秋前后移栽。苗床要选择地势平坦，背风向阳，排水良好，利于浇灌，土层疏松的土壤。秋烟苗床要适当加高。苗床管理主要有浇水、匀苗、搭棚、苗肥等环节。

移栽宜早，早栽能减少病虫危害。烟苗在平均温度10℃左右即可移栽。时间一般在惊蛰、春分至清明。合理密植是烟叶高产的必要条件。烟厢的宽度和株距，应根据品种的特征，土壤肥力的多少决定。大田移栽期一般在惊蛰、春分之间（3月5—22日）。栽后灌水，采用地膜覆盖栽培。根据土壤肥力、品种特性、长势好坏摘尖、打芽。

## 三、品种繁育

1984年以前，繁育品种以“红花大金元”为主。1990年，品种以K326、NC82、G28为主。1992年，省烟草公司开始全面推广使用包衣良种，统一供种，杜绝烟农自留种和劣杂种。1994年，省烟草公司对全省烟草良种繁殖工作进行统筹安排，实行由省烟草公司统一下达繁种计划统一调配的办法。1995年，品种以NC83为主。1996—1998年，品种以K326为主，包衣种推广率在90%以上。

## 第三节　白肋烟

白肋烟系马里兰深色晒烟品种中的一个突变种。四川白肋烟以香气量足、香味质优、吸味醇和弹性好、吸湿性强、燃烧性强、燃灰洁白等优点著称，深受国内卷烟厂和外商好评，多用作混合型卷烟原料。20世纪80年代在达县、万县地区形成规模生产。

1985年，四川省外贸公司将白肋烟经营业务移交给省烟草公司。1986年，省烟草公司在达县、万县进行优质白肋烟生产试验，取得重要的实验成果，为白肋烟生产发展奠定技术基础。至1990年，四川白肋烟年产量增加到2万吨以上，质量得到提高。1993年，再次出现产量增长过快、农民卖烟难的困难局面。1994—1996年，产区再次调减种植面积，年产量控制在2万吨以内，产销基本平衡。1997年，由于对市场形势的误判，四川白肋烟生产又一次出现供过于求的局面，被迫进行调整。以后实行“以销定产”的生产方针，种植面积大为缩减，全省年产量不到3000吨。

20世纪90年代，示范推广从美国引进的少叶型Ky14、Ky10、Va509为优良品种，淘汰达川地区多年使用的多叶型的当家品种“宣明12号”。生产技术采取地膜覆盖以提高土温，保持土温和湿度养分，疏松土地，改善土壤养分状态，增强田间光照，促进根系生长，缩短田间生长期，提早成熟，提高烟叶产量15%—20%，提高烟叶质量约20%。

2005年四川已成为全国重要白肋烟生产基地之一，是混合型卷烟原料的主要供应地之一。

# 第五章　麻　类

## 第一节　苎　麻

四川种植苎麻的历史可追溯到3000多年前的商周时期。《华阳国志·巴志》记载："武王伐纣（前1026年），以其宗姬封于巴，桑、蚕、麻、苎、黄润等皆纳贡之。"麻指大麻，苎指苎麻，黄润指细麻布。东汉时期，四川达州等地就成为苎麻的主要产区。《华阳国志·巴志》记载："（东汉桓帝）永兴二年（154年），巴郡桑麻、丹漆足相供给。"

### 一、优势地位

苎麻是中国的特产，全世界80%的苎麻产自中国，在欧美被称作"中国草"。四川是全国第二大产麻省，面积和产量占全国30%。

（一）品种优势

四川苎麻优良品种多，经普查和筛选的品种30多个，经四川省农作物品种委员会审定推广的良种有9个。其中川苎四号、川苎六号、红皮小麻和川苎七号、川苎八号单纤支数均在1900支以上。红皮小麻经1985年国家纤检局统一纤检，单纤支数达2402支，居全国之冠，被外商誉为"可与丝毛媲美"，其加工产品出口免检；川苎四号亩产140公斤，单纤支数2022支，适应性广，综合农艺性状优良，成为四川麻区主栽品种，被农业部评为"八五"育种攻关重大成果；川苎七号亩产150公斤，单纤支数2270支，为全国首创的利用雄性不育培育的杂交种。这些优良品种生产出的原麻产量高、质量好，闻名的隆昌夏布原料均产自达州。

（二）气候优势

四川的主产区达州市四季分明，热量丰富，雨量充沛，春夏日照较多。年均气温16℃—17.7℃，年积温5500℃—6000℃，3—11月气温稳定在15℃—30℃，正是苎麻生长的适宜温度。全市大部分地方一般年收获三季，早熟品种偏南区域可年收四季。产区雨量充足，年降水量在1020毫米以上，降水时间多集中在4—10月，占全年降水量的80%以上。苎麻生长期喜欢雨水均匀，相对湿度在85%以上，要求年降水量在800—1000毫米。产区日照较长，年日照1250—1500小时，70%以上集中在2—10月，日照时数在1000小时以上。苎麻是喜光作物，其生长发育与日照关系密切，日照时数长，有利于苎麻生长，麻皮增厚，纤维早熟。达州苎麻生长阶段，一般多雾，空气湿度高，日光多漫射，极利于苎麻纤维伸长提高品质。

（三）种植优势

集中度高、面积大。四川苎麻集中在达州市，主要种植区域为大竹、达县，其次为宣汉、渠县，沿国道210线和国道318线的80个乡（镇）集中布局，形成百里苎麻产业格局。1995年前达州市苎麻面积和产量均占全国20%左右，占全省80%左右，2005年苎麻面积和产量占全国30%左右，占全省95%以上。

单产高。四川主产区达州由于自然条件优越，良种众多，苎麻亩产历来高于全省平均水平。1982年平均亩产79公斤，比全省71公斤高11%。2005年平均亩产123公斤，比全省平均高出20.6%。2003年达县百节镇魁字岩村大力发展良种川苎八号。2004年全村种麻826亩，平均单产225公斤。2005年全村1030亩，平均亩产205公斤，成为苎麻种植“卫星村”。

品质好。一是原麻外观质量好，色泽均匀，打剥干净，附壳、乌梢少。二是麻身长，一般原麻在1米以上，长的达3米长。三是内在质量好。强力和单纤支数优于湖南、湖北等省，单纤维支数在20世纪80年代多以1600支以上为主，2000年以后主要推广1900支以上北“双高”品种，到2005年1900支以上的原麻品种约占总面积的三分之一。

## 二、发展历程

1986—2005年，四川进行大规模的苎麻品种改良，由数量型生产逐步向质量型转变，淘汰单纤支数在1300支以下的低支品种，发展1600支以上的优质品种。从1984年开始受国际市场价格上涨影响，到1987年面积最高为145.7万亩（含重庆市），总产8.2万吨，均价每公斤10元，居历史最高。此后价格逐渐回落到每公斤5元左右，面积逐年下降，到1990年面积33.7万亩，总产2.7万吨；1993年面积20.7万亩，总产1.9万吨，总产值0.6亿元。1994年后随价格再度上扬面积回升，到1995年面积53.2万亩，总产3.34万吨，总产值1.6亿元。从1996年至2005年稳步发展期，以质量为主，产量、质量兼顾发展，重点优化品种结构，推广高产高支品种和进行产业开发。苎麻占全省麻类面积产量的99%。

“十五”期间是四川苎麻快速发展阶段，种植面积从2001年的30.2万亩增加到2004年的48.9万亩，产量从3.1万吨增加到5.59万吨，产值从1.86亿元增加到5亿元，亩产值1000元以上，是种粮效益的2—2.5倍，产区农民人均苎麻收入从2001年的36元增加到2004年的96元，人均增收60元，年出口创汇400万美元以上。优质高支苎麻种植面积从不足10万亩发展到20万亩以上。2005年苎麻种植面积增加到51万亩，产量6万吨以上，优质高支苎麻种植面积25万亩，占全省种植面积近50%。

**1986—2005年四川省苎麻种植面积和产量情况表**

表3-6

| 年度 | 面积（万亩） | 亩产（公斤） | 总产（万吨） | 年度 | 面积（万亩） | 亩产（公斤） | 总产（万吨） |
|---|---|---|---|---|---|---|---|
| 1986 | 82.1 | 39 | 3.23 | 1991 | 24.2 | 78.5 | 1.90 |
| 1987 | 145.7 | 56 | 8.19 | 1992 | 22.8 | 79.0 | 1.80 |
| 1988 | 98.9 | 67 | 6.60 | 1993 | 20.7 | 91.0 | 1.90 |
| 1989 | 59.0 | 78 | 4.60 | 1994 | 31.6 | 76.0 | 2.40 |
| 1990 | 33.7 | 80 | 2.70 | 1995 | 53.2 | 63.0 | 3.34 |

续表3-6

| 年度 | 面积（万亩） | 亩产（公斤） | 总产（万吨） | 年度 | 面积（万亩） | 亩产（公斤） | 总产（万吨） |
|---|---|---|---|---|---|---|---|
| 1996 | 31.2 | 90 | 2.80 | 2001 | 30.2 | 103.0 | 3.10 |
| 1997 | 29.9 | 84 | 2.50 | 2002 | 38.7 | 96.0 | 3.70 |
| 1998 | 29.1 | 82 | 2.40 | 2003 | 42.0 | 102.0 | 4.30 |
| 1999 | 29.0 | 90 | 2.60 | 2004 | 48.9 | 114.5 | 5.60 |
| 2000 | 29.0 | 100 | 2.90 | 2005 | 51.0 | 122.0 | 6.40 |

说明：1986—1996 年的数据含今重庆市辖区

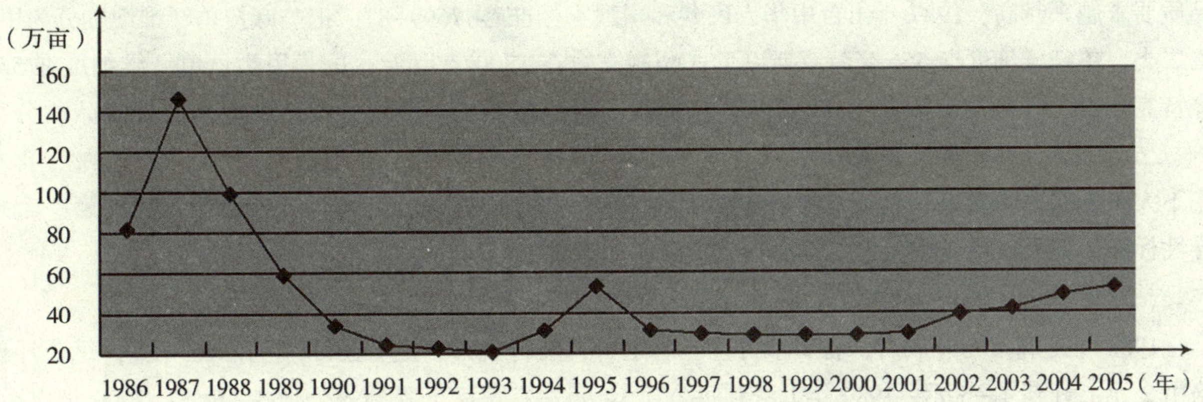


图 3-12　1986—2005 年四川省苎麻种植面积示意图

## 三、政策与措施

### （一）行政管理

1997 年以前由各级供销社（棉麻公司）负责苎麻技术推广和管理，之后由各级农业行政主管部门负责苎麻技术推广和管理。在主产区达县地区由棉麻站（1997 年更名为达州市经作站），专门负责苎麻技术推广和管理。1988 年达县地区苎麻科学研究所成立，为四川唯一从事苎麻研究的科研机构。2005 年全省专门从事苎麻科研和技术推广的科技人员 50 余人。

20 世纪 80 年代，各苎麻主产区聘请有栽培经验的农民作为技术员，由县农业局或供销社领导，享受国家职工待遇。

### （二）扶持政策

1984 年以前收取技术改进费，按供销社下属棉麻公司统一收购调拨的苎麻纱 2%收取，县、地（市）、省按 5∶3∶2 比例分成，重点用于苎麻生产技术改进。1983—1985 年，省政府补助 150 万元支持苎麻品种改良，每改 1 亩补足 20 元种苗费。2002 年国家经贸委对达县智鹏麻业生物脱胶技术立项无偿支持资金 50 万元。

### （三）基地建设

为加大苎麻产业化基地建设力度，省发改委、省财政厅和达州市财政局及产麻县财政从 2000 年以后，每年安排一定的苎麻专项资金。2003—2005 年省发改委和省财政共立项补助资金 430 万元，用于苎麻基地建设。同时，重点市县政府把用于农业项目资金捆绑使用，向苎麻主产区基地村倾斜。

（四）产业开发

苎麻加工新办企业和技改、扩建企业用地，原则上地价不超过成本价。对符合国家产业政策，投资苎麻产业开发的内资和外资企业，开发出的国、省级新产品，以及国家鼓励发展的高新技术产品等，其税费按照国家政策规定减免。苎麻加工重点龙头企业技改和扩能所需贷款，财政给予适当的贴息支持，对麻农实行小额贷款支持生产。

## 四、苎麻购销

（一）收 购

1984年以后，苎麻市场开放，多渠道经营，随行就市，依质议价。随着麻纺工业发展，对原麻品质要求越来越高，1987年出台中华人民共和国国家标准GB7699-87，把苎麻按单纤维细度分为甲、乙二类，单纤维细度在556毫特克斯以下（公制支数在1800支以上）的为甲类；单纤维细度在556毫特克斯以上（公制支数在1800支以下）的为乙类。两类麻等级划分按苎麻原麻的外观品质分为一、二、三等，各等类按长度分为一、二、三级（简称三等九级），各等级含杂率不超过1%，含水率不大于14%。甲类麻价格较乙类麻价格上浮10%—20%。这是苎麻实行多渠道经营后的第一个指导性标准，在具体操作中，价格仍随行就市，按质论价。

（二）市场价格

1984年苎麻市场开放后，省里不再管苎麻定价，随行就市，随着国际“苎麻热”流，每公斤价格由2元上升到4—5元。1987年上涨到每公斤14元左右，后下降到每公斤5—6元，2000年以后，每公斤稳定在9元左右。

（三）销 售

1984年起，苎麻市场开放，省里不再下达苎麻调拨计划，由各地直接与县外、省外直接联系推销。后随着市场经济的日趋完善和麻纺工业发展，原麻实行多渠道经营，麻织品主要由加工企业直接对外销售。2000年，大竹金桥麻业、开源麻纺厂、富达麻纺厂和达县智鹏麻业等骨干加工企业已取得自主经营出口权。原麻主要销往重庆涪陵、贵州都匀、四川梓潼和云南、广西、江西、上海等省市的30多家麻纺企业，年销售原麻2万吨以上。苎麻加工产品除部分销售国内加工企业外，其余销往中国港台地区和日本、韩国、土耳其等国家，有比较固定的销售渠道。每年出口创汇500多万美元，占达州市农产品加工出口创汇的60%以上。

## 五、苎麻加工

（一）加工历史

从黄润（细麻布）作为贡品起，加工苎麻产品已有3000多年历史。民国时期，蚊帐、包装麻布的加工是苎麻产区最大加工业，也是最大手工业，中华人民共和国成立后，仍持续20余年。20世纪80年代初，现代化的苎麻纺织工业兴起后，才结束手工木机织麻布的历史。

1985年，四川建起50多家麻纺厂及脱胶厂。1987年后苎麻受国际市场行情的影响，苎麻纺织加工也随着调整、整合，到2005年，全省有麻纺及脱胶厂27家，从业工人1.5万人，其中有一定规模的加工企业9家，占全国有一定规模的苎麻纺织加工企业总数的33.3%；苎麻精干麻年生产能力3万吨，可转化原麻5万余吨；有苎麻长纺4万锭占全国的23.3%，短纺11万锭，占全国的30.2%；

气流纺800头，纯麻织机488台，混纺织机1736台，2000万米织物染整线。满负荷生产，可年产精干麻2万吨、纯麻纱和混纺纱2.9万吨、纯麻布和混纺交织布2000万米。纱和布的产量分别占全国苎麻纺织加工产量的65.9%和11.1%。

（二）加工增值效应

苎麻加工，越是精深加工，增值空间越大。20世纪90年代，单纤支数1600—1700支的中档原料由原麻加工成精干麻一般增值25%以上，由精干麻加工成麻纱一般增值60%以上，由麻纱加工成坯布一般增值1.2倍以上，由坯布加工成印染布增值1倍左右，将布匹加工成服装增值10倍以上，由原麻到服装可增值36.8倍，而1900支以上的高档原料增值幅度更大，由原麻到服装增值80倍以上。苎麻产业化可带动多个产业相应发展，形成一业兴百业旺的蓬勃发展景象。

## 第二节　红黄麻

红麻和黄麻，其形态特征、生理特征、对环境条件、栽培技术要求、品质等极为相似，故习惯上多以红黄麻并称，生产上对其面积和产量也一并统计。红黄麻在四川主要种植在丘陵地区，但由于日照短，在四川不能正常开花结实，生产用种全从广西等地调入。

红黄麻在四川一般4月中旬至5月上旬播种，9月中旬至10月上旬收获，前作小春多为小麦、油菜等轮换，大春与玉米、红薯、豆类等轮换，一般间隔1—2年，也有部分地区年年连作。栽培技术与其他麻类相似要求合理密植，每亩不少于2万—3万株。由于多为旱地栽培，产区多旱灾，在麻茎迅速伸长期，要求保证水肥充足供应，应注意增施氮肥。强调在盛花期适时收获，以提高产量和纤维品质。红黄麻一般采用水浸沤麻法脱胶，将麻捆置于窖中放水沤制，沤好用水淋洗，麻茎晾干后即可收藏、剥皮。

20世纪80年代以后总体上以红麻为主。80年代中期单位产量200公斤以上，面积50万亩以上，90年代以后，面积产量大幅减少。主产区有南充、绵阳、富顺、威远等地。黄、红麻种植面积和产量减少的原因有三：一是由于黄红麻生产随麻袋需求减少而减少；二是价格偏低，农民种黄红麻不划算；三是四川不能制种，种子要靠外地供给，较为费事。90年代初苎麻价格3元/公斤以上，黄红麻价格0.53元/公斤。

**1986—2005年四川省黄红麻种植面积和产量情况表**

表3-7

| 年度 | 面积（万亩） | 亩产（公斤） | 总产（万吨） | 年度 | 面积（万亩） | 亩产（公斤） | 总产（万吨） |
|---|---|---|---|---|---|---|---|
| 1986 | 74.6 | 245 | 18.5 | 1991 | 67.0 | 133 | 9.0 |
| 1987 | 60.2 | 216 | 13.2 | 1992 | 60.0 | 135 | 8.1 |
| 1988 | 57.2 | 224 | 12.8 | 1993 | 59.5 | 132 | 7.8 |
| 1989 | 61.0 | 126 | 7.6 | 1994 | 52.0 | 90 | 4.7 |
| 1990 | 69.4 | 127 | 8.8 | 1995 | 40.5 | 106 | 4.3 |

续表3-7

| 年度 | 面积（万亩） | 亩产（公斤） | 总产（万吨） | 年度 | 面积（万亩） | 亩产（公斤） | 总产（万吨） |
|---|---|---|---|---|---|---|---|
| 1996 | 34.0 | 110 | 3.7 | 2001 | 6.4 | 125 | 0.8 |
| 1997 | 28.4 | 101 | 2.9 | 2002 | 5.6 | 143 | 0.8 |
| 1998 | 16.7 | 108 | 1.8 | 2003 | 5.2 | 135 | 0.7 |
| 1999 | 10.6 | 123 | 1.3 | 2004 | 3.1 | 161 | 0.5 |
| 2000 | 8.7 | 115 | 1.0 | 2005 | 2.8 | 143 | 0.4 |

说明：1986—1996年的数据含今重庆市辖区

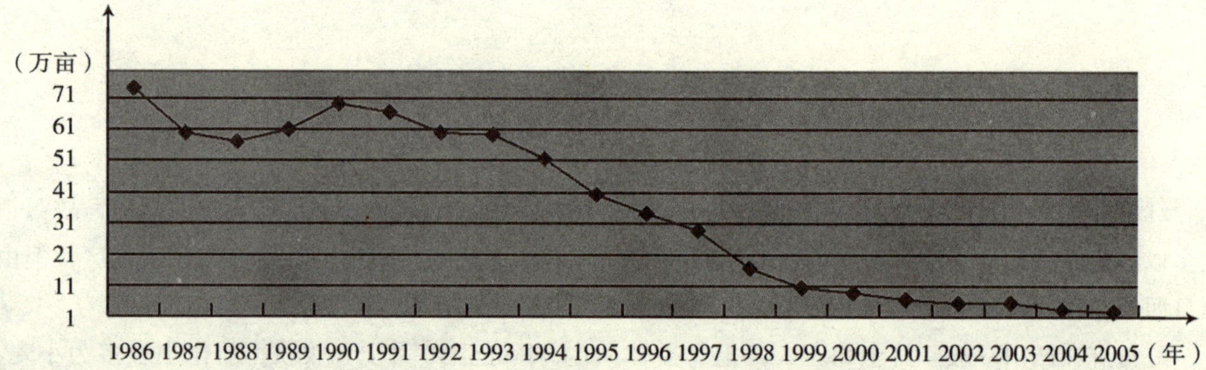


图3-13 1986—2005年四川省黄红麻种植面积示意图

# 第六章　蔬菜　花卉　中药材

## 第一节　蔬　菜

### 一、生产与销售

20 世纪 80 年代以后，四川省在蔬菜产销体制上进行大幅度改革，由以前“统购包销”到 80 年代初期“大管小活”，再到中期（1986—1987 年）“小管大活”，中后期（1987—1989 年）各地陆续“全面放开”，逐渐步入市场经济轨道，大生产、大市场、大流通的格局基本形成。全省蔬菜种植面积由 1986 年的 789 万亩逐步增加到 1996 年的 1283 万亩，实现数量充足、品种丰富、价格合理、购买方便，达到“服务城市，富裕农村”的目的。

20 世纪 90 年代，随着农业结构调整的深入推进，蔬菜产业优势明显，种植范围不断扩大，分布区域越来越广。全省蔬菜种植面积由 1997 年的 950 万亩，发展到 2005 年的 1487 万亩，产量由 1850 万吨增加到 2714 万吨，产值由 125 亿元增加到 259 亿元，在种植业中仅次于粮食，居经济作物之首，占 50%以上。如彭州市 2005 年蔬菜种植面积 65 万亩（次），总产 15 亿公斤，全市人均种菜收入 1400 元，占农民纯收入的三分之一以上；汶川县蔬菜产值约占全县农业总产值的 50%。

此外，食用菌生产发展快速，20 世纪 80 年代初期，引进推广平菇、蘑菇等少数食用菌品种，2000 年以后形成以“六菇三耳”（双孢蘑菇、姬菇、平菇、香菇、鸡腿菇、金针菇，毛木耳、黑木耳和银耳）为主，高档珍稀菌类多品种综合发展的格局。食用菌产量由 80 年代初的 1 万余吨，发展到 2005 年的 67.8 万吨，产值 27.1 亿元，年出口量 3 万余吨，创汇近 5000 万美元，从业人员近 80 万人。食用菌产量、产值列居全国第六位，在经济作物中产值仅次于蔬菜、水果，四川已成为中国西部最大的食用菌生产和产品集散中心。

**1986—2005 年四川省蔬菜种植面积、产量和产值情况表**

表 3-8

| 年度 | 面积（万亩） | 产量（万吨） | 产值（万元） | 年度 | 面积（万亩） | 产量（万吨） | 产值（万元） |
|---|---|---|---|---|---|---|---|
| 1986 | 789 | — | — | 1989 | 972 | — | — |
| 1987 | 842 | — | — | 1990 | 954 | — | — |
| 1988 | 881 | — | — | 1991 | 1002 | — | — |

续表3-8

| 年度 | 面积（万亩） | 产量（万吨） | 产值（万元） | 年度 | 面积（万亩） | 产量（万吨） | 产值（万元） |
|---|---|---|---|---|---|---|---|
| 1992 | 1045 | — | — | 1999 | 1076 | 1942 | 152 |
| 1993 | 1147 | — | — | 2000 | 1287 | 2312 | 165 |
| 1994 | 1195 | — | — | 2001 | 1397 | 2375 | 187 |
| 1995 | 1249 | — | — | 2002 | 1480 | 2565 | 190 |
| 1996 | 1283 | — | — | 2003 | 1509 | 2639 | 216 |
| 1997 | 950 | 1850 | 125 | 2004 | 1456 | 2623 | 236 |
| 1998 | 1025 | 1888 | 137 | 2005 | 1487 | 2714 | 259 |

说明：1986—1996 年的数据含今重庆市辖区。2004 年后，马铃薯统计在粮食类

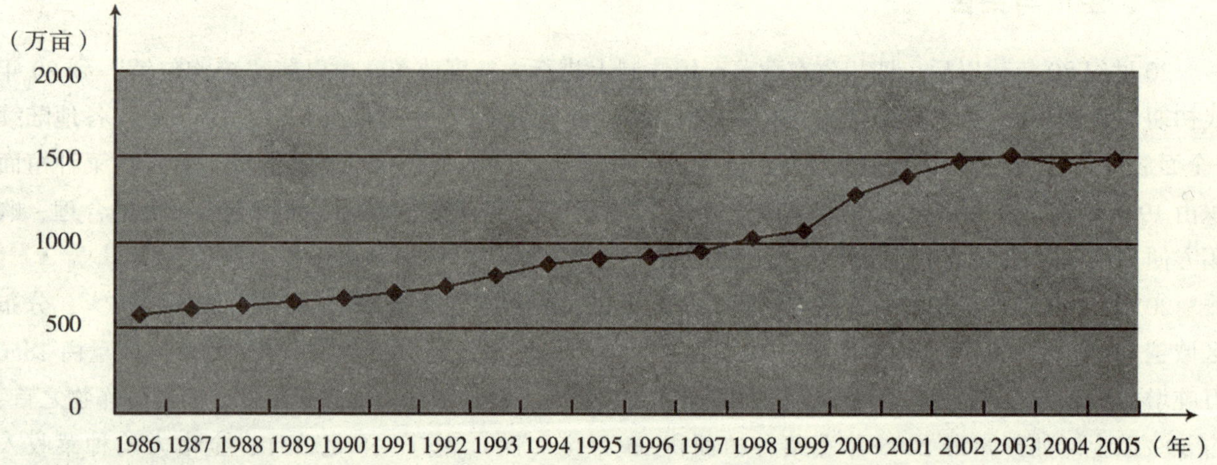


图 3-14 1986—2005 年四川省（不含重庆市）蔬菜种植面积示意图

## 二、分布与布局

（一）就近生产

20 世纪 80 年代中期以前，全省蔬菜生产的方针是“就地生产、就近供应”，重点解决成都、重庆、自贡、渡口、乐山、绵阳等 16 个大中城市和工矿区居民吃菜问题，基地均建立在城市近郊，面积约 25 万亩，其中成都市的蔬菜基地 3.15 万亩，保供 178 万城市人口；重庆市蔬菜基地 8 万亩，保供 257 万城市人口。

（二）近郊为主

20 世纪 80 年代中期至 90 年代初期，随着社会主义市场经济的建立和运行，蔬菜基地由近郊向中远郊发展，生产方针为“近郊为主、远郊为辅、外埠调剂、保障供应”，蔬菜生产开始由单一的保供城市，向“服务城市，富裕农村”转变。

随着城市建设的发展，近郊蔬菜基地逐年减少，为了保证城市基本菜地稳定，1985 年农业部、国家计委、商业部印发《国家建设征用菜地交纳新菜地开发建设基金暂行管理办法》；1988 年国务院办公厅转发农业部、国家土地管理局、国家计委、商业部《关于检查大中城市菜地基金征收、使

用、管理情况的报告》，各地在稳定城市蔬菜基地的同时，加强菜地基础设施建设，建立标准化蔬菜基地。

（三）农区为主

20世纪90年代中后期，随着城市建设规模扩大，城市近郊蔬菜基地急剧减少，商品蔬菜基地迅速向广大农区扩展，播种面积80%以上均在农区，蔬菜生产除保障城市供应以外，有效提高乡镇居民和农村人口生活水平，遏制蔬菜“倒流”，增加菜农收入，蔬菜生产成为四川农民增收致富的重要措施。

（四）区域发展

2000年以后，为了充分利用各地自然优势、区位优势和成本优势，四川省农业厅制定《四川省商品蔬菜优势区域发展规划》，根据四川的自然气候条件、蔬菜生产基础以及市场前景的预测分析，优势区域布局主要分为以下五大区域：

**攀西早市蔬菜区域** 攀西地区包括攀枝花市、凉山州及雅安市部分县（区），以米易、仁和、汉源、西昌、德昌、会理、会东等县（市、区）为主。每年12月至翌年5月的超时令蔬菜，因上市早、品质好而闻名。嫩胡豆、嫩豌豆元旦前即可上市，番茄、蒜薹春节前已上市，洋葱、辣椒、茄子、冬瓜、苦瓜、菜豆等从3—5月上市，除满足本地城乡人民需求外，大量销往省内大中城市及“三北”地区，深得广大消费者赞誉。境内拥有国家级南菜北运基地县米易、早蒜薹之乡德昌、全国洋葱之乡西昌等品牌，种植早市蔬菜成为该地区农民致富的一条重要途径，具有广阔的发展前景。

**川西加工及外销蔬菜区域** 以成都为代表的川西平原腹心地带，主要包括成都、德阳、绵阳、眉山部分县（市、区），以彭州、双流、金堂、龙泉驿、郫县、广汉、旌阳、中江、什邡、东坡、江油、游仙、涪城、三台为主。川西平原农业开发较早，蔬菜可周年生产，四季常青，冬春是蔬菜旺季，淡季不明显。由于蔬菜栽培历史悠久，生产上形成一套具有川西特色的栽培制度，生产水平较高，精耕细作，合理间套与轮作，土地利用率高，一年可7—8熟。境内拥有西南地区最大的蔬菜专业批发市场和南菜北运铁路专线，拥有多家知名龙头企业，蔬菜初级加工厂100余家，极具发展商品蔬菜尤其是外销及加工菜的生产条件，在西部大开发中占有举足轻重的战略地位。

**川南早春蔬菜区域** 包括泸州、宜宾、乐山、内江、自贡部分县（市、区），江安、南溪、翠屏、宜宾、长宁、威远、东兴、资中、江阳、泸县、合江、纳溪、叙永、荣县、富顺等县（市、区）为主，除满足本地消费外，远销云南、贵州、重庆及其他大中城市，蔬菜生产成为该区农村致富，农民增收的重要支柱产业。

**川西高地秋淡蔬菜区域** 以汶川、理县、茂县为主，是四川省重要的秋淡菜生产基地，市场前景广阔。汶川县蔬菜产值占全县种植业产值的近一半，成为该县的主导产业。

**特色食用菌区域** 按照客观存在的自然经济条件的地域差异和区内一致性，将四川食用菌分为四大菌类产区，蘑菇产区：以峨眉山市、大邑县、绵阳市游仙区、梓潼县、荣县为主。木耳、金针菇、平菇、香菇等食用菌袋料产区，以金堂、什邡、崇州、郫县、红原、中江、简阳等县（市、区）为主。传统珍稀菌类产区，以通江、青川为代表，通过培育通江银耳、青川黑木耳，发展壮大四川省传统品牌，推广珍稀菌类。野生菌类产区，小金、稻城、乡城、会东、会理、雅江等县，以松茸、块菌为代表的野生菌类产区，计划开采，用养结合。

## 三、技术与措施

20 世纪 80 年代中期以后，全国各地开始实施“菜篮子工程”，实行市长负责制，四川蔬菜生产进入“丰富菜篮子”阶段。为了确保城市居民的菜篮子数量足、品种多，各级蔬菜生产上采取积极的技术路线与措施。

（一）引进、选育新品种

20 世纪 90 年代，各地积极引进优良新品种，平均每年 10—20 个，如津研系列黄瓜、湘研系列辣椒、山东系列大白菜等均在该段时间引进，使良种普及率达 85%。成都市第一农科所、省农科院等省内科研单位选育出新品种 10 余个，如二荆条新一号、成豇系列豇豆等；提纯复壮红嘴燕豇豆、红花青壳豆角、竹丝茄等 20 余个地方品种。

组织高产协作攻关，以番茄和大白菜为突破口，在全省组织由生产、科研、教学部门参加的高产协作攻关，全面提高蔬菜生产水平和单位产量。1988 年参加农业部组织的“长江流域番茄、大白菜高产技术的试验与推广”获得农业部科学技术进步二等奖。

（二）推广新技术

为了提高蔬菜产量、提早上市、增加效益，冬春季节大力推广以地膜和大中小棚为主的设施栽培新技术，1980 年引进蔬菜地膜覆盖栽培技术时仅 2 亩，1986 年推广到 7 万多亩，2005 年达 420 万亩；设施栽培面积由 1986 年的 1506 亩发展到 2005 年的 125 万亩。进入 21 世纪，攀枝花市积极探索蔬菜设施栽培，使早市蔬菜由以往 3 月中旬上市提前到 2 月中下旬大量上市，极大地增强市场竞争力。

1989 年成都等地探索“菜—稻—菜”水旱轮作栽培模式，并在全省开展“双千田”（水稻产量 1000 斤，蔬菜收入 1000 元）的试点，实现粮菜双丰收。1990 年开始引进塑料遮阳网覆盖栽培技术，首先在成都、乐山、泸州示范，效果显著，随即在全省推广。1993 年农业部在泸州、绵阳两市立项开展蔬菜工厂化育苗项目建设，建设 1.4 万平方米的现代化温室大棚及其配套设施，1994 年推广保护地栽培，冬春地膜面积 123 万亩，夏秋遮阳网使用量 278 万平方米，使蔬菜设施园艺逐渐配套和规范。

（三）“无公害蔬菜”生产

1995 年全省开展“无公害蔬菜”生产，重点抓农药污染问题，推广使用高效、低毒、低残留农药，在蔬菜的卫生洁净上进行有益的探索，开设净菜加工和经营网点，以减少城市垃圾。1998 年引进示范防虫网、转光膜、CO2 施肥等新技术，一些地区开始重视蔬菜农残超标问题，成都市“无公害”（仅控制农药残留量）蔬菜生产面积 25 万亩，生产无公害蔬菜 58 万吨。1999 年成都市制定《无公害蔬菜生产栽培技术规程》，正式拉开全省无公害蔬菜生产的序幕。

2001 年国务院批准农业部在全国开展“无公害农产品行动计划”。为了配合全国“无公害农产品行动计划”的顺利实施，省农业厅颁布《无公害农产品生产技术规程（蔬菜）》，彭州、广汉被农业部命名为“创建全国无公害蔬菜基地县”，双流等 18 个县被命名为“四川省‘十五’第一批优质蔬菜基地”，四川省开始真正意义上的无公害蔬菜生产。2002 年四川进行全省蔬菜生产基地环境监测和产品质量检测，省农业厅编制完成《无公害农产品生产技术规程（番茄）》《无公害农产品生产技术规程（辣椒）》《无公害农产品生产技术规程（茄子）》3 个地方标准。彭州市、广汉市完成全国无公害蔬菜基地创建，成为四川省首批全国无公害蔬菜基地县。2003 年省农业厅编制完成《无公害农产品生产技术规程莴笋》《无公害农产品生产技术规程黄瓜》等蔬菜、食用菌地方标准 13 个；继彭州市、广汉市之后，南溪县、什邡市、绵阳市游仙区被农业部命名为“创建全国无公害蔬菜基地县”，四川蔬菜生产向标准化、规范化方向迈进。

到 2005 年全省建立蔬菜出口示范基地 5 个，面积 40 万亩；通过无公害认证的蔬菜基地面积 434.1 万亩，产量 807.2 万吨。

## 第二节 花 卉

20 世纪 80 年代初，四川省花卉业开始起步。到 2005 年全省花卉栽植面积 65 万亩，产值 32 亿元，各种花卉市场 99 家，花卉企业 8100 家。花卉成为四川省农村经济的重要支柱产业之一，产值总量和销售收入在全省种植业中仅次于粮食、油料、蔬菜、水果，居第五位。

四川花卉的发展大致经历 4 个阶段。

### 一、萌发阶段（1980—1989 年）

改革开放后，四川省农业厅明确提出花卉生产是一项物质生产的观点，确立把花卉生产作为农村发展多种经营项目之一来抓的发展思路。

1988 年省农业厅确立正确的“花卉业观点”，形成全面发展花卉业的发展思路。即：不仅要发展观赏花、鲜切花、盆花，同时要使园林绿化苗木、盆景、药用花卉、食用花卉、工业原料用花、城乡环境地被植物（草坪）以及观赏鸟、鱼、虫全面发展；发展花卉相关产品如花肥、花药、花具、基质、保鲜药剂、包装等，使之成为一个连接包装、加工、运输、旅游等相关产业的复合型产业。

转变经营方式。提出允许跨部门（重点是农、林、城建）、跨行业（只要有条件的任何行业）、跨所有制（国营、集体、个人），跨地区（可以异地从业）从事花卉生产经营，调动社会各方面力量，共同发展花卉产业。

### 二、兴起阶段（1990—2003 年）

1990 年后，四川省花卉业步入稳步、快速的发展时期。到 1998 年底，四川省花卉种植面积达 10 万亩，产值 9.1 亿元，从业人员 14 万。花卉产业成为调整四川省农林结构，发展农村经济，致富农民的一项重要产业，特别是在一些花卉重点县、乡、村其花卉产值占农林产值的 20%—40%，有的乡、村甚至高达 60%—70%，成为这些地区农村不可缺少的重要经济支柱之一。花卉业的发展为城乡绿化、美化，改善环境条件，丰富人民生活提供物质基础。

在生产区域布局方面，根据四川多种自然气候类型、富裕的资源条件等因素划分花卉种植的适宜区，实现自然区位与种质资源的最佳配置，形成各具特色、相对集中的主导产品区；在产业结构和产品布局上，根据市场需求变化，不断进行生产调整，逐渐将花卉由 20 世纪 80 年代主要以园林绿化苗为主，到 2003 年形成花卉各品种的种植结构比例比较合理的格局。2003 年 10 月 1 日四川省首届花卉博览会开幕，花博会期间，成交鲜切花 68 万余支、盆花 100 余万盆，花木交易总额 800 余万元，3000 亩主展区持续对游客开放。在此基础上，花博会举办地——锦江区三圣乡相继打造出花乡农居、幸福梅林、东篱菊园、荷塘月色、江家菜地“五朵金花”。2005 年“五朵金花”共接待海内外游客 988.96 万人次，实现旅游收入 22811.56 万元，全区农民人均纯收入 7353.7 元，体现四川省首届花博会“永不落幕，助农增收”思想。

## 三、转型阶段（2004—2005 年）

1995—2003 年，四川省花卉业种植面积每年以 20%的速度猛增，发展过快，2003 年底速度得到控制，一些传统种植区的面积有所减少，2004 年四川省花卉种植面积下降到 53 万亩。但因单位面积产值的提高，四川省花卉销售总产值仍与上年持平，2005 年是四川省花卉产业向现代花卉产业转型的标志性时期。

第六届中国花卉博览会于 2005 年 9 月 28 日在成都市温江区举办，有 39 个国家和地区参展，全国所有的省（自治区、直辖市）和深圳市参加了室内外展出。观众达 133 万人次，其规模、水平、效益和参观人数均大大超过前五届，得到国内外观众的充分肯定和高度评价。在“花博效应”的带动下，有 20 家国内外知名花卉企业落户温江，总投资 11.5 亿元，使四川省花卉业的水平、档次和科技含量得到提升，且大大提高四川省在全国乃至世界的知名度，加快与省外和国外市场联系的步伐；促进四川省花卉产业上了一个新的台阶。

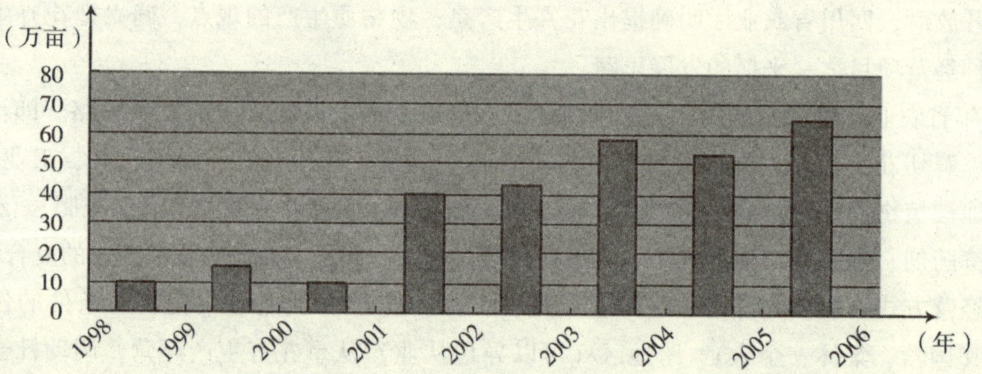


图 3-15　1998—2005 年四川省花卉种植面积示意图

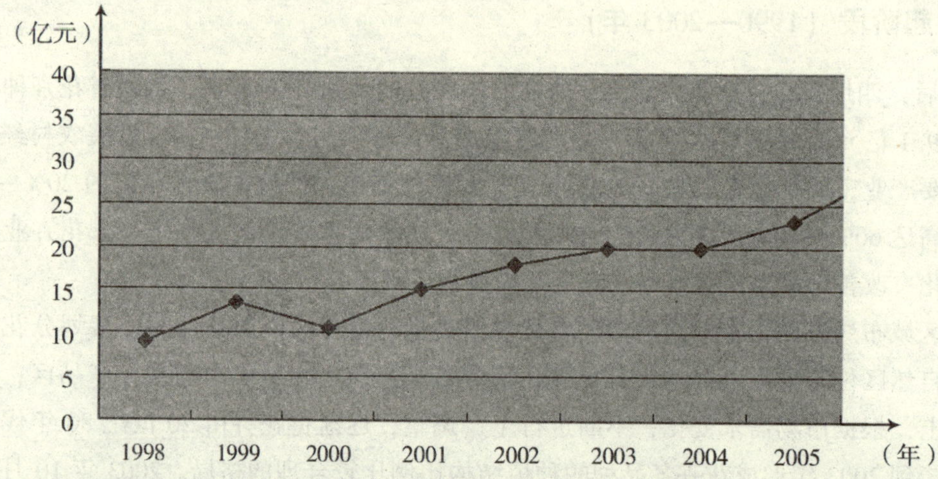


图 3-16　1998—2005 年四川省花卉产值示意图

## 第三节　中药材

四川中药材资源丰富、蕴藏量大、栽培品种多，享有“中医之乡”“中药之库”之美誉。四川中药材的生产、使用源远流长，汉《本草经》、唐《新修草本》等都对四川中药材有专门记述。

### 一、药用植物资源

据1986年全国第六次资源调查统计，四川有中药植物资源4354种，占全国36%。由于省内地形地貌多态，海拔高差悬殊，自然气候多样且呈立体分布特征，孕育了极为丰富的中药材资源。在1986年全国统一普查的363个重点中药材品种中，四川就有312种，占85%。经过多年的人工驯化栽培，2000年以后全省人工栽培的药材品种达200余种，主要有川芎、麦冬、金银花、附子、白芷、丹参、白芍、郁金、党参、天麻、黄连、黄芪、干姜、川明参、川牛膝、泽泻、杜仲、黄檗、厚朴等。其中川芎、川贝母、附子是四川特有，且品质特优。麦冬、附子、白芷、丹参、半夏、郁金、党参、天麻、金银花、黄连等品质一流，在全国具有明显的竞争优势。川芎、川贝母、白芷等药材的市场占有率在70%以上。四川产的野生药材主要有川贝母、大黄、羌活、冬虫夏草、猪苓、重楼、麝香等。2005年，成都中医药大学教授万德光等主编的《四川道地中药材志》，对49种川产道地药材的名称、道地性考证、基源、原植物、生态环境、适宜区、最适宜区、栽培技术、采收加工、产销情况、药材性状、基地建设等进行了系统论述。

### 二、生产分布

根据四川的自然生态环境，四川中药材生产分为4个区域。

盆地中央药材生产区：包括成都、德阳、眉山、乐山、绵阳、遂宁、南充、广安等市海拔200—800米的地区。主产药材有川芎、麦冬、附子、白芷、丹参、白芍、郁金、泽泻、红花、半夏、石斛、瓜蒌、菊花、杜仲、川黄柏、厚朴等。

盆地边缘山地药材生产区：包括绵阳、广元、巴中、雅安、成都、达州、泸州、乐山市海拔1000—3000米的地区。主产药材有天麻、金银花、黄连、干姜、川明参、川牛膝、桔梗、吴茱萸、杜仲、川黄柏、厚朴等。

攀西地区药材生产区：包括攀枝花和西昌，主产药材有附子、川续断、天麻、芦荟、麻风树、金龙胆草、穿山甲等。

川西高山峡谷药材生产区：包括甘孜州、阿坝州海拔高山峡谷及高原区。主产药材有川贝母、天麻、冬虫夏草、党参、黄芪、大黄、羌活、秦艽、独一味、猪苓、重楼、麝香、川续断、红景天、红毛五加、当归、红豆杉、藏木香等。

### 三、产销历程

#### （一）自主经营时期

20世纪80年代中期以前，四川中药材生产实行计划经济模式。国家对中药材实行统购统销、定点生产，全国中药材实行调配制，由卫生部和中国中药材公司给各省中药材公司下调拨令，省中药材公司给各市（州）下调拨令，统一调拨药材。80年代中期至90年代末，药材生产和销售逐步放开，国家取消统一调拨，各地中药材公司改制，中药材生产处于自发生产、自主销售状态。

（二）生产规范化时期

1997年，国务院18个部委联合编制的《中药现代化科技产业行动计划（纲要）》，提出建立中药材生产基地，规范中药材种植和加工，稳定中药材质量。1998年11月，科技部正式批准组建中药现代化科技产业（四川）基地，这是全国第一个中药现代化科技产业基地。1999年6月，科技部、卫生部、国家药品监督局、国家中医药管理局、中国科学院与四川省人民政府签订共建基地协议，正式启动基地建设。基地建设围绕“一园四体系”框架（中药现代化科技产业园、研究开发体系、药材生产体系、中药制药体系、保障服务体系），同时成立以省长为组长、国家五部（局、院）领导为副组长、省级12个相关厅局分管领导为成员的基地领导小组，明确药材生产体系的牵头单位是四川省农业厅。1999年8月，中共四川省委、省政府批转《中药现代化科技产业（四川）基地实施方案要点》，提出药材生产要向规范化、产业化方向发展的思路。将实现中药材生产质量稳定与可控、研究推广规范化种植技术、建立技术规范化、生产规模化的无公害优质药材生产基地，放在基地建设的突出位置。

2002年3月18日，国家药品监督局发布《中药材生产质量管理规范（GAP）（试行）》，提出中药材生产质量管理的基本准则。同年10月，国务院办公厅转发科技部等八部委制定的《中药现代化发展纲要》，提出中药资源可持续利用和产业可持续发展的基本原则，要求建立和完善中药种植标准和规范，保证中药产品安全有效、质量可控。

随着中药现代化科技产业（四川）基地建设的推进，四川中药材生产迅速发展。从1998年到2005年，面积、产量、产值快速增长。2005年全省中药材种植面积达140万亩，产量29.6万吨，产值23.3亿元，分别较1998年的38.0万亩、5.6万吨、4.8亿元增加2.68倍、4.29倍、3.85倍。中药材出口创汇一直保持较快增长，年出口额1800万美元，占中药出口总额的近90%。

（三）基地生产时期

为了推进中药材的规范化生产，全省建立31个品种的中药材GAP规范化种植科技示范区。到2005年，全省药材生产区域化布局初步形成，科研和农技推广体系基本建立，质量标准化体系逐步建立和完善。四川省农业厅牵头组织制定川芎、麦冬、附子、丹参、金银花、黄连、干姜、半夏、白芷、鱼腥草、川明参、川红花、藏木香13种川产道地药材的规范化生产技术规程（四川省地方标准）。在中江县建立国家级无公害中药材生产示范基地县。雅安三九、四川绿色药业、四川银发资源开发公司的鱼腥草、麦冬、川芎、白芷4个品种的药材规范化生产基地先后通过国家GAP认证，以雅安三九药业、四川绿色药业、四川恒源药业、四川国嘉制药、四川新荷花中药饮片、成都恩威制药、四川银发资源开发等为代表的中药加工企业建立自己的原料基地，中药材产业呈现出区域化布局、规范化、产业化发展的新局面。

四川省志·农业志

# 第四篇　果树　蚕桑　茶叶

四川水果（含林果）、蚕桑、茶叶一直是四川的优势农产品，在全国享有盛誉。龙泉驿水蜜桃、安岳柠檬、攀枝花芒果、天府龙芽、竹叶青等特色优质农产品在全国具有举足轻重的地位。

# 第一章　果　树

四川地域辽阔，地缘复杂，立体性气候促使果树种类繁多且产量大，为全国重点水果产区之一。20世纪80年代中期以后，水果生产迅猛发展，产量稳步上升，品质不断优化。1985年全省水果总面积221.5万亩，产量81.72万吨（含重庆市，不含重庆市为204万亩和59.9万吨），总产值3亿元左右。到1996年，水果面积增加到469.56万亩，产量168.48万吨。1997年重庆市直辖后，四川水果面积364万亩。至2005年，全省水果面积发展到692.9万亩，产量415.8万吨，总产值80多亿元。

由于地理和历史的原因，20世纪80年代到21世纪初，四川水果仍以柑橘、梨、苹果等为主，随着市场需要和发展，其他水果呈不断增长趋势。

## 第一节　柑　橘

### 一、柑橘生产

（一）栽培面积与产量

四川柑橘面积和产量一直位居全国各省的前一、二位，栽培品种以橘类为主。柑橘产值在20世纪80年代中期约4亿元，到2003年达26.7亿元，占当年水果总产值65亿元的41.1%。

1982年全省有柑橘面积120万亩，产量14.83万吨；1992年有面积263.85万亩，产量106.63万吨；1997年重庆市直辖以后，四川有柑橘面积222.6万亩，产量101万吨，到2005年面积达310.4万亩，产量213.74万吨。

（二）品种改良与新品种选育推广

四川柑橘栽培和野生资源的种类品种共有3属5类28种200多个品种品系。在栽培种类中，主要推广品种为锦、夏、脐、血、温州蜜柑5大良种，20世纪80年代初期超过全省柑橘栽培面积的60%，其中锦橙约占全省柑橘栽培面积的三分之一，其次是血橙、夏橙、脐橙、哈姆林甜橙等5个主要品种以及少数地方甜橙（南充本地广柑、金堂红毛橙等）。由于生态适应性的反应以及市场需求，种类品种的发展逐渐发生明显变化，到2003年，脐橙占27%，其他甜橙占25%；温州蜜柑占14%，其他宽皮柑橘占19%，柚类占13%，柠檬占2%。宽皮柑橘发展比例明显减少，尤其是红橘在市场上的滞销现象明显，种植面积日益萎缩。

四川柑橘新品种选育和推广中最突出的是脐橙和柚类，其发展速度超过其他品种。按柑橘生态特点和特色，四川主要开展甜橙、优质宽皮柑橘、早熟和晚熟、加工及鲜食加工兼用新品种的选育以及柚类新品种的发掘选育。20世纪90年代从代表性品种锦橙中选育出第二代新品种蓬锦100号、北碚447号、铜水2号、无核锦橙、梨形橙2号等，具有少核或无核，果大质优，鲜食加工兼宜等特点，带动全省锦橙的更新换代；选育出伏令夏橙优系江安35号，该品种果大丰产质优，加工出汁率高，并在江安建成全省最大的夏橙基地；选育出华脐优系奉节72-1，打造出川东著名的名优脐橙基地，继后引进选育推广纽荷尔脐橙、奈维林娜脐橙、朋娜脐橙、丰脐等脐橙新品种，促进盆地内尤其是川南和攀西脐橙产区的大发展。2001年以后选育出一批高糖低酸优质丰产的脐橙换代新品种，如新育成的“21世纪脐橙”“新世纪脐橙”特别适应四川低温多湿寡日照生态地区栽培，解决四川脐橙发展中长期存在的品质产量难以两全的瓶颈，成为全省脐橙换代的首选新品种之一。2005年左右选育的一批橘橙杂交新品种更显露出市场竞争优势，逐步受到科研、生产领域的重视。

针对熟期结构调整的需要，在早熟和晚熟新品种选育方面，选育大批早熟新品种如蒲早2号蜜柑、新川蜜柑、早津蜜柑、哈姆林甜橙、早熟和极早熟椪柑、1月成熟的晚熟新品种塔罗科血橙新系(2003年通过四川省品种审定)、2月和3月成熟的一批桔橙杂交新品种。还选育出一批中熟的椪柑、桔橙等宽皮柑橘新品种；利用四川柚类资源丰富的优势，选育出龙都早香柚（2004年通过四川省品种审定)、凤凰柚、脆香甜柚、五布柚、通贤柚等名柚，原有劣质柚大量被淘汰或高换。柠檬品种则筛选出适宜四川种植的尤力克柠檬，果实主要品质指标优于美国、意大利同类产品。新品种的选育和推广，使四川柑橘良种面积、产量迅速上升，到2005年四川柑橘良种面积占总面积的80%以上，新区良种率达100%。

（三）结构调整与布局

1984年起，四川依据浦天清、李仕鸿等人提出的柑橘主栽品种的生态区域规划，调整生产布局，实行按区划种植。全省划分为长江河谷地带，岷江、沱江、涪江、嘉陵江、乌江中游河谷地带、盆周浅山丘陵河谷地带、川西北盆边山区地带、川西南河谷地带5个类区，发挥各地优势，因地制宜开展品种结构调整，突出发展优良品种。全省以发展良种橙类为主，注意早、中、晚熟品种搭配，排开供应季节，着重发展锦橙、脐橙、血橙、夏橙、哈姆林、椪柑、温州蜜柑和大红袍等优质品种。1994年更换优良品种1900万株，1996年完成柑橘高接换种2000万株，品种结构调整明显见效，当年产优质脐橙25万吨，占柑橘产量144.5万吨的17.3%。1997年后，全省加快柑橘品种结构调整步伐，良种发展呈集约化趋势，新建成雷波脐橙、攀西脐橙和川南脐橙等驰名省内外的优质产区。2000年以后，全省实施“柑橘良种和技术引进与推广”项目，引进柑橘新品种30多个，建立良种繁育体系，加大独具特色、高档优质果品的发展力度，全省脐橙面积从原不足万亩迅速发展到近100万亩；2002年，新建优质果园20万亩，使优质果率持续上升，达到35%。2003年后各地实施优势区域规划，从引进的品种中筛选出一批适合当地发展、市场前景好的杂交柑橘优新品种（不知火等）进行推广；柚类从1984年的1.05万亩发展到2005年近40万亩，使四川柑橘生产基本形成合理布局，果品质量大幅度提高。

（四）柑橘商品生产基地建设

1986年，中央和四川省共同投资620万元，在四川省建立长宁甜橙基地、安岳柠檬基地、资中柑橘基地。对全国优质水果的重点生产县如蓬安、眉山、开县等，国家给予补助资金，推动良种柑橘的发展。1989年新建优质柑橘基地10万亩。

1990 年全省新建资中、安岳、蓬安、眉山、新津等优质水果商品基地，新增柑橘 13.4 万亩。1996 年，由世界银行贷款和国家、省共同投资的长江上中游地区水果开发项目竣工，完成新建果园 8.7 万亩，改造果园配套设施 7500 亩，安装 7 条商品化生产线，完成项目总投资 6077.78 万美元，其中世行贷款超过 3100 万美元。与此同时建成大批国家和省级优质水果生产基地，其中除被国家列入的柑橘五大优势区域 37 个县外，建成“中国脐橙之乡”（眉山市东坡区）、“中国椪柑之乡”（青神县）、“中国柠檬之乡”（安岳县）、“中国脐橙第一县”（雷波县）等特色水果基地。

在长江开发项目的带动下，除项目区外全省陆续新建柑橘基地 30 余万亩，推广优质脐橙、柚新品种苗木 500 万株以上，改换良种 7700 余万株。2003 年全省先后在泸州、江安、广安、富顺建立 4 个部级良种苗木繁育基地。

（五）无公害水果生产

从 2001 年开始，四川先后制定《无公害农产品生产技术规程——柑橘》《无公害农产品生产技术规程——脐橙、夏橙、温州蜜柑》等 9 个四川省地方标准，金堂县、成都市龙泉驿区被定为第一批全国创建无公害农产品（水果）生产示范县（区）。2003—2004 年无公害水果、绿色食品发展迅速，全省各地积极创建无公害水果生产示范基地，加速科技示范园的建设，制定无公害生产技术规程地方标准。至 2005 年，全省有近 160 万亩果品生产基地获得四川省首批无公害生产基地认证，在金堂县、成都市龙泉驿区创建全国无公害水果示范基地县（区），并通过农业部组织的验收。

## 二、栽培管理

（一）优质丰产配套技术

四川柑橘生产 20 世纪 80 年代中期进入快速发展阶段，全省各地普遍推广柑橘优质高产成套栽培管理技术并收到显著效益。通过改造小老树，加强肥培管理，科学种果、采摘储藏，增产增收。科研教学单位与生产管理部门相结合，探讨橘园低产、劣质原因，研究解决办法。同时引进国内外先进技术和优良品种，考察各栽培品种的生态适应性，分别不同类型，进行组装配套，在试验示范的基础上进行推广。1991 年四川全省实施 300 万亩水果丰收技术，1992 年以后在更大范围推广应用。从 2000 年初开始，全省加大果园生草栽培、节水灌溉、果实套袋、果树专用肥施用等技术的推广应用力度，提高柑橘的产量与品质。

（二）病虫害防治

四川柑橘主要虫害有螨类、蚧类、蝇类。四川省农业厅植检站秦蓁等，新发现一种柑橘害虫桔实雷瘿蚊。病毒类病害种类是柑橘裂皮病、黄龙病、碎叶病和衰退病，并有温州蜜柑萎缩病存在。裂皮病属全省性分布，染病单株减产 73.6%。对病虫害的防治主要是药物、人工、综合防治相结合。

对于害螨类的防治在 1980 年以前已见成效，20 世纪 80 年代至 90 年代初期，对大实蝇、矢尖蚧的防治成果丰硕。此后，在科研成果的示范推动下，各地橘园按生态环境采取综合防治办法防治病虫害，效果显著。

## 三、柑橘贮藏和采后商品化处理

（一）柑橘贮藏

四川柑橘果实贮藏方面积累许多经验，如彭水、开县农民利用松枝、柏桠简易堆放贮藏红橘；

金堂农民开地沟贮藏甜橙和红橘；南充农民利用土窖贮藏甜橙的办法开始于20世纪初，后经科技人员不断总结和提高，到20世纪80年代迅速发展。在推广西南农学院李友霖教授设计的联拱沟窖过程中，各地根据本地实际情况，设计出地下式、半地下式、地上式等几种沟窖，获得好的贮藏效果。此后一些地方如铜梁等地利用当地自然岩洞，吸取土窖和通风贮藏库的特点，采用联拱沟窖的一些办法，设计出“岩洞库”，利用自然岩层隔热，导入自然低温寒流降低库温等措施，获得贮期长、好果率高（94.66%）、干疤率低等效果。四川省果树研究所庄虚之、刁太清等进行的硅窗塑料袋贮藏锦橙的方法，经过几年试验终获成功。西南农学院张伯超等则在万县盛山园艺场进行锦橙留树保鲜试验，采用2.4-D稳果和赤霉素防止果皮衰老，适当补充树体营养和适时采收（春梢萌动前），以达到果实延期采收，提高品质，缓和贮藏运输压力和不影响下年产量的目的。2000年后，为解决全国市场1—8月对优质柑橘的需求，根据四川冬无严寒的特殊气候条件，四川省农科院园艺所、四川省农业厅经作处从2001年开始在金堂县开展脐橙留树保鲜试验，采取激素稳果，套袋护果及加强管理等措施获得成功，2005年已发展到近3万亩的保鲜面积。

（二）柑橘果实商品化处理

四川柑橘商品化处理起步较早，1983年柑橘商品二类改为三类后，市场放开，市场竞争对柑橘商品果实的要求越来越严格。1991年，四川制定《甜橙综合标准》，对果实商品处理程序以及洗果、打蜡、保鲜防腐剂的选择和使用方法作出规定。1995年制定《柑橘综合标准》，将主栽种类、品种外观、内质的要求及对农药残毒和重金属含量的要求也作出规定。

## 四、包装、运销与加工

（一）柑橘包装

单果包装。最早无单果包装，后发展到利用质地柔软、干净、有一定透气性的聚乙烯薄膜袋或纸包装。到20世纪90年代中期增加泡沫网袋单果包装，并在制定《柑橘综合标准》中规定塑料薄膜厚度为0.02—0.03毫米，纸规格为30克白纸，并提出宽皮柑橘不宜用塑料薄膜包装。

成件包装。最早以竹筐包装为主，后发展到用纸箱包装，1986年发布四川省企业标准——出口柑橘包装用瓦楞纸箱，之后全省提倡用纸箱包装，采用瓦楞纸箱数量增加，21世纪初已无竹筐成件包装。

（二）柑橘运销

四川柑橘调省外，红橘的走向主要是东北、华北、西北市场，占柑橘全省出省量的90%，甜橙主要走向以长江下游各地为主，如武汉、南京、上海等占柑橘出省量的10%，后因湖南、广西蜜柑，广东、福建椪柑很受欢迎，红橘销势大幅度下降，但优质果增加。1989年全省柑橘调省外仍有近30万吨，其中出口8500余吨，创汇340余万美元。此后铁路输出日益减少，而公路输出则增加，1996年运销30余万吨，其中公路运销20万吨，占三分之二；1997年红橘进一步滞销，柑橘通过铁路运销的只有5万吨，以后这种下降趋势进一步加大，到2000年后已极少种植。

（三）柑橘加工

在20世纪90年代前，四川供销系统有加工企业111家、固定资产1亿元，至1991年能产各种水果罐头9.84万吨，其中柑橘罐头8万余吨。

柑橘罐头中主要产品是橘瓣罐头，年产量上万吨，到1989年水果罐头产量6万余吨，其中橘瓣罐头近5万吨。1990年水果罐头产量4.38万吨，其中橘瓣罐头3.38万吨，以后该产品逐年下降。

## 第二节　梨

### 一、生产概况

（一）面积与产量

20世纪80年代以后，四川梨的发展速度很快，到1998年，梨的种植面积、产量超过苹果，仅次于柑橘，居全省水果的第二位。

1986年，全省有梨树面积15万亩，1987年面积增加到18.6万亩，另有零星梨树5358万株，之后连年增长。1998年有成片梨园41.7万亩，到2005年达124.6万亩，比1986年增加7.3倍。产量1986年为8.1万吨，2005年达68.46万吨，比1986年产量增加7.45倍。

（二）品种选育与改良

四川梨的资源非常丰富，川梨、砂梨、白梨、秋子梨、西洋梨四大系统均有分布，发现并收集梨属植物8个种和1个待定的新种，既有古代名种苍溪的施家梨（即苍溪雪梨），也有野生类群昭觉梨。在川梨、砂梨中发现一些变异类型，在白梨中发现两种不同的生态型。古代名种如广安的紫梨、双流的广都梨、遂宁的柏子梨已失散无存。

四川梨的选种方法，包括群众性的评选、实生选种、芽变选种和杂交选种等，选出品种及其优系，再进入常规鉴定与再筛选程序。1986年后，各地先后选育出性状优良、丰产性强、无大小年现象、适应栽植范围广的金花梨、金川雪梨、龙泉1号早熟梨等，并大力推广。

20世纪80年代乐山市引进日本梨优良品种14个，但只有“三水”（幸水、丰水、菊水）等早熟品种应用较广。80年代末金花梨在成都、绵阳等地试种成功后，发展迅速。90年代初由日本、韩国引进的梨配套品种如早熟喜水、早生喜水，圆黄、早生黄金、早熟丰水、翠冠、岩宕等品种获得成功，深受消费者喜爱，刺激良种优质梨的推广与发展。

（三）基地建设

四川梨栽培最多的地区为长江、嘉陵江、沱江、大渡河、雅砻江、安宁河流域一带。1985年有产梨县189个，年产500吨以上的县33个，其中1000吨以上的县11个。到2001年，绵阳、德阳、成都等地新建许多优质梨基地，2003年有金花梨20.16万吨，鸭梨2.18万吨，分别占当年全省梨总产量的36.81%和4%。

### 二、技术改进和病虫害防治

20世纪80年代以后，梨的栽培管理技术不断改进。1991年，四川省农牧厅在重庆市、成都市、泸州市、广元市组织优质丰产综合配套技术推广活动，取得成功。四川省农牧厅、四川省农科院园艺所、双流县、成都市龙泉驿区、绵阳市农业局等联合开展的梨乔砧密植优质丰产综合技术；四川农业大学选用主栽品种苍溪雪梨、茌梨、金川雪梨、菊水梨、明月梨等，与其他品种作26个组合的授粉试验后筛选出最佳组合的授粉技术；苍溪县农业局果树站对苍溪雪梨的整形修剪技术先后在全省予以推广。

梨的病虫害较多，20世纪80年代初四川省果树研究所与13个梨主产县农业局开展“四川梨、苹果害虫及天敌资源调查”，先后发现和收集梨和苹果害虫共10目87科496种，采集和饲养害虫天敌170多种。四川省果树研究所、西南农业大学、四川农业大学、四川省化工研究所、四川大学等单位，先后对梨的病虫害进行药剂防治，性诱剂、黑光灯、糖醋液诱捕等比较试验，对一些主要病虫的发生情况和群众的防治经验进行总结，摸清发生规律、防治有效时期，并筛选有效药剂在全省推广应用。

### 三、贮藏和加工

#### （一）贮 藏

一般产区采用民间简易贮藏，商业部门有少量冷藏库贮藏。简易贮藏以室内贮藏和开沟贮藏为主，其中室内贮藏要求干燥、清洁、冷凉的环境和通风良好，并消毒贮藏场地。开沟贮藏主要在气候干燥的地区进行，要求选址地势高、排水良好。东西向挖沟，防雨水浸入和暴晒，注意调节气温。要求果实正常成熟蜡质形成采摘，防止果实受伤，经发汗后装箱、堆码。温度控制在1℃—5℃，及时检查剔除腐、伤果，防酒精、农药污染，严防鼠害。

#### （二）加 工

梨的加工主要是熬制梨膏，只有少数制作糖水梨罐头，作为果脯、果酒或果干者极少。梨膏的制作方法是先将梨的果皮和果心去掉，然后切碎或捣碎，按1：1的比例加糖熬制而成。

## 第三节 苹 果

### 一、苹果生产

#### （一）栽培面积与产量

20世纪80年代中期四川苹果生产快速发展，1982年全省产量3.3万吨，到1987年有集中成片栽植面积近30万亩，零星分散栽植2598万株，产量6.48万吨，短短5年产量增加近1倍。之后进入调整和平稳发展期，直至1994年面积产量才有明显上升，面积达42.2万亩（创历史新高），产量10.3万吨。1997年重庆市直辖后，发展至2005年有面积39.9万亩，产量24.29万吨。

#### （二）品种与产区分布

四川最早栽培的苹果，因果肉绵、汁水少、味纯甜无酸、不耐贮藏和运输、经济价值低而逐渐被西洋苹果所取代，仅有少量栽植。20世纪初引进的西洋苹果在巴塘县实生繁殖，自成体系，20世纪90年代末约60多个品种表现较好，在康藏一带推广应用，形成独具特色的品种群。成都、蓬溪、茂县、汶川、理县等地引进的西洋苹果主要是金冠及少量元帅等品种。其中早熟品种极少，多零星分散栽植如红魁、黄魁、六月红、辽伏、伏花皮等7个，商品量少。四川在6月、7月上市的中熟品种有26个，其中主栽品种有金冠，元帅系的红星、红冠、元帅，祝光、丹顶、旭、拉宝、磅苹等，晚熟品种以大、小国光为主，其次尚有少量青香蕉、倭锦、红玉等14个。据2002年统计，全省苹果栽植面积36.94万亩，产量20.83万吨，其中良种元帅系、金冠、红富士的产量占苹果总产量的66.73%，苹果产量分布川西南有11.99万吨，占苹果总产的57.56%，高原有2.14万吨，占总产的10.27%，两者共有14.13万吨，占苹果总产的67.83%。

20世纪80年代初四川省农业厅浦天清等，进行苹果生态调查，提出“四川省苹果区划意见”，将四川苹果产区按品种划分为最适宜区、适宜区、次适宜区，提出四川苹果合理布局，品种结构调整及宏观管理建议。1985年以后，全省苹果栽植逐步实现良种化，经过品种结构调整，逐步向凉山州、阿坝州、甘孜州优势区域集中。1986年农业部批准在茂汶县建立3.2万亩优质苹果商品生产基地。以后“三州”栽植苹果面积、产量，优质苹果产量逐年增长，占到全省三分之二以上。2002年苹果栽植面积中凉山州20.46万亩，阿坝州4.75万亩，甘孜州2.07万亩，“三州”共有苹果面积27.27万亩，占全省苹果总面积的73.24%。凉山州成为全省最大的优质苹果产区。

## 二、栽培管理与病虫害防治

### （一）技术改革与推广

20世纪80年代以前，四川多次进行苹果树的整形修剪试验研究，西南农学院摸索出盆地内部修剪方法，在龙泉驿试验推广；四川省农业科学院在成都、金堂等地实施适应当地环境，以打开光路为主的“草帽形”整形法，获得成功；茂县董玉金等的四季矫正修剪试验，收到良好效果。四川省劳改局吴昌标和西南农学院园艺系师生先后进行苹果树疏花疏果试验，提出疏花数量与时期参数，并普遍用于生产。1984年，四川省农牧厅组织西南农学院、四川农学院、四川省果树研究所开展苹果苗脱毒研究，并在盐源建立苹果无病毒良种母本园500亩，培育良种无毒苗木350万株，接穗200万条用于生产使用。

1991年四川省农业厅组织实施300万亩名优水果的丰收计划。苹果主要产区积极响应，其中凉山州农业局的“优质高产苹果综合配套技术”和广元市农业局“梨、苹果等名优水果高产优质综合配套技术”推广项目获得1993年度国家农业丰收奖。

### （二）病虫害防治

四川苹果病虫害防治主要采取药物和人工相结合的方法。1985—1987年，针对凉山州、阿坝州、甘孜州苹果病虫危害严重，常年经济损失大的问题，四川省科委下达课题，由四川省农业科学研究院植物保护所和四川省农业厅经作处牵头，凉山州西昌农科所，茂县林业局等单位协作，组织“三州”苹果主产县技术人员54人共同进行“‘三州’苹果主要病虫综合治理技术研究”，先后3年在茂县、理县、黑水、盐源、越西、喜德、昭觉、康定、丹巴、泸定10个县进行小区控制试验1319亩，并带动大面积防治11.22万亩，获标本2000余件，包括害虫8目50科252种，找出各地域的主要优势类群和潜在类群，基本弄清“三州”苹果园昆虫群落的空间与时间结构，在此基础上进行综合防治。

## 三、采后处理和运销

### （一）苹果贮藏

1. 土窖贮藏

20世纪90年代初，蓬溪县果农选择土壤如白沙泥，坐南向北、窖底宽，覆盖面厚，上设通气孔，下挖排水沟的红薯窖贮藏金冠苹果。经40多天的贮藏，好果率为81.0%—92.5%。唯不能长期大量存放，只适于农家果园短期应用。

2. 半地下式土窖贮藏

20世纪90年代中期，茂县凤仪园艺场借用贮藏甜橙的试验，将一个70.5立方米的废水坑，改建成简易的半地下式贮藏窖，于9月下旬入窖苹果1900公斤。由于废水坑土层深处的湿润条件，窖内湿度长期保持在85%—90%。贮藏前期，利用当地昼夜温差大的自然条件，坚持早晚开窗，使9月下旬至11月上旬窖温控制和保持在10℃左右；贮藏中期，白天开窗，夜晚关闭，使11月下旬到次年1月下旬，窖温保持在0℃—3℃。经182天贮藏，每月损耗率为2.1%，贮藏后果实外观仍光亮美观，肉脆芳香。在6个月时间内控制金冠不皱皮，红星不翻砂，获得较好效果。3月中旬以后，由于气温渐高，窖内温度10℃以上，又无降温设备，则未能继续贮藏。

3. 自然通风库贮藏

20世纪90年代后期，凉山州昭觉农科所将八九成熟的金冠和“三红”（红星、红冠、红元帅）苹果，采后立即放入通风贮藏库贮藏。不加任何药剂处理和特殊包装，贮藏期进行三段管理的办法，贮藏6个月，好果率达80%。

4. 简易气调贮藏

20世纪80年代初，四川省果树研究所庄虚之、刁太清等，与四川省果品公司合作，在温度2℃—3℃冷藏条件下，用塑料袋和一定面积的GE4-0.08型硅橡胶压延膜和D45M2-1型涤纶膜做成能装20公斤金冠苹果（茂县）的硅窗袋进行试验。筛选出压延膜硅窗袋和涤纶膜27平方厘米硅窗袋为最佳组，贮藏7个月后，前者好果率97.1%，次果率2.21%，腐果率0.69%；后者好果率99.32%，次果0.34%，腐果0.34%。

（二）果实商品化处理

四川苹果果实商品处理最早在20世纪80年代中后期，凉山州越西县的果农采取遮光的办法在果面印上福、寿等民间吉祥字样，作为礼品销售或赠送，但量小。90年代随着市场经济发展的需要，广泛推广果实套袋（专用袋）、洗果、分级等技术，并提倡纸箱包装，提高果实商品性能。

（三）苹果加工

四川苹果一直以鲜销为主，只有在遇到运输困难时切片晒成苹果干待销。20世纪80年代后期至90年代初，四川苹果曾滞销，产量最多的凉山州盐源县引进国家龙头企业四川禾嘉股份有限公司投资建成果汁、果蔬加工厂，引导果农由松散经营逐步过渡到紧密型的公司加农户连基地的产业化发展路子，既解决果农卖果难的问题，又实现优势互补，农民增收，公司盈利，地方发展的多赢局面。

（四）苹果运销

四川苹果20世纪90年代前调省外主要是南方市场，尤其是红苹果（红冠、红星）在广东、深圳、汕头、厦门等地销势好。90年代以后销售市场扩大到云南、贵州、广西、湖北、重庆、中国香港等地的大、中城市，同时出口越南、缅甸、泰国等地，尤以色红、极早熟、优质高档果品供不应求。

## 第四节 其他水果

四川地貌、气候复杂，南北水果均有分布，资源丰富。在长江、金沙江河谷一带有龙眼、荔枝；攀西地区有芒果、香蕉、石榴；盆周山区有猕猴桃、樱桃、大红枣、柿；盆地内部有桃、李、枇杷、葡萄、草莓、西瓜；凉山州、阿坝州、甘孜州有西洋樱桃、沙棘、刺梨等。分别具有鲜食、加工、营养、药用等特殊价值。在20世纪80年代中期以前这些水果的开发处于起步阶段，有的甚至尚未起步。之后，为适应市场发展的需要，全省分期分批投资在成都市龙泉驿区、纳溪县、平武县、大邑县、都江堰市、马边县、叙永县、德昌县等地建立桃、枇杷、樱桃、果梅、李的优质果商品生产基地及良种繁育体系。同时由于这些产品缺俏，市场售价普遍高于柑橘、苹果、梨，因此促进多种水果的快速发展。到1990年，全省桃栽植3851万株，产量7.2万吨，比1984年增加2.22倍；李3950万株，产量9.25万吨，比1984年增加1.1倍；枇杷380万株，产量0.31万吨，比1984年增加9.42倍；樱桃577万株，产量0.77万吨，比1984年增加4.46倍；果梅387万株，产量0.31万吨，比1984年增加6.84倍。

除龙眼、荔枝、香蕉受气候影响较大产量不够稳定外，葡萄、西瓜、草莓等面积和产量上升幅度很大。但总体除柑橘外的多种水果在全省水果总面积和总产量中所占比例仍然偏小。1990年全省水果总面积357万亩，其中，多种水果27万亩，占总面积的7.5%；全省水果产量127万吨，其中多种水果20.31万吨，占水果总产的15.97%。其后全省加快品种结构调整和加速开展优质果商品基地建设，并引导多种水果的发展朝良种化栽植、规范化管理进而向无公害化生产的方向发展，到2005年多种水果与柑橘之间的比例基本持平。

### 一、桃

桃栽植区域广泛，尤其是南方品种群的品种几乎遍及盆地地区和川西南高山峡谷立体农业区。北方品种群在西北部高山区有分布，其中栽植较多的水蜜桃有春蕾，京春，北京27（早香玉）、28、26（庆丰），雨花露，农大早艳，蓉蜜，蓉杂9、10号，白凤，大久保，皮球桃（京玉）等；硬肉型的有红、白花桃、青毛子白花桃，白毛子白花桃，贵州青桃，吊枝白，白心桃，北京23、24，简阳晚白桃，扬州晚白桃等；黄桃如京川、艳黄、丰黄、罐桃5号、罐桃14号、明星等，另有自育的一些优良株系如74-16-5、杂交13号、60-4-1、63-2-8、65-1-15、66-1-25，黄桃中的1-5、1-27等。

21世纪初四川形成以盆西龙泉山为主较大规模的桃商品生产基地和遂宁、简阳、西昌等地的黄桃加工原料基地，2000年后全省桃的管理水平提高，发展速度加快。到2005年全省有桃面积51.2万亩，产量31.9万吨，比1990年的7.2万吨增加3.4倍。

成都市龙泉驿区是中国三大桃商品生产基地之一，也是四川省最大的桃商品生产基地。2002年有优质桃基地8.7万亩，产量11.8万吨，并被确定为四川省优质水果无公害商品生产基地。

### 二、李

四川李资源丰富，但长期处于放任栽植状态。中国李是四川栽植的基本种，多数品种属此列，分布区广。美洲李则是20世纪30年代随苹果从美国引入，其中玫瑰红李在茂县、汶川两县近郊栽植较多，2001年以后九寨沟县、小金、金川、马尔康、理县、成都市龙泉驿区、简阳、双流、丹棱等地均有引种栽植且表现较好；欧洲李于1987年春从西班牙引入少量品种在四川省果树研究所试种，经各地观察筛选，发掘出一批可供生产使用的优良品种如江安李优系、金蜜李、早黄李、玫瑰红李、理县桃李等，按区划建立优质李商品基地。川西南山地河谷区主要栽植品种仍为中国李，以海拔700—1900米的西昌、会理、汉源一带栽植品种多，品质好。

李的加工最初是产区就地粗加工成淡李干外运至福建、广东、广西等地。20世纪80年代后期，四川的古蔺、双流、梁平等县相继引入精加工技术，与广东、广西、福建同步生产“化核嘉应子”，“果汁应子”等产品内贸外销，深受消费者欢迎。

## 三、枇　杷

四川枇杷的分布特点是顺长江水系由西向东传播，原产中心大致为北纬29°—30°，东经102°—103°，重点区域在汉源、石棉、荥经、雅安等地，从原产地开始形成一大片枇杷原生地区，包括大渡河流域自峨眉山以西至凉山州、攀枝花市等地。长期因栽植零星，商品量小，至1984年全省仅有产量300余吨。四川省农业厅于1985—1991年组织5个树种种质资源调查，摸清四川枇杷有3个种，1个变种即普通枇杷、大花枇杷、栎叶枇杷和变种大渡河枇杷。共有品种和类型78个，其中，白肉型14个，红肉型64个。同期成都市龙泉驿区开展枇杷选种工作，选出“大五星枇杷、龙泉1号”等优系并相继用于生产，其他产区如泸州市等地也开展选种工作，如20世纪90年代初选出泸州6号、8号，蜀果R1-1.7.8号等。

由于大果优质枇杷上市售价猛涨，在成都市场上曾出现每斤售价20元以上纪录，促进良种枇杷生产基地的建设和全省枇杷生产的快速发展。到20世纪80年代末形成经济栽植区的有乐山、宜宾、泸州等市地及相关县，之后陆续建成成都、泸州几大商品生产基地。其中1990年泸县利用长江上中游地区水果开发项目建立枇杷基地4395亩，纳溪县于1991年建成枇杷基地3000亩，成都市龙泉驿区建成枇杷基地4600亩，双流县于2001—2003年建立枇杷基地10余万亩，已有15万亩，年产枇杷8万吨；主栽品种为大五星、早钟6号和龙泉1号三大良种，占全县枇杷总面积的90%。仁寿县文宫乡建立以大五星枇杷为主的枇杷基地12.5万亩，2002年获得西部农业博览会名优产品称号，2005年“文宫”枇杷总产量达2.5万吨，销售量2.2万吨，实现销售额2.5亿元，除省内市场外，销往北京、新疆、拉萨、云南、重庆、广州、深圳等地。

## 四、果　梅

四川果梅集中分布在盆周山区及盆地内部低山和西南山地的中山部分，如会理、木里、盐源、德昌、汉源、马边、宝兴、芦山、大邑、邛崃、汶川、平武、广元、灌县、达县、万源等地，另在乡城、九龙、丹巴、金川、小金等西部高原地区也有分布。其中盆地地区在20世纪80年代中后期年产量1500余吨，占全省梅总产量的40%以上；西南山地地区年产量1900余吨，占全省梅总产量的55%以上，但以野生类型居多，加工后多为品质差的“骨梅”。

四川的果梅经全省资源调查查实共有1个种即梅，5个变种包括梅（原变种）、厚叶梅、品字梅、杏梅和小梅（比吴耕民编著的《温带落叶果树分类》中的两个变种多记录3个）。栽植类型仍为白梅、青梅、黄梅3种。此外，发现山桃可做梅的砧木且耐碱性土壤。

在引进品种中表现好的有日本的白加贺、莺宿和甲州小梅。四川果梅的栽植以大邑县境内海拔800米以上地区较为集中。该县1984年定植1.2万亩（60万株），其中良种嫁接苗41.1万株占69%。主栽品种为黄梅。马边县和平武县也是果梅集中栽植区，其中马边县1984年有果梅34万株，产量32.5万公斤，利用全省资源调查发现的大量野生群体，推荐一批优良性状突出的早、中、晚熟配套，鲜食、加工配套品种建立品种资源圃。

果梅的加工方面，梅果因含多量的酸及多种维生素而受重视，可加工为盐梅干、乌梅干、蜜饯、梅酒、梅酱、梅醋等。还是夏季冷饮的重要原料，能生津止渴、开胃健脾、消暑清心，有多种药用价值，并因含枸橼酸含量多（每100克果肉含4.36克）可作为制作枸橼酸的原料。果梅的加工在马边和大邑县较为兴盛，其中大邑县1986年已有果酒厂、盐渍梅厂各1个，当时所产红梅酒、红梅汽水、红梅香槟、红梅可乐投放市场受到欢迎，其中红梅酒获得四川省优质产品称号。盐渍梅出口早有记载，大邑县盐渍梅1985年前年销往日本60吨，1986年增加到70吨。马边县的盐渍梅远销新加坡、马来西亚和日本等国以及中国香港、中国澳门。

### 五、樱　桃

四川樱桃分布面广，主要有4个品种，包括两个栽植品种即中国樱桃，欧洲樱桃；两个野生品种即山樱桃和毛樱桃。其中主要品种和类型包括21种中国樱桃和10多种欧洲樱桃，经全省资源调查后在中国樱桃中发掘出一批选优株系和具有独特性状的珍贵资源，如大果型（单果重5—8克）、高糖型（果汁含可溶性固形物23.7%）、晚花型（花期比一般樱桃晚，有利躲过晚霜危害）、半乔化型（树冠高度只有乔化品种的三分之二，有利于栽植管理）、丰产型（叙永县海拔100米范围发现的1937年生单株树，常年结果150—250公斤，1997年结果350公斤，属国内罕见）。此外还有汉源县的唐家3号、2号，丰厚6号，马托24号，九襄37号，宜东27号；叙永县的叙先87-03、高符88-1、叙分86-1（大果型）等。欧洲甜樱桃于20世纪80年代初开始引进，于1995年在汉源、广元等地获得成功，2003年越西县引种成功，后在全省推广，2005年全省有甜樱桃面积5万余亩，其中阿坝州2.5万亩，雅安市汉源县1.2万亩，凉山州2000亩。品种有红灯、大紫、那翁、早丰、红蜜、先锋、拉宾斯、艳阳、萨米脱等。

四川樱桃因上市早、加工产品畅销而得到迅速发展。1984—1987年产量几乎每年递增40%。发展快的产区主要有雅安、成都、泸州、涪陵、自贡、绵阳、凉山、广元等市（地、州）。其中以汉源、叙永的樱桃最为出名，20世纪90年代初建成樱桃商品生产基地。2001年后，阿坝州欧洲甜樱桃因果大、美观、风味甜浓而受到重视，并在茂县、汶川、理县建立起甜樱桃鲜食商品生产基地。樱桃加工主要产品有糖水罐头、蜜饯，并多用于制作糕点等。

### 六、葡　萄

四川葡萄原以庭园栽植为主，分布零星。1981年成都市龙泉驿区农科所先后引进170多个品种进行试种筛选，最终确定以巨峰系为主的欧美杂交种为主栽品种而获得成功。同时研究出一套栽植管理技术，采取轻剪长放，充分利用副梢结果，加大留枝留芽量，防止突长，花前新梢摘心，花后果穗套袋，科学控水，合理施肥，改良架式，及时防治病虫害，疏穗疏果，提高葡萄品质和商品性能等措施，在全市推广后使成都市葡萄面积到20世纪90年代初达1.43万亩，总产量超万吨，供市期达2个月深受欢迎。由于经济效益好，消费者喜爱，大大促进全省葡萄生产的发展，据1990年统计，全省葡萄面积比1984年增加14倍，产量增加30倍。2005年全省葡萄面积18.1万亩，产量16.08万吨。

## 七、猕猴桃

四川是猕猴桃原产地之一，野生资源非常丰富，主要分布在盆周山区温凉湿润区域。由于猕猴桃果实营养价值高，20世纪80年代以后市场对鲜果及其加工制品的需求日益增加，为满足需求，四川开展猕猴桃资源调查、驯化栽植、品种选育、早果丰产栽植、病虫害防治等研究，同时先后在都江堰市、苍溪县、雅安等地建立起商品生产基地。由于新品种选育等成果的不断用于生产，市场猕猴桃供应数量增加，品质也迅速提高，尤其在苍溪选育的以“红阳”为代表的红肉猕猴桃品质特优，近年每市斤售价5—6元，深受消费者欢迎，促进全省猕猴桃生产向优质、大果、高产、高效方面发展。据统计，2005年全省有猕猴桃面积（人工栽植）10.1万亩，产量3.09万吨，满足本省市场需求外，还销往北京、上海、广州等地。

## 八、荔　枝

四川是中国荔枝分布的最北线，也是古代荔枝产区之一。长江上游金沙江、岷江河谷地带是荔枝生长的适宜区域。四川荔枝集中栽植区仍在宜宾、泸州两地，其中宜宾是汉、唐两代荔枝栽植中心。21世纪初宜宾市朝阳乡金江村仍保留5株千年荔枝树。泸州是内陆唯一的龙眼、荔枝种质基因库，合江县的“合江荔枝”中外驰名。

四川荔枝有20多个品种（品系），包括早熟品种鹿角，荷泡、乌泡、凉姜泡、转窝子和地方古荔枝；中熟品种有大红袍、降纱兰、妃子笑、糯米糍；晚熟品种有楠木叶、桂味、铊提、带绿等。其中因大红袍适应性强，较丰产优质，推广面较大。2002年，全省荔枝面积1.9万亩，产量2900吨，之后逐年上升，至2005年全省有荔枝面积3万亩，产量6300吨。

## 九、龙　眼

龙眼喜温忌冻，四川龙眼分布多集中在川南长江流域沿岸低海拔的泸州市，1986年该市龙眼产量1000吨以上，并新栽幼树3万余株，到1987年全市有龙眼树12万株（1.1万亩），其中老树6万余株。泸州市的龙眼树主要分布在泸县和市中区，占全市的90%，主要栽植在沿长江和沱江两岸120公里的冲积地上。其中市中区的3.5万株龙眼树集中在长江、沱江交汇处附近的5个江边洲坝上。尤其是沙鱼龙眼林带全长5公里，有龙眼树1万余株，是中国内陆唯一的龙眼种质基因库大型果园。

此外，宜宾、乐山等地也有龙眼分布，全省龙眼生产不断恢复和发展，2002年全省龙眼产量2500吨，2003年3600吨，2004年4000吨，2005年4685吨。

龙眼加工主要是烘干，采用烘干仓与红外线烘干相结合的办法保证丰产、丰收。同时也可制罐头、果汁等。

## 十、草　莓

四川栽培草莓起始于20世纪80年代初。四川省农业厅经作处最早组织成都市从北方引入鸡心、鸭嘴等10余个品种进行试种。最初均为露地栽培，并于初夏上市，受到消费者喜爱。1985年四川省农业科学院引进“宝交”“丽红”“春香”等66个品种进行筛选，并初步选出“宝交”“春香”“明宝”“丰香（俗称芳香）”4个品种进入比较试验，筛选出综合性状优良、产量高的“春香”和“丰香”两个品种。1986年由成都市果树技术推广站、金牛区农业局和成都市农业学校联合开展草莓促成栽培优质丰产配套技术的试验，经3年试验获得成功，并探索出从11月至次年3月采收的配套技术，使草莓采收期增加4—6个月，亩产比露地增加200公斤以上，且每公斤售价比露地草莓高4—5元，获得很好的经济效益，之后全省推广。1990年成都市双流县引进草莓促成栽培技术，取得试栽成功后，不断扩大生产规模和改进栽培技术，努力发展产业化生产，于20世纪90年代中期在永兴镇建起水果批发交易市场，打开销路，使草莓产销率不断上升，到2005年达98%以上，其中75%销省外，1%出口俄罗斯、韩国、日本等，产品供不应求。2005年双流县有4万户草莓种植户，年产草莓6.5万吨，产值2亿元以上。

## 十一、石　榴

四川石榴栽植的特点是拥有全国最有名的优良品种即软籽石榴，同时拥有生态适宜的集中产区，即凉山州的会理、西昌，甘孜州的丹巴县，雅安市的汉源县等。20世纪80年代初四川在会理县建立软籽石榴商品生产基地，采取国家、集体扶持，社员集资的办法筹集资金，进行水利设施建设和土壤改良，在荒山上建起以青皮软籽为主的良种石榴生产基地2000亩。

1984年西昌市农业局从会理、巧家（云南省）等地引进良种石榴在安宁河畔种植并指导科学种果技术，1987年开始挂果，亩产1500公斤，亩产值4000元以上，到1990年西昌市有石榴面积3200多亩，总产150多吨，2000年发展到8000亩，总产350多吨且产品畅销。

## 十二、西　瓜

四川西瓜在20世纪80年代以前盆地内部因无适宜品种及配套技术而少有栽培。1981年后，四川省农科院引进大量西瓜品种，进行生态适应性试验，观察筛选并研究配套栽培技术，选出苏蜜、郑杂5号、新澄等适合四川栽培的杂优一代良种在全省推广。四川农业大学不断进行西瓜育种，培育出耐阴湿、丰产、品质较好的川蜜系列品种。四川省农业厅经作处积极组织研究成果应用，进行技术培训与推广，使四川西瓜栽培得以迅速发展。80年代初全省有西瓜面积2万亩，到80年代末有20余万亩面积，30余万吨产量。至1997年全省西瓜面积达30万亩，2001年达50万亩，到2003年有70余万亩，产量突破100万吨关，产值4亿元以上，超过苹果、梨的产量水平。

四川西瓜栽培品种更新快、良种比例大，发展至今已更换品种6批以上，经历从丰产，稳产型到丰产优质型；从大瓜型到中、小瓜型，以至礼品瓜方向发展。供市西瓜品质向皮薄、脆嫩汁多浓甜、籽少（或无籽），大小适中，耐运，早、中、晚熟配套等方面发展。自产瓜越来越受欢迎，如京欣1号、特小凤、小兰、早春红玉、红小玉、黄小玉、甜爽、花蜜无籽、深新1号无籽等品种。有些地区创出自己的品牌，如邻水县的澻露，中江县永丰乡的春兰无籽瓜等都深受消费者喜爱。

21世纪初四川西瓜栽培范围遍布全省，盆地内部、丘陵、山区均有栽培，以大、中城市分布较多，其中成都市的青白江区、双流县、绵阳市的江油市、广安市的邻水县等地形成优质西瓜商品生产基地。栽培方式以间套作（麦瓜菜、麦瓜薯、麦瓜稻、果园行间）以及新开荒山、河滩净作为主，栽培方法和配套技术随品种的变化而不断更替，如从小拱棚半覆盖大田栽培到双膜覆盖栽培再到简易大棚设施栽培，并不断扩大设施栽培的面积，使供应期大大突破夏季，冬季至早春也能上市。

## 十三、杏

四川杏有两个品种，即藏杏和杏。藏杏分布在海拔2800—3800米，以甘孜州的德格、白玉、甘孜等县较多。藏杏中分果实卵圆和椭圆两个类型，它们都具有耐旱、抗寒的特性，但果实卵圆的类型单产低，果实椭圆的类型则单产高（果小）。杏主要分布在泸定、丹巴、汶川、茂县、冕宁、乡城、西昌、攀枝花等地。杏的品种较多，主要有大橙杏、黄杏、下田杏、大白杏、香杏、古渡杏、姑咱杏等。其优良品种主要有两个，即大橙杏和香杏，其中大橙杏外观美、果肉溶质、品质上等，宜鲜食。该品种抗病虫能力强，丰产，9年生树单株可产100公斤。香杏产于巴塘县园艺场（海拔2560米），丹巴县也有栽培。香杏果肉纤维组多，味甜酸、离核、甜仁，受消费者欢迎。同时该品种丰产、寿命长，100年生树株产150公斤以上。

# 第二章 蚕 桑

## 第一节 生产规模

四川是全国茧丝绸主要产区，蚕桑产业一直是四川传统优势产业，1978年四川蚕茧产量突破5万吨，跃居全国首位。到1985年，四川养蚕发种量近500万张，蚕茧产量10.02万吨，高居全国榜首。20世纪80年代后期，国际丝绸行情大好，引发全国的“蚕桑热”，四川蚕业在1987年提出“巩固提高、积极发展”的方针；1988年，在国家较大幅度调高蚕茧收购价格的基础上，四川推出“以贸扶桑，以工扶桑，以茧扶桑”等一系列促进蚕桑生产发展的政策，蚕桑生产迅猛发展，养蚕量以每年数十万张递增；到1990年，四川蚕业取得历史性进展，养蚕量680余万张，蚕茧产量13.44万吨，占全国总产量的三分之一，占世界总产量的五分之一；农民售茧收入由1985年的3亿元增加到11.45亿元，养蚕收入在农民农业收入中由第六位升到第四位。

与此同时，全省蚕桑生产正逐步向规模经济方向发展，建成30个蚕桑重点基地县，产区向基地化转移，养蚕由千家万户向专业户、重点户转移，栽桑结构由单一的“四边桑”（田边、地边、沟边、路边）向“四边桑”与小桑园相结合的方向转移；与之相关联的蚕种场发展到近百家，丝绸工业生产能力不断扩大，产量逐年增长，结构有所调整，形成比较完整的加工体系，一定程度改变长期主要搞原料和半成品的被动状况。

1991年以后“蚕桑热”持续升温，到1993年，全省蚕种场发展到127个，发放蚕种823.04万张，蚕茧产量达历史最高19.06万吨。但是，由于这三年四川蚕业偏重于量的扩张和主要采取外延式发展，集约化低，规模太小，零星分散，粗放经营，单产、质量和效益较低，后劲乏力。1994年，发种增加到916.66万张，但当年产茧却下滑到18.78万吨。1995年养蚕发种量下滑到825万张，产茧下滑到17.60万吨。1996年与全国一样，四川蚕业生产剧烈下滑，养蚕发种量降至495万张，减少40%，蚕茧产量降至9.46万吨，同比减少37.6%。致使产业结构严重失衡，经济效益急剧减少，蚕茧价格大幅下跌，蚕农收入大大减少，蚕种场、丝绸加工企业举步维艰，全行业陷入困境。

1995年12月20日，四川省人民代表大会常务委员会颁布实施《四川省蚕种管理条例》。1996年12月24日，四川省人民代表大会常务委员会颁布《四川省农业技术推广法实施办法》，将蚕业技术推广纳入法规调节范围，四川省蚕种管理总站成为上述两个地方性法规授权的蚕种管理和蚕业推广的执法主体，在全国率先使蚕种管理和蚕业技术推广走上法制化轨道。为了适应新的形势，四川蚕业提出“调整提高，压缩规模，稳步发展”的蚕业发展方针，四川蚕业进入调整阶段。

1997年重庆市直辖后，四川蚕桑产区有19个市（地、州）的127个县（市、区），300余万户蚕农，蚕种场97家，当年养蚕发种364.73万张，产茧8.53万吨，居全国第三位。

2000年12月，四川省人民政府将蚕业的管理职能从四川省丝绸公司划归四川省农业厅。当年全省有126个县（市、区）从事蚕业生产，有桑树150万亩，发放蚕种289.98万张，产茧8.73万吨，蚕农栽桑养蚕收入近12亿元。回到省农业厅后，重新确立“巩固提高、积极发展”的指导思想。之后，随着国家“西部大开发”战略、“退耕还林”政策以及“东桑西移”工程的实施，四川蚕业不断调整产业结构，优化区域布局，走规模发展产业化经营的路子，采取多种模式发展优质蚕桑基地，形成川南、川中北、攀西3个优势蚕桑产业带30个优质蚕茧基地；全省行业管理和行业自律不断强化，经过几年努力，逐步形成以省站为主体，以市站为网络的蚕业推广管理和行政执法体系；完善以省站为核心，片区质检站为网络，冷库为依托的全省蚕种质量检验检疫和监管体系；形成工厂、公司、种场、业主、协会、蚕农等多元化生产发展体系，推动生产发展；同时，全省坚持科技兴蚕，不断提高蚕业的科技水平，一是实施“种子工程”，选育和引进适应不同区域的推广品种；二是推行栽桑养蚕主体技术路线，狠抓栽桑一步成园和小蚕共育、蚕病统防、大蚕省力化、营茧良蔟化等关键技术；三是开展蚕业综合开发利用，拓展产业范围和延伸产业链条，总结推广“桑—草—牧”“桑—菜”等桑园间作模式，提高单位面积产值，提高蚕业单产、质量和效益，蚕农蚕桑产业收入逐年增长。到2005年，全省蚕种场调减到36家，发放蚕种260万张，生产蚕茧9.6万吨，蚕农仅茧款收入13亿多元。

## 第二节　栽　桑

### 一、育　苗

四川通常采用播种培育出桑苗，再定植，待长到一定程度后，再采用良桑嫁接的方法，使之良桑化，达到优质高产的目的。

20世纪80年代中期以前，四川使用实生桑种育苗，之后从广东、广西引进杂交桑种，从20世纪90年代后，全部以杂交桑种育苗。

育苗播种时期，一般分春育和夏育，个别地区还有秋育。春育一般在3月底至4月中旬进行，夏育一般在5—6月进行，秋育在8月中下旬至9月进行。四川主要采用春育夏栽，与推广的桑树一步建园技术相配套。

育苗方式上，四川先后推广桑种直播育苗、方格育苗、薄膜温床育苗、扦插育苗和肥团育苗等方法。20世纪90年代中期起，四川主要采用方格育苗和肥团育苗，秋育时少数也采用撒播。

育苗技术上，要求桑苗地土地平整，光照充足，便于排灌，中性土壤，而尤以沙壤土质为宜，无桑树病虫害。1公斤发芽率90%以上的桑种育成的苗，按亩栽桑1000株计算可排栽桑园100亩。

### 二、栽　植

20世纪80年代中期以前，四川桑树主要为“四边桑”，其特点是不与粮争地，土地资源充分利用。发展“四边桑”模式对于促进四川蚕桑产业的迅猛发展，起到相当大的历史作用。但“四边桑”的另一特点就是零星分散，难以规模化、集约化。之后，植桑模式不断调整，逐步由过去单一的“四边桑”调整为“四边桑”“间作桑”和“密植桑”相结合的栽桑模式。密植桑一般是指1000株/亩以上的成片桑；间作桑是指行间可以间作其他农作物的桑树栽植形式，一般多以宽窄行栽植，间作桑的宽行一般为2米。到2005年，四边桑、密植桑、间作桑比例，大致为40：20：40。

20世纪90年代中期起，四川普遍推广一步成园技术。采用方格或肥团育苗，春育小苗，带土移栽，一步定植，地膜覆盖，一次性直接建成桑园。密植桑和间作桑大多采用“一步建园技术”，“四边桑”栽植仍采用大苗栽植方法。栽植方法仍是采取“窝大底平，施足底肥，修根消毒，栽端踏紧，栽后剪梢，灌水保苗”技术。

## 三、嫁　接

20世纪80年代以前桑树嫁接主要采用袋接法、腹接法、简易芽接法等。1990年后普及芽接法，芽接中有春季简易芽接、冬季切皮芽接、老树锯桩芽接等。四川采用的嫁接方法最多是冬季切皮芽接，其次是春季简易芽接，老树锯桩芽接采用较少。嫁接技术的改进，加快良桑化进程。

切皮芽接在冬季进行，时间长，不与农忙争工，方法简单，省穗条，成活率高，突破桑树不能在冬季嫁接的旧习，受到群众欢迎。其主要特点在于不用冬季贮藏穗条，穗芽利用率比其他嫁接法高2倍以上；不择砧木，桑树大小均可；操作用工省，比袋接、腹接提高工效4—5倍；接口小，愈合快，成活率90%以上（比春季芽接成活率高10%左右）；接芽与春季芽接同时发育生长，其枝长、条粗和产叶量超过春季芽接。

## 四、桑树管理

四川桑树树型养成主要有高干、中干、低干几种，以中干居多。高干桑主干高度在1米以上，中干桑主干高度在60厘米左右，低干桑树型主干高度在30厘米。一般四边桑采用中、高树型，间作桑采用中偏低树型，密植桑采用低干或无干树型。中干树型，具有高矮适中，树势生长强壮，树冠匀称丰满，枝叶生长繁茂，桑叶稳产高产，采伐管理方便等优点。

20世纪90年代以前，因以“四边桑”为主，四川各地不太注重桑树培护。90年代中期以后，桑树管护得到加强。2000年以后，全省桑树施肥率达60%以上。

桑树剪伐方式，蚕种场采用夏伐，大面积生产一般采用春伐（冬季重剪），这是四川有别于其他省区的地方，是四川的特点。冬季重剪要冬修和夏修。冬修包括整干、修枝、重剪或截干降冠。

采叶法采用分段采桑（用成熟叶），留叶养树（枝梢留5—8叶）的方法。采用这种冬季重剪和采叶法相结合，有利于“采养结合”，增强树势。

## 五、桑树品种

四川桑品种资源极其丰富，20世纪80年代，通过全省桑品种资源普查显示，全省桑品种达300余种，当时审定推广的主要有新一之濑、育2号、荷叶白、纳溪桑、鸡桑（含插桑）、实钴11—6、湘7920、川852、保坎61号、嘉陵16号等品种；同期发掘地方实生类品系的窝窝桑、冕宁桑、剑鲁桑、猫桑、果子桑、旺苍2号、旺苍9号、盐亭20号等。90年代起，四川从省外引进沙2×伦109、桂桑优62、农14、嘉陵20号等品种。全省推广的为油桑、湘7920、农桑14号、桐乡青、湖桑32

号，实钴 11—6、嘉陵桑系列、云桑系列、川 826、川 98—1、台 90—4、保坎 61 号、新一之濑等。区域分布大致如下：攀西蚕区主要以云桑 1 号、云桑 2 号为主，湖桑 32 号、油桑、湘 7920 也有一定分布；川中北蚕区主要以湖桑 32 号、油桑、湘 7920、实钴 11—6 为主，新一之濑、嘉陵系列、川 826、川 98—1、台 90—4、保坎 61 号也有一定分布；川南蚕区以油桑、湘 7920、湖桑 32 号为主，实钴 11—6、嘉陵桑系列、新一之濑等也有一定分布。

### 六、桑树病虫害

四川桑树病害已查明有 20 余种，主要病害有黑枯性细菌病、褐斑病、里白粉病、污叶病、紫纹羽病、断梢病、灰色膏药病、根瘤线虫病等。

四川气候温和，有利桑树生长，也利于桑害虫滋生。危害普遍的桑虫有桑天牛、桑木虱、野蚕、桑尺蠖、桑毛虫、桑蛀虫、椿象、桑粉虱、桑白毛虫、金龟子、红蜘蛛、桑瘿蚊、桑象虫、桑螟虫等 10 余种。桑害虫的蚕区分布，川北蚕区春季以桑瘿蚊、褐金龟子、桑白蚧为主，红蜘蛛有骤然成灾情况；在 2—3 年生苗地黄瘿蚊为害严重；夏季以桑螟、桑白蚧为主，桑粉虱次之。川东蚕区春季以褐色金龟子为主，蓝尾金花虫、桑天牛、桑白蚧次之，个别区、乡黄瘿蚊成灾；夏季以桑螟为主。川西蚕区春季以兰尾金花虫、桑白蚧为主，局部地区红蜘蛛骤然成灾，堆砂蛀、桑蛀虫在个别区乡危害成灾；夏季以桑螟、桑白蚧为主，红蜘蛛发生也较严重。川南蚕区春季以桑瘿蚊、桑天牛、桑粉虱、蓝叶金花虫为主，是全川桑瘿蚊发生最多、为害最严重的地方。

## 第三节 养 蚕

### 一、品种推广

四川自 20 世纪 80 年代起，以“7 字号”（781×782・734）为全省春蚕当家品种，夏秋蚕以“苏字号”（苏 3・秋 3×苏 4・苏 12）为主。1985 年后，推广“绫锦号”（绫 3・4×锦 5・6）新品种。至 1990 年全省仍以“7 字号”和“苏字号”两品种为主，全年发种量各占 250 多万张，“绫锦号”新品种增加到 35 万余张，其他品种如“7532×781”“东 34×苏 12・603”“东钟×武七苏・782”等约占 12%。

1991 年，引进“菁松×皓月”“黄鹤×朝霞”等 3 对春用品种和 6 对夏秋用品种进行适应性试验。1993 年，四川省三台蚕种场选育的 881×882 春用蚕品种通过省级鉴定，准予在四川春季试养推广。之后，全省各地在省外不断引进新蚕品种，到 1995 年，全省推广品种达 40 多对，品种驳杂混乱，给蚕种生产、使用和管理带来难度，不利于蚕种乃至蚕茧、生丝质量的提高。

1996 年，四川省蚕种管理总站建立蚕品种限推和退出机制，第一步决定全省限定推广 12 对品种，其余退出推广。12 对品种分为春用和夏秋用品种。春用品种：781A・781B×782・734（春秋兼用）、菁松×皓月、881×882、锦 5・锦 6×绫 3・绫 4、中 5・中 6×日 3；夏秋用品种：夏芳×秋白、7532×781、苏 3・秋 3×苏 4・苏 12、黄鹤×朝霞、朝 82×781・751、锦 5・锦 6×湘辉・7532、锦 75・8140×绫 13・54A。

1997年以后，根据全省蚕品种区域化试验结果和蚕业发展状况，连续两年限定品种推广数量，推广品种减少到6对，要求一个区域一季只用1对品种。经过不断的选择与淘汰，到2000年，四川蚕品种集中为以下几对品种：781×782·734占41.56%，夏芳×秋白占16.05%，7532×781占15.52%，菁松×皓月占13.89%。2001年，引入的871×872、洞庭×碧波两对品种的推广呈上升趋势，占全省发种的30%以上，到2005年已占发种总量的75%，其余蚕种仅占25%，基本完成蚕品种的第四次更新换代。

## 二、养蚕技术

四川养蚕历史悠久，各地有成熟的养蚕技术经验，如“稀蚕勤喂、良桑饱食，眠期提青，分批饷食，除沙扩座，适当调温，排湿通气、老蚕稀上”等，并不断对传统养蚕设备和技术进行革新和改进，从蚕种出库、运输、催青、收蚁、饲养、上蔟、采茧皆总结出新方法，20世纪90年代以后，全省推进科学养蚕和新技术应用，按照良种、良桑、良法的总体技术路线，重点推广和普及以小蚕共育为核心，以统防统消、省力化蚕台、优良蔟具配套的关键技术，推广家蚕微粒子病综合防治配套技术。通过这些技术措施的贯彻，全省养蚕单产和质量得到提高，小蚕共育面30%左右，方格蔟具推广占20%，单产从1996年的18.32公斤/张，增加到2005年的32公斤/张。

**小蚕共育** 在养蚕集中的主产蚕区，分片或以村、组为单位建立共育室；分散片区可以乡为单位建立共育点。共育形式可多样化，2005年全省主要有乡共育、村（社）共育、专业户共育、联户共育等模式。小型共育室以一季共育30—50盒（张）种，较大的可共育150—200盒（张）蚕种为宜，最多不要超过300盒（张）种。统一催青、收蚁，饲养到3龄饷食给桑2次后发蚕到户饲养。全省小蚕共育面达60%。

**蚕病统防** 即由蚕种发放单位统一组织消毒人员，统一配药，统一按蚕时到各养蚕户进行蚕前、蚕后全面消毒防病，彻底消除传播媒介上和外界环境中的一切病原体，切断病原传染途径，保障蚕茧丰产。

**省力化蚕台** 四川在20世纪90年代前，为缓解蚕室、蚕具、劳力不足的矛盾，各地曾推广大蚕室外地面育、土坑育、棚架育等，具有蚕茧单产、质量、效益“三提高”和省工、省力、省投资的显著效果。90年代南充蚕具研究中心推出悬吊式多层省力化蚕台，以后各蚕区普遍推广活动或固定式省力化蚕台，除上述优点外，具有给桑方便，减少除沙次数，单位面积饲养量大等优点；现很多地方采用简易棚架育。

**优良蔟具** 1985年前，四川的蔟具主要为蜈蚣蔟，这种蔟具取材容易，成本低，易制作，推广迅速。1986年，重点蚕区县开始推广草折蔟、篾折蔟上蔟，下足茧减少，茧质提高。20世纪80年代后期，全省重点推广塑料折蔟。1990年以后，纸板方格蔟逐步引进推广。至2005年底，全省纸板方格蔟推广达到蔟具使用量的70%，下足茧大量减少。

**蚕病防治** 四川蚕病主要有病毒病、真菌病、细菌病、微粒子病、虱螨病、蝇蛆病和农药中毒症等。其中以病毒病发生较多，而以微粒子病为害严重，1989年，全省6个市（地）的11个县70余万张蚕种暴发微粒子病，直接经济损失1250万元。发病主要原因有的是蚕种带毒，造成幼蚕发病死亡，或经蚕座交叉感染而死亡。1990年以后，微粒子病防治工作加强，到2000年已为害甚微。蚕病防治主要以防为主，对病毒病主要是使用漂白粉和石灰加强消毒预防；发现真菌病用防僵粉消毒和使用硫磺柏枝熏烟；对细菌病除消毒杀灭病原外，使用氯霉素或红霉素、青霉素药液给蚕添食；对蝇蛆病主要采取加防蝇纱窗和用“灭蚕蝇”添食和喷体防治。

## 第四节 蚕 种

### 一、蚕种生产

四川省实行原原种、原种、普种三级繁育、四级制种的蚕种繁育制度，原原种、原种由省级蚕种管理部门指定有条件的原种场繁育，原种供应给普通种场繁育一代杂交种。20 世纪 80 年代末，由于蚕桑生产快速发展，蚕种供不应求。国家加大对蚕种场的投资，采取新建和扩建蚕种场，发展原蚕区养原蚕收种茧制种途径，缓解四川蚕种供需矛盾。1986 年，全省 94 个蚕种场（含重庆市，万县、涪陵、黔江地区）生产原原种 15.69 万蛾，原种 11.08 万张，一代杂交种 462.83 万张。1987 年，经过两年的试验推广，全省制种由平附种改为散卵蚕种，蚕种良卵率匀整度高，孵化齐一，产茧量高，经济效益明显。全面改制推广散卵是四川蚕业史上重大改革，从此蚕种计量单位由“张”改为“盒”。

1989—1995 年系蚕种生产迅猛发展时期。由于蚕种供求矛盾突出，各级增加投入，改善生产条件，挖掘生产潜力，扩大蚕种生产。1990 年，蚕种生产 704.28 万张盒。1992 年，由于“蚕桑热”的持续升温，全省 115 个蚕种场生产一代杂交种 970.01 万盒，比 1991 年净增 295.4 万盒，创历史最高纪录。1993 年，全省蚕种场增加到 131 个，蚕种产量下降到 940.34 万张盒；到 1995 年，生产蚕种场 127 个，生产蚕种 835.82 万张盒；此后呈逐渐下降态势。

1997 年重庆市直辖后，四川有蚕种场 80 个，生产能量 608 万盒，有蚕种冷藏库 9 个。此后受国际丝绸市场严重疲软的影响，蚕业生产进入减量发展时期，因蚕种场生产能力过大，普遍生产不饱和。通过压缩规模，1999 年全省 73 个蚕种场，生产蚕种下降到 272.52 万盒。以后压缩蚕种生产能量，至 2005 年，全省有各种所有制形式的蚕种场 40 个，其中原种场 3 个，普通种场 37 个，具有一代杂交种生产能力 350 万盒。

### 二、蚕种检验检疫

**机构设置** 1990 年以前，蚕种质量检验基本由蚕种生产单位自行检验，检验指标为蚕种母蛾微粒子病检疫。随着制种任务加大，全省开始修建检验室，并逐步推行集中检验。1990 年，针对全省微粒子病发生严重的情况，省丝绸公司（当时行业主管部门）批准在省蚕业制种公司内设立省蚕种质量监督检验站（科级），对全省蚕种质量实行监督管理，并实行抽查检验检疫。至 1993 年，市（州）质量监督检验机构相继建立，开展本行政区域内蚕种质量的监督管理和检验检疫。1993 年 10 月，省编委批准成立省蚕种质量监督检验站，与省蚕业制种公司实行两块牌子、一套班子。1999 年，省质检站通过省级计量认证，2004 年通过省级计量认证复审认证。2005 年，在省质检站的基础上，筹建农业部蚕桑产业产品质量监督检验测试中心（成都），通过农业部组织的审查认可和国家级计量认证。

1995年颁布的《四川省蚕种管理条例》，对省、市（州）蚕种质量监督检验机构的职责作出明确规定。据此，建立并逐步完善以省质检站为核心，市（州）质检站为网络，以冷库为依托，质量监管员参加的全省蚕种质量检验检疫体系和质量监督管理体系，蚕种检验检疫和质量监管步入法制化、规范化轨道。

**执行标准** 1983年，四川在全国率先应用概率理论，创建家蚕微粒子病蛾集团检查法，率先推广使用集团磨蛾机检种，使母蛾微粒子病检疫更为科学合理，提高检验工效。1987年，四川省丝绸公司实施《四川省蚕种质量繁育质量检验办法》，规定原蚕种和普通蚕种的检验项目和标准。1994年，四川颁布全国首部地方标准《蚕种质量 DB51/192-1994》和《蚕种检验规程 DB51/193-1994》，对原蚕种和普通种的检验项目和标准进行规定外，并在全国首次将成品卵微粒子病检疫列入标准。2004年开始，四川蚕种质量检验检疫标准执行国家标准《GB 19179-2003 桑蚕原种》《GB/T 19178-2003 桑蚕原种检验规程》和农业行业标准《NY 326-1997 桑蚕一代杂交种》《NY/T 327-1997 桑蚕一代杂交种检验规程》。四川质量检验检疫步入标准化轨道。

**组织实施** 1995年以后，四川省内生产使用的蚕种由省质检站统一组织检验检疫。其中，原蚕种由省质检站集中检验检疫；普通种杂交率检验、成品检验、成品检疫由省质检站统一组织、以冷库为依托、划片实施；普通种母蛾微粒子病检疫由省质检站组织、划片实施；省外调入蚕种检验检疫由省质检站负责。

微粒子病检疫，采取母蛾检疫和成品检疫并重原则进行。1999年7月开始，在母蛾检疫的基础上，以市（州）片区质检站为网络，以冷库为依托，采取统一组织、统一编密码、统一检验的方式，对越年蚕种、即浸蚕种、秋用冷浸蚕种全面进行微粒子病成品检疫，避免由于母蛾检疫是间接检验可能产生的漏检误判。成品卵微粒子病检疫方法为四川首创，是对蚕微粒子病检疫技术的重要贡献，该方法2004年被纳入农业行业标准，在全国推广应用，对有效防止微粒子病传播蔓延起到重要作用。

杂交率检验，1996年开始对以华系为母体的普通斑纹的蚕种进行抽检。2000年起，对以茧形判定普通种杂交率进行抽检。普种杂交率由1996抽检时合格比例不到60%，上升到1999年以后的95%以上。

成品质量检验，原种检验项目为单蛾有效卵数、不良卵率和孵化率，普通种检验不良卵率、孵化率和装盒质量，调查时间越年种在蚕种中间感温时进行，即时浸酸种和冷藏浸酸种在浸酸后装盒前调查。

**监督管理** 1995年以后，对蚕种的产前、产中、产后全面进行监督管理。重点强化蚕种出入库的管理，省市蚕种质量管理机构派专人对冷库实施质量、证照把关，对不合格蚕种统一组织销毁处理，不定期公布蚕种质量检验检疫结果，促进蚕种质量的提高。

## 第五节 蚕 茧

### 一、蚕茧收购

四川蚕茧自20世纪50年代中期以后一直由国家统购，一般一地一个收购主体。1987年，出口丝价暴涨，经营茧、丝可获高利，诱发争夺原料的“蚕茧大战”，个别地区、县边境地带出现有组织的抢购蚕茧。1988 年“蚕茧大战”愈演愈烈，导致茧质明显下降。1988 年全省平均毛脚茧率达 26.03%。为制止“蚕茧大战”，1988 年 6 月至 1989 年 4 月，国务院先后 3 次发出通知，并委托国家经贸部、监察部等联合召开电话会议，防止“蚕茧大战”再次发生。四川省人民政府及有关部门采取各种措施制止抢茧，并在地、市接壤地带，派出“联合监督检查组”，协调矛盾，处理违纪人员。县、区、乡领导，民兵、武警、保安人员现场维持秩序。1989 年后，各地抢茧势头有所抑制，但茧质仍不高，1990 年全省平均毛脚茧率达 19.52%。90 年代中期以后，随着市场疲软茧价逐渐走低，“蚕茧大战”趋于平息。

2001 年，国务院办公厅以国办发〔2001〕44 号文件转发国家经贸委《关于深化蚕茧流通体制改革的意见》后，四川的蚕茧流通体制当年进行改革，蚕茧收购主体实行资格准入制度，到 2005 年，四川有县级蚕茧收购主体 169 家，茧站 1600 多个。

## 二、购茧器具及评茧

1980 年前，四川用木杆秤收茧，最大称量 50 公斤，最小 100 克。1984 年 11 月，重庆市和绵阳市研制的“智能电子秤”通过鉴定，将计算机技术用于购茧领域并不断推广使用。

评茧方法，1983 年前采用 1970 年 8 月商业部颁发的《关于桑蚕鲜茧评级标准修改意见》，即干壳量评茧。方法是：抽取有代表性的 50 克样茧，剖茧后烘干称准干壳量，对照标准，确定基本级，再按色泽、死笼茧、内染茧率升降茧级后，最后确定茧级。1983 年蚕茧生产改户营后，四川省蚕丝公司规定：一次售茧 10 公斤以上的，坚持干壳量评茧，不足 10 公斤的，改用肉眼评茧。1989—1990 年，省内研制成功鲜茧茧层含水率测试仪、好蛹鉴别仪等仪器，在一些城市附近的茧站辅助评茧。1999 年，四川省技术监督局出台《桑蚕茧（鲜茧）分级及检验方法》地方标准，四川各地开始贯彻执行，添置仪器，开展“仪评”收茧，逐渐改变“眼看、手摸、口喊价”的收茧作价方法。

## 三、鲜茧价格

1986 年前，四川蚕茧中准价每公斤 2.8 元。1987 年，在此基础上增加价外补贴，正常茧每公斤补贴 0.6 元，下脚茧 0.3 元。1988 年 4 月，茧价中准价提高为 3.5 元，在收茧期上浮 15%。同年 6 月，省物价局针对一些地方收茧中出现的抬价抢购现象，规定鲜茧最高限价为每公斤 7 元。9 月，最高限价改为 8 元。1989—1990 年，仍分季实行最高限价政策。1990 年，茧价标准为中准价 7 元，最高价春茧 9.9 元、夏茧 9.3 元、秋茧 9.6 元。

20 世纪 90 年代前期，尽管四川省物价局每年两次出台春、夏秋季蚕茧收购指导价，但在“蚕茧大战”愈演愈烈的情况下，实际收购价大大高于指导价，在 15 元/公斤以上，个别地方 20 元/公斤以上。90 年代中期以后，随着市场疲软，蚕茧收购价格逐步走低，1997 年正茧全年均价为 12.93 元/公斤，综合均价 12.37 元/公斤。1998 年国家经贸委、国家计委、国家工商局、国家质量技术监督局制定《茧丝价格和流通管理办法》，规定桑蚕鲜茧收购价格和干茧供应价格继续实行中央指导下的政府定价，定价权不得下放。1999 年蚕茧收购价格进一步下降，全年正茧均价 10.14 元/公斤，综合均价 9.46 元/公斤，分别比 1998 年降低 1.68 元/公斤和 1.69 元/公斤。2000 年以后，随着茧丝市场行情好转，蚕茧收购价格跟着走高，2000 年春季蚕茧收购正茧均价和综合均价分别为 12.73 元/公斤和12.18元/公斤，夏季正茧均价和综合均价分别为11.9元/公斤和11.51元/公斤，秋季正茧均价和综合均价分别为14.85元/公斤和14.49元/公斤，全年蚕农茧款收入12亿元。2005年蚕茧收购均价16元/公斤（其中春季15元/公斤，夏秋季16.50元/公斤），比2004年增加30%，蚕农茧款收入13亿元左右。

## 第六节　丝绸工业

四川缫丝织绸历史悠久，至1985年前，全省缫丝厂149家，缫丝机35.99万绪。20世纪80年代末，国际丝绸市场大好，丝价暴涨，一些地、县为发展当地经济，不经审批，自上新项目，四川缫丝生产能力继续扩大。1990年底，全省缫丝厂178家，缫丝机57.77万绪，占全国28.51%，居各省之首。当年产桑蚕丝12345.52吨，占全国总产的28.73%，产量居各省首位。

绢纺是利用缫丝、织绸、制种场的丝茧下脚以及不能用于缫丝的各类废茧作为原料，经绢纺设备加工成绢丝，并制织成绢纺绸的产业。1984年起，四川对全省绢纺厂进行技术改造。至1990年底，四川共安装绢丝精纺机37856锭，缫丝精纺机11040锭，分别占全国总量的17.25%和25.83%，在各省（市）分别位居第二、第一。当年产绢纺丝2226.02吨，占全国总量的20.98%，次于浙江省居第二位。四川产精干品、绵球、丝绵等初级产品较多，按1990年不变价格计算，价值为36416万元，约占全国绢纺商品总值的25%。

由于全省缫丝绢纺企业低水平重复建设，生产规模盲目扩大，生产能力严重过剩，原料资源配置不合理，产品质量严重下降，加之从1995年后，国际丝绸市场行情不断走低，引发低价竞销的“价格大战”，造成生产呈负增长，许多企业严重亏损，生存困难。1996年7月，国务院办公厅印发《关于成立国家茧丝绸协调小组的通知》，加强对丝绸工业的领导和宏观调控。1997年4月，国务院办公厅转发国家茧丝绸协调小组、中国纺织总会关于调整缫丝绢纺加工能力的意见，明确进一步加强对缫丝、绢纺企业规模和产品质量等方面管理，对缫丝、绢纺企业实行准产证制度。同年7月，中国纺织总会下达全国缫丝加工能力调整计划，四川省有缫丝绢纺企业315家，缫丝生产能力116万绪，核定生产能力70万绪。1998年，在国家宏观政策的支持下，四川丝绸工业开始“压绪、压锭”，以调整产业结构、改革企业体制为重点，控制生产总量、兼并破产，以压缩落后的过剩缫丝、绢纺能力，深化企业改革，调整产品结构，提高产品质量、档次。至1999年，全省获缫丝准产证企业170家，核定缫丝生产能力64.5万绪；获绢纺准产证企业5家，生产能力3.3万锭。丝绸工业总产值在连续5年下滑后，首次出现正增长，主要产品产量、质量均有较大幅度上升，企业减亏成效显著。当年丝绸工业总产值（不变价）202693.2万元，同比增长0.62%；其中系统内工业总产值（不变价）115100万元，增长0.96%。丝绸工业企业销售收入1864.6万元，减少2.61%；系统内亏损企业63家，亏损面下降15.43%；利润总额减亏14296.6万元，减亏幅度达48.1%。2000年，四川丝绸工业生产出现良好转机，开始步入恢复性增长。当年共有丝绸工业企业216家，其中缫丝企业170家，绢纺企业5家，印染企业6家，丝绸机械企业2家，丝织、服装、其他企业33家。全省丝产量8279.12吨，其中桑蚕丝7929.62吨，绢纺丝349.5吨；丝织品产量3980.67万米；印染丝织品产量4283.78万米；服装产品产量265.24万件，丝绸工业总产值（不变价）22亿元。2000年全省具有茧丝类出口经营权的丝绸进出口企业3家，全年出口创汇1.5亿美元。

2001年以后，国际生丝价格出现短时间的低迷，但总体不断走高，丝绸工业企业运行稳定，经济效益转好。2002年5月1日，正式实施国家《生丝》和《生丝试验方法》新标准。当年丝绸系统实现出口创汇3.22亿美元。2003年在经受“非典”疫情和印度裁定中国生丝倾销成立的影响下，全省丝绸行业基本实现国有丝绸企业和蚕茧流通体制改革的目标，全省自动化缫丝生产比例进一步提高，年末统计自动缫丝机首次超过立缫，达到26万绪，立缫机25万绪。由于自动缫丝机的推广，生产效率大幅提高，四川由全国主要蚕茧调出省转为蚕茧调入省。2004年丝绸出口创汇达历史新高，为3.86亿美元。2005年国际市场茧丝价格上涨幅度较大，上半年白厂丝价格为17万元/吨，到年末上涨至27万元/吨，平均吨丝价格上涨约10万元。受此影响，丝绸工业效益大幅提高，全省有丝绸工业企业256家，其中缫丝企业115家，生产规模39.85万绪（自动缫24.49万绪，立缫15.36万绪，自动缫占总规模的61.45%）；绢纺企业3家，生产规模32476锭；丝织企业46家，生产规模18000台；练印染企业7家，生产能力15000万米，其中印染能力6000万米。2005年生产丝类产品19461吨，丝织品11330万米，丝绸服装2764.09万件。丝绸行业完成工业总产值（现价）68亿元，出口创汇3.3亿美元。

# 第三章　茶　叶

四川是中国茶叶主产区之一，为全国规划的名优绿茶和出口绿茶优势区域，全省有11个县被列入《全国优势区域茶叶发展规划》，其茶叶面积、产量和产值位居全国前列。1986—2005年，全省有产茶县（市、区）98个，主要集中在雅安、宜宾、乐山、成都、绵阳、达州、巴中等盆周山区、盆地丘陵和成都平原区。全省茶园面积从163万亩增加到228万亩，年均增长1.99%；茶叶产量从5.84万吨增加到9.79万吨，年均增长3.38%；茶叶总产值从4.7亿元增加到15.9亿元，年均增长11.92%。

## 第一节　生　产

### 一、生产演变

（一）调整阶段（1986—1995年）

1986年前，国务院决定茶叶实行流通放开，多渠道经营，茶叶由二类物资变为三类物资，不再实行统购统销，四川茶叶逐渐由生产出口红茶和边销茶为主转为生产内销绿茶。全省茶园面积呈逐年下降趋势，从1986年的157.9万亩降到1995年的152.4万亩，减少5.5万亩。减少的原因是出口红茶逐年减少，茶叶生产供过于求，茶叶生产效益较低，茶厂库存增加，出现经营亏损，一些茶厂不得不停产或倒闭或转向，导致泸县、叙永县等一些茶区出现抛荒或毁茶现象。

这一时期虽然茶园面积下降，但通过加强基地建设，改革茶叶加工机具和工艺，茶叶单产和质量不断提高。国家在四川投资建设茶叶基地7个，省级扶持的优质茶基地10个。四川省农业厅开展多届名优茶“甘露杯”评选活动，促进茶业产业化和科技进步，增强茶叶的市场竞争力。

（二）恢复阶段（1996—2000年）

经过10年的调整，四川茶业发展进入恢复阶段，茶园面积稳中有升，5年共增加20万亩，年平均增长4.92%。茶类结构转变成以生产内销绿茶为主，同时，有特色的名优茶不断发展，无性系良种在大部分茶区得到发展，国家级良种——福鼎大白由于具有发芽较早、茸毛多、产量高、适应性强等特点，在名山、乐山（包括峨眉山市）茶区开始大面积种植。

这一时期茶叶的经营体制发生重大变化，原国有外贸、农垦、乡镇、劳改等系统茶叶企业纷纷转制，非国有企业和私营企业发展迅猛。同时，多行业、多领域的集团大公司如房地产公司、金融系统、酒行业、日用化工行业、食品行业等纷纷介入茶叶领域从事茶叶产品生产和经营，为四川茶叶发展注入新的活力和动力。

（三）高速发展阶段（2001—2005 年）

2001 年以后，国家高度重视生态环境的恢复和农业开发，全省以工代赈重点工程“南茶北草”项目成功实施，在乐山、峨眉山、宜宾、雅安等宜茶区域发展 100 万亩无性系良种茶园，使四川茶园面积从 2000 年的 124.3 万亩迅速发展到 2005 年的 228.0 万亩，共增加 103.7 万亩，年均增长 17%。茶叶产量从 2000 年的 54540 吨增加到 2005 年的 97941 吨，年均增长 15.9%。紧压茶、乌龙茶和红茶稳定发展。

这期间，四川茶叶产业化经营龙头企业数量逐步增加，规模不断扩大，生产经营进一步规范，全省有省级以上农业产业化重点茶叶龙头企业 14 家，其中国家级 2 家；有国家级驰名商标企业 1 家，省级著名商标企业 8 家。

同时，茶叶生产科技水平明显提高。一是不断引进、繁育、推广无性系良种。5 年间全省无性系良种茶苗达 30 多亿株，良种茶园比重由 2000 年的 14%提高到 42%。二是推广名优茶机制加工技术，连续 5 年开展以机制名优茶技术为重点的培训、示范、推广、应用，实现从过去手工加工名茶到现代机器加工名茶的跨越，名优茶机制率达 70%以上，川西地区达 80%，居全国前列。三是全省建立近 100 万亩无公害茶园，还建立一批绿色和有机茶园。四是茶园园艺设施、标准化栽培与加工、商品化处理与冷藏保鲜技术得以广泛应用和推广，茶叶清洁化生产开始全面实施。

**1986—2005 年四川省茶叶种植面积和产量情况表**

表 4-1

| 年度 | 茶叶面积（万亩） | 茶叶总产量（吨） | | |
|---|---|---|---|---|
| | | 细　茶 | 边销茶 | 合　计 |
| 1986 | 157.9 | 35419 | 16815 | 52234 |
| 1987 | 166.4 | 38936 | 15448 | 54384 |
| 1988 | 157.3 | 40571 | 15691 | 56262 |
| 1989 | 157.6 | 39736 | 16761 | 56497 |
| 1990 | 159.4 | 39778 | 18315 | 58093 |
| 1991 | 160.6 | 40434 | 19445 | 59879 |
| 1992 | 156.5 | 41996 | 18706 | 60702 |
| 1993 | 171.0 | 45271 | 18095 | 63366 |
| 1994 | 190.8 | 45953 | 18827 | 64780 |
| 1995 | 152.4 | 42807 | 18343 | 61150 |
| 1996 | 151.5 | 30489 | 13400 | 43889 |
| 1997 | 111.9 | 32128 | 13089 | 45217 |
| 1998 | 115.4 | 36689 | 14170 | 50859 |
| 1999 | 119.4 | 39401 | 13529 | 52930 |

续表4-1

| 年度 | 茶叶面积（万亩） | 茶叶总产量（吨） | | |
|---|---|---|---|---|
| | | 细 茶 | 边销茶 | 合 计 |
| 2000 | 124.3 | 38937 | 15603 | 54540 |
| 2001 | 132.9 | 58000 | 425 | 58425 |
| 2002 | 154.0 | 45834 | 16931 | 62765 |
| 2003 | 187.1 | 51976 | 20153 | 72129 |
| 2004 | 206.8 | 60674 | 24437 | 85111 |
| 2005 | 228.0 | 74947 | 22994 | 97941 |

说明：1986—1996年的数据含今重庆市辖区

## 二、茶区分布

综合茶叶生产地理条件、茶类分布、产品品牌、产业化基础、市场占有率与发展前景、总体质量与效益等因素，全省划分为3个优势产区：川西名优绿茶区、川南优质早茶区、川东北优质富硒茶区，涉及26个县（市、区），人口1236.74万人，耕地面积891.74万亩，茶叶面积182.72万亩，占全省的80%；茶叶产量7.39万吨，占全省的75.4%；茶叶总产值12.16亿元，占全省的76.5%。

### （一）川西名优绿茶区

该茶区有峨眉山、名山、洪雅、蒲江、雨城、马边、邛崃、夹江、沐川、犍为、都江堰11个县（市、区）。2005年该区有茶园面积95.23万亩，茶叶产量4.84万吨，平均单产50.8公斤，总产值8.04亿元。该区多数产茶县地势偏高，热量稍次，但水资源丰富，空气相对湿度大，云雾较多。年平均气温15℃—17℃，有效积温4500℃以上，年降水量1100毫米以上，是四川名优绿茶最适宜区。所产的峨眉竹叶青、蒙顶名茶等闻名中外。有13个产品获得有机茶认证，39个产品获得无公害茶叶认证，37个产品获得绿色食品认证。

### （二）川南优质早茶区

该茶区有高县、筠连、屏山、纳溪、宜宾、珙县、叙永、古蔺、荣县9个县（市、区）。2005年该区有茶园面积40.08万亩，茶叶产量2万吨，平均单产49.92公斤，总产值2.86亿元。该区年平均气温17℃—18℃，有效积温5000℃—6000℃，年降水量1000—1300毫米。茶树生长和采收时间长，每年的2月上旬即可开园采摘新茶，是四川优质早茶最适宜生态区。所产的“叙府龙芽”5次获得国际名茶金奖，两次被认定为“中国国际农业博览会名牌产品”。2005年有4个产品获得有机茶认证，10个产品获得无公害认证，13个产品获得绿色食品认证。

### （三）川东北优质富硒茶区

该茶区有万源、南江、北川、青川、平武、宣汉、通江、旺苍8个县（市、区）。2005年该区有茶园面积47.38万亩，茶叶产量1.01万吨，平均单产21.39公斤，总产值1.82亿元。该区多数产茶县地势偏高，空气相对湿度大，云雾较多。年平均气温16℃—18℃，有效积温5000℃—6000℃，年降水量1000—1200毫米，是四川绿茶最适生态区之一。所产的“巴山雀舌”等7个名茶曾获得农博会金奖。2005年有9个产品获得有机茶认证，4个产品获得无公害认证，4个产品获得绿色食品认证。

## 第二节 栽培管理

### 一、品 种

四川茶树历来以数量大、品种多、分布广而著称。由于自然环境复杂多样，适合各种类型茶树品种的生长。经过长期自然演化和人类作用的结果，形成极为丰富的茶树品种资源。仅四川省农业科学院茶叶研究所收集保存的品种资源就达580份，其中包括审定的国家级、省级良种180份，其余为地方品种、地方资源、新选育品种以及野生近缘种。

茶区主要栽培的茶树良种有福鼎大白、福选9号、名山131、名山311、特早213、早白尖5号、乌牛早、平阳特早、龙井长叶等。这些无性系良种具有发芽早、产量高、品质优、适应性及适制性强等优点，为推进川茶无性系良种化，实现多品种、多茶类、不同区域种植提供丰富的品种资源。

1986年以后，四川省农作物品种审定委员会先后审定推广的茶树品种有蜀永系（蜀永703、蜀永401、蜀永307、蜀永808、蜀永906）、蒙山系（蒙山9号、蒙山11号、蒙山16号、蒙山23号）、南江系（南江1号、南江2号）、名山系（名山早311、名山白毫131）、天府系（天府茶11、天府茶28），以及北川中叶种、崇枇71-1、早白尖5号、特早213、花楸1号等。名山系两个良种是在名山县种植的四川中小叶群体中经过单株选育出来，发芽早、产量高、适制名优绿茶，是四川主要推广的优良品种，在各主要茶区均有分布；特早213也是重点推广良种之一。

从省外引进的茶树良种主要有福鼎大白、乌牛早、平阳特早、龙井长叶、龙井43号、铁观音、福鼎大毫等。

### 二、良种繁育与推广

茶树品种的繁育方式分有性繁殖和无性繁殖两种，有性繁殖在现实生产中除部分茶区的少量茶农还在使用外，大部分茶区不再采用，主要原因是有性繁殖的茶苗受茶子个体差异很大的影响，导致茶树的发芽早迟、芽叶大小、芽叶色泽、节间长短等性状差异大，不利于名优绿茶的加工和品质的提升。无性繁殖有扦插、嫁接、压条、分株等，生产中应用最多的是扦插。扦插繁殖的优点在于能保持母本的所有性状，扦插时多采用短穗即带一个腋芽的一个节间即可，耗料很少，成活率高，能实现集中大规模繁殖，有利于加快繁殖速度，降低繁殖成本。加上选用无性系良种的穗条扦插繁殖出的茶苗其发芽早迟、芽叶大小、芽叶色泽、节间长短等性状完全一致，有利于加工制作、提高茶叶质量和生产名优绿茶，也有利于茶园管理如修剪、采摘、病虫防治等。

1994年，四川在名山县建立省级良种繁育场，摸索出一套适合四川气候的繁殖技术，带动当地茶农繁殖茶苗的积极性，为茶区提供大量的无性系良种茶苗。2001年在宜宾地区建立二级繁育场。由于繁殖技术的不断成熟和普及，在许多茶区当地农业局的重视和引导下，建立不同规模的繁育基地，为当地及周边地区提供良种茶苗，缩短茶苗的运输距离，提高茶苗的移栽成活率。2004年四川制定《四川省茶树良种繁育技术规程》，为全省茶树良种繁育提供规范性的操作技术规程，促进良种繁育科学化、规范化、标准化。

## 三、茶园安全生产

20世纪90年代末，随着国内市场准入制度相继出台，为保证茶叶质量安全，四川制定和完善茶叶产地环境、生产技术规程、加工技术规程和产品标准，在茶叶生产中禁用、停用一大批剧毒、高残留农药；组织实施从茶园到加工全程质量安全控制，特别是开展茶园使用禁用农药的专项整治；同时，建设标准化茶叶生产示范基地，发展无公害茶和有机茶，开展绿色农产品基地认证，完善茶叶质量检测体系。经农业部茶叶质检中心每年抽检，到2005年四川有98%以上的茶叶产品质量安全水平达到或超过《无公害食品茶叶》标准要求；70多家茶叶企业的产品获得无公害农产品认证，近100万亩茶园通过无公害生产基地认证，占全省投产茶园面积的68%，名山县、峨眉山市、洪雅县被列为全国无公害茶叶示范基地县；21家企业的79个产品获得绿色食品证书；有33家企业近3万亩茶园获得有机茶认证；有3家企业通过中国良好农业规范一级GAP认证；有200多家企业获得食品质量安全市场准入QS认证。

四川制定茶叶生产、加工技术规程和茶叶产品等省地方标准19项。其中，无公害食品茶、有机茶等茶叶安全标准2项；茯砖、康砖、金尖、峨蕊、茉莉花茶、工夫红茶等产品质量标准6项；烘青绿茶、炒青绿茶、茉莉花茶、卷曲形茶、扁形茶和毛峰茶等加工技术规程6项；茶园优质丰产栽培技术、茶树良种苗木规格、机械采茶、修剪配套、茶叶加工场所、川绿茶感官审评等其他技术规程标准5项。全省各地茶叶龙头企业结合国标和省标制定相应的企业标准、产品标准和生产加工技术标准，规范茶叶生产，保证茶叶质量安全，提高茶叶品质和市场竞争力。

## 四、新茶园建设

20世纪80年代发展新茶园主要是以集体形式为主，选址多在交通不便的山区，通常采用茶子直播。1996年开始，新茶园的发展以个体形式为主，茶园用地从山上逐渐向山下平地发展，茶农便于管理。同时，从效益和品质出发，多数茶农愿意种植良种茶苗。栽种的无性系良种主要有福鼎大白、福选9号、名山131、名山311、乌牛早、平阳特早等，根据市场需求变化，栽种的良种也在不断变化。新茶园的发展出现相对集中、成片发展的局面。据2006年四川省农业厅对全省21个市（州）的调查统计显示，全省40.4%的茶园集中在专业村，许多主产茶区形成“一村一品”“多村一品”“一乡（镇）一色”的专业化、规模化茶叶发展局面，名山县20多个乡镇中，茶园面积1万亩以上的专业乡镇12个。

## 五、茶园管理

20世纪80年代以后茶园管理主要围绕提高茶叶产量和质量制定栽培管理措施，在修剪、施肥、病虫害防治、中耕除草等方面注重采用科学的技术措施，一些先进的技术措施得到广泛应用。

### （一）修　剪

茶树的修剪方法有定型修剪、轻修剪、深修剪、重修剪和台刈5种。定型修剪适用于新植茶园或幼龄茶园，主要目的是通过修剪形成骨干枝，促进茶树蓬面的形成，一般需要2—3年时间。轻修剪又名轻修平，主要是对树冠面的整形修剪，以前多提倡在秋季进行，近年在生产实践中，由于春茶的产值较高，轻修剪的时间多推迟到春茶生产结束后进行，以提高春茶产量。深修剪是当茶蓬面出现较多鸡爪枝、瘦弱枝时采取的一种蓬面恢复技术。修剪时间通常在当年春茶结束后进行，修剪周期多在4—5年，重修剪是在树势衰老、生产桩细小、发芽能力差、芽叶瘦小质量差但骨干枝尚健壮的情况下采取的一种树冠改造技术。重修剪时间一般在春茶结束后进行，修剪后配合中耕施肥和病虫害防治。台刈是在树势严重衰老、主干或骨干枝上长有苔藓或地衣、叶层稀薄、发芽能力极低的情况下采取的一种树冠改造技术。时间一般在春季芽叶萌动前或春茶结束后进行。台刈后要结合中耕重施底肥，加强病虫害防治。

修剪工具在20世纪90年代以前，多为水平剪、割刀、砍刀等，90年代后部分茶区采用机械修剪。

（二）除　草

四川茶园有杂草35科，144种，以禾本科，莎草科占优势。杂草的种类和数量因地而异，且随海拔高度而异。低海拔茶园杂草种类多，数量高，生长期长；高海拔茶园种类相对较少，危害轻于低海拔地区。茶园中最常见的杂草有白茅、青茅、马唐、拔契、野艾蒿、蕨苔等10余种。

杂草的防除方法有人工除草、化学除草和生态控草3种。人工除草，耗工多，成本高，近年来，普遍采用"农达"等化学除草剂防治杂草，效果好，成本低，维持时间较长；缺陷是稍微过量，易造成环境污染，破坏茶园生物多样性。生态控草适用于幼龄茶园、未封行茶园，核心技术是在茶园的行间种植一定密度的牧草，让牧草占据整个生态空间，使杂草无法生存或难以扩散，具有保持生物多样性，防止主要害虫成灾，降低土壤水分蒸发量，控制水土流失，不施或少施农药等优点。

（三）施　肥

茶园施肥分为基肥和追肥。基肥以有机肥、复合肥、过磷酸钙等长效肥为主，一般结合茶园"冬耕"进行施肥，对来年茶叶产量具有明显的增产效果，尤其是春茶后期及夏茶的增产效果更为明显。20世纪90年代中期以前，施肥时间基本在10—12月。随着名优茶的开发，要求春茶发芽早、产量高，以达到生产效益好的目标，从90年代中期开始尝试将施基肥的时间提前到9—10月，对来年春茶早开采和增产效果最好。追肥以尿素、叶面肥等速效肥为主。施肥时间通常在春茶开采前和生产季节中，一般3—6次，施肥的方式有浅耕施肥、撒施、叶面喷施。撒施通常选在下雨前进行，叶面喷施多结合施药时进行，也有单独喷施追肥的。

（四）病虫害防治

危害茶树最严重的虫害有小绿叶蝉、螨类、黑刺粉虱、白蜡蚧、茶毛虫、茶梢蛾等；主要病害有茶饼病、茶白星病、茶云纹叶枯病等。在防治上，20世纪80年代到90年代中期主要以化学防治为主，虽杀虫快，效果好，但农药残留相应积累和增加。90年代中期至2000年提倡综合防治，尽量减少化学防治次数和用药量，禁止使用高毒高残留的化学农药，以降低因施药造成的农药残留。2000年以后，大部分茶区严格按照无公害茶叶要求的农药使用标准和准则进行防治，同时，更加重视病虫害防治新技术的应用，如生物防治技术、生态调控技术等，将人工防治、化学防治、生物防治和农业措施有效地结合起来，达到良好的防治效果。

## 六、茶叶采摘

生产的茶类及要求不同，采摘的标准就不同。1985—1990年，主要生产出口红碎茶、边销茶为主，内销绿茶为辅。生产红碎茶一般以采一芽二叶至一芽三叶为主，主要手工采摘。边销茶主要砍割当年生枝条，一般是夏季或者秋季用镰刀割取，在树上留下一段新枝和数片新叶，留桩依树龄、树势而定。20世纪90年代中后期，逐渐生产名优茶，采摘要求更加精细和严格，名优茶的采摘标准根据其具体品质要求确定，大体上分为独（单）芽、一芽一叶（初展）、一芽二叶（初展）三类，以前两类为主。在川西和川南茶区，独芽名茶较为普遍，独芽和一芽一叶采摘只能是手工采摘，一般提倡提采或折采，禁止掐采或捋采。开采期一般春茶篷面有10%—15%新梢达到采摘标准时即可；夏、秋茶由于新梢萌发不整齐，茶季较长，一般有10%左右的新梢达到采摘标准时即可。茶园开采后，春茶应每隔3—5天采摘一次，夏、秋茶5—8天采摘一次。

优质绿茶和大宗绿茶的采摘标准多为一芽二叶和一芽三叶至一芽四叶以及同等嫩度的对夹叶。2005年，仍以人工采摘为主，部分茶区开始试用机械采摘。实践中，机采配合机械修剪效果好，无性系良种茶园比群体种茶园机采效果好。

## 第三节　茶叶加工

1986年以后，茶叶加工技术和工艺发展很快，极大地提高工效和茶叶质量，名优茶的产量逐年增多。2005年统计显示，全省名优茶产量占总产量的38.8%。

### 一、名优绿茶加工

不同形状的名优绿茶加工工艺虽不相同，但可以归纳为杀青、做形、干燥和提香4道大的工序。其中杀青、干燥、提香工艺大体相同，所不同的工艺区别是做形。名优茶的外形以扁形、毛峰形为主，如竹叶青、蒙顶黄芽、雀舌属于扁形茶，蒙顶甘露、峨眉毛峰属于毛峰形。

名优茶加工经历全手工制作、半机械半手工制作、全机械制作3个阶段。1986年至20世纪90年代初期，名优茶大发展，基本上全是手工作坊式生产，品质好，但规模小，产量低，质量不稳定。90年代中期至2000年，名优茶机具逐渐成熟和商品化，名优茶的加工开始使用机械加工与手工相结合制作。机制加工提高工效，且质量稳定，促使名优茶产量和规模快速扩大。2001年以后，名优茶机具及工艺进一步成熟，名优茶加工在全省主要茶区基本实现全程机制加工。名优茶的产量、产值加速发展。到2005年，名优茶加工设备有1万余台（套），名优茶机制率达75%以上，名优茶产量4.48万吨，名优茶产值11.5亿元，使全省茶叶结构形成以名优绿茶为中心，大宗绿茶、花茶及其他特种茶为补充的格局。

### 二、炒青绿茶加工

炒青绿茶是四川绿茶生产中一个主要茶类，最具有代表性的是宜宾屏山炒青。其品质特征为：外形紧结重实，色泽绿润起霜，汤色黄绿明亮，栗香浓郁，滋味醇厚，叶底黄绿明亮。加工工艺为鲜叶、摊青、杀青、初揉、烘（炒）二青、复揉、炒三青、辉干提香。一般采用一芽二叶至一芽三叶为原料，也有用一芽一叶为原料，加工成高级炒青绿茶。

### 三、烘青绿茶加工

烘青绿茶主要用作加工花茶的茶坯。其品质特点是外形完整稍弯曲、锋苗显露、干色墨绿、香清味醇、汤色叶底黄绿明亮。其加工工艺为鲜叶、摊青、杀青、初揉、烘二青、复揉解块、烘三青、足火。

工艺中的鲜叶、摊青、杀青与炒青绿茶完全一样。揉捻与炒青绿茶基本相同，只是揉捻时加压比炒青绿茶要重一些。

## 四、蒸青绿茶加工

蒸青绿茶是利用蒸汽来破坏鲜叶中酶活性，形成干茶色泽深、茶汤、叶底“三绿”的品质特征，即色泽翠绿，汤色嫩绿，叶底青绿；茶汤滋味鲜爽甘醇，带有海藻味的绿豆香或板栗香。蒸青绿茶主要出口到日本，其加工工艺为蒸青、粗揉、揉捻、中揉、精揉、干燥。

## 五、工夫红茶加工

工夫红茶主要产在宜宾地区，品质特点是外形紧细，香高味醇，汤色红亮，叶底匀齐红亮。其加工工艺为鲜叶、萎凋、揉捻、发酵、干燥。通常采用一芽二叶至一芽三叶为鲜叶原料。萎凋方式有自然萎凋和加工萎凋两种，生产规模较小时，多采用自然萎凋，生产规模较大时，则采用加工萎凋。不论哪种萎凋方式，均以萎凋叶含水量达到61%—64%为萎凋适度的标准。

## 六、红碎茶加工

红碎茶主要用于出口，其加工工艺为外形紧卷呈颗粒状，重实匀齐，色泽乌润或棕黑油润，内质汤色浓亮，香味浓较鲜，具有较强的刺激性，叶底匀齐红亮。其加工工艺为鲜叶、萎凋、揉切、发酵、干燥。通常采用一芽二叶至一芽三叶为鲜叶原料。20世纪90年代中期以后，四川红碎茶的加工几乎停止，原因是产品滞销，出口量急剧减少，价格很低。大部分红碎茶加工厂因此转产生产内销绿茶或倒闭。

## 七、边茶加工

四川边茶分南路边茶和西路边茶两类，都属于紧压茶。

### （一）南路边茶加工

南路边茶仍主产于雅安、乐山等地，其中以雅安生产量最大，占整个南路边茶产量的80%以上。主要销售到西藏、青海和省内甘孜州等少数民族地区。南路边茶分为康砖、金尖两个花色。

南路边茶原料因鲜叶加工方法不同，把毛茶分为两种：杀青后未经蒸揉而直接干燥的，称“毛庄茶”或叫金玉茶；杀青后经蒸揉和渥堆然后干燥的，称“做庄茶”。

南路边茶加工工艺为拼料、拣梗、称重、蒸茶、压制成形、包装。

### （二）西路边茶

西路边茶简称西边茶，是都江堰市、北川县一带生产的边销茶，主销阿坝州，少量销到甘肃、青海等少数民族地区，产量不及南路边茶。西路边茶分为方包茶和茯砖茶两种。方包茶加工分原料整理、炒青筑包、烧包、晾包4道工序，用蔑包包装，外形为长方形包，故名。茯砖茶的加工工艺为碎断、配料、蒸茶、渥堆、称料、二次蒸茶、筑砖、发花干燥、成品包装。发花是茯砖茶特殊品质形成的关键工序，人为创造有利于冠突散囊菌在茯砖茶坯内生长发育的温湿度条件，整个过程分为金花初生期、金花茂盛期、金花后熟期、干燥期4个阶段，各阶段的时间、温度、湿度是影响发花质量的关键。待发花干燥后的茶砖自然冷却后进行包装，打成每包16块的成品包装。

## 第四节　名优茶

### 一、竹叶青

竹叶青外形扁平光滑，挺直秀丽，色泽嫩绿油润，香气清香馥郁，汤色嫩绿明亮，滋味鲜嫩醇爽，叶底嫩而明亮，为中国绿色食品发展中心认定的绿色食品。该茶于1985年、1988年分别获得葡萄牙里斯本第24届、中国首届国际食品博览会金奖，1993年获得德国斯图加特第14届国际博览会金奖以及国内12项金奖，是四川名优绿茶中，唯一被四川省人民政府授予“四川名牌”的产品，畅销全国20多个省市并出口国外，深受消费者喜爱。

### 二、蒙顶甘露

蒙顶甘露是蒙山名茶中，最突出的代表。蒙顶甘露为芽叶型名优绿茶，原料为一芽一叶初展鲜叶。其品质特征为：外形紧秀多毫，翠绿油润，汤色绿亮，香醇馥郁，鲜嫩爽口，先后多次获得国际国内金奖名茶称号。

### 三、叙府龙芽

叙府龙芽为独芽型名优绿茶，其品质特征为：外形挺秀，香气浓郁持久，汤色淡绿清澈，滋味鲜醇爽口，叶底嫩黄明亮，曾6次获得国际名茶评比金奖，两次被授予“中国国际农博会名牌产品”称号，并通过杭州中国农产品质量认证中心的有机茶认证。

### 四、龙都香茗

龙都香茗为特种茉莉花茶，其品质特征为：外形秀丽显豪，香气鲜浓隽永，汤色黄绿明亮，滋味鲜爽浓醇。是采用高山云雾区生态茶园的优质烘青绿茶为茶坯，再选用伏季优质茉莉花，精工窨制而成。先后获得国际金奖2枚，全国金奖12枚。

### 五、仙芝竹尖

仙芝竹尖为芽叶型名优绿茶，原料为独芽初展或一芽一叶初展鲜叶。其品质特征为：外形扁直挺秀，形似竹尖，色泽谷黄，汤色嫩绿明亮，滋味鲜爽甘醇，叶底匀整如雨后春笋。

### 六、芝龙红河茶

芝龙红河茶为特种茉莉花茶，其品质特征为：外形紧细匀净，色泽黄绿，香气鲜浓持久，汤色淡黄明亮，滋味浓尚鲜爽，叶底黄绿匀亮，花干洁白。是采用高山云雾区茶叶为茶坯，再选用优质茉莉花，精工窨制而成。

## 七、花秋御竹

花秋御竹为独芽型名优绿茶，其品质特征为：茶条扁平光滑直，色泽翠绿油润，汤色绿而明亮，鲜香浓郁、味醇爽口。先后获得“四川省优质名茶”特等奖，“蒙顶山杯”国际名茶金奖，“中茶杯”优质名茶一等奖等荣誉。

## 八、佛泉今生相依

佛泉今生相依为独芽型名优绿茶，其品质特征为：外形扁、平、直，色泽嫩绿油润，汤色嫩黄绿明亮，滋味鲜爽甘醇，叶底黄绿、饱满、完整，先后获得“峨眉杯”特等奖，“中茶杯”优质名茶一等奖等荣誉。

## 九、巴山雀舌

巴山雀舌为芽叶型名优绿茶，原料为一芽一叶初展鲜叶。其品质特征为：外形扁直匀直，色泽绿润带毫，香气清香馥郁，滋味鲜醇回甘，汤色杏绿明亮，叶底嫩匀成朵，恰似山雀之舌。该茶先后获得国际、省部级奖项60余次，产在大巴山富硒茶区，是四川富硒绿茶的代表。

## 十、绿昌茗雀舌

绿昌茗雀舌为独芽型名优绿茶，其品质特征为：外形挺秀光滑，色泽翠绿，单芽显毫，汤色嫩绿明亮，滋味鲜爽醇和，叶底单芽嫩绿匀整、细毫香。

# 第五篇　农作物种子

农作物种子，是指农作物的种植材料或繁殖材料，包括籽粒、果实、根、茎、苗、芽、叶、花等。四川是全国制种和供种大省，杂交水稻、杂交玉米、杂交油菜种子生产及供种能力居全国前列。

# 第一章　种子工作概况

## 第一节　种子生产

### 一、体制演变

1978年四川开始组建种子公司，实行行政、企业、技术三位一体，事业性质，既搞种子生产、经营，兼负种子行政管理职能。到2000年末，全系统有职工4189人，其中行政、技术人员占60%（包括今重庆市所辖区域在内）；建有各类种子机构376个，其中各类种子公司197个，种子管理站179个；部分市、县还成立种子质量监督检验站，以加强种子质量检验和质量监控（经省质监部门正式通过计量认证的有95个站）。2005年全系统在职职工（不包括离退休职工）已发展到5000人以上，其中高级技术职称以上人员500—550人，中级技术职称人员1200余人，加上常年聘请的农民技术人员在内，接近8000人。

1989年《中华人民共和国种子管理条例》实施后，1991年，四川省人民代表大会常务委员会对1984年审议通过的地方性法规《四川省农作物种子管理条例》再次修订，四川省种子工作步入依法制种、依法管理的轨道。全省建立以种子公司为龙头、农业科研教学单位为后盾、专业化种子繁制基地为依托、乡镇农技站为纽带的良种繁育推广体系。

2001年全省种子系统机构改革，实行政事企分离，种子站负责行政管理，公司（企业）生产经营，实行市场准入，资格认定。原作为种子生产、推广体系和各级国有种子公司通过股份制改造、拍卖、注销、破产清理等方式完成彻底改制，逐步退出种子行业。集育种、繁殖、制种、加工、经营一体化的种子企业成为市场主体和行业核心。2005年末，全省182个涉农行政区设立种子管理机构，连同省级管理站在内共有183个。同时，从2001年到2005年全省5年共核发农作物种子生产、经营许可证232家，全省种子企业总资产18亿元（全国165亿元），占全国的10.9%，总经营额24亿元（全国200亿元），占全国的12%。

### 二、优良种子的生产与推广

“两杂”（杂交水稻、杂交玉米）是“川种”的主体，其繁殖、制种从20世纪90年代起基本稳定在55万—60万亩，生产杂交一代种1500万—1600万吨。

1985年，四川杂交水稻种植面积只占水稻种植面积的59%左右，到1992年其推广面积约占水稻播种面积的92.4%，开始有一定余种输出，1995年外销种子4.2万吨（含重庆市）；1985年以前，全省杂交玉米种子主要以调进为主，自给率不足50%，杂交玉米推广面积不足玉米播种面积的74%，1992年约占播种面积的89.3%。

“八五”期间，四川省人民政府加大“六大作物”育种攻关的投入，每年资助经费200万元，5年共计1000万元。为了争取新品种尽快投入生产和使用，种子部门对有希望的品种适当增加试验、示范补助经费，加快新品种选育、试验、示范和推广，每年投入50万—100万元，5年共计400万元。

从1995年开始，国家推进“种子工程”发展计划，设立“种子工程项目”资金，扶持和加快种子产业发展，各级政府、财政、“农业项目”部门加大对良种试验、示范和推广的资金投入，支持和推进种子产业发展。随着杂交稻制种技术的突破和改进，推广速度逐年加快。到2000年，杂交水稻推广面积约占全省水稻种植面积的95%。

杂交玉米种子从1998年基本实现自给并逐步转向输出，每年调出1.5万—2.0万吨，支援周边省市和西南地区。2000年，全省杂交玉米推广面积占玉米种植面积的90%以上。

到2005年，四川省建立各类农作物种子生产基地100万亩以上，常年生产种子15万吨。杂交水稻种子常年制种面积40万亩，生产水稻种子7.5万多吨（全国常年制种160万亩，生产水稻种子25万吨），制种面积和生产数量分别占全国的四分之一和三分之一。杂交玉米常年制种面积稳定在18万多亩（省外预约制种12万多亩）。杂交水稻种子除满足全省水稻生产的需求外，每年有4万—5万吨种子销往南方稻区15个省（市）的350多个县，约占全国省间调剂量的60%。与此同时，杂交水稻国外市场份额稳步扩大，据2005年底统计，当年出口到东南亚和非洲等一些国家和地区的杂交水稻种子0.8万吨以上。

## 第二节　品种换代

### 一、粮食作物

#### （一）水　稻

四川水稻常年种植面积一般在3000万亩以上，2005年为3131.3万亩，总产量1505.7万吨，亩产481公斤。至2000年，全省水稻先后经历4次种子大更换，第一次、第二次品种大更换，主要以外来引进品种为主，第三次、第四次品种大更换，主要以本省各农业科研教学单位以及种子公司自选自育的品种为主。

第一次品种大更换（1978—1985年）。主推和挂帅品种为汕优2号，搭配品种有汕优6号、冈朝23、冈朝24、冈矮1号等。汕优2号由1981年的794.3万亩扩大到1985的2241.0万亩，占整个杂交稻推广面积的80.7%。主要更换品种为南优2号。

第二次品种大更换（1986—1991年）。主推和挂帅品种为汕优63和D优63，主要搭配品种有矮优S、汕优64、D优64、协优63、D优10号、汕优72等。其中汕优63推广面积由1986年的1068万亩上升到1991年的2429.85万亩，占杂交稻推广面积的57.0%，D优63推广面积由1986年的47万亩上升到1991年的1225.5万亩，占杂交稻推广面积的28.7%。到1991年底，汕优63和D优63

已占整个杂交水稻推广面积的85.7%。汕优2号1985年约占杂交水稻推广面积的80%，到1986年即下降到只占24%，1987年后全面被淘汰。

第三次品种大更换（1992—1995年）。由于四川农业科研、教学单位以及种子公司“七五”和“八五”期间协作育种攻关取得重大突破，选育和推出一批杂交稻系列新品种，如冈优12、汕优多系1号、汕优22、II优63、冈优22、K优3号、K优5号等，不仅抗病高产，且米质明显优于汕优63和D优63。经推荐参加全国水稻区试和品比试验，均名列四川和全国南方稻区第一位。

新品种的更换和推广，加上良种良法配套，提高了粮食产量。虽然水稻种植面积逐年减少，但因单产逐年提高，反使总产大幅度增长，同时稻米品质也有一定改进。全省水稻单产由前三年的453公斤/亩提高到513公斤/亩，每亩净增60公斤，平均每年增加20公斤/亩。

第四次品种大更换（1996—2000年）。“九五”期间由于“种子工程”的实施，推动和加快第四次品种大更换的步伐。这次新品种大更换的当家品种和主推品种都是四川自选自育，并随着农业种植业经济结构的调整，加大优质稻米（国颁二级优质稻米以上）的种植面积，至2000年底，四川率先在全国成功实现第四次品种大更换，其国颁二级以上优质稻米种植面积占水稻播种面积的20%以上。

**1978—2000年四川省杂交稻1—4次品种更换情况表**

表5-1　　　　面积：万亩、%

| 时间 次序 | 时间 年度 | 常年播种面积 | 杂交稻推广面积 | 推/播 | 主要情况反映及说明 |
|---|---|---|---|---|---|
| 第一次 | 1978 | 3124.7 | 194.7 | 6.2 | 第一次品种大更换主要以汕优2号为主推挂帅品种，其他搭配品种有汕优6号、冈朝23、冈朝24、冈矮1号等，彻底取代从湖南引进的南优2号。杂交水稻推广面积占水稻播种面积由1978年的6%上升到1985年的59% |
| | 1979 | 3005.3 | 480.0 | 16.0 | |
| | 1980 | 3083.3 | 680.0 | 22.0 | |
| | 1981 | 3126.0 | 873.3 | 28.0 | |
| | 1982 | 3124.0 | 1040.0 | 33.3 | |
| | 1983 | 3158.7 | 1373.3 | 43.5 | |
| | 1984 | 3164.7 | 1838.0 | 58.0 | |
| | 1985 | 3128.0 | 1849.3 | 59.0 | |
| 第二次 | 1986 | 3112.0 | 1898.7 | 61.0 | 第二次品种大更换主要以汕优63、D优63彻底取代汕优2号。其他品种有冈矮1号、汕优64、协优63、D优10号、D优63、汕优72等 |
| | 1987 | 3031.3 | 2120.0 | 70.0 | |
| | 1988 | 3072.0 | 2433.3 | 79.2 | |
| | 1989 | 3113.3 | 2600.0 | 83.3 | |
| | 1990 | 3124.0 | 2760.0 | 88.3 | |

续表5-1

| 时间 | | 常年播种面积 | 杂交稻推广面积 | 推/播 | 主要情况反映及说明 |
|---|---|---|---|---|---|
| 次序 | 年度 | | | | |
| 第三次 | 1991 | 3106.7 | 2841.3 | 91.4 | 主要以四川省自选自育的冈优12、汕优多系1号、II优63、冈优22、汕优22、K优3号、K优5号等一系列杂交水稻新组合全面取代汕优63和D优63，新育成的一系列杂交水稻新组合已占杂交水稻推广面积89%左右。大更换，并提前一轮率先在全国进入第四次品种大更换 |
| | 1992 | 3118.7 | 2881.3 | 92.4 | |
| | 1993 | 3042.7 | 2838.7 | 93.3 | |
| | 1994 | 2980.7 | 2794.0 | 93.7 | |
| | 1995 | 3003.3 | 2815.3 | 93.7 | |
| 第四次 | 1996 | 3018.0 | 2850.0 | 94.4 | 第四次品种大更换主要在全省自选自育的品种之间进行。在实施“种子工程”的推动下，加快第四次品种大更换的步伐 |
| | 1997 | 2196.0 | 2072.0 | 94.4 | |
| | 1998 | 2167.3 | 2064.0 | 95.2 | |
| | 1999 | 2174.0 | 2072.0 | 95.3 | |
| | 2000 | 2124.0 | 2021.3 | 95.2 | |

说明：1978—1996年的统计资料含今重庆市辖区

（二）玉　米

四川常年玉米播种面积2000万亩左右，占粮食播种面积的18.5%，在全省粮食生产中居第三位。2001年后有所减少，至2005年种植1795万亩，总产量580.8万吨，亩产323.58公斤。玉米品种主要是推广杂交玉米，一般杂交玉米比常规玉米每亩增产75—100公斤。1985年以后，全省杂交玉米种植面积逐年扩大，到1992年基本达到饱和，占玉米播种面积的89.3%，1998年后逐步转向输出。

四川杂交玉米新品种大更换，第一次和第二次主要是依靠引进品种为当家品种和主推品种，1991—1995年第三次品种大更换和以后的第四次品种大更换，均为四川农业科研、教学单位以及种子公司系统自选自育的新品种当家为主进行。玉米生产随着栽培技术的改进和地膜覆盖面积的扩大，单产有很大提高。1980年以前为第一次品种大更换，主要以引进品种郑单2号和四川自选自育的成单4号等为主的单交种代替双交种、顶交种和三交种。1981—1990年为第二次品种大更换，主要以引进品种中单2号为主以及七三单交、丹玉13等取代郑单2号，其中中单2号面积占杂交玉米推广面积的50%，七三单交、丹玉13占23%。1991—1995年第三次玉米品种大更换，主要以本省自选自育的杂交玉米新品种川单9号，成单11、12、13、14，雅玉2号等系列品种为主推当家品种，全面取代中单2号等为主推当家品种的一次品种大更换。中单2号由1991年占杂交玉米推广面积的25.75%下降到1995年的18%，全省自选自育的品种由1991年的15%左右，逐年上升到占杂交玉米推广面积的50%以上，加上从省外新引进的液单13、农大60等品种，已占到杂交玉米推广面积的80%以上。1996—2000年第四次品种大更换，主要推广品种有川单13、14、15，成单14、15、16、17、18、19以及雅玉2号等。除新引进的农大108占有一定的种植面积外，四川自选自育的品种已占到杂交玉米推广面积的80%以上。

**1978—2000 年四川省玉米品种更换情况表**

表 5-2　　　　面积：万亩、%

| 时间 | | 当年播种面积 | 杂交玉米推广面积 | 比　重 |
|---|---|---|---|---|
| 次序 | 年度 | | | |
| 第一次 | 1978 | 1717.3 | 789.3 | 46.0 |
| | 1979 | 1832.7 | 1012.7 | 55.3 |
| | 1980 | 1821.3 | 1140.0 | 62.6 |
| 第二次 | 1981 | 1790.7 | 1220.0 | 68.1 |
| | 1982 | 1766.7 | 1189.3 | 67.3 |
| | 1983 | 1716.0 | 1188.7 | 69.3 |
| | 1984 | 1667.7 | 1160.0 | 69.6 |
| | 1985 | 1582.7 | 1169.3 | 73.9 |
| | 1986 | 1618.0 | 1326.7 | 83.8 |
| | 1987 | 1649.3 | 1393.3 | 84.5 |
| | 1988 | 1653.3 | 1400.0 | 84.7 |
| | 1989 | 1662.7 | 1452.7 | 87.4 |
| | 1990 | 1711.3 | 1473.3 | 82.2 |
| 第三次 | 1991 | 2624.0 | 2316.0 | 88.3 |
| | 1992 | 1698.7 | 1538.0 | 89.3 |
| | 1993 | 1706.0 | 1526.0 | 89.4 |
| 第四次 | 1994 | 1710.7 | 1535.3 | 89.7 |
| | 1995 | 1716.0 | 1541.3 | 89.8 |
| | 1996 | 1759.3 | 1588.0 | 90.1 |
| | 1997 | 1364.7 | 1182.7 | 86.8 |
| | 1998 | 1364.7 | 1236.0 | 90.6 |
| | 1999 | 1359.3 | 1254.0 | 92.3 |
| | 2000 | 1235.3 | 1146.0 | 92.8 |

说明：1978—1996 年的数据含今重庆市辖区

### （三）小　麦

四川 1995 年前小麦年播种面积 3300 万亩，占全省粮食作物总播种面积的第二位。1997 年重庆市直辖后，四川年播种小麦面积 2700 万亩左右。以后面积逐年减少，2001 年为 2250 万亩，总产量 448.7 万吨，2005 年减至 1893.5 万亩，总产量 427.4 万吨，亩产 226 公斤。四川小麦自 1980 年以后经历 4 次品种大更换。

1972—1980 年为第一次小麦品种大更换。全省推广新选育的既抗病又高产的繁六、繁七、川麦

18、川育5号等品种。其中，繁六约占全省小麦播种面积的30%以上，小麦平均单产逐年递增2.9%。

1981—1984年为第二次小麦新品种大更换。繁六逐年被绵阳11号、绵阳12、川麦20、川育六号、蜀万761、川辐1号等小麦系列新品种所取代。其中尤以绵阳11号综合性状较好，很快由开始推广时1981年的52.05万亩，上升到1984年的2077.95万亩，占四川小麦推广面积的60%以上。小麦全省平均单产由1980年的146公斤/亩上升到1984年的210.6公斤/亩，年递增3.7%。

1985—1995年为第三次小麦品种大更换。由于小麦病毒生理小种条中29的急剧出现，主推品种和搭配品种大量染病，加速小麦品种第三次更换，很快就被一批品质更优、大粒、白粒、既抗病又高产的品种所取代。“七五”和“八五”前期主要推广从绵阳11中系选出来的绵阳15、19、20，四川省农业科学院作物所育成的川麦21、22，中国科学院生物所培育的川育8号、川育12，绵阳经济技术高等专科学校选育的绵农1号、4号和成都市有关单位选育的80-8、蜀万831等新品种为主；“八五”中、后期则主要推广绵阳24、25、26，绵农4号、5号，川麦23、25，川育12等一系列新品种为主。1990年统计，其中绵阳15约占全省小麦播种面积的22%，川麦22也比较突出，1992年推广面积已占全省小麦播种面积的20%左右。

1996—2000年为第四次小麦品种大更换。由于小麦病毒生理小种又发生新的变异，条中31的大流行和出现，1996年几乎所有已经通过审定的推广品种无不感病或不同程度的感病，亟须加强主推品种新的品种大更换。科研单位积极利用“八五”和“九五”攻关成果，很快筛选出一批新的小麦新品种，从试验、示范中加速审定和推广。其主要推广品种有绵阳26、28、29，绵农4号、5号、川麦28、30，宜麦7号，川育13、14等。根据2000年末统计，绵阳26、28、29推广面积910.95万亩，占小麦良种推广面积的54%，绵农4号、5号推广面积占19%，其他搭配品种约占10%，基本实现小麦第四次新品种大更换。

(四) 薯　类

**红薯**　四川红薯常年种植面积为1350万—1450.05万亩，品种更换大致经历3个比较明显的发展时期。1980年以前，主要推广品种为胜利100号、南瑞薯和遂宁三号，合计推广面积约占全省红薯栽插面积的50%以上，以后开始逐年减少；1981—1990年，主要推广品种为徐薯18、川薯27、67-8，1988年和1989年，3个品种合计推广面积达当时红薯推广面积的55%以上，胜利100号和南瑞薯种植面积已下降到不足30%；1991—2000年，由于南薯88的成功选育，其抗性、品质和高产等诸多方面比南瑞薯更有优势，很快上升到主要的当家推广品种。其他品种如南薯95、绵薯1号、绵薯3号、川薯101等，也得到很大的发展。到1995年底，胜利100号、南瑞薯、遂宁三号基本被淘汰。根据“九五”后3年统计，南薯88种植面积占全省红薯推广面积50%左右，加上南薯95、渝薯34、川薯101、绵薯4号等主要推广品种，已占全省红薯种植面积的70%以上，基本全面更换20世纪80年代推广的一些老品种。“八五”和“九五”期间红薯平均单产比“七五”期间平均单产上升350公斤/亩（按1∶5原粮折算）以上，平均增产10%以上。

**马铃薯**　四川常年马铃薯播种面积430万—440万亩，其中春马铃薯250万亩，秋马铃薯180万—190万亩。春马铃薯主要分布在以凉山地区为主的“三州”地区以及盆周山区，盆地丘陵区和海拔800米以下的盆周山区除了种植春马铃薯外，为提高复种指数增产粮食也种植秋马铃薯。马铃薯新品种选育在20世纪90年代取得重大进展，先后选育出高产优质较抗晚疫病的脱毒米粒、凉薯97、凉薯3号、凉薯14、凉薯30和川芋早、川芋4号、川芋56、川芋39、川芋10号、万芋10号及其他系列新品种在生产上大面积推广，全省马铃薯平均单产有了很大提高。据生产试验、示范，马铃薯脱毒薯比不脱毒薯增产20%—30%。春马铃薯的平均单产由1990年以前2000公斤/亩提高到“八五”和“九五”期间2300—2500公斤/亩，秋马铃薯也提高到近2000公斤/亩（按原粮5∶1折算）。全省平均单产约提高10%—15%。直到2000年末，新推广的一系列抗病高产新品种已基本取代巫峡马铃薯、米粒、疫不加、南湖塔、801-5等老品种。

## 二、经济作物

### （一）棉　花

四川棉花生产种植面积常年在200万亩左右，品种1982年以前主要以从湖北引进的洞庭1号当家为主，种植面积占50%—65%，其他品种主要有73-27、岱字16、达棉1号、天棉1号等。由于四川杂交棉育种率先在全国取得重大突破，特别是四川省农科院棉花研究所黄观武等从洞A×No.5014F5不育株中发现大量花药散粉现象，通过对散粉不育株杂交后代散粉指数的鉴定和特殊选择，成功培育出雄性不育完全保持系MB159，采取二级法率先在全国实现棉花生产核三系配套，并陆续选育出优质抗病高产杂交棉品种川杂1号、3号、4号、5号等大量种植和推广。1983—1992年累计推广面积360万亩以上，约占全省棉田种植面积的28.70%，尤以川杂4号表现突出。经多年实产比较，杂交棉比常规棉平均单产高出16.3%—48.6%，其中川杂4号经湖北、山东、陕西、江苏、浙江和安徽等省引进试种，比常规棉平均单产高出15.5%—26.0%。品质也优于常规棉品种。“八五”期间，由于常规棉川棉56、川涪2号和川杂6号、7号的成功培育，1995年川棉56、川涪2号约占全省棉田种植面积的60%以上，加上杂交棉川杂6号、7号，共约占全省棉田种植面积的95%。“九五”期间，四川彩色杂交棉的科研育种取得重大突破。彩色杂交棉色彩鲜艳，纤维长度比常规棉品种长50%以上，且纱细、拉力强，比常规棉品种提高1倍以上。到2000年末，杂交棉系列品种和常规棉系列品种已各占棉田种植面积的50%左右，且彩色杂交棉和其他杂交棉品种呈不断增长趋势。

### （二）油　料

**油菜**　油菜是四川主要的油料作物之一，其种植面积和平均单产均为全国第一。1985—1995年，常年种植面积1250万—1450万亩，1997年重庆市直辖后，四川常年种植面积也在1000万亩左右，并随着农村经济的发展和农业结构调整呈逐年增加态势，至2005年达1225.8万亩，总产量168.75万吨，亩产138公斤。1985—1990年主要以推广常规油菜品种为主，当家品种和主要推广品种有西南302、江油19选、万油17、中油821、川油9号、绵油94和胜利油菜等。1991年后，开始逐步有计划地推广杂交油菜新品种，主要推广品种有蜀杂1号、蜀杂2号、秦油2号、川油12号、德油2号等。从“九五”开始，重点推广四川自选自育的杂交油菜和单低、双低油菜新品种，借以提高油菜的内在品质和商品加工档次，重点推广的品种有蜀杂6号、7号，蓉油3号、4号、5号、6号，川油12、13、14、15、16、17、18、19、20，中双4号、中双119，CY9507、CY9508等。至2000年末，杂交油菜和单低、双低油菜推广面积由1991年的不足油菜种植面积的5%逐年上升到35%，全省平均单产一般能达到100公斤/亩以上。2002年全省1200多万亩油菜种植面积已基本使用杂交种，到2005年全部杂交化。

**花生**　1985—1990年四川常年花生种植面积200万亩左右，“八五”“九五”期间种植面积有逐年上升的发展趋势。2000 年种植面积 359.25 万亩，平均单产 151 公斤/亩。主要推广品种为天府系列花生新品种，“六五”“七五”期间主要为天府 3 号、4 号、5 号品种以及其他一些品种。“八五”“九五”期间主要推广品种有天府 7 号、8 号、9 号、10 号、11 号、12 号以及其他一些品种。主要产区集中在川北的南充、遂宁、绵阳、德阳，川中的资阳、内江以及其他丘陵一带地区，常与小麦、玉米、红薯等作物间套种植。平均单产由“七五”时期每亩不足 100 公斤，逐年上升到“八五”时期每亩 100 公斤，到 2000 年达到全省平均单产 151 公斤/亩。

（三）蔬　菜

1985—1995 年，四川蔬菜常年种植面积 700 万—800 万亩。随着农业产业化的发展和农村经济结构的调整，1997 年以后蔬菜播种面积有逐年大幅度上升的新趋势，从 1997 年的 941.85 万亩很快上升到 2000 年的 1287.9 万亩，瓜果面积也由 31.2 万亩上升到 38.7 万亩；其中大棚和中小棚菜地面积从 19.8 万亩和 37.8 万亩上升到 30 万亩和 70 万—80 万亩，地膜栽培面积也由 163 万亩上升到 274.35 万亩。3 年时间蔬菜播种面积扩大三分之一以上，其中大棚和中小棚栽培面积提高将近 1 倍和 1 倍以上，地膜栽培面积也相继扩大三分之二以上。蔬菜主要推广的品种有甘蓝 6 个、番茄 3 个、辣椒 3 个、菜豆 1 个、榨菜 1 个，以及山东系列大白菜、津研系列黄瓜、湘研系列辣椒等，重点推广的品种有甘蓝“四四”2、3、4 号，渝抗二号，渝椒 4 号，红玉番茄，红玉 2 号番茄，新黑田五寸人参萝卜，川农一号儿菜等。近年随着绿色生态无污染农业的兴起，从国外和省外同时也引进一些新的名贵品种，绿色生态蔬菜、大棚养护、无污染无农药残留蔬菜不断发展。

2001—2005 年，四川省共审定农作物品种 506 个，其中主要农作物品种 319 个，非主要农作物品种 187 个。

## 第三节　川种优势

“八五”期间，四川育种攻关取得重大突破，率先在全国成功实现“两杂”（即杂交水稻、杂交玉米，下同）品种第三次大更换，结束四川长期以来“两杂”品种一直靠外来引进品种当家的局面，提前一轮进入第四次新品种大更换，标志着以“两杂”种子为代表，同时包括水稻、玉米、小麦、棉花、油菜、蔬菜等各类农作物种子在内的“川种”优势已经形成。同时，“两杂”制种配套技术也更加成熟，种子内在质量及其商品质量进一步提高，“两杂”种子以及其他各类农作物种子在种子市场上的占有份额不断增大，具有品种新、质量好、产量高、销量大、信誉好的突出特点。

### 一、“两杂”优势

“川种”优势的基础在“两杂”，四川杂交水稻的制种技术率先在全国取得重大突破。1978—1986 年，四川省种子公司副经理罗继荣主持全省杂交水稻制种协作攻关工作，改杂交水稻制种秋制为夏制，重视父本栽培，培植父母本多蘖壮秧，特别是采取大剂量施用 920 技术（改每亩施 1.5—2 克或 3 克为 14—18 克）。同时注意父母本颖花比平衡，进一步扩大行比，（改 1∶2 或 1∶4 为父本假二行 2∶10—14 或大二行 2∶18），采取不割叶或浅割叶、不剥苞。1986 年全省杂交水稻制种平均单产继 1983 年在全国首次突破 100 公斤/亩大关后，率先在全国突破 150 公斤/亩大关，达 162 公斤/

亩。1987—1992年，四川省种子站田大成继续主持全省种子公司系统协作攻关工作，使原杂交水稻一系列高产配套制种技术水平又有新的发展和提高，1989年全省杂交水稻制种平均单产187.3公斤/亩；1992年率先在全国突破200公斤/亩大关，达203.6公斤/亩，继续处于全国领先地位。

杂交玉米自1988年后，因紧凑型、半紧凑型杂交玉米的推广以及姊妹交自交系用于杂交玉米制种从试验示范逐步大面积生产，既提高杂交玉米制种产量，也提高大面积杂交玉米产量。利用姊妹交自交系进行杂交玉米制种，一般平均单产可提高15%—20%，有的品种甚至高达30%。1987年全省玉米平均单产220公斤/亩，1988年达247公斤/亩，1996年达293公斤/亩。

在育种攻关取得突破的基础上，四川先后成功选育和组配出系列优质高产抗病的杂交水稻如岗优12、汕优22、岗优22、汕优多1、II优63、II优多1、K优3号、K优5号等系列杂交水稻新组合；杂交玉米新品种（新组合）如川单9号，成单11、12、13、14，雅玉2号等，加快全省新品种的更新速度。使“两杂”种子不仅具有制种优势，同时具有品种优势。

“九五”期间四川成功培育和先后推出一批“两杂”新品种（新组合），如杂交水稻II优162、D优68、冈优151、II优501、II优725、II优802、II优904、II优838、汕优195、K优047、K优40、II优6078、C优22、K优多系1号、II优多系1号、2号等，杂交玉米如川单13、14、15，成单15、16、17、18、19、201，绵单7号等，再次领先全国，在1996—2000年成功实现第四次品种大更换。

“两杂”制种技术在“九五”期间也有新的进展和突破，如杂交水稻制种直接采取母本定量直播、把旱育抛秧技术引进杂交水稻制种直接进行母本旱育定量抛秧，以及II优、K优一些组合中培育出来的优质长柱头不育系陆续进入杂交水稻制种等，其方法更加简化和简单而易于掌握、控制，降低生产成本，既省工省时，又大幅提高杂交水稻制种的产量和质量；全省平均制种单产由1997年的220.6公斤/亩逐年上升到2000年的275公斤/亩，超出全国杂交水稻平均制种单产三分之一以上，种子生产成本大幅下降，使销种价格低于全国平均水平40%左右，提高四川杂交水稻制种优势和商品种子在市场的竞争优势。杂交玉米则积极组织开展省外制种，如到新疆、甘肃、内蒙古等地，克服省内7月中旬至8月初盛夏多湿多雨的不利气候，充分利用北方光热水土条件，提高制种产量，保证种子质量。

“两杂”种子外销以后，尤其是杂交水稻种子，调种单位普遍认为四川种子籽粒饱满，瘪粒少，耐储藏，纯度可靠，发芽率高，重合同，守信誉，价格稳定而备受欢迎。

## 二、其他种子的特色与优势

棉花良种在“六五”初期就成功培育出雄性不育保持系MB159，采用二级法实现棉花生产核三系配套，先后培育出川杂1号、3号、4号、5号，不到5年时间，杂交棉种植面积达到全省棉田种植面积的28%左右，经过“七五”时期进一步的发展和扩大，截至1990年底，杂交棉推广面积占棉田种植面积近35%。在“八五”期间，由于常规棉川棉56、川涪2号的成功培育和杂交棉川杂6号、7号的成功培育，经过试验、示范、审定和推广，1995年川棉56、川涪2号推广面积占全省棉田种植面积的60%以上；加上杂交棉川杂6号、7号，已占全省棉田种植面积95%左右。“九五”期间，由于四川彩色杂交棉育种率先在全国取得重大突破，至2000年底，出现常规棉和杂交棉各占棉田种植面积的50%左右，且彩色杂交棉以及其他杂交棉呈不断增长趋势。

四川油菜无论从种植面积和平均单产一直处于全国领先水平。1990年以前，主要以推广常规油菜品种为主。1991—1995年，开始有计划地推广一批杂交油菜和单低、双低油菜新品种。1995年以后，在实施“种子工程”和加快种子产业化建设的推动下，主要以推广杂交油菜和单低、双低油菜品种为主，提高油菜的产量、内在品质和商品档次。由于四川在“八五”和“九五”期间杂交油菜育种开始取得新的突破，重点推广自选自育的一批杂交油菜和单低、双低油菜新品种，如蓉油3号、4号、6号，川油13、14、15、16、17、18、19、20，蜀杂4号、6号、7号，中双4号，中双119，CY9507、CY9508等。至2000年底，全省杂交油菜和单低、双低油菜推广面积占油菜种植面积已由1991年的不足5%提高到35%以上。四川小麦种子虽然统供率较低，但自“六五”初期绵阳11号小麦新品种成功选育和推广以后，“七五”期间成功选育和推出以白皮、白粒为主的系列优质抗病高产新品种，如绵阳15、19、24、25、26，绵农1号、4号、5号以及川麦21、22，川育8号、川育12号等，尤其是繁六，到21世纪初仍是中国小麦育种抗条锈病抗源材料的优质抗源。“八五”以后，全省每年至少有1万—2万吨小麦种子调出，多时达3万—4万吨。“九五”期间，四川相继成功培育、筛选和推出一批以白皮、白粒为主以及高光效兼抗湿性较好的优质抗病高产系列小麦新品种，如绵阳26、28、29，绵农4号、5号，川麦28、30，宜麦7号，川育12、13等，四川小麦品种逐步向多品种、多用途、广适性、高品质发展。

# 第二章 品 种

## 第一节 新品种审定

### 一、品种审定

四川省第一届农作物品种审定委员会（简称品审会）于1983年11月成立后，先后于1990年、1994年、1998年、2002年换届，每届品审会年评审各类农作物新品种几十个。2000年《中华人民共和国种子法》实施，国家鼓励单位和个人选育农作物新品种，新品种选育者由单纯的科研教学部门为主体转变为科研、教学、种子企业及个人共存的主体，选育的品种出现大幅增长。自育品种覆盖率分别为水稻96%、玉米86%、小麦99%、油菜85%、棉花100%、甘薯60%。

### 二、品种退出

第五届品审会于2005年6月修订《四川省农作物品种审定办法》，首次启动主要农作物品种停用机制，对生产使用过程中种性严重退化有明显缺陷和丧失丰产性、抗病性的水稻、小麦、玉米、棉花、大豆、油菜、马铃薯、甘薯8种主要农作物的141个品种公示停止使用。

## 第二节 区域试验

1985—1989年，根据四川省农作物品种审定委员会制定的《四川省农作物品种区域试验和生产试验管理办法》，全省根据生态复杂和作物多样的特点，在5个生态区安排水稻、小麦、玉米、甘薯、油菜、花生、棉花、豆类、蔬菜9项作物共300多个新品种（组合）、160个试验点及4项特种经济林和食用菌若干个试验点的区域试验。从中选育出适应性广、抗逆性强、产量高的杂交水稻汕优63、D优63，杂交玉米中单二号、单玉13、七三单交，小麦绵阳11号，甘薯徐薯18、川薯27、南薯88，油菜西南302、万油17号，棉花73-27，川杂4号，盐棉1号等145个新品种（组合）。

1990—1993年，全省每年安排主要农作物省级区试点近250个（点次），推荐报审的品种153个（不包括“三州”一市），通过审定（认定）的品种109个。年种植面积在90万亩以上的品种有14个，为水稻D优10号、II优63、冈优12、汕优22、汕优多系一号；玉米农大65、成单11、成单13、川农单交9号、成单14；小麦川麦23、绵农4号；油菜川油11，秦油2号等。据典型调查，这些品种比当地推广品种每亩增产20—50公斤。

为解决外来品种特别是小麦、油菜、豆类等多年来很难在四川站稳脚跟的难题，1997年4月，四川省六大作物育种攻关领导小组批准在川东、川南、川西、川北、川中五大片区建立省级区域试验基地50个，同时在攀枝花和“三州”建立特殊区域试验基地10个，共计60个。每个基地投资10万元，经费在省财政农业事业费和新品种开发资金中列支。至2000年，全省有省级主要农作物区试、引种和生产试验点365个，其中水稻120个、玉米80个、红薯40个、棉花20个、小麦50个、油菜20个、花生15个、大豆20个，基本能满足省内新品种试验示范需要。

1994—2000年，全省安排主要农作物917个新品种（组合）、1123个点次的区域试验。从中选育出高产、优质、抗性强的水稻品种冈优22、II优838、K优5号、冈优725、II优7号、II优448、C优22、冈优881、冈优527、金优10号，玉米成单18、成单16、川单16、成单19、川单15、川单21；小麦绵阳26、川麦28、绵阳28、川农7号、川麦107；油菜蓉油4号、蜀杂6号、蜀杂5号、蓉油6号、川油19、绵油11、川油15、蓉油5号、蜀油8号等343个新品种（组合）。

2001—2005年，四川组织水稻、玉米、小麦、油菜、棉花、大豆、甘薯、马铃薯、花生9项作物2733个品种进行区域试验，其中水稻品种945个、玉米品种1087个、小麦品种277个、油菜品种185个、棉花品种105个、大豆品种66个、甘薯品种25个、马铃薯品种20个、花生品种23个。参试品种的数量较“九五”期间的851个增加1882个。参试品种经过2164个试验点（次）的精心试验和综合评价，共向省农作物品种审定委员会推荐324个在区试、生产试验中表现优异的品种。

# 第三章 良种繁育

## 第一节 繁育体系和繁殖基地

### 一、繁育体系

1986—2000年是四川种子繁育体系发展变化最快的时期，种子从“四化一供”（生产专业化、加工机械化、质量标准化、经销商品化；由县统一供种）历经“县提、县繁、社制”时期和“地提、县繁、县社制”时期，到“省提、地（市）繁、县制”时期，种子生产水平不断提高和发展。良种繁育从国营良种场逐渐转到公司特约乡、种子专业村生产，由县统一安排品种、统一防杂保纯技术措施、分户统一管理，专门繁育良种。主要杂交种亲本、常规种原种或原原种，则由省统一计划安排繁殖，繁殖的种源供应地区及地级市作生产性繁殖，供县级制成杂交种后供农民种植。这种体系既保持种子的纯度或亲本、原原种的种性和纯度，部分当家主推品种的亲本如“M017、77、330、48-2、珍汕A、II-32A、G46A”等在低世代繁殖时，又能繁殖一定数量种子保存在马尔康或理县，低温干潮贮存，经多年后又重新翻繁，以减少世代保持其纯度种性。

1995年10月，农业部相继提出“农业产业化”和“种子产业化”，特别是1997年10月，《中华人民共和国植物新品种保护条例》开始实施后，全省科研育种单位纷纷介入生产、经营，自育品种自己开发或有偿转让，原有的“省提、地繁、县制”体系受到冲击，多元化的良种繁殖、制种体系格局逐渐形成。

2000年12月1日《中华人民共和国种子法》开始实施，2001年9月22日《四川省农作物种子管理条例》开始施行，四川种子行业逐步走向市场，种子生产产业化、市场化开始形成并不断完善，新的种子生产体系逐渐建立并发展。

（一）生产组织、管理主体转变

2002年全省农业行政主管部门所属种子公司，特别是各县种子公司开始改制，至2005年全省农业行政主管部门所属国有种子公司仅余82家，其中正常生产、经营的有26家。过去作为种子生产、推广主体的各级国有种子公司通过股份制改造、拍卖、注销、破产清理等方式完成改制，逐步退出种子行业。集育种、繁殖、制种、加工、包装、经营一体化的种子企业成为市场主体和行业核心，形成种子生产“育、繁、制、销”一体化新体系。

（二）制种面积扩大，基地布局更加合理，生产优势充分发挥

随着种子行业市场化的深入，种子生产成为商品化生产，企业在兼顾社会效益的同时，更加密

切注重经济效益。基地布局、生产组织形式围绕降低成本、提高效益、保证商品质量开展。2001年全国各地种子企业特别是大型种子企业开始在四川建立生产基地，制种面积增长较快。

（三）制种基地管理方式改变

随着种子市场化和产业化发展，种子企业分工越来越细，继产销一体化公司为市场主体后，出现专业的销售公司、专一生产公司。生产组织方式从过去由各公司制定生产计划，再同生产农户签订生产合同组织生产，改变为以企业为龙头、采用“公司+农户”为主、集体订单农业、专业户承包（或业主经营）制种、公司租地制种等多种生产组织形式并存，龙头企业成为生产核心。种子生产科学化、产业化、集约化高度发达。

（四）企业开始增强杂交种子生产的知识产权和商品化意识

2000年以前，种子行业属垄断行业，企业利润较好。2002年各种资本开始进入种子行业。2003—2005年，其他资本大量涌入，种子企业利润下降甚至亏损，市场竞争加剧。2001年开始，种子企业开始调整杂交种子生产布局和生产品种，种子生产基地逐渐向投入成本低、生产条件好的地区转移。授权保护品种和制种单产较高的品种成为种子生产的重点。2003年后，授权保护品种和制种易获高产品种在四川杂交种子生产中占绝对多数。全省建立起以种子公司为龙头、农业科研教学单位为后盾、专业化种子繁制基地为依托、乡镇农技站为纽带的良种繁育推广体系。

## 二、繁殖基地

1985年前，全省良种示范繁殖主要由地（市）、县国营原（良）种场和各地种子公司依靠特约村社良种繁殖基地承担。1985年有承担良种繁殖任务的原（良）种场173个，良原种面积28291亩，原（良）种总产648.9万公斤；建有集中连片良种繁殖基地90余万亩。

随着杂交种的广泛推广应用，面积不断增大。20世纪90年代，国营原（良）种场良种生产大幅萎缩，特约种子生产基地制种（种子企业与种子生产农户在协商的基础上，订立合同或协议书等形式，农民按种子企业计划进行专业化种子生产，并接受种子企业的技术指导，生产的种子按议定的价格交种子企业收贮）大量发展。

1990年，四川建成“四川盆地杂交稻种子生产中心”，项目建设单位为新津、邛崃、内江（后更名东兴区）县种子公司、绵阳市、成都市（第一）种子公司，总投资2295.08万元，建成水稻种子生产特约基地77640亩，亲本繁殖田2145亩，可提供杂交一代种13200吨，亲本种子530吨；建成玉米种子生产特约基地39210亩，产种6268吨；建成小麦良种提纯繁殖基地435亩，总产136吨；建成蔬菜种子特约基地5100亩，产种506吨。

1991年1月，四川省建设国家级杂交水稻种子基地，其建设单位有四川省种子公司、成都市第二种子公司、绵阳市种子公司、郫县、邛崃、新都、双流、德阳市市中区、什邡、中江、广汉、绵阳市市中区、梓潼、安县、三台、仁寿、丹棱、资中、内江市东兴区、剑阁、泸县、岳池、蓬溪、忠县、涪陵市、南川县种子公司共26个单位（后3个单位1997年划归重庆市）。每年制种面积18万亩以上，完成国家种子任务1675万公斤。其中调出1225万公斤，储备450万公斤。总投资2386万元。国家级水稻种子基地建成后进一步保证省内外种子供种数量和质量，并对调剂全国用种量起到重要作用。

2001年以后，全省良种基地新建四川省薯类脱毒良种繁育基地、甘孜州青稞良种繁育基地、眉山市东坡区双低油菜良种繁育基地、射洪县杂交棉花良种繁育基地，简阳、宣汉、邻水优质水稻良种繁育基地，仁寿县、达县、彭州市、安岳县优质杂交水稻良种繁育基地和荣县优质专用小麦良种繁育基地，项目总投资10153.9万元，其中国家投资8762.9万元，地方配套1391万元。2005年底，四川建立各类农作物种子生产基地100万亩以上，常年生产种子15万吨。杂交水稻种子常年制种面积40万亩，生产水稻种子7.5万吨左右（全国常年制种160万亩，生产水稻种子25万吨），制种面积和生产数量分别占全国的四分之一和三分之一。杂交玉米常年制种面积稳定在18万亩左右（省外预约制种12万亩左右）。良种繁育基地的发展促进良种生产的规模化、集约化和优良新品种的推广。

## 第二节　杂交种生产

### 一、杂交水稻种子生产

（一）繁殖、制种

杂交水稻种子的生产，包括“三系”原种生产、不育系繁殖（A×B）和杂交水稻制种（A×R）3个步骤。四川1986年杂交水稻种子生产繁殖面积0.9万亩，总产1336万吨；制种面积23.4万亩，单产243公斤/亩，总产3.8万吨。之后逐年快速发展，到1990年繁殖面积达2.3万亩，总产2069万吨；制种面积45.3万亩，单产281公斤/亩，总产8.5万吨。1997年重庆市直辖后，四川当年繁殖面积0.8万亩，总产1462万吨；制种面积31.8万亩，单产348公斤/亩，总产7.4万吨。到2000年繁殖面积为1.2万亩，总产2358万吨；制种面积36.5万亩，单产357公斤/亩，总产8.7万吨。2001年后制种面积基本稳定在30多万亩，单产在220—240公斤/亩。2005年制种面积增加到50.1万亩，总产10.6万吨，单产则有所下降，为211.0公斤/亩。

**1985—2005年四川省杂交水稻种子生产繁殖、制种面积、产量情况表**

表5-3

| 年度 | 不育系繁殖 | | | 杂交水稻制种 | | |
|---|---|---|---|---|---|---|
| | 面积（万亩） | 单产（公斤/亩） | 总产（万吨） | 面积（万亩） | 单产（公斤/亩） | 总产（万吨） |
| 1985 | 0.6 | 155 | 578 | 21.0 | 204 | 3.0 |
| 1986 | 0.9 | 216 | 1336 | 23.4 | 243 | 3.8 |
| 1987 | 1.6 | 150 | 1633 | 33.9 | 236 | 5.3 |
| 1988 | 1.7 | 157 | 1752 | 35.6 | 196 | 4.6 |
| 1989 | 1.8 | 130 | 1608 | 46.4 | 230 | 7.1 |
| 1990 | 2.3 | 133 | 2069 | 45.3 | 281 | 8.5 |
| 1991 | 1.6 | 210 | 2253 | 23.6 | 245 | 3.9 |
| 1992 | 1.1 | 164 | 1201 | 41.0 | 305 | 8.3 |
| 1993 | 1.1 | 229 | 1628 | 29.3 | 271 | 5.3 |

续表5-3

| 年度 | 不育系繁殖 | | | 杂交水稻制种 | | |
|---|---|---|---|---|---|---|
| | 面积（万亩） | 单产（公斤/亩） | 总产（万吨） | 面积（万亩） | 单产（公斤/亩） | 总产（万吨） |
| 1994 | 0.9 | 241 | 1482 | 33.0 | 305 | 6.7 |
| 1995 | 1.5 | 220 | 2165 | 53.3 | 305 | 10.8 |
| 1996 | 1.8 | 244 | 2952 | 45.2 | 302 | 9.5 |
| 1996 | 1.5 | 239 | 2513 | 39.5 | 304 | 8.0 |
| 1997 | 0.8 | 286 | 1462 | 31.8 | 348 | 7.4 |
| 1998 | 0.6 | 260 | 1057 | 34.5 | 291 | 6.7 |
| 1999 | 1.0 | 265 | 1807 | 44.7 | 328 | 9.3 |
| 2000 | 1.2 | 301 | 2358 | 36.5 | 357 | 8.7 |
| 2001 | 1.5 | 220 | 2165 | 38.6 | 194 | 7.5 |
| 2002 | 0.9 | 241 | 1447 | 31.6 | 220 | 7.0 |
| 2003 | 0.8 | 286 | 1460 | 32.8 | 241 | 7.9 |
| 2004 | 1.2 | 305 | 2388 | 33.6 | 240 | 8.1 |
| 2005 | 1.0 | 265 | 1807 | 50.1 | 211 | 10.6 |

说明：1985—1996 年的数据含今重庆市辖区

**2001—2005 年四川省杂交水稻制种基地变迁情况表**

表 5-4　　　　单位：万亩

| 年度 | 成都制种面积 | 眉山制种面积 | 德阳制种面积 | 绵阳制种面积 | 其他制种面积 |
|---|---|---|---|---|---|
| 2001 | 5.4 | 4.5 | 4.8 | 10.5 | 13.4 |
| 2002 | 6.3 | 5.7 | 6.3 | 11.5 | 1.8 |
| 2003 | 5.1 | 6.5 | 8.0 | 11.4 | 1.9 |
| 2004 | 5.1 | 7.8 | 7.9 | 12.6 | 0.2 |
| 2005 | 4.7 | 8.6 | 9.5 | 17.9 | 9.3 |

### （二）杂交水稻繁殖制种技术

四川杂交水稻繁殖制种技术的发展，大体经历两个阶段：1983 年以前，为繁殖制种技术的探索完善阶段，亩产从 1976 年的 10 公斤提高到 1983 年的 105 公斤；1983 年以后，全省杂交水稻进入超高产繁殖制种技术的研究阶段，并取得突破性进展，亩产稳定在 220 公斤左右。

1987 年，四川省种子公司成立杂交稻制种高产技术研究协作组，在系统总结经验和低产教训的基础上，进行一系列控制性试验研究，形成以稳产高产栽培技术为中心的花期预测和调节技术；以提高母本柱头外露率为中心，以加强高产栽培为基础的提高结实率的技术；以改善母本穗层结构为中心，以包颈长和株高为检测指标的赤霉素施用技术；以"饱和异交结实率区间"为基本指标，父本花粉供给量为重要保证的“行比配置”方法；以增加花粉量和药剂防治相结合的控制稻粒黑粉病为中心的异交高产栽培技术；母本直播配套技术等系列技术。该技术在全省推广应用，极大地提高全省杂交水稻产量水平，特别是川东、川南杂交水稻高产制种协作片尤为明显。全省制种单产1992年突破200公斤，2000年达238公斤/亩。2001年以后，高柱头外露率、高花粉亲和性、花时相遇亲本等技术得到育种重视，一大批优质、高产、育性稳定亲本育成并在生产上大面积应用；“三系”品种制种中，母本直播技术进一步推广；同时注重合理布局、降低投入、减少成本。2003年全省杂交水稻制种单产达241公斤/亩。单产的提高，质量的稳定形成四川杂交水稻种业优势。

## 二、杂交玉米种子生产

### （一）杂交玉米引种

四川始终坚持“育、引”并重的方针，自1985年开始，从辽宁、河北、北京、山东、河南等地引种，进行适应性试验筛选接班品种。在1985—2000年引进省外300多个新组合设置引种试验，安排名山、资中、剑阁、武胜、宣汉、乐山市市中区、绵阳市市中区7个县（市、区）试点持续16年的试验，评选并通过省品种审定委员会审定的农大65、丹玉13、农大60、豫玉5号、郑单9号、掖单13、登海11等8个品种，1987—1996年累计推广4649.1万亩，增产粮食152.8万吨，增值13.75亿元。

### （二）杂交玉米繁殖、制种

四川杂交玉米种植面积1900万亩左右，需种0.38万—0.40万吨，常年制种面积15万—17万亩，产种和销售基本平衡。1986年，四川杂交玉米亲本繁殖面积3420亩，总产749吨，单产146公斤/亩；制种面积11.62万亩，总产27743吨，单产159公斤/亩。为改变四川玉米制种区域春夏旱频繁发生，制种产量低而不稳的状况，1987年四川省种子公司组建杂交玉米制种高产技术协作组，联合行业内有优势、有经验的地县立项攻关，通过控制性试验，协同研究，并吸收近代农业领域里的新技术如姊妹种、育苗栽地膜盖等，组装配套，形成一套适应性强，适合全省各类生态区制种高产稳产的技术体系在全省推广，使四川玉米制种产量跃上新台阶。1990年，全省亲本繁殖面积5056亩，总产1532吨，单产202公斤/亩；制种面积14.38万亩，总产49442万吨，单产突破200公斤/亩达229公斤。

2000年12月《中华人民共和国种子法》实施后，允许跨行政区域进行杂交种子生产。2001年开始，全省推广使用的省内品种面积逐年减少，省外品种面积逐年增加，特别是北方品种如掖单、澄海、东单等系列品种面积迅速扩大，四川制种总面积逐年下降，杂交玉米种子从生产、销售基本平衡逐渐转变为调入大省。

2001—2002年，四川根据常年玉米杂交种的生产及销售情况，采取稳定省内制种面积，适当扩大省外制种面积。杂交玉米制种面积省内保持在15万—17万亩，省外4万—8万亩。2003年以后，因市场竞争加剧，本省制种产量低、成本高、商品性差等劣势表现出来，杂交玉米制种转变为减少省内制种面积，扩大省外制种面积。主要由甘肃、新疆等省（区）代制。到2004年以后，省内基地降到5万亩以下，省外扩大到8万亩以上。2005年省内杂交玉米制种面积4.38万亩，总产10074吨，单产230公斤/亩。

2001—2005年，四川杂交玉米种子生产品种随推广品种变化而改变。省内品种主要是：川单系列、成单系列、雅玉系列、绵单系列和南玉系列。所制外省品种为：中单 2 号、农大系列（108、3138 等）、遵玉 2 号、澄海系列以及奥玉系列。伴随北方推广品种逐渐上升，四川省杂交玉米品种四大系列川单、成单、雅玉、绵单品种的生产量和用种量不断下降。

### 1986—2000 年四川省杂交玉米种子生产情况表

表 5-5

| 年度 | 亲本繁殖 | | | 制　种 | | |
|---|---|---|---|---|---|---|
| | 面积（亩） | 单产（公斤/亩） | 总产（吨） | 面积（万亩） | 单产（公斤/亩） | 总产（吨） |
| 1986 | 3420 | 146 | 749 | 11. 62 | 159 | 27743 |
| 1987 | 7545 | 106 | 1201 | 15. 63 | 130 | 30561 |
| 1988 | 8266 | 115 | 1431 | 16. 79 | 135 | 33920 |
| 1989 | 4892 | 112 | 824 | 11. 50 | 181 | 33920 |
| 1990 | 5056 | 202 | 1532 | 14. 38 | 229 | 49442 |
| 1991 | 2635 | 155 | 218 | 9. 37 | 197 | 27654 |
| 1992 | 3345 | 164 | 824 | 9. 60 | 207 | 29784 |
| 1993 | 2323 | 172 | 600 | 8. 87 | 194 | 25743 |
| 1994 | 2096 | 153 | 482 | 8. 15 | 142 | 17304 |
| 1995 | 3337 | 160 | 800 | 11. 71 | 173 | 30379 |
| 1996 | 3718 | 139 | 778 | 11. 27 | 167 | 28261 |
| 1997 | 1859 | 143 | 398 | 11. 16 | 197 | 33018 |
| 1998 | 1743 | 136 | 356 | 11. 70 | 194 | 34092 |
| 1999 | 1750 | 114 | 259 | 13. 42 | 195 | 39232 |
| 2000 | 600 | 108 | 97 | 12. 40 | 132 | 24552 |

说明：1986—1996 年的数据含今重庆市辖区

### 2001—2005 年四川省内杂交玉米制种情况表

表 5-6

| 年度 | 面积（万亩） | 单产（公斤/亩） | 总产（吨） |
|---|---|---|---|
| 2001 | 17. 00 | 129 | 21930 |
| 2002 | 15. 00 | 187 | 28050 |
| 2003 | 8. 50 | 219 | 18615 |
| 2004 | 4. 14 | 233 | 9646 |
| 2005 | 4. 38 | 230 | 10074 |

### 1986—2000年四川省杂交玉米种植面积情况表

表5-7 单位：万亩、%

| 年度 | 玉米总面积 | 杂交玉米面积 | 占玉米总面积 |
|---|---|---|---|
| 1986 | 1788 | 1224 | 68.5 |
| 1987 | 1836 | 1418 | 77.2 |
| 1988 | 1737 | 1580 | 90.9 |
| 1989 | 1749 | 1571 | 89.8 |
| 1990 | 1797 | 1517 | 84.4 |
| 1991 | 1842 | 1602 | 86.9 |
| 1992 | 1817 | 1586 | 87.2 |
| 1993 | 1803 | 1574 | 87.5 |
| 1994 | 1797 | 1592 | 88.5 |
| 1995 | 1803 | 1638 | 90.8 |
| 1996 | 1871 | 1649 | 88.1 |
| 1997 | 1935 | 1756 | 90.7 |
| 1998 | 2048 | 1911 | 93.3 |
| 1999 | 2039 | 1881 | 92.2 |
| 2000 | 1953 | 1701 | 91.7 |

说明：1986—1996年的数据含今重庆市辖区

### 2001—2005年四川省玉米品种面积变化情况表

表5-8 单位：万亩、%

| 年度 | 总面积 | 省内品种 | | 省外品种 | |
|---|---|---|---|---|---|
| | | 面积 | 占比例 | 面积 | 占比例 |
| 2001 | 1355 | 1061 | 78.30 | 294 | 21.70 |
| 2002 | 1562 | 1081 | 69.21 | 481 | 30.79 |
| 2003 | 1561 | 901 | 57.72 | 660 | 42.28 |
| 2004 | 1759 | 870 | 49.46 | 889 | 50.54 |
| 2005 | 1734 | 838 | 48.35 | 895 | 51.65 |

## 三、杂交油菜种子生产

四川是全国油菜生产大省之一，种植面积长期稳定在1000万亩左右，需油菜种子100万公斤左右。全省杂交油菜种子生产基本以科研单位为核心，与管理、生产、经营单位结合组成联合体，形成自行繁育、生产和经营体系。除四川大学生物工程系选育的蜀杂系列杂交种协议转让使用权给四川省种子站、四川省农技推广总站生产经营外，其他杂交油菜种子生产均是如此。这种种子生产、经营方式既能保证种子纯度、质量，又能增强单位经济实力，促进科研育种发展。

1985—2000 年，四川省农科院作物所、成都市第二农科所、四川大学生物工程系、绵阳农校、绵阳市农科所、宜宾市农科所、南充市农科所、成都市种子公司等 10 个科研单位参与选育，从化学杀雄、一系两用到雄不育三系配套取得重大进展，先后选育出涪优一号、蓉油系列、绵油系列、川油系列、蜀杂系列、南油系列、宜油系列等品种在全省推广，2001 年后成为生产和推广的主导品种，常规油菜逐渐淘汰。1996 年杂交油菜面积 411 万亩，占全省种植 996 万亩的 41. 2%。到 2000 年杂交油菜推广面积 751. 8 万亩，覆盖率达 70. 6%。2002 年，全省 1200 多万亩油菜种植面积已基本使用杂交种。2005 年四川油菜种子已全部杂交化，随之油菜种子生产全部为杂交种。全省杂交油菜制种面积也随之迅速增加，以省内主要杂交油菜制种地区成都市、德阳市、绵阳市 3 个市统计为例：2001 年为 1. 21 万亩，2002 年为 1. 4 万亩，2003 年为 2. 38 万亩，2004 年为 3. 34 万亩，2005 年略有下降为 2. 98 万亩。全省使用杂交油菜种子 2001 年为 66. 2 万公斤，2002 年为 106. 9 万公斤，2003 年为 118. 8 万公斤，2004 年为 98. 5 万公斤，2005 年 122. 2 万公斤，当年油菜种植面积 1225. 8 万亩，油籽总产量 168. 75 万吨，单产 138 公斤/亩。

# 第四章　质量管理

## 第一节　种子检验

### 一、种子质量检测体系

1987年，四川省农牧厅成立四川省种子质量监督检验站（以下简称省种子质检站），负责全省种子质量的监督检验。1989年，在省种子质检站的基础上，筹建农业部水稻种子质量监督检验测试中心，种子质检站机构相对独立，与农业部全国水稻种子质量监督检验测试中心实行一套人员、两块牌子。

1991年后，全省按照国家和《四川省农作物种子管理条例》的规定，建立以县级为基础，市（州）为纽带，省为龙头的种子质检网络。截至2000年底，全省有持证种子检验员818人，检验用实验室2.8万平方米，主要仪器设备3160台（件）。各级种子质检站110个，通过计量认证的种子质检站95个，其中省级1个，市级15个，县级79个。

2000年12月《中华人民共和国种子法》实施后，种子管理与种子经营分离，种子企业建立种子质量检验室，对自己生产的种子质量自检。原各级种子质检机构挂靠在种子管理站，无行政编制和事业经费，检测工作以委托和监督检验为主，业务量大为缩小，特别是市、县级种子检验机构面临生存危机。为适应新形势，全省重新构建以省级农作物种子检测中心为龙头，市（州）农作物种子检测分中心为骨干的两级种子质检网络。2004年，国家“优粮工程”项目和地方财政配套投资1427.6万元建设5个农作物种子检测中心及分中心，即四川省农作物种子检测中心和绵阳、泸州、宜宾、南充、达州农作物种子检测分中心。到2005年，全省通过计量认证的种子质检站由原95个减少为54个，其中省级1个，市级13个，县级40个。

### 二、监督检验

四川分别于1994年、1996年、1997年、1998年进行4次全省种子质量统检，共抽检“两杂”种子和亲本种子生产经营单位451次，抽检3348个样品，代表种子数量6925.8万公斤。其中，1994年抽检130个单位，水稻种子样品1130个，样品合格率94%，玉米亲本样品49个，样品合格率40.8%；1996年抽检102个单位，水稻种子样品641个，样品合格率84.6%，玉米种子样品181个，样品合格率56.9%；1997年抽检单位108个，水稻种子样品565个，样品合格率98.6%，玉米种子样品104个，样品合格率81.7%；1998年抽检单位111个，水稻种子样品638个，样品合格率95.1%，玉米种子样品39个，样品合格率79.5%。

4次统检促进全省“两杂”种子质量趋于稳定，扭转种子质量滑坡的势头，特别是“两杂”种子亲本质量有明显提高。

针对1996年全省“两杂”种子质量统检中发现亲本繁育体系存在纯度合格率低、种子质量下滑的问题，四川省种子站分别于1997年、1998年、1999年组织全省连续3年进行杂交水稻繁、制种田田间花检，同时，1999年对杂交玉米繁、制种田也进行田间花检，使全省杂交水稻和玉米的繁制种纯度大幅提高。

2001—2004年，由于监督抽查的经费未列入财政预算，监督抽查规模小，全省年平均抽检“两杂”种子样品200余个，代表种子数量600余万公斤，市场监督抽查的受检种子量占全省常年用种量的5%左右。

2005年，全省开展大规模的种子监督抽查活动，共抽检水稻和玉米种子样品2725个。其中抽查105家生产经营企业的杂交水稻种子样品1507个，涉及品种46个，代表种子数量2100万公斤，样品合格率为87.0%；抽查97家生产经营企业的杂交玉米种子样品1218个，涉及品种37个，代表种子数量2800万公斤，样品合格率为85.0%。

### 三、委托检验

1987年全省种子质检机构建立后，除负责全省种子监督检验外，还承担国家技术监督局和农业部抽检及大量委托检验。至2000年，省种子质检站共接受生产经营单位、农业科研院校、技监、工商、农业、公安、法院、农户等委托检验样品1850个，代表种子数量3400万公斤。发出检验报告873份。

2001年后，种子管理与种子企业分开，各级种子检验机构的检测任务由承担企业内部检验转变为主要接受工商、法院、种子生产经营单位和用种农户的委托检验。2001—2005年，全省各级种子检验机构共接受委托检验样品分别为2543份、1047份、959份、1556份、2891份，出具检验数据6657个、2928个、2682个、3425个、7123个，未发生检测质量事故。

## 第二节 机械加工

### 一、种子加工设备引进

1985年10月，四川开始实施世界银行贷款的“四川盆地杂交水稻中心”项目建设，1990年完成，共从国外引进15套种子加工成套设备。一是从日本井关农机株式会社引进4套现代化谷物种子加工设备，分别安装在新津、邛崃、绵阳、内江市东兴区；二是从丹麦联合谷物公司引进1套现代化蔬菜种子加工设备，安装在成都市种子公司。谷物种子加工厂加工能力为2吨/小时。蔬菜种子加工厂除加工各类蔬菜种子外，还可加工水稻、玉米、小麦等作物，加工能力为200公斤/小时（菠菜）。这5套设备的共同特点是加工工艺流程较完善、自动化程度高、制造工艺技术过硬、布局合理、生产量大、加工的作物品种多、能有效保证种子加工质量；三是从原联邦德国诺伯尔公司购进5台种子精选机和日本井关农机株式会社购进5套计量缝包机，组成5家生产率为2吨/小时的简易谷物种子加工厂，分别建在广汉、什邡、郫县、三台、达县。其精选机将除芒、风筛选、窝眼选组成一机，结构紧凑、成本低、占地面积小、生产量基本满足要求。另外还从日本井关农机株式会社购进5套计量缝包机分配到崇州、乐至、泸县、岳池、新都等县。

1990年后，在国家级杂交水稻、杂交玉米种子基地建设中，引进种子加工成套设备3套。一是射洪县种子公司利用原联邦德国产的2台风筛机，再从北京通县农机厂购进2台重力选等设备，自行组装的种子加工线；二是蓬溪县种子公司从中国农机院引进1套加工设备，工艺流程与射洪县种子公司类似，加工能力为2吨/小时；三是泸县种子公司从佳木斯农副产品机械研究所购进1条加工线，加工能力为3吨/小时。

"九五"期间在种子工程建设中，洪雅、石棉、汉源、冕宁等县种子公司分别从无锡天在自动化设备厂各引进1套种子加工成套设备。

1997—1999年在世界银行贷款的商业化服务项目建设中，四川省种子公司、德阳市种子公司、丹棱县种子公司从美国等国家引进单机，由中国农业工程设计院利用国产设备组装配套，建成3条种子加工线，四川省种子公司的加工线工艺流程相对较为完善。德阳市、丹棱县种子公司系简易加工线。

1997年后，科研单位和大专院校纷纷进入种子市场，这些新建的种子公司为适应市场竞争需要，提高种子商品质量，购进一些种子加工机械设备。其中绵阳高新区高科种业有限公司从石家庄种子机械厂引进1套种子加工成套设备。

"十五"期间，四川一些种子公司陆续引进10套种子加工成套设备。其中，2002年川农高科有限责任公司从南京天宇机械厂购进1套5吨/小时种子加工成套设备，2003年西南科联种业有限责任公司从酒泉种子机械厂购进1套5吨/小时种子加工成套设备，西昌市新粮仓农业开发有限责任公司从德国引进1套3吨/小时种子加工成套设备，2004年资中县种子公司从内江种子机械厂购进1套5吨/小时种子加工成套设备，2005年成都市种子总公司和四川国豪种业有限责任公司分别从南京农牧机械厂购进1套5吨/小时种子加工成套设备，四川科农种业有限责任公司从内江种子机械厂购进3套5吨/小时种子加工成套设备，四川华丰种业有限责任公司从酒泉种子机械厂购进1套5吨/小时种子加工成套设备。另外，德阳市种子公司、资中县种子公司、四川华丰种业有限责任公司等企业还购进先进的种子烘干设备和各类种子加工单机。截至2005年底，全省拥有种子仓库24万平方米，低温低湿库23座，种子加工成套设备36套，种子清选单机及种子烘干设备890台，种子包衣机135台。

## 二、种子加工推广情况与效益

由于"七五"期间种子机械加工技术宣传广泛，"八五""九五"时期实施"种子工程"加大种子加工推广力度，四川种子加工迅速发展。1986年全省精（清）选种子3684万公斤，其中小麦319万公斤，水稻1707万公斤，玉米158万公斤，棉花8万公斤，其他作物67万公斤。种子加工率分别为：小麦1%，水稻42%，玉米3.5%，棉花2.5%。该时期除"两杂"种统供率在80%左右外，常规良种统供率较低，只有10%左右。种子小包装还处在试验推广阶段。到2000年全省种子加工量16836万公斤，其中小麦8800万公斤，玉米3500万公斤，水稻4500万公斤（含部分外调种）棉花90万公斤，小麦、玉米、水稻、棉花加工率分别为42.3%、87.5%、96.8%、30%。标牌统供小麦8200万公斤，玉米3140万公斤，水稻2800万公斤，棉花130万公斤。种子统供率小麦43.5%，玉米85%，水稻93.5%，棉花43%。按经过精选加工的种子每亩增产0.2%计算，仅2000年种子机械加工技术为全省农民增加7亿多元的经济收入。同时由于种子经过机械精选加工和精美包装，种子的商品质量得到提升，提高以杂交水稻种子为代表的川种信誉，扩大川种市场占有率。2001—2005

年，全省年均加工各类种子1.75亿公斤，杂交水稻、杂交玉米种子加工率保持在98%以上，其他作物种子加工率在40%以上。

## 第三节　种子包衣

### 一、种子包衣技术的试验、示范和推广

四川种子包衣技术推广应用主要分两个阶段，1989—1995年为试验、示范、宣传发动阶段，1995—2000年为大发展阶段。1989年秋四川省种子站组织在资中县进行小麦种子包衣试验，以后逐步扩大试验剂型、试验点、试验作物，先后采用美国有利来路公司、中国农业大学种衣剂厂研究开发中心等多家单位研制生产的种衣剂分别对玉米、小麦、水稻、油菜、棉花等作物进行种子包衣试验、示范和推广，到1992年种子包衣试验、示范点扩大到16个市（地、州）55个县。除省上布置的试验示范点外，各市（地、州）、县根据自己的实际情况布置大量的试验示范点，多数县兴办种子包衣示范田和展示中心。

1997年全省各地种子包衣试验、示范达到高潮，但存在着试验示范不规范、科学性差和尚未开展与种子包衣配套技术研究等问题，制约种子包衣技术的应用效果。鉴此，农业部农技推广中心从1994年起开展种子包衣技术16项系统试验研究，其中包括种衣剂药效对比试验，包衣前种子加工技术，相应的栽培技术等，分别由11个省（区）种子公司承担完成，项目完成后为种子包衣提供一整套配套技术。四川完成“玉米种衣剂药效对比试验”“包衣后种子干燥技术试验”“薄膜包衣杂交水稻、杂交玉米、常规稻、常规小麦、常规油菜包衣发芽率、合格率试验”“种子包衣机工艺技术参数试验”和“包衣种子干燥试验”的试验研究，完成部分“小麦、水稻种衣剂药效对比试验研究”。部、省、市（地、州）、县各种级别的试验、示范，使种子包衣试验、示范工作走上系统化、科学化轨道，到1999年全省普遍开展种子包衣工作。

### 二、种子包衣推广面积与效益

1995年前四川种子包衣技术推广面积仅12.3万亩，1995年达46万亩，1996年迅速扩大到226万亩，1997年450万亩，1998年925.65万亩，连续4年翻倍；至2000年底，四川各类农作物种子良种包衣达1800万亩，其中小麦种子包衣600万亩，玉米种子包衣已占杂交玉米种子统供率的51%。“两杂”种子精选加工、小袋包装、标识标牌销售率占良种统供量95%以上，小麦种子小袋包装统供率达80%左右，油菜种子基本实现100%的精选加工、小袋包装、标识标牌销售。

2001年后全省种子管理政、企分开，受企业行为和一些新成立的种子公司实力较弱资金紧缺，又无加工包衣设备，更无技术力量开展种子包衣工作的影响，全省种子包衣推广面积逐年下降，到2005年稳定在1200万亩左右。包衣的作物主要是玉米种，另有200万亩水稻种包衣，其他作物包衣面积日渐萎缩。针对四川水稻种植面积大，而水稻种子包衣工作一直薄弱的状况，“十五”期间，四川省种子站重点抓好水稻种子包衣试验，示范和推广，先后安排资中、内江市东兴区等25个水稻包衣试验、示范点，同时一些种子企业自行进行水稻种子包衣试验、示范工作，筛选出适合本省的水稻种衣剂剂型，达到示范、宣传效果。

# 第五章　经　营

## 第一节　良种经营

### 一、发展概况

1986年4月，国家确定种子经营与粮食生产分开，种子由种子主管部门经营。1991年5月，四川省人民代表大会通过的《四川省农作物种子管理条例》修正案，明确规定主要农作物杂交种子由县以上农业行政主管部门的种子公司经营。1986年后，各级种子公司全面承担农业生产用种的供种任务。随着农业生产的发展，种子的增产作用越来越明显，各级政府和相关部门十分重视和支持种子的生产与经营，在政策上多方优惠，同时由于世界银行贷款种子项目“四川盆地杂交稻种子生产中心”和国家级杂交水稻种子基地建设项目的实施，使全省良种经营必需的基本条件不断完善，经营规模逐渐扩大。

1992年起全省良种经营按照《四川省农作物种子管理条例》规定，必须持种子经营许可证方能在工商部门核准登记和领取营业执照，每年核发一次。常规种子由所在地县以上人民政府农业行政主管部门核发，主要农作物杂交种子经营许可证由四川省农业厅核发。

良种的经营计划在1990前仍实行“三预约”（预约繁殖、预约收购、预约供应），每年全国和全省召开一次“三预约”会议落实种子生产和销售计划。1991年后实行合同制，省内外各级种子公司在生产前各自联系落实种子的产销品种及数量，并签订合同，明确双方的权利、义务和责任。如有违规均按《中华人民共和国合同法》处理。种子经营单位本着“以销定产，略有贮备”的原则制定计划，保障供种质量和数量，增强竞争机制，促进经营业务不断扩大。

良种经营单位在1990前是县级农业行政管理部门的种子公司，之后，各市（地、州）级成立种子公司也展良种经营业务，科研院校也按照《四川省农作物种子管理条例》规定经营种子，良种经营单位逐年增多，到1995年底，全省农业行政种子部门及科研院校单位多开展良种经营业务，创办种子科技实体。截至2000年底，全省有经营许可证单位256个，其中科研院校单位有34个。2001年种子管理与经营分开后，到2005年全省5年共核发农作物种子生产、经营许可证232份（其中核发主要农作物种子生产许可证9家，核发主要农作物种子经营许可证20份，非主要农作物种子B证7份）。

良种销售数量，在1985年前达1亿公斤，但调出省外甚少，之后种子销售数量除保证省内生产用种需要外，调出省外的单位和数量不断增加。特别是杂交水稻种子，外销省（市、区）15个，

1995年后，平均每年调出3000万—4000万公斤，最高年5000多万公斤。2000年《中华人民共和国种子法》实施后，种子以市场调剂为主。

1986—2000年四川省良种购销情况表

表5-9　　单位：万公斤、万元

| 年　度 | 购进数量 | 销售数量 | 调出省外 | 税　金 | 利　润 |
|---|---|---|---|---|---|
| 1986 | 10242 | 9868 | 102 | — | 1359 |
| 1987 | 13218 | 12495 | 212 | — | 1812 |
| 1988 | 14382 | 13879 | 230 | — | 2416 |
| 1989 | 14102 | 13597 | 270 | 235 | 3704 |
| 1990 | 15202 | 13042 | 1500 | 276 | 939 |
| 1991 | 13217 | 12167 | 1344 | 526 | 1447 |
| 1992 | 12750 | 12520 | 1420 | 135 | 563 |
| 1993 | 13150 | 12920 | 1620 | 139 | 164 |
| 1994 | 14230 | 12931 | 1708 | 198 | 9221 |
| 1995 | 20224 | 20793 | 5237 | 61 | 12698 |
| 1996 | 12927 | 10578 | 4227 | 25 | 426 |
| 1997 | 9848 | 9276 | 4436 | 24 | -1052 |
| 1998 | 8688 | 9179 | 3611 | 194 | 3583 |
| 1999 | 8580 | 7436 | 2600 | 108 | -851 |
| 2000 | 6696 | 6431 | 1256 | 10 | -2336 |

说明：不含科研院校。1986—1996年的数据含今重庆市辖区

## 二、基本设施配套建设

全省各级种子公司经营量5万—500万公斤，基本具备与经营规模相适应的基础设施和经营条件。1985年前全省种子公司经营种子主要靠租仓经营，全系统仅有仓库16.48万平方米，晒坝11.31万平方米，加工检验用房2.04万平方米，办公和宿舍用房11.6万平方米，种子加工机具335台（件），种子检验仪器设备871台（件），尚无低温低湿库和隔年贮备库。

1986年后，种子产业不断发展，种子公司基础设施和经济实力进一步增强，全省逐年修建种子仓库、检验室、加工房和办公营业用房，以及必需的生活房。截至2000年底，全省有种子仓库、晒坝、加工检验、生产用房90多万平方米，其中仓库27万平方米，晒坝25万平方米，检验室1.8万平方米，加工房2.5万平方米，加工营业房和生活房8.5万平方米，低温低湿库6000平方米、种子隔年贮备库1万平方米，拥有种子机械加工设备和种子检验仪器设备1万多台（件），固定资产2.5亿多元。各级经营单位的检验仪器设备和加工机械齐备，能准确自检种子质量中的四大指标，多数种子公司具有种子加工的简易加工工艺流程，能保证种子净度达标，并能包衣种子和小袋包装种子；

各级经营单位配备相应的技术人员并相对固定，至2000年全省各级专业技术人中有高级职称185人，中级职称1071人，技术人员2980人，持检验上岗证848人。

2001年政企分离后，截至2005年底，全省拥有种子仓库24万平方米，低温低湿库23座，种子加工成套设备36套，种子清选单机及种子烘干设备890台，种子包衣机135台。

## 第二节　储藏保管

1986—2000年，四川共贮藏保管种子187万吨，救灾用种9.8万吨，各种子公司经营的种子极少有因贮藏技术不良，而使种子转作商品粮。

### 一、仓库建设

1985年后，全省种子部门良种经营逐年扩大，特别是杂交水稻种子，除保证省内用种外还调出省外，经营中会有种子剩余，而且还要承担部分国家和省内救灾储备种子任务。为保证良种经营需要，基础建设的重点是增建种子仓库。省种子管理部门根据全省各级种子公司良种经营状况，把仓库分为普通仓、越夏仓、低温仓3种类型。经营型种子公司（不生产只调进良种供应本县用种）修建普通仓；半经营型种子公司（即生产部分本地特需种子，同时又调进部分种子供应本县用种）除建普通仓外还修建越夏仓；完全生产经营型种子公司（种子完全是自己生产且量大有调出）应修建普通仓和低温仓（兼作越夏仓），低温仓用于贮藏1—3年的亲本种和救灾储备种。仓库修建根据农业部颁发的《种子储藏标准》“低湿、干燥、通风、密闭”八字方针要求，普通仓应基本达到隔热保冷、隔湿防潮，即能通风又能密闭，结构坚固合理。越夏仓要求能控制温度在16℃—20℃，湿度控制为60%—70%，低温仓能控制温度10℃—15℃，湿度30%—65%，仓内应多点设置温度计、湿度计以供随时观测。为保证质量，1987年8月省种子管理部门提出普通仓设计要求，并请设计部门设计一套图纸（3张），供全省选用参考。

修建种子仓库面积，由各种子公司根据自己经营量大小确定，按500公斤/平方米贮藏量来计算总建面积。越夏仓和低温仓则根据各自经营计划中的余种和储备种考虑，一般一个公司修建100—200平方米并分成几个小仓分别控制温、湿度。低温库最先由简阳县种子公司修建100平方米，采用制冷设备封闭式控温控湿，之后其他县取长补短参考设计。越夏仓使用空调控温为达川地区1998年最先使用，以后在全省推广。

修建仓库的资金来源，一是国家基本建设投资拨款，截至2000年全省共计投资1300万元；二是地方财政拨款，财政收入较好的地方补贴部分资金；三是自筹资金修建仓库，约占全省仓库建设投资的90%以上，截至2000年底，全省已建种子仓库27万平方米，其中越夏仓库2.9万平方米，低温仓1.5万平方米。

### 二、技术措施

种子贮藏保管技术核心，是处理好种子水分、仓内温度、仓内湿度三者间的关系，保证种子在贮藏期的质量标准尤其发芽率达二级以上。全省贮藏保管种子的主要技术措施有两点，即：自然通风和机械降温。

（一）自然通风

由于各级种子公司主要经营大春作物杂交一代种子，全省气温处于9—12月的下降季节，高温时期已过。因此普遍采用自然通风为主的保管技术，种子入库前种子水分已确定，利用自然通风方法降低仓内温度和湿度。即仓外温、湿度低于仓内温、湿度则多开门窗通风。仓内仓外温差8℃—10℃通风为最好，温差4℃以内则应谨慎。阴雨天气则密闭仓库。全省普遍推广使用“通风测定板”，以正确掌握库内种子通风状况。

（二）机械降温

救灾备荒储备种和经营中的余种，需要越夏贮藏1年，对此就要使用隔年仓或低温仓库保管种子，尤其是亲本种子，需储存1年以上，必须用低温仓。这两种仓库建设都配有空调机或制冷设备，用来控制高温季节的温度和湿度，控制范围：隔年仓温度20℃—16℃，湿度60%—70%；低温仓库温度15℃—10℃，湿度30%—65%。经过1年的储藏，种子发芽率隔年仓一般降低幅度不超过3个百分点，低温仓不超过1个百分点。

## 三、种子储备及调动

（一）国家储备种子及调动

四川省从1994年开始承担农业部下达的国家种子储备任务。1994—2000年共承储国家储备种2020万公斤。其中稻种1725万公斤，玉米种265万公斤。2001—2005年承担国家储备种1290万公斤，其中稻种1027万公斤，玉米种263万公斤，年均承担国家储备种260万公斤左右。

国家储备种调出使用仅为1995年，由于1994年四川和全国部分省份遭受严重的自然灾害，原安排承储县种子公司未能完成国家储备种任务，为了保证救灾储备种数量，四川省种子公司买断220万公斤种子确保储备。1995年用种时，调出170万公斤杂交稻种，支持省内外34个县救灾用种，并赠送20万公斤杂交玉米种支持灾区，预计播种水稻面积170万亩，播种玉米面积10万亩，减少损失12.94亿元。

（二）省级储备种子及调动

四川省1991年公布实施《四川省农作物种子管理条例》后，农业种子管理部门开始建立种子储备制度，每年省上直接储备100万—200万公斤种子用于救灾备荒，年占用资金900万—1800万元，由省财政安排一定的补贴资金用于省上直接掌握的储备种子。补贴资金主要用于购种贷款利息、种子精选、翻晒、保管、包装、损耗、降价销售、转商处理等。四川省农业厅要求，各级种子公司每年种子经营必须计划留有储备，保证本辖区内救灾用种。储备数量按供应量比例留储：杂交玉米为10%，杂交水稻为5%。

由于四川省地域辽阔，气候复杂多变，自然灾害频繁发生且灾多灾重。20世纪80年代以后发生种子抢购的年份有1984年、1989年、1994年、1998年和2004年。每遇灾年，四川省农业厅都及时动用省级储备种支援重灾地区群众和贫困村、贫困户救灾，避免缺种而造成的土地撂荒，同时平抑市场，防止哄抬种价和假劣种子下地，确保农业生产安全。但由于地方财政没有明确的储备种专项资金，全省未能建立完善的种子储备体系，除省级种子储备有一定保障外，市（州）、县级种子储备困难大，很多地方未进行种子储备。

# 第六章 种子工程

## 第一节 总体规划

农业部于1994年初提出“科技兴农、种子先行”科教兴农战略，从1995年开始，国家积极推进“种子工程”发展计划，加强和加快种子产业化建设。农业部于1995年编制《种子工程总体规划》，于1996年获得国家计委的正式批复并被列为国家“九五”计划的重点项目。1996年以后，国家设立“种子工程项目”资金，扶持和加快种子产业发展。1995年12月四川召开全省农业种子工作会议，正式开始实施“种子工程”。1996年7月省政府印发的《关于进一步加强种子工作的通知》指出：“今后一个时期，我省种子工作的重点是推进种子产业化，带动种子事业全面发展。”

1996年5月，四川省种子站组织100个种子单位，开展以种子加工为重点的种子产业化建设项目规划，编制项目建议书110份（其中重庆市13份），规划资金6.05亿元（其中四川省5.53亿元，重庆市0.52亿元），该批项目全部被列入农业部种子工程项目库。

1997年5月，四川省种子站制定全省“种子工程”总体规划，明确“九五”期末目标，是使良种在粮棉增产中的比重由当时的35%提高到40%。该期间的建设规划是以建设稳定的国家和省级种子基地为重点，以建设和完善种子质检体系、储备制度、区试网点和信息网络为手段，以发展种子加工和标牌化销售为突破口，以组建种子集团为途径，建立、壮大和完善良种引育、生产繁殖、加工包装、推广销售和宏观管理五大系统，推进四川种子产业化建设。规划总投资70328万元，其中用于育种引种系统4800万元（国投项目1800万元，省级项目3000万元），用于种子生产系统7731万元（国投项目3281万元，省投项目4450万元），用于加工包装系统48445万元（国投项目46845万元，省投项目1600万元），推广营销系统1850万元（全部为省投项目），用于宏观管理系统3534.74万元（国投项目1834.74万元，省投项目1700万元），此外，全省有6个单位实施世行贷款中国种子商业化项目，进行综合性建设，贷款478万美元，折合人民币3967.4万元。

## 第二节 建设进展

### 一、经营性项目

四川在“九五”期间建设的经营性重点项目为粮食种子加工中心，由国家财政提供贴息贷款，贷款由中国农业银行和中国农业发展银行分担。项目分为大型粮食种子加工中心和中型粮食种子加工中心，建设内容为加工房、库房、烘干房、检测室、晒坝和购置设备等。每个项目贷款由中央财政贴息 2 年，每年贴息率 3 个百分点。1996—2000 年共建设 41 个中型加工中心，15 个大型加工中心，总投资 43865. 14 万元，其中贷款 32255 万元，地方配套 190 万元，自筹 11420. 14 万元。共获得财政贴息款 1548 万元。至 2000 年，有 36 个单位全面完工并投入使用，形成固定资产 25471. 8 万元，其中土建 237974. 12 平方米，投资 18060. 88 万元；购置设备 809 台（套），投资 4713. 58 万元。取得预期的经济效益和社会效益。于 2000 年开建的 20 个单位也在 2005 年前建成投入使用。

## 二、非经营性项目

### （一）四川省部级种子质量监督检测中心

该中心是农业部在西南片区建立的种子质量监督检测点，旨在控制好全国杂交水稻种子主要调出省的种子质量，保证南方稻区的农业生产和社会稳定，同时承担国家、农业部下达的各项任务。项目由四川省种子站承建，建设地点在成都市玉林北路 5 号四川省种子站院内，共完成投资 352. 45 万元，其中农业部拨款 176 万元，省财政配套 176. 45 万元。项目建成后，对省种子站每年组织的全省种子质量监督抽查、花期质量检查起到保障作用。先后接受 156 个有争议的种子样品的委托检测。

### （二）四川省国家救灾备荒种子储备库

该库是国家建立在西南地区的备荒种子专储点，旨在确保西南片区突发性自然灾害后，灾区恢复农业生产用种。由四川省种子站、郫县种子站、绵竹市种子管理站实施。

四川省种子站项目点：实际完成征地 15 亩，新建常温种子储备库、低温低湿库及配套设施，购各种种子加工机械，新建办公用房等，合计完成投资 1284 万元，其中农业部拨款 550 万元，地方配套 550 万元，自筹 184 万元。总建筑面积 5130 平方米，其中仓库面积 4902 平方米，常年可储备种子 1500—2000 吨。

郫县种子站项目点：实际建成冷冻库 496. 22 平方米，购置制冷设备 1 套，总投资 94. 37 万元，其中农业部拨款 37 万元，地方配套 30 万元，自筹 27. 37 万元。可储备救灾备荒种子 150 吨，储备时间 2—3 年。

绵竹市种子站项目点：实际建成冷库 800 平方米，购置制冷设备 1 套，新建附属设施等，总投资 110 万元，其中：农业部拨款 36 万元，地方配套 18 万元，自筹 56 万元。可储备救灾备荒种子 300 吨。储备时间 2—3 年。

四川省国家救灾备荒种子储备库建成投入使用后，运行良好，达到项目建设目的和设计要求。1999 年后，代国家和省级储备种子 400 万公斤，支援兄弟省市用种 180 万公斤，省内因灾用种 120 万公斤。

### （三）国家级品种区域试验站

“九五”期间农业部批准四川建设国家级品种区域试验站 5 个，建设单位分别为四川省种子站、宜宾县种子站、广元市种子站、会理县种子站和内江市农科所。2001 年批复建设广安市区域试验站，6 个项目于“十五”期内全面竣工。“九五”建设项目共建设区试用地 420 亩，完成投资 523. 95 万元，其中中央投资 250 万元，地方配套 250 万元，单位自筹 23. 95 万元。“十五”期间新建的广安市区试站共建设区试用地 100 亩，完成投资 100 万元，其中中央投资 50 万元，地方配套 50 万元。项目建成后，各区试站试验条件得以改善，试验质量得到提高，具备承担多种农作物区域试验的功能。

四川省种子站自1999年项目建成以后，已承担水稻、小麦、玉米、油菜等国家级和省级区试、生产试验175组，参试、展示新品种400多个，每年承担川丰种业种植育种材料1万余份，鉴定组合1000多个，有7个新品种通过审定，还有15个正在参加国家和省区试。

（四）良种繁育基地

“十五”期间批复建设的种子繁育基地有四川省薯类脱毒、甘孜州青稞、眉山市东坡区双低油菜良种繁育基地，均于2005年前完成建设投入使用。2004年批复的射洪县杂交棉花良种繁育基地至本期末尚在建设中。4个项目计划总投资4433.9万元，其中中央投资3702.9万元，地方配套821万元。

（五）品种改良分中心

“十五”期间批复建设的成都（玉米）、绵阳（小麦）、德阳（水稻）、南充（甘薯）、成都（油菜）、简阳（棉花）品种改良分中心均于期内完成全部建设内容，6个项目计划投资4751万元，其中中央投资3163万元，地方配套1525万元，单位自筹63万元。

## 第三节 优粮工程

2004年，国务院印发《国家优质粮食产业工程建设规划（2004—2010年）》，提出在13个粮食主产省区选择一批有基础、有潜力的粮食大县和国有农场，着力加强优质粮食产业基地基础设施建设，整体实施良种繁育、病虫害防治、标准粮田、现代农机装备推进和粮食加工转化项目，促进优质粮食产业的发展。四川作为全国13个粮食主产省区之一，于2004年相继制定《四川省国家优质粮食产业工程建设总体工作方案》和《四川省国家优质粮食产业工程投资计划管理办法》，并从2004年开始实施国家优质粮食产业工程项目。计划至“十五”期末，批复建设8个优质水稻良种繁育基地、3个种子质量监督检测中心和1个水稻区域技术创新中心项目。

### 一、良种繁育基地

2004年批复建设的简阳、宣汉、邻水优质水稻良种繁育基地项目，分别由简阳县、宣汉县、邻水县种子站承建。3个项目计划投资2162万元，其中：中央投资1900万元，地方配套262万元。

2005年批复建设的仁寿县、达县、彭州市、安岳县优质杂交水稻良种繁育基地和荣县优质专用小麦良种繁育基地分别由仁寿县、达县、安岳县、荣县种子管理站和彭州市农技推广中心承建。5个项目计划总投资3468万元，其中：中央投资3160万元，地方配套308万元。

### 二、种子质量监督检测分中心

2004年批复建设的南充市、绵阳市、宜宾市种子质量监督检测分中心项目，分别由南充市、绵阳市、宜宾市种子站承建。3个项目计划投资827万元，其中中央投资750万元，地方配套77万元。

### 三、区域技术创新中心

2004年批复建设的四川省水稻区域技术创新中心项目由四川省农科院承建，项目计划投资924万元，其中中央投资780万元，地方配套144万元。

四川省志·农业志

# 第六篇 土壤 肥料 环保

按全国划分标准，四川主要土壤类型划分为 8 个土纲，25 个土类，63 个亚类，137 个土属。土壤是肥料的载体。1986—2005 年四川主要作物的肥料与用量、放肥效率等都发生过重大变化。

# 第一章 土 壤

## 第一节 调查与分类

### 一、土壤调查

1979年四川开展第二次土壤调查，范围为全省20个市（地、州）和有土壤普查任务的205个县（市、区），采取“以线控面，分区设点，重点深入，由点到面，分片分区完成”和“边查边用，查用结合”以及“农耕地重点查，林、牧地等普遍查”的办法，1985年完成县级野外调查和资料汇总工作。土壤调查共挖掘和调查土壤剖面405792个（其中主剖面88152个），化验土样144553个（其中微量元素23820个），采集土壤标本22562个（整段标本621个），岩石标本2093个，植物标本629个。

1986年后开始省级成果汇总，至1991年完成。充分利用基层基础资料丰富、数据多、信息量大的优势，进行综合归纳、筛选，充实提高，编写出《四川土壤》《四川土种志》，编辑《四川省第二次土壤普查数据资料汇编》《四川省第二次土壤普查专题论文集》等文字资料，编绘《四川土壤图》《四川土地利用现状图》《四川土壤改良利用分区图》《四川土壤酸碱度图》和土壤有机质、氮、磷、钾以及微量元素等系列图件18幅，并拍摄《四川土壤》等音像资料。第二次土壤普查成果获得四川省政府科技进步二等奖。

### 二、土壤分类

四川地形复杂，区域气候差异较大，土壤类型多种多样，全国第二次土壤普查共划出47个土类、140个亚类，四川就划出25个土类、63个亚类、137个土属和380多个土种（其中非耕地57个），在认真执行全国土壤分类系统的基础上，对个别特殊的土壤类型进行调整，增划赤红壤、草甸土、泥炭土、黄褐土、粗骨土等土类，取消四川原分类系统中的灰褐土和盐土等土类，将原来的灰化土改为棕色针叶林土等。

# 第二节 土壤分布

## 一、土壤区域类型组合概况

四川受构造地貌和成土母质影响，土壤区域分布特点十分明显。从地带性土壤组合类型看，大致分为东部盆地黄壤基带土壤组合区和西部川西南山地红壤基带土壤组合区，以及川西北高山高原褐土基带土壤组合区。

（一）东部四川盆地土壤类型组合

四川盆地以亚热带湿润气候为主，地带性土壤为黄壤。由于盆地内以侏罗纪、白垩纪以及第三纪地层为主，盆周为低、中山，西缘有高山环抱，在盆中丘陵海拔300—800米，相对高差20—200米，多为馒头状低丘，间有坪状中丘和条状深丘。川东为山谷相间的平行岭谷。在整个区域内由于受紫色母岩的影响，非地带性的紫色土和水稻土占到盆地土壤总面积的55.96%。作为区域内地带性的黄壤面积仅占19.1%，其余土类如黄褐土、石灰（岩）土、黄棕壤、棕壤、暗棕壤、棕色针叶林土、亚高山草甸土、高山草甸土、潮土、新积土、褐土等土类仅占24.94%。盆边山地东南部和北部一般仅分布有黄棕壤和棕壤，暗棕壤及其海拔再高一些的棕色针叶林土、亚高山草甸土，高山草甸土等只有盆地西部及西南部有分布。

（二）川西南山地河谷土壤类型组合

该区域位于横断山脉东侧中段，属四川纬度最低地区。由于被大凉山隔断，加之整个区域山川呈南北走向排列，基带土壤为赤红壤和燥红土，仅占整个区域面积的1.5%，但类型特殊，是中国和四川少有的热区之一。区内金沙江、九龙江、稻城河及大渡河流域河谷两岸1300—2200米分布大片红壤，占整个区域面积的15.6%。红壤以上分布有面积较大的黄棕壤，海拔高度一般为2200—2700米。黄棕壤以上2700—3200米为棕壤。暗棕壤主要分布在海拔3100—3600米的高山峡谷山体中上部及山原面上。高山峡谷区山体中上部3600—4200米，主要为亚高山草甸土。除上述一些土壤类型外，整个区域还分布全省25个土类中除黄褐土、草甸土、风沙土3个土类以外的其他土壤类型。

（三）川西北高山高原土壤类型组合

该区域包括甘孜和阿坝两州境界范围。区内东侧和南部为高山和高山丘原兼高山河谷，北部为丘状高原和丘状高平原。该区由海拔大于3300米的面积各占两州总面积的85%和64.1%，最高峰贡嘎山为7556米。区域土壤类型复杂，全省25个土类，除潮土、燥红土、赤红壤和山地草甸土外，其他土壤类型均有出现。区内高山草甸土和亚高山草甸土，分别占土壤总面积的37.9%和18.19%。其次为暗棕壤、褐土、高山寒漠土、粗骨土、沼泽土、棕壤和棕色针叶林土，面积分别占12.9%、7.18%、6.13%、4.7%、2.52%、2.5%和2.3%。其他类型面积较小，分布零星。褐土为其主要农耕土壤，但受地形、气候、水源的限制，垦殖指数不到10%。

## 二、土壤水平分布特点

（一）土壤水平分布有一定规律但带谱不完整

1997 年重庆市直辖前，四川东西跨越经度为 10°左右，南北纬度最宽（攀枝花市至若尔盖县）跨度近 8°，而四川盆地跨度仅 5°左右。由南至北和由东向西热量和降水有明显的变化，土壤水平地带性分布呈现一定规律。由于受地形、母质的影响，使水平地带性遭到一定程度的破坏。如盆地丘陵地区，地带性土壤应以黄壤为主，但由于大量紫色岩层和人类长期耕作活动的影响，地带性黄壤为紫色土和水稻土所代替。地带性黄壤仅出现在盆周海拔 1500 米以下山地，在丘陵和沿河阶地分布有大面积的老冲积和再积黄壤。盆地南缘的黄壤由于受大凉山隔断，加之川西南山地河谷受特殊地形和大气环流诸因素影响，以致在川西南金沙江及其支流河谷出现岛状的南亚热带—北亚热带（亦称边缘热带）气候。因而出现的不是黄壤而是赤红壤和燥红土。但从攀枝花市至若尔盖县一线纬度地带性分布仍有一定规律，由南至北依次为赤红壤—红壤—黄壤—黄褐土—黄棕壤—棕壤—暗棕壤—亚高山草甸土。在盆地内，从宜宾至广元一线，水平地带性仍然为黄壤—黄褐土—黄棕壤—棕壤（黄壤至黄褐土之间为大面积紫色土占据）的分布规律。

（二）土壤水平—垂直分布遍布全省

四川山地面积较大，地势西北高、东南低，境内江河纵横，山川相间，盆地东部山地环抱，丘陵起伏，沟谷交织，在同一水平地带内，常有土壤垂直分布。如盆地内地带土壤为黄壤，但盆周由于山体影响，组成黄壤—黄棕壤（或黄褐土）—棕壤（盆地西北缘）的环状土壤垂直分布规律。盆周山地垂直带谱中的黄棕壤既是盆周垂直带谱中的组合类型，又是盆地由南向北和由东向西的水平地带土壤类型。

（三）西部基带土壤类型受河谷高程、走向制约

四川西部山川并列，河流多为南北走向，构成许多南北走向的河谷。境内河流受构造地貌的影响，河床高度由北向南急剧下降，导致水热状况的急剧变化和出现不同的基带土壤类型。如雅砻江石渠段基带土壤为高山草甸土，至甘孜为暗褐土，到雅江（2600 米）为石灰性褐土。雅江至攀枝花大约纬度 28°以上为褐土，以下河段从上至下基带土壤为山原红壤、赤红壤（或燥红土）。岷江河谷的松潘至茂县、汶川基带土壤为暗棕壤—褐土—黄壤。河谷走向不同，其水热条件也有明显的差异，如康定、巴塘、炉霍和白玉海拔高度相近，但河流南北走向的热量条件较东西走向为高，降水量则相反，基带土壤康定为棕壤，巴塘为褐土，炉霍为暗褐土，白玉为燥褐土。

## 三、土壤垂直分布的特点及带谱类型

（一）土壤垂直分布的一般特点

区域地貌不同，建谱土壤类型繁简不一。从建谱基带土壤和土壤类型组合繁简程度看，依次是：川西南山地河谷和高山峡谷较四川盆地、川西北高原及丘状高原的带谱组合类型复杂。川西南山地河谷建谱土壤有燥红土、赤红壤、红壤、黄壤或黄棕壤；高山峡谷区（岷山山脉下段，邛崃山东段），建谱土壤有黄褐土、黄棕壤、褐土；川西北的高山高原及丘状高原（石渠—色达）和丘状高原的低海拔河谷地段，基带土壤为褐土（暗褐土），高海拔为暗棕壤；丘状高平原基带土壤多为亚高山草甸土。

山谷高差越大，建谱土壤类型越多。四川境内分布众多高度不同山脉，组成种类繁多的土壤垂直带谱结构，尤以盆地西部向高原过渡的高山峡谷地带更为突出，如经纬度相近的贡嘎山、二郎山及峨眉山的3个垂直带谱中，土壤类型多随山体升高而增多。峨眉山高3099米，从山脚至山顶依次为黄壤—黄棕壤—棕壤—暗棕壤；二郎山高3473米，自下而上依次为黄壤—黄棕壤—暗棕壤—棕色针叶林土—亚高山草甸土（阳坡为黄褐土—棕壤—棕色针叶林土—亚高山草甸土）；贡嘎山高7556米，阴坡自下而上依次为黄棕壤—棕壤—暗棕壤—棕色针叶林土—亚高山草甸土—高山草甸土—高山寒漠土—冰雪永冻带（阳坡依次为褐土—棕壤—亚高山草甸土—高山草甸土—高山寒漠土—冰雪永冻带）。

山体形态、坡向不同，建谱土壤类型组合各异。土壤垂直带谱与山体形态有一定关系，如峨眉山属背斜褶皱断块山，土壤垂直分布呈“单面山式”的垂直带谱，坡向影响不明显；贡嘎山属大雪山主体部分，南北走向，山体高大，致使东西季风难以进入山体西侧和北侧，加之山体东坡高差大于西坡，东坡建谱类型多，西坡则少些。一般说来，山川走向呈南北、东西正向的，土壤垂直带谱类型组合和各类土壤的带幅阴阳坡基本相同；川山走向偏离正向的，阳坡土壤带幅较阴坡土壤带幅高。

（二）土壤垂直分布主要类型

全省土壤垂直带谱类型、土壤带谱组合和土壤带谱部位，宽窄复杂多样。建谱基带土壤类型可归纳为4类：在四川盆地以黄壤基带建谱类型为主，兼有黄褐土建谱类型；川西南山地河谷，以红壤建谱类型为主，兼有赤红壤、燥红土及黄红壤建谱类型；在西部的高山高原，以褐土建谱类型为主，兼有棕壤及黄褐土建谱类型；西北部的丘状高原和高平原地区，以亚高山草甸土或高山草甸土建谱类型为主，兼有暗棕壤、沼泽土、草甸土、泥炭土的建谱类型。

## 四、土壤区域分布

因土壤母质、中小地形、水文和人为耕作活动影响，形成土壤区域分布的规律和特点。区域分布分为中域分布和微域分布。

（一）中域分布

四川土壤中域分布状况可分以下几种类型。

**环状组合** 四川盆地最明显，主要为紫色土和水稻土，盆周为黄壤（部分地段为黄褐土）环绕；西部众多大小不等的山间盆地，土壤分布亦呈环状组合。

**枝状组合** 四川盆地内丘陵起伏，河谷纵横，水系呈不对称的向心状，山河多呈斜交，由丘顶沿水系方向形成枝状组合，并向沟底延伸，分别出现紫色土—水稻土或潮土。川中浅丘区枝状对称，枝形较长，水稻土带幅较宽。南充东北部的深丘低山区，枝状多不对称，弯曲度大，水稻土带幅宽窄不等。

**扇状组合** 多见于冲积平原及山间冲洪积堆。成都平原为最典型的大洪积扇，其顶部为岷江出口处的都江堰市，河谷由西北向东南方向伸入，水稻土和湖土呈扇状条形分布，在扇缘的低级台地出现部分紫色土、黄壤和零星的黄褐土。

**条状组合** 主要出现于盆中东侧的平行岭谷内华蓥山、方斗山等20余条并列形山组成。土壤组合顺背斜和向斜走向。由背斜向下，由黄壤（或黄色石灰土）—紫色土—水稻土组成，沿条形山构成条状土壤组合分布；川西南山地也由多条近似南北向的山川构成（凉山州高原除外），土壤组合与川东平行岭谷相似，只是河谷特征明显，土壤组合类型比较复杂。

**条带状组合** 主要出现于西部的高山高原。土壤组合（包括地带性土壤）顺河谷等高线成带状分布。在高原河谷的褐土带，褐土以下，多为钙质粗骨土或新积土——石灰性草甸土或潮土组合；在高原河谷棕壤带，棕壤以下为山地草甸土或潮土组合；在亚高山草甸土或高山草甸土以下，多为草甸土、潮土或新积土组合。

**镶嵌状土壤组合** 主要出现在盆地西南和川西南山地古红土分布区域。在川西山地和四川盆地西南边缘及盆周一带，古风化物发育的赤红壤、红壤、黄壤与地带性土壤呈镶嵌状组合。

（二）土壤微域分布

**阶梯状组合** 如盆地丘陵、盆周低山及西部河谷、谷盆地区的梯田、梯土，土壤组合基本成阶梯状。土类间变化如沟底为水稻土，上部为紫色土、黄壤或红壤。

**棋盘式组合（网状组合）** 主要出现在成都平原、山间盆地及河流平坦阶地、坝地。平原低洼处多为潜育水稻土，稍高部位为渗育水稻土。

**斑状组合** 主要出现在西部半农半牧区，零星开垦的耕种土壤与非耕地土壤形成斑状组合分布，在甘孜、阿坝等地比较普遍。

# 第二章　土壤改良及利用

## 第一节　耕地土壤的生产力评级

土壤生产力评级主要根据土壤肥力因素（包括土壤自身的理化生物特性以及土壤对耕作、施肥、灌溉等的反应以及适应环境变化的能力，如土壤的宜种性、宜耕性、宜肥性、发稞性和抗逆性等）、土壤属性（土壤的固有特性，包括整个剖面的构型、理化性状及生物特性等，是土壤评价的主体）、环境和农田基本建设条件（地形、海拔、坡度、侵蚀度、地下水位及排灌条件等）、社会经济条件、自然产量因素（指去掉人为因素如施肥与种子等的影响，单由土壤的自然肥力影响形成的产量）等5个方面综合评定。

评级分类多以农耕地（旱地、水田）、林地（园地）和牧地为评价对象；评级体系用“类”（土壤评价的高级分类单元）、“等”（同一地类中根据土壤环境、土壤稳定性属性和生产水平差异划分）或类、等、级（同一“等”土壤中，根据主要限制因素及强度划分）不同层次的分类体系。

农耕地地力反映粮食常年产量水平，全国根据土壤普查结果、产量水平将耕地产量从100公斤至900公斤设级，每相差100公斤，划分一个等级，共分为九等。按全省农耕地调查量算面积13702.49万亩计，其中：水田5862.13万亩，旱地7840.36万亩（含重庆），一等耕地占26.98%，二等耕地占47.86%，三等耕地占25.15%。其中一等水田占40.66%，二等水田占48.15%，三等水田占11.19%；一等旱地占16.79%，二等旱地占47.65%，三等旱地占35.62%。

牧地生产评级主要根据坡度、土体厚度、腐殖层厚度、牧草产量、载畜量等评定。全省按概查统计面积草地（含疏林草地）共27722.7万亩，一等牧地（亩产鲜草500公斤以上，一头黄牛需10—15亩草地）占1.77%；二等牧地（亩产鲜草400—500公斤，一头黄牛需15—25亩草地）占19.97%；三等草地（亩产鲜草300—400公斤，一头黄牛需草地25—35亩）占38.31%；四等草地（亩产鲜草200—300公斤，一头黄牛需地30—50亩）占31.96%；五等草地（亩产鲜草低于200公斤，一头黄牛需草地50亩以上）占8.04%。

林地除根据土壤评级参评因素外，还考虑林木更新难易程度，土壤生产力只进行“等”一级的划分，共分四等。全省林地面积概查结果为28204.25万亩。其中一等林地占29.24%，二等林地占30.94%，三等林地占35.88%，四等林地占3.94%。

土壤生产力评级在一个时期对指挥生产等有参考价值，但随着社会发展，人们对土壤改良措施的实施，地力情况发生很大变化。

## 第二节　中低产田土改良

### 一、中低产田土状况

据1985年县级土壤普查统计，全省农耕地当时概查净面积13702.49万亩（含重庆），其中田5862.13万亩，土7840.36万亩。全省有高产田土3698.16万亩（其中田2383.21万亩，土1314.95万亩），占26.99%；中产田土6558.5万亩（其中田2822.61万亩，土3735.89万亩）占47.86%；低产田土3445.83万亩（其中田656.31万亩，土2789.52万亩）占25.15%。低产土大春一季粮食平均亩产低于250公斤，中产土300公斤左右，分别比高产土低43.18%和31.82%；低产田一般亩产350公斤左右，中产田450公斤左右，分别比高产田低35.19%和16.67%。大面积的中低产田土，严重制约四川农业生产的发展。

### 二、中低产田土改良投入

1989年起，国家加大对农业基础设施建设的投入，农业综合开发项目首先在川中丘陵区的德阳、绵阳、广元、乐山、内江、南充、雅安等8个市（地）42个县（市、区）实施中低产田土改造，每年投入资金2亿元左右，其中国家投资6000万元，地方配套6000万元，农行贷款6000万元，集体和群众自筹2205万元左右，当年下达改田改土任务156万亩。

1990年，国家在成都市12个县（市、区）安排农业综合开发项目，每年投入资金1200万元左右。同年还在重庆市12个县（区）安排资金6870万元（3年）用于中低产田土改造。

1991年，国家在川东广安、达川、巴中、重庆等市（区）24个县安排农业综合开发项目，改造中低产田土任务25万亩，资金投入5640万元；在自贡、德阳、达川、阿坝、甘孜等市（州）安排商品粮基地项目，年投入资金300多万元，下达中低产田土改造开发任务8.96万亩。随后地区和县之间又进行一些调整，投资最多时1997年达1475万元。当年国家还先后在18个市（地、州）的50多个县每年安排粮食专项资金500万—700万元，用于中低产田土改造，每年下达改造任务5万—10万亩。

1992年，国家在凉山州安排资金1051万元，下达改土任务5.0万亩，1993年安排1000万元，下达改土任务3.5万亩，试运行两年后，1994年起攀西农业综合开发项目正式在凉山州和攀枝花市立项，安排13个县（区）当年经费3972.2万元，其中中央2000万元，地方1850万元，群众自筹122.2万元，改造任务13.6万亩。1995年将此项目扩大到宜宾市的南溪县、宜宾县以及泸州市的泸县、纳溪县，并增加对攀枝花市仁和区的投资，资金安排达6648.4万元（中央2800万元，地方2819万元，群众自筹1029.4万元），改造任务21.75万亩。1996年起增加合江县、江安县和宜宾市翠屏区3个县（区），共安排资金10557.5万元，改造任务37.4万亩。

从1997年起，世界银行在广元、南充、广安、达州和巴中等市（地）安排川东北农业综合开发项目，每年投入项目资金3000多万元用于中低产田土改造开发。

在国家资金投入的保障下，全省上下做到统一领导，统一指挥，实行山、水、田、林、路全面规划，综合治理，把工程、生物、化学和农耕农艺措施紧密结合，配套实施，收到显著的社会、经济和生态效益。1989—2005年全省共改造中低产田土4025万亩，其中冬水和下湿田1944.28万亩，坡土改梯土梯田1843.3万亩，投入资金97亿多元，其中国家投资65.85亿元，集体和群众自筹31.5亿元（含农行贷款），投工27亿个，移动土石方27亿立方米，修建排灌渠系38.8万条，长10.6万公里，建蓄水池60.3万口，容积546.7万立方米，据多点调查统计，每亩年平均增产粮食150公斤，16年累计增产粮食542亿多公斤，按每公斤粮食1.4元计，产值达750亿元，为投入的7.8倍。

## 第三节　土壤利用

### 一、土壤资源概况

根据全省第二次土壤普查结合进行的土地资源概查结果，四川省总面积为56.71平方公里，次于新疆自治区、西藏自治区、内蒙古自治区、青海省，居全国第五位。总面积中农耕地13702.49万亩（毛面积16711.01万亩），占19.65%；园地607.61万亩，占0.71%；林地28204.25万亩，占33.16%；疏林地2586.54万亩，占3.04%；草地25136.16万亩，占29.55%；城乡居民点用地1467.48万亩，占1.72%；工矿用地167.60万亩，占0.20%；交通用地833.33万亩，占0.98%；水域2405.82万亩，占2.83%；难利用土地6673.38万亩，占7.84%；特殊用地268.35万亩，占0.32%。

1997年重庆市直辖后，四川国土资源详查面积为48.89万平方公里（四川省农业厅概查面积为万平方公里）。按国土资源详查土地和耕地面积表明，2000年全省人平占有土地7.58亩（全国人平12.02亩、世界人平36.57亩），人均土地占有量均低于世界和全国平均水平。而省内市（州）之间又极不平衡，如甘孜州和阿坝州人均占有土地分别为270.2亩和158.84亩，是全省平均数的35倍和20.6倍。其次是凉山州、雅安市、攀枝花市人均占有土地分别为24.11亩、15.52亩和11.80亩，均大大高于全省平均水平。成都市人均占有土地仅1.87亩，为全省平均数的四分之一，与甘孜州相差143倍。盆地、平原和丘陵区人均占有土地2.52亩，盆周山区9.31亩，川西南山地11.84亩，川西高山高原区214.14亩。区域间差异十分明显。人均耕地占有量按1996年计算为1.27亩，为全国1.67亩和世界平均3.62亩的76%和35%。阿坝州和凉山州人均耕地为2.15亩和2.05亩。成都市人均0.84亩仅为全省人均占有耕地量的66%。

全省地貌类型复杂，地势起伏大，丘陵、山地和高原面积大，平坝少，坡耕地多，中低产田土面积大。10%左右的旱耕地地处2000米以上的山地和高原，受光、热、水等因素影响，产量低而不稳。稻田中大约有1930万亩，由于水利设施不配套或水源缺乏，处于靠天吃饭的状况。由于受气候、农业基础设施等条件制约，四川农耕熟制差异很大，最低的一年只种一季，最高的一年内间套作实行三粮两菜，达到三熟三作、三熟四作五作，亩产最高有超过吨半粮的高产典型，而高海拔地区一些耕地全年粮食亩产仅100公斤左右。林地木材产出量和牧地载畜量差异也很大。

## 二、土壤资源的合理开发利用

（一）赤红壤（又称砖红壤性红壤）

主要分布在川西南金沙江及其支流河谷米易、盐边两县境内海拔1300米以下的雅砻江、安宁河和三源河河谷内，总土壤面积55万亩，占全省总土壤面积（下同）的0.07%，有农耕地3.96万亩，占全省农耕地土壤面积（下同）的0.03%，垦殖率7.2%。区域内年平均气温19.4℃，≥10℃积温6795℃，年日照7412.9小时，是四川省难得的一块南亚热带宝地。可种植多种热带和亚热带水果和经济林木，不仅产量高品质亦很好。粮食作物主要有水稻、玉米、小麦、豌豆、红薯等，在有水利灌溉保障的情况下，水稻可2—3熟，农业利用可实行早市蔬菜—早玉米—晚中稻或实行稻—稻—麦连作。旱地实行小麦—玉米—红薯或甘蔗套蔬菜（或西瓜）等种植模式。改良利用主要是在解决灌溉用水，坡地改梯地，整治坡面水系，种植绿肥培肥地力提高土壤供肥能力。

（二）红　壤

主要分布在四川北纬29.5°以南的川西南地区，东至大相岭和大凉山（黄茅埂）一线；南至金沙江河谷，西至九龙县和稻城县南部河谷，川西台地有少量分布，行政区域包括凉山、攀枝花、雅安、甘孜等市（州），总土壤面积1623.49万亩，占2.53%，有农耕地土壤151.31万亩，占1.23%，垦殖率9.32%，凉山州金阳、雷波分布在海拔360—1760米，其余地区一般分布在海拔1300—2200米地段。红壤分布区域年均气温14℃—18℃，≥10℃积温4100℃—6350℃，无霜期239—310天，全年日照2000—2400小时，高出盆地内1倍以上；年降水量800—1100毫米，属亚热带湿润森林气候。农作物以水稻、小麦、玉米、马铃薯为主，经济作物和林木主要有甘蔗、花生、烤烟、桑、苹果、花椒、核桃、梨、柿、板栗、柑橘、石榴等。低海拔地区可实行麦（胡豆）—稻两熟，旱地可种植红薯、马铃薯、花生、豆类、小麦、荞麦、燕麦、烤烟等作物。改良利用首先是改坡耕地为梯地护土防冲，在解决灌溉用水的基础上提高稻田和旱地的复种指数，增加肥料投入，特别是磷肥的施用，改良土壤结构，提高供肥能力。陡坡地应还林还草发展用材林、经济林和畜牧业生产。

（三）黄　壤

全省除攀枝花市和甘孜州以外其余各市（州）均有分布，面积3747.48万亩，占5.81%，其中农耕地862.65万亩，占7.03%，垦殖系数23.03%。分布区域热量丰富雨量充沛。盆东及川西南山地河谷日均气温≥10℃持续天数超过240天，≥10℃有效积温5000℃以上。盆地西北和东北部海拔800米以下的山地，年均气温13℃—15℃，≥10℃有效积温4200℃—4600℃，无霜期300—340天。南部高温多雨区域盛产楠竹、松、杉、油茶、板栗、樟科等多种林木，已建成大面积人工杉木林基地。农业生产稻田多实行稻麦（油菜）两熟，旱地多实行小麦—玉米（套红薯）或小麦—红薯，油菜—玉米。茶叶是盆周黄壤区域一大优势，川西以发展名优绿茶为主，川南主要是发展优质早茶和红茶，川东北以开发富硒茶为主，川中丘陵以发展优质茉莉花茶为主。改良利用主要是加强农田基本建设，修筑梯土，增施有机肥，发展绿肥，熟化土壤，增施磷、钾肥和锌、铜、硼等微肥，增强土壤供肥能力，提高复种、提高单产增加总产。

（四）黄棕土壤

全省除自贡、内江、遂宁、南充市以外，其余各市（州）均有分布，面积3215.4万亩，占4.98%；有农耕地163.5万亩，占1.33%；垦殖系数5.1%。黄棕壤土质肥沃，自然肥力高，林被更新快，覆盖率高，宜多种用林、经济林木和各种中药材生长，是四川重要的林地土壤资源之一。农业利用主要推广小麦、玉米套红薯或小麦、玉米、马铃薯、豆类间套种植。改良利用主要是加强农田基本建设，增加肥料，提高土壤供肥能力。积极推广地膜覆盖，秸秆覆盖栽培技术，提高复种，提高单产，增加总产。陡坡地应退耕还林还牧。

（五）棕 壤

分布在凉山、阿坝、甘孜、雅安、绵阳、攀枝花、达川、成都等市（地、州），面积3041.41万亩，占4.71%；有农耕地125.06万亩，占1.02%，垦殖系数4.11%。棕壤区属湿润、半湿润气候，落叶阔叶和针叶林生长繁茂，是全省重要的优质木材生产基地和水果、药用植物基地。棕壤供肥力弱，作物出苗慢，长势不旺，土壤易渍水，主要种植青稞、豌豆、胡豆、荞麦、马铃薯、燕麦、小麦、油菜及甜菜、元根、莲白等农作物和蔬菜，一年一熟为主。区内季节偏迟，气温偏凉，一些作物收获比盆地内迟3—4个月。因此该区域除种植粮食作物提高单产外，还可根据当地实际发展商品蔬菜。林区多发展云杉、冷杉、桦树、槭树等优质木材，加大经济林和中药材的种植。农耕地平缓区域应疏理排水沟渠，深耕炕土，增施速效氮、磷、钾肥提高土壤供肥力，积极推广地膜覆盖栽培等实用技术，培育良种，提高单产。陡坡地应退耕还林还草。

（六）暗棕壤

广泛分布在甘孜、阿坝、凉山、雅安、乐山、绵阳、成都、广元、德阳、攀枝花等市（州），“三州”分布面积最大，面积6077万亩，占9.41%；有农耕地24.85万亩，占0.20%，垦殖率0.41%。暗棕壤是四川主要的林地土壤资源，主要树种有冷杉、桦树、铁杉等，林下还有大量茯苓、大黄、天麻、雪茶等名贵药材。农耕地主要种植青稞、荞麦、燕麦、豌豆、马铃薯、元根等，应选育良种，增施速效化肥，采取地膜覆盖等保温栽培技术提高单产。暗棕壤主要应着眼于发展林业生产。

（七）棕色针叶林土

分布在甘孜、阿坝、雅安、凉山、乐山、成都、绵阳、德阳等市（州），面积1118万亩，占1.73%。该土类在山体中下部接暗棕壤或与其呈复域分布，上接亚高山草甸土，原始植被为冷杉、云杉或落叶松混交林。该土由于酸性淋溶，造成盐基物质大量流失，栽植幼树时应培育大规格壮苗，并补施一些肥料。

（八）燥红土

主要分布在川西南金沙江河谷700—1300米区域内，面积89.35万亩，占0.14%；有农耕地10.6万亩，占0.08%，垦殖系数11.86%，所处地带光热资源丰富，年均温度21℃，≥10℃积温7500℃—8000℃，全年≥10℃气温天数351—365天，是四川省仅有的高温高热区，也是全国几大热区之一。区内年降水量800毫米左右，年蒸发量高达2600毫米。农作物主产水稻、玉米、红薯、花生、甘蔗、小麦、豌豆及各种蔬菜。首先需解决灌溉用水，种草植树改变区域生态环境，修筑梯田梯土，增厚土层提高土壤保蓄水和抗旱能力。可充分发挥当地光热资源优势，发展热带、亚热带水果和经济作物，并利用当地气温高及河谷地段逆温效应等优势发展早市蔬菜。

（九）褐 土

主要分布在甘孜、阿坝、凉山、绵阳等市（州）1500—3500米横断山纵谷北段，即金沙江和雅砻江中上游以及岷江河谷上游广大地区，面积2417.8万亩，占3.75%；有农耕地228.6万亩，占

1.87%，垦殖系数9.45%。农业利用主要种植小麦、青稞、玉米、荞麦、豌豆、胡豆、燕麦、马铃薯、蔬菜等作物。降水少，蒸发大，干旱缺水是褐土区域发展农业生产的最大障碍。在坡耕地改为梯地积极发展灌溉的基础上，农耕地主要是提高复种，提高单产，积极推广旱作节水技术，提高水的利用率。非耕地主要是发展用材林和经济林木。褐土区域季节和物候比盆地内偏迟，可利用季节差发展反季节蔬菜。

（十）紫色土

全省除阿坝州以外，其余各市（州）均有分布，是四川主要的农地土壤资源，面积10931.9万亩，占16.93%；有农耕地4664.2万亩，占38.1%，垦殖系数42.67%。遂宁、内江、自贡、德阳等市垦殖系数超过55%。紫色土发育浅，矿质养分含量丰富，大部分保水保肥能力较强，是四川粮、棉、油、果、桑、麻、瓜类、蔬菜、水果、生猪及多种经济林木的生产基地。紫色土地处丘陵山地，坡耕地面积大，农业基础设施差，在坡土改梯土，增厚土层、强化培肥的基础上积极推广旱地改制，由原来麦（豆、油）或麦玉、麦薯连作，改为旱地小春分带留预留行，实行麦/玉/玉/薯、麦/马铃薯/玉/薯、麦/麦（大麦）/玉/薯、麦/豆（或肥）/玉/薯、麦/玉/薯/豆（绿肥）等种植模式，改原来一年两熟为一年三熟，有些还实行一年三熟七作，粮食产量比一年两熟增产30%—50%。同时大力推行旱作节水灌溉技术，提高土壤的供水供肥能力。

（十一）石灰（岩）土

全省除遂宁市以外，其余各市（州）均有分布，面积1675.01万亩，占2.59%（雅安、凉山面积超过300万亩）；有农耕地306.91万亩，占2.50%，垦殖系数18.32%。石灰（岩）土大部分分布在低山区海拔600—1500米，农业利用多为小麦/玉米/红薯为主，不少地方种植烤烟，产量和品质均佳。主要问题是干旱缺水，坡耕地面积大，土内石块多。应在坡土改梯土，积极解决灌溉用水的基础上，根据各地实际做好间套作，提高复种，提高单产，增加粮食和烤烟产量。推广旱作节水技术，改善区域生态环境，提高农耕地抗灾能力。

（十二）新积土

全省各市（州）大小河流、溪河两岸阶地、河漫滩、河心州及山麓洪积扇上均有分布，常沿江河两岸呈不连续的条带状分布；土壤属性与河流经过区域土壤类型密切相关。该土类跨越亚热带、暖温带、温带和寒温带几种气候类型，开发利用情况千差万别。面积336.34万亩，占0.52%；有农耕地225.83万亩，占1.84%，垦殖系数67.14%。新积土一般靠近河床，沉积物颗粒较粗，土体下部多为粗沙和卵石（石块），由于经常被洪水淹没，沉积物更替频繁土壤自身肥力水平不高。所处区域地势平坦，河谷效应明显，土质疏松，耕作管理方便，宜小麦、玉米、红薯、马铃薯、花生、甘蔗、豆类、青稞（高海拔）、蔬菜、水果、桑树等多种粮经作物生长。应多施有机肥和土杂肥培肥和改良土壤，施肥宜“少吃多餐”，防止作物脱肥早衰。

（十三）水稻土

因水稻为喜温作物，该土主要分布在盆地底部，盆边山地1500米以下区域。川西南山地分布海拔最高可达2600米。面积5063.9万亩，占7.84%，全为农耕地，占41.33%，居农耕地面积的首位。水稻土利用，在有水源保证的地方主要是改冬水田和下湿田为两季田，实行稻麦（油）两熟，并利用小春播种前增种一季蔬菜或短期绿肥，实行水旱轮作，提高复种，提高单产改良土壤，建成“双千田”和“吨粮田”。两季田可推广双免耕栽培技术，该法具有省工省力，增产降耗，节本增收，秸秆还田，培肥地力等优点。

（十四）草甸土

主要分布在阿坝州的红原、若尔盖、阿坝、壤塘及甘孜州的色达、德格等川西北高原河谷盆地，河流一、二级阶地和湖泊阶地上，面积 324.91 万亩，占 0.50%，有农耕地 18.92 万亩，占 0.15%，垦殖系数 8.67%。草甸土地势平坦，开阔向阳，光照条件好，土壤水分供给充足，土壤有机质积累强度大，潜在养分含量高，土壤水、热、肥状况与牧草生长比较协调。牧草产草量一般每亩 300—500 公斤，最高 500—700 公斤。利用上，主要是防止过度放牧造成草场退化。应将一定区域的草场划分为冬春草场和割草地，实行轮牧保护草地。其次，应对草地进行改良，具体办法是划破草皮层，补播草种，施肥、灌溉、清除有害杂草。

（十五）山地草甸土

主要分布在中低山区，川西南大凉山、大相岭、小相岭海拔 2500—3500 米的山区；川东北大巴山区大约分布在 1800—2700 米的岩溶中低山区。面积 123.91 万亩，占 0.19%。川西南凉山州和雅安市分布较集中，其中凉山州占 93%。山地草甸土分布区域水热条件较亚高山、高山草甸土优越，牧草生长好、产草量高，一般为 250—500 公斤/亩，覆盖度为 80%—90%。利用上应防止过度放牧破坏已有的草被资源，实行科学种草，科学放牧，提高产草量和草地利用率，还可利用当地产优质中药材的优势有计划地进行培育种植和开发。

（十六）潮　土

全省各市（州）均有分布，共有 113.7 万亩，占 0.18%，其中凉山、成都、绵阳等市（州）分布面积较大。有农耕地 101.06 万亩，占 0.83%，垦殖系数 89.2%。潮土所处区域地势平坦、水网密布，光、热、水资源丰富，自然肥力高，质地适中，好耕好种，是全省肥力最高的土壤之一。小麦、玉米、油菜、花生、甘蔗、麻、烟、蔬菜、瓜果均能种植，产量高而稳。许多地方在潮土上修建塑料大棚，发展名优早熟蔬菜或花卉、苗木，经济效益成倍或数十倍增长。主要问题是非农占地现象严重，使面积逐年锐减；其次是城镇附近污染严重。利用上主要是做到养用结合，培肥地力，减少非农占地，减少对土壤的污染和破坏。

（十七）沼泽土

主要分布在川西北高原，属中国沼泽土主要分布区域之一，面积 787.4 万亩，占 1.22%；有农耕地 0.19 万亩，占 0.001%，垦殖率 0.02%。阿坝、甘孜、凉山、雅安等市（州）有分布，其中阿坝、甘孜两州面积最大，占总面积的 98%。沼泽土分布海拔大多在 2000 米以上，3400—4200 米内居多，虽地处高寒区域，仍具牧业发展优势，牧草长势好，营养成分较高，可作割草地或放牧地。

（十八）泥炭土

主要分布在川西高原海拔 3400—3800 米、川西南山间盆地和山间谷地 2200—2700 米地段，面积 411.63 万亩，占 0.64%，有农耕地 2.42 万亩，占 0.02%，垦殖率 0.58%。阿坝州红原、若尔盖两县分布面积 217.8 万亩。甘孜州零星分布在石渠、色达、德格、炉霍、道孚、白玉等县；凉山州零星分布在布拖、越西、昭觉等县。据统计四川泥炭总储量约 50 亿立方米，折 30 亿—40 亿吨，泥炭制作胡敏酸及其系列产品，作为植物生产调节剂，亦可直接作肥料和燃料。但更大用途是采取先进的提炼和分离技术生产焦油、煤气、沥青、塑料、染料、香料、石碳酸、三硝基甲苯等化工、轻工和医药原料。农业利用首先应完善农田排灌渠系，实行高厢种植，冬季注意深翻炕土，施用速效氮、磷、钾肥和锌、硼等微量元素肥料提高作物产量。

（十九）亚高山草甸土

主要分布在阿坝、甘孜、凉山、雅安、绵阳、成都、德阳、乐山、攀枝花、广元等市（州），面积6521.97万亩，占10.1%；有农耕地11.27万亩，占0.09%，垦殖系数0.23%。阿坝州面积占总面积的60%，甘孜州约占30%。分布区域海拔高、气温低、光照充足干冷和湿热季节分明，无绝对无霜期，年蒸发量大于降雨量。自然植被为高山草甸和亚高山灌丛草甸，地面覆盖度川西北70%—80%，川西南仅40%—60%，以禾本科及莎草科牧草为主。该土土层较厚、有机质和氮、钾含量高，结构好，质地适中，保水保肥性能较好，产草量一般亩产鲜草250—300公斤，一些地方最高可达500—700公斤，是四川优质牧场之一。实行科学种草发展畜牧业潜力巨大，已垦殖的农耕地坡度大的应退耕还牧，需继续种植的农耕地应选育抗逆力强的良种，增施速效化肥和微肥，采用地膜种植栽培技术，提高单产。

（二十）高山草甸土

分布在甘孜、阿坝、凉山、雅安、成都、德阳、绵阳等市（州）的高原丘顶和丘谷，上接高山寒漠土，下与亚高山草甸土相连，面积11912.13万亩，占18.45%，居各土类之首，全为牧草地。甘孜州占总面积的84.3%，阿坝州占13.2%，其余市（州）分布面积不大且零星。分布区域气候严寒，年均气温低于0℃，无绝对无霜期，年降水量400—600毫米，土壤冻结时间半年以上，冻土层1—1.5米。高山草甸土产草量低，但有毒牧草较其他土类少，草质优良，养分含量高。由于牧草萌动时间较迟，高山草甸土多为夏季牧场。利用上应注意防止载畜量过高，毁坏草地资源，注意防治草地病虫害。

（二十一）高山寒漠土

四川垂直带谱中分布最高的土壤，主要分布在川西海拔4400—5300米的高寒冻土带，上接高山永久雪带，下与高山草甸土相连，面积1923.39万亩，占2.98%。甘孜州的白玉、理塘等县面积达1386.46万亩。阿坝州的松潘、理县、阿坝、小金、马尔康、黑水，凉山州的木里，绵阳市的平武，雅安市的石棉和成都市的大邑县有分布。分布区域气候条件恶劣，全年仅有6—8月平均气温超过0℃。冻土时间长达10个月左右。冻土层厚2米以上，年降水量300—500毫米，且大部分以固体形态降落，仅生长耐寒和抗逆力强的高山垫状植物。该土既不能农耕，也不能放牧。可利用开发的各类中药材有红景天、高山雪莲、雪灵芝等，零星散生，数量很少，应合理采摘和开发。

（二十二）黄褐土

主要分布在广元市与陕西省交界的中子河谷以及成都平原东部龙泉山以西的缓丘平坝，涪江、嘉陵江两岸的二、三级阶地，川西泸定大渡河谷亦有少量分布，面积301.48万亩，占0.47%；有农耕地90.94万亩，占0.74%，垦殖系数0.17%。黄褐土土层深厚，质地偏重，耕性差。土壤淋溶势力较弱，盐基物质含量较丰富，保水肥能力较强，熟化度较高，宜小麦、玉米、红薯、油菜、海椒、生姜、茉莉花、花椰菜、大头菜、花卉及各种蔬菜和小水果生长。改良上主要是改坡地为梯地，保土防冲，加强水利特别是微水工程建设，增施有机肥，改良土壤结构和耕性。

（二十三）粗骨土

全省除内江市、遂宁市以外，各市（州）均有分布，面积2483.15万亩，占3.85%；有农耕地196.55万亩，占1.6%，垦殖系数7.92%。该土类属非地带性土壤，利用上主要根据所处区域气候、土质条件和种植习惯进行种植和利用。坡度大、气候条件差的应退耕还林还牧。

（二十四）风沙土

四川无典型的风沙地区，只是在川西北高原黄河流域的黑河和白河下游一带，由于河道两岸沙源充足，冬春风力强大时，在局部地段由于风力搬运作用，在靠近河岸不远的地方形成沙丘。主要分布在若尔盖县的唐克、辖曼、麦溪和红原县的瓦切乡以及黑河牧场一带，面积 8.05 万亩，占 0.01%。风沙土尚未利用，主要采取营造防护林，修筑挡风墙等措施防止沙化面积逐年扩大。

（二十五）石质土

主要分布在甘孜州、阿坝州、凉山州的山区，面积248.29 万亩，占 0.38%。该土类主要分布在山地和丘陵区，多为陡坡地形，利用率很低，尚无农业利用价值，从保护生态环境角度考虑，主要是注意做好封山育林，保护和恢复自然植被，促进土壤发育，减轻灾害的影响，保护周围农田和牧地。

# 第三章　肥料推广及施用

## 第一节　有机肥料

### 一、有机肥施用状况

四川历来重视有机肥的施用，1985 年全省有机肥总用量 15504 万吨，亩平施用有机肥 1630 公斤。20 世纪 80 年代中期以后，有机肥总用量和亩平施用量呈逐年增长趋势。1987 年四川省人民政府办公厅发出《广辟肥源，增加有机肥料的通知》。1993 年四川省人民政府在全省农田基本建设会上决定每年从省财政中拿出 115 万元在 23 个市（地、州）的 23 个县开展地力培肥试点。当年有机肥总用量达 20388 万吨，亩平有机肥用量达 2173 公斤。1995 年省委、省政府贯彻农业部在全国实施的“沃土计划”（该计划的核心是要求全国各地每年每亩耕地有机肥料投入不低于 2000 公斤，投入量每年递增 5%，到 1990 年末，全国现有耕地地力产量提高 1 个等级），决定在 23 个市（地、州）各选 1 个县，每个县落实 1—2 个培肥地力示范点，在完成 3000—5000 亩中低产田土改造基础上，通过实施种植绿肥、秸秆还田等综合措施，增加土壤有机质，改善土壤理化性状，带动面积 1 万—2 万亩。每个点从农业综合开发经费中安排 5 万元，市（地、州）按 1∶1 配套，试点县也要拿出部分经费开展该项工作。1997 年行政区划调整后，示范县减少到 21 个，1998 年省上增加 2 个，仍保持 23 个，当年完成地力培肥 254.48 万亩，其中示范面积 13.48 万亩，节约化肥 3.52 万吨，新增粮食 9.39 万吨，新增产值 1.87 亿元。1999 年完成培肥面积 255 万亩，其中示范面积 15.2 万亩，当年示范区亩平有机肥用量 3127 公斤，比全省亩平 2587 公斤高 542 公斤，比全省亩平用量高 20.9%。2000 年全省种植绿肥面积 393 万亩，秸秆还田面积 2631 万亩，亩平有机肥施用量 2484 公斤，比 1985 年增加 52.4%；完成培肥面积 309.5 万亩，其中示范面积 9.6 万亩，节约化肥 4.56 万吨，新增农产品 12.15 万吨，新增产值 2.1 亿元。2005 年，全省种植绿肥面积 226 亩，秸秆还田 2359 亩，分别占农作物播种面积的 1.6%和 16.7%。

### 二、有机肥料来源

有机肥来源广，积造方便。在扩大有机肥料来源方面，主要有“种、养、积、造、还”等几种渠道。

（一）种植绿肥和豆科作物

1974 年四川绿肥面积达 984 万亩，创历史最高水平。随着人口增加、耕地减少以及耕作制度的变化，粮食播种面积扩大，绿肥面积调整缩小。1987—2001年全省绿肥面积一般维持在350万—440万亩水平，2001—2005年由于耕地面积减少后粮食和绿肥争地矛盾更加突出，绿肥面积又有所回落，一般仅200万亩左右（其中冬绿肥面积80万—90万亩）。为防止绿肥面积继续下滑，四川绿肥生产采取多途径、多品种、多用途、“上山下水”和“增、间、套”种并举的方法，既抓绿肥栽培技术提高单产，又抓绿肥综合利用提高综合效益。在老区主要抓面积稳定，新区主要抓面积拓展，走“增、间、套”和开发“两冬（冬水田、冬闲地）”的路子。在农业结构调整上变原来的粮经二元型结构为粮经肥（饲）三元型结构，如在丘陵和山区主要是利用冬闲地的预留行、隙地、田土埂种植绿肥，在再生稻种植区实行稻—稻—肥种植办法，种植一季绿肥。其次是推广粮、菜、饲、肥兼用型的绿肥良种，如产青量高，经济效益好的美国籽粒苋R104、88-1等品种。该品种一般亩产鲜茎叶5000—10000公斤，增间套种亩产也可达2000—3000公斤，春播一年可收5—6次。其茎叶可作饲料和肥料，也可供人食用，种子加工食品，又有一定经济效益。再次是利用冬水田发展细绿萍。四川历年有冬水田1000万亩左右，1988年发展细绿萍300万亩，1993年达350万亩。细绿萍在春季气温回升后，4—6天产量可翻一番，最高亩产达5000公斤。据测定200公斤鲜草即相当于1公斤尿素的肥效和36.5公斤玉米可消化蛋白质含量。

（二）发展养殖业

据肥料调查统计，“十五”期间，四川平均每年出栏肥猪7652万头，按每年每头排泄粪便0.95吨；牛等大牲畜1000万头左右，每头每年排泄物7.8吨计，每年猪牛粪有15069.4万吨。按猪粪尿中平均每吨含N 5.4公斤、$P_2O_5$ 3.24公斤、$K_2O$ 6.64公斤；牛粪尿每吨含N 5.12公斤，$P_2O_5$ 1.56公斤、$K_2O$ 3.97公斤计，仅猪牛每年的排泄物所含氮、磷、钾即相当于N 79.3万吨、$P_2O_5$ 36.7万吨、$K_2O$ 80.6万吨，所含氮、磷、钾相当于2001—2005年氮化肥用量的66%，磷肥的83.2%和钾肥的6.8倍。养殖业加上农村人口粪便提供的氮、磷、钾肥料，就相当于全省氮化肥用量的88.5%，磷肥用量的1倍，钾肥用量的8.5倍。另据肥料调查统计，养猪积肥所提供的有机肥料约占有机肥料来源的65%，牛粪占16.9%，人粪尿占14.26%，绿肥占2.19%。

（三）积造有机肥

四川气候温和、雨量充沛，适宜植物生长，各地农民都有采青积肥的习惯。每年夏秋农业部门积极动员和发动“百日”积肥活动，把野青、山青采集起来加工堆制或秋收后直接撒在冬水田内作肥料。1989年国家在四川实施农业综合发展项目以后，把改土培肥措施与改田改土“三沟”“三池”建设结合，在所有项目区改土的地方，平均每亩修建一个2立方米的贮粪池，一般每年一个贮粪池可增加有机肥250—300公斤。到2000年全省实施坡改梯工程1433万亩，据此推算，所建贮粪池容积达2866万立方米，每年增加有机肥源430万吨。这种就地积造，就地施用的办法深受群众欢迎。

（四）工厂化生产

20世纪80年代中期，四川出现有机肥料工厂化生产，利用畜禽粪便、泥炭、油饼等有机物，通过生物发酵处理，加工成精制有机肥，提高有机肥的科技含量，使用效果进一步提高，同时也解决有机物对环境的污染。20世纪90年代中后期，随着“沃土工程”的实施，绿色食品和无公害农产品的发展，推进有机肥料工厂化生产进程，到2000年全省有20多家有机肥料生产企业，年生产能力40多万吨，逐步成为商品肥料重要部分。

（五）秸秆还田

20世纪80年代中期以后，农业生产持续增长，加之复种指数提高，农作物单产和总产大幅度增加，农村秸秆总量大幅度增加；农村许多地方由过去烧柴改为烧煤、烧气，致使秸秆大量积压，全省秸秆产量一般在4000万吨以上。四川通过思想发动，行政干预，制度约束，样板带动，秸秆还田工作逐年增加，1990年全省还田面积1360万亩（含重庆），1996年1500万亩，1997年1650万亩，1998—2005年全省还田面积一直保持在2000万—2500万亩。秸秆还田在培肥地力促进农业增产农民增收的作用愈来愈明显，全省统计秸秆还田亩平可增产粮食15公斤。此外，秸秆还田还有保土保肥，增温保墒，抑制杂草，减少草害等多种效果。四川省农业厅连续4年示范推广秸秆覆盖免耕沃土技术，全省2003年推广165万亩，2004年推广570万亩，2005年推广600万亩。

## 第二节　化学肥料

### 一、化肥施用状况

四川1980年以前化学肥料施用量很少，据调查统计，当时农家肥用量占98.5%，化肥仅占1.5%。1980年以后，随着国家实行改革开放政策和农村家庭联产承包责任制，农用化肥生产和使用量逐年增加，粮食单产和总产亦同步上升。1985年，全省化肥用量超过100万吨（按有效成分计，下同），亩平18公斤左右；粮食总产3000万吨左右，亩产290公斤左右，人平占有粮食398公斤。1991年，全省化肥用量超过150万吨达154.3万吨，亩平22.2公斤；粮食总产3219.0万吨，亩产305.0公斤，人均占有粮食405公斤。1997年全省化肥用量超过200万吨达201.3万吨，亩平近30公斤；粮食总产3554.3万吨，亩产329.0公斤，人均占有粮食422公斤。之后全省化肥施用量基本稳定在年200余万吨，2005年为220.9万吨，亩平用量37.7公斤，粮食总产因耕地面积下降为3409.2万吨，亩产350公斤，人平占有粮食394.4公斤。

化肥投入的增加，加上其他农耕农艺技术的普及，整个农业生产不仅粮食大幅度增加，经济作物、油料、水果、蔬菜等农产品亦大幅度增加；粮食和饲料的增加，使农村养殖、农副产品加工业快速发展；家畜粪便和农作物秸秆增多，又使有机肥源增加。

### 二、化肥施用技术

据肥料调查统计分析，肥料结构变化规律大致为：20世纪70年代以前以有机肥料为主，提供总养分的80%以上。20世纪80年代初，有机肥和化肥大致各一半；1986—1987年，投入的有机肥和化肥中，有机肥提供33.9%的氮、56.2%的 $P_2O_5$ 和94.4%的 $K_2O$；化肥提供67.14%的氮，44.24%的 $P_2O_5$ 和3.5%的 $K_2O$，说明四川省当时构成氮素以化肥为主，磷钾肥以有机肥为主的肥料格局。1987年之后化肥施用量快速增加，有机肥增速远跟不上化肥增加速度。

施用化肥中，氮、磷、钾比例也严重失调，特别是有机氮和无机氮比值偏低的现象较为突出。如发达国家1970—1996年统计 $N:P_2O_5:K_2O$ 为1：0.42—0.77：0.42—0.65；世界平均水平为1：0.40—0.67：0.27—0.51；中国1980年、1990年和1996年统计，$N:P_2O_5:K_2O$ 为1：0.23—0.40：0.04—0.14；而四川省1979—1999年统计 $N:P_2O_5:K_2O$ 为1：0.20—0.36：0.01—0.13。2001—2005年，由于抓了配方施肥以及磷钾施用效果的示范，磷钾肥用量明显提高，但比例仍不协调，特别是钾肥用量处于极低水平。

四川化肥施用中还存在不按土壤性质乱施、滥施等问题，造成肥料利用率低。发达国家化肥利用率高的已达50%—60%，而四川化肥利用率只达到35%左右；另外，化肥施用量和施用方法在区域之间存在很大差异。据2001—2005年“十五”期间四川省5年施用化肥数量统计，全省亩平施用化肥37.2公斤，最高的攀枝花市亩平65.5公斤，其次是德阳市亩平52.8公斤，而最少的是甘孜州、阿坝州。过多施用化肥不仅增大成本，也给环境造成危害；而施用量过低生产又上不去，使整个区域农业生产处于低水平循环状态。

## 三、普及科学施肥

### （一）应用土壤普查成果指导科学施用

1980年起，四川在对全省土壤进行系统调查和分类的同时，应用土壤普查成果指导施肥，促进因土种植、因土施肥、因土改良。据统计，截至1986年，县级土壤普查成果完成，四川省应用土壤普查成果面积18618.4万亩，其中科学施肥，增施磷钾肥面积5203万亩，总计增产粮食67.2亿公斤，产值20.3亿元。

### （二）开展肥料试验

四川省化肥施用在1983年前大致处于缺啥补啥状况，1984年首先在温江、眉山、中江、蓬安、泸县建立15个国家级土壤肥力监测点，1987年在21个市（地、州）安排62个省级土壤肥力监测点。四川省农科院与四川省农牧厅土肥处合作，在8个土壤类型上建立长期定位监测点。据1990年初统计，全省共有138个县参加肥料试验示范工作，设置对比田4635个（水稻3125个，小麦1014个，油菜385个，玉米111个），另外安排大量的微量元素肥料试验。除个别边远山区县外，各地均可根据当地的土壤、作物提出一整套科学施肥方案和推荐施肥方法。

### （三）改进施肥方法

氮肥的施用。各地根据土壤质地、保蓄肥能力和作物需肥特性，编制施肥制度。一般沙性两季田、小麦施氮肥采取3次施用办法，其中底肥50%—70%，分蘖肥20%—40%，拔节肥20%左右；黏性土采取底追肥两次施用办法，底肥一般60%—80%，分蘖肥20%—40%；保肥力强，排灌渠系健全的土壤和田块，可采用底肥“一道清”办法施用。在旱地施肥上采取化学氮肥追肥深施技术，全省1996年开始推广，当年完成120万亩，1997年完成150万亩，1999年完成258万亩。据统计化肥深施亩平增产粮食30.6公斤，平均增幅5.4%，化肥利用率提高5—10个百分点，效果显著。

磷肥的施用。据统计1980年以前全省有16个县未施用过磷肥，有66个县很少施用，亩平仅1—1.5公斤。到1999年，全省磷肥施用量达50.6万吨，是1985年的2.9倍，而同期氮肥只增加68%，磷肥施用增速明显高于氮肥，但由于基数较低，到1999年$N:P_2O_5$仍只有1∶0.36。

钾肥的施用。四川1985年施化学钾肥2.3万吨，1993年达10.2万吨，1999年达18.0万吨，1999年用量为1985年的7.8倍，同磷肥一样，增速虽快，但由于原来基数较低，氮钾比例仍然很低。

开展肥料新品种试验示范推广。四川在化肥生产和施用上走高含量、多元素专用复合肥的路子较晚，1996年开始进行新型肥料试验，1997年小春四川省农业厅土肥处组织三台、蓬溪、遂宁市市中区、南充市高坪区4个县（区）开展小麦施用“子昂”牌磷酸二氢钾铵复合肥（氮磷钾总养分

35%，其中氮 19%、磷 7%、钾 9%）的田间试验，亩用复合肥 40 公斤，底肥一道清，与氮、磷、钾等量单质肥一道清比较，4 个点小麦平均增产 17.6 公斤，增幅 10.3%。此后，全省主要在粮食作物和蔬菜、果树上大量开展叶面肥、有机无机肥、配方肥、商品有机肥、生物肥料的试验，获取资料和数据为推广打下基础。

## 第三节　微　肥

### 一、微量元素肥料使用概况

四川省在微肥的推广和施用上，充分应用土壤普查成果和大量试验示范，积极推广和施用锌、钼、硼、锰、铁、铜等微量元素肥料。有效解决水稻坐蔸、玉米花叶、小麦死苗、油菜花而不实、棉花落蕾落桃、柑橘叶片失落等问题，促进农业增产农民增收，全省 1981—1989 年共推广施用各种微量元素肥料 3415.8 万亩。1990—2000 年每年施用面积 1286 万—1650 万亩，占当年农作物播种面积的 9.2%—12.5%。2001—2005 年推广面积 2435 万—2769 万亩，占当年农作物播种面积 17.1%—20%，施用面积最大的为锌肥，占施用微肥总面积的 70%左右。整个施用面积中粮食作物占 70%左右。微肥用量据“十五”期间统计，每年硫酸锌用量平均 3 万吨左右，硼肥每年用量 1 万吨左右，钼肥 0.4 万吨左右，其他微量元素肥料 0.7 万吨左右。

含多种微量元素或大量元素的腐殖酸、氨基酸等叶面肥，从 20 世纪 90 年代中期以后发展很快，经农业部登记的品种约有 200 种，在四川市场上应用推广的约有 100 种。

### 二、农用稀土的应用和推广

稀土包括镧、铈、镨、钕、钷、钐、铕、钆、镝、钬、铒、铥、镱及其相似的钪和钇 17 种元素，在一定条件下，对多种农作物有促进生根、发芽、增加叶绿素含量及促进光合率，增强抗逆力，提早成熟，稳定增产，改善农产品品质等作用。常用的农用稀土为硝酸盐复合稀土。

四川 1989 年正式把稀土农用推广工作纳入全省“科技兴农计划”和“丰收计划”，并安排专项推广经费，当年推广面积 27 万亩，1990 年推广县由原来的 10 多个扩大到 150 多个，施用作物由少数几个发展到 27 种粮、经作物，当年施用农用稀土 60 多吨，施用面积 151.28 万亩（含重庆市 8.4 万亩），其中水稻 61.28 万亩，玉米 12.76 万亩，棉花 12.49 万亩，油菜 13.18 万亩，小麦 18.74 万亩，甘蔗 22.25 万亩，果、菜、茶、烟及其他作物 10.58 万亩。当年仅施用稀土一项即增产粮食 2500 万公斤，油料 180 万公斤，皮棉 80 万公斤，鲜蔗 6675 万公斤，总产值按当时价格达 5000 万元以上，除去新增生产费用，获纯收入 4600 余万元。1991 年推广面积 385.35 万亩。除粮食作物，稀土还在经济作物上施用，甘蔗可提高含糖量，西瓜、葡萄、草莓可提高甜度和提早上市，辣椒可防治卷叶，使色泽光亮鲜艳，瓜果可使早熟，烟叶可使品质升级。

## 第四节 配方施肥

### 一、推广应用

配方施肥是根据作物需肥规律、土壤供肥性能与肥料效应，在有机肥为基础的条件下，将传统的经验施肥改为定性、定量施肥，产前提出氮、磷、钾和中、微肥的适宜用量和比例及相应的施肥技术。四川1984年有13个市（地、州）的17个县（市、区）开展小麦、水稻配方施肥试验示范357万亩。1985年四川省人民政府将配方施肥技术列为全省农业增产的五大技术措施之一，重点加以示范和推广。1986年推广配方施肥技术的县（市、区）138个，推广面积3309.2万亩，其中水稻1982.2万亩，小麦685万亩，油菜238.99万亩，玉米297.8万亩，其他经济作物105.03万亩。以后面积逐年扩大，1991年达5086万亩，1995年达6070万亩，1997年重庆市直辖后，1998年起四川配方施肥面积突破7000万亩，占当年农作物播种面积的50%以上。到2000年，全省有农业的所有县（市、区）基本上开展配方施肥工作。2002年全省完成推广面积7680万亩，占当年农作物播种面积的54.8%。之后略有减少，到2005年配方施肥面积7323亩，占当年农作物播种面积的51.8%。

四川开展配方施肥的作物由大宗粮、油作物逐步发展到粮、棉、油、糖、果、菜、药、花卉、园林等多种作物和领域。配方施肥技术也向优化配方施肥发展，由简单混配提升到复配肥生产施用；由通用型配方发展到主要作物和土壤专用型配方；从单一技术发展到“定产、测土、配方、供肥、指导施用”全程服务。

### 二、主要方法

配方施肥的方法较多，四川常用的有三种类型六种方法，这些方法可以互相补充，并不互相排斥。

（一）地力分（级）法

按自然条件或行政区，划分若干区，或利用县级土壤改良利用分区的资料，在区内根据土壤肥力高低分成若干等级，或列出一个肥力均等的地片作为一个配方施肥区，利用土壤普查和分析化验资料和该地区原有肥料田间试验结果，结合群众的施肥经验，估算出该片区比较适应的肥料种类及其用量。

（二）目标产量法

主要根据作物产量的构成，由土壤和肥料两方面提供养分的原理来计算肥料施用量。具体有养分平衡法、地力差减法等方法。

（三）田间试验平衡法

该法是通过简单对比或应用正交、回归等试验设计，进行多点田间试验，从而选出最优处理，确定施肥量，主要有多因子正交、回归设计法；养分丰缺指标法；氮、磷、钾比例法3种方法。

## 三、主要成效

### （一）增产增收效果显著

据1991年中江、安岳、武胜、南川、万县试验示范统计，配方施肥对比田小麦亩增16.7—26公斤，增幅7.7%—12.8%；大麦亩增25.3—33.9公斤，增幅7.34%—24.8%；油菜籽亩增10.5—20公斤，增幅8.53%—19.25%；水稻亩增24.3—70.9公斤，增幅5.39%—16.2%；玉米亩增19.3—50.0公斤，增幅7.48%—15.67%；与前3年平均产量相比，武胜、中江、南川、万县小麦亩产分别增产15.6%、23.4%、15.4%和9.8%；油菜籽分别增产20.9%、39.0%、27.8%和32.5%；水稻增产7.7%、17.3%、13.5%和6.7%；玉米增产32.2%、17.8%、18.1%和8.6%。

承担联合国开发计划署平衡施肥项目的泸县，1995年根据全县主区10个乡（镇）示范10万亩的200块田对比，跟踪副区25个乡（镇）推广的60万亩中的400块田对比，平衡施肥水稻区产量分别比习惯施肥主区亩产增产67.6公斤，增幅12.4%；比副区亩产增55.6公斤，增幅10%。水稻平衡施肥比习惯施肥新增产值6823.6万元，除成本（亩新增28元）1981万元，新增纯收入4842.6万元，新增成本与新增产值之比为1：3.45，新增成本与所增纯收入之比1：2.45。

### （二）化肥比例变化，肥料利用率提高

各配方施肥县化肥中氮、磷、钾比例较以前更趋合理。如泸县1995年全县氮肥用量19276吨，磷肥4653吨，钾肥2326吨，比1992年分别增加18.9%，50.58%和36.1%，磷、钾增幅明显高于氮肥，$N:P_2O_5:K_2O$为1：0.29：0.12。复混肥用量由原来的6000吨增加到25000吨，增加3.16倍。占复合肥氮、磷、钾三要素的比重分别达总用量的16.9%、37.6%和53.7%。化肥利用率比习惯施肥提高8—12个百分点。

### （三）提高土壤肥力和供肥水平

泸县平衡施肥田块，由于土壤肥力提高，不仅当季作物增产，后作增产效果也十分明显。平衡施肥田中稻收后蓄留再生稻，一周内再生稻腋芽萌发率达85.6%，比习惯施肥区的70.1%，高15.5个百分点。腋芽长度平均为0.9厘米，比习惯施用区的0.4厘米，高0.5厘米。两部分田用等量尿素（10公斤）作“催芽肥”和“发苗肥”，再生稻平衡施肥田亩产稻谷132.5公斤，比习惯施肥田亩产98.2公斤，多收34.2公斤，增幅34.9%，配方施肥田块的肥力明显高于习惯施肥田块。

### （四）作物抗逆力增强，病害减轻

据泸县在水稻上定点调查，平衡施肥较习惯施肥纹枯病减少15.1%，赤枯病减少99%以上，叶稻瘟和颈稻瘟分别减少5.2%和7.7%，病株率减少5.9%—7.5%。一般减少病害防治1—2次，平均每亩减少投资2.0—3.5元。

### （五）产品质量提高，环境污染减少

平衡施肥将氮、磷、钾科学配方和造粒施用，减少化肥挥发、流失对环境（空气和水体）的污染。平衡施肥区稻谷糙米率提高11.9%，稻米淀粉含量由68.21%提高到71%，蛋白质由9.66%提高到10.23%，赖氨酸由0.33%提高到0.365%。

# 第四章　土壤肥料监测

## 第一节　土壤监测

### 一、体系与布点方式

四川省土壤监测工作，从1984年起由成都土壤肥料测试中心承担。当年根据农业部全国土肥总站的安排，结合四川实际，在农业主产区设立国家级监测点15个，其中水稻土监测点10个，紫色土监测点4个，黄壤监测点1个，分布在主要粮油产区的温江、眉山、中江、泸县、蓬安5个县，5年一个周期，经费由国家承担。1987年，四川在国家级监测点的基础上，安排20个县作为省级监测点，经费在省财政下拨的农田基本建设经费中开支，全省土壤监测点由3个土壤类型扩大到18个，监测点由15个扩大到64个。

1997年，农业部对四川国家级监测点进行微调，水稻土监测点由10个调整为7个（温江2个、泸县2个，眉山、中江、蓬安各1个）；紫色土监测点由4个调为3个（中江2个，蓬安1个）；黄壤监测点由1个增加到2个（眉山、雅安各1个），这样，国家级监测点由15个减少到12个，其余3个点作为省级监测点。1998年，按照《全国耕地土壤监测管理办法》和《全国耕地土壤监测技术规程》执行新的一轮周期监测。省级监测点由于经费原因，只保留3个，全省共有国家级、省级监测点15个。监测点成土母质包括岷江灰冲积物、第四纪老冲积黄泥、紫砂页岩等，耕作制包括稻—麦（油）、稻—冬水、麦—玉—薯等，基本代表四川的主要土壤类型、成土母质和粮油种植制度。

### 二、土壤肥力变化趋势

1985—1995年，土壤养分变化趋势是：土壤全量养分中全氮、有机质等含量有升有降，基本保持稳定；速效养分碱解氮、速效钾含量在下降，而有效磷含量略有上升。土壤pH在中性和微酸性土壤上呈下降趋势。

1996—1999年，土壤中全量养分如有机质、全氮含量总体保持稳定，部分监测点有上升趋势；速效养分中碱解氮、有效磷含量以上升为主，速效钾有升有降，其中黄壤母质发育的田土上升，而石灰性紫色土下降；pH值除石灰性土壤外，普遍降低。

通过对国家在四川粮油主产区温江县、中江县、眉山市东坡区、泸县、蓬安县5个县（区）设置的15个土壤监测点1985—2005年监测资料统计分析：在现有耕作制度和施肥管理水平条件下，总体上土壤养分在提高，土壤肥力在上升。

土壤中有机质含量总体保持稳定且有上升的趋势，以二熟制稻田最为明显，但大多数监测点土壤有机质含量水平仍属中等偏低（按全国土壤养分分级指标制定，下同）；土壤全氮含量基本保持稳定并略有上升的趋势，土壤碱解氮含量1992年后均保持上升的趋势，总体说来，土壤氮素含量已属中等偏上水平；土壤有效磷含量表现出上升的趋势，以旱地土壤有效磷含量增加最为明显，但多数监测点仍属于中下水平；土壤速效钾含量有升有降，其中一熟制稻田（冬水田）总体上保持稳定，二熟制稻田基本保持稳定，老冲积黄壤母质发育的土壤速效钾是上升，而石灰性紫色土速效钾是下降的，多数监测点速效钾含量已属于中下等水平。

1985—2005年土壤酸化明显。主要表现在微酸性和中性土壤上，一般下降0.8pH单位，最高下降竟达1.8pH单位，只有石灰性紫色土下降不明显，因其碳酸钙含量丰富，对酸有一定的中和能力。从监测点记载资料看，农户长期施用酸性或生理酸性肥料是土壤pH值下降的主要原因，其他因素如酸雨及$SO_2$排放造成的干沉降等对土壤酸化也有一定影响。

土壤微量元素含量多呈上升趋势。土壤有效锌、铁、锰、铜含量呈上升趋势，上升点数分别占100%、91%、82%和72%。有效硼有下降趋势，下降点数占64%。有效钼有升有降，各占一半。

四川耕地土壤在施肥中，总的原则是增施有机肥，稳氮（或在施氮水平较高的地区，适当减施氮肥）、稳磷（旱地土壤应适当控制磷肥施用量）、补钾，有针对性地施用微量元素肥料，尤其是旱地土壤更应做好因土因作物施肥，防止土壤污染，促进农业增产、增收。

**1985—2005年四川省不同种植制度有机肥施用量情况表**

表6-1　　单位：公斤/亩

| 熟　制 | 有机肥施用量 | | | 合　计 |
|---|---|---|---|---|
| | N | P | K | |
| 一熟稻田（$n=4$） | 0.82 | 0.42 | 1.30 | 2.54 |
| 二熟稻田（$n=6$） | 1.81 | 0.76 | 5.49 | 8.06 |
| 旱作（$n=5$） | 3.22 | 1.01 | 5.82 | 10.05 |

说明：N、P、K折纯

## 第二节　肥料监测

### 一、化肥监测

四川农业生产施用化肥的产品质量检测大致分为4个阶段。

第一阶段（1983—1986年），成都土壤肥料测试中心组织地、市、县农业局土肥站，对全省部分小氮肥厂、小磷肥厂及区、乡供销社等生产企业和销售网点抽取各类化肥产品416个，由省化肥质量监测站（在成都土壤肥料测试中心基础上建立）进行化验分析，其结果是尿素、硝铵、碳铵等氮素化肥质量较好，只有14.6%的碳酸氢铵低于化工部颁发的标准；磷肥和复合肥料产品不合格的居多，抽检的79个过磷酸钙样品，$P_2O_5$含量低于12%的等外品竟达82.2%；91个复合肥料，总氮、

有效 $P_2O_5$、$K_2O$ 总量低于25%的，占43.8%。

第二阶段（1987—1993年），按照国务院办公厅《关于印发十二个领域技术政策要点的通知》中“农业部门要切实做好化肥的监测和鉴定工作”的要求，四川化肥产品质量管理纳入法制化管理轨道，每年由四川省标准计量局下达任务，对化肥产品生产企业和市场进行定期和不定期的抽检。

第三阶段（1994—2000年），随着《中华人民共和国产品质量法》的贯彻执行，化肥产（商）品质量监督管理逐步常规化、规范化。该段时间，按照国家、行业技术标准执行的企业生产的氮肥、磷肥产品质量好，而一些无质量检测标准，无统一的检测方法生产的冠以“素”“宝”“精”“灵”“王”的复混肥料、叶面肥料质量则差，有的更是假肥料。国家不断加强主要农业生产资料管理，强化市场监督工作，全省继续贯彻执行国家工商管理局、农业部“复混肥和配方肥，必须经省级土壤肥料测试中心检验合格准予登记后，方可进入农业推广领域”的规定，加大对化肥新品种登记、质量管理的执法力度。

第四阶段（2001—2005年），肥料监测常规化，在该期间对713家企业实施抽检，共抽检414个产品批次，合格361个产品批次，合格率为87.2%；进行3次肥料专项监督抽检，对德阳、眉山、内江、资阳、乐山、泸州6个辖区内80家肥料经销企业所销售的70家企业生产的91个过磷酸钙肥料，31家肥料企业生产的31个复混肥料产品批次进行检测，结果过磷酸钙不合格品52个，不合格率57%，而其中近二分之一为劣质品，劣质品率达23%。复混肥料不合格产品批次为8个，不合格率为25.8%；2003—2005年，先后对德阳、宜宾、泸州、眉山、自贡等市的肥料商品质量监督抽查，涉及的肥料品种有复混肥料、有机—无机复混肥料、过磷酸钙、尿素、碳酸氢铵。其中复混肥料、有机—无机复混肥料、过磷酸钙抽检227个，合格115个，合格率为50.6%。氮肥53个，合格49个，合格率92.5%。表明全省肥料质量氮肥产品最好，而复混肥料、过磷酸钙、有机—无机复混肥料产品质量问题较多。

## 二、有机肥料资源及品质调查

四川从1990年5月至1993年12月开展有机肥资源及品质分布调查，由成都土壤肥料测试中心主持，在12个市（地、州）的57个县（其中重点县26个）的不同农业类型和区域，先后调查350个乡（镇），200多个典型农户，覆盖面积2981.25亩（主要是农区），采集有机肥样品4115个，按照全国统一分析方法，化验常量、中量、微量和重金属元素28个项目，获得有效数据47524个，摸清全省有机肥料的资源分布现状。

根据调查统计，全省有机肥资源总量为475374.9万吨（湿基，下同），占全省7类资源量的68.07%，其中粪尿、秸秆、绿肥、饼肥、土杂肥、堆沤肥、沼气肥7大类肥料，共有资源量55903万吨，占总资源量的11.76%，是四川省常用的肥料。按7类资源量计，全省每亩耕地拥有量为4.53吨。农用“三废”类和腐殖酸类的资源虽然数量多，但在农业生产上利用甚微。

## 三、有机肥料的品质变化

有机肥为农作物提供的营养元素很多，但其类别、品种间差异较大。同历史资料比较，各类有机肥料中全氮、全磷、全钾的变化情况，总的趋势是全氮含量普遍上升，全钾略有增加，全磷、粗有机物含量略有下降。

## 四川省主要有机肥品种养分含量与历史资料对照情况表

表 6-2 单位:%

| 类别 | 品名 | 基态 | 粗有机物 | | 全氮 | | 全磷 | |
|---|---|---|---|---|---|---|---|---|
| | | | 测值 | 历史 | 测值 | 历史 | 测值 | 历史 |
| 粪尿类 | 人粪 | 鲜 | 14.6 | 20.0 | 1.32 | 1.00 | 0.250 | 0.220 |
| | 人尿 | 鲜 | 0.8 | 3.0 | 0.52 | 0.50 | 0.027 | 0.057 |
| | 猪粪 | 鲜 | 16.3 | 15.0 | 0.60 | 0.34 | 0.250 | 0.100 |
| | 猪粪 | 烘 | 73.0 | 75.0 | 2.69 | 1.70 | 1.110 | 0.500 |
| | 猪尿 | 鲜 | 0.5 | 2.5 | 0.13 | 0.30 | 0.010 | 0.030 |
| | 牛粪 | 烘 | 74.8 | 73.0 | 2.27 | 1.70 | 0.470 | 0.350 |
| | 马粪 | 烘 | 74.5 | 84.0 | 1.60 | 0.80 | 0.460 | 0.280 |
| | 羊粪 | 烘 | 76.2 | 73.0 | 2.50 | 2.16 | 0.530 | 0.710 |
| | 鸡粪 | 烘 | 64.5 | 51.5 | 2.95 | 3.29 | 0.860 | 1.360 |
| | 鹅粪 | 烘 | — | — | 1.95 | 2.40 | 0.620 | 0.950 |
| 堆沤类 | 猪厩肥 | 鲜 | 20.4 | 25.0 | 0.46 | 0.45 | 0.160 | 0.082 |
| | 牛栏肥 | 鲜 | 15.5 | 20.3 | 0.42 | 0.34 | 0.120 | 0.070 |
| | 马厩肥 | 鲜 | 24.3 | 25.4 | 0.66 | 0.58 | 0.140 | 0.120 |
| | 羊圈肥 | 鲜 | 31.0 | 31.6 | 1.13 | 0.83 | 0.280 | 0.100 |
| | 堆肥 | 鲜 | 20.0 | 15-25 | 0.53 | 0.4-0.5 | 0.170 | 0.078-0.11 |
| | 沼液 | 鲜 | — | — | 0.13 | 0.15 | — | — |
| | 沼渣 | 鲜 | — | — | 0.49 | 0.66 | — | — |
| 秸秆类<br>绿肥类 | 水稻秸秆 | 风 | — | — | 0.87 | 0.51 | 0.120 | 0.052 |
| | 小麦秸秆 | 风 | — | — | 0.56 | 0.50 | 0.064 | 0.087 |
| | 玉米秸秆 | 风 | — | — | 0.86 | 0.60 | 0.086 | 0.170 |
| | 紫云英 | 烘 | — | — | 3.35 | 2.74 | 0.380 | 0.300 |
| | 胡豆青 | 烘 | — | — | 2.93 | 2.75 | 0.320 | 0.260 |
| | 黄花苜蓿 | 烘 | — | — | 3.34 | 3.23 | 0.510 | 0.350 |
| | 箭舌豌豆 | 鲜 | — | — | 0.38 | 0.54 | 0.024 | 0.026 |
| 绿肥类 | 细绿萍 | 烘 | — | — | 3.80 | 2.77 | 0.560 | 0.150 |
| | 水花生 | 鲜 | — | — | 0.41 | 0.15 | 0.038 | 0.039 |
| | 水葫芦 | 鲜 | — | — | 0.19 | 0.24 | 0.026 | 0.030 |
| | 紫穗槐 | 烘 | — | — | 3.25 | 3.02 | 0.350 | 0.300 |
| | 黄荆 | 烘 | — | — | 2.76 | 4.45 | 0.310 | 0.340 |
| | 马桑 | 鲜 | — | — | 0.69 | 0.51 | 0.065 | 0.052 |
| | 苦蒿 | 烘 | — | — | 2.88 | 2.28 | 0.400 | 0.280 |

续表6-2

| 类别 | 品　名 | 基　态 | 粗有机物 | | 全　氮 | | 全　磷 | |
|---|---|---|---|---|---|---|---|---|
| | | | 测值 | 历史 | 测值 | 历史 | 测值 | 历史 |
| 土杂肥 | 垃圾 | 风 | — | — | 0.27 | 0.50 | 0.130 | — |
| | 稻秆灰 | 风 | — | — | — | — | 0.750 | 0.260 |
| | 柴灰 | 风 | — | — | — | — | 1.060 | 1.370 |
| | 草木灰 | 风 | — | — | — | — | 0.790 | 0.920 |
| 饼肥类 | 油菜饼 | 风 | — | — | 5.45 | 4.60 | 1.020 | 1.100 |
| | 桐籽饼 | 风 | — | — | 3.27 | 3.60 | 0.400 | 0.560 |
| | 茶籽饼 | 风 | — | — | 1.22 | 1.11 | 0.200 | 0.160 |
| | 棉籽饼 | 风 | — | — | 5.58 | 3.41 | 1.010 | 0.700 |

说明：资料来源于《肥料手册》(中国农业出版社 1979 年出版)

# 第五章　农业环保

## 第一节　体系建设

1987年前，四川农业环保工作由四川省农牧厅科教处管理。1987年7月，在成都土壤肥料测试中心的基础上，建立四川省农业环境保护监测站（以下简称省农环站），实行一套机构、两块牌子，承担全省农业环境监测，开展农业生态环境科研，制定农业环保法规等任务。

1995年12月，全省机构改革，省政府批准在四川省农业厅内设机构中增设环境保护处。1997年5月，省农环站与成都土壤肥料测试中心分设，与省农业厅环境保护处实行处站结合，共同承担全省农业环保职能。2000年6月，全省机构改革，省农业厅撤销环境保护处，保留省农环站继续履行职能。

市（地、州）和县（市、区）两级农环机构建设也随省级机构设置而变动。到1998年，全省21个市（州）有17个建立环保管理科或环保监测站，同时在25个生态农业县建立农业环保站，形成省、市、县三级农业环保体系。2000年后市（州）和县市环保机构有所调整。到2005年全省有23个环保机构，其中省级站1个，市（州）级站12个，县级站10个，有农业环保工作者137人。

2001—2005年，在各级财政支持下，全省投资2577.6万元，在重点完善4个省、部级检测中心的基础上，新建市（州）级检测中心19个，县（市）级快速检测站78个，农产品批发市场监测点5个。新建实验室9166平方米，配置大、中型精密仪器设备428台（套）、配备专业技术人员209人，初步建成四川省、市、县三级农业环保检测网络体系。

## 第二节　生态安全

### 一、调查、监测

1985—2005年，四川相继开展“农业环境质量概查和新都县典型调查（1989—1990年）”“重点区域耕地土壤重金属污染调查（1991—1994年）”“第二次污水灌区环境质量调查（1996—1998年）”“基本农田保护区土壤质量调查（1999—2003年）”和“优势农产品（水稻）区域环境质量调查（2004—2005年）”5项调查，采集水、土、粮、菜等样品2353件，分析重金属含量和pH值，阳离子代换量，获得有效数据22794个，经统计评价建立105个信息数据库，绘制337个统计评价图表和污染分布图。查清四川农业生态破坏现状；探明重点区域、环境污染物含量水平，污染范围及污染特征；探讨污染原因及污染源与土壤、农产品污染的相关性，研究生态修复和环境污染治理对策措施。

## 二、生态农业建设

1986 年，四川开始在眉山、洪雅、夹江三县开展生态农业试点建设。1990 年省政府将洪雅县列为省级生态农业试点县，1992 年农业部将洪雅、眉山二县列为首批国家级生态农业试点县。1996 年 8 月，省政府批准成立四川省生态农业建设领导小组，同时将洪雅、眉山、丹棱等 12 个县列为首批省级试点县。1998 年 3 月，省政府将广元市、宜宾市列为生态农业示范区，将成都市青白江区、富顺县、攀枝花市仁和区、绵竹市等 13 县（市、区）列为第二批省级试点县。同年 10 月农业部将蒲江县列为农业生态工程建设县。1999 年 3 月农业部将峨眉山市、苍溪县列为第二批国家级试点县。到 2000 年末全省共建生态农业示范区 2 个，国家级试点县 4 个（全国共 100 个），省级试点县 21 个，试点乡镇 517 个，试点村 3798 个，试点面积 5130 万亩，试点人口 908. 7 万人。试点县按照生态经济学原理，运用系统工程方法，以“整体、协调、循环、再生”的要求，推行清洁生产技术，创建粮—菜—猪—沼—果等 10 余种良性循环生态模式，开展生态综合治理，使农田复种指数达 243%，提高 3%；农田有机废弃物综合利用率达 58%，节能农户达 78. 6 万户，平均年增 1. 8%，农民人均年收入 2156 元，高出全省农民人均纯收入 8. 5%；粮食总产 422. 2 万吨，人均粮食占有量 464. 5 公斤，高出全省人均占有量 11. 93%；治理水土流失 468 平方公里，新增植被 22. 6 万亩，林木覆盖率由原来的 13. 2%增加到 34. 2%。

## 三、农业资源保护

2002 年四川成立农业野生植物保护工作领导小组和专家评审组，开展“农业野生植物资源调查”，重点详查药用野生植物、野生大豆、野生小麦近缘种，金荞麦、莼菜等农业野生植物资源分布。申报四川省国家第二批重点保护农业野生植物 97 种名录、农业部 18 个农业野生植物多样性保护条目和“四川康定冬虫夏草原生境保护点建设”等 5 个农业部储备项目。2003 年农业部批准建设四川康定冬虫夏草原生境保护示范点，总投资 45 万元（国家拨款 40 万元，县配套 5 万元）。2004 年项目竣工，在康定县榆林乡雅家埂建成冬虫夏草原生境保护示范点，面积 5000 亩，其中核心区 1500 亩，缓冲区 3500 亩。

## 四、环境事故应急处理

1998—2005 年，四川对江油市雁门镇斑竹园村硫精砂公路运输撒落农田污染，什邡市化工区稀土粉尘污染，汉源、富顺、宜宾、都江堰、威远等县（市）大气污染，内江市市中区白马镇城市垃圾堆存污染以及资阳市雁江区大气氟污染等 10 多起农田污染事故进行现场应急处理，较好地平息环境纠纷，为污染区农民争取到经济赔偿 157. 13 万元。

2000 年后，外来物种紫茎泽兰在四川 11 个市（州）38 个县（市、区）泛滥成灾，直接威胁农业生态安全，危害面积 1533. 7 万亩。2004 年，根据农业部的要求，四川在西昌市、宁南县和攀枝花市仁和区开展紫茎泽兰灭毒除害治理试点，采用 6 种防治技术模式，实行标本兼治、防治结合，共治理紫茎泽兰面积 36.61 万亩，其中人工铲除 24.82 万亩，化学防治 1 万余亩，生物替代 10.79 万亩。

2005 年，四川制定《四川省农业环境污染突发事件应急预案》《关于进一步加强农业生态环境保护工作的意见》，经省政府批准实施，强化农业生态环境保护与管理。

# 四川省志·农业志

# 第七篇　植物保护

20世纪80年代以后，随着四川农业生产发展和条件的改善，作物病虫、杂草发生频率较高，危害呈逐渐加重趋势。80年代病虫防治面积占应治面积的73.4%，年均挽回损失115万吨，占总产量的3.5%；90年代防治面积占应治面积的90%，年均挽回损失278万吨，占总产量的6.4%；2001—2005年病虫防治面积占应治面积的103.7%，年均挽回损失356万吨，占总产量的11%。植物病虫害的防治在农业生产中发挥重要作用。四川农业加强植物病虫害防治，为农业快速发展打牢基础。

# 第一章　病虫害

## 第一节　水稻病虫

水稻是四川省第一大粮食作物，种植面积和产量均占首位，常年种植面积3000多万亩（不含重庆）。20世纪80年代中期除少数双季稻外，主要是一季中籼稻，其中杂交稻约占60%，四川气候特点既有利水稻生长，又适合多种病虫滋生繁殖，主要病虫防治对象由20世纪50、60年代的螟虫增至“二病四虫”，即稻瘟病、纹枯病、稻螟、稻飞虱、稻纵卷叶螟和稻苞虫。全省水稻病虫害损失占全年病虫损失的60%以上，如不适时防治病虫害，损失占水稻总产量的9.13%，高的达20%—30%。

### 一、稻瘟病

稻瘟病是四川省水稻最严重病害。1984年、1985年稻瘟病在全省大流行。此后，用较抗耐病的汕优63系列替换原大面积种植的染病品种汕优2号，稻瘟病得到控制。但随着汕优63品系的大面积连年单一种植，稻瘟病菌生理小种产生适应性变化，汕优63抗性逐年丧失，稻瘟病在部分地区再度暴发。如黔江地区1989年叶瘟暴发成灾，全区发生叶瘟35万亩，占水稻面积117.3万亩的29.8%，其中汕优63品系杂交稻发生10万亩，因病化苗2.5万亩，损失惨重。1992年全省发生稻瘟病683万亩，1993年暴发流行，全省发生面积738.5万亩，实际损失稻谷24.72万吨。其中达川地区稻瘟病为历史上最重的一年，全地区13个县（区）发生叶瘟105万亩，发生颈瘟152万亩，致使水稻减产4007.5万公斤。1998年稻瘟病在盆周山区和深丘稻区发生流行，叶穗瘟发病面大，发展快，全省109个县发生叶瘟310万亩。其中化苗7000亩，但穗颈瘟因气候及防治原因发生面积仅66万亩。1995年后，随着稻瘟病控制水平不断提高，在水稻品种上实施“调系改组，集团当家”的布局策略，使稻瘟病发生面积及损失保持在一个相对稳定的水平内。经过2002—2004年稻瘟病中度流行和菌源积累，到2005年全省发生505.84万亩，其中穗颈瘟205.08万亩，因病损失稻谷4000万余公斤。

四川省植保站对1980—2002年历史资料分析，全省年均发生稻瘟病面积280万亩，年均损失稻谷6000万公斤，发生面积变异系数为82.3%，大发生和轻发生年间实际损失相差10倍以上。

### 二、水稻纹枯病

水稻纹枯病是四川省稻区常发病害之一，每年发生面积约1000万亩，一般减产一成，重病田块减产三成以上，同时它的发生还严重影响再生稻的再生能力。1987年成都市随着品种的更换，杂交稻推广及施肥水平提高，纹枯病逐年加重，被列为主攻防治对象。1988 年泸县、合江、江安 3 个县 6 月上旬达标田占 30%，中旬即上升 50%，下旬大面积扩展蔓延。1999 年、2000 年全省偏重发生，发生面积分别为 1340 万亩和 1098 万亩，随着水稻病虫综合防治技术不断推广和井冈霉素的使用，该病基本得到控制。

## 三、稻飞虱

四川省以川东南为常发区，主要是白背飞虱和褐飞虱发生危害严重，尤以褐飞虱为甚。1987 年南方稻区稻飞虱虫源地发生虫害最大，华南和江南南部早稻稻飞虱比常年发生早，广东和广西田间虫口密度高，迁飞降落到四川省的秀山、黔江、酉阳、石柱、南川、忠县、綦江和川南的叙永、泸州等地，严重发生为历史罕见，当年重庆市发生面积 174.39 万亩，凡达标田块均防治 2—3 次，当年全省发生面积为 1000 万亩。1988 年全省稻飞虱再度暴发危害，7 月稻飞虱主害代已在田间发生，以白背飞虱为主，褐飞虱比例亦高，短翅型成虫已大量出现，8 月 8 日合江县晚稻田间短翅型成虫占 55.6%，其中褐飞虱占 44.4%，达标面积占晚稻面积的 38.5%，开县再生稻达标田块占调查田块的 14.8%，江安县晚稻则以白背飞虱为主。

1991—1998 年，全省稻飞虱偏重发生频率为 75.0%，1991 年全省稻飞虱大面积危害，发生面积 664.3 万亩，受害损失稻谷 1.79 亿公斤。接着 1993 年、1995 年全省大发生。1997 年重庆市直辖后，四川稻飞虱主要集中在宜宾、泸州及达州、广安的部分地区常发危害，攀西局部地区也常发，1998 年全省稻飞虱发生 545 万亩，不仅川东南常发区大发生，川西川中波及区及川西北轻发区的部分地方发生较重。

## 四、黏　虫

田间发生有普通黏虫、劳氏黏虫和白脉黏虫，以普通黏虫发生危害最重，常常暴发成灾，既危害水稻，亦危害玉米。黏虫属迁飞性害虫，每年 6 月初大量黏虫成虫从虫源地迁飞至四川省稻田、玉米地产卵，以二代黏虫为主危害。三龄前幼虫虫体小、食量少易被忽视，三龄后进入暴食期常造成毁灭性灾害。1986 年涪陵地区黏虫特大发生，为历史罕见，全区发生 237.7 万亩，占水稻栽播面积的 76.7%，防治投入的人工和农药 308 万元。2003 年攀枝花市水稻、玉米共 3.54 万亩遭受黏虫严重危害，损失水稻 125.08 吨，玉米 98 吨。

## 五、稻纵卷叶螟和稻苞虫

稻纵卷叶螟属迁飞性害虫，在稻田稻纵卷叶螟和显纹卷叶螟常混合发生，危害以稻纵卷叶螟为主。1998 年稻纵卷叶螟在川南再生稻区大发生，仅自贡市就有 35 万亩再生稻受其危害，全省统计发生面积 170.46 万亩，氮肥偏多的高肥稻田和迟栽水稻受害最重。2003 年宜宾受干旱气候影响，迟栽水稻面积大，为 8 月初迁入的稻纵卷叶螟提供丰富的食源，该虫在山区迟栽水稻上大暴发。兴文县水稻剑叶卷叶率高达 80%，受害稻田一片枯白，全县发生 4.9 万亩，损失稻谷 50%—70% 的稻田有 0.5 万亩，损失 30%—50% 的有 1 万亩，损失 30% 以下的有 2.5 万亩。

## 第二节 麦类病虫

四川省小麦病虫害，有记录的害虫124种、病害30种，可造成较大经济损失的有10种以上，主要病害有条锈病、赤霉病、白粉病、纹枯病；虫害有蚜虫、麦园蜘蛛等。

### 一、小麦锈病

四川常发的小麦锈病有条锈、叶锈和秆锈3种，发生面积大、危害最重的是小麦条锈病。1986年全省大面积推广抗锈小麦品种绵阳11号，加上药剂防治水平提高，其发生危害面积由过去几百万亩下降到150万亩以下。20世纪90年代，随着绵阳系列小麦的大面积连年种植，产生致病力强的条锈病菌新小种（条种30、31号）上升为优势小种，其抗锈性严重衰退，到1996年全省以条锈为主的小麦锈病暴发，该年发生锈病441.3万亩，其中条锈病414.45万亩，损失小麦5万余吨。1999年全省1月发生面积45万亩，到3月底猛增到523万亩，最后统计全省发生960.85万亩，是大发生1996年的2.21倍，大力防治后仍损失小麦13.6万吨。2002年该病在全省超历史水平流行，发生面积1523万亩，损失小麦34万吨，占小麦病虫危害总损失的84.2%，发病遍及全省21个市（地、州）的122个县（市、区），非常发区如川东北、川中及其他地区发病亦重，发病最重的品种是绵阳26、绵阳29、绵农4号、川麦28、西南335等，川麦107、11，川农7号相对抗性较好。2003—2005年连年严重发病，年均损失小麦近15万吨，占小麦病虫危害总损失的74%，2005年全省发病881万亩，大力防治后仍损失小麦6.2万吨，比2004年损失减少20%，比2002年损失减少81.77%。

### 二、小麦赤霉病

小麦赤霉病是四川省小麦的又一严重病害。1989年前，全省常年发生小麦赤霉病150万—400万亩，损失小麦0.4万—1.6万吨。1989年全省大面积推广免耕栽培技术以后，小麦赤霉病逐年加重，危害随之加重，每年发生面积在800万亩以上，损失小麦5万—7.7万吨。1989—1997年，全省有5年大发生，4年为偏重发生，偏重发生频率为75.0%。1997年该病全省大流行，防治后统计发生面积862万亩，实际损失小麦14.7万吨。

### 三、小麦白粉病

小麦白粉病，在四川盆周山区、盆内深丘区及沿山稻区发病重，小麦冬春生长期气候偏暖、冬干春旱，易导致该病发生流行。1986年全省普遍发生，尤以川东、川南及雅安地区为重。1999年全省偏重发生，发生面积833.45万亩，发病早，病情扩散快，危害重。高县中心病团比常年提早10天，2月24日病株率达80.63%，是重发年1995年的2.1倍，到4月1日病株率达100%。安县发生10.81万亩，占播种面积的51.8%。1999年以后，除极度干旱年份外，白粉病发生程度一般稳定在中等至中等偏重水平。

### 四、麦　蚜

为四川省小麦常发害虫，常年发生面积约1000万亩，1986年全省发生1339万亩，防治后仍然损失小麦2.8万吨。1989—1997年有2年麦蚜大发生（1991年、1995年）、4年偏重发生（1989年、1990年、1992年、1997年）、2年中等发生（1993年、1994年）、1年轻发生（1996年）。其中1995年全省大暴发，发生面积2075.8万亩，占当年播种面积的79.2%，虽经大力防治，仍损失小麦11.8万吨。蚜虫发生量大、面广、危害时间长、危害程度重，历史罕见。川中、川南在上年冬季形成暴发高峰，比常年提早20—60天，宜宾地区苗期发生25.6万亩，是常年的4倍，内江市苗蚜发生226万亩，占小麦播种面积的40%以上，资中县在上年12月中旬苗蚜达标面积占72%，为有资料记载以来最重的一年。

1998年全省发生992万亩，比轻发的1996年减少304万亩。1999年偏重发生，以川南发生危害重，发生面积1629万亩，比1998年增加637万亩，该年发生危害时间长，从1998年12月初到1999年4月中旬历时5个多月，泸县调查，1998年12月初有蚜田块率达100%，有蚜株率10.2%，宜宾县1999年2月下旬调查，平均百株蚜量737头，最高8924头。

## 第三节 玉米病虫

玉米是四川省仅次于水稻的大春粮食作物。20世纪80年代，全省每年玉米病虫防治面积仅占发生面积的50%以下。此后，随着玉米生产技术的发展，种植密度加大，施肥水平提高，以及杂交玉米、二季玉米的大面积推广，玉米病虫发生危害加重。四川玉米主要病虫为玉米钻心虫、玉米纹枯病、地老虎、黏虫和大、小斑病。玉米钻心虫包括玉米螟、大螟、高粱条螟、桃蛀螟、粟灰螟以及二化螟等，其中以玉米螟及大螟为主。

### 一、玉米螟

初孵幼虫多集中在玉米心叶危害，受害心叶伸长后，叶片出现成列排孔，三龄后幼虫分散蛀食，茎秆受蛀后易折断枯死，被蛀雄穗不能正常抽出或抽出后折断。1987年，乐山市玉米螟发生万亩。一季玉米大多受第一代玉米螟幼虫危害。20世纪90年代中期，玉米生产推广肥团育苗、地膜育苗后，播期提早，面积扩大，形成多种生育期共有的混栽局面，有利二代玉米螟在夏玉米、二季玉米及秋玉米上发生危害。1997年，二代玉米螟在夏玉米和二季玉米上严重发生，全省发生面积508万亩。广元市常年种植玉米100万亩，玉米螟发生危害40万亩，2003年仅一代玉米螟发生面积达15万亩，平均被害株率30%，高的在60%以上，由于一、二代发生世代重叠、增加防治的困难，全市防治后仍损失玉米900吨。邻水县玉米螟发生4.8万亩，防治面积占95.8%，挽回玉米损失1380吨，雅安市玉米螟发生8.53万亩，损失玉米125吨。

### 二、黏　虫

黏虫属迁飞性害虫，四川省发生黏虫有普通黏虫、劳氏黏虫和白脉黏虫。其中以普通黏虫发生危害最重，每年6月上旬从虫源地迁飞至四川省稻田和玉米地产卵，以二代黏虫为主发生危害，三龄前幼虫虫体小食量小，三龄后进入暴食期，呈现出大面积玉米受害。1986年涪陵地区黏虫特大发生，历史罕见，投入防治的人工和农药费用达308万元。

## 三、玉米纹枯病

1987年，自贡市发生玉米纹枯病25万亩，占实栽面积的53.2%。自推广杂交玉米施肥水平的提高，导致玉米纹枯病严重发生。1997年，全省发生面积300万亩，2000年发生442万亩，以盆周山区发生为重。2003年，雅安市发生面积3.07万亩，损失玉米82吨。

## 四、玉米大小斑病

四川省主要发生在凉山、阿坝、甘孜三州及盆周山区，如雅安市玉米大小斑病已成为该市玉米的主要病害，2003年全市发生面积5.56万亩，发生程度达5级，损失玉米214吨。

# 第二章 病虫害防治

## 第一节 机构与职责

1982年，机构改革，四川省植物保护站与四川省植物检疫站分设，省植物保护站与省预测预报站、生物防治实验站合并为四川省植物保护站，为四川省农牧厅下属事业单位。各市（地、州）、县（市、区）农业（牧）局内设有植保植检站，据1988年统计，全省20个市（地、州）设有植保植检站，202个县（区）中有182个县（区）建立植保植检站，有植保植检人员1208人，其中大学本科和大专生271人，中专生689人，非专业技术干部和工人248人，部分成立农技推广中心的县，把植保植检站、农技站、土肥站纳入中心统一管理。为适应病虫防治需要，1988年6月，根据省政府安排，由省农牧厅厅长张中伟总管，副厅长陈协蓉具体负责组织省农业、农资、石油、气象、农机以及省财政等部门组成四川省病虫防治协调小组，在每年重大病虫发生防治期间做好协调工作。2001年省农业厅组织有关专家成立四川省农作物有害生物综合防治委员会。

1989年，四川省植保站根据工作性质和业务要求，划分防治组、测报组、农药组和综合组。1991年3月，根据省农牧厅人事处川农牧人〔1991〕字第53号文，省植保站内设防治、测报、农药、综合4个科，明确各科职责范围。1992年后，没有大的变化。

### 一、防治科

掌握全省农作物主要病虫草鼠发生、危害状况，制定防治措施，组织指导大面积病虫防治工作；开展主要病虫草鼠综合防治试验示范，探索最优组配技术，逐步做到“深化简化，规范化”；调查总结病虫发生防治典型经验和存在问题，及时掌握病虫发生防治动态；深入病虫暴发区，协助当地做好突发性病虫防治工作；调查研究暴发原因，总结扑灭病虫灾害工作经验和技术经验；引进和探索病虫草鼠防治新技术，开展验证试验和示范推广；做好防治工作总结和技术总结。

### 二、测报科

掌握全省农作物主要病虫草鼠的发生动态，及时发布长、中、短期预报；负责地、市病虫测报站的组织建设，指导地、市测报站点开展专业测报和群众性测报工作，并及时总结经验加以推广，指导测报体系建设，制定测报岗位责任；组织并参与测报科研，制定测报标准，推广测报先进技术，修订测报办法，不断提高测报技术水平；组织并参与测报技术培训，提高测报人员的业务水平；了解国内外测报先进技术，推进信息技术在测报上的应用。

### 三、农药科

工作分为农药管理、使用和农药检测及残留分析两大部分。

农药管理职责：①拟定农药、施药器械计划。②制定农药品种、数量发展规划（品种更新换代）。③制定农药的安全使用，抗性监测以及对农田环境、农产品污染的防御对策。④国内外病虫草鼠农药试验（含室内测定和田间试验）示范、推广及大面积应用。⑤农药、器械使用技术试验示范和推广。⑥农药品种的审定及药政管理。⑦农药、药械技术物资配套服务。

农药检测及残留分析职责：①监测全省生产、销售、使用的农药质量。②对农作物及其产品中的农药残留量分析。③参与对环境中农药残留量分析。④开展农药质量引起的使用事故和损失的调查，并参与提供处理意见。

### 四、综合科

掌握全省植保工作动态，负责编发《植保情报》；调查研究各级植保站开展植保工作情况、经验和问题；调查研究植保工作中的组织管理问题及乡、村病虫防治队伍的建设；了解全站各组工作进展情况，协调各组工作；负责做好本站文书、档案管理、病虫草鼠标本保存以及文件资料的打印、复印工作，收集国内外植保信息。

## 第二节　病虫防治

1984年、1985年全省稻瘟病大流行，1986年、1987年连续两年开展以稻瘟病为主的水稻病虫综合防治示范，示范面积500万亩，带动大面积防治。主要采取换用抗病良种、健身栽培、药剂防治等技术，控制叶瘟效果达85%，减少叶瘟施药防治面积460万亩次，减少叶瘟用药量46吨，节省药费920.1万元，节省防治用工153.4万个。麦类病虫防治，用粉锈宁拌种示范70万亩，防治锈病和白粉病，效益比1：15—1：20。1986年、1987年开展无公害蔬菜防治示范10万亩，占基地蔬菜面积31万亩的32.3%，1984—1987年示范无公害蔬菜防治面积239.94万亩次。1989年、1990年财政部、四川省财政厅先后拨植保专项补助经费1570万元，其中病虫防治补助款390万元（含中央补助120万元）、粮转金57万元、以工补农资金1123万元。其中150万元集中用于发展全省乡植保专业队和购买机动喷雾器及其队伍培训，为此后全省病虫害防治奠定基础。1988年四川省病虫防治协调小组成立，当年6月召开第一次会议，确定协调会制度和植保病虫监测与发生防治情况交流方式。此后每年根据重要病虫发生情况召开1—3次协调会。

1992年、1993年四川省农业厅与四川省电视大学联合摄制电视片《农作物主要病虫害的防治》，在省内外发行2500套。1993—1997年四川省植保站组织棉花主产县完成“四川省棉铃虫综合治理”研究，组装配套“一避二控三防”的综防实用技术，5年间综合治理棉铃虫790万亩。1999年开始与四川电视台《金土地》栏目合作，系统开展电视预报，应用信息网络。1997年在稻瘟病系统控制中，改进病虫防治策略，采用区域防治对策，划分重（常）发区、中发区、轻发区，不同区域采用不同措施。重发区，选用不同抗源品种，多品种布局，狠抓预防措施，减少叶瘟发生；中发区，注意搭配不同抗原品种，每个品种不超过40%；轻发区，采取抗耐品种合理布局和健身栽培，一般不施药。1993—1996年全省累计用三环唑浸秧5270万亩，累计减少叶瘟发生面积6000万亩，节约防治费用11067万元。水稻主要病虫监控关键技术以及无公害稻米生产，获得四川省政府科技进步奖一等奖。

21世纪初，根据“水稻遗传多样性持续控制稻瘟病的理论和技术”在防治稻瘟病上开始进行示范，2002—2004年示范1479万亩，其中，2002年示范263万亩，2003年示范565万亩，2004年示范651万亩。2005年全省病虫发生面积1.45亿亩，防治面积1.38亿亩，占95.17%。当年全省出动车辆302辆次，机动喷雾器4010台，手动喷雾器10万余具，统一防治137.7万亩次，防效在90%以上，挽回粮食损失250万吨，其中水稻病虫防治面积占发生面积的83.8%，挽回粮食102万吨。

## 第三节　IPM培训与农户储粮

### 一、中国/FAO亚洲社区IPM项目与农作物IPM技术

1995年开始，实施联合国粮农组织农作物病虫害综合防治（IPM）项目，在国外专家的指导和帮助下，项目取得显著成效。一是培训一批人才。通过举办高级教师培训班培训教师骨干；举办农民田间学校培训农民；举办教师再培训班培训高级教师；举办农民带头人培训班培训农民带头人；建立社区IPM组织等一系列活动，影响带动广大农民实施病虫综合防治技术。二是总结出一整套适合中国实际的农民培训模式。该模式采用启发式、参与式、互动式等成人教育方法，结合成人受训者的记忆和心理特点，重需要，重实践，重技能，寓教于乐。三是扩大四川在该领域的国际影响。由于引进的国外专家多为国际知名专家，他们对四川IPM工作的肯定和高度评价扩大四川在IPM领域的国际知名度。

（一）制定政策

四川在实施IPM战略中，相继出台一些有利于IPM工作的相关政策法规。根据国务院《农药管理条例》精神，1999年8月，四川省人大常委会颁布《四川省农药管理条例》，其中第十九条规定，严禁在蔬菜、瓜果、茶叶和中草药材等作物上使用剧毒、高毒和高残留农药。第二十三条规定禁止销售农药残留量超过标准的农副产品。这使四川省生产和销售无农药污染IPM农产品有法可依。2000年四川省农业厅印发《关于禁止、限制使用剧毒、高毒、高残留农药的通知》，禁止或限制在蔬菜、瓜果、茶叶和中草药材等农作物上使用高毒、高残留农药16个品种，并重申国家已禁用的23个农药品种；2001年四川省人民政府办公厅印发《四川省人民政府办公厅关于发展无公害农产品的通知》；2001年7月1日，四川省质量技术监督局以地方标准颁布无农药污染IPM农产品产地环境、质量标准，以及水稻、茶叶、柑橘、蔬菜4种作物生产技术规程等6个标准。21世纪初，全省30多个市（州）、县（市、区）政府发文或发布通告，禁止或限制高毒、高残留农药的使用，一些地方制定鼓励农民和业主推广IPM技术，生产IPM产品的有关政策措施，为实施IPM战略提供良好而宽松的大环境。

（二）建立园区

通过在不同生态区建立IPM生态示范园区，把它作为集成和创新IPM技术的基点，向社会宣传

IPM 的窗口，开发 IPM 产品的基地，教育引导农民实施 IPM 的样板。1999 年后，在 50 个县市，建立 IPM 生态示范园区 100 个，面积 20 万亩，影响带动全省实施 1000 万亩农作物 IPM 技术示范区。

（三）培训技术

通过实施联合国粮农组织（FAO）IPM 培训项目，在国外专家的帮助下，到 2005 年，共举办高级教师培训班（TOT）6 期，培训教师骨干 216 人，举办农民田间学校（FFS）672 间，培训农民 19899 人，举办教师再培训班（RTOT）6 期，培训高级教师 180 人，举办农民带头人培训班（FTOT）51 个，培训农民带头人 1530 人，建立社区 IPM 组织 300 个，影响带动 20 万农民实施病虫综合防治技术。

（四）完善网络

主要包括四大体系，即 IPM 组织体系、IPM 培训体系、IPM 技术体系和 IPM 市场体系。组织体系，省上成立四川省 IPM 委员会，各级由政府牵头成立相应的组织机构。培训体系，则是以 TOT（RTOT、FTOT）—FFS—社区 IPM 组织的分级培训模式。技术体系，是以 IPM 示范园区为基地，以集成和创新 IPM 技术为重点，制定不同作物 IPM 技术规程。市场体系，一是一些地方通过建立民间、民营科技型协会——IPM 协会，将农民—技术人员—市场紧密联系起来，由协会组织 IPM 农产品生产和销售。二是在大中城市设立 IPM 农产品专卖店和在超市设立 IPM 农产品专柜。

（五）开发产品

主要产品包括：优质大米、菜油、水果、茶叶、食用菌、蔬菜等数十个品种。各地示范园区生产的 IPM 农产品在成都、绵阳等大中城市逐渐被消费者接受，并供不应求。如夹江县土门镇生产的无公害辣椒，加工成泡海椒，在成都市场上十分走俏。成都市龙泉驿区 2000 年 6 月下旬将示范园区生产的 5000 公斤无公害优质水蜜桃投放市场，并远销广州、深圳，深受消费者欢迎。马边县 2000 年示范园区生产无公害茶叶 29113 公斤，其中高档名茶 8500 公斤；2001 年春季生产的无公害茶叶 12 万多公斤，实现产值 400 万元。据统计，2001 年 26 个县建立 IPM 示范园区生产的优质大米、菜油、水果、茶叶、食用菌、蔬菜等数十个品种，产值 5000 万元。

## 二、农户安全储粮技术

在农业部和国家外专局的帮助支持下，四川省农业厅、四川省引智办于 1995 年通过联合国粮农组织（FAO）引进农户安全储粮技术项目。在 FAO 项目荷兰专家 Gerard G. M. Schulten 和印度专家 Vellanki 的指导下，通过中外专业技术人员的共同努力，完成以改进农户储粮装具为基础，储粮有害生物综合防治（IPM）为重点的技术引进项目。该技术解决农户储粮装具简陋、储粮有害生物（鼠害、霉变、虫害）危害严重的问题。1998 年四川农户安全储粮技术被 FAO 北京代表处评为优秀项目。1998—2000 年，国家外专局把农户安全储粮技术作为重点引智示范推广，并授予四川省植保站为“农业引智成果推广示范基地”。截至 2001 年底，已在 100 个县（市、区）修建示范砖仓 30 万个，仓容合计 100 万立方米，每年安全储粮达 10 亿公斤，年均减少粮食损失 0.75 亿公斤，取得明显的社会、经济和生态效益。

## 第四节 农田灭鼠

20世纪80年代后，农田鼠害日益严重，田间密度由原3%—5%增加到10%，局部地方30%—40%，水稻、玉米、小麦成熟期受害田块40%—50%，每年有3600万亩农田遭受鼠害，损失粮食12.5亿—15亿公斤。以黑线姬鼠为主要传播源的钩端螺旋体和流行性出血热病，曾于1987年流行波及南充、达县、万县、宜宾等地，有7万余人染病，数十人死亡。全省农田灭鼠分为3个阶段：

### 一、基础调查及技术摸索阶段

20世纪80年代中期，全省组织24个县开展农田鼠情调查，摸清农村害鼠主要种类、发生和危害情况，探索防治指标和适期。1984—1987年在彭山、新都、梓潼、资中、石柱设立监测点，结合全省普查，四川农田有啮齿动物1目3科15种，其中鼠科13种，仓鼠科1种、松鼠科1种，鼠科中的褐家鼠、黑线姬鼠、小家鼠、大足鼠和黄胸鼠为主要优势种，前两种在90%的农区均有分布，是农区的主要害鼠。每年6月和10月是害鼠数量高峰期，为猖獗危害时期，在鼠害损失粮食中，田间损失约占60%，储粮损失约占40%。经调查，初步认定农舍鼠密度3%，农田鼠密度5%为其防治指标和无害化标准；经过鼠药试验示范，筛选出溴敌隆、杀鼠灵、氯敌鼠钠盐等10余种杀鼠剂，大幅度减少毒鼠强、甘氟等急性剧毒剂的使用，该阶段全省每年灭鼠面积约900万亩。

### 二、农田灭鼠达标活动阶段

20世纪80年代末到20世纪90年代初，全省建立20个县为主的农田鼠情监测网，制定监测办法和考核制度，对监测站（点）实行定人员、定任务、定时间、定内容、定经费的“五定”管理。鼠情监测站（点）发布鼠情预报、指导大面积农田灭鼠活动，该阶段每年灭鼠面积在1500万亩以上。

### 三、集中统一灭鼠阶段

1993年后，全省将农田灭鼠作为一项综合减灾工程，在集中统一灭鼠中坚持“六统一”和“四不漏”。“六统一”即组织指挥、筹集资金、培训技术、供应鼠药、配饵投饵、检查验收六统一；“四不漏”即县不漏乡，乡不漏村，村不漏社，社不漏户和田。鼠药使用上，除大面积推广溴敌隆、杀鼠灵、氯敌鼠钠盐等抗凝血杀鼠剂外，1998年在部分地方使用7.5%杀鼠迷水剂和C型肉毒梭菌毒素等生物制剂灭鼠，其灭鼠效果分别为85%和80%，为后来全省推广使用生物制剂灭鼠积累经验，保护害鼠天敌，生态环境和人民身体健康，该阶段以县（市、区）为单位集中统一农田灭鼠，每年灭鼠面积约3000万亩。

2000年，由联合国粮农组织（FAO）立项，四川省农业植保部门具体实施“四川省农村鼠害控制项目”，采用菲律宾调查法和害鼠的年龄与繁殖状况的种群预测法，改季节性灭鼠（春、秋两季）为社区持续控鼠，提高灭鼠效果10%—20%；改裸露投放毒饵为置放毒饵站，采用竹筒毒饵站，避免非靶标动物和家禽中毒死亡；协调化学灭鼠与水体、鸟类保护的矛盾，大幅度减少投饵量（每公顷减少饵量 3 公斤左右)，降低成本，每户节约成本 10 元/年。该项目实施带动全省的农田灭鼠工作，2003 年中央和四川省政府拨款在全省推广该项技术，受益农户 160 万户。四川省农田灭鼠工作，因成绩突出，获得联合国粮农组织（FAO）2002—2003 年度爱德华·萨乌玛奖，这是中国首次获此殊荣。

## 第五节　化学除草

农田化学除草，是四川省植物保护工作的一个重要组成部分。全省粮、油、果、蔬农田草害十分严重，常年草害面积 11930 万亩，占农作物种植面积的 65%以上，其中严重草害 3850 万亩，每年因草害造成粮食减产 10%—20%。1986 年前，农田化学除草工作尚未开展，1986 年以后，该工作逐步在全省开展。1986—1988 年，省农业厅植保站在省农科院植保所、四川大学生物系支持下，承担省科委下达的“四川省农田主要杂草及防治技术研究”重点科研项目，组织全省 20 个市（地、州）的 49 个县（市、区）统一开展农田杂草调查，基本摸清四川全省农田杂草种类、分布与危害。同时，通过技术培训、项目管理、市场整顿和网络组建四个方面，开展除草剂的试验示范和推广。1986 年全省化学除草面积仅 822 万亩，此后每年化学除草面积以 15%—20%的速度增长，到 1991 年，全省化除面积达 1530 万亩。

20 世纪 80 年代后期，四川省参加农业部全国植保总站主持的“长江流域农田化学除草”，及农业部农药检定所主持的“长江流域冬油菜杂草化学除治”两个全国协作项目，推动全省农田化学除草工作。1986—1991 年全省植物保护系统开展技物配套服务共组织销售高效除草剂 1000 多吨，占全省总用量的 20%以上。随着农业生产不断发展和耕作制度的改革，免耕栽培小麦、油菜技术大面积推广、农田杂草的化学除治达标面积增大，难度增大，1998 年前全省化学除草面积仅达到发生面积的 55%左右。1998 年全省实施“农田无草害工程”，从冬季开始开展农田草害的综合治理：小春推广小麦、油菜免耕播前化除、稻草覆盖控草、后期茎叶挑治；大春推广水稻旱育茎叶化除、免耕播前灭茬，本田以苗压草。通过农田草害的综合治理，到 2001 年农田草害达标面积比上年减少 13.8%。

# 第三章　病虫害测报

## 第一节　测报对象和手段

### 一、测报对象

1986年，四川省主要围绕以粮棉作物主要病虫为对象开展预测预报，并着手对危害油、麻、蔗、烟、菜、果、药等作物病虫拟出简易测报办法，但受诸多条件限制，测报对象仍集中于水稻、棉花、小麦、玉米、红薯等粮、棉作物主要病虫。1991年在完成四川省水稻病虫测报综合区划后，全省重新调整布局区域病虫测报站和监测对象，同时把农田害鼠及农田杂草监测列入预测预报内容。1992年监测对象由20世纪80年代初期的33种病虫，扩大到病虫草鼠的54个对象。

**1989年四川省农作物病虫区域性重点测报站及其监测对象表**

表7-1

| 单　位 | 监测对象 |
|---|---|
| 垫江县植保站 | 稻二化螟、稻飞虱、稻纵卷叶螟 |
| 绵竹县植保站 | 油菜菌核病、黏虫、稻螟、稻苞虫 |
| 泸县植保站 | 稻二化螟、稻纹枯病、稻飞虱、柑橘病虫 |
| 双流县植保站 | 麦赤霉病、麦蚜、二化螟 |
| 资中县植保站 | 麦蚜、麦纹枯病、麦锈病、二化螟、甘蔗病虫 |
| 眉山县植保站 | 麦赤霉病、二化螟、三化螟、甘蔗病虫 |
| 江油市植保站 | 麦锈病、三化螟、稻苞虫 |
| 简阳县植保站 | 棉花害虫、柑橘病虫 |
| 仁寿县植保站 | 棉蚜、棉红蜘蛛、棉红铃虫、小地老虎 |
| 筠连县植保站 | 麦白粉病、黏虫、茶叶病虫 |
| 南部县植保站 | 麦锈病、麦白粉病、黏虫、稻飞虱 |
| 峨眉县植保站 | 黏虫、二化螟、茶叶病虫 |
| 蒲江县植保站 | 稻瘟病、柑橘病虫 |
| 达县地区植保站 | 稻纹枯病、玉米螟、三化螟、白叶枯病 |
| 喜德县植保站 | 麦蚜、黏虫 |
| 武胜县植保站 | 玉米螟、小麦纹枯、玉米纹枯、柑橘病虫 |

续表7-1

| 单　位 | 监测对象 |
| --- | --- |
| 忠县植保站 | 稻螟、稻飞虱、稻纵卷叶螟 |
| 剑阁县植保站 | 麦锈病、三化螟 |
| 秀山县植保站 | 稻飞虱、稻纵卷叶螟、稻螟 |
| 重庆市植保站 | 蔬菜病虫、柑橘病虫、麦赤霉病、麦白粉病 |
| 綦江县植保站 | 二化螟、稻飞虱、稻纵卷叶螟 |
| 成都市植保站 | 蔬菜病虫 |
| 大竹县植保站 | 苎麻病虫、稻瘟病、稻螟 |
| 雅安地区植保站 | 麦赤霉病、稻瘟病、黏虫 |
| 绵阳市测报站 | 麦锈病、三化螟、二化螟 |
| 乐山市五通桥区植保站 | 柑橘病虫、蔬菜病虫 |
| 南充市植保站 | 蔬菜病虫 |
| 汶川县植保站 | 黏虫、小麦锈病 |
| 乐至县植保站 | 二化螟、花生害虫、柑橘病虫 |
| 自贡市植保站 | 稻瘟病、蔬菜病虫 |
| 万县地区植保站 | 稻飞虱、稻纹枯、柑橘病虫 |
| 黔江县植保站 | 稻飞虱、稻纵卷叶螟、烟草病虫 |
| 荣县植保站 | 稻瘟病、稻螟 |
| 米易县植保站 | 稻飞虱、稻叶蝉、三化螟、甘蔗病虫 |
| 蓬溪县植保站 | 稻螟、油菜菌核病 |
| 叙永县植保站 | 稻瘟病、稻飞虱、黏虫 |
| 雷波县植保站 | 黏虫、麦锈病、麦白粉病 |
| 阆中县植保站 | 棉花害虫 |
| 江安县植保站 | 稻螟、稻纹枯病、柑橘病虫 |
| 资阳县植保站 | 麦蜘蛛、稻螟、花生害虫、柑橘病虫 |

## 二、预测手段

### （一）模式电报

1984年前收集地、县（区）以及重点乡（镇）群众测报站信息全靠电话和信件传递，费时耗资金。1984年根据农业部农作物病虫测报总站编制的测报对象，专用“模式电报”开始应用该技术，1988年先后组建黏虫、稻纵卷叶螟、稻飞虱、稻瘟病、小麦条锈病5个迁飞性害虫和流行性病害的“模式电报”，组织以30个重点测报站为骨干，6个常年黏虫测报站参加的共36个单位开展，受益面积1000多万亩。1988年后，先后编制棉花红铃虫、水稻螟虫、小麦蚜虫、油菜菌核病等对象的“模式电报”，开展单位增加到50个地、县站，受益面积1600多万亩。2000年以后，编制小麦的条锈病、叶锈病、赤霉病、白粉病、纹枯病、蚜虫和红蜘蛛的“动态模式电报”，使病虫信息更为标准化。

（二）电视预报

20 世纪 90 年代中期，少部分县利用电视宣传播送病虫发生、防治信息。四川省植保站于 1999 年开始与四川电视台《金土地》栏目合作，开展电视预报。2000 年，省农业厅与省政府救灾办公室就“电视预报”的开展与四川电视台达成协议，当年全省有 20 个重点测报站开展“电视预报”，通过电视全省共发播病虫预报 26 期，涉及稻、麦、棉、茶、果近 30 余种作物，省植保站一年内制作 4—8 个专题，或开设专栏、或插入新闻每天播报。2002 年，省植保站通过对 10 个县（区）22 个乡（镇）186 户农户的抽样调查，有近六成农户知道电视预报这个栏目，病虫预测预报成为农民获取植保技术的第二大信息来源。

（三）计算机信息网

2001 年，建立四川省病虫监控分中心，实施计算机网络建设，开通四川植保信息网，开展计算机联网、收集信息、计算机处理分析，2002 年，初步建成测报信息快速传递网络。21 个市（州）50 个重点测报站全部实现网上电子邮件传递病虫信息，当年省植保站共收集资料总结 1500 余份，其中电子邮件方式传递 720 份。

## 第二节　测报技术

1987 年初，全省统一采用“简易测报办法”，简化测报内容。1995 年，全省组织 10 余个单位进行稻瘟病简易调查方法研究，在保证稻瘟病叶瘟发生精度同时，减少调查时间三分之二以上。简易测报办法在不影响病虫调查资料质量的前提下，降低劳动强度。

1987 年，四川省植保站组织专家及测报人员，开展四川省棉红铃虫测报资料统计标准研究，1988 年棉红铃虫预测预报区划和资料统计标准研究结束，为棉虫的分区预报提供依据。

20 世纪 90 年代，全省各地在整理分析历史资料的基础上，利用相关系数筛选出相关因子，再建立回归预测模式，省、地、县开展病虫统计、预测模型的研制，具有代表性的是麦蚜超长期预报模型，稻瘟病长期预测模型，小麦赤霉病中、长期预测模型，物候学预测模型，稻苞虫长、中期预测模型，在预测发生期、发生量和发生程度方面，提高预测质量和技术。

1999 年，实施全国农作物重大病虫测报网络工程，改善区域病虫测报站的工作条件，每个重点站配备计算机。2001 年，四川省病虫监控分中心建成后，在原有主要病虫资料数据库管理系统基础上利用计算机连接网络登录四川植保信息网，在线数据库及时上传调查数据，应用地理信息系统处理软件和其他图像处理软件，以图文并茂形式在四川植保信息网上及时对外发布监测信息。

# 第四章 农药监督检验

## 第一节 机构设立

20世纪90年代后，四川省每年病虫草鼠防治需用农药5万余吨，70%农药来自全国27个省市的农药厂和国外近10家公司，四川省内农药企业100余家，大部分为20世纪80年代后期发展起来的小型农药加工、分装企业，生产技术设备落后，多数农药产品没有进行质量检定就出厂销售，分析方法或缺失或不准确，致使农药产品质量不高，甚至把假伪劣农药流向市场，危及生产，坑害农民。加强农药监督管理，提高农药产品质量和农药使用技术，是农业生产中重要环节。

1983年四川省农业厅开始筹建农药检定室，到1987年已初具规模，下设农药分析组和农药生测组，前者主要负责全省农药质量管理和化验，后者主要进行新农药的室内外药效生物测定、宣传和执行农药安全使用标准和开展农药抗性测定。1987年12月四川省农牧厅印发《关于成立四川省农药质量监督检验站的通知》，成立四川省农药质量监督检验站，1988年5月四川省农药检定所分析室正式通过四川省标准计量管理局的计量及机构认证。1990年5月经四川省编委批准于1991年1月正式成立四川省农药检定所，属省农业厅领导下的副处级事业单位。四川省农药检定所下设药政、生测、分析、残留4个室，主要负责全省农药管理，包括农药品种登记，预审、申报，农药产品质量监督检验，新农药室内外试验示范及农药残留分析测定。1990年12月，农业部质量监督司授权四川省农药检定所分析室为部级农产品质量监督检验测试中心，负责中国西南、西北地区农药生产及销售的农药产品质量监督检验测试，同年通过四川省标准计量局认证授权，其检测数据具有法律效力。

## 第二节 农药质量监测

1986年，四川使用133个有效成分的322个制剂中，近半数尚未制定出产品质量标准和分析方法，到2000年全省近20个农药生产企业生产和加工的杀虫剂、杀菌剂、除草剂、杀鼠剂、生长素剂和生物农药29个，制剂140个，31个农药品种中，已取得登记的有16个，尚有13个待登记发证。农药制剂中，已制定国家标准1个，部颁标准4个，其余均为企业或专业标准，当年共分析样品26个（14种农药），其中3个符合质量标准，17个样品有效成分不合格，6个样品为假药。另外多数农药的物理性能指标一项或几项达不到要求。

1988年6月至1991年9月底，检测样品480个，出具检测报告480份，样品合格率46.3%，不合格率53.8%。1993年全年检测样品460个，其中合格293个，合格率63.7%，不合格116个，不合格率25.2%，劣质样品24个，劣质率5.2%，假冒农药27个，假冒率5.9%。对比1992年，合格率下降10.7个百分点，不合格率上升1.6个百分点，劣质率上升1.8个百分点，假冒率上升4.7个百分点。所检样品杀虫剂占51.0%，杀菌剂占36.7%，除草剂占8.2%，生长调节剂占4.1%。

1996年，全省开展委托检测样品329个，合格率61.4%，不合格率13.13%，劣质率2.43%，假冒率3.045，以国产农药品种假冒进口农药现象有明显减少，但以甲氰菊酯冒充灭扫利，以双爱士冒充来福灵仍突出。2004年，按照农业部《2004年全国农药市场产品质量和标签抽查实施方案》要求，抽查2家农药企业9个市县的20个经营单位生产、经营的农药，抽查农药样品53个，其中17个不合格，不合格率占32%，抽查农药标签300个，合格152个，合格率50.7%，不合格148个，不合格率49.3%。全年农药质量样品检测240个，合格率67.9%，其中已登记农药质量检测60个，合格率95%。

## 第三节　农药执法

20世纪90年代，四川省农业厅配合协助四川省技术监督局、四川省工商行政管理局等执法部门，开展市场农药抽查，为查处提供可靠公正数据和法律依据，定期和不定期报送质检统计报表，通过《质量情况分析》简报，为省技术监督局掌握农药质量动态提供依据，配合执法部门查处案件并为其提供咨询，市场农药质量检测开展打击生产、销售、假冒伪劣农药，使全省农药产品质量逐步提高，遏制杜绝假冒国外农药产品和商标的现象。

1996年，配合省政府执法部门开展质量监督，为技术监督部门和工商执法部门检测样品29个，配合国外农药公司制止假冒产品。2001年在市场执法“打假扶优护农”活动中，组织执法人员检查农药商家、查处违法违规案件、吊销执照、关闭非法企业、处理药害事故。该年全省有农药行政综合执法单位65个，执法人员1030人，其中专职435人，兼职595人，到年底共开展执法检查6124次，检查农药商家28625个，农药产品137823批次，查处违法案件3521件，没收假劣农药44.29吨，罚款金额110万元，关闭非法企业6家。同年5月，根据各地举报重庆国威农药有限公司的农药产品涉嫌违法，四川省农药检定所在农牧综合市场查到该公司的农药产品有的擅自使用商品名，有的假冒其他企业的农药登记证，有的为伪装农药登记。同年7月，成都市农药执法大队在温江查获该公司生产的有效成分含量不足甚至为零的劣质农药，为四川省工商部门提供查处依据。2002年对川东、川北、川西主要农药销售集散地和部分企业抽查质量，检查20个市（地）158个县共检查商家2.31万家，共查农药12192吨，其中违法产品4765吨，占39.08%，涉及企业1038家，同时进行剧毒鼠药的专项治理。2004年4月，四川省农业厅法规处、四川省农药检定所和成都市农牧局联合对成都市龙舟路农牧综合市场、五块石农牧综合市场进行春耕备耕农资打假执法大检查，共查农药经营户90余户，涉及品种500多个，查处涉嫌违规商家9家。

## 第四节　农药残毒、残留检测

农产品是人们日常生活的必需消费品，但是，在生产过程中，使用高毒、高残留农药以及不合理施药，造成化学农药污染严重，农药残留超标，人畜中毒时有发生，农产品出口受阻，生态环境严重破坏。控制、减少农药残留、残毒，日益重要和迫切。

1997年后，在控制农产品农药残留采取以下措施：一是实行农药市场准入制度，对进入四川辖区推广应用的农药新品种实行核准制度，凡不符合无公害农产品生产要求的高毒、高残留农药不予审批销售，适时向社会公布农药产品的禁用范围和替代品种，农药使用高峰期开展“打假扶优护农”活动。二是推广病虫综防技术，指导无公害农产品生产。三是加强无公害生产基地建设。四是建立标准体系，开展农药残留全程监控，制定全省主要农作物病虫综合防治（IPM）技术规程，制定农药最高残留限量、检测方法和国家标准和行业标准。

2001年，公布22种国家禁止生产、销售、使用的农药和16个四川省禁止、限制使用的农药。2002年全面开展农药残留、残毒检测，实施农业部“无公害食品行动计划”，扩大检测范围和数量，全省新增8个速测点，全年检测蔬菜残毒样品3000余个，近20个品种其阳性率8.7%，对申报的358个无公害农产品生产基地和237个农产品主要农残指标进行检测，同时开展农残仪器检测，将农残分析从定性测定上升到定量测定。2003年检测蔬菜残留6批次，其中阳性数150个，阳性率4.0%，比上年度降低4个百分点。抽检样品中，蔬菜市场的1716个样品阳性率6.6%。根茎类蔬菜阳性率比叶菜类低，检测蔬菜、水果、茶叶，抽检生产基地，一般产地和市场三类型样品，按照国家标准统计，蔬菜总体残留超标率14.0%，同比降低近13个百分点；水果总体残留超标率3.8%，同比降低14个百分点；茶叶总体超标率，不论蔬菜、水果、茶叶其样品残留超标率均按基地、一般产地、市场依次增加。

# 第五章 植物检疫

1986—2005 年，四川植物检疫体系日益完善。2005 年，省植检站有博士、农技推广研究员、硕士研究生、高级农艺师、农艺师等学位职称的在职植检人员 16 人，全省 21 个市（州）、171 个县（市、区）农业（牧）局植检站（植保植检站）中有专职植物检疫员 927 人，聘用兼职检疫员近 1000 人。1988 年，国家农业、财政、物价、商业四部局印发《关于加强国内植检收费管理的规定》《调整国内植检收费标准的通知》，各级植检机构对植物检疫实行收费管理。

1992 年，四川省农业厅对植物检疫证书签发、填写、领取、保管等作出规定。2001 年，在绵阳市、德阳市等植检机构试点探索基础上编制《四川省植物检疫计算机出证实施方案》。2004 年，省植检站在全国同系统率先推出植物检疫计算机管理平台，实现对植物检疫签证与管理、植检工作动态、疫情信息、资料储存等多功能开发应用。

## 第一节 法规建设与行政执法

### 一、法规建设

1988 年、1992 年、1993 年，全省进行 3 次植物检疫法规宣传。1997 年 8 月 19 日，四川省第八届人民代表大会常务委员会第二十八次会议审议通过《四川省植物检疫条例》，同年 9 月 6 日公布施行。条例对四川植物检疫机构职责、检疫范围、植物检疫对象的划区、控制扑灭、产地检疫、调运检疫、奖励与处罚等作出规定，这是四川植检史上首次以省人大立法颁布的植物检疫法规。2003 年，为加强植检工作规范管理，编制《四川省农业植物检疫工作规范》，同年 5 月 1 日起在各地植检机构中试行。全国农技推广服务中心将上述规范印发全国试点省、市。2004 年，新编制 DB51/T 376-2003《玉米弯孢菌叶斑病检疫及处理技术规程》、DB 51/447-2004《柑橘溃疡病检疫鉴定标准》等 7 项地方标准。同年省植检站制定《四川省农业植物检疫有害生物应急封锁扑灭控制预案》，后由省政府批准列入政府预案。

### 二、行政执法

行政执法主要从 20 世纪末 21 世纪初开始。2002 年，全省 21 个市（州）开展植物检疫行业整顿大检查，对少数违规签证收费、搭车收费、签证不规范等行为进行纠正和处理。2004 年 6 月，省农业厅向各市（州）农业（牧）局发出《关于认真贯彻行政许可法，切实做好植物检疫行政许可工作的通知》，通知规定农业植物检疫行政许可：调运检疫、产地检疫、国外引种检疫审批和非疫区进行检疫对象研究的审批，明确除国务院法规、地方性法规和省人民政府规章规定外，其他自行设立的农业植物检疫行政许可全部废止，规范农业植物检疫行政执法主体和农业植物检疫行政许可管理工作。同年，省农业厅纪检组、计财处、植检站等组成工作组，抽查8个市（州）、19个县（市、区）植检机构贯彻执行行政许可法和检疫员着装等情况，规范植物检疫工作。

## 第二节　产地检疫与市场检疫

### 一、产地检疫

1986年后，省农业厅植检站按照相关国家标准、地方标准，对杂交水稻、玉米、棉花制种地等实施产地检疫。1992年、1993年，省植检站组织专职检疫员11批、150人次到四川水稻、玉米南繁基地海南省产地检疫，检查59个制种单位、738.4亩水稻、玉米基地，查出11个单位水稻制种田有水稻细菌性条斑病发生，防止病田稻种运回省内，从源头上阻截水稻细菌性条斑病等检疫对象随种子传入。

1996年，省农业厅同省工商行政管理局发布《四川省农作物种子苗木检疫管理办法》，对从事农作物种苗繁殖材料的生产及经营单位，实施植物检疫申请注册登记制度以及检疫权限分级管理：省植检站管理中央和省管属的单位，属市（州）县（市、区）管属的分别由隶属行政管辖的植检机构管理。省植检站实施水稻、玉米、棉花、蔬菜等种苗产地检疫3006亩。2001年，为贯彻国家《中华人民共和国种子法》，省植检站就产地检疫合格证、签发管理、编号等作出统一规定。2004年，全省植物检疫登记975户种苗生产经营单位。2005年全省产地检疫稻、麦、玉、油作物制、繁种11.44万亩，检疫无疫合格种子2185.4万公斤。

### 二、市场监督检查

21世纪以前主要以产地检疫为主，此后，在“堵源头”的同时开展本地市场检查。2003年，达州、巴中、汉源、米易、宜宾等市、县（区）进行市场监督检查，植物检疫登记注册1970家种苗、花卉经营单位（个人），检疫检查4196批次，查出违规苗木17批次，依法没收苗木37400株。2004年，中国第六届花博会期间，省农业厅与省林业厅组成联合检疫工作领导小组，对来自39个国家（地区）、31个省（市、自治区）、709家参展企业的植物及其产品进行植检证书查验、补检、复检。2005年，组织全省市场执法大检查，查处56家种子生产经营单位（个人）违规行为。通过市场监督检查，使农业植物检疫法规政策得到广泛宣传与普及，公众自觉遵守植物检疫法律法规的意识得到明显提高，有力地推进四川省植物检疫规范化管理，保护全省农业生产安全。

## 第三节 调运检疫与公路检疫检查

### 一、调运检疫

1989年，省农业厅、省林业厅、省交通厅、省邮政管理局、民航西南管理局、成都铁路局联合印发《关于加强我省农业植物及植物产品调运检疫的通知》，进一步明确部门间在调运检疫工作上各自职责和相互关系，各地认真贯彻执行。1990—1994年，全省调运检疫303197批次，种子及植物产品281807公斤，苗木25931.35万株，截获带检疫对象34批次。1996年，省农业厅制定《四川省间调运检疫管理办法》，全省按此项规定执行。

### 二、公路检疫检查

1992年2月，省政府批准59个植物检疫检查站，省农业厅制定《四川省植物检疫检查站工作规则》。据1993年36个检查站7个月的统计，查出无"植物检疫证书"、无效证书的批次和数量分别占查总批量次的76.9%和57.8%，截获带有柑橘大实蝇，柑橘溃疡病、马铃薯癌肿病的产品22批次。1996年，贯彻国务院"治理三乱"通知，59个植物检疫检查站按规定予以撤销。1999年8月，省政府批准设立广元市朝天区等11个季节性植检检查站，检疫20多个省（自治区、直辖市）、600多个县（市、区）、200多种植物及产品。2002年12月3日，根据省政府办公厅《关于撤销公路植物检疫检查站和烟草检查站的通知》，各植物检疫检查站撤销。

## 第四节 检疫性有害生物调查与防除

### 一、柑橘溃疡病

1986年，省农业厅制定《四川省根除柑橘溃疡病实施要点》《四川省根除柑橘溃疡标准和检查验收办法》。1995年，常发病的泸县、富顺、永川等14个县（区）、83个乡镇、585个病点实现根除达标。1995年，乐山市查出从福建省引进的琯溪蜜柚穗条带柑橘溃疡病。绵阳市、成都市相继在市场查出来自广东省、广西壮族自治区柑橘鲜果带有柑橘溃疡病，各地根据省政府办公厅"全省开展柑橘溃疡病大检查"特急传真开展调查，据统计，30个县（市、区）市场上均有柑橘溃疡病病果销售，全省依法对95万公斤病果进行销毁。

1996—1997年，全省普查查出24个市、县（市、区）、121个乡镇已定植成幼年树38.58万株，苗木36.43万株带毒，销毁发病的11个县（市、区）病树苗1.80万株。2001年，对21个县（市、区）、52个乡镇、82个村449个社，成幼年病树19.5亿株，苗木1501.7万株，全部进行销毁处理。2002年，盐边县发生柑橘溃疡病事件，成年柑橘病树2900多亩，病株率70%，销毁柑橘11.47万株。2003年，省植检站制定《四川省控制柑橘溃病实施方案》；2004年，各地销毁病苗800余万株；

2005年，销毁病苗、可疑病树120余万株。通过多年的防控，柑橘溃疡病在全省仅有零星发生。

## 二、柑橘黄龙病

20世纪80年代后，全省采取砍烧病树，施药防治传毒木虱，严禁病苗外出等检疫措施进行防除。1993年，省农业厅召开防除柑橘黄龙病工作会，推广繁育无病优质苗木，建立无病区等措施。1992—1995年，病区砍烧病树7万余株，防治木虱400多万株，种植无病优质柑橘苗5000万株，新建3个无病柑橘园。该病现只局限在四川安宁河流域零星发生。

## 三、马铃薯癌肿病

1987年，美姑县对自荷兰引进的8个薯种进行田间抗病实验。1989年，农业部检疫实验所提供脱毒、复壮微型薯生产技术和抗病无毒良种试管母株进行繁殖应用。1990年，在国家计委和农业部支持下，在西昌市建立马铃薯良种脱毒中心。1992—1993年，美姑、昭觉两县建立抗病脱毒种薯繁殖基地、繁育原种和一代种。1994年，省植检站获得农业部"推广抗病脱毒良种为主的马铃薯丰产栽培技术"丰收一等奖。截至2000年底，在凉山州、甘孜州的15个县建立脱毒薯繁育网室，在病区全面推广抗癌品种，亩产量增长33%，该病在生产上没有造成危害，为民族地区粮食增产奠定基础。

## 四、美洲斑潜蝇

1994年10月，在重庆市歌乐山发现美洲斑潜蝇，1995年全省调查有19个市（地、州）、95个县（市、区）发生美洲斑潜蝇、南美斑潜蝇。1996—1997年，按照省政府办公厅《立即开展控制和防除美洲斑潜蝇工作的通知》《加强斑潜蝇疫情监测防除工作的紧急通知》，农业部、四川省财政厅分别下拨紧急疫情防除专款，实施药剂防治、黄板诱杀、稿秆处理、摘除老叶、脚叶等综防技术，防治面积70多万亩，减少经济损失6000多万元。到2004年，该虫没有对农业造成危害。

## 五、假高粱

1989年4—5月，从上海发运到四川的来自美国、阿根廷进口小麦3.4万吨，发现带有国家禁止传入的植物检疫对象假高粱和有毒杂草曼陀罗。5月26日，省农牧厅、省粮食局根据省政府批示，制定具体方案，按操作程序监督处理该批小麦。

## 六、菟丝子

1986—1988年调查，危害大田作物的有中国菟丝子、南方菟丝子和单柱菟丝子3种、分布区域有6个市（地）、27个县（市、区）、255个乡，南充市菟丝子分布最广，危害最大，使莱豆减产40%。

## 七、柑橘大（小）实蝇等

1983—1984年，省植检站首次发现蜜柑大实蝇，分布在屏山、叙永、雷波等县。1987—1989年，洪雅、夹江、沐川、犍为、彭山等6个县（市、区）、15个乡、10个村37个果园发生柑橘大实蝇。1991—1995 年，省植检站在攀西地区的梨、桃、芒果、苹果调查中发现柑橘小实蝇，主要分布在攀枝花市仁和区、盐边、米易、屏山、德昌、普格、盐源、会理、西昌 9 个县（市、区）。2002 年，泸州市龙马潭区、南充市嘉陵区、西昌市发生蔗扁蛾，全部铲除。2001 年 9 月，在攀枝花市红掌根和根际介质中发现香蕉烂根病，全部扑灭。2003 年，全省 5 个市（州）、14 个县（市、区）发生玉米弯孢菌叶斑病，通过防除，有效控制该病害。

### 八、有害生物疫情普查

2000—2003 年，全省开展有害生物疫情普查，普查范围覆盖全省 21 个市（州）、176 个县（市、区）、4980 个乡镇，占全省乡（镇）总数的 98.7%；普查总面积 12780 万亩，占农作物播种面积的 28.0%。普查作物种类有粮食、经济、仓储、水果、花卉、蔬菜、牧草、杂草等 108 类（种）。在要求普查的重点农业植物有害生物 279（278+紫茎泽兰）种中，有 88 种在四川有发生分布，其中昆虫、螨、软体动物 42 种，真菌 19 种，细菌 11 种，病毒 5 种，线虫 7 种，杂草 4 种。在 278 种农业植物有害生物中检疫性有害生物 44 种，包括国家入境一、二类对象 7 种、全国检疫对象 12 种、四川省补充检疫对象 4 种、其他省补充检疫对象 25 种，普查还查明 7 种有害生物在四川省属近年新发生，它们是香蕉烂根病、北方材小蠹、蔗扁蛾、大爪草、玉米细菌性基腐病、紫茎泽兰、罔草。

## 第五节　引种审批、检疫检测设施

### 一、境外引种审批

根据农业部 1990 年《关于加强农作物种子进口管理通知》、1992 年《国外引种检疫审批工作的补充规定》和 1993 年《国外引种检疫审批管理办法》，省植检站加强境外引种审批工作管理。1992 年审批办理自日本、美国等国家和中国台湾引种审批 57 批次、种子 1027.6 吨，苗木 210.4 万株。

2001 年严格执行境外引种审批程序，审批自德国、美国、菲律宾、墨西哥、丹麦、叙利亚、韩国、法国、澳大利亚、意大利、波兰引进的粮、油、豆、蔬菜类、花卉类、牧草类、果树、中药材等 72 批次，其中种子 52 批次 8183.57 公斤，苗木 20 批次 54500 株。经隔离试种，进行疫情监测，未发现检疫性有害生物危害。2002—2003 年，审批自美国、日本、澳大利亚、荷兰、墨西哥、意大利、比利时、韩国、德国、叙利亚等 10 多个国家和地区引进的植物种子、苗木 160 批次，其中种子 72 批次 9676.11 公斤，苗木 88 批次 54355 株，经隔离场试种检疫，未发现检疫性有害生物危害。2004 年审批自意大利、日本、澳大利亚等国家和地区引进的植物种子苗木 51 批次，其中种子 16 批次 4689.02 公斤，苗木 35 批次 2310 株，进行隔离场试种检疫监测。2005 年，审批自日本、澳大利亚等国家和地区的粮食、花卉、药材、蔬菜等种子、苗木 87 批次，其中种子 37 批次 4000 公斤，苗木 50 批次 800 余株，进行隔离试种疫情监测。

### 二、检验检测与监控

1986 年后，省植检站实验室设备、设施逐步充实改善，检测手段日趋先进，酶联免疫、血清学、生物学鉴定检测、脱毒、组培等先进技术逐渐运用。1999年，农业部建立四川省区域重点植物检疫实验室。2001年检测鉴定各地送检样品618批次，检测脱毒马铃薯原原种和原种样43个，生产马铃薯脱毒小薯15.5公斤，生产脱毒草毒原原种20多万苗，血清学检测马铃薯脱毒材料20个。2000—2003年，农业部在四川建立四川区域植物检疫隔离试种场，省植检站与全国农业推广服务中心植检处合作编制境外引种植物隔离检疫规程。2003年，对自境外引入的紫花苜蓿等4批苗木按规程进行隔离检疫试运行。2004年，检出自荷兰引入茄子砧木品种带有烟草环斑病毒，按规定予以销毁处理。

### 三、植检科技研究

1986—1991年，与西南农业大学合作，应用酶联免疫检测技术进行柑橘溃疡病、水稻细菌性条斑病鉴定检测技术研究，至2005年底，通过国家、省部级、厅局级科管部门立项进行科学技术研究26项，研究成果获得省部级科技进步一、二等奖8个，厅局级科技进步一、二等奖11个。

## 第六节　对外植物检疫

1985年，四川省机构编制委员会批准中华人民共和国农业部成都植物检疫站在原7名编制基础上，新增编制13名。1988年更名为中华人民共和国农业部成都植物检疫所，1993年4月四川省政府决定，中华人民共和国农业部成都植物检疫所，与中华人民共和国农业部成都动物检疫所合并为中华人民共和国成都动植物检疫所，由国家动植物检疫总所管理。

1986—1993年，中华人民共和国农业部成都植物检疫所与四川省农业厅植物检疫站实行两块牌子、一套人员，开展对外、对内业务。其间，举办3期共220余人出入境植物检疫报检员培训。对62家省、市外贸、独资、合资企业颁发进出境植物检疫检验注册登记证明书，检疫出口到美洲、欧洲、亚洲25个国家（地区）植物、植物产品及其他应检疫物16643批次，无一起检疫事故和纠纷发生。检疫检验自美国、日本、法国等15个国家和中国台湾进口（入境）优良植物及其产品195批。在双流国际机场入境旅检疫检验3057次航班，共27万人次。

1987年4月，检出自日本入川樱花树苗带根头癌肿病，病株率73.3%，按规定予以销毁。1989年，检出自法国引进小刀豆在试种期有四川尚无记载的豆秆果潜蝇，全部予以销毁。1993年，对自荷兰进口康乃馨苗，带有中国尚无记载的香石竹萎蔫病，省植检站按有关规定全部销毁；1993年，在双流国际机场旅检中检出中国台湾旅客携带的柚子中带有寡毛实蝇，全部予以销毁。1992年4月1日起施行《中华人民共和国进出境动植物检疫法》。

1997年，对外植物检疫职能划入成都市动植物检验检疫局，此后与卫生检疫、商业检疫合并，成立四川省出入境商品检验检疫局。

# 第八篇 农村经营管理

20世纪90年代至21世纪初，四川农村经营管理工作，重点是完善土地承包、减轻农民负担、管好农村财务和农村集体资产、清理整顿农村合作基金会等工作，落实党和国家农村政策，保护农民合法权益，调动农民积极性。

# 第一章 村社财务管理

## 第一节 机构变迁

1980年后，随着农村经济体制改革，原对农村经济组织计划、劳动、财务、物资的四大管理转变为主要实行财务管理，管理人员逐渐减少。据2001年底统计，全省有市（州）级农经机构24个，其中行政机构11个；县（市、区）级农经机构190个，其中行政机构96个；乡镇级农经机构4663个，未建机构的乡镇为260个。全省有农经干部15494人，其中国家干部13852人；中专以上学历11304人，占总人数的73%。据2005年底统计，全省有村社会计60788人，其中村会计57244人，占84.29%，平均每村0.97人；组会计9544人，占18.62%；已取得会计证书的41320人，占总数的67.97%。学历结构，初中以下学历36160人，占59.49%；高中学历19395人，占32%；中专以上学历5233人，占9%。

## 第二节 财务管理

### 一、管理方式变革

1980年前，农村实行公社、生产大队和生产队三级所有，以生产队为基本核算单位的制度，由生产队统一经营、统一管理。20世纪80年代初，实行家庭联产承包责任制后，村社财务管理重点转移到对提留统筹款的提取使用和承包合同兑现等，会计实行统一核算和分散核算相结合的两级核算方式。凡是村社集体经济组织发生的收支、结算、分配的会计事项，要按照村集体经济组织会计制度核算，其所属的各承包单位（包括农户、事业单位）发生的经济业务记入村合作经济组织账户，由其单独核算。村办和村民小组兴办的各类企业按乡镇企业对待，执行企业会计制度。2002年后，随着国家农村税费改革等一系列惠农政策的实行，农村财务管理的内涵、对象、形式、内容、重点也随之发生改变，管理的重点为财政转移支付资金、农村集体经济组织经营活动取得收入和村“一事一议”筹资的管理和使用。

### 二、村社集体经济组织会计管理模式

农村实行家庭联产承包责任制前，四川大部分地区采取一个生产队设置一名会计、一名出纳的

组织形式，会计人员通过社员选举产生。实行家庭联产承包责任制后，农村大部分生产队或撤销或职能转化，一般以村（行政村或自然村）为单位形成具有社区性、综合性特点的集体经济组织。为适应这种变化，20世纪80年代初，很多地方改革会计管理体制和组织形式，由原来一个生产队设一名会计改为几个队设一名专业会计，实行会计专业化。有的地方在村一级建立会计组织机构，有的称会计组、有的称会计室。此后，各地在总结会计专业化经验的基础上，以乡或村为单位成立农经（或会计）服务组织，把会计纳入到整个农经服务体系中，使会计由专业化向社会化方向发展。

实行家庭联产承包责任制后，村社集体经济组织会计核算的层次增加、形式多样化，核算的内容大量增加，核算方法更加多样化，收益分配核算更为复杂。20世纪90年代开始，四川农村集体财务会计模式主要有以下几种类型。

（一）村社账务自行管理

村集体经济组织按照《村合作经济组织财务制度》和《村合作经济组织会计核算》的规定配备会计员和出纳员，进行村社会计核算和管理。全省实行这种管理模式的乡镇约2200个，占乡镇总数的43.4%，涉及的村约2.6万个，占村总数的47.5%。

（二）实行村账乡管或委托代理

20世纪90年代末，安岳县、巴中市巴州区等县（区）大胆改革农村财务管理办法，逐步探索出“村账乡代管”方式，在保障村社合作组织资产所有权、使用权、审批权和得益权不变，基本核算单位不变，债权债务关系不变，经营自主权不变，监督管理机构不变“五不变”的前提下，乡镇农经站接受村社合作经济组织的委托，对村社财务统一做账，对集体资金统一代管。2005年底，全省实行村账乡代管的乡镇1358个，占全省总乡镇数的27.92%，涉及村数18567个，占全省总村数的35.03%。

（三）实行会计委派制

20世纪90年代后期，部分地方推行“村社会计委派制”，如梓潼县、邻水县、成都市武侯区等。主要做法是：利用农经人员会计业务熟、懂管理的特点，通过考试招聘专业会计，村合作经济组织定期将村社发生的会计凭证交乡镇农经站指派的会计人员做账，村社不设专职会计。全省实行会计委派制的乡镇76个，涉及村数956个。

（四）农村财务会计电算化

2001年后，成都、绵阳、内江、南充、遂宁等市以及温江、射洪、邻水、安县、苍溪等县率先进行农村财务管理电算化试点，大大提高村社财务的管理手段和工作效率。

## 三、会计核算

1982年，财政部、农牧渔业部和中国农业银行制定《农业社队会计制度》，对农业社队的会计科目作统一规定，以便核算资料的综合汇总与分析利用。随着农村经济管理体制改革的深入，1988年农业部重新修订《农业社队会计制度》，将合作经济组织会计科目分为两大类：一类是资金占用类；一类是资金来源类。记账方法由钱物收付记账法改为借贷记账法，收入支出的确认采用收付实现制。1996年，农业部、财政部制定《村合作经济组织财务制度（试行）》《村合作经济组织会计制度（试行）》，规定村合作经济组织会计科目共30个，分为四大类：一类是资产类，设置13个科目；二类是负债类，设置4个科目；三类是所有者权益类，设置5个科目；四类是损益类，设置8个科目。记账方法一律采用借贷记账法。收入支出的确认采用权责发生制。会计账簿设置四大类，即现金日记账、存款日记账、总分类账和各种必要的明细分类账。会计报表包括科目余额表、收支明细表、资产负债表和收益分配表。2004 年，财政部对村集体经济组织会计制度进行修改，制定《村集体经济组织会计制度》，规定村集体经济组织会计科目为 33 个，分为五大类：一是资产类，设置 13 个科目；二是负债类，设置 6 个科目；三是所有者权益类，设置 4 个科目；四是成本类，设置 1 个科目；五是损益类，设置 9 个科目。记账方法和会计账簿、报表种类未作修改。

### 四、财务管理的实施

（一）管理内容的嬗变

实行家庭联产承包责任制前，村社财务实行"三级所有、队为基本核算"单位的制度，农户除少量的自留地属于自己单独经营单独核算外，其他经营活动由生产队统一经营、统一核算，因此，村社财务管理的内容量大、面广。实行家庭联产承包责任制后，村社财务的内容发生较大变化，主要包括以下几项内容：1. 现金管理；2. 银行存款管理；3. 产品物资管理；4. 固定资产管理；5. 有价证券管理；6. 财务收支管理；7. 财务报表和财务档案管理；8. 财会人员管理。村社集体经济组织的财务管理工作采用民主理财、财务公开的原则。

2002 年国家税费改革后，中共四川省委办公厅、四川省人民政府办公厅印发《关于印发农村税费改革试点工作配套文件的通知》，其中《四川省村级集体财务管理办法》对村级集体财务管理的主要内容明确为"农业税附加、农业特产税附加，村级'一事一议'筹集的劳务和资金，集体资产承包、租赁、拍卖收入、村级企业上交收入，征用土地补偿费，上级部门专项拨款和补助费，清收的村提留尾欠款，村公积金、公益金和其他村集体资金"。

（二）财务清理与审计

1986 年，四川村社进行财务清理，许多地方还清理多次，但财务管理混乱问题仍未根本解决。为此，各级村社财务农业主管部门多次发文，制定完善若干制度，采取多种措施加强村社财务管理。到 1993 年底，全省建立农村合作经济组织审计事务所（含分所或办事处）57 个，配备专兼职人员 5000 人，其中专职审计员 105 人，对 4.55 万个单位进行审计，审计金额 22 亿元，查出违纪单位 2800 个，违纪金额 7800 多万元，挽回经济损失 2400 多万元。

1996 年，四川省农业厅印发《关于开展农村财务清理工作的通知》，各地再次对农村财务进行全面清理，摸清集体资产家底，理顺农村财务关系，建立健全财务管理制度。2000 年，四川省农业厅印发《四川省村社集体财务管理办法（试行）》，明确规定村社财务管理的对象为"凡属于村社集体所有的一切财务收支"，其管理范围主要有提留、统筹，集体荒山、荒坡、山林、堰塘、林场、果园等承包、租赁、拍卖收入，村社企业上交收入，征地、占用土地补偿费，上级部门专项拨款，清收的村提留尾欠款，原村社公积金、公益金等。要求重点加强货币资金、票据、应收款项、存货、固定资产等的管理；同时规定集中办公制度，要求集中办公与日常记账相结合。2001 年，省政府颁发《四川省农村集体资产管理办法》，省农业厅印发《四川省农村集体资产所有权界定暂行办法》，对集体财产的范围多次予以明确。

（三）民主监督理财

四川大部分村社建立民主理财小组，其成员由村社成员大会选举产生，由 5—7 人组成。民主理财小组有权监督财务制度的实施情况，重点对财务计划、收益分配方案、公积金、公益金、福利费的提取和使用，“两工”（劳动积累工、义务工）使用、管理人员工资和奖励支付情况，承包合同及其他经济合同的执行和实施情况进行检查；检查现金、银行存款、物资、产成品、固定资产的库存情况；检查会计账目。按月或按季审查公布收支明细情况及有关账目，年终进行全面的财务审计或检查、清理。

（四）村社财务公开

1997 年，农业部、监察部印发《村集体经济组织财务公开暂行规定的通知》。1998 年，省委办公厅、省政府办公厅印发《关于认真贯彻落实中办发〔1998〕9 号在全省农村全面推行村务公开和民主管理制度的通知》。村社集体经济组织实行财务公开制度，财务公开包括：1. 财务计划；2. 各项收入；3. 各项支出；4. 各项财产；5. 债权债务；6. 收益分配；7. 农户承担的集资款、水费、电费、劳动积累工、义务工及以资代劳等情况。村集体经济组织在年初公布财务计划，每月或每季度公布一次各项收入、支出情况，年末公布各项财产、债权债务、收益分配、农户承担的集资款、水费、电费、劳动积累工、义务工及以资代劳等情况。

2002 年税费改革后，全省农业和农村经济发展进入新阶段，农村财务管理面临一些新问题，合乡并村过程中平调集体资产、乱批乱占集体土地、不良债务蔓延、集体企业改制中股权混乱等现象时有发生。村社财务公开的重点围绕集体土地征用、变卖、出租，集体企业改制，干部报酬，大额举债，大、中型固定资产的变卖和报废处理，“一事一议”等重大事项的公开，各项收支、上级拨款等的公开。财务公开主要包括：1. 村民理财小组成员及职责；2. 年（季）度财务计划；3. 各项收支情况；4. 债权债务情况；5. 收益分配情况；6. “一事一议”决定向农户筹集的劳务和资金收支使用情况；7. 水、电费等收支使用情况；8. 需要公开的其他内容。据 2005 年 5 月摸底调查，全省村级财务公开的村有 52847 个，占调查的 99%，其中一般公开的村 16052 个，占调查村的 30%；规范公开的村 36795 个，占 69%。利用电算化软件生成内容的村 800 多个。没有公开的村 715 个，占 1%。

## 第三节　农村集体资产清产核资

1998 年初，四川省农业厅牵头，历时一年半时间，在全省 21 个市（地、州）开展农村集体清产核资。共清查 3786 个乡级单位，53302 个村。截至 3 月底，全省村社集体资产（不包括集体所有的土地、山林等资源性资产）总额达 196.1 亿元。其中：流动资产 47.4 亿元，长期投资 21.1 亿元，固定资产 126.2 亿元，其他资产 1.4 亿元。村平拥有集体资产 36.8 万元。全省村社集体经济组织负债 33.8 亿元，村平 6.3 万元。其中，短期借款 7.8 亿元，长期借款 7.9 亿元，应付款 14.9 亿元，其他负债 3.2 亿元。全省村社集体经济组织待界定资产 24.9 亿元，其中待界定农村集体资产 23 亿元，分别占 12.8%和 11.7%。该次清产核资，基本查清全省农村集体资产、界定产权、核实资金、完善制度。同时，也了解到农村集体资产存在流失严重、产权纠纷增多、立法滞后等问题。2002 年，省审计厅牵头，省财政厅、省农业厅、中国人民银行四川分行参加，对全省乡村债权债务进行审计核实，历时 3 个月完成。2001 年底，全省乡镇债务 238.83 亿元（平均每乡 469.68 万元），无债务乡镇 71 个（除凉山州、甘孜州、阿坝州 13 个乡镇外），占 1.4%。乡镇债权 94.94 亿元。全省村级债务 67.19 亿元（平均每村 12.31 万元），无债务村 4610 个，占 8.4%，村级债权 52.74 亿元，其中个人欠款 31.64 亿元，占 60%。

# 第二章　农民负担监督管理

## 第一节　农民负担的历史概况

20世纪50年代，农民负担主要是农业税收负担，为提高农民生产积极性，发展农村生产力，国家对农业实行低税费政策。1950年9月，中央人民政府发布《新解放区农业税暂行条例》，根据具体阶级成分确定不同税率，总体上农业税占农业实产量的12%—15%。1958年6月公布的《中华人民共和国农业税条例》采用地区差别比例税率，以常年产量作为计算标准，全国平均税率为常年产量的15.5%，地方政府可以征收不高于正税14%的统一附加税。四川省确定的农业税平均税率为粮食作物常年产量的16%。随着粮食作物产量的提高，全省农业税征收比例不到实际产量的5%。人民公社成立后，为解决农村五保户等公益性社会性开支，专门由集体统一提取公积金，并逐步演化成农村税费改革前的集体提留和统筹费，该时期农民负担的形式是实物（征购粮油）和劳动工分。实行家庭联产承包责任制后，农户成为相对独立的经营主体，成为税费负担的直接承担者。此时，农民负担项目包括：农业税收、村提留乡统筹和有关规费以及义务工和劳动积累工。随着基层政府职能的扩展、机构的膨胀以及财政体制变化等原因，各种收费、集资、罚款、摊派及达标升级活动频繁，农民负担呈加重趋势，其增长速度大大超过纯收入的增长速度。1989年四川省农民人均负担比1986年增长18.3%，比同期纯收入增长高8.97个百分点。到1990年农民负担立法前，四川省农民税外承担的各种负担已占到其承担的税费总额的半数以上。由于这些项目依据各异、管理分散，农民难以辨别，部门难以监督，严重影响农村经济的发展和农村社会的稳定。

农村中日益凸显出来的这些问题，逐步引起各级党委政府的重视，1991年国务院制定《农民承担费用和劳务管理条例》，但由于管理体制等多方面原因，农民负担仍呈逐步上升趋势。四川省农民人均承担的税费由1990年的29.7元上升到1998年的104.8元。除完善制度、加强查处外，国家先后在1993年和1996年进行两次大规模的涉农收费、集资等项目的清理，各地先后进行一些负担分流等方面的试点，取得一定效果，但由于农民负担形成的制度性原因未得到解决，农民负担重、乱的状况未得到根本改变。

20世纪90年代后期，在部分省份农村税费方面进行改革试点的基础上，国家开始正式对农村税费基本制度进行改革探索，并选择安徽省在2000年进行全省性试点。21世纪初在全国逐步推开。

## 第二节　农民负担监督管理的政策演变

1985年，国家首次印发《中共中央国务院关于制止向农民乱派款乱集资的通知》。1986年，中共四川省委、省政府发出《关于贯彻落实中共中央国务院关于制止向农民乱派款乱集资的通知》，提出制止向农民乱派款乱收费，减轻农民不合理负担的具体办法。继续坚持“定项限额”，严格控制提留的范围和标准，把各种提留和统筹费用控制在农民上年人均纯收入的3%—5%以内（“农民人均纯收入”指由农村经营管理部门负责承担的农村经济统计年报中的“农民人均所得”指标，与统计部门的“人均纯收入”有所不同），随农业税的附加一并收取，交乡农经服务公司（站）统一管理，专款专用，其收支情况要向乡镇人民代表大会报告，向群众公布，并接受乡财政的监督。1989年11月，省委、省政府印发《关于控制和减轻农民负担的意见》，再次明确农民负担定项限额的范围和标准，农民负担包括双提款、统筹款和劳动积累派工。提留款总数限定在上年农民人均纯收入的3%额度内，最高不超过5%，用途包括公积金、公益金（含教育费用附加）和行管费（含村社干部误工补贴）。劳动积累制度包括农田基建积累用工和民工建勤。农业生产统筹费包括水费、造林育苗、农技指导、植保、畜禽防疫等项费用，坚持自愿有偿的原则统收统付。通过对“三乱”集中治理，全省各级共取消、暂停、降低标准收费项目2000多个，其中主要是涉农收费项目，共减轻社会负担10.7亿元，其中涉农负担8.7亿元。

20世纪90年代起，减轻农民负担成为农村工作的重点。1991年7月，四川省人大常委会颁布《四川省农民负担管理条例》。12月，国务院发布《农民承担费用和劳务管理条例》，结束农民负担无法可依的状况。1991年下半年，四川省人大首次组织全省农民负担执法检查。1992年，依据《四川省农民负担管理条例》，乐至县人民法院先后受理谢培新诉乐至县永和乡政府违法要求履行义务案和林云光等8人诉乐至县仙鹤乡政府违法要求履行义务案，并判定被告方撤销部分违法收费，赔偿原告损失费，开四川农民负担民告官的先河。为配合条例实施，省级有关部门制定相应配套文件，对与条例不一致的有关文件规定，专门发文废止。实施农民负担“监督卡、预算审批、审计监督”三项制度的县在全省达到80%以上。1992年12月，省农业厅印发《四川省农业承包合同（副本）》，将农民需承担的各种税费统一填入，作为农民上交税费依据，成为以后农民负担监督卡的雏形。

1993年7月，鉴于农民负担在全国呈现快速增长的势头，中共中央办公厅和国务院办公厅印发《关于涉及农民负担项目审核处理意见的通知》，开始全国最大规模涉农项目清理。省委、省政府印发贯彻通知，对涉及农民负担的项目，取消26项，重申取消19项，改进和降标5项，同时明确省级以下自行出台涉及农民负担的文件和项目一律取消。各市（地、州）、县（市、区）也进行相应的清理，取消自定收费项目。1993年，全省农民人均负担总额为41.9元，比上年减少2.3元，其中集体提留和统筹费人均19.9元，占上年农民人均纯收入的3.9%。为及时全面准确地反映农民负担水平，省农业厅于当年5月在全省选择30个县、90个乡镇、1000多农户建立农民负担监测点，依托当地农村经营管理队伍定点调查反映农民负担问题。1994年，农业部在全国选择100个县建立全国农民负担监测网点，四川的井研、三台、乐至、绵竹、开县、泸县、邛崃和江津8个县（市）成为第一批监测点。

1994年，省委、省政府为加强农民负担监督管理，成立四川省农民负担监督管理领导小组。1995年，省委农村工作领导小组作出决定：全省农民负担的提留统筹费试行总额控制，农民每人每年增加不超过3元，一定三年不变。并总结乐山市五通桥区农民负担分流经验，在全省宣传和试点推广，改过去由种植业负担为一、二、三产业共同负担，减轻种田农民负担。1995年7月，根据农业部、监察部印发的《关于全面推进农民负担监督卡制度的通知》，全省将各地推行的“四川省农民负担登记卡”“四川省农民负担通知书”“四川省农业承包合同副本”等全部统一为省农业厅和省监察厅制定的农民负担监督卡格式，实行“一户一卡”，凭卡交纳费用和承担劳务，未填写入卡的项目农民有权拒交，并在1996年全面推行。

1997年初，中共中央、国务院作出切实做好减轻农民负担工作的十三条决定后，省委、省政府印发文件进行贯彻，对涉及农民负担的收费项目进行全面清理，当年省级不审批出台新收费项目，坚持预算审批、监督卡和审计监督“三项制度”，提留统筹费实行定额增长，每人每年的增长额控制在3—5元，一定几年不变，有条件的地方试行负担分流，减轻种田农民负担。

1997—1998年，由于全国宏观经济形势发生变化，农民收入增长缓慢，而一些地方农民负担不仅没有减少，反而增加，加之基层干部工作方法简单，农民负担问题日益突出，四川相继发生数十起涉及农民负担的恶性案件、群体事件，严重影响农村社会稳定。为此，省委、省政府印发《关于贯彻落实〈国务院办公厅关于切实做好当前减轻农民负担工作的通知〉的意见》，提出“今年各地要调整执行年初编制的农民负担预算方案，其绝对额不准超过去年的预算额”，超过部分不能当年退的要在1999年预算中扣减；实行农村“三乱”专项治理部门责任制，重点解决农民反映的突出问题，停止执行川委发〔1997〕22号、川府发〔1997〕122号、川办发〔1993〕13号、川教发〔1998〕3号等4个文件中不符合农民负担相关政策的规定。省委、省政府随后发出《关于进一步做好减轻农民负担工作维护农村社会稳定的通知》《关于调整生猪税费征收管理政策的通知》，四川省地方税务局随即发出贯彻的具体通知，生猪税费收取无序的情况得到一定程度的好转。同年，省纪委印发《中共四川省纪委四川省监察厅关于加重农民负担纪律处分暂行规定》。当年12月，省农业厅转发农业部《关于全面推行农民负担一定三年不变管理办法的通知》，规定以1997年农民上缴的集体提留统筹费预算额为基数，三年内不再变动，确保负担在一定时期内的稳定。对开江县农民高炳珍、大英县农民熊寿奉、宜宾县农民郑全贵3起涉及农民负担的恶性案件，省级部门进行现场督办，先后给予党纪政纪处分20人，移送司法机关3人，在全省通报14起典型的涉农负担案件，有的还通过新闻媒体公开曝光。

1999年，国务院办公厅转发农业部、监察部、财政部、国家计委、法制办《关于做好当前减轻农民负担工作意见的通知》，要求各地严格执行农业税政策，1999年提留统筹提取数额不得超过1997年预算数，并规定除农村危房改造外，暂停审批农村教育集资一年。按照文件精神和全国减轻农民负担工作电视电话会议部署，国务院办公厅统一组织5个检查组，对全国农民负担情况进行检查。四川省级10个抽查组对10个市（地）、20个县、60个乡镇200个村1800户农户进行抽查，农民普遍反映各种税费比上年有所减轻，一般减少30—50元，最多的减少近100元。同年，国务院办公厅印发《关于农村税费改革有关重大政策问题的调研报告》，并在全国农村税费改革问题座谈会上印发《关于农村税费改革的意见（讨论稿）》，财政部部长项怀诚作相关说明，农村税费改革开始进入前期准备阶段。

## 第三节　农村税费改革试点

2000年3月，中共中央、国务院印发《关于进行农村税费改革试点工作的通知》。同月，国务院批准在四川等16个省（市、自治区）扩大试点。四川省成立农村税费改革试点领导小组办公室，并选定双流县、安岳县和万源市为最早的一批试点县（市），开展试点。由于国家统一安排，试点工作在2001年暂停。

2001年7月，省委办公厅、省政府办公厅印发《关于实行主要涉农收费项目公示制的意见》，由物价、监察、农业、财政等部门每年共同审定并公示主要涉农收费价格的制度开始运行。贫困地区农村中小学收费“一费制”和农村报刊订阅限额制也逐步开始推广，并明确村级报刊订阅费每村不超过500元，大村不超过800元的限额。鉴于当年灾情严重，省政府专门安排资金，用于农业税减免，对农业税贫困减免实行“先减后征”，灾情减免实行“轻灾少减，重灾多减，特重全免，先征后减，即灾即减”。

2002年，国务院决定在全国扩大农村税费改革试点范围，四川省作为第二批试点省，在原基础上对农村税费改革试点领导小组进行充实加强，各市（州）成立相应的机构。6月，省委、省政府印发《关于全省农村税费改革试点工作的实施意见》，指导全省试点，明确改革工作的指导思想、目标任务、基本原则和组织实施的方法，并对改革内容进行细化：1. 取消乡镇统筹费，取消农村教育集资等专门面向农民的行政事业性收费和政府性基金集资，取消屠宰税及随之收取的附加、基金，对劳动积累工和义务工，四川省采取一年调减三分之一劳务数量的方式逐步过渡，其中以资代劳不超过一半，每个工日的折价标准不超过5元，到2005年正式取消，随后启动“一事一议”的方式开展筹资筹劳，以满足村内生产公益事业需要。2. 调整农业税、农业特产税和村提留使用办法，按照1994—1998年农作物平均产量确定常年产量，依据常年产量、计税面积和计税价格计算新农业税，农业税附加和农业特产税附加按照正税的20%计收，用于村干部报酬、办公费和五保户供养，实行乡管村用。改革当年，四川省确定的平均常年产量、税率和计税价格分别为560公斤/亩、7%和1.07元/公斤，民族县税率略低。3. 地方税务局为新农业税和农业特产税的征收主体，同时规范完善征收程序。

在采取“三上三下”方式审批各地方案后，省税费改革领导小组协调各部门先后制定财政转移支付办法、违反税费改革政策党纪政纪处分规定、改革乡镇财政管理体制、精简乡镇机构压缩人员、教育体制改革、建立健全农民负担监督机制、清理有关法规文件、加强村级资产和财务管理、公费订阅报刊限额制等相关配套制度。经过各级各部门共同努力，当年共落实税费改革财政转移支付31.9亿元，农民对计税面积、常年产量等签字认可率达90%以上，核减计税面积565万亩。到2002年末，全省农民承担各种税费406165.8万元，人均75元，比2000年税费改革前的人均124元下降39.5%，个别地方下降幅度超过60%，农民普遍感到满意。全省初步确立以农业税和农业特产税及其附加，义务工、劳动积累工及筹资筹劳为主要内容的新农村税费分配制度框架，基本实现“确保农民负担明显减轻、不反弹；确保乡镇机构和村级组织正常运转；确保农村义务教育经费正常需要”3个改革初步目标。

2003年，四川农村税费改革试点进入“巩固、完善、深化、发展”为重点的阶段。根据全国统一安排，四川省当年开始暂停税费尾欠的收取，取消农村集体公益事业金。6月1日起，全省停征除烟叶以外的农业特产税，改征农业税，减负20704万元，加上农村义务工和劳动积累工以资代劳的减少，以及清理涉农收费减负，2003年农民人均税费负担总额下降到65元，比上年减少10元，减幅13%。2004年，全国农业税税率统一下调1个百分点，四川等11个粮食主产省（区）直接调减3个百分点，仅此一项减轻农民负担14.7亿元，人均21.9元。对57个少数民族县及享受少数民族待遇县免征农牧业税及附加，减收部分由省级财政全额予以转移支付补助，直接减轻农牧民负担10908万元。省政府办公厅于10月批转由省物价局、省财政厅、省农业厅、省纠风办联合签发的《四川省涉农收费和价格公示实施办法》，标志着四川省涉农收费公示走上规范化制度化的轨道。同年，中共四川省纪委、省监察厅印发《关于违反农村税费改革政策规定行为的党纪政纪处分暂行规定》，建立农民负担监督管理重点联系市、县制度和领导干部警示谈话制度，并将农民负担反映比较多的4个市24个县确定为第一批重点联系市县。

2004年12月，省委、省政府决定从2005年开始在全省免征农业税及附加，由此形成的财政支出缺口全部通过中央和省财政转移支付的方式解决，直接减轻农民负担14.8亿元。2004年，全省农民人均负担下降到30元左右，而农民人均纯收入达到2690.9元，比上年增加351.9元，增幅15.04%。

2005年，农村税费改革的重点开始转移到以乡镇机构改革、县乡财政管理体制和农村义务教育管理体制改革为重点，推进农村综合配套改革的试点阶段。

# 第三章 农村合作基金会

## 第一节 农村合作基金会的产生

农村合作基金会（以下简称基金会）是农村经济体制改革的产物。20 世纪 80 年代初，农村实行家庭联产承包责任制，逐步建立起统分结合的双层经营体制。一些地方放松农村财务和集体资产管理，导致村社财务管理混乱，农村集体资产流失严重等状况，引起四川各级政府和农民的普遍关注。全省各地积极探索，尤其是对农村集体资金的管理体制改革进行大胆试验，基金会由此产生。

基金会在坚持资金所有权和得益权不变的前提下，由农村集体经济组织及其成员按照自愿互利、有偿使用的原则建立，主要从事集体资金管理和融通活动的资金合作组织。在农村会员内部融通资金，在农村金融中发挥补充作用，不以营利为目的；通过资金互助形式管理农村集体资金；通过调剂资金余缺，支持本乡（镇）、本村范围的农户和企业发展生产；不对外吸收存款和发放贷款；内部资金筹集和融通通过当地银行或农村信用合作社结算，不设金库。其筹集的资金主要包括四个方面：一是会员入股资金；二是村社集体经济组织代管资金；三是自身积累资金；四是有关部门的扶持资金。在筹集会员股金时坚持入股自愿、退股自由的原则。

基金会的收益大部分返还给资金所有者，同时提留风险保证基金、事业发展基金、公益金、奖励基金、培训基金等作为基金会的公共积累。年终收益分配方案报上级业务主管部门审核，经会员大会或会员代表大会或理事会讨论通过后方可执行。

1991 年 12 月 4 日，农业部在总结各地创办和发展基金会经验的基础上，印发《关于加强农村合作基金会规范化、制度化建设若干问题的通知》，进一步明确基金会的性质、任务和职能，逐步规范其行为。

## 第二节 发展历程

四川省农村合作基金会的发展大体经历示范试点、全面发展、高速扩资、规范运作 4 个阶段。

### 一、示范试点阶段（1987—1989 年）

1983—1986 年为萌芽时期。全省农村实行家庭联产承包责任制后，农村财务管理实行会计专业化，集体资金改为“队有乡管”，即由乡（镇）农经站集中统一管理的制度。针对当时农村资金紧缺的情况，重庆、达县、绵阳、遂宁、乐山、涪陵等市（地）的少数乡（镇）农经站，运用统一管理的农村集体资金，在本乡（镇）范围内自发地开展合作经济组织内部融资服务，探索农村集体资金的横向流动。

1987 年至 1988 年 7 月为试点准备时期。1987 年秋收后，省委、省政府在完善农村双层经营体制会议上，要求各地选择条件较好的乡（镇）试办基金会，并由省委农村研究室和省农牧厅组织联合试点工作组，在乐山市市中区全福乡试点。试点结束后，省政府以《政府工作通报》及时转发全福乡试办基金会的经验和示范章程，要求各地参照全福乡的经验扩大试点。到 1988 年 6 月底，全省组建乡（镇）基金会 1077 个，占乡（镇）总数 12.6%，筹集合作基金 7400 万元。

1988 年 7 月至 1989 年为推广发展时期。1988 年 7 月，在总结各地试点经验的基础上，省委第五届二次全委会作出《关于建立农业发展基金和合作基金问题的决定》，要求各地高度重视两个基金的建设，把它作为深化农村改革的一项重要内容，积极兴办，认真搞好。到 1988 年底，全省筹集合作基金 2.01 亿元，1989 年底增加到 5.19 亿元。

该阶段各基金会已建立会计核算制度、财务管理制度、审计和稽核制度、民主管理制度、目标管理制度五项基本制度。1988 年后，省农牧厅、省财政厅、省审计局先后印发《四川省农村合作基金会会计制度》《四川省农村合作基金会财务管理规则》《关于开展农村合作经济组织审计的通知》，规范基金会运作。

## 二、全面发展阶段（1990—1992 年）

由于试点示范阶段兴办的基金会办得比较好，信誉高、作用明显，再加当时农村资金供求矛盾更加突出，为基金会的更大发展提供较好的生存空间。到 1992 年底，全省有 80%以上的乡镇建立基金会，集资金额达 26.45 亿元，比 1988 年增长 12 倍，每个基金会资金平均增加到 51 万元。这些资金除原有村社集体积累外，还吸收一部分农村闲散资金。

该阶段农业行政管理部门着力抓了基金会的规范化管理，经过几年的实践摸索，初步建立基金会资金筹集、资金投放、资金回收、资金管理、经济核算和收益分配六个方面的规章制度和考核指标实施执行。同时，省农牧厅制定《四川省农村合作基金管理暂行办法》。1991 年 9 月，借鉴金融机构财务会计核算制度，对基金会会计制度进行修订，统一全省基金会的账表、账据、凭证格式，使乡（镇）基金会会计核算和会计档案更为规范。

## 三、高速扩资阶段（1993—1996 年）

到 1996 年底，全省有基金会 4537 个。其中乡镇一级 4315 个，村一级 41 个，设在城区的（含市、县联合会）181 个。筹资金额达 165.4 亿元，其中吸收集体资金 35.4 亿元，个人资金 116 亿元，其他资金 14 亿元。投放资金余额为 129.3 亿元，其中投放农业 57.2 亿元，投放乡镇企业 42.1 亿元，投放其他 30 亿元。从业人员发展到 24979 人。

这一时期基金会出现五个显著特点。一是集资规模迅速膨胀。到 1996 年底，全省基金会会平集资额达 285.2 万元，集资额最高的超过 1 亿元。近半数的基金会集资金额达到或超过当地农村信用合作社和农行营业所的存款规模。二是营业网点向城市延伸。很多市（地、州）和县（市、区）成立基金会联合会，营业网点设到城市。三是集资逐步居民化。筹资渠道由以农村集体资金为主逐步扩展到以农村个人和城乡居民的闲置资金为主。四是资金投向转向非农产业，甚至投放到国有大中型企业。五是资金投放逐步集中于个别项目和个别借款人的情况在部分基金会越来越突出，融资风险逐渐显现。

由于基金会高速扩张，点多面广，且行政色彩较浓，监督、约束机制不健全，人员素质不高等原因，资金投向风险过大，逾期、呆滞借款大量存在。相当一部分基金会隐藏着股金存款化，把资金互助搞成变相金融业务；偏离办会宗旨，超范围集资、融资；集资、融资费用偏高，利率普遍高于国家法定的存、贷款利率；风险资金太多，沉淀严重等突出问题。

1994年底，农业部和中国人民银行印发《关于加强农村合作基金会管理的通知》后，各地在农业部门的组织下，开展对基金会清理和登记工作。随后，四川省农牧厅与有关部门先后制定《四川省农村合作基金会会计核算管理办法》《四川省农村合作基金会审计稽核工作试行办法》《四川省农村合作基金会财务管理暂行办法》《借款管理暂行办法》《费用管理办法》《专用基金管理办法》《固定资产管理办法》《审计监督办法》等系列规章制度，加强管理，规范其经营行为。

### 四、规范运作阶段（1997—1998年）

融资规模的迅速扩张，基金会在给各地经济发展带来活力的同时，一些不规范行为开始出现。1996年8月，《国务院关于农村金融体制改革的决定》发布后，省政府提出对全省基金会“兴利除弊、规范管理、巩固发展”的要求。省委办公厅、省政府办公厅印发《关于防范风险，规范管理农村合作基金会和供销社社员股金的实施意见》，四川省农业厅按照省委、省政府的部署于1998年5月召开全省减轻农民负担、管好基金会工作会议。

1998年后，省委、省政府落实工作责任，强化逾期借款的回收；领导现场办公，司法、纪检、监察等相关部门配合，加大借款回收力度，严肃查处经济案件；降低资金占用率，要求全省基金会参照中国人民银行对金融机构的利率调整而相应调整资金占用费率；中国人民银行四川省分行参与对基金会的监管，组织力量配合调查研究，提出加强监管的措施和意见。

## 第三节 清理整顿

1999年3月17日起，四川按照国务院的决定，全面开展对基金会的清理整顿。清理整顿分为组织动员、清产核产、分类处置、分期兑付4个阶段进行。

国务院办公厅关于清理整顿基金会的文件下发后，四川提出“态度坚决，步子稳妥，工作做细，确保稳定”的指导思想和“能并则并，该关则关，政府承诺，分期偿还”的基本方针和具体的政策措施。各市、县、乡、村层层召开会议，组织传达和学习清理整顿政策。按照统一要求，全省各级成立党委领导牵头的清理整顿机构，抽调干部10.6万人，分赴各基金会，负责清产核资、催收借款、政策宣传、治安保卫等专项工作。

1999年2月23日至3月10日，四川省在眉山县开展清理整顿基金会清产核资试点；2月25日印发《四川省清理整顿农村合作基金会实施方案》；3月1日取消会员股金分红，使利率完全与人民银行规定的利率标准一致；3月11—12日召开全省县委书记和常务副县长参加的工作会议，全面部署基金会清理整顿工作；3月14日，印发《四川省农村合作基金会清产核资具体办法》《四川省农村合作基金会清收借款筹措资金实施方案》《四川省农村合作基金会集资清退工作方案》和《四川省清理整顿农村合作基金会宣传提纲》等配套文件。3月17日，各县人民政府根据省上提出的统一口径，发布基金会停业整顿公告，全省基金会统一实行“三停”（停止吸收存款、停止发放贷款、停止支取存款），全面开始清产核资；4月14日全省统一发布分类处置公告。

清产核资结果，全省有基金会（包括联合会）4435个，从业人员26090人。其中，国家干部9454人，原银行、信用社人员139人，村社财会人员3428人，社会招聘人员10527人，其他人员2502人。集资总额256.9亿元。其中，个人股金219亿元，入会会员约3000万人。借款总额219.5亿元，占集资额的85%。其中，个人借款83.5亿元，占借款总额的38%；政府及部门借款38.5亿元，占17.5%；企业借款68.6亿元，占31.3%；村社集体、农业服务组织等借款28.9亿元，占13.2%。

全省基金会10年累计投放资金652.37亿元，相当于“八五”（1991—1995年）期间国家对四川农业（大农业）总投资的2.2倍。其中，70%投放于种养业和乡镇企业。按1：2的投入产出比计算，农村经济新增收入1000多亿元，全省农民人均增收1000多元。

基金会在促进农村经济发展的同时，壮大了村社集体经济组织实力。1987年，全省农村集体资金（包括货币资金、产品物资、固定资产等）为17.25亿元，其中，货币资金4.8亿元。到1996年，全省农村集体经济组织有货币资金47.5亿元，比1987年增长8.9倍；农村集体资金总额（货币资金、固定资产）136.46亿元，增长6.9倍。全省农村合作基金会形成公共积累9.7亿元。

1999年4月29日，四川省清理整顿基金会领导小组与中国人民银行成都分行印发《关于认真做好清理整顿农村合作基金会分类处置工作的意见》，就基金会资产的认定和处置、基金会并入农村信用社的条件、资不抵债的基金会的资产负债处置方式、人员安置、基金会法人地位的保留等问题作出规定。全省4435个基金会中，经过中国人民银行成都分行批准，有1874个基金会并入农村信用合作社，占总会数的42.2%，整体并入和小额收购资产125亿元，其中，各项借款72.2亿元。并入的集资额约122亿元，并入的个人资金约100亿元。清盘关闭2561个，占57.8%，涉及需要清退的集资额134亿元，政府承担基金会原有一切债权债务。

从1999年6月1日开始，全省各地全面开展分类处置和首期兑付工作，对小额股金采用一次性清退的办法，3000多万会员中约有70%的个人股金划入农村信用合作社或清退完毕。

清理整顿期间，各地加大清收欠款的力度。据统计，基金会的各项借款余额219.5亿元，其中，整体并入和小额收购各项贷款72.2亿元，需政府组织清收147.3亿元。至首期兑付止，共收回各项借款39亿元（包括股金抵借款）。首期兑付后至1999年底，又收回各项借款12.5亿元（包括抵扣）。2000年末，全省共收回各项借款（包括抵扣）51.5亿元，占应清收欠款的35%。

经过并入农村信用合作社、划转农户种养业借款和等额股金，以及股金和借款相互冲抵后，省上提出各地首期兑付至少达到20%。全省各级财政共筹集各项资金22.7亿元，向国有商业银行专项贷款20亿元，加上原基金会库存货币资金36.7亿元，清收回现金12.6亿元，兑付资金共达92亿元。除去并入信用社用去45亿元后，实际用于首期兑付的货币资金47亿元，占应兑付集资额的40%以上。首期兑付后至1999年底，各地借款抵股金、合理的农民负担抵股金又减少17.2亿元，需要继续由政府承诺清偿的集资额为69.8亿元，其中个人集资额56.9亿元。全省统算，通过并入、划转、股金抵借款和首期兑付，加上国家安排专项贷款55亿元，使基金会个人集资款基本得到解决。

# 第四章　农民收入

1986—2005 年，农村改革取得举世瞩目的成就，长期困扰的农产品短缺时代已成为历史，四川农村大部分地方已摆脱贫困状态，农业增产、农村稳定，呈现一派祥和兴旺的景象。农民人均纯收入从 1986 年的 290 元（农村经营管理部门数据，下同）提高到 2005 年的 2780 元，增加 2490 元，年均增长率为 12.68%，与之前的 28 年（1957—1985 年）农民人均收入增加 216 元。该时期农民收入水平和增长速度有较大提高。

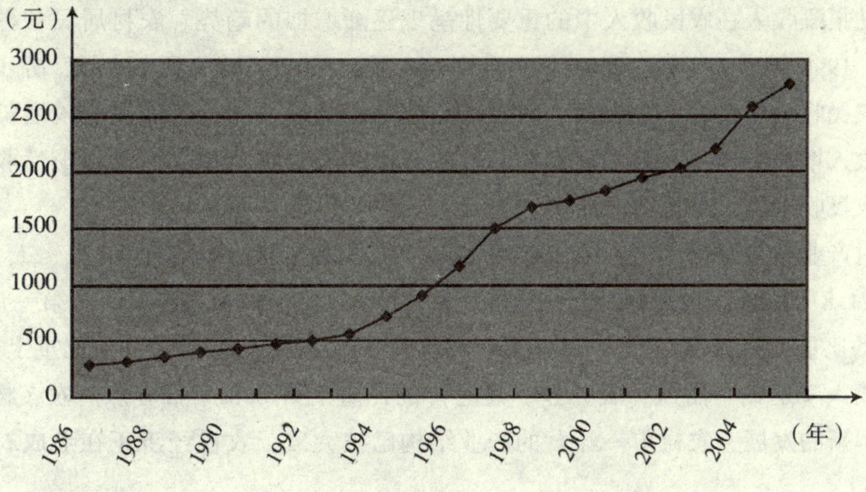


图 8-1　1986—2005 年四川省农民收入增长变化示意图

1986—2005 年，全省农民收入变化过程大致经历四个发展阶段，其中：1986—1990 年为缓慢增长阶段，年均增长 10.5%，由于出现严重的通货膨胀，实际增长率较慢；1991—1995 年以超常规速度增长，年均增长 17.8%；1996—2000 年为较快增长阶段，年均增长 11.8%；2001—2005 年进入稳定增长阶段，年均增长 9.3%。如果考虑到 20 世纪 80 年代后期出现的严重通货膨胀，农民收入的实际增长率就要大打折扣。

## 第一节　农民收入来源及构成

1986—2005 年，四川农民收入来源结构性变化呈现以下特点：

其一，家庭经营性收入仍然是农民收入最重要的组成部分。1986 年家庭经营性收入占农村经济总收入的78%，到2005年家庭经营性收入依然是农民收入的主要来源，当年四川农民家庭经营性收入为3084.71亿元，占农村经济总收入的64%。

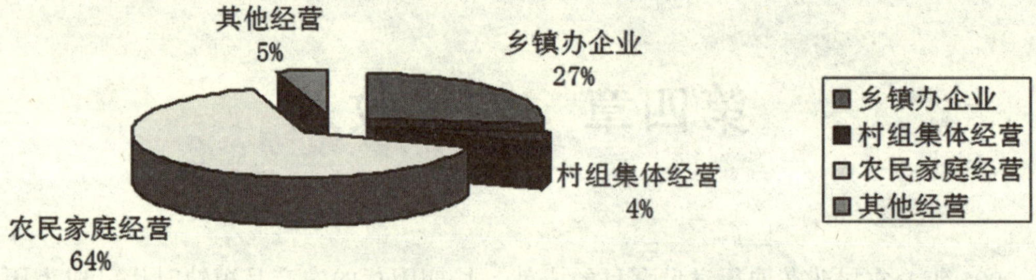


图8-2　2005年四川农村总收入结构示意图

其二，转移性收入和财产性收入仍然无法成为农民收入的主要组成部分，只是农民收入的重要的补充部分。2000年四川农民人均转移性收入32元，占当年农民人均收入的1.7%；到2005年农民人均转移性收入93元，占当年农民人均收入的3.3%，比2000年上升1.6个百分点。

其三，劳动报酬收入在农民收入中的重要性呈现逐渐增加的趋势。农村居民各种劳动报酬收入增长速度较快，1996年为129元，2004年上升到688元，2005年增加到746元，务工带来的劳动报酬收入已成为农民收入增长的重要方面，对农民增收的影响日益增大。农民收入增长的来源发生本质变化，农民收入增长由过去主要靠家庭经营性收入而转变为主要依靠劳动报酬性收入，劳动报酬收入成为支撑农民收入增长最重要的因素。

其四，农村产业结构继续调整，结构趋于优化。在总收入中，1986年第一、二、三产业收入的比例为68.1：21.8：10.1，到2005年该比例为39.2：42.4：18.4。20年间，第一产业收入（农、林、牧、渔）的比重下降28.9个百分点，第二产业收入（工业、建筑业）的比重上升20.6个百分点，第三产业收入（运输、商饮、服务业、其他）的比重上升8.3个百分点。农、林、牧、渔业和二、三产业有了新的发展，农村单一经营的产业结构已被突破，农村经济正在形成农工商综合经营的更优格局。

其五，农民增收不稳定性较大。农业抵御市场风险和自然灾害的能力很弱，虽然2000年以后国家对农民实行种粮补贴，但生产资料和机械作业费等持续涨价，增加生产成本，2000—2005年四川农村经济生产费用占总收入的比重分别是55.7%、54.5%、56.4%、56.8%、56.4%和54.6%，而1986年该比重为32.9%，农民从事种养业增收困难。农民收入的增长部分主要靠非农业。

其六，四川农民人均纯收入与全国平均水平尚有较大差距。四川既是农业大省，也是人口大省，农村人口占有相当大比例。四川农民人均纯收入远远低于全国平均水平，更低于发达省区。1986年和1995年四川农民人均纯收入在全国的排名同为第二十三位，而2000年是第二十名，排名仅上升3位。

2001—2005年，四川省农民人均纯收入分别为1947元、2033元、2204元、2584元和2780元，而与同期全国平均水平相比，差额分别为393元、418元、392元、311元和413元。

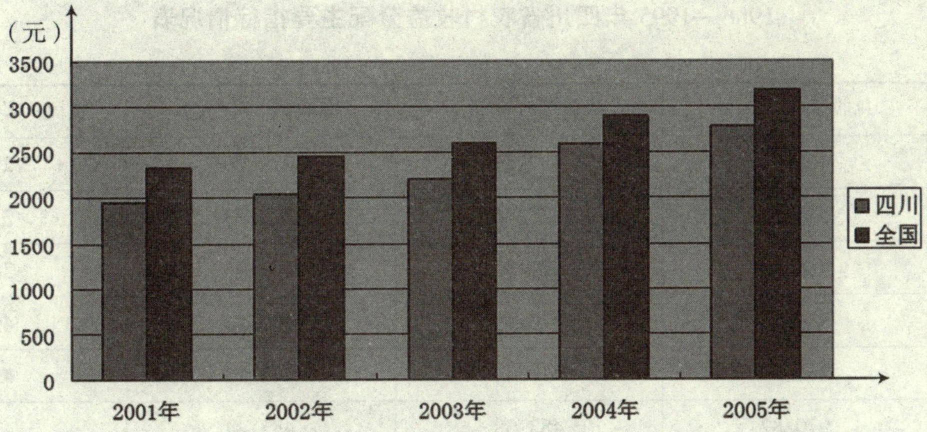


图 8-3　2001—2005 年四川与全国农民人均纯收入比较示意图

## 第二节　不同地区的农民收入

根据各县农民人均纯收入与全省、全国平均水平相比较，将 2005 年全省 182 个县农民人均收入划分为 4 个等级。

一类：高收入县。2005 年农民人均收入高于 5000 元的县，包括成都市高新区、锦江区、青羊区等 7 个县（区），占全省总县数的 3.8%，其中成都市高新区农民人均收入 6702 元，为全省最高收入，相当于全国水平的 2.1 倍。

二类：中等收入地区。低于 5000 元而高于全省 2005 年平均水平 2800 元，包括双流县、成都市龙泉驿区和郫县等 85 个县（区），占全省总县数的 46.8%，收入水平相当于全国水平的 0.9—1.5 倍。

三类：较低收入地区。低于全省平均 2800 元但高于 2000 元的县，包括内江市东兴区、富顺县和资阳市雁江区等 47 个县（区），占全省总县数的 25.8%，相当于全国平均水平的 0.6—0.9 倍。

四类：低收入地区。低于 2000 元的县，包括阿坝县、理县和旺苍县等 43 个县（区），占全省总县数的 23.6%，收入水平相当于全国水平的 0.3—0.6 倍。

1986—2005 年，四川农民人均纯收入的增长状况，主要得益于三大因素：一是改革开放以后实行家庭联产承包责任制，极大地调动农民的生产积极性，促进农业生产的发展，从而提高农民收入；二是国家对农业的大力扶持，多次大幅度提高农产品的价格，使农民得到实惠；三是乡镇企业、民营经济的发展，吸引大约三分之一的农村劳动力就业，增加农民收入。但要在短时期内赶上全国水平，实现农民增收目标，必须积极适应新时期的变化，充分发挥资源优势，立足市场经济，面对市场需求，积极开拓农村市场，开辟农民增收新途径。

## 1986—1995 年四川省农村收益分配主要指标情况表

表 8-1

| 年度 | 总收入（亿元） | 总费用（亿元） | 净收入（亿元） | 农民人均所得（元） |
|---|---|---|---|---|
| 1986 | 466.57 | 187.31 | 279.26 | 290 |
| 1987 | 545.59 | 235.36 | 310.23 | 318 |
| 1988 | 685.29 | 321.31 | 363.98 | 366 |
| 1989 | 780.15 | 370.65 | 409.50 | 405 |
| 1990 | 853.59 | 410.44 | 443.15 | 432 |
| 1991 | 970.82 | 483.38 | 487.44 | 470 |
| 1992 | 1200.23 | 661.33 | 538.90 | 510 |
| 1993 | 1784.14 | 1162.15 | 621.99 | 569 |
| 1994 | 2844.26 | 2043.04 | 801.22 | 722 |
| 1995 | 3778.75 | 2780.74 | 998.01 | 904 |

## 1996—2005 年四川省农村收益分配主要指标情况表

表 8-2

| 年度 | 总收入（亿元） | 总费用（亿元） | 净收入（亿元） | 投资收益（亿元） | 农民外出劳务收入（亿元） | 可分配净收入（亿元） | 农民人均所得（元） |
|---|---|---|---|---|---|---|---|
| 1996 | 4435.73 | 3270.25 | 1165.48 | 2.30 | 118.79 | 1286.57 | 1175 |
| 1997 | 3176.98 | 2177.72 | 999.26 | 1.99 | 144.85 | 1146.10 | 1500 |
| 1998 | 3241.91 | 2154.70 | 1087.21 | 1.71 | 181.48 | 1270.40 | 1683 |
| 1999 | 3192.59 | 2084.50 | 1108.09 | 1.52 | 215.04 | 1324.65 | 1741 |
| 2000 | 3348.27 | 2204.75 | 1143.52 | 1.78 | 254.89 | 1400.20 | 1835 |
| 2001 | 3486.00 | 2319.86 | 1166.15 | 1.65 | 287.81 | 1455.61 | 1947 |
| 2002 | 3676.24 | 2470.49 | 1205.75 | 2.11 | 318.22 | 1526.08 | 2033 |
| 2003 | 3972.39 | 2705.23 | 1267.16 | 2.21 | 371.35 | 1640.72 | 2204 |
| 2004 | 4424.07 | 3009.31 | 1414.76 | 2.85 | 458.44 | 1876.01 | 2584 |
| 2005 | 4755.01 | 3235.63 | 1519.38 | 3.23 | 99.30 | 2021.91 | 2780 |

四川省志·农业志

# 第九篇　国营农场

1986—2005年，四川国营农场在管理体制、经营机制转换和所有制结构、产业结构调整等方面发生深刻变化。农场经济经历增长（1986—1994年）、滑坡（1995—1999年）、上升（2000—2005年）3个发展阶段。

# 第一章　发展概况

四川国营农场主要从事粮棉良（原）种、茶、果、牧、鱼、蚕、城市奶业、工业、商业的生产经营。1986年，全省归口管理的国有农场335个，其中农垦企业163个，良（原）种场172个。1997年重庆市直辖后，全省归口管理的国有农场由335个减少至215个，其中农垦企业91个、良（原）种场124个。当年，按照中共四川省委、四川省人民政府批转省农牧厅《关于贯彻执行中共中央、国务院批转农牧渔业部〈关于农垦经济体制问题的报告的通知〉意见》中确定的国有农场改革发展的方向、方针、政策，四川农场系统率先推行农工商综合经营改革，冲破传统计划经济体制束缚，改单一的农业生产为实行农工商、产供销一体化经营。随后，全系统根据“因场制宜、分类指导、依法依规、规范运作”的原则，实行企业性农垦场、事业性良种场区别对待，分别推行财务大包干体制改革，改变高度集中统一的经营体制，推行“三定一奖”、大包干、承包经营、“两费自理，四到户”（生活费、生产资料费自理；土地到户、经营到户、核算到户、风险到户）、家庭农场等改革措施。1997年后，全省农场系统推行产权制度改革，建立新的经营机制，促进农场适应社会主义市场经济体制的转变，调动职工生产积极性，逐渐改变部分职工由于技术不熟悉，加上自然灾害造成亏损的局面。在改革中，部分农场退出国有，转为集体或民营。到2005年全省农场在公有制经济占主导的情况下，改制建立有限责任公司14个，股份有限公司农场5个，股份合作制农场4个，非国有经济农场11个，中外合资企业农场1个。

2005年末，四川有国营农场172个，其中农垦企业57个，良（原）种场115个。有职工15397人，其中农垦企业7928人，良（原）种场7469人，总人口近3.4万人。有土地面积849.6万亩，分布在全省21个市（州）的110多个县（市、区）的不同生态地区，其中牧场639.8万亩，耕地2.1万亩，茶果桑园3.1万亩，水面5.8万亩，山林地20万亩。其中以种植业为主的农场118个，纯畜牧业的农场37个，以水产业为主的农场6个，农副产品加工业为主的农场22个，以第三产业为主的农场16个。2005年底，全省国营农场资产规模达12亿元，主营业收入31121万元，形成一、二、三产业综合经营，面向农村，并逐步带动农村发展的产业群体。第一产业以良种、果、茶、奶、蛋、肉、鱼等农畜产品为主，产值5607万元，占38.9%，在农场经济中具有基础地位；第二产业生产10多个门类100多个品种的工业产品，产值6825万元，占47.6%，在农业产业化进程中，发挥着越来越大的龙头作用；第三产业涵盖旅游、餐饮、市场、贸易、农技服务等多个行业，产值1940万元，占13.5%，已成为农场经济新的增长点。

1986—2005年，全省农场16年盈利，4年亏损，总共盈利8589万元，年均429.45万元，上缴税金33351万元，年均1667.75万元。职工住房、生产生活环境有较大改善。

## 2005年四川省国营农场经营和改制形式情况表

表9-1　　单位：个

| 项　目 | 场　数 | 承包经营农场 | 租售经营农场 | 股份合作制农场 | 有限责任公司 | 股份有限公司 | 其他经营形式 |
|---|---|---|---|---|---|---|---|
| 合　计 | 172 | 94 | 11 | 4 | 14 | 5 | 53 |
| 农垦企业 | 57 | 29 | 1 | 4 | 9 | 2 | 12 |
| 良（原）种场 | 115 | 65 | 10 | — | 5 | 3 | 41 |

## 1986—2005年四川省国营农场产业结构调整情况表

表9-2　　单位：万元

| 年　度 | 总产值 | 其中 | | | | | |
|---|---|---|---|---|---|---|---|
| | | 第一产业 | 占总产值的% | 第二产业 | 占总产值的% | 第三产业 | 占总产值的% |
| 1986 | 15347 | 4791 | 31.0 | 8002 | 52.0 | 2554 | 17.0 |
| 1987 | 30960 | 5243 | 17.0 | 10238 | 33.0 | 15479 | 50.0 |
| 1988 | 24177 | 5445 | 23.0 | 11524 | 48.0 | 7205 | 30.0 |
| 1989 | 23588 | 5928 | 25.0 | 10610 | 45.0 | 7050 | 30.0 |
| 1990 | 27975 | 5979 | 21.0 | 11895 | 43.0 | 10162 | 36.0 |
| 1991 | 40863 | 8537 | 21.0 | 16180 | 40.0 | 16146 | 40.0 |
| 1992 | 44875 | 8317 | 19.0 | 19328 | 43.0 | 17230 | 38.0 |
| 1993 | 50506 | 5452 | 11.0 | 26410 | 52.0 | 18644 | 37.0 |
| 1994 | 52381 | 8672 | 17.0 | 30170 | 58.0 | 13539 | 26.0 |
| 1995 | 52660 | 9404 | 18.0 | 30477 | 58.0 | 12779 | 24.0 |
| 1996 | 54847 | 9619 | 18.0 | 31330 | 57.0 | 13898 | 25.0 |
| 1997 | 51358 | 10561 | 21.0 | 26932 | 52.0 | 13865 | 27.0 |
| 1998 | 40298 | 10273 | 25.0 | 22666 | 56.0 | 7359 | 19.0 |
| 1999 | 41391 | 11188 | 27.0 | 24701 | 59.6 | 5512 | 13.4 |
| 2000 | 35305 | 10935 | 31.0 | 20704 | 58.5 | 3666 | 10.5 |
| 2001 | 37415 | 8877 | 53.1 | 22403 | 34.8 | 6135 | 16.0 |
| 2002 | 15445 | 8204 | 40.7 | 5369 | 44.8 | 1872 | 12.1 |
| 2003 | 17903 | 7296 | 42.3 | 8028 | 41.4 | 2597 | 14.5 |
| 2004 | 13697 | 5799 | 38.9 | 5674 | 47.6 | 2279 | 16.3 |
| 2005 | 14407 | 5607 | 38.9 | 6852 | 47.6 | 1940 | 13.5 |

## 第一节 农垦企业

1986—2005年，四川农垦企业大体经历4个发展阶段。

1986—1989年为第一阶段，全省农垦企业继续推行场（厂）长负责制，经济持续发展。1986年四川省农牧厅恢复四川省农场管理局，与省农工商联合总公司脱钩。按照中共中央、国务院关于新时期国有农场建立“三个基地，一个中心”（稳定的内外贸商品生产基地，农业专业化、商业化、现代化示范基地，大城市、工矿区的副食品生产供应基地；为农村先进技术和良种推广、加工、运输、销售的服务中心）的要求，1987年印发《关于在我省国营农场认真贯彻“三个条例”，全面推行场长负责制的通知》，在全省农垦企业中贯彻施行。经过努力，1989年全省农垦企业实现利润1129万元，比1985年的548万元，增长106%；上缴税金768万元，比1985年的312万元增长41%。

1990—1995年为第二阶段，农垦企业在探索社会主义市场经济体制过程中，企业效益开始波动。1980年以后，农垦企业经济逐渐由计划经济向市场经济转变，前十年由于“财务包干”的激励和产品经济优势，效益倍增。随着改革的深入，商品经济的发展，市场竞争的激烈，农垦经济出现波动。《国务院批转农业部关于进一步办好国营农场报告的通知》（国发〔1991〕42号）指出“农垦经济体制还有待进一步深化和完善，农业基础设施薄弱，垦区社会负担较重，少数农场仍处于贫困状态”。四川农垦企业多数地处阿坝州、甘孜州、凉山州和盆周山区，自然条件极差，技术人才缺乏，种植、养殖业后继乏人，综合生产能力低，经济脆弱，产品结构调整难，致使经济下滑。1990—1995年平均年盈利329万—877万元，比1986—1989年平均年盈利224万—1129万元增加105万元和减少252万元。

1996—1999年为第三阶段，农垦企业经济在调整中进一步下滑。1996年农垦企业全面试行建立现代企业制度，面向市场，参与经济竞争，多数企业进行股份制、有限责任公司改造，实施兼并、联合、破产、重组，优化企业组织。全省农垦企业1996年亏损1183万元，1997年亏损737万元，1998年亏损970万元。农垦企业虽然亏损，仍完成国家税金，1996年885万元，1997年876万元，1998年1.1亿元。1998年，四川省人民政府批转四川省农业厅《关于加快我省国有农场改革与发展若干问题的意见》（川府发〔1998〕46号），对国有农场改革的指导思想、基本原则，改革的主要形式，改革的有关政策以及加强对国有农场的经济扶持等作出具体规定，要求企业在管理体制调整的同时，产业、产品向优势项目发展。此后农垦企业经济下滑状况开始扭转。1999年全省农垦企业亏损额减少为332万元，完成国家税金1084万元。

2000—2005年为第四阶段，农垦企业经济在调整中走出低谷，2000年扭亏为盈，之后全面回升并不断发展壮大。至2005年，全省农场地区生产总值14407万元，其中：第一产业5607万元，占总值的38.9%；第二产业6825万元，占47.6%；第三产业1940万元，占13.5%。职工收入随之不断提高，2005年人均6595元，比1985年增加4.4倍。

**1985—2005 年四川省农垦企业发展状况情况表**

表 9-3 单位：家

| 年度 | 企业 | 土地面积（万亩） | 总人口（人） | 农场 | | | | | | | 工业企业 | 商业企业 | 建筑企业 | 隶属关系 | | |
|---|---|---|---|---|---|---|---|---|---|---|---|---|---|---|---|---|
| | | | | 合计 | 茶场 | 园艺场 | 药材场 | 综合场 | 畜牧场 | | | | | 省 | 市（地、州） | 县 |
| | | | | | | | | | 小计 | 城市奶牛 | | | | | | |
| 1985 | 165 | 850.43 | 43801 | 131 | 16 | 51 | 2 | 7 | 60 | 21 | 4 | 26 | 1 | 2 | 40 | 123 |
| 1986 | 163 | 881.12 | 44010 | 131 | 16 | 51 | 2 | 7 | 60 | 21 | 4 | 27 | 1 | 2 | 38 | 123 |
| 1987 | 160 | 881.12 | 44050 | 131 | 16 | 51 | 2 | 7 | 60 | 21 | 4 | 24 | 1 | 2 | 35 | 123 |
| 1988 | 163 | 917.15 | 46414 | 131 | 16 | 51 | 2 | 7 | 60 | 21 | 4 | 27 | 1 | 2 | 38 | 123 |
| 1989 | 163 | 890.65 | 47946 | 131 | 16 | 51 | 2 | 7 | 60 | 21 | 4 | 27 | 1 | 4 | 38 | 123 |
| 1990 | 163 | 890.74 | 47504 | 131 | 16 | 51 | 2 | 7 | 60 | 21 | 4 | 27 | 1 | 4 | 38 | 121 |
| 1991 | 164 | 890.76 | 48576 | 131 | 16 | 51 | 2 | 7 | 60 | 21 | 4 | 28 | 1 | 4 | 38 | 122 |
| 1992 | 163 | 931.46 | 47113 | 131 | 16 | 51 | 2 | 7 | 60 | 21 | 4 | 27 | 1 | 4 | 38 | 121 |
| 1993 | 167 | 913.26 | 47619 | 131 | 16 | 51 | 2 | 7 | 60 | 21 | 4 | 31 | 1 | 5 | 38 | 124 |
| 1994 | 169 | 913.26 | 47600 | 131 | 16 | 51 | 2 | 7 | 60 | 21 | 4 | 34 | 1 | 5 | 38 | 136 |
| 1995 | 170 | 870.06 | 47375 | 131 | 16 | 51 | 2 | 7 | 60 | 21 | 4 | 34 | 1 | 5 | 38 | 127 |
| 1996 | 177 | 870.06 | 46850 | 134 | 15 | 51 | 2 | 10 | 56 | 21 | 4 | 31 | 1 | 5 | 38 | 134 |
| 1997 | 122 | 824.20 | 28195 | 90 | 11 | 29 | 1 | 2 | 47 | 7 | 5 | 27 | — | 5 | 25 | 92 |
| 1998 | 117 | 824.20 | 28382 | 85 | 10 | 29 | | 3 | 43 | 7 | 11 | 21 | — | 4 | 25 | 87 |
| 1999 | 103 | 824.20 | 24382 | 73 | 10 | 27 | — | 4 | 32 | 7 | 3 | 27 | — | — | 23 | 76 |
| 2000 | 91 | 932.01 | 22118 | 70 | 9 | 27 | — | 3 | 31 | 5 | 1 | 20 | — | — | 20 | 71 |
| 2001 | — | — | — | — | — | — | — | — | — | — | — | — | — | — | — | — |
| 2002 | — | — | — | — | — | — | — | — | — | — | — | — | — | — | — | — |
| 2003 | — | — | — | — | — | — | — | — | — | — | — | — | — | — | — | — |
| 2004 | — | — | — | — | — | — | — | — | — | — | — | — | — | — | — | — |
| 2005 | 56 | 8441.04 | 13473 | 51 | — | — | — | — | — | — | — | — | — | — | — | — |

说明：2000 年凉山州木里县 9 个牧场颁发土地证，实测面积增加 107.81 万亩

## 第二节 良（原）种场

国有良（原）种场属事业性质，实行企业管理的经营机制，其经济体制改革与农垦企业基本同步，坚持“良（原）种场社会主义全民所有制农业事业单位性质，实行以繁育农作物原种、良种为主，适当开展多种经营的方针”。鉴于全省国有良（原）种场多数地处城市郊区和自身特点，四川国

有良（原）种场着重加大产业、产品结构的调整。到2000年全省归口管理的124个良（原）种场中，以繁育农作物良种为主，积极开展多种经营的场72个；既从事粮、棉良种繁育推广，又围绕城镇发展规划，向第二、三产业发展的场52个。

经产业、产品、所有制结构调整，2000年全省124个国有良（原）种场中，实行承包经营83个，租赁经营3个，有限责任公司2个，非国有经营1个，其他经营形式35个。产生一批农村示范实力雄厚的国有良（原）种场，如以仁寿县棉花原种场为主的7个棉花原种场，利用自身技术、设备优势，在当地农村建立2.5万—4万亩棉种良繁基地，年生产优质棉种120万—180万公斤，满足全省220万亩棉田用种的60.5%；以梓潼县良种场为主的8个稻、麦繁殖场，利用繁殖稻麦良种的技术、设备、信息优势，在农村建立杂交水稻制种基地1.7万—2.2万亩，年生产优质杂交水稻种435万—600万公斤，小麦常规良种40万—50万公斤，除按合同供应本区外，远销湖北、安徽、湖南等省。资中、资阳、阆中、巴中、荣县等县（市、区）良种场，抓住城市发展的契机，大力发展农贸市场和第三产业，取得良好效果。全省良（原）种场在建立市场经济体制中，除1996年亏损241万元，1997年亏损510万元，1998年亏损345万元，其余年份皆为盈利，1986—2000年累计盈利2703万元，累计上缴税金8431万元。

2001年后，四川良（原）种场有所减少，至2005年为115个，其中国有114个，非国有1个，其盈利能力逐年增长，生产、生活条件不断改善。

# 第二章　生　产

## 第一节　生产条件

1949—1980年，国家每年用于改善农场基本建设投资20万—180万元。“七五”“八五”至“九五”前三年，国家对农场实行“财务包干”，对国有企业基本建设投资实行“拨改贷”，农业生产条件的改善，主要由农场自身积累投入。实行农工商综合经营后，农场自身积累的资金，主要用于场办工业、商业的发展，致使国有农场农业生产的基础设施条件改造较慢。2005年，全省57家农垦企业，115个良（原）种场的耕地和果园的有效灌溉面积只占11%，旱涝保收、稳产高产面积占40%，基本草场面积占20%，良（原）种场旱涝保收面积占80%，抗御自然灾害能力较低。由于多数农、牧场地处阿坝州、甘孜州、凉山州和盆州山区，生产仍大部分靠手工操作；还有部分农牧场仍不通公路，农畜产品及生产、生活资料全靠人力、畜力完成，职工生产生活条件较差。

1986—2003年四川省农垦企业良（原）种场基本建设投资情况表

表9-4　　单位：万元

| 年度 | 企业数量（家） | 农垦企业 | | 农场数量（个） | 良原种场 | |
|---|---|---|---|---|---|---|
| | | 基本建设投资 | 其中：国家拨款 | | 基本建设投资 | 其中：国家拨款 |
| 1986 | 163 | 2590.33 | 540.81 | 174 | 804.00 | 100.05 |
| 1987 | 160 | 3957.53 | 690.98 | 172 | 703.52 | 66.02 |
| 1988 | 163 | 3549.10 | 517.22 | 168 | 679.46 | 273.99 |
| 1989 | 163 | 3056.29 | 90.12 | 168 | 680.00 | 110.50 |
| 1990 | 163 | 4353.99 | 990.01 | 166 | 362.78 | 116.51 |
| 1991 | 164 | 4051.66 | 308.66 | 166 | 570.61 | 95.03 |
| 1992 | 163 | 4747.02 | 240.83 | 166 | 151.30 | 43.39 |
| 1993 | 167 | 6226.57 | 142.57 | 153 | — | — |
| 1994 | 169 | 8712.00 | 390.00 | 165 | 2865.39 | 133.20 |
| 1995 | 170 | 8145.00 | 302.00 | 167 | 835.00 | — |
| 1996 | 177 | 5984.00 | 618.00 | 166 | — | — |

续表9-4

| 年度 | 企业数量（家） | 农垦企业 | | 农场数量（个） | 良原种场 | |
|---|---|---|---|---|---|---|
| | | 基本建设投资 | 其中：国家拨款 | | 基本建设投资 | 其中：国家拨款 |
| 1997 | 122 | 4703.00 | 312.00 | 133 | 38.89 | — |
| 1998 | 117 | 2221.00 | 581.00 | 130 | 235.40 | — |
| 1999 | 103 | 5436.00 | 54.00 | 130 | 587.30 | 143.15 |
| 2000 | 91 | 559.00 | 8.00 | 124 | 1645.00 | 383.00 |
| 2001 | 82 | 3139.00 | 0 | 118 | 2236.00 | 22.00 |
| 2002 | 66 | 1222.00 | 0 | 116 | 1143.00 | 127.00 |
| 2003 | 64 | 3054.00 | 0 | 115 | 490.00 | 50.00 |

## 一、交通、通信

### （一）陆　运

国有农场，除良（原）种场、奶牛场靠近城镇，交通方便外，其余牧场、茶场、园艺场、药材场地处偏僻，交通困难。2005年全省国有农场拥有汽车26辆，大中型拖拉机12台。投资200万元于1986年8月竣工的四川省白河牧场白河大桥，地处川、青、甘三省交界处，宽6.5米，长135米，不但解决省白河牧场建场30年的运输困难，也为川、青、甘三省的若尔盖县、久治县、玛曲县的交通提供方便。到2005年，全省172个农场中，已通公路165个，有7个不通公路。全省应通公路3522公里，已通2128公里，未通公路1494公里。

### （二）水　运

1996年前，重庆市所辖沿长江水道的25个农场，有机动船36艘，水运里程160公里，1997年重庆市直辖后，四川省所辖农场除泸州市、宜宾市4个农场有生活机动船4艘外，其他农场没有水运。

### （三）通　信

随着信息产业的发展，到2000年，除阿坝州、凉山州有3个农场不通电话外，其余农场均通电话，成都、绵阳等市有8个农场有互联网，场级干部60%拥有移动电话。

## 二、农田水利

2005年，四川国有农场耕地和果园、茶园有效保灌面积8837亩，占11%；有排灌站20座，4655立方米/秒。

## 三、小型水电站

四川国有农场由于地理环境限制，资金不足，水电资源开发很少，火电开发是空白。农场主要依靠国家电网供电，到2000年有3个农（牧）场不通电。农场自建水电站8座，装机容量1523千瓦。

## 第二节　种植业

四川国有农场中，良（原）种场坚持以繁育农作物良种为主，积极开展多种经营的方针，主要生产粮棉良（原）种和种畜，为当地农村服务。农垦企业因多数地处高原、盆周山区，种植以经济作物为主，骨干产品为果、茶、药（1997 年重庆市直辖后，石柱县黄连农场划出后，基本无药材生产）。

### 一、水　果

水果生产是国有农场的主导产品之一。1985 年，全省 55 个专业园艺场和 114 个农场有果树生产，果园面积 42571 亩（含划给重庆市辖所属农场的 17000 亩），水果总产 20934.6 吨，平均亩产 491 公斤，水果年产值 1000 万余元。农场果园多数面积小，树龄老，实生树多，品种杂，产量不高，产品以柑橘、苹果、梨为主。1986 年，四川省农牧厅、四川省财政厅决定从 1987 年起，用 3 年时间，采取农场自筹、农行贷款、财政扶持各三分之一的办法，每亩注资 300 元，对全省农场 21605 亩低产、衰老果园进行改造，占全省农场果园面积的 46%。到 1989 年底完成土壤改造 10702 亩，树体改造 5038 亩，更新重植 3600 亩。结合低改，各农场投资 130.84 万元，修建水池 157 口，新增蓄水量 22850 立方米，修建水渠 24264 米，新建提灌站 10 座，为农场果树生产发展打下基础。1989 年，全省农场水果产量 22602 吨，比 1985 年的 20935 吨，增加 8%。

1990 年后，由于所有制结构调整和市场变化，以柑橘为主的农场，适应市场需要，调整产品结构，发展名特优新稀果品，淘汰橘类，发展脐、锦橙，特种水果有芒果、荔枝、龙眼、油梨和伏季水果；苹果、梨以红富士、金花梨为主。1997 年重庆市直辖后，四川水果面积减少，到 2005 年全省农场果树面积 14819 亩，比 1985 年减少 64%；水果产量 5724 吨，比 1985 年减少 72%。

### 二、茶　叶

1985 年，全省国有茶场茶园面积 18422 亩，其中成林茶园 14881 亩。茶叶总产 10981 吨、单产 74 公斤，其中细茶 883.2 吨，单产 59 公斤。产品档次低，经济效益差。16 个茶场，有 5 个亏损，平均净亏 2.59 万元。主要原因：一是基础差，开垦种植缺乏严谨的科学规划和条件；二是失管、衰老、低产茶园面积占 70%。1987 年起，四川省农牧厅、四川省财政厅采取国家扶持、茶场自筹、职工投劳的办法，对全省农场衰老、低产茶园进行改造，4 年累计筹集资金 411.2 万元，其中省拨 149.3 万元，市（地）县拨 102.25 万元，场筹 189.55 万元，改造低产、衰老茶园 9220 亩。其中，土壤改造 311 亩，树体及土壤综合改造 5652 亩，新植 3256 亩。在改造的同时，各场因地制宜，积极发展优良品种和密植免耕茶园。全省茶场在改造中新建的 4862 亩茶园，基本上种植福鼎大白茶、南江大叶茶和蒙山 9 号、11 号、16 号、23 号等良种茶树品种，建立茶树良种繁殖圃 10 亩。许多茶场与教学、科研单位合作，开发出多种名优茶品，如万源市草坝茶场与西南农业大学合作，开发出“巴山雀舌”系列名优茶。在全国“七五”星火科技成果博览会上，“巴山雀舌”茶获得金奖，“巴山毛峰”富硒茶获得银奖，“巴山毛尖”茶获得优秀奖；南江县元顶茶场开发的“云顶茗绿”；荥经县塔子山茶场开发的“云雾毛峰”；屏山县龙洞坪茶场开发的“碧松针”；宜宾县黄山茶场开发的“天宫明绿”；城口县坪坝茶场开发的“白鹤牌”鸡鸣茶；叙永县后山茶场开发的“后山春螺”；长寿县西山茶场开发的“凤西碧绿”以及名山县蒙山茶场在发展传统名茶“黄芽、石花、甘露、春眉”绿茶的基础上，开发出“春眉花名茶”等33个品种，收到良好的经济效益和社会效益。

20世纪90年代中期后，由于茶场自然条件所限，投入不足，产品开发乏力，历史负担沉重，致使多数茶场经营困难，产量下降，效益下滑。至2005年，全省仅有6个茶场。

## 三、高原农业

### （一）亚　麻

1955年，四川在地处海拔3500米的若尔盖县唐克乡（地处黄河、白河交汇口）建立唐克农场（1980年更名为四川省白河牧场），进行青稞、甜菜、亚麻种植和繁育河曲马，发展畜牧业，为民族地区经济发展作示范。1955—1961年，连续引进亚麻试种获得成功，但由于能源、运输、加工条件所限，停止种植。1990年，为发展四川纺织业，四川在德阳市建立3000锭亚麻纺织企业（由德阳市人民政府与苏联贸易委员会合作），其原料和粗加工由四川省农牧厅组织在四川省白河牧场生产。四川省农牧厅农场管理局经论证、试验，筹资69万元，从苏联引进拔麻机10台，从黑龙江省亚麻研究所引进加工设备、技术人员进行种植。1991—1994年开发种植亚麻3964亩，生产原茎1197吨，加工粗麻57.7吨；筹资201万元（银行贷款75万元，财政借款117万元，基建投资14万元），建成年加工亚麻600吨的粗加工厂1座。为解决加工动力问题，1994年筹资373万元，建设2×165千瓦俄木溪小水电站1座。在此期间，因苏方与中方（德阳市经贸委）终止联合建立亚麻厂协议，到1995年亚麻停止种植。

### （二）油　菜

四川国有农场按气候属性，均能种植油菜，但内地农场因规模所限，仅少量种植。四川省白河牧场从1958年开始试种独具特色的高原油菜，并逐渐总结出良种（甘肃、青海高原小油菜）、防湿、防雹等成功经验，当年种植1万亩，产油菜籽80—120吨，获利约8万元。最高年份1999年种植10034亩、产油菜籽429.7吨，既解决牧民食油供应，又促进牧区畜牧业（油菜的秆、壳、粕是牲畜越冬的好饲料）发展。在该场示范带动下，相邻的阿坝县、红原县、若尔盖县的牧场、牧民亦引种种植。至2005年，油菜种植14833亩，产油菜籽874吨。

## 四、农作物良（原）种

农作物良（原）种生产是四川国有良（原）种场的主导产业。1986年后，全省良（原）种场坚持因场制宜，调整结构，发挥优势，在四川省农场管理局的组织下，进行大量引种试验，不断推出新品种，良（原）种生产量和经济效益不断增长。1987—1990年，昭觉县、乐山市良种场等14个场引进“泰油2号”油菜品种；1991—1994年中江县玉米原种场等8个农场引进玉米良种，经试验取得成功。仁寿县、中江县、遂宁市、南部县、金堂县等7个棉花原种场，按农业产业化要求，在乡村建立棉花良种繁育基地2.5万—4万亩，年生产繁育合格棉种120万—180万公斤，供种量占全省13个产棉县200万亩棉田用种量的60%。梓潼县、三台县、青神县、大竹县、宣汉县、岳池县、乐山市等8个良种场利用设备、技术、信息优势，以场带乡，在农村建立杂交水稻制种基地1.7万—

2.2万亩，年生产杂交水稻一代良种435万—600万公斤，除按合同供应本地外，远销湖北、安徽、贵州、云南等省。西充、巴中、资阳、中江县等8个良种场，在农村建立小麦、玉米常规良种繁殖基地2000亩，年生产小麦、玉米良种43万公斤。全省良（原）种场每年向农村提供良（原）种440万余公斤，棉花良种120万—180万公斤，良种果苗2000万余株。至2005年，生产小麦、玉米良种53万公斤、水稻良种85万公斤、棉花良种5万公斤。

## 第三节 养殖业

四川国有农场养殖业主要有城市奶牛，高原畜牧业、养鱼、养蚕。城市奶牛业集中在成都、自贡、攀枝花、德阳、雅安等大中城市及少数地处城市郊区的良（原）种场。高原畜牧业集中在阿坝州、凉山州、甘孜州，渔业集中在有水面的农场。蚕业集中在凉山州西昌农场。养猪业、养禽业分布在各个农场，规模不大。2005年，全省国有农场养殖业产值（现行价）5926万元，农业产值的41%。

### 一、城市奶牛

四川国有农场有奶牛场27个，其中农垦企业14个，良（原）种场13个。2005年末，共饲养奶牛8880头，占全省奶牛25365头的35%，产奶量16992吨，占全省牛奶总产量72121吨的23.5%。有7个农场以场带乡、村农户765户，饲养奶牛9079头，年产奶33005吨。两者合计饲养奶牛13907头，占全省奶牛25365头的55%，牛奶总产量50754.9吨，占全省牛奶总产量72121吨的70%。通过场办乳品企业加工，供应城市，鲜奶供应量占60%。

国有奶牛场的牛属荷斯坦牛（原名黑白花奶牛）。1986年后加强对良种牛的选育。1987年经农牧渔业部农垦局批准，筹资20万元，从美国引进良种公牛3头，为奶牛业的发展提供优良种源。20世纪90年代，由于奶牛育种区划调整和市场变化，四川国有奶牛场和其他饲养奶牛单位及农户的良种奶牛精液主要从上海、北京、广东奶牛育种中心引进。

为根治国有奶牛场奶牛结核病，让消费者吃上放心奶，从1982年开始，四川省和成都市、重庆市政府共同投资420万元，分期分批做好奶牛的健化，1989年全面完成，验收合格，共完成健化奶牛4744头，占奶牛总头数的87.25%，基本消除奶牛结核病。

牛奶价格自20世纪90年代初完全放开后，市场平稳，生产和消费呈增长趋势。

### 二、高原畜牧业

四川国有农场系统有35个国有牧场，分布在阿坝、甘孜、凉山的19个县，总面积803.89万亩，其中，草场面积615.12万亩。到2005年末，各类牲畜存栏10.83万头（只），肉类总产量2207吨，总产值3200万元（当年现价）。

鉴于高原牧区牧场的生产特殊性和牧区的自然特点以及牧区牧民的自主经营模式，1983年以后，各国有牧场相继实行草场、牲畜折价到户，保本保质，自主经营，长期不变的经营形式，经多年发展初步形成具有一定规模的经济实体牧场。但由于自然条件制约和历史原因，国有牧场资金投入严重不足，基础设施老化、陈旧，畜种、草场严重退化；政策上不能享受与牧区农村相同的优惠，也制约国有牧场的发展。其长期进行的牦牛、绵羊改良工作，更受影响而停滞。四川省农牧厅农场管理局采取科研与生产相结合的方式，帮助高原牧场提高发展能力，1987—1988 年组织牧区 35 个国有牧场实施“提高中国牦牛生产性能的研究”（该课题还在青海、新疆、甘肃、云南等省区同步实施），“改良牦牛四季泌乳试验”“麦洼牦牛群体选育”“半细毛羊综合增产配套技术”等课题研究，以提高牧场良繁技术。1987—1988 年，从农场扶持经费中，挤出 20 万元，引进九龙、麦洼牦牛种公牛 20 头，帮助凉山州木里县、金阳县、美姑县国有牧场进行牦牛血液更新，提高牦牛的生产性能。1991 年组织在若尔盖县 3 个牧场实施农业部农垦局下达的“半细毛羊技术”课题，采取以提高藏系绵羊生产性能的经济杂交为主、草地建设保护和基础设施建设及兽疫防治为配套的半细毛羊绵合增产技术措施，两年新建围栏 5.3 万米，围栏草场面积 4.8 万亩，灭鼠治虫 24 万亩，种植一年生牧草 1.7 万亩，新修棚圈 3 幢 1500 平方米。各种菌（疫）苗注射密度达到 98%以上，羊的死亡率控制在 4.55%以下。实施两年，共组织参配母羊 4.7 万只，占推广区各类适龄母羊总数的 62.1%。生产改良杂种羊 29905 只，经个体鉴定达到半细毛羊新品系培育基础母羊有 2995 只，为全省提供种用改良杂种公羊 169 只。改良羊每只平均产毛量比藏羊增加 1.26 公斤，共增产羊毛 37.62 吨，新增产值 83.5 万元，新增纯收入 67.77 万元，新增利税 12.3 万元。项目实施提高了藏绵羊的生产性能和商品率，优化了畜群结构，降低年末存栏数，减轻对冬春草场的压力，促进草原生态的良性循环，具有良好的综合效益。

2005 年，全省国有牧场有牦牛 10.28 万头，占全省牦牛总数的 3.1%；绵羊 2.7 万只，占全省总数的 0.3%。

## 三、渔　业

1996 年重庆市直辖前，四川国有农场渔业生产为农业的主要产业之一。1997 年后，全省有 14 个农垦企业、63 个良（原）种场有水产养殖。2005 年养殖水面 2191 亩，其中农垦企业 1288 亩，良（原）种场 903 亩；水产品产量 1091 吨，产值 940 万元，其中少数农场有特种养殖（鳖、虾）试验。普格县良种场利用当地温泉优势，建立 16 亩特种鱼养殖场，年创产值 10 万元。

## 四、蚕桑

四川国有农场蚕桑业生产主要集中在凉山州西昌农场。该场总面积 4.99 万亩，海拔 1635 米，年日照 2421.8 小时，年均气温 17℃，光照充足，干湿分明，适宜蚕业生产。在农业产业结构调整中，1982 年开始栽桑养蚕，获得成功。随后桑园面积逐步发展，到 2005 年达到 2500 亩，养蚕 2500 张，年产干茧 4 万—12 万公斤，年创产值 120 万元，利润 40 万元，成为农场的支柱产业之一。

## 五、其　他

四川国有农场养殖业中的养猪业、养禽业分布在有条件的农场。2005 年生猪年饲养量 7.6 万头，提供猪肉 49.3 万公斤，禽类饲养量 20 万只，年提供禽蛋（肉）产品 54 万公斤。此外，在牧区牧场还饲养乘、挽马 6200 匹。

## 第四节　工　业

“七五”和“九五”期间，四川国有农场工业生产经历发展、调整完善（经济结构和所有制结构）两个阶段。1980年后，在国家改革开放路线指导下，国有农场实行农工商综合经营，生产、加工、销售一条龙，全省农场相继建立农工商（牧工商）公司，1985年末达到124个（其中独立核算工业企业4个）。国有农场的经营方针从“围绕农业办工业，办好工业促农业”发展到“围绕市场办工业，办好工业促农业”，农场工业由封闭式生产经营逐步转变向市场开放式经营。全省国有农场工业企业发展到1990年末的285个，从事工业生产的职工由1985年的10830人发展到13641人。工业产品达16个类型，品种近100个。以乳制品、茶叶加工、酿酒、罐头、饮料等食品工业为骨干，另外还涉及机械制造、冶炼、建筑、化工、服装、丝绸、煤炭等20多个行业。这种分布广、多门类的场办工业格局为农场工业发展打下基础。1990年全省农场工业产值30485.85万元，比1985年的13356.8万元增加56%。其中农垦企业工业总产值24458.07万元，比1985年的8629.82万元增加65%。农场生产的工业产品，对繁荣市场，平抑物价起到重要作用。成都、重庆、自贡等大中城市的乳制品70%—80%由农场供应；饮料产品，重庆农垦占据半座城市；每年向市场提供精制茶和花茶4000吨，果品罐头8500吨，饮料26000吨，白酒8600吨，乳制品1340吨，铁合金7150吨，液氮生物容器2070支，塑料制品1400吨，原煤35160吨，服装24万件，绸缎26万米。液氮生物容器、胰酶、生物药品、铁合金等产品一度进入国际市场。

20世纪90年代后，产品市场竞争日趋激烈。由于基础差，设备落后，资金短缺，产品科技含量低，市场竞争能力差等因素制约，场办工业走入低谷。农场工业“七五”期间主导产品如白酒、罐头、饮料等产品，最高年份年生产白酒23000吨、罐头14000吨、饮料21000吨。此时产品品质不高且供大于求，市场销售疲软以及管理体制和经营机制没有根本转变，致使产量大降、经济效益严重下滑，“八五”末到“九五”初，全省农场系统的白酒饮料生产企业80%以上相继停产、转让，部分破产。

1994年5月，四川省农牧厅农场管理局召开全省农场工商企业工作会议，提出“加大深化改革力度，努力调整产业和产品结构，加强管理，提高效益，搞好技术改造，重视人才，提高素质，扭转工业生产下滑”的工作思路。经过几年的努力，全省国有农场工业企业的所有制结构和经济结构逐步得到调整，除破产企业外，多数企业向第三产业转向，生产和经济效益逐渐回升。

2001年后，四川国有农场工业主要以乳制品、酒、精制茶为主，其次是罐头、饮料、机械、冶金、电力生产等。到2005年，全省国有农场场办工业企业（含归口管理的改制企业）44家，比1995年的182家（不含划给重庆市的36家，下同），减少76%，工业总产值17299万元，比1995年的67751万元，减少74%。

### 一、乳制品

成都、自贡、攀枝花、雅安等大中城市的乳制品主要由农场系统提供，年生产1.5万吨左右。“华西乳品”在成都独树一帜，生产的“华西牌鲜牛奶”获得绿色食品标志使用权，深受消费者喜爱。

## 二、白　酒

川酒的优势在国有农场系统减弱后，经过调整仅保留宜宾市叙府酒业有限责任公司、泸州市原种场白乐酒厂等少数酒厂。郫县良种场与全兴酒厂联办，酒厂年生产销售4500余吨。叙府大曲、云川曲酒远销广东、福建、重庆、新疆等省（市、区）。

## 三、制　茶

2005年，全省有10个国有茶场，均建有茶叶粗、精加工厂，年加工茶叶1500吨，其中花茶440吨，加工的主要产品为绿茶和花茶。名优茶开发取得成效。名山县蒙山茶场开发的“蒙山春眉”花茶，万源市草坝茶场开发的“巴山雀舌”“巴山富硒”系列名茶，南江县元顶子茶场开发的“云顶茗绿”系列茶受到市场好评。

## 四、机　械

成都市液氮生物容器厂和凉山州美日太阳能有限责任公司是四川国有农场系统唯一两家机械企业。按市场需求，2005年生产液氮生物容器1200支，太阳能热水器8600平方米。

## 五、冶　金

凉山州西昌泸山铁合金有限责任公司是全省农场系统唯一一家冶金企业，21世纪初年生产铁合金（硅、锰）1.33万吨，销往鞍钢、太钢、重钢、攀钢等钢铁企业。

## 六、电　力

2005年末，全省农场系统自建小水电站8座，年发电量2889万千瓦/小时。

# 第五节　商　业

四川农场系统商业产业起步较晚，但发展较快。1985年前，四川国有农场只负责农牧业生产并向国家交售产品。1986年后，随着改革的逐步深入，农场向农工商综合经营发展，生产、加工、销售一条龙，开始兴办餐饮娱乐、旅游、宾馆饭店、综合批发市场、物业管理等多种经营项目，形成国有农场中的第三产业。特别是地处城市（镇）郊区的资中、资阳、隆昌、阆中、巴中、荣县、新都等市（县）良（原）种场和德阳市园艺场等农场，抓住城市（镇）开发机遇，以土地权属为契机，引资独立或联合开发商贸、房地产、综合市场、餐饮、宾馆等第三产业，为全省国有农场第三产业的发展提供经验。

1995年后，全省农场系统立足资源，面向市场，拓宽经营领域，商业产业进一步发展。当年底首次对系统内商业产业进行单项统计，系统内第三产业企业197家，实现销售收入31265万元，利税2765万元。在197家企业中，从事商业贸易84家，占42%；餐饮娱乐56家，占28%；宾馆服务26家，占13.2%；从事其他行业31家，占15.8%。1996年8月，农业部农垦局在广州召开全国农垦系统首届第三产业工作会议，总结“七五”以后农垦经济一、二、三产业的经验。同年10月四川召开全省国有农场系统第三产业流动现场会，贯彻落实全国农垦系统首届第三产业工作会议精神，总结全省农场发展第三产业、促进农场经济发展的经验，提出“负重自强，再立新功，大力发展第三产业，重振农场经济”。到2005年全省农场有商业企业17家，实现销售收入534万元，利税289万元。在17家企业中，从事贸易2家，占12%；餐饮娱乐3家，占17%；宾馆服务10家，占59%；其他行业2家，占12%。

## 第六节 南亚热带作物

### 一、概 况

四川南亚热带作物，始于20世纪50年代中期，根据农业部、农垦部的安排，1956—1958年四川先后在会理县建立会理红格热作示范繁殖农场，在米易县丙谷建立热带作物研究所（今为凉山州南亚热带作物研究所），在西昌县建立热带作物示范繁殖场。对南亚热带作物进行引种试验示范。1974年，国家农垦总局派出专家对攀西热作进行考察，指出攀西安宁河谷地区除橡胶外，其余热作产品均能生产，特别是芒果。1987年农牧渔业部根据国务院的指示，于1987年1月13日发出《关于地方国营、民营橡胶和热带作物生产归口管理的通知》，明确南亚热带作物生产归口农牧渔业部农垦局管理。按照对口管理的原则，四川省农牧厅成立南亚热带作物办公室，办公室设在省农牧厅农垦局。随着热作事业的发展，1998年四川省编委批准在四川省农业工程勘测设计所增挂四川省南亚热带作物发展中心的牌子。2000年3月，四川省编委批准成立四川省南亚热带作物发展中心，并在该中心增挂四川省农业工程勘测设计所的牌子。

四川南亚热带区域主要分布在攀枝花、凉山、自贡、乐山、泸州部分地区的河谷地带，人口1089万人，占全省总人口的13.1%；其中农业人口853万人，占全省农业人口的12.5%；土地面积4.03万平方公里，占全省土地面积的8.3%；其中耕地面积828.8万亩，占全省耕地面积的12.3%。荒山荒坡面积1133.2万亩。区域内水、土、温、光、热条件好且昼夜温差大，适合发展热带水果、糖料、油料、观赏作物、牧草绿肥、经济作物及反季节瓜菜等多种热带和亚热带作物。

1987年后，四川省农牧厅农场管理局、南亚热带作物办公室采取利用贷款等方式对热作区多渠道资金投入，累计项目贷款10510万元，使全省热作种植面积迅速扩大，产量大幅度提高，尤其是水果和反季节瓜果蔬菜。据1999年统计，热作总面积514.32万亩，作物总产量219.79万吨；水果面积116万亩，总产量37.64万吨；反季节瓜菜15.27万亩，总产量26.76万吨。建设热作生产基地15个，面积3.5万亩，泸州龙眼基地、会理石榴基地、西昌农场直杆蓝桉基地被农业部评为名优基地。建热作产品深加工厂2座，保鲜库1个，建母本园（苗圃）857亩，丰产示范园2500亩，引进芒果、荔枝、澳洲坚果、直杆蓝桉等热作品种17个，培训技术人员5.65万人次。热作年产值11亿元，实现利税2000万元。

### 二、发展特点

#### （一）发展速度快

1987年后，由于攀枝花市和凉山州两个热区各级政府部门对发展南亚热带作物积极性较高，制定相应的优惠政策，投入大量的资金和技术，因此以芒果为主的南亚热作产品发展速度较快，建设一个，成功一个，见效一个。如米易县糖厂 1978 年承贷 110 万元建立的 4000 亩芒果基地，10 年后大见成效，到 1994 年除还清贷款外，还推动攀枝花市安宁河、金沙江两岸干热河谷地区发展芒果 1.1 万亩，使近 1 万户农民年均增收 400 元；凉山州西昌农场利用热作专项贷款 650 万元，发展直杆蓝桉，到 1995 年已发展到 6000 亩，产桉油 249 吨，木材蓄积量达 1 万立方米，桉油收入 52 万元，木材价值 270 万元，企业新增收 150 万元。在西昌农场的带动下，凉山州有 6 个县（市）发展直杆蓝桉 6 万亩。会理县投入专项热作贷款 65 万元，建设石榴母本园及基地 60 亩，年提供良种苗木 50 万株，促进会理、会东、西昌等县（市）的石榴发展，面积达 2.5 万亩，年产果 500 余公斤，产品销往北京、广东、上海等城市，并获得全国第二届农业博览会金奖。到 2000 年全省热作水果发展面积近 20 万亩，产量达 20 万吨，其中芒果 3.5 万亩，产量突破 1 万吨，南亚热作的发展种类以芒果、龙眼、澳洲坚果、香蕉，西番莲，早熟枇杷、酿酒葡萄、石榴等具地方特色的名、特、稀、新水果为主，兼顾发展花卉、早市蔬菜。

（二）发展各具特色

四川热区阳光充沛，热量丰富，非耕地资源多，是发展优质南亚热作的良好生产基地。区内各县（区）根据自身自然条件优势，因地制宜地发展各具特色的南亚热作，形成多元化发展格局。凉山州普格县以发展早熟枇杷、西番莲为主；宁南县以发展芒果、龙眼、香蕉为主；会东县以发展芒果、香蕉为主；会理县以发展石榴为主，同时芒果已形成一定规模；德昌以发展龙眼和早熟枇杷为主；攀枝花市盐边县以发展芒果、荔枝、龙眼、柑橘为主；仁和区以发展芒果、澳洲坚果、龙眼、石榴、酿酒葡萄为主；米易县 2003 年达到“八个一万亩（芒果、龙眼、早熟枇杷、梨、泡核桃、板栗、葡萄、石榴）”；西昌发展 10 个花卉基地，培育康乃馨、玫瑰、芦荟等花卉；攀西蔬菜以发展早市蔬菜为主，米易县 1999 年早市蔬菜种植面积达 6 万亩，总产 11 万吨，商品菜就有 8.4 万吨，并开始进行工厂化育苗；泸州市发展的晚熟龙眼、荔枝，因农业产业结构调整而受到政策、资金的支持，种植面积和产量逐年递升。

（三）生产模式、运行机制多样

区内发展的模式有公司+农户、农场+农户、事业单位+农户和个体经营等多种形式。凉山州热区主要以行政部门带动农户和个体经营发展的模式为主；攀枝花市各县（区）则有个体承包、公司承包、农户分散经营、事业和其他行业单位直接承包果园等形式，同时产生出多家民营科研所和农业企业。

（四）因区制宜，合理发展

攀枝花市和凉山州两个热区，由于自然条件和经济条件的差异，生产发展水平不尽相同。攀枝花市热区相对集中，发展南亚热作起步较早，资金、技术、政策支持力度大，发展速度快，生产水平高，以集中成片、规模种植经营为主，已建成 4 个热作农场、6 家热作企业和多家民营研究所。凉山州发展南亚热作起步较晚，热区仅分布在金沙江沿岸的低山地带，主要以庭园栽培为主，分散经营，发展速度相对较慢，但开发潜力和发展后劲大。

# 第三章 经营管理

## 第一节 管理体制

1985年前，四川国营农场管理体制多为政企合一模式。1986年，中共四川省委、四川省人民政府批转四川省农牧厅关于贯彻执行《中共中央、国务院批转农牧渔业部〈关于农垦经济体制改革问题的报告〉的通知》的意见（川委发〔1986〕13号），按照“政企分开，简政放权，增强企业活力”的原则，决定“恢复四川省农牧厅农场管理局，并与省国营农工商联合总公司分开，公司由国营农场管理局领导。市（地、州）、县各级国营农场管理机构也要相应地按照政企分开的原则，进行分设”。政企分开后，管理部门是国营农场的行政管理机关，管理方式由直接管理转变为宏观指导和协调、服务。

### 一、管理机构

#### （一）省级农场管理体制、机构、编制

省级农场管理机构为四川省农业厅农场管理处（对外可用农场管理局）。四川省人民政府1995年12月13日批准的《四川省农业厅职能配置、内设机构和人员编制方案》（川办发〔1995〕164号）规定：省农业厅是省政府主管全省农业、农业经济和综合管理种植业、农垦的职能部门。在农业厅内设机构中，规定设立农场管理处（对外可用农场管理局）。1996年，四川省编委《关于四川省农业厅农场管理处更名为四川省农场管理局的批复》（川编发〔1996〕124号）中明确，根据干部本人条件，其局长可按副厅级高配。1998年，四川省人民政府川府人〔1998〕15号文件通知，四川省人民政府第十二次常务会议决定，任命马继良为四川省农业厅农场管理局局长。2000年7月7日，四川省人民政府批准《四川省农业厅职能配置内设机构和人员编制规定》（川办发〔2000〕71号）规定，四川省农业厅农场管理局主要职责是：指导农、牧、渔、蚕良（原）种场和农垦场的管理；拟订农场经济与社会发展战略、规划、计划、政策，并组织实施；提出农场经济体制改革方案并组织实施；负责对国有农场土地的管理，监管农场资产和财务管理工作；指导农场基本建设、重要项目的立项计划并组织实施；指导国有农场的资金管理；拟订“南亚热带”农作物的发展规划、设计及重要项目，并组织实施；负责拟订绿色食品基地建设，加强绿色食品质量监督、认证工作；负责农业工程勘测设计管理工作。

四川省农业厅核定省农场管理局行政编制9名，四川省编办川编发〔2000〕33号文核定省南亚热带作物发展中心（增挂省农业工程勘测设计所的牌子）事业编制30名。

（二）市（地、州）级国有农场管理机构、编制

1997 年，重庆市直辖后，全省市（地、州）级农场管理机构由 27 个减为 22 个，市（地、州）农场管理机构除成都市农垦组建成都中际企业集团公司，同时保留局的牌子外，其余市（地、州）保留农场管理科（站）。企业编制 1 名，行政编制 15 名，事业编制 6 名，编制人数 87 人，实有 147 人。

（三）县级国有农场管理机构、编制

全省 113 个县（市、区）国有农场由县级农业部门管理，其中设立农场管理股（站）的有 43 个，其余 70 个县由县农业局一名副局长或计财股长兼管。有行政、事业编制 133 名，实际人数为 124 人。

## 二、目标管理

1986—1998 年，四川省农牧厅农场管理局对市（地、州）农场主管部门实行年度经济指标考核，主要指标：人平利税、扭亏增盈，国有资产保值增值，安全生产。凡取得年度 3 项指标平均前 10 名者，评为一、二、三等奖，由省农业厅给予适当的物质奖励和精神鼓励，市（地、州）农场主管部门亦对所属农场实行经济指标考核。

1999 年，四川省农业厅农场管理局制定《四川省国有农场工作目标管理考核办法》，把工作目标和经济指标考核相结合，该考核办法的考核指标有经济发展速度指标、经济效益指标、政务及经济信息指标、安全生产指标 4 项，实行百分制，经济速度指标占 10 分，经济效益指标占 70 分，政务及经济信息指标占 20 分，安全生产指标作为否定指标。凡完成目标任务、得分 100 分以上的单位为获奖单位。对未完成当年目标任务的，省局视情况通报批评，并停止对其资金扶持一年；对连续两年未完成目标任务的市（地、州），省局停止对其资金的扶持，直至完成目标任务为止。因出现安全生产责任事故而被取消得分的地区通报批评；对造成重大损失的，要依法追究主要责任人的法律责任。

各市（地、州）农场主管部门对所属县级农场主管部门和农场亦实行工作目标考核，使全省国有农场的工作目标从宏观管理上落到实处。2002 年 3 月，四川省农业厅农场管理局再次修订完善《四川省农场系统目标管理工作制度》。

# 第二节　计划与劳动

## 一、计划管理

1986 年后，随着“四权”（生产计划、产品处理、资金运筹、人员调动）下放到企业（农场），除少数产品（牛奶、黄连、茶叶、杂交水稻种）由市（地、州）下达指导性生产计划外，其他产品从生产计划到产品销售，由农场按市场需求自行决策。

## 二、劳动管理

1985 年前，四川国营农场劳动、工资按国家统一计划、统一标准执行。1986 年，国务院颁发

《关于改革劳动制度四个规定的通知》《全民所有制工业企业转换经营机制条例》和《中共中央关于建立社会主义市场经济体制若干问题的决定》后，全省国营农场场级干部除少数实行委任制外，绝大多数实行聘任制；职工实行全员劳动合同制，实行效益工资。

1996年，贯彻《国务院关于发布改革劳动制度四个规定的通知》，国有农场劳动用工由国家统一计划招收固定工到企业自主决策的合同制，劳动报酬向效益、技能工资制转变；职工劳保福利由农场供给制逐步转向保险（养老、失业、医疗、工伤、生育）制转变。到2000年，全省农场在岗职工实行劳动合同制的职工14361人，占职工总数17699人的81%；离开本单位保留劳动关系的职工1351人，占职工总数的7.6%；下岗职工688人，占职工总数的3.8%；参加社会养老保险的职工16689人，占职工总数的94%；参加医疗保险的职工6559人，占职工总数的37%；参加失业保险的职工7170人，占职工总数的40.5%；参加工伤保险的职工4333人，占职工总数的24.5%；参加生育保险的职工1506人，占职工总数的8.5%。农场种植、养殖业“两费自理”“四到户”1818户、4019人。全省农场职工年平均劳动报酬和生活费（不含自营收入）5321元，比1985年的1019元，增加2.8倍。

在实施劳动制度改革、劳动管理工作中，各级农场主管部门把国有农场的劳动制度改革，企业改制职工的下岗分流，再就业“两保”等工作纳入当地政府统一管理，组织实施，保证劳动制度改革有序进行。

## 第三节 财务和资产管理

### 一、财务管理

1986年后，农垦企业实行“财务包干、盈利不变、亏损不补、自负盈亏”的办法。事业性质、企业管理的良（原）种场实行“独立核算、自负盈亏、盈利留用、亏损不补”和“定额补贴、结余留用、超亏不补、限期扭亏”的办法。到1999年享受定额补贴的农场117个，其中良（原）种场113个，农垦企业4个；补贴金额1404万元，其中，良种补贴905万元，定额补贴499万元。并将定额补贴列入农场的收入。

国有农场的财务管理，除执行《农业企业财务会计制度》《国有农牧渔良种场财务会计制度》外，四川省农业厅、四川省财政厅于1991年发布《四川省农场会计内部控制制度》，对农场财务主管、会计、出纳、保管的职责，完善凭证制度，严格传递手续；支票与印鉴，严格空白凭证，加强财务档案管理作出明确规定，统一农场会计记账、报表（编制会计月、季报和年度决算报表）等制度。

### 二、资产管理

国有农场的固定资产折旧每年按规定提取。资产折旧及变价收入，全部留给农场。土地、道路、涵闸、塘堰、水库、鱼池、水渠、水塔、粪池、晒坝、零星果木、林木等，只造册登记，不列入固定资产。

1987年，四川省农牧厅与四川省林业厅印发《关于给国有农场核发林权证的通知》，全省有林业资源的25个国有农场的50.55万亩林地核发了林权证。1992年，针对一些地区乱占国有农场土地的情况，四川省人民政府办公厅批转四川省农牧厅、四川省国土局《关于加强国有农场土地管理的报告》（川办发〔1992〕1号），印发各地执行。四川省农牧厅农场管理局还先后转发国家国有资产管理局《关于国营农场向家庭农场转让国有资产的若干暂行规定》，财政部、国家国有资产管理局《关于国有企业清产核资土地估价有关问题的通知》规范性文件，印发《关于国有农场土地有偿划拨和变更土地使用用途审批程序的暂行规定》，保证国有农场资源完整。

# 第四章 农场改革

## 第一节 政企分开

1986年，中共四川省委、四川省人民政府批转四川省农牧厅《关于贯彻中共中央国务院批转农牧渔业部〈关于农垦经济体制改革问题的报告〉的通知的意见》（川委发〔1986〕13号），四川省农牧厅农场管理局正式恢复行使对全省农场管理、服务职能。1986年在完成全省国营农场企业整顿工作的基础上，于1987年制定《关于在我省国营农场认真贯彻“三个条例”全面推行场长负责制的通知》。1991年，国务院批转农业部《关于进一步办好国营农场的报告的通知》（国发〔1991〕42号）下发后，省政府批转省农牧厅《关于进一步办好国营农场的意见的通知》（川府发〔1992〕113号），1992年，国营农场贯彻《全民所有制工业企业转换经营机制条例》，使国家赋予农场（企业）的14项经营自主权逐步得到落实。

1986年后，国有农场的劳动用工、工资分配、社会保险逐步实行省政府制定的统一政策。劳动用工实行合同制，干部实行聘用制（少数农场仍实行委任制），打破等级工资制，实行效益、技能、岗位工资制；养老、失业、生育、医疗、工伤、保险，除少数农场因经济条件差外，均参加地方社会统筹。实行股份制、股份合作制改造的农场职工的全民身份得到置换。

1986—1995年，按照国家对国有农场的扶持政策，农垦企业继续实行财务包干；良（原）种场在财务包干的前提下，继续实行良种定额补贴。“九五”期间对农场的种植、养殖业的所得实行所得税返还，以扶持农场经济发展，示范农村，促进农场四自（自主经营、自负盈亏、自我发展、自我约束）的机制形成。

全省国有农场经济体制改革，实行政企分开，简政放权，增强企业活力。农场成为独立核算、自负盈亏、自主经营的经济实体，内部完善联产经济承包责任制。各市（地、州）的农场管理机构陆续实行政企分设，与所辖企业脱钩。至2000年末，全省国有农场管理的政企分开全面完成，除少数农场〔主要是良（原）种场〕的人事管理权仍由人事、主管部门管理外，其余13个自主权在农场全部得到落实。

## 第二节 转换机制

1986年，四川省农牧厅、四川省财政厅出台《关于完善国营农场职工家庭农场及联产承包经济责任制的意见》，在完成全省国营农场企业整顿工作的基础上，1987年全省国营农场全面推行场长负责制。1992年国营农场贯彻国务院《全民所有制工业企业转换经营机制条例》，到2000年除少数农场〔主要是良（原）种场〕的人事管理权仍由人事、主管部门管理外，其14项经营自主权逐步为农场（企业）拥有。

1980年后，四川农场系统率先推行农工商综合经营改革，打破传统计划经济体制的束缚，改单一的农业生产为实行农工商、产供销一体化经营。随后，在全系统推行财务大包干体制改革，明确国家与农场的分配关系。在农场内部，积极探索劳动、人事、分配三项改革，干部实行聘用制（少数农场仍实行委任制），打破等级工资制、实行效益、技能、岗位工资制；养老、失业、生育、医疗、工伤、保险，除少数农场因经济条件差外，均参加地方社会统筹；改革高度集中统一的经营体制，推行“三定一奖”，大包干、承包经营、“两费自理，四到户”（生活费、生产资料费自理；土地到户、经营到户、核算到户、风险到户）、家庭农场等改革措施，调动职工生产积极性，使职工收入增加生活得到改善，农场收入也有所增加。

## 第三节　改革、改组、改制

1993年，贯彻中共中央《关于建立社会主义市场经济体制若干问题的决定》，国有农场的改革、改制、改组按照坚持以公有制为主体，多种经济成分共同发展的格局进行。到2000年全省国有农场中整体出售给法人和自然人的有12个（若尔盖县向东、打更沟、包座、阿西牧场；金川县二牧场，南坪县牧场，小金县牧场，马尔康县良种场，雷波县良种场，武胜县明珠实业公司，沐川县椒子坪茶场，峨边县良种场，蓬安县嘉陵农场汽修厂）；破产的农场9个（苍溪县猕猴桃饮料公司，宜宾县养蜂场，金阳县百草坡牧场，泸州市长江曲酒厂，绵阳市农工商公司，巴中市巴州区农工商公司，岳池县园艺场，荥经县塔子山茶场，茂县牧场）；被兼并7个（成都市神仙树乳牛场，金牛乳牛场，华川服装厂，沐川县良种场，茂县风仪园艺场，泸州市农场联合公司，遂宁市中心稻麦原种场）；建立国有独资公司5个（成都市中际集团，万源市草坝茶场，石渠县牧场，西昌美日太阳能有限责任公司，西昌农垦有限责任公司）；实行股份合作制改造的农场9个；实行行股份有限责任公司改造的农场14个；实行非国有经济改造的农场20个。

至2005年底，全省国营农场改制总数达89个，资产总额5.7亿元，职工1.2万余人。

## 第四节　税费改革

1996年后，国家对农场的种植、养殖业的所得实行所得税返还，以扶持农场经济发展，示范农村，促进农场四自（自主经营、自负盈亏、自我发展、自我约束）机制形成。2005年，国务院印发《关于2005年深化农村税费改革试点工作的通知》（国发〔2005〕24号），将国有农场纳入取消农业税政策的实施范围，停止征收国有农场从事农林种植业和养殖收入的各种农业税、农林特产税。对在土地承包费外由农场职工自行缴纳的农业税、农林特产税和在土地承包费内由国有农场统一缴纳的农业税、农林特产税予以取消。

四川省志·农业志

# 第十篇　农业教育

1986—2005 年，随着国家对高等教育、中等教育改革的深化，四川的农业大中专院校以及农民教育培养机构发生深刻的变化，大专院校招生规模成倍增长，中专学校数量和招生规模大幅减少。

# 第一章 高等教育

## 第一节 体制改革

1985年5月，中共中央发出《关于教育体制改革的决定》，改革的主要内容：改革教育管理体制，在加强宏观管理的同时，简政放权，扩大学校办学自主权；调整教育结构，改革劳动人事制度；改革同社会主义现代化不相适应的教育思想、教育内容、教育方法。该决定成为农业高等教育发展史上的一个重大转折点，四川4所农业高等院校，即西南农业大学、四川农业大学、绵阳农业专科学校、西昌农业高等专科学校，抓住机遇，锐意改革，呈现出勃勃生机。

### 一、四川农业大学

四川农业大学前身是创办于1906年的四川通省农业学堂，是四川省第一所农业学堂，1935年并入国立四川大学成为川大农学院，1956年迁雅安独立建校为四川农学院，1985年更名为四川农业大学。1993年“撤系建院”，建立新型教学管理体制。1994年按照“扬优、改老、支重、扶新”的专业建设指导思想兴办一批近农非农专业，拓宽专业口径，优化专业结构。1994年改革实验室管理体制，逐步实行以校院管理的实验室为主体、系（教研室）实验室为补充的三级管理体制，加强实践教学，建立“农、科、教”和教学、科研、推广相结合的校外实践教学基地，改革农场管理体制。1995年实施“按院招生、分段教学、中期分流、按需培养”的人才培养运行机制，推进教学内容改革和教材编写，改革教学手段。

1999年6月，国家发展计划委员会批复，四川农业大学正式进入国家面向21世纪重点建设的100所高校行列。学校综合改革深化，基础设施建设加快，总投资12946万元，其中四川省专项投资7508万元，重点用于建设西南区作物科学与技术、现代动物生产科学与技术、动物疫病监测与控制、长江上游生态林业工程4个重点学科群以及公共服务体系和必要的基础设施。学校在学科建设、人才培养、科学研究、师资队伍、行政管理等方面取得长足进步。

2001年，四川农业大学党委被中共中央组织部授予“全国先进基层党组织”称号。“川农大精神”在学校长期弘扬和发展过程中，培育和凝聚出“追求真理、造福社会、自强不息”的校训，“纯朴勤奋、孜孜以求”的校风，毕业生“勤奋朴实、勇于开拓”的品质，对学校形成“以‘川农大精神’育人，培养心系‘三农’服务西部的高素质复合型人才”的鲜明办学特色，对培养出高素质复合型人才产生巨大影响和作用。

## 二、西南农业大学

1997年，重庆市成为直辖市，西南农业大学的隶属管理关系改为“中央与重庆市共建，以重庆市为主”。到2000年，西南农业大学已发展为有10个学院、6个直属系，27个本科专业，涵盖15个专业类、6个学科门类。

## 三、西昌农业高等专科学校

西昌农业高等专科学校于1996年增设农业技术推广与管理专业，1997年增设淡水养殖专业，后改名为淡水渔业专业，2000年增设动物营养与饲料加工专业，并与西华大学联办食品科学与工程本科专业。2001年增设食品检验与质量管理、种子种苗生产与经营管理、城市园林、农产品贮藏与加工专业，同时将淡水渔业专业更名为水产养殖与管理专业。2002年增设设施农业、绿色食品生产与管理专业。

2003年，西昌农业高等专科学校、西昌师范高等专科学校、凉山大学、凉山教育学院合并组建西昌学院，设动物科学系、农学系、食品科学系、园艺系、生化系等，有动物医学、农学、食品科学与工程、水产养殖学等7个本科专业以及17个涉农专科专业。

## 四、绵阳农业高等专科学校

1994年，绵阳农业高等专科学校更名为绵阳经济技术高等专科学校。2000年12月底，绵阳经济技术高等专科学校与西南工学院合并，组建西南科技大学。

# 第二节　专业建设及师资发展

为适应社会主义市场经济体制的建立，四川农业大学和西南农业大学逐步“撤系建院”，按照“扬优、改老、支重、扶新”的专业建设指导思想，兴办一批近农非农专业，拓宽专业口径，优化专业结构，实施“按院招生、分段教学、中期分流、按需培养”的人才培养运行机制，推进教学内容改革和教材编写，改革教学手段。

## 一、四川农业大学

1986年作物遗传育种专业被批准为博士学位授权专业，1989年动物营养与饲料科学被批准为国家重点学科，1991年设立作物学博士后流动站，1992年又有2个专业被评为省级重点学科。1990年开始举办三年制函授成人专科高等学历教育，1993年招收成人函授本科生，1991年职业技术师范学院开始招收职教本科生。到1995年学校有3个博士学位授权专业，18个硕士学位授权专业，普通本科专业由1985年的12个增加到19个。到2000年新增国家重点学科1个、部省重点学科8个，博士学位授权一级学科3个，二级学科专业21个，硕士学位授权一级学科9个，二级学科专业40个，普通本科专业19个。博士学位授权学科门类由农学、理学拓展到管理学，硕士学位授权学科门类由农学、理学、管理学拓展到工学、经济学和法学，实现学科专业发展的历史性跨越。到2005年底，四川农业大学专任教师由402人增加到1178人，教师中具有硕士以上学位615人，具有正高级专业技术职务126人，副高级专业技术职务325人，其中45岁以下具有高级专业技术职务的教师占高级职称总数的69.57%。教师中优秀人才辈出，有中国工程院院士2人，杰出高级专家5人，教育部长江学者讲座教授1人，国家有突出贡献的中青年专家7人，国家“百千万人才工程”一、二层次人选6人，教育部新世纪优秀人才支持计划5人，硕士生导师273人，博士生导师89人，国务院学位委员会学科评议组和专业学位指导委员会委员5人，享受国务院政府特殊津贴高级专家108人，四川省学术和技术带头人50人，四川省有突出贡献的优秀专家19人。由于师德优秀和教学科研贡献突出，涌现全国模范教师3人，师德先进个人2人，优秀教师2人，教育部高等学校教学名师1人，入选教育部“长江学者和创新团队发展计划”创新团队2人。

## 二、西南农业大学

1984年学校只有13个本科、专科专业，1989年增加到27个，1993年增设和恢复4个本科专业和17个专科专业。到1994年，学校设置的专业及专业方向发展到27个本科专业、40个专科专业，大大增加专业覆盖面。1995年学校增设5个本科专业和4个专科专业。1999年学校将原35个本科专业调整为27个，拓宽专业口径，为毕业生就业渠道的扩大创造有利条件。经过不断的发展和调整，到2000年，学校建立10个学院、6个直属系，27个本科专业、涵盖15个专业类，6个学科门类。学校与美国、日本、俄国等10多个国家的17所大学和科研机构建立友好合作关系。2001年9月，开始招收农学、园艺专业本科，2002年9月新招制药工程专业本科，2003年9月开始招收食品工程、动物科学本科专业，并停招所有专科专业，2004年9月植物学硕士点开始招生，2005年下期终止普通专科教育。

## 三、西昌农业高等专科学校

西昌农业专科学校前身为西康技艺专科学校（1939年建立），设农林科、畜牧科，1950年设农艺科、园艺科、森林科、畜牧科。1953年西昌农校设置作物栽培、植物保护、畜牧兽医、果树蔬菜4个专业。1995年四川省教育委员会清理审核原专科专业设置，统一规范专业名称，西昌农业高等专科学校经清理审核通过的农科类专业有作物、烟草、农家经营、园艺、畜牧兽医、种植技术、林业技术与管理、农产品加工、蚕学、农业经济管理等。

2003年，西昌农业高等专科学校与西昌师范高等专科学校、凉山大学、凉山教育学院合并成立西昌学院，设有动物医学、动物科学、农学、食品科学与工程、园艺5个涉农本科专业以及动物药学、动物营养与饲料加工、水产养殖与管理、畜牧兽医、野生动物与自然保护区管理、农业经济管理、农业技术推广与应用、农学、种子种苗生产与管理、土地管理与保护、烟草、农产品储运与加工、食品工艺、城市园林、绿色食品、园艺、林业技术与管理等17个专科专业，2005年9月新增水产养殖学本科专业。

## 四、绵阳农业高等专科学校

成立初设有农学、园艺、牧医、农机等专科专业。1985年果蔬储藏与加工专业开始招生。1987年增设农业推广、农业生物专业。1989年增设种植、养殖专业。1992年增设劳动技术师资班、园林绿化专业。1993年增设食品工艺专业。1994年增设动物产品加工与贸易、果树蔬菜专业。1995年园艺专业恢复招生。同年，绵阳农业高等专科学校更名为绵阳经济技术高等专科学校，设置农艺系、牧医系、食品系等。

## 第三节 招生与毕业生

### 一、四川农业大学

1985年，四川农学院更名为四川农业大学后，陆续对招生工作进行一系列改革，招生来源主要是实行定向、委培的方法；收费上主要是实行自费上学和招生并轨的改革。20世纪90年代中后期和21世纪初，学校抓住高校大扩招、高教大发展的大好形势，解放思想，及时扩大招生规模，在招生工作方面取得显著进展，加快学校发展。

（一）办学规模逐步扩大

20世纪80年代至20世纪90年代初，学校每年招生计划在500人左右，在校生规模为2000人。20世纪90年代中后期，学校积极争取扩大招生计划，特别是从1999年开始，抓住扩招这一难得的发展机遇，连续4年扩大招生规模，招生计划从1998年的1200人扩大到2002年的5700人，比1998年增长3.8倍。2002年以后招生计划稳定在近6000人。截至2005年底，在校本科生规模达22539人，是20世纪80年代在校生规模的10倍。

（二）招生范围向全国拓展

1999年前，学校招生仅限四川省内。1999年开始向省外投放招生计划，当年向重庆第一次单独作为直辖市招生，同时向云南省投放招生计划。2000年增加贵州、海南等省，招生的省份扩大到8个，2001年扩大到12个，2002年学校招生的省份达19个。2003年后，学校生源遍及全国24个省（市、自治区），满足全国各地考生希望就读学校的愿望。

（三）招生层次向重点推高

根据教育部有关文件精神，“211工程”院校进入重点本科批次录取。从2001年开始，学校根据自身实际，制定将生物技术、农学、动物科学等优势学科专业纳入重点批次的方案，迈出由一般本科招生向重点本科招生转变的步伐。2002年调整重点批次的专业结构，收到较好效果，重点批次生源情况大大改善，第一、第二志愿率达60%以上。2005年学校重点批次计划占校本部招生计划总数的70%。

（四）生源质量大幅度提高

从1999年开始，生源结构发生很大变化，生源质量有很大提高。一是新生高考分数有很大提高，1999年调档线第一次高于省定控制分数线，2000年文科调档线高于省定线28分，2001年开始进入重点批次录取后，大量高分考生进入学校学习；二是城乡学生比例发生变化，城镇学生超过农村学生，2001年学校城镇学生占新生总数的52%，2002年城镇学生占新生总数的53%；三是生源地域扩大，2002年外省新生第一次超过1000人，比2001年增加542人；四是省内一些重点中学的新生人数大大增加，2002年后，成都四中、成都七中、成都九中、成都十二中、川师大附中、成都西北中学以及成都外国语学校每年考入学校学习的学生就有200人以上，而2000年以前不到20人；五是新生的外语基础较好，高考外语成绩在90分以上的超过新生总数的一半。

（五）学生就业势头良好

20世纪90年代前，毕业生就业工作基本由国家统一计划分配。20世纪90年代后，毕业生进行统包统分的同时，开始“供需见面”的探索。遵循“市场导向、政府调控、学校推荐、学生与用人单位双向选择”的就业机制，落实“一把手工程”，按照机构、人员、经费“三到位”和“四化”（全程化、全员化、专业化和信息化）的要求，结合农业院校特点，建立和完善毕业生就业服务体系和设施，建立起以学校为主体的毕业生就业市场，引导毕业生树立正确的就业观念，实现由原来“统包统揽，计划分配”到“双向选择，自主择业”的转变，形成毕业生自荐、学校和老师推荐以及用人单位到校选才相结合的毕业生就业新模式，提高毕业生一次就业率，实现毕业生的充分就业。2000年后，在全国毕业生就业形势日趋严峻、毕业生就业面临巨大困难的情况下，学校毕业生就业率逐年上升，毕业生一次就业率在90%以上，毕业生分布在全国20多个省（市、自治区）。

**1985—2005年四川农业大学招生及毕业生情况表**

表10-1　　　　单位：人

| 年度 | 招生数 | | | | | 在校生数 | | | | | 毕业生数 | | | |
|---|---|---|---|---|---|---|---|---|---|---|---|---|---|---|
| | 小计 | 博士 | 硕士 | 本科 | 专科 | 小计 | 博士 | 硕士 | 本科 | 专科 | 小计 | 博士 | 硕士 | 本科 |
| 1985 | 606 | 1 | 51 | 451 | 103 | 2071 | 1 | 104 | 1777 | 189 | 330 | — | 33 | 297 |
| 1986 | 593 | 1 | 48 | 478 | 66 | 2171 | 2 | 130 | 1870 | 169 | 491 | — | 22 | 383 |
| 1987 | 619 | 4 | 43 | 451 | 121 | 2245 | 6 | 142 | 1910 | 187 | 538 | — | 31 | 404 |
| 1988 | 563 | 2 | 36 | 421 | 104 | 2219 | 8 | 128 | 1859 | 224 | 567 | — | 47 | 454 |
| 1989 | 555 | 4 | 25 | 390 | 136 | 2130 | 12 | 108 | 1771 | 239 | 643 | — | 44 | 480 |
| 1990 | 630 | 4 | 26 | 391 | 209 | 2133 | 16 | 86 | 1685 | 346 | 624 | — | 47 | 475 |
| 1991 | 622 | — | 21 | 394 | 207 | 2115 | 14 | 74 | 1682 | 345 | 615 | 1 | 32 | 446 |
| 1992 | 721 | 9 | 24 | 508 | 180 | 2218 | 18 | 70 | 1685 | 445 | 658 | 3 | 28 | 420 |
| 1993 | 910 | 6 | 31 | 514 | 359 | 2467 | 20 | 76 | 1775 | 596 | 685 | — | 25 | 423 |
| 1994 | 1200 | 8 | 40 | 577 | 575 | 2960 | 9 | 40 | 1778 | 1133 | 773 | 4 | 19 | 391 |
| 1995 | 1229 | 9 | 36 | 629 | 555 | 3418 | 28 | 106 | 2159 | 1125 | 1041 | 5 | 22 | 444 |
| 1996 | 1289 | 9 | 40 | 720 | 520 | 3653 | 31 | 117 | 2441 | 1064 | 973 | 4 | 30 | 508 |
| 1997 | 1248 | 9 | 50 | 791 | 398 | 3902 | 34 | 127 | 2726 | 1015 | 1054 | 6 | 39 | 574 |
| 1998 | 1289 | 19 | 65 | 954 | 251 | 4116 | 41 | 155 | 3117 | 803 | 1021 | 12 | 36 | 627 |
| 1999 | 1345 | 14 | 120 | 1022 | 189 | 4395 | 50 | 235 | 3515 | 595 | 1085 | 5 | 40 | 721 |
| 2000 | 2155 | 30 | 175 | 1665 | 285 | 5427 | 71 | 360 | 4506 | 490 | 1000 | 9 | 50 | 799 |
| 2001 | 3174 | 48 | 232 | 2807 | 87 | 7268 | 106 | 232 | 6670 | 260 | 1095 | 12 | 65 | 966 |
| 2002 | 5409 | 54 | 302 | 3504 | 1549 | 12785 | 147 | 709 | 9695 | 2234 | 1309 | 12 | 120 | 1082 |

续表10-1

| 年度 | 招生数 | | | | | 在校生数 | | | | | 毕业生数 | | | |
|---|---|---|---|---|---|---|---|---|---|---|---|---|---|---|
| | 小计 | 博士 | 硕士 | 本科 | 专科 | 小计 | 博士 | 硕士 | 本科 | 专科 | 小计 | 博士 | 硕士 | 本科 |
| 2003 | 6221 | 85 | 439 | 4481 | 1216 | 19897 | 208 | 959 | 15769 | 2961 | 2161 | 21 | 183 | 1756 |
| 2004 | 5773 | 84 | 525 | 4938 | 226 | 21620 | 260 | 1256 | 18516 | 1588 | 4362 | 33 | 202 | 2969 |
| 2005 | 5965 | 80 | 518 | 5109 | 258 | 21084 | 263 | 1262 | 18555 | 1004 | 5966 | 39 | 353 | 4606 |

## 二、西南农业大学

1983年，西南农业大学实行指令性计划和指导性计划相结合的招生政策，将国家指令性计划划出一部分用于招收定向生、委培生、自费生等。1983年起，调节性计划招生比例不断增加，到1994年，国家任务与调节性计划招生比例各占约50%。1996年，学校实行部分“并轨招生”，即本科“并轨”，专科暂不“并轨”，1997年在专科层次“并轨招生”。1998年4月，学校成立招生就业指导办公室。1999年，随着学校内部管理体制改革，成立专门的招生办公室。1999年，学校参加天津、辽宁等15个省（市、自治区）网上录取（部分为异地网上录取）。

为适应经济建设和社会发展的需要，采取多种形式确保生源和质量：一是招收定向生、委培生、自费生，1988年招收定向生122名，招收自费生20名，1996年招收委培生945人，1999年招收定向生20名；二是招收社会实践生，西南农业大学乡镇企业学院1998年面向重庆市乡镇企业系统进行“实践生”单独招生；三是招收职教师资生和中专师资生。1987年起每年招收30—60名中专保送师资生，1988年招收60名职教师资生，1998年招收30名职教师资生，1999年招收60名中专保送师资生，2000年招收90名职教师资；四是招收资助生，1999年招收近百名资助生，2000年接收4名外校预科直升生。1984年全日制普通本、专科招生人数为837人，到2000年扩大到2010人。

**1986—1997年西南农业大学招生及毕业生情况表**

表10-2　　单位：人

| 年度 | 招生人数 | | | 毕业生人数 | | |
|---|---|---|---|---|---|---|
| | 本科 | 专科 | 小计 | 本科 | 专科 | 小计 |
| 1986 | 660 | 265 | 925 | 540 | 62 | 602 |
| 1987 | 528 | 251 | 779 | 566 | 419 | 985 |
| 1988 | 583 | 252 | 835 | 650 | 368 | 1018 |
| 1989 | 519 | 213 | 732 | 576 | 259 | 835 |
| 1990 | 574 | 220 | 794 | 646 | 245 | 891 |
| 1991 | 670 | 150 | 820 | 531 | 214 | 745 |
| 1992 | 714 | 370 | 1084 | 573 | 216 | 789 |
| 1993 | 720 | 980 | 1700 | 513 | 122 | 635 |
| 1994 | 796 | 876 | 1672 | 578 | 33 | 941 |
| 1995 | 842 | 888 | 1730 | 662 | 981 | 1643 |

续表10-2

| 年度 | 招生人数 | | | 毕业生人数 | | |
|---|---|---|---|---|---|---|
| | 本科 | 专科 | 小计 | 本科 | 专科 | 小计 |
| 1996 | 845 | 1037 | 1882 | 710 | 860 | 1570 |
| 1997 | 1050 | 501 | 1551 | 711 | 898 | 1609 |

## 三、绵阳农业高等专科学校

2000 年前，绵阳农业高等专科学校每年涉农专业的招生及毕业学生人数，稳定在 200—260 人。2000 年西南科技大学成立后，农学、园艺专业从 2001 年开始招收本科生，动物科学专业从 2003 年开始招收本科生。

2001—2005 年西南科技大学生命科学与工程学院招生情况表

表 10-3　　单位：人

| 专　业 | 2001 年 | 2002 年 | 2003 年 | 2004 年 | 2005 年 |
|---|---|---|---|---|---|
| 农　学 | 60 | 130 | 60 | 60 | 60 |
| 园　艺 | 90 | 80 | 107 | 80 | 80 |
| 动物科学 | — | — | 60 | 60 | 60 |

# 第二章　中等教育

## 第一节　体制与规模

1983年温江农校招收全国第一个不包分配班，自此，四川省17所中专农校至1986年相继开设不包分配班。在中等农校举办农村青年不包分配班的改革中，四川省中专教育探索出“以县定班，县校共管”的办学机制，并逐步发展到以乡定班，乡校共管共育（包括场、厂定班，场、厂、校共管共育）等多种形式，这一新机制的具体内涵是：共招爱农、务农学生，共育献身农业、服务农村的思想，共教科学技术知识和创业本领，共促边学习、边实践、边创业，共帮致富、服务，共商教改大计，共投育人经费等。

1986—1996年是四川省农业中专学校体制改革的重要时期，学校规模迅速扩大。1986年，全省中专农校共有实习农场527.5亩，校舍建筑面积24.6万平方米，到1996年，共有实习农场838.6亩，校舍建筑面积49.6万平方米。

管理体制发生重大变革，实行校长责任制，学校自主权扩大，政府运用立法、政策向导、拨款、评估督导、信息服务等手段对中专农校进行宏观管理，不再是以前的直接行政管理。

办学体制改革后实行地方为主、部门（行业）为辅；部门（行业）为主、地方为辅；企业为主、政府支持等多种办学体制。在主要依靠部门（行业）、企业办学的同时，积极推动部门（行业）与地方，部门（行业）间、企业间、学校间联合办学的多种办学体制。

1997年，重庆市直辖后，重庆市农业学校、重庆市第二农校、万县农业学校、涪陵农业学校4所农校划归重庆市管辖，四川省农业学校由原来的17所减少到13所。

1998年，农业中专全面实行招生并轨，由“两包”改为“两自”。招生并轨的实施，学生缴费上学，自主择业，没有“转户口，吃皇粮，当干部”的吸引力；机构改革，经济转轨，使农业中专失去“两包”政策的“保护伞”，农业中专受招生就业双瓶颈的制约。1998—2000年，学校招生规模下降，办学规模受到限制。

1998年，阿坝州农校和阿坝州牧医学校合并为阿坝州农牧经济学校。2000年，除绵阳农校外，四川省所有农业中专学校由省农业厅转移到省教育厅管理。2000—2005年，农业中专办学层次发生巨大变化，9所农校先后同其他中专学校合并，升为高职，绵阳农业学校、凉山农业学校仍为中专农业学校。2001年，达州农业学校与达州卫生学校、达州农业机械学校、达县教育学校合并组建达州市职业技术学院。2002年，宜宾农业学校与宜宾农机学校、宜宾成人中专合并组建宜宾职业技术学院。同年，眉山农业学校与眉山师范合并组建眉山职业技术学院。2003年，内江市农业学校与内江市财贸学校、内江市工业学校合并组建内江市职业技术学院。南充农业学校与南充水利经济管理学校、南充工业学校、南充教育学院合并组建南充市职业技术学院。2004 年，阿坝州农牧经济学校与阿坝州工业学校、阿坝州财贸校合并组建阿坝州职业技术学院。温江农业学校、成都畜牧兽医学校与成都机电工程学校合并组建成都农业科技职业学院。甘孜州农校并入康定师范专科学校。

## 第二节　培养目标与教学

1984 年，四川召开中等农校教育体制改革的“温江会议”，四川各中专农校相继招收不包分配班。围绕不包分配班的招收，培养目标与教学发生相应改变。1986—2000 年（中等农校存续期），四川中专农校教学培养目标与教学主要经历 3 个阶段。

### 一、干部培养阶段

1990 年前，培养目标分不包分配和包分配两类，教学上主要强调学生德、智、体全面发展，保证以教学为主，加强文化课与理论教学，重视实验实习，加强基础技能的训练。

### 二、创业培养阶段

1990—1994 年，培养目标仍分为不包分配和包分配两类，其核心是以干部型改为创业型，教学进行相应的改革。专业设置方面，各中专农校根据地方经济建设和市场经济发展的要求，对老专业进行改造，增设新专业，修订教学计划。新增专业主要有乡镇建筑专业、生产及经营专业、分析检验、企业文秘、环保、茶果、酿造、农畜产品加工、农业贸易；师资建设方面，开办计算机应用培训班；教材建设方面，重点编写绿色证书的农学等 7 个岗位规范、教学计划、大纲的制定和棉花等 15 门课的教材；农场管理方面，实行集团承包，“任务到班、责任到人、师生共管、收益分成”的管理办法。

全省中专农校积极探索新的教学模式，突破“老三段”教学模式，建立“三边、三结合”新教学模式。对中专学生的智能结构，以实现培养目标为准，不追求某门知识系统性和完整性，坚持理论与实践教学交替结合进行，学生进校第一学期就接触必要的专业技术课和实用技术课，学生 3 年内循环 3 个周期，几上几下，分阶段实践，并制定严格的专业技能考核方案。

为提高教学质量，提升毕业生就业竞争力，中等农校开展联合办学，上靠大专院校，横联业务部门。办学层次从大专、中专到短训。办学形式多样化，长训、短训，脱产、不脱产，全日制与函授。坚持走产教结合之路。

### 三、转轨变革阶段

1994 年后，培养目标有了更新的内涵，提出要培养能坚持社会主义方向，具有良好职业道德、会技术、懂管理、善经营、能社交、有开拓创新精神的中等专业人才，着重培养学生的识别能力、动手能力、应变能力和创新能力。

各校进一步调整专业结构，突出重点农校以农为主的特点，发挥学科和专业优势，改造有关专业和学科。坚持长期举办农学专业，从以粮油高产为主，向发展优质、高产、高效、低耗农业和创汇农业方面转移；土肥专业向土地资源深度开发利用、环境保护方面延伸；植保专业向生态环境、园林管理、城镇绿化方面扩展；农经专业向乡镇企业管理、电子计算机、农村金融方面发展。创办生物化工、计算机及应用、地质测量与土地管理、食品贮藏加工、饲料加工与营销、市场营销与公关、秘书与公关、酿造、烟、蚕、畜牧经济管理等专业。到1996年，全省中等农校专业设置发展到种、养、加、工、商、贸、财、建等34个专业。

进一步优化教学模式，改变传统以传授知识为主的系统教学法，在“三边三结合”的基础上，推行以岗位能力为中心培养人才的CBE教学模式，将以传授知识为主的教学转移到以能力为中心培养人才的轨道上来，打破学科体系，建立模块式教学，突出农业中专教育的特点。至1996年，温江农校和宜宾农校在探索新的教学模式上取得初步成效，新的教学模式在“九五”期间得到推广。

## 第三节 招生及毕业生

1978年，国家恢复统一考试、择优录取的招生制度，学制3年。中等农校招收应届初中毕业生。20世纪80年代初期，农业中专一度出现招生难、分配难，形成“招不来，下不去，留不住，用不上”的局面。为发挥学校潜力，从1983年起，开始招收职工中专班、职业学校专业课师资班和多种渠道的委托培训，中专招生规模迅速扩大。

1983年，农业部提出“农业中专实行统招统分与部门单独招生不包分配相结合，两条腿走路的招生分配办法”。当年，温江农校招收全国第一个不包分配班，主要招收回乡的初、高中毕业生，学制3年，不转粮户，毕业后国家承认中专学历，不包分配，在当地政府和农业部门的支持下回乡务农创业。

1985年，为加快四川农牧系统在职干部的专业培训步伐，以适应“四化”建设需要，成都市农校等13所农校开始举办干部中专班，当年主要开设农经、农学、牧医等专业。1986—2000年，干部中专班累计招生13120人。1986—1994年，全省农业学校共招收不包分配生10769人，毕业学生5516人。1994年，不包分配生在校比例占到60%以上。毕业后的学生绝大部分扎根在农村，活跃在基层。有的被招聘录用，有的在家创业。

为加强基层农技站建设，从1993年起，四川采取定指标、定岗位、定培养、定就业的政策，直接定向招收乡镇农技站临时在岗人员和社会青年，学制3年，毕业后，国家承认其学历。至1997年，全省共招收乡站定向生3000人。定向班学生毕业后，绝大多数回到原乡站从事农技推广工作。

1994年，为解决大中专毕业生不愿意到基层服务，乡镇基层农技人员的补充存在分不去、留不住的问题，农业部、国家教委印发《关于普通中等农业学校在乡镇农业推广机构中招收有实践经验人员入学的通知》，四川中专农校于1995年开始从基层推广机构中招收具有实践经验的人员，主要开设农技、农经、畜牧、牧医、园艺、农学、水产、经营管理、饲料生产与营销等专业。实践生参加全省普通中专统一考试，单独划线，单独录取，学制3年。

1998年，农业中专全面推广招生并轨，由“两包”改为“两自”，农业中专受招生就业双瓶颈的制约。1998年农业中专招生开始显现滑坡，2000年达到高峰。招生并轨后，四川中等农校于

1998—2000 年继续招收农业实践生，但不再定向分配，实行自主择业。1998—2000 年，全省中专农校共招生 13342 人，毕业学生 23411 人，按照自主择业原则，这批学生有的应聘到县和县以下的农业技术推广部门，有的回家自主创业，有的进入企事业单位。

**1986—2000 年四川省中等农业学校招生、毕业生情况表**

表 10-4 单位：所、人

| 年度 | 学校数 | 在校学生 | 招生 | 毕业生 | 年度 | 学校数 | 在校学生 | 招生 | 毕业生 |
|---|---|---|---|---|---|---|---|---|---|
| 1986 | 17 | 7333 | 2042 | 1237 | 1994 | 17 | 15305 | 4376 | 2318 |
| 1987 | 17 | 7744 | 2560 | 1993 | 1995 | 17 | 16218 | 5301 | 3486 |
| 1988 | 17 | 8133 | 2644 | 2203 | 1996 | 17 | 19756 | 8826 | 4237 |
| 1989 | 17 | 8397 | 2566 | 2145 | 1997 | 13 | 21978 | 9846 | 4714 |
| 1990 | 17 | 8818 | 2607 | 2535 | 1998 | 13 | 20953 | 4728 | 5762 |
| 1991 | 17 | 8890 | 2225 | 2187 | 1999 | 13 | 16717 | 4395 | 8631 |
| 1992 | 17 | 9407 | 3807 | 2202 | 2000 | 13 | 12150 | 4219 | 9018 |
| 1993 | 17 | 12549 | 4150 | 2174 | | | | | |

# 第三章 成人教育

## 一、实用技术培训

实用技术培训，即是针对农村和农民生产需要，因地因时地开展灵活多样的农业新品种、新技术、新成果的培训。培训阵地，利用乡镇农民文化学校、农技站、种养殖大户、科技示范户等进行；培训方式，举办技术讲座、召开现场会、田间现场示范、入户指导、发放技术明白纸、广播技术讲堂、放映农业科教影片等，随着现代媒体技术的发展，在1995年后，利用网络、电视、科技直通车、农业科技110、发放技术碟等传播手段进行，培训内容，各个阶段农业生产所需要的主要品种、关键技术等。

1985—1990年，全省实用技术培训主要围绕粮油生产、结构调整、耕作制度改革等关键技术进行。在农业生产的关键季节组织培训，如大小春技术培训。1991年至21世纪初，为了推进农业科技成果的快速推广转化，加大实用技术的培训推广力度，全省农业系统组织实施“百千万”科技服务活动，即每年组织省农业厅100名、各市（州）1000名、县乡1万名科技人员，深入全省粮油主产县生产第一线，包乡驻点，为农民群众“送种子、出点子、教法子、做样子”，年培训实用技术2000万人次以上。

## 二、绿色证书培训

“绿色证书”制度，就是农民技术资格证书制度。即是通过立法、行政等手段，把农民的技术资格要求、培训、考核、发证等规定下来并制定相关配套政策，作为农民从业和培训的规程，确保从业人员的技术业务素质。实施绿色证书制度的主要目标，是培养一支农民技术骨干队伍，作为农民学历教育与实用技术培训之间的一个层次。所以，绿色证书培训的重点是乡、村干部，乡村技术推广人员，种植业、养殖业大户，科技示范户，“三后生”，农村妇女、复转军人，一些技术性较强岗位的从业农民。其基本特点是：对象是农民，有岗位规范的要求或技术资格标准，取得证书者需要参加学习和培训，经考试考核合格，由地方政府或授权机关认可并颁发农业部统一印制的证书。

1990年，农业部开始在全国组织实施绿色证书制度试点。1991年农业部印发《关于开展农民技术资格证书制度试点工作的意见》和《农民技术资格证书制度试点工作管理办法》，四川在仁寿县开展棉花岗位“绿色证书”试点，并取得“设置一个岗位、开发一种资源、形成一项产业、树立一根支柱、致富一方农民”的成功经验。1994年国务院办公厅转发农业部《关于实施绿色证书工程的意见》，四川省人民政府办公厅印发《关于贯彻实施“绿色证书工程”意见的通知》，正式将“绿色证书”工作作为一项工程实施。

1995年，全省21个市（地、州）共58个县开展“绿色证书工程”培训试点，其中有11个县被农业部列为重点试点县，开设农学、果树、蔬菜、植保、桑蚕、茶叶、食用菌、水产、农经、农户家庭经营管理等近20个专业岗位，参加培训的农民达7万多人，获得由农业部统一印制，当地县政府签章的“农民技术资格证书”的农民1.45人。

1995—2005年，绿色证书培训在各地深入开展，各地围绕当地农村支柱产业、农业开发项目、农技服务体系建设等，按照“实际、实用、实效”的原则，面向具有初中文化程度以上的农民群体，按照绿色证书岗位规范确立的培训内容，开展农业生产经营岗位技术培训，探索“典型引路、逐步推广”；“以乡定班、县乡共管”；“2+1”“2.5+0.5”“三教”结合及“公司+农户+协会”的培训模式。截至2005年底，先后在全省100多个县开展绿色证书培训，完成培训绿色证书学员150万人，获证人数达70多万人。

## 三、跨世纪青年农民培训

跨世纪青年农民科技培训工程，是农业部、财政部和团中央共同组织实施，旨在为农业专业化生产和产业化经营培养造就一大批觉悟高、懂科技、善经营的新型农民，使之成为建设社会主义新农村的中坚力量，为国家农业产业结构调整，加快农业产业化进程，增加农民收入，实现国家21世纪初农业和农村发展战略目标提供智力支持的一项农民科技培训的系统工程。

1999年，四川在仁寿县、双流县、南部县、三台县、苍溪县5个县启动跨世纪青年农民培训试点，每个县培养农民骨干3000人，中央补助资金各10万元。2000年在宜宾市翠屏区、金堂县、富顺县、犍为县、江油市、安岳县6个县（市、区）试点，每个试点县（市、区）中央财政补助资金20万元，省级财政配套10万元，每个县（市、区）培养农民骨干3000人，全省共计18000人。2001年，全省项目县扩大到19个，每个县资金20万元，培训农民骨干5.7万人。2003年全省项目县12个，每个县资金60万元，培训农民骨干76000人。2004年全省项目县14个，每个县资金40万元，培训农民骨干3万人。2005年全省项目县15个，每个县资金40万元，培训农民骨干2.9万人。

## 四、农村劳动力转移阳光工程培训

农村劳动力转移阳光工程培训，是由政府公共财政支持，在农业人口大县、农业劳动力大县、劳务输出大县、贫困地区和革命老区开展的农村劳动力转移到非农领域就业前的职业技能培训示范项目，按照“政府推动、学校主办、部门监管、农民受益”的原则组织实施，旨在提高农村劳动力素质和就业技能，促进农村劳动力向非农产业和城镇转移，实现稳定就业和增加农民收入。

2004年开始，四川承担国家六部委农村劳动力转移阳光工程培训任务16万人，培训资金补助1600万元，平均每人100元。在金堂县、中江县、三台县、射洪县、犍为县、宜宾县、平昌县、仁寿县、富顺县、合江县、泸县、苍溪县、资中县、南部县、阆中市、广安市广安区、渠县、大竹县、简阳市、安岳县20个县（市、区）实施，每个县（市、区）任务8000人。当年完成示范性培训16.1万人，转移输出14.5万人，输出就业率达90.06%，其中向省外输出7.8万人，省内输出6.7万人。阳光工程就业人员月均劳务收入704元，为全省外出务工人员月均劳务收入的2.18倍，高出382元。

2005年，四川承担国家六部委农村劳动力转移培训阳光工程任务16万人，培训资金补助2500

万元，平均每人156.25元。在金堂县、双流县等33个县（市、区）实施，每个县（市、区）承担培训任务根据人口总数、农村人口、农村劳动力和劳务输出情况综合确定，2000—6000人不等。全年完成示范性培训16.2万人，新转移输出农村劳动力14.6万人，输出就业率达90.12%，其中向省外输出9.12万人，省内输出5.48万人。据阳光工程跟踪联系县统计，2005年阳光工程就业人员月均劳务收入850元以上，为全省外出务工人员月均劳务收入的2.09倍，高出444元。

# 第四章 农广校教育

四川省农业广播电视学校（以下简称四川省农广校）前身为中央农业广播学校四川省分校，成立于1981年9月12日，由省农业厅、省教育厅等17个部门联合举办，隶属省农业厅，业务上接受中央农业广播电视学校和省教育厅指导。1988年，按国家教委、农业部《关于改革农业广播电视学校管理体制及有关问题的意见》（〔1988〕教成字005号）要求，通过评估、审核，四川省教委于1989年12月20日批准成立四川省农业广播电视学校。该校由21所市（地、州）中心分校、138所县（市、区）分校、5000多个教学班组成，从省到市、县、乡，覆盖全省农村，成为一个较为完整的远程教育培训体系。

## 第一节 学历教育

四川省农广校办学以中专学历教育为重心，向两头延伸，采取多层次、多渠道、多形式、多功能办学方式，具有“教育培训功能、信息服务功能、推广示范功能、宣传普及功能”。

### 一、中专学历教育

四川省农广校以中专学历教育为重点，全系统实行“统一招生、统一教学管理、统一教材、统一颁证”的“四统一”教学管理模式，确保教育质量。四川省农广校中专学历教育招生最早从1981年5月开始，当年招收预备生1万余人，经考试合格正式录取9760人。1981—1991年共招生8届，其中1985年招生达10万余人，当年招生人数位居全国各省农广校招生榜首。1995年前，全省平均年中专招生基本维持在1.5万人左右，中专学历在校生达4万—5万人。1996年达到高峰，全省招生达24800余人，在校生63678人。2000年后，因种种原因全省中专招生普遍下滑。2005年全省中专招生仅3146人。

1981—2005年四川省农村广播电视学校中专招生情况表

表10-5 单位：人

| 年度 | 学历教育 | | | 年度 | 学历教育 | | |
|---|---|---|---|---|---|---|---|
| | 中专招生 | 中专后招生 | 在校生 | | 中专招生 | 中专后招生 | 在校生 |
| 1981 | 9760 | — | 9760 | 1984 | 103100 | — | 110700 |
| 1982 | 未招生 | — | 7600 | 1985 | 未招生 | — | 110700 |
| 1983 | 未招生 | — | 7600 | 1986 | 21060 | — | 124160 |

续表10-5

| 年度 | 学历教育 | | | 年度 | 学历教育 | | |
|---|---|---|---|---|---|---|---|
| | 中专招生 | 中专后招生 | 在校生 | | 中专招生 | 中专后招生 | 在校生 |
| 1987 | 28196 | — | 152351 | 1997 | 20594 | — | 65517 |
| 1988 | 12203 | — | 64460 | 1998 | 18702 | — | — |
| 1989 | 11879 | — | 52266 | 1999 | 17082 | — | — |
| 1990 | 14286 | — | 41184 | 2000 | 7410 | — | — |
| 1991 | 20149 | — | 47531 | 2001 | 4238 | 1552 | — |
| 1992 | 14541 | — | 50164 | 2002 | 4015 | 322 | — |
| 1993 | 16889 | — | 47007 | 2003 | 3601 | 440 | — |
| 1994 | 13441 | — | 40885 | 2004 | 3039 | 302 | — |
| 1995 | 15945 | — | 41729 | 2005 | 3146 | 319 | — |
| 1996 | 24821 | — | 56330 | | | | |

中专学历教育主要对象为乡镇农技人员、村社干部和广大青年农民，学习专业主要按农村需要开设，在学校发展过程中不断充实与更新。设置的专业（按学习专业门类分类）有种植类专业4个，养殖类专业2个，乡村经济管理类专业2个，农业工程类专业7个，人文类专业6个，其他专业2个。

**2005年四川省农业广播电视学校中专招生专业设置情况表**

表10-6　　单位：年

| 专业名称 | 学制 | | 专业名称 | 学制 | |
|---|---|---|---|---|---|
| | 业余 | 脱产 | | 业余 | 脱产 |
| 种植 | 3 | 3 | 饭店服务与管理 | 3 | 3 |
| 养殖 | 3 | 3 | 会计 | 3 | 3 |
| 园林 | 3 | 3 | 服装设计与工艺 | 3 | 3 |
| 农村经济管理 | 3 | 3 | 家政与社区服务 | 3 | 3 |
| 机电设备安装与维修 | 3 | 3 | 机械加工技术 | 3 | 3 |
| 计算机及应用 | 3 | 3 | 焊接 | 3 | 3 |
| 林业 | 3 | 3 | 汽车制造与维修 | 3 | 3 |
| 水产养殖 | 3 | 3 | 农村党建 | 3 | 3 |
| 人口与计划生育管理 | 3 | 3 | 企业经营管理 | 3 | 3 |
| 市场营销 | 3 | 3 | 农村电气化 | 3 | 3 |
| 电子技术应用 | 3 | 3 | 农村能源开发与利用 | 3 | 3 |
| 旅游服务与管理 | 3 | 3 | | | |

在教学管理上，严格按照中央农广校《农业广播电视学校教学管理办法》实施教学，执行“四个统一”教学管理模式，加强教学各环节的组织管理，把好质量关。开设中央农广校统开的专业，

执行中央农广校制定的教学计划、教学大纲。省自开专业，其教学计划和大纲由省农广校制定。省校还制定《四川省农业广播电视学校教学管理办法》《四川省农业广播电视学校教学环节检查项目与标准》等教学措施，从教学条件、教学过程、教学管理、教学效果等方面进行要求和规范，使全省农广校教学管理在质量和效果上达到中等职业学校的要求。

### 二、中专后继续教育

2000 年 4 月，四川省农广校按照农业部《关于农业广播电视学校开办中专后继续教育农业推广专业的通知》以及省农业厅、省人事厅联合印发的《关于在我省农业系统开展中专后继续教育的通知》文件精神，开始在全省农广校系统开展中专后继续教育。当年招生 1179 人。截至 2005 年，全省招收农业技术推广、农村经济管理、畜牧兽医等专业学员 3304 人。按照省农业厅、省人事厅联合印发的文件精神，中专后继续教育毕业学员，在职称评定、职务晋升等方面享受与大学专科毕业生同等待遇。

### 三、联合办学

按照中央农广校“工作重心下沉，向两头延伸”的指导思想，省农广校从 1999 年开始先后与四川农业大学、四川大学、西昌学院、四川省农业管理干部学院等院校联合办学，进行成人本科、专科学历教育。截至 2005 年，共培养大学本科、专科毕业生 2 万余人。为拓宽办学领域，从 2002 年开始与四川省监狱局联办中专学历教育和绿色证书培训教育。为进一步拓宽中专学历教育办学渠道，省农广校分别与有关企业合作，先后建立省农广校博学直属校区和省农广校中山直属校区，开展中专学历教育。2005 年两个直属校区在校生达 923 人。

## 第二节　农民科技教育培训

2003 年 5 月 7 日，四川省机构编制委员会《关于四川省农业广播电视学校增挂四川省农民科技教育培训中心牌子的批复》（川编办〔2003〕57 号），同意在四川省农业广播电视学校增挂四川省农民科技教育培训中心牌子，实行一套机构、两块牌子，主要负责实施农民科技教育培训、农村基层干部培训和农村实用技术培训等工作。截至 2005 年底，全省有 126 个市（州）、县（市、区）农广校增挂农民科技教育培训中心的牌子。

### 一、农村劳动力转移培训

学校本着“以市场为导向，以就业为引力，以培训为重点，以增收为目的”的指导思想，发挥体系优势，逐步形成以省校为就业输出龙头，各级分校积极参与各种劳务培训的良好格局。

2004 年，省农广校承担“阳光工程”项目培训任务 8 万人，占全省“阳光工程”培训任务的 50%。2005 年，省农广校系统承担在“阳光工程”任务 3.2 万人，约占全省“阳光工程”项目总任务的 30%。为提高农村劳动力素质和就业技能，促进农村劳动力向非农产业和城镇转移，实现稳定就业和增加农民收入作出贡献。

2004年，四川省农广校全系统在农村劳动力转移培训，包括“阳光工程”“川妹子”“川厨师”以及其他劳务开发项目培训中，完成农村劳动力转移培训（包括技能培训）350余万人，推荐就业30.9万人，带动输出260万人。

### 二、“绿色证书”培训

四川省农广校从1993年开始实施“绿色证书”培训，2000年以后有较快发展，平均以每年3万余人的数量递增。截至2005年，“绿色证书”教育累计培训农技人员、村干部、专业户、科技示范户、青年农民等40余万人，为促进新农村建设、农民增收致富作出贡献。

### 三、农业产业化培训

四川省农广校在狠抓农民科技培训的进程中，树立以培训促产业、以人才求发展的理念，积极指导各分校围绕当地产业发展思路，开展农业产业化培训。如：江安县分校开展从竹业种植、加工到销售一条龙培训；双流县分校开展创业人才培植工程；温江区分校围绕“一村一品”产业，开展“天星葱”产业化培训；荥经县分校“川妹子”家政服务员培训在当地创出品牌等。这类培训在当地农业产业化的发展中发挥积极作用。

## 第三节　农广校体系建设

### 一、体系形成

农业广播电视教育体系是按照一定秩序和内部联系组合而成的整体，即是由全国各地农业广播电视学校组成的农业广播电视教育系统。1980年，中国农学会首先提出成立农业广播学校，该建议得到国家农委、农业部、中央人民广播电台等部门的重视和支持。同年12月12日，国家农委等10个部门发出“关于成立中央农业广播学校领导组织的联合通知”。随后，各地、各级政府有关部门积极响应，联合成立中央农业广播学校各级领导小组和各级农业广播学校。按照中央农业广播学校的要求，各地从1982年开始招生。1984年教育部发文正式承认中央农业广播学校中专学历。至此，全国农业广播学校体系完全形成。

### 二、系统建设

1982年，四川省农广校成立后，全省各地、各级（除甘孜州外）政府成立相应的领导小组和分校，各分校在当地政府和主管部门的行政领导下，在中央农广校和四川省农广校的指导下，通过广播和录音磁带，以不脱产方式，系统地讲授中等农业专业课程，并按照“分级办学、分级管理”的原则开展教学活动。由此形成比较完整的四川农广校办学系统。21世纪初全省建立21所市（州）中心分校、138所县（市、区）分校、5000多个教学班。1993年、1995年、1997年，国家教委、农业部教育司和中央农广校分别组织进行全国农广校系统学籍管理、教学管理、教育质量及办学体系建设检查与评估，四川省农广校均获得“先进单位”的称号并授予奖牌。四川农广校通过历次的办学检查、评估，以评估促建设、以评估促发展，以评估促效益，加强体系建设，增强自身办学综合实力。

省农广校以下达招生任务和培训计划，制定教学计划和教学大纲，对毕业生进行审核和颁证，组织教学调研和教学评比活动，表彰先进等方式，对各分校进行办学指导和业务管理，实现体系的完整性，增强体系的凝聚力，使整个办学体系健康有序发展。

## 三、设施建设

学校建校之初，省校和各级分校办学经费未单列，没有固定的经费渠道，当时办学条件十分简陋。“机构是虚的，人员是借的，经费是凑的，房子是租的”，是当时办学情况的真实写照。如：省校当时办公地点在省农业厅老办公楼6楼顶层（临时建筑），后迁至面积达2550平方米的新建农广校大楼。

在“有为才有位”的思想指导下，通过办学人员的不断努力，在随后的办学工作中办学条件逐步有了改善。1992年全省农广校办学经费总额为575.1万元，其中：财政拨款434.8万元，部门集资59.4万元，学费45万元，创收17.4万元，其他17.8万元。1993年、1995年、1997年，农业部、国家教委、中央农广校分别对全国各省（市、自治区）农广校的学籍管理、教育质量、办学条件及示范校建设等综合办学状况，进行全面评估、检查和评比。之后全省农广校系统办学条件有了较大幅度的提高和改善，到1997年，全省农广校办学经费总额达到1034万元（其中：财政拨款458.8万元，部门集资210.5万元，学费314.8万元，创收49.9万元）；拥有教学设备（1000元以上）1885台（件），总价值1375.19万元；共有校舍面积15.16万平方米；教学示范实习基地12929亩；固定资产总值4981.44万元；图书资料1612万册。21世纪初，四川省农广校系统已具备以广播、电视、卫星网络、互联网络以及文字教材、音像教材、计算机课件等手段和媒体开展农村远程教育和实施农民终身教育的能力，基本满足全省广大农民对农业科技知识和相关技能以及劳动力转移的需要。

## 四、师资发展

1983年，全省农广校专职办学人员仅有36人，经过26年的发展，四川省农广校教师队伍，从无到有，从少到多，不断发展和壮大。截至2005年，全省农广校系统办学队伍共拥有专、兼职教师5500人，其中专职办学人员1860人。办学人员中，有高级职称689人，中级职称1497人，初级职称2000余人，大专（含大专）以上学历2263人。

# 第五章　农干院教育

四川省农业管理干部学院（以下简称省农干院）1984 年 12 月建院，20 多年的发展，走过一条艰苦、卓越的发展历程。

## 第一节　探索时期

1986—1991 年，是省农干院建院的初始阶段，也是学院的探索时期，条件简陋，但发展势头良好。

1987 年，国务院批转《国家教育委员会关于改革和发展成人教育的决定》（国发〔1987〕59 号），学院遵循“管理干部院校以学历教育为基础，岗位培训为重点，实行多层次、多形式、多渠道的办学模式，努力提高教育质量和效益”的精神，根据四川省社会经济发展的需要，对原有专业进行调整，新设置农业经济管理、农业生产管理等专业，拓展学院办学的路子。1986—1991 年，省农干院分别开设的专业和班次有：

全脱产二年制大专学历教育班。开设农业管理、农业经济管理、农业生产管理大专班，5 年共培养学生 302 人。主要培训县农业部门所属局、场、司、站、股、校等岗位所需德才兼备的农业管理人员。这些学员毕业后，绝大多数走上局、场、司、站、股、校的领导岗位，部分学员担任县级领导。

县农业局长、畜牧局长、农工部长（农办主任）现代管理知识培训班。共举办 12 期，培训学员 586 人。学习时间分别为 3 个月、2 个月、1 个月，主要学习现代管理学、农业系统工程、农村商品经济等知识。

各种专业技术和实践技能培训班。共培养学员 2000 余人。如农场场长培训班、农业局长培训班、农经站长培训班、科技档案管理培训班、玉米地膜覆盖与栽培技术培训班等。

专业证书班。根据国家教育委员会、人事部《关于成人高等教育试行〈专业证书〉制度的若干规定》（高教〔1988〕006 号）的精神，受省农牧厅、省乡镇企业局、省供销合作总社等部门的委托，分别开办农业经济管理、农业生产管理、农业生产资料经营与管理、农业信息管理、农业统计等专业的专业证书班，共培训学员 241 人。

## 第二节　拓展时期

1991—1994 年，省农干院在举办在职农业系统干部培训班的同时，配合国家扶贫工程以及受有关部门的委托开展多层次、多形式的岗位培训。

1991 年，为配合农业部实施武陵山区扶贫工程，按照省农业厅要求，举办 4 期黔江地区乡镇领导干部培训班，共培训学员 382 人，使黔江地区 5 个县的乡镇领导干部至少有一位负责人受到培训。1992 年 5 月，受中共泸州市委组织部、市人事局和市乡镇企业局的委托，举办 7 期乡镇领导干部和企业厂长（经理）培训班，共培训学员 386 人；受遂宁市乡镇企业局委托，举办乡镇企业财会人员培训班，培训学员 85 人。1991—1994 年，与四川国际科技与经济管理交流中心联合举办高等农业技术推广专业函授班，共培训学员 2400 多人。1994 年，与省乡镇企业局、省乡镇企业干部函授学校联合举办建筑与施工专业证书班，培训学员 1679 人。

1992 年，改革招生制度，提出“从农村招收回乡青年、国家不包分配、自费上学”的办学新思路，省农牧厅、省教委以川农牧科〔1992〕第 3 号文报告省政府，副省长韩邦彦批示：“赞成，符合十三届八中全会精神，同意搞定向招生，不包分配，体现改革精神，使学员毕业后回得去，用得上。”学院率先突破管理干部学院不能招收农村知识青年的限制，使招生渠道进一步拓宽，教育改革向前迈进一大步。当年，学院招收的大专学历教育班人数达 166 人，毕业获取学历证书的学员达 157 人，是 1991 年毕业人数的 7 倍多。

1993 年、1994 年，结合学院实际，在招生制度、专业改造、课程更新等方面进行大胆改革。专业设置方面，经省教委批准，对学院原有专业进行调整，设置农业经济管理、农业科技推广、商业贸易、财务会计与电算化、企业管理、农村金融、计算机应用、建筑施工等专业，并对各专业的主要课程进行更新，突出专业特色，增强针对性和实用性，强化教学实践环节，力求培养既有理论知识又有实践能力的应用型复合人才。招生方面，招生渠道大为拓宽，突破过去只招农口系统的在职从业人员的限制，实行面向全社会招生。经过改革，拓宽生源面，改变毕业生的就业去向，使学院招生人数由过去每年几十人增至上百人。1992—1994 年有 253 名学员取得大专学历，超过 1986—1991 年的毕业人数，教学规模扩大 1 倍。

## 第三节　创新时期

1994—2000 年，为了进一步适应经济和社会发展的需求，在办学形式方面进行大胆改革。经省教委批准，省农干院分别在广安市、德阳市、成都市、宜宾市、乐山市、涪陵市等地设立校外教学站，开展半脱产或业余学习形式的学历教育，培养农业科技推广、农业经济管理等专业的大专毕业生 1865 名。校外教学站的设立，不仅为农业生产第一线改善农业战线职工文化（学历）结构，推动“科教兴农”战略的落实，还使忙碌在农业生产第一线的农技人员和农业生产管理人员不脱产、不离岗、不离乡就能进修大学专科学历，很好地解决工学矛盾，深受农业系统广大职工的欢迎。截至 2000 年，省农干院校外教学站（点）常年在册大专学历生规模达 1000 余人。

在巩固和扩大办学规模、提高教学质量和效益的同时，省农干院与西南财经大学、四川农业大学、电子科技大学等普通学校实行联合办学，常年在校学生 600—700 人。1994—1999 年，与省乡镇企业局、省乡镇企业干部函授学校联合举办建筑与施工专业证书班，培训学员 3169 人。

1998 年 2 月，省委组织部、省人事厅、省财政厅、省农业厅、省农业机械管理局、省乡镇企业局、省水产局联合发文（川农厅发〔1998〕18号），确立省农干院为全省农业系统公务员培训施教机构，负责培训县（市、区）农业、畜牧、农机、乡企、水产（电）局正副局长、农委（办）正副主任，市（地、州）农业、畜牧、农机、乡企、水产（电）局的科（处）长和科级单位的领导干部，培训时间为20天左右。1998—2000年，省农干院对全省农口系统的科级农业管理人员600余人进行培训。

## 第四节　跋涉时期

2000—2005年，国家教育体制改革不断深化，普通高校不断扩招，使独立设置的成人高校面临日益严重的生源危机。为摆脱困境，学院在坚持多层次、多形式、多渠道办学的同时，根据社会需要，结合自身实际，在专业设置和招生网络的建立上做了大量探索和尝试。

大力拓展校外办学点。除继续巩固原有办学点外，学院采取加大招生宣传力度，让利于教学点和学员，主动适应基层学员需要，加强教学监管等方式，开辟新的生源渠道，拓展校外办学点，使招生规模明显扩大，为学院校外联合办学增添新的活力。在成人招生逐年萎缩的情况下，学院仍然实现招生规模3年翻一番的目标，常年在册大专学历生达2000余人。

不断调整专业设置。适应社会需要，调整专业设置，专科层次学历教育由建院初期的4个专业，发展到农业经济管理、作物生产技术、园林技术、茶叶生产加工技术、计算机应用技术、工商企业管理、蚕桑技术、食品生物技术等26个专业，逐步形成以农林专业为基础，以适应市场经济需求的其他专业为补充的格局。

积极开展短期培训。2000年后，利用四川省专业技术人员继续教育基地和农业系统公务员培训施教机构等优势，开展形式多样的培训。5年累计培训各类人员2000余人，为“科教兴川”和社会主义新农村建设发挥应有的作用。2004年、2005年通过连续两年取得省劳务办的“川妹子”“川厨师”培训任务以及省农业厅农村劳动力转移培训“阳光工程”培训任务。学院培训的“川妹子”家政服务员进京后受到普遍好评，2005年，学院被省劳务办评为劳务开发先进单位。

**1986—2005年四川省农业管理干部学院大专学历教育情况表**

表10-7　　单位：人

| 级别 | 专业名称 | 学制 | 形式 | 毕业人数 | 备　注 |
|---|---|---|---|---|---|
| 86级 | 农业管理 | 二年 | 脱产 | 49 | — |
| 87级 | 农业管理 | 二年 | 脱产 | 43 | — |
| 88级 | 农业生产管理、农业经济管理 | 二年 | 脱产 | 86 | — |
| 89级 | 农业生产管理 | 二年 | 脱产 | 28 | — |
| 90级 | 农业生产管理 | 二年 | 脱产 | 23 | — |
| 91级 | 农业生产管理、农业经济管理 | 二年 | 脱产 | 73 | — |
| 92级 | 农业经济管理、农技推广、乡镇企业管理 | 二年 | 脱产 | 157 | — |

续表10-7

| 级别 | 专业名称 | 学制 | 形式 | 毕业人数 | 备　注 |
|---|---|---|---|---|---|
| 93 级 | 商业贸易、企业管理、财务会计、农业经济管理 | 二年 | 脱产 | 32 | — |
| 94 级 | 商贸、财会、企管、农技推广、农业经济管理 | 二年 | 脱产 | 139 | — |
| 95 级 | 农业经济管理、财会电算化、企业管理、商业贸易、农技推广 | 二年 | 脱产 | 169 | — |
| 96 级 | 农业经济管理、财会电算化、企业管理、商业贸易、农技推广 | 二年 | 脱产 | 175 | — |
| 97 级 | 农业经济管理、企业管理、财会电算化、农技推广 | 二年 | 脱产 | 105 | — |
| 98 级 | 计算机应用、农业经济管理、企业管理、商业贸易、农业科技推广 | 二年 | 脱产 | 282 | — |
| 99 级 | 计算机应用、农业经济管理、企业管理、商业贸易、农技推广 | 二年 | 脱产 | 395 | — |
| 2000 级 | 计算机应用、农业经济管理、企业管理、商业贸易、农技推广 | 二年 | 脱产 | 600 | — |
| 95 级 | 经济管理 | 二年 | 脱产 | 150 | 与成都光明经贸校联合办学 |
| 96 级 | 财务会计 | 二年 | 脱产 | 48 | 与西南交通大学联合办学 |
| 96 级 | 涉外会计 | 二年 | 脱产 | 80 | 与四川师范学院联合办学 |
| 99 级 | 中西医结合 | 三年 | 脱产 | 240 | 与成都中医药大学成教院联合办学 |
| 99 级 | 商品花卉、农业科技推广、农业经济管理、企业管理 | 二年 | 脱产 | 150 | 与四川农业大学联合办学 |
| 99 级 | 计算机信息管理 | 二年 | 脱产 | 101 | 与四川电子科大联合办学 |
| 2000 级 | 计算机信息管理 | 二年 | 脱产 | 150 | 与四川电子科大联合办学 |
| 2001 级 | 计算机应用、财会电算化、企业管理、农业经济管理、商业贸易、农业科技推广 | 二、三年 | 脱产 | 395 | 计算机专业学制为三年，其余专业为二年 |
| 2002 级 | 计算机应用、农村金融、工商企业管理、商品花卉 | 二、三年 | 脱产 | 635 | 计算机专业学制为三年，其余专业为二年 |
| 2003 级 | 计算机信息、金融、农技推广、畜牧经济管理 | 二、三年 | 脱产 | 595 | 计算机专业学制为三年，其余专业为二年 |
| 2004 级 | 畜牧兽医、行政管理、法律、农业经济管理等 | 二年 | 脱产 | 753 | — |
| 合计 | | | | 5503 | — |

说明：2005 级，当年成人高考改为秋季招生，春季入学，无毕业生

四川省志·农业志

# 第十一篇　农业管理

1986—2005 年，在社会主义市场经济体制建立、发展过程中，随着国家对农业发展管理方式的变化，农业管理部门的职能职责也发生较大变化。特别是农业法制建设、农业宣传、农业信息工作体现了不同发展阶段的特色。

# 第一章　管理机构

20 世纪 50 年代，四川省人民政府下设四川省农林厅，对全省农业实施管理。1978 年前，先后更名为四川省农业局、四川省农业厅。1983 年 1 月，四川省农业厅更名为四川省农牧厅。1995 年，四川省农牧厅更名为四川省农业厅。1995 年 12 月，省政府对省农业厅职能配置、内设机构和人员编制调整后，省农业厅职能日益完善，各市（地、州）、县（市、区）设有农业机构，县以下区、乡（镇）建立农技推广站、畜牧兽医站等相关机构，指导、推动农业工作。

## 第一节　省级机构

### 一、四川省农业厅

**内设机构**　2005 年末，省农业厅设 11 个职能处（室、局）和机关党委，即办公室、人事劳动处、政策法规处、农村合作经济管理处、国际合作处（挂台湾事务处牌子）、计划财务处（挂民族工作处牌子）、科技教育处、粮油作物处、经济作物处、土壤肥料与生态建设处、农场管理局（处级）、机关党委。管理事业单位 32 个。

**人员编制和领导职数**　省农业厅机关行政编制为 84 名。其中，厅长 1 名，副厅长 4 名；机关党委书记按省委规定配备；处级领导职数 30 名（含机关党委专职副书记或机关党委办事机构负责人）。单列管理行政编制 3 名。省纪委、省监察厅派驻纪检、监察机构、人员编制和领导职数，另行核定。离退休人员工作机构、人员编制和领导职数，另行核定。

**机构更替**　1983 年 1 月，四川省农业厅更名为四川省农牧厅，管理省农机局、省乡镇企业管理局、省畜牧局 3 个副厅级局，厅机关内设 12 个职能处室，管理 21 个厅属事业单位，3 家直属企业。

1995 年 12 月，《四川省人民政府办公厅关于印发四川省农业厅职能配置、内设机构和人员编制方案的通知》（川办发〔1995〕164 号）下发，根据中共中央、国务院批准的《四川省党政机关改革方案》和省委、省政府《关于四川省党政机构改革方案的实施意见》，原四川省农牧厅更名为四川省农业厅，并撤销省柑橘办，其行政管理和行业管理职能及所属人员划归省农业厅，并结合四川省农业系统的实际情况，制定四川省农业厅职能职责、内设机构和人员编制方案。

1996 年 12 月，四川省农业厅农场管理处更名为四川省农场管理局。1997 年 7 月，省机构编制委员会通知，在省农业厅原定处级领导职数 40 名的基础上再增加 5 名处级领导职数。

2000 年 7 月，按照《四川省人民政府办公厅关于印发四川省农业厅职能配置内设机构和人员编制规定的通知》（川办发〔2000〕71 号）规定，设置四川省农业厅。省农业厅是主管农业与农村经济工作的省政府组成部门。

2004 年 1 月，省委、省政府通知，将省建设厅承担的农村能源建设的行政管理职能划归省农业厅。

2004 年 5 月，省机构编制委员会同意，在原核定的行政编制员额内增设 1 名总农艺师职位，级别为副厅级。

**职能调整**　原四川省丝绸公司承担的蚕桑、蚕种行业管理职能和原由省国土局承担的农业资源区划职能划入省农业厅，同时将农村环境保护的职能交给省环保局；有关农产品进出口工作的职能，调整为研究提出主要农产品、重要农业生产资料的进出口品种、数量和价格政策的建议；有关农产品价格及农村信贷的职能，调整为研究提出有关农产品及农业生产资料的价格、税收，农产品流通农村信贷、农业财政补贴政策的建议；有关农业生产资料的职能，调整为预测并发布农业生产资料的年度和中长期供求情况和品种信息；取消对厅属企业的直接管理职能。

**主要职责**　根据以上职能调整，确定省农业厅的主要职责是：

（一）研究拟定全省农业和农村经济发展战略、中长期发展规划和年度计划，拟定农业开发规划并组织实施。

（二）研究拟定农业产业政策，引导农业产业结构的合理调整、农业资源的合理配置和农产品品质的改善；提出有关农产品及农业生产资料价格调整、农产品流通、农村信贷、税收及农业财政补贴政策的建议；组织起草农业行业的地方性法规、规章草案。

（三）研究提出深化农村经济体制改革的建议意见；负责农业社会化服务体系、信息体系建设和乡村集体经济组织、合作经济组织建设；稳定和完善农村基本经营制度、政策，调节农村经济利益关系，指导、监督减轻农民负担和耕地使用权流转工作。

（四）研究提出农业产业化经营的方针政策和拟定农产品市场体系建设与发展规划，促进农业产前、产中、产后一体化；组织“菜篮子工程”，推进农业生产资料市场体系建设；提出主要农产品、重要农业生产资料的进出口建议；预测并发布农产品及农业生产资料供求情况等农村经济信息。

（五）组织农业资源区划、生态农业建设和农业可持续发展工作；指导农用地、宜农滩涂、宜农湿地、农村可再生能源的合理利用及农业生物物种资源的保护和管理。

（六）拟定农业科研、教育、培训、技术推广及其队伍建设的规划和有关政策，组织实施“科教兴农”战略；组织农业科研和技术推广项目的遴选及实施；指导农业职业技能开发工作。

（七）拟定农业产业技术标准并组织实施；负责农产品及绿色食品的质量监督、认证、管理和农业植物新品种保护工作；负责种子选育、审定、试验、示范、推广工作；负责肥料、农药、农膜等农业投入品的质量监测、鉴定和监督管理；组织国内生产及进口种子、种苗、农药、肥料等产品的登记工作。

（八）组织制定农场经济与社会发展战略、规划、计划、政策和重大建设项目的遴选及实施；指导农场经济体制改革；负责农场的管理和农场国有土地的管理工作；负责绿色食品、南亚热带农作物生产和农业工程勘测设计的管理工作。

（九）拟定植物检疫的地方性法规规章草案，制定有关标准；监督省内植物检疫工作，发布疫情并指导、组织扑灭。

（十）承办政府间农业涉外事务，组织有关国际经济、技术交流与合作。

（十一）指导直属事业单位的工作；按照权限管理直属单位人事、劳动工资、机构编制工作；指导涉农社会团体的有关工作。

（十二）承办省政府交办的其他事项。

其他事项包括：1. 原由省丝绸公司承担的蚕桑、蚕种行业管理职能划入省农业厅后，其所属的省蚕丝学校、省蚕种管理总站、阆中、苏稽、西充、南充、三台5个蚕种场等直属事业单位一并划归省农业厅管理。2. 农药等农业投入品质量工作的宏观指导由省质量技术监督局负责；农药等农业投入品质量的监测、鉴定、检验、登记和执法监督管理工作由省农业厅负责。农产品质量标准由省农业厅拟定，报省质量技术监督局批准后，由省质量技术监督局和省农业厅联合发布。

## 二、事业单位

1986—2005年，省农业厅下属有32个事业单位。

**2005年四川省农业厅下属事业单位一览表**

表11-1

| 单位名称 | 注册地址 | 成立时间 |
|---|---|---|
| 四川省农药检定所 | 成都市武侯祠大街4号 | — |
| 四川省农业广播电视学校 | 成都市武侯祠大街4号 | — |
| 四川省南亚热带作物发展中心 | 成都市武侯祠大街4号 | — |
| 四川省农业厅植物检疫站 | 成都市武侯祠大街4号 | 1982年 |
| 四川省三台蚕种场 | 三台县学街98号 | — |
| 四川省农业援外办公室 | 成都市武侯祠大街4号 | — |
| 四川省原良种试验站 | 双流县东升镇北坛路136号 | — |
| 四川省农民体育协会 | 成都市武侯祠大街4号 | — |
| 四川省农村经营管理总站 | 成都市武侯祠大街4号 | — |
| 四川省西充蚕种场 | 西充县仁和镇向阳路8号 | — |
| 四川省农业厅信息中心 | 成都市武侯祠大街4号 | — |
| 四川省绿色食品发展中心 | 成都市武侯祠大街4号 | — |
| 成都土壤肥料测试中心 | 成都市武侯祠大街4号 | — |
| 四川省农业厅植物保护站 | 成都市武侯祠大街4号 | — |
| 四川省农业技术推广总站 | 成都市武侯祠大街4号 | — |
| 四川省农学会 | 成都市武侯祠大街4号 | — |
| 四川省园艺作物技术推广总站 | 成都市武侯祠大街4号 | — |
| 四川省农业厅机关后勤服务中心 | 成都市武侯祠大街4号 | — |

续表11-1

| 单位名称 | 注册地址 | 成立时间 |
|---|---|---|
| 四川省农业环境保护监测站 | 成都市武侯祠大街 4 号 | — |
| 四川省蚕业管理总站 | 成都市永丰路 12 号 | — |
| 四川省果树良种繁殖站 | 崇州市早觉街 120 号 | 1975 年 |
| 四川省种子站 | 成都市一环路南 3 段玉林北路 5 号 | — |
| 四川省农村能源办公室 | 成都市倪家桥路 5 号 | — |
| 四川省苏稽蚕种场 | 乐山市苏稽镇鸡毛店路 631 号 | — |
| 四川省阆中蚕种场 | 阆中市公园路 49 号 | — |
| 四川省南充蚕种场 | 南充市人民北路 116 号 | — |
| 四川省农业厅招待所 | 成都市武侯祠大街 4 号 | — |
| 四川省农业厅机关幼儿园 | 成都市武侯祠大街 4 号 | — |
| 四川省农业厅物资供应站 | 成都市二仙桥西路 28 号 | — |
| 四川省农业厅宣传中心 | 成都市武侯祠大街 4 号 | — |
| 四川省蚕丝学校 | 南充市桂花路 99 号 | — |
| 四川省农业管理干部学院 | 成都市青华路 9 号 | — |

## 第二节　市县机构

1986—2005 年，四川省各市（地、州）、县（市、区）设有农业机构，其组织形式、设置一般与省农业厅机构相对应。如成都市农业委员会内设科技教育处（挂“成都市农业质量监督管理办公室”牌子）、农村经济体制改革处、粮油作物处、经济作物处、蔬菜处、畜牧饲料处、兽医兽药处、农村经济发展处、产业化经营管理处、经济合作交流处等。

有些市农业局下设科、办。如南充市农业农村局设有办公室、人事劳动科、政策法规科、行政审批科、计划财务科、科技教育科、农村能源科、粮油经济作物生产管理科、土壤肥料与生态建设科、川东北农业综合开发项目领导小组办公室等。县（市、区）农业局内设机构与市（地、州）基本保持一致。

县以下区、乡（镇）设立农技推广站、畜牧兽医站等相关机构，开展农业工作。

# 第二章　计划与统计管理

## 第一节　农业计划

1986—2005年，经过4个五年计划实施，四川农业生产经历徘徊、起伏、持续发展的过程。到21世纪初，四川农业综合生产能力跨上新台阶。

### 一、“七五”计划（1986—1990年）

“七五”期间，四川继续深化农村改革，农村经济持续增长，全省农业虽有所发展，但总体处于徘徊状态。

“七五”期间，“六五”末期抑制粮棉发展的政策继续影响农业生产。1986年国家对农产品价格未作调整，后4年只对部分农产品价格进行微调，粮食和主要经济作物价格仍然偏低，而农业生产资料价格却不断上涨。1989年同1987年相比，全省农资综合零售价格上升52.5%，而农产品收购价稻谷仅提高24.3%，小麦提高14.8%，玉米提高14.2%，棉花提高29.9%，油菜籽提高17.5%。农资价格上涨，农产品成本增加，导致农业投入产出率低，经济效益下降。1989年粮食类每亩生产成本比1987年上升73.4%，油料每亩上升60.0%。农产品成本上升，收益下降，是导致“七五”期间粮食4年徘徊、主要经济作物恢复很慢的主要原因。1989年全省农民人均纯收入比上年增加45.22元，但扣除物价上涨因素后，实际收入比上年下降1.9%。这是农村改革10年间第一次出现的新情况。

1989年中共十三届五中全会提出，把加强和发展农业放在重要位置，要求在全党和全国形成一个重视农业、支援农业和发展农业的热潮，齐心协力把农业搞上去，确保粮食、棉花等主要农产品稳定增长。四川省措施得力，1989年粮食生产有了恢复性增长。1990年全面丰收，粮食生产创历史最高纪录，从而使四川农业“七五”计划执行经历前低后高的曲折过程，基本上得以完成。

**四川省农业发展“七五”计划完成情况表**

表11-2

| 项　目 | 单位 | 1985年 | 1990年 | “七五”计划（1990年目标） | 完成计划（%） |
|---|---|---|---|---|---|
| 农业总产值 | 亿元 | 265.9 | 326.0 | 324 | 100.7 |
| 农业产值 | 亿元 | 167.8 | 192.3 | — | — |
| 农民人均纯收入 | 元 | 315.0 | 558.0 | 465 | 120.0 |

续表11-2

| 项 目 | 单位 | 1985年 | 1990年 | "七五"计划（1990年目标） | 完成计划（%） |
|---|---|---|---|---|---|
| 粮食产量 | 万吨 | 3830.7 | 4266.3 | 4300.0 | 99.2 |
| 棉花产量 | 万吨 | 11.3 | 11.5 | 15.0 | 76.7 |
| 油料产量 | 万吨 | 151.2 | 155.6 | 190.0 | 81.9 |
| 糖料产量 | 万吨 | 265.3 | 240.5 | — | — |
| 甘蔗产量 | 万吨 | 264.2 | 238.6 | 360.0 | 66.3 |
| 烤烟产量 | 万吨 | 5.9 | 9.8 | 9.0 | 108.9 |
| 黄红麻产量 | 万吨 | 29.5 | 8.8 | 12.5 | 70.4 |
| 桑蚕茧产量 | 万吨 | 10.7 | 13.3 | 11.5 | 115.6 |
| 茶叶产量 | 万吨 | 5.2 | 5.6 | 6.5 | 86.2 |

说明：农业总产值按1980年不变价格计算；各项指标含今重庆市辖区数据

## 二、"八五"计划（1991—1995年）

"八五"期间，四川认真贯彻"决不放松粮食生产，积极发展多种经营，大力发展乡镇企业"的方针，坚持"稳粮、增收、奔小康"的思路，全省农业和农村经济保持较好的发展势头。1992年粮食总产创历史最高水平，棉花超"八五"计划指标，油料超历史水平。1992年后，全省农业滑坡，主要农作物连续两年减产，农业生产形势严峻。

"八五"期间，全省农业三年增产，两年减产，对全省农产品供求产生很大影响。主要农产品由卖难、储难、价格低落，很快转变到收购难、价格上涨、供应紧张。"八五"期间，特别是"八五"中期，工农产品价格剪刀差继续拉大。1992年全省农业生产资料价格指数为106.2%，1993年为114.8%，农作物成本利润率1991—1993年分别为42.8%、37.9%和27.4%。城乡收入差距拉大，1985年农民人均纯收入与城镇居民收入之比为1∶2.04，收入差距为329元；到1993年，收入之比扩大到1∶3.48，收入差距扩大到1730元。

"八五"期间是四川农业发展较好的时期之一。主要体现为：一是农业综合生产能力提高，资源总量增加；二是粮食等大宗农产品生产在较高水平上起伏，除棉花、甘蔗生产波动不稳、增减明显外，粮油生产处于平衡状态；三是"三高"农业（高产、优质、高效）得到一定程度发展，主要农产品生产开始由数量型增长向高产、优质、高效方向转变，开发成效明显；四是高产栽培技术推广力度加大，开展"百、千、万"科技承包和科技服务活动，耕地深度开发和技术组装配套，推广"吨粮田、双千田"等高产栽培模式；五是项目建设力度加大，全省214个（含重庆市）农业县，未安排重大农业投入项目的仅24个。通过项目建设，农业基础设施和农业技术服务体系逐步完善，农业综合生产能力得到较大提高。

**四川省农业发展“八五”计划完成情况表**

表 11-3

| 项　目 | 单位 | 1990 年 | 1995 年 | “八五”计划（1995 年目标） | 完成计划（%） |
|---|---|---|---|---|---|
| 农业总产值 | 亿元 | 744.0 | 912.1 | 878.0 | 103.8 |
| 农业产值 | 亿元 | 405.1 | 495.4 | — | — |
| 农民人均纯收入 | 元 | 558.0 | 1158.0 | 1406.0 | 82.4 |
| 粮食产量 | 万吨 | 4266.3 | 4581.7 | 4350.0 | 105.3 |
| 棉花产量 | 万吨 | 11.5 | 11.3 | 13.0 | 86.9 |
| 油料产量 | 万吨 | 115.6 | 170.3 | 175.0 | 97.3 |
| 糖料产量 | 万吨 | 240.5 | 180.2 | 210.0 | 85.8 |
| 甘蔗产量 | 万吨 | 238.7 | 180.1 | — | — |
| 烤烟产量 | 万吨 | 9.8 | 9.3 | 15.0 | 62.0 |
| 黄红麻产量 | 万吨 | 8.8 | 5.1 | — | — |
| 水果产量 | 万吨 | 127.1 | 215.3 | 180.0 | 119.6 |
| 茶叶产量 | 万吨 | 5.8 | 6.1 | 6.5 | 93.8 |

说明：农业总产值按 1990 年不变价格计算；各项指标含今重庆市辖区数据

## 三、“九五”计划（1996—2000 年）

“九五”期间，四川按照“稳粮调结构，增收奔小康”的指导思想，稳定农村基本政策，加大农业投入，改善农业基础条件，注重新技术的推广应用，农业取得长足的发展。一是粮食生产能力稳步提高。“九五”期间，全省粮食总产量达 17880 万吨，比“八五”期间的 16355 万吨增加 1525 万吨，增长 9.3%。二是经济作物实现较大发展。“九五”期间，全省油料总产量 740 万吨，比“八五”期间的 662 万吨增加 78 万吨，增长 11.8%。2000 年，全省水果总产量 252.6 万吨，比 1995 年增长 60.3%，茶叶总产量 5.45 万吨，增长 25.0%，药材种植面积扩大一倍，花卉种植面积达 19 万亩。三是优质农产品开发成效明显。2000 年全省部颁二级以上优质稻种植面积达 822.9 万亩，占水稻面积的 25.9%；优质专用小麦面积 200 万亩，比 1995 年增加 55.8 万亩；“两高双低”优质油菜面积 365 万亩，占油菜面积的 30%以上；脱毒薯类面积 90.5 万亩，占 30.0%；优质茶产量 1.3 万吨，占 22.8%。

“九五”末期，随着农业的连年丰收、农村经济持续发展，全省农业进入新的发展阶段，呈现出一些重要的阶段性特征。一是主要农产品供给已由长期短缺向总量基本平衡、丰年有余的历史性转变；二是农业发展由过去主要受资源约束转为受资源与市场双重约束，市场约束明显加大，决定农业的生产规模、产品品种和质量；三是农业已由解决温饱转向适应小康的需要；四是农民收入的增长已由主要增加农产品产量和提高价格，向调整优化结构和发展非农产业转变；五是农业正在由传统农业向现代农业、粗放经营向集约农业转变，农业和农村改革市场化进程加快，市场配置农业资源的基础作用越来越充分。

四川省农业发展“九五”计划完成情况表

表 11-4

| 项　目 | 单位 | 1995 年 | 2000 年 | “九五”计划（2000 年目标） | 完成计划（%） |
|---|---|---|---|---|---|
| 农业产值 | 亿元 | 338.4 | 444.3 | 400.0 | 111.1 |
| 农民人均纯收入 | 元 | 1158.3 | 1915.0 | 2400.0 | 79.8 |
| 粮食产量 | 万吨 | 3395.5 | 3568.5 | 3650.0 | 97.8 |
| 棉花产量 | 万吨 | 11.2 | 5.9 | 14.0 | 42.1 |
| 油料产量 | 万吨 | 145.3 | 193.0 | 170.0 | 113.5 |
| 糖料产量 | 万吨 | 171.6 | 166.8 | 300.0 | 55.6 |
| 水果产量 | 万吨 | 157.6 | 252.6 | 180.0 | 140.3 |
| 茶叶产量 | 万吨 | 4.4 | 5.5 | 6.0 | 91.7 |
| 蚕茧产量 | 万吨 | — | 7.3 | 7.5 | 97.3 |

说明：农业产值按 1990 年不变价格计算；各项指标未含今重庆市辖区数据

## 第二节　农业统计

1986—2005 年，为适应农村经济体制改革和农村经济的形势，农业部门对农业统计制度、统计方法进行较大改革和完善。同时，计算机技术和网络技术的应用，使农业统计工作在手段、方法、内容上迈上新台阶。

### 一、报表制度改革

为了准确、全面、及时地反映全省农业生产情况、发展速度、内部比例关系、经济效果、农村经济发展规模及结构变化，研究农村经济效益、商品化程度及农村专业户、新经济联合体的发展情况，根据农业部、国家统计局的要求和四川省实际，省农业厅会同省统计局将《农业生产综合统计报表制度》改为《农村经济综合统计报表制度》，新增反映农村经济的报表和指标。此外，为了反映全省农业生产的专业情况，如耕作制度、新技术推广应用和受灾情况等，单独制定一套《农业业务统计报表制度》。

### 二、统计方法改革

广大统计工作人员勇于探索，大胆改革，摸索出获得一手资料的多种方法，即在基层起报单位以下采取抽样调查、经验估产、典型调查、实割实测以及与农户座谈等方法。其次，开展基点统计调查。许多地县建立自己的基点调查点，有的甚至在区、乡层层建立调查点，出现一批“宝塔式”农业统计基点。

1985 年，省农业厅制定《四川省农业统计工作试行方法》，规定农业统计的任务、内容、方法及统计人员应履行的权利和义务，促进全省农业统计工作的正规化。1986 年制定《四川省农业综合统计工作考核评比办法》，省地县三级先后建立农业统计工作总结评比制度，从地区统计员到县统计员，从区乡统计员到调查点（户）的记账员，一律进行严格的工作考评制，层层考核、评分定级。2000年，根据新时期对统计工作的要求修改考核评比办法，印发《四川省农业综合统计信息工作考核评比办法》。

## 三、计算机在农业统计中的应用

1986年，农业部为省农牧厅配备1台长城0520A微型计算机。1987年3月，省农牧厅首次使用计算机汇总农业统计年报。1988年和1990年，在农业部支持下，省农牧厅采取联合投资办法，先后为全省20个市（地、州）农业局配备计算机。为使计算机尽快使用起来，发挥作用，省农牧厅统计人员编制报表处理程序。1992年，农业部为四川36个农产量基点调查县配备计算机，在省地县的同心协力下，36个基点县开始上报软盘。

为适应市场经济发展的需要，农业部从1985年开始要求各省填报分县“农村经济基础资料卡片”，卡片分三部分，第一部分是农村基本情况，第二部分是农业生产情况，第三部分是牧业、渔业生产情况，共180多个指标。除农业、牧业、渔业生产情况外，包括人口、耕地、农机、水利、受灾、化肥、农膜、农药、农村经济收益分配、财政收支、粮棉油肉出售、集市贸易市场数、商业农副产品收购总额、乡镇企业情况、农业总产值、农林牧渔业增加值等，涉及6个部门。从1986年开始将每年的分县卡片数据录入计算机，并向农业部报送软盘。

## 四、建立历史资料数据库

1979年，省农牧厅集中整理统计分县历史资料。此后，一些地区行政区划有较大调整，有的指标与执行统计口径不一致，无法对比使用，部分必要指标残缺不齐，有的根本不能用。为此，先后两次对全省分县历史资料进行整理。

1987年，省农牧厅向市（地、州）、县农业局布置整理1949—1986年历史资料的工作，要求所有指标按现行行政区划调整；指标范围按现行口径调整，计量单位改为公制，各业产值统一按1980年不变价计算。同时，委托省计委信息中心进行数据库结构的设计，做好数据录入、审查的准备工作。1987年10月各县上报历史资料，此后省计委信息中心对数据进行录入，经过计算机平衡检查—人工核对—改错—计算机平衡检查—人工核对—改错，反复多次，建立四川省1949—1986年农业统计分县历史数据库。1997年，对各县历史资料进行第二次整理，这次历史数据库处理程序由省农业厅统计人员自己设计下发，市（地、州）统计人员完成录入数据，建立1949—1996年农业统计分县历史数据库。

1997年重庆市直辖后，省农业厅收集整理行政区划调整后的四川省情，包括地理位置、人口、民族、行政区划、资源（国土、水能、矿产、植物、动物、旅游）、经济总量（农业、工业、商贸、财政）及在全国位次、交通通信网络结构、社会事业体系、人民生活水平等方面。从多方位介绍四川省基本情况，为农业的宏观决策、农业中长期规划、年度计划、发展战略研究等提供丰富的资料和依据。

# 第三章 资金管理

农业资金来源主要有农村集体经济组织和农民个人投入、财政预算内安排的支农支出、银行等金融机构安排的农村贷款。1986—2005年，国家和省出台一系列增加农业投入的政策。1986年，建立以工补农发展粮食生产专项资金（1996年以后改为粮食自给工程资金）；1987年，建立农业发展专项资金；1988年，正式设立农业发展基金（主要包括粮食发展基金和生猪发展基金）和农村合作基金；1993年，《中华人民共和国农业法》和《中华人民共和国农技推广法》颁布实施，明确农业投入的主体和农业投入的方式，将国家财政对农业投入的总量和增长幅度纳入法定轨道；1999年，设立天然林保护资金；2000年，设立退耕还林补助资金。2002年，开始落实农业税、牧业税、农业特产税（不含烟叶）减免等减负政策。

## 第一节 财政支农资金

1986—2005年，全省财政预算内用于农业的支出总计863.56亿元。其中，农业基本建设经费129.59亿元，农口科技三项费3.82亿元，农口企业挖潜改造3.74亿元，农村救济及其他支农支出17.95亿元。1986—2002年，农林水事业费227.72亿元，农业综合开发支出64.4亿元，支援农村生产支出115.41亿元。2003—2005年，农业支出101.29亿元，林业支出120.96亿元，水利支出28.67亿元。20年间，全省财政预算内用于农业的支出大幅度增加，从1986年的9.57亿元增加到2005年的129.75亿元，平均每年增长14.7%。

“七五”期间，全省财政预算内用于农业的总支出62.74亿元，比“六五”增加31.97亿元，增长103.97%。其中，农林水事业费22.61亿元，基本建设经费8.04亿元，支援农村生产支出20.67亿元，农业综合开发支出5.40亿元，农口科技三项费0.47亿元，农口企业挖潜改造0.85亿元，农村救济及其他支农支出4.7亿元。

“八五”期间，全省财政预算内用于农业的总支出112.10亿元，比“七五”增加49.36亿元，增长78.67%。其中，农林水事业费41.41亿元，基本建设经费12.47亿元，支援农村生产支出34.73亿元，农业综合开发支出19.53亿元，农口科技三项费0.71亿元，农口企业挖潜改造1.14亿元，农村救济及其他支农支出2.11亿元。

“九五”期间，全省财政预算内用于农业的总支出189.30亿元，比“八五”增加77.2亿元，增长68.87%。其中，农林水事业费83.85亿元，基本建设经费32.72亿元，支援农村生产支出43.53亿元，农业综合开发支出25.17亿元，农口科技三项费1.09亿元，农口企业挖潜改造1.37亿元，农村救济及其他支农支出 1.57 亿元。

支农资金的投向也进行了调整，特别是从“九五”末期加大对生态建设的投入，仅 2000 年用于天然林保护和退耕还林的支出就达 17.62 亿元，占当年财政支农支出的 29.84%。

“十五”期间，全省财政预算内用于农业的总支出 499.42 亿元，比“九五”增加 310.12 亿元，增长 163.82%。其中，基本建设经费 126.36 亿元，农口企业挖潜改造 0.38 亿元，农口科技三项费 1.55 亿元，农村救济及其他支农支出 9.57 亿元。2001—2002 年，农林水事业费 79.85 亿元，农业综合开发支出 14.30 亿元，支援农村生产支出 16.48 亿元。2003 年预算科目由用途改为按功能分类后，农业支出 101.29 万元，林业支出 120.96 万元，水利支出 28.67 万元。支农资金在“十五”期间出现大幅度的增长，总量较“七五”“八五”“九五”合计总额还要多。

**1993—2002 年《中华人民共和国农业法》颁布实施前四川支农资金使用情况表**

表 11-5　　单位：万元

| 年度 | 总计 | 基本建设 | 企业挖潜改造 | 农村救济 | 科技三项费 | 支农生产 | 农林水事业费 | 农业综合开发 |
|---|---|---|---|---|---|---|---|---|
| 1993 | 227075 | 24106 | 2748 | 2480 | 1431 | 76467 | 78383 | 41460 |
| 1994 | 243106 | 26150 | 1671 | 2506 | 1638 | 75042 | 97328 | 38771 |
| 1995 | 272484 | 28022 | 1476 | 2047 | 1694 | 85022 | 110572 | 43651 |
| 1996 | 328495 | 38747 | 1135 | 3055 | 2181 | 94209 | 132059 | 57109 |
| 1997 | 272269 | 28791 | 1275 | 2507 | 1834 | 89047 | 111692 | 37123 |
| 1998 | 341841 | 57147 | 4891 | 2787 | 2164 | 93534 | 137112 | 44206 |
| 1999 | 360177 | 62706 | 4542 | 3424 | 2636 | 80785 | 149722 | 56362 |
| 2000 | 590002 | 139773 | 1835 | 3810 | 2065 | 77607 | 307943 | 56969 |
| 2001 | 799607 | 296249 | 574 | 5052 | 2578 | 81710 | 346587 | 66857 |
| 2002 | 860506 | 232457 | 1210 | 12277 | 3325 | 83127 | 451922 | 76188 |

**2003—2005 年预算科目由用途改为按功能分类后四川支农资金使用情况表**

表 11-6　　单位：万元

| 年度 | 总计 | 基本建设 | 企业挖潜改造 | 农村救济 | 科技三项费 | 农业支出 | 林业支出 | 水利支出 |
|---|---|---|---|---|---|---|---|---|
| 2003 | 736219 | 226478 | 910 | 20116 | 2922 | 268650 | 134181 | 82962 |
| 2004 | 1300325 | 202579 | 688 | 19942 | 4382 | 328016 | 649456 | 95262 |
| 2005 | 1297496 | 305862 | 401 | 38307 | 2293 | 416192 | 426012 | 108429 |

## 第二节　农业事业费

农业事业费是指用于农业部门机构和人员开支的经费。由于农机、畜牧、乡镇企业、水产经费先后分列，农业事业费仅包括种植业和农垦、农场事业费。1986—2000年，全省各级财政共拨付农业（含农场、农垦）事业费45.53亿元，占农口事业费的30.79%。15年间，各级用于农业事业单位的人员和机构经费保持相对稳定，逐年保持小幅度增长，从1986年的1.67亿元增加到2000年的4.48亿元，平均每年增长3.79%。总的来看，农业事业单位财政经费供给水平较低，难以满足事业发展的需要，各级农业事业单位依靠自身优势，组织创收，弥补事业经费不足。

"七五"期间，国家财政对农口事业单位财务管理体制进行初步改革。1986年，取消农口事业单位预算包干和财务包干的办法，对没有收入的农口事业单位，实行"核定支出，包干使用，超支不补，结余留用"的办法，对有经常性、稳定性收入但不能做到经费自给的农口事业单位实行"定期定额补助，增收节支留用，减收超支不补，一定几年不变"的办法，对能做到经费自给有余和不再承担事业任务的事业单位，国家不再拨给事业费。同时鼓励农业生产性事业单位向企业化管理过渡。在此基础上，1989年，明确将农业事业单位划分为3种预算管理形式，即将农业事业单位划分为全额预算单位、差额预算单位、自收自支单位。"七五"期间，全省共安排农业事业费8.85亿元，比"六五"增加3.33亿元，增长60.33%，占同期农林水事业费的39.14%。

"八五"期间，农业事业费供需矛盾日益突出，1993年，省上出台支持和鼓励农业事业单位兴办经济实体的意见，各级农业部门兴办大量的经济实体，积极创收，弥补事业经费不足。5年共安排农业事业费15.80亿元，比"七五"增加6.95亿元，增长78.53%，占同期农林水事业费的38.16%，比"七五"降低0.98个百分点。

"九五"期间，国家进一步对农业事业单位的财务管理体制进行改革。1997年，取消对农口事业单位的3种预算管理方式（全额、差额、自收自支），实行"核定收支、定额或定项补助"的预算管理办法。由于粮食连年丰收，农业发展进入新阶段，对农业特别是对粮食生产重视不够，5年共安排农业事业费20.87亿元，比"八五"增加5.07亿元，增长32.09%，增长幅度大大低于"八五"水平。农业事业费占同期农林水事业费的24.89%，比"八五"下降13.27个百分点。

## 第三节　支援农村生产支出

财政预算内安排的支援农村生产支出，主要包括国家财政支持农村集体、农户、股份合作制、股份制、农民专业协会等多种经济形式的生产性支出。1986—2000年，全省各级财政共安排支援农村生产支出98.93亿元，资金使用由各级农口部门和财政部门共同管理。与种植业相关的支出主要有小型农田水利和水土保持补助、支援农村合作组织资金、农村农技推广和植保补助及粮食自给工程资金，1986—2000年，四项支出合计91.31亿元。从1986年开始，国家从征收的乡镇企业所得税和工商税的增长部分中拿出一部分，建立以工补农发展粮食生产专项资金（1996年以后改为粮食自给工程），15 年间共安排资金 8.71 亿元，主要用于农业、水利、农机。

在资金管理上，从“七五”以前以农口主管部门为主逐渐过渡到由财政和农口部门共同管理，部分资金（如农业综合开发、粮食自给工程等）以财政部门为主的管理体制。资金的使用实行有偿和无偿相结合，“八五”期间进一步加大有偿资金的比例，至 1998 年底，取消支农资金的有偿使用。

## 第四节　基本建设投资

1986—2005 年，四川省农业基本建设投资 39.64 亿元，其中国家投资 15.8 亿元，市县财政及单位自筹 15.59 亿元，银行专项贷款 8.25 亿元。

“七五”期间，农业基建投资 2.25 亿元，其中国家投资 1.01 亿元，市县财政及单位自筹 1.03 亿元，银行专项贷款 0.21 亿元。其中银行贷款系中央“拨改贷”投资。

“八五”期间，农业基建投资 7.37 亿元，其中国家投资 1.71 亿元，市县财政及单位自筹 3.13 亿元，银行专项贷款 2.53 亿元。其中银行贷款系中央“拨改贷”投资 0.04 亿元，粮棉大县贷款 2.49 亿元。

“九五”期间，农业基建投资 14.3 亿元，其中国家投资 4.89 亿元，市县财政及单位自筹 3.9 亿元，银行专项贷款 5.51 亿元。其中银行贷款系粮棉大县贷款 2.18 亿元，种子工程贷款 3.34 亿元。该时期中央财政专项开始投资于农业基建，总量为 0.22 亿元。

“十五”期间，农业基建投资 15.71 亿元，其中国家投资 8.19 亿元，市县财政及单位自筹 7.52 亿元。投资重点是沼气工程和优粮工程。2004 年开始实施民族地区增粮增收工程，省财政投入 1000 万元的专项资金支持民族地区粮食生产，2005 年继续投入 1000 万元用于民族地区增粮增收工程。

## 1986—2005 年四川省农业基建投资计划情况表

表 11-7 单位：万元

| 建设时期（年度） | 合计 | 其中：国家投资 | 农业部 | | | 国家发改委 | | 中央财政 | | 省预算内投资 | 省财政专项 | 市县财政及单位自筹 | 银行专项贷款 | 备注 |
|---|---|---|---|---|---|---|---|---|---|---|---|---|---|---|
| | | | 合计 | 其中：沼气工程 | 其中：优粮工程 | 合计 | 其中：生态工程 | 综合开发 | 财政专项 | | | | | |
| 合计 | 396368.1 | 157968.4 | 73013.2 | 22900.2 | 11830 | 53092.6 | 27885 | 1860 | 2953 | 20129.6 | 6920 | 155878.7 | 82521 | — |
| “七五”时期 | 22516.8 | 10120.1 | 3278.0 | — | — | — | — | — | — | 4907.1 | 1935 | 10306.7 | 2090 | — |
| 1986 年 | 4315.2 | 2058.6 | 468.0 | — | — | — | — | — | — | 1055.6 | 535 | 1771.6 | 485 | 贷款系中央“拨改贷”投资 |
| 1987 年 | 5042.1 | 2035.5 | 770.0 | — | — | — | — | — | — | 765.5 | 500 | 2371.6 | 635 | 贷款系中央“拨改贷”投资 |
| 1988 年 | 5073.7 | 2145.0 | 649.0 | — | — | — | — | — | — | 1196.0 | 300 | 2197.7 | 731 | 贷款系中央“拨改贷”投资 |
| 1989 年 | 3464.9 | 1734.0 | 506.0 | — | — | — | — | — | — | 928.0 | 300 | 1541.9 | 189 | 贷款系中央“拨改贷”投资 |
| 1990 年 | 4620.9 | 2147.0 | 885.0 | — | — | — | — | — | — | 962.0 | 300 | 2423.9 | 50 | 贷款系中央“拨改贷”投资 |
| “八五”时期 | 73705.8 | 17118.0 | 8590.0 | — | — | 1784.0 | — | — | — | 5744.0 | 1000 | 31299.8 | 25288 | 贷款中：中央拨改贷投资 390 万元、粮棉大县 24898 万元 |
| 1991 年 | 7827.3 | 3431.0 | 2001.0 | — | — | — | — | — | — | 1230.0 | 200 | 4006.3 | 390 | 贷款系中央“拨改贷”投资 |
| 1992 年 | 8022.2 | 3596.0 | 2017.0 | — | — | — | — | — | — | 1379.0 | 200 | 4426.2 | — | — |
| 1993 年 | 7161.8 | 2745.0 | 917.0 | — | — | 550.0 | — | — | — | 1078.0 | 200 | 4416.8 | — | — |
| 1994 年 | 23750.1 | 3644.0 | 1775.0 | — | — | 550.0 | — | — | — | 1119.0 | 200 | 5849.1 | 14257 | 贷款系粮棉大县专项贷款 |
| 1995 年 | 26944.4 | 3702.0 | 1880.0 | — | — | 684.0 | — | — | — | 938.0 | 200 | 12601.4 | 10641 | 贷款系粮棉大县专项贷款 |

续表11-7

| 建设时期（年度） | 合计 | 其中：国家投资 | 农业部 | | | 国家发改委 | | 中央财政 | | 省预算内投资 | 省财政专项 | 市县财政及单位自筹 | 银行专项贷款 | 备　注 |
|---|---|---|---|---|---|---|---|---|---|---|---|---|---|---|
| | | | 合计 | 其中：沼气工程 | 其中：优粮工程 | 合计 | 其中：生态工程 | 综合开发 | 财政专项 | | | | | |
| “九五”时期 | 143039.9 | 48872.1 | 7247.0 | — | — | 32615.6 | 24342 | — | 2214 | 5260.5 | 1535 | 39024.8 | 55143 | 贷款中：粮棉大县贷款21758万元、种子工程贷款33385万元 |
| 1996年 | 20208.0 | 2899.0 | 972.0 | — | — | 770.0 | — | — | 130 | 827.0 | 200 | 11851.0 | 5458 | 贷款系粮棉大县专项贷款 |
| 1997年 | 23008.8 | 3766.6 | 1395.0 | — | — | 1023.6 | — | — | 168 | 905.0 | 275 | 4242.2 | 15000 | 粮棉大县专项贷7000万元、种子工程专贷8000万元 |
| 1998年 | 28334.6 | 8354.8 | 1585.0 | — | — | 5084.0 | 2004 | — | 637 | 748.8 | 300 | 7909.8 | 12070 | 粮棉大县专项贷9300万元、种子工程专项贷2770万元 |
| 1999年 | 36661.1 | 20876.7 | 1145.0 | — | — | 17908.0 | 16208 | — | 470 | 1073.7 | 280 | 5509.4 | 10275 | 贷款系种子工程专项贷款 |
| 2000年 | 34827.4 | 12975.0 | 2150.0 | — | — | 7830.0 | 6130 | — | 809 | 1706.0 | 480 | 9512.4 | 12340 | 贷款系种子工程专项贷款 |
| “十五”时期 | 157105.6 | 81858.2 | 53898.2 | 22900.2 | 11830 | 18693.0 | 3543 | 1860 | 739 | 4218.0 | 2450 | 75247.4 | — | — |
| 2001年 | 20445.0 | 11485.0 | 2658.0 | 130.0 | — | 6543.0 | 3543 | 260 | 739 | 935.0 | 350 | 8960.0 | — | 中央财政系种子工程专项贷款贴息739万元 |
| 2002年 | 17839.0 | 10103.0 | 5863.0 | 608.0 | — | 3000.0 | — | 380 | — | 810.0 | 50 | 7736.0 | — | — |
| 2003年 | 38696.6 | 16243.2 | 12355.2 | 6540.2 | — | 2550.0 | — | 400 | — | 888.0 | 50 | 22453.4 | — | — |
| 2004年 | 37963.0 | 19647.0 | 15762.0 | 7402.0 | 5620 | 1950.0 | — | 200 | — | 735.0 | 1000 | 18316.0 | — | 省财政专项1000万元系民族地区增粮增收工程 |
| 2005年 | 42162.0 | 24380.0 | 17260.0 | 8220.0 | 6210 | 4650.0 | — | 620 | — | 850.0 | 1000 | 17782.0 | — | 省财政专项1000万元系民族地区增粮增收工程 |

## 第五节　农业系统职工工资

1986年全省农牧渔业管理人员、科级干部年平均工资1119元（每年每人，下同），到2005年达到10152元，比1986年增加9033元，增长8.07倍。但是与全省职工平均工资、全省公共管理系统职工工资比较，差距较大。

1986年全省职工平均年工资为1237元，比同年农牧渔业系统职工工资高出118元。2005年全省职工工资增加到15826元，增加14589元，增长11.79倍，增幅高于农牧渔业系统3倍多；2005年全省职工工资比农牧渔业系统职工工资高5674元，与1986年比较，差距拉大5556元。

1986年全省农牧渔业系统职工工资在全省19个行业中排倒数第四位，仅仅比批发零售行业职工工资高121元，比住宿餐饮业高132元，比居民服务和其他服务行业高4元。到2005年，全省农牧渔业系统职工工资在全省19个行业中最低，比批发零售行业职工工资低3986元，比住宿餐饮业低920元，比居民服务和其他服务行业低8157元。

与全省职工工资最高的行业——信息传输计算机服务软件业比较，1986年农牧渔业系统职工工资比其低305元，到2005年比其低22676元，不足其一半，差距扩大74倍。

1986年全省公共管理、社会组织系统职工平均年工资1312元，比农牧渔业系统高193元。2005年全省公共管理、社会组织系统职工平均年工资18006元，比1986年增加16694元，增长12.7倍。2005年全省公共管理、社会组织系统职工平均年工资比农牧渔业系统高7854元，差距比1986年扩大40.7倍。

2005年全省公共管理、社会组织系统职工人数61万人，比1986年增加22.16万人，增长57%。2005年全省农牧渔业系统职工人数9万人，比1986年减少4.25万人，减少32%。

**1986—2005年四川省公共管理系统、农牧渔业系统职工工资情况表**

表11-8　　　　单位：元/人、年

| 年度 | 全省平均 | 公共管理系统 | | 农牧渔业系统 | | | |
|---|---|---|---|---|---|---|---|
| | | 人数 | 工资 | 人数 | 工资 | | |
| | | | | | 平均工资 | 与全省平均差距 | 与公共管理系统差距 |
| 1986 | 1237 | 38.84 | 1312 | 13.25 | 1119 | -118 | -193 |
| 1987 | 1340 | 40.24 | 1383 | 13.15 | 1153 | -187 | -230 |
| 1988 | 1598 | 42.91 | 1579 | 13.24 | 1320 | -278 | -259 |
| 1989 | 1796 | 45.02 | 1776 | 13.17 | 1449 | -347 | -327 |
| 1990 | 2011 | 47.99 | 1991 | 13.04 | 1588 | -423 | -403 |
| 1991 | 2194 | 49.85 | 2158 | 13.55 | 1714 | -480 | -444 |
| 1992 | 2458 | 53.68 | 2595 | 13.03 | 1981 | -477 | -614 |

续表11-8

| 年度 | 全省平均 | 公共管理系统 | | 农牧渔业系统 | | | |
|---|---|---|---|---|---|---|---|
| | | 人数 | 工资 | 人数 | 工资 | | |
| | | | | | 平均工资 | 与全省平均差距 | 与公共管理系统差距 |
| 1993 | 2984 | 55.48 | 3050 | 11.50 | 2683 | -301 | -367 |
| 1994 | 4064 | 55.76 | 4676 | 11.33 | 3404 | -660 | -1272 |
| 1995 | 4703 | 57.40 | 5089 | 11.41 | 3975 | -728 | -1114 |
| 1996 | 5218 | 58.57 | 5601 | 11.71 | 4310 | -908 | -1291 |
| 1997 | 5626 | 59.66 | 6179 | 12.37 | 4418 | -1208 | -1761 |
| 1998 | 5939 | 61.41 | 7035 | 12.38 | 4609 | -1330 | -2426 |
| 1999 | 7249 | 61.06 | 8059 | 11.47 | 5481 | -1768 | -2578 |
| 2000 | 8323 | 61.50 | 9236 | 11.60 | 6140 | -2183 | -3096 |
| 2001 | 9934 | 59.60 | 11564 | 12.22 | 7373 | -2561 | -4191 |
| 2002 | 11183 | 58.05 | 13057 | 11.58 | 8114 | -3069 | -4943 |
| 2003 | 12441 | 60.90 | 14532 | 11.00 | 8988 | -3453 | -5544 |
| 2004 | 14063 | 61.30 | 16048 | 10.00 | 9401 | -4662 | -6647 |
| 2005 | 15826 | 61.00 | 18006 | 9.00 | 10152 | -5674 | -7854 |

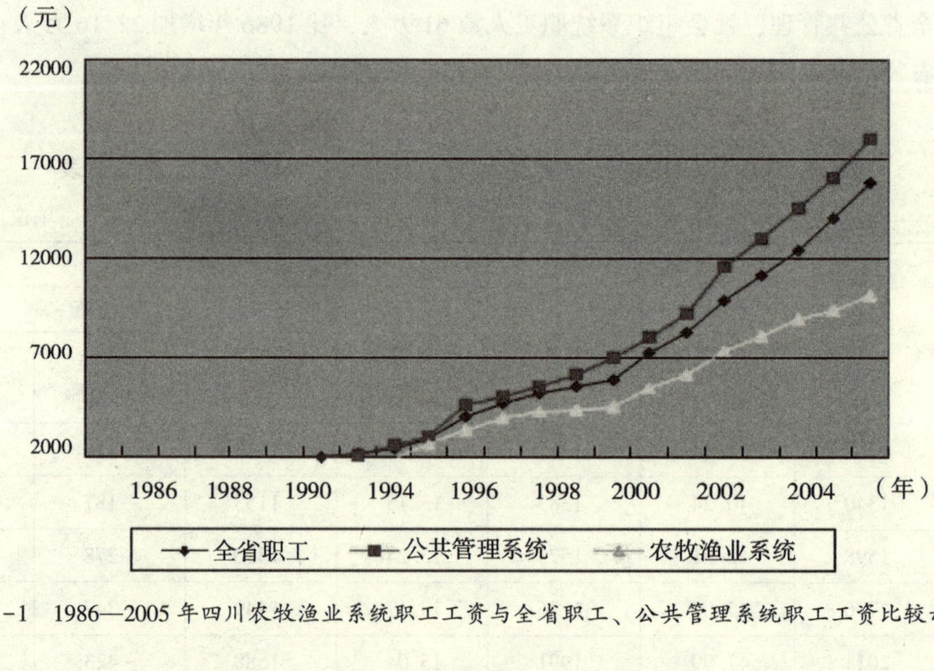


图 11-1　1986—2005 年四川农牧渔业系统职工工资与全省职工、公共管理系统职工工资比较示意图

# 第四章　农业审计

## 第一节　审计制度

1983年9月15日中华人民共和国审计署成立，随后地方各级政府相继建立审计机构，逐步开展审计工作。1984年农牧渔业部办公厅建立农业部审计室，并在全国农业系统开始组建内部审计机构。1988年农业部建立审计署派驻部门审计机构——驻农业部审计局，受审计署和农业部双重领导。

1989年6月经省机构编制委员会批准，四川省农牧厅审计处成立，2000年7月机构改革中撤销。四川省农业厅审计处历时11年，其间审计处的主要职能为：依照国家法律、法规和政策，对国家、省各项农业资金、地方配套资金的到位、管理、使用效益情况和厅属各单位的经济活动进行审计监督；负责指导全省农业系统审计工作。从1990年起，全省市（地、州）县农业部门相继组建内审机构，经过10年的发展，至2000年全省农业系统共有独立审计机构82个，合署审计机构64个，审计人员312人（其中省级5人，市、州级23人，县级284人），具有中专以上学历的占95%，中级以上职称的占40%。

## 第二节　审计业务

1989—2000年，四川省农业厅审计工作，在厅党组的领导下，在农业部审计局和四川省审计厅的指导下，紧紧围绕农业专项资金以及直属单位财务收支审计和行业指导三大职能开展工作。制度建设方面，制定了《四川省农业系统内部审计实施办法》《四川省农业专项资金审计实施办法》《四川省农业系统先进审计集体、先进审计工作者评选暂行办法》《四川省农业厅直属单位审计实施办法》等规章制度。在行业指导方面，先后召开7次市（地、州）农业部门内审机构负责人参加的全省农业审计工作会，及时传达贯彻全国农业审计工作会议精神，总结交流全省农业审计工作经验，安排布置行业审计工作任务。3次举办专门的农业审计业务培训班，培训市、县农业审计人员近200人次，使全省各级农业审计人员的素质不断提高；2次评比表彰全省农业系统审计工作先进集体和个人，获得表彰的先进集体30个，先进个人60人。11年间，全省农业系统共完成审计项目（单位）10195个，审计总金额81.6亿元，查纠违规金额8647万元，查出损失浪费3290万元，追还挤占挪用农业专项资金2435万元，促进增收节支7892万元，查出万元以上贪污案件38件，涉及47人，涉嫌金额145万元。完成各类农业专项资金和厅属单位审计项目109个，审计总金额13.1亿元，其中农业专项资金审计项目43个，审计金额3.8亿元；厅直属单位审计项目66个，审计金额9.3亿元。共查纠违纪违规金额574.1万元，促进增收节支2000多万元。四川农业审计在加强经济监督，维护财经法纪，提高资金使用效益，促进廉政建设等方面发挥重要作用。

**1989—2000年四川省农业厅审计处审计业务统计表**

表11-9　　　　单位：个、万元

| 事　项 | 项目名称 | 个数 | 审计金额 |
|---|---|---|---|
| 农业专项资金审计 | 国家商品粮基地建设资金审计 | 28 | 29830.60 |
| | 国家优质棉基地建设资金审计 | 5 | 2622.40 |
| | 国家优质油料基地建设资金审计 | 2 | 1760.00 |
| | 国家优质糖料基地建设资金审计 | 2 | 850.00 |
| | 省部级种子质量检测中心建设资金审计 | 1 | 1260.00 |
| | 旱作农业示范基地建设资金审计 | 3 | 600.00 |
| | 粮经饲"三元结构"示范基地建设资金审计 | 1 | 600.00 |
| | "菜篮子"工程建设资金审计 | 2 | 480.00 |
| | 小计 | 43 | 38003.00 |
| 厅属单位审计 | 厅属事业单位财务收支审计 | 35 | 37772.05 |
| | 厅属企业年度经营效益审计 | 25 | 36004.00 |
| | 厅属单位负责人离任经济责任审计 | 6 | 19224.00 |
| | 小计 | 66 | 93000.05 |
| 合　计 | — | 109 | 131003.05 |

# 第五章　科技管理

## 第一节　课　题

1986—2005 年，全省农业行政部门调整各科研单位的方向和任务，根据农业区划合理布局，突出特点，各有侧重，分工协作，采取经济和行政手段，全面调整课题。经过多年的努力，形成面向区划的综合型农科所和突出当地特点的专门化农科所，加快出成果、出人才的进程。四川省科学技术管理部门和农业行政部门，加强农科教的结合，组织一批重要课题的协作研究。农业科研单位以应用技术研究为重点，确定以品种为中心，结合栽培技术、耕作技术配套，设置课题进行研究，取得大批重要成果。

1986 年，全省农科所按照中央科技体制改革决定，结合实际进行探索性改革。一是调整任务，省农牧厅根据各所人才状况、技术优势，以及不同作物对象，统筹规划，逐步调整各所的研究方向和不同任务重点；二是全面试行科研课题合同制和独立核算制；三是组织兴办经济实体；四是实行分类管理，解决平均主义，奖勤罚懒。1987 年，科技改革进一步深入，改善内部管理，实行所长负责制、全员聘任制、目标责任制和课题承包、生产承包制、积极组织科研生产联合体。

20 世纪 90 年代，全省农业科学研究确立以满足国家和农民需要、市场需求为目标，以促进农业产业发展为主线，以技术研究和技术集成为重点，以制度创新和机制创新为手段的发展新思路，加大项目储备，先后获得农业部等国家部委农作物原原种扩繁基地、农业科技跨越计划、农业产业技术体系功能实验室、试验站建设等项目的支持，极大地改善科研条件和手段。

1992 年，四川省农牧厅印发《关于进一步加强市州农科所发展的意见》，明确农科所的地位、作用和发展方向。全省农业科研院所进一步加大联合育种、联合试验力度，在巩固和规范水稻、玉米、油菜、薯类联合育种、联合试验的基础上，启动小麦、耕作栽培技术等领域的联合攻关。鼓励团队作战，联合申报和承担各类科技推广项目，并逐步加大试验示范和耕作栽培等公益性研究的支持力度。把解决当地农业和农村经济发展中的重大及实用技术问题作为生存发展的根本任务，调整科研力量，加大对公益性研究与服务的投入力度，把服务领域由产中向产前、产后延伸，由单项技术向综合配套技术延伸，由单一服务向综合服务延伸。坚持科学研究、技术集成和成果转化相结合，不断增强自主创新、集成创新和引进消化吸收再创新能力。全省农业科研机构和科技人员保护知识产权的意识进一步增强。截至 2005 年底，全省累计品种权申请和授予分别达 486 件和 208 件，占全国总申请数的 10.8%、总授权数的 14.7%，连续 5 年稳居全国第一。

# 第二节 成 果

1978年，国家科委制定成果管理条例，农牧渔业部制定农业科技成果管理办法，由任务下达单位主持鉴定验收。1985年8月后，国家科委、国家经委规定，鉴定后的农业成果由四川省农业厅归口审查送四川省科委登记。新品种的鉴定与品种审定，由四川省农作物品种审定委员会组织开展，分别发给证书。

1986—2005年，全省农业累计获得国家级、部省级和农业（农牧）厅级奖3042项，特等奖4项，一等奖371项，二等奖961项，三等奖1700项，四等奖6项。

## 一、国家级奖励

### （一）发明奖

按照《中华人民共和国发明奖励条例》，由国家科委组织发明奖励评选工作，农业部、省（自治区、直辖市）科委负责本系统、本地区的申报工作。四川省农业项目由省农业厅审查推荐，分别报省科委、农业部。

1986—2005年四川省获得国家发明奖情况表

表11-10　　单位：项

| 年 度 | 一等奖 | 二等奖 | 三等奖 | 四等奖 | 合 计 |
|---|---|---|---|---|---|
| 1990 | 1 | — | 1 | — | 2 |
| 1995 | — | — | — | 1 | 1 |
| 合计 | 1 | — | 1 | 1 | 3 |

### （二）科学技术进步奖

按照1984年9月国务院颁布的《中华人民共和国科学技术进步奖励条例》，按照技术高低、难度大小、经济效益和社会效益多少的条件分为一、二、三等奖。

1986—2005年四川省获得国家科技进步奖情况表

表11-11　　单位：项

| 年 度 | 一等奖 | 二等奖 | 三等奖 | 合 计 |
|---|---|---|---|---|
| 1990 | — | — | 1 | 1 |
| 1992 | 1 | 1 | 1 | 3 |
| 合计 | 1 | 1 | 2 | 4 |

## 二、部省级奖励

农牧渔业部于1978年设立科学技术改进奖，1984年改为科学技术进步奖。四川省人民政府于1978年设立重大科技成果奖，1984年改为技术进步奖。

1986—2005年四川省获得农业部部级科技进步奖情况表

表11-12　　单位：项

| 年　度 | 一等奖 | 二等奖 | 三等奖 | 合　计 |
|---|---|---|---|---|
| 1990 | 1 | 4 | 5 | 10 |
| 1991 | — | 2 | 7 | 9 |
| 1993 | — | — | 1 | 1 |
| 1994 | — | — | 3 | 3 |
| 合计 | 1 | 6 | 16 | 23 |

1986—2005年四川省获得全国农牧渔业丰收奖情况表

表11-13　　单位：项

| 年　度 | 一等奖 | 二等奖 | 三等奖 | 合　计 |
|---|---|---|---|---|
| 1988 | — | 1 | 4 | 5 |
| 1990 | 2 | 6 | 6 | 14 |
| 1991 | — | 4 | 6 | 10 |
| 1992 | — | 1 | — | 1 |
| 1993 | 1 | 10 | 12 | 23 |
| 1994 | — | 2 | — | 2 |
| 1996 | 2 | 2 | 3 | 7 |
| 1997 | — | — | 1 | 1 |
| 1999 | 1 | 1 | 4 | 6 |
| 2000 | 5 | 3 | 1 | 9 |
| 2001 | 9 | 2 | — | 11 |
| 2002 | 6 | 3 | — | 9 |
| 2003 | 8 | 1 | — | 9 |
| 2004 | 4 | 2 | — | 6 |
| 2005 | 5 | 2 | — | 7 |
| 合　计 | 43 | 40 | 37 | 120 |

## 1986—2005年四川省获得国家教委科技进步奖情况表

表11-14 单位：项

| 年 度 | 一等奖 | 二等奖 | 三等奖 | 合 计 |
|---|---|---|---|---|
| 1990 | — | 1 | — | 1 |
| 合计 | — | 1 | — | 1 |

## 1985—2005年四川农业获得四川省人民政府科技进步奖情况表

表11-15 单位：项

| 年 度 | 特等奖 | 一等奖 | 二等奖 | 三等奖 | 合 计 |
|---|---|---|---|---|---|
| 1985 | — | 2 | 17 | 35 | 54 |
| 1986 | — | 1 | 6 | 40 | 47 |
| 1987 | — | — | 10 | 39 | 49 |
| 1988 | 1 | 1 | 6 | 29 | 37 |
| 1989 | — | — | 7 | 39 | 46 |
| 1990 | — | 2 | 6 | 38 | 46 |
| 1991 | — | 3 | 9 | 37 | 49 |
| 1992 | — | 1 | 15 | 39 | 55 |
| 1993 | — | 2 | 12 | 31 | 45 |
| 1994 | — | 1 | 10 | 30 | 41 |
| 1995 | — | 4 | 7 | 28 | 39 |
| 1996 | 1 | 4 | 8 | 24 | 37 |
| 1997 | 1 | 3 | 10 | 28 | 42 |
| 1998 | 1 | 2 | 8 | 26 | 37 |
| 1999 | — | 3 | 8 | 22 | 33 |
| 2000 | — | 3 | 10 | 22 | 35 |
| 2001 | — | 3 | 4 | 17 | 24 |
| 2002 | — | 4 | 6 | 19 | 29 |
| 2003 | — | 3 | 7 | 14 | 24 |
| 2004 | — | 3 | 6 | 14 | 23 |
| 2005 | — | 2 | 6 | 17 | 25 |
| 合 计 | 4 | 52 | 186 | 605 | 847 |

## 第三节　技术职称

### 一、专业技术人员职称评聘

1983年9月，全国各地开始职称改革，历经1986—1988年职称改革时期和1989年以后的职称改革深化时期。

1986年，中央职称改革工作领导小组转发《农业技术人员技术职务试行条例》等文件，规定农业专业技术人员设有高级农艺师、农艺师、助理农艺师、农业技术员等，明确任职条件和岗位职责，并规定评审及聘任权限。根据该文件精神，省农业厅牵头组建四川省农业厅职称改革工作领导小组、四川省农技系列高级职务评审委员会和四川省农业厅中级职务评审委员会，开展农业技术职称评聘工作。

1993年9月，四川省职称改革工作领导小组发出《关于企事业单位职称改革工作中有关问题的通知》，规定农业推广机构的高级农艺师进行评聘分开。实行评聘分开后，评审任职资格不受岗位数额限制，获得任职资格而未受聘人员，不能与工资等待遇挂钩。1993年11月，农业部、人事部《关于从事农业技术推广工作的教学科技人员评聘专业技术职务有关问题的通知》提出推广研究员评聘工作指导意见，规定评聘范围、申报条件、评审标准、评审程序等。1994年4月，农业部、人事部印发《农业技术推广研究员任职资格评审实施办法的通知》，规范农业技术推广研究员推荐评审工作，规定省农业主管厅局人事职改部门对各单位各地区推荐的人员进行全面考核和资格审查。省农业厅根据该文件精神，组织开展六届全省农业技术推广研究员的推荐上报工作。

为鼓励大批农业专业技术人员到农村为农民做好科技服务，1997年10月四川省人民政府办公厅转发省人事厅《关于进一步鼓励农业科技人员从事农业技术推广工作的意见的通知》，规定一年中在县以下农业第一线工作时间达6个月以上，当年未能参加外语考试的，可采取“先评后考”的办法，极大调动农业科技人员深入农技推广一线的积极性，到2005年有50名以上申报高级农艺师的人员享受该项政策优惠。该文件规定乡镇农业技术推广单位的农业科技人员评聘中、初级专业技术职务不具备有关专业规定学历，可参加省农业技术推广行政部门组织的专业知识培训，并经省人事职改部门组织考试合格。在此基础上，省人事厅、省农业厅、省林业厅、省水利电力厅、省畜牧食品局、省农机局联合发出《关于对全省乡（镇）农业、林业、水利、水产、畜牧兽医、农机技术人员进行专业知识培训、考试的通知》，为基层农技人员申报评聘农业专业技术职务提供更加优惠的条件，到2005年全省有5000多人参加乡镇不具备规定学历考试。

省职称改革工作领导小组考虑到农业行业的特殊性，规定内地县以下从事农业工作的专业技术人员可以不参加外语和计算机考试；1991年，规定在县农业部门从事技术工作的农业技术人员考职称外语降低要求，即申报高级职务的参加中级职务的考试；2005年，规定从事农业工作的人员在外语要求上依次降低一个等次。

经过20余年农业技术职称改革工作，截至2005年底，全省在岗农业技术推广研究员146名，高级农艺师1435人，农艺师5324人，助理农艺师和技术员6029人。

## 二、农民技术人员职称评定

1991年，人事部《关于农民技术人员职称评定问题的通知》提出开展农民技术人员职称评定工作。四川省职称改革工作领导小组转发《四川省农村技术人员职称评定试行办法》的通知则对农民技术人员职称评定的称谓和条件、评定办法、管理与使用、权利与义务等提出具体的规定和要求。四川省农业厅牵头开展农民技术人员职称评定工作。1994年和1997年，农业部专门拨款对全国农民技术人员职称评定工作进行试点，省农业厅确定仁寿县、双流县为第一批试点县，长宁县和犍为县为第二批试点县。1998年全省农民技术人员职称评定试点工作结束，到2000年底，乐山、眉山、绵阳、广元、凉山五市（州）农业部门为9093人评定农民技术人员职称。农民技术人员职称评定工作的开展，对调动农民发展农业生产起到很大作用。此后几年，由于相关配套政策没有跟上，全省农民技术人员职称评定工作逐步放慢。

# 第六章　农业法制建设

## 第一节　农业执法体系建设

四川省农业法制工作始于1990年。1995年，四川省农业厅农村经济合作处增挂政策法规处牌子，确定职能为“调查研究农业经济发展情况；研究提出发展主管产业的有关方针、政策；组织协调主管产业法规和政策性文件的起草工作，对其他部门起草的法规草案中有关农业和农村经济的条款提出审核意见；监督、检查农业法规、规章和政策的执行情况；承担农业行政复议工作”。随着农业法制建设逐步推进，2000年四川省机构改革时，省政府在《四川省农业厅职能配置、内设机构和人员编制规定》中，将政策法规处从农村经济合作处分离出来，对工作职能作出新的确定，主要职责是“研究拟定农业产业政策，经批准后组织实施；承办农业产业地方性法规规章的起草、监督、检查工作；对其他部门起草的法规中有关农业的条款提出审核意见；指导农业行政执法体系建设和农业法制宣传教育工作；承担农业行政复议”。之后，随着依法行政和维护农民合法权益的需要，四川省农业厅再给政策法规处增加农资打假牵头、行政审批制度改革、行政事业性收费项目审核、执法监督、执法责任制管理等工作。

1999年4月，成都市被农业部确定为全国农业行政综合执法试点单位之一。在机构建设上，按照“建一流执法队伍，树一流执法形象，创一流工作业绩，做一流执法队员”的总体目标要求和“统分结合，以统为主，各负其责，相互依存，形成合力”的原则，成都市率先高标准组建农业行政综合执法大队，成为四川省第一个农业行政执法机构，2000年1月6日正式开始工作。2002年农业部将彭州、简阳、蓬溪列为全国农业综合执法试点县。

2003年，为加大四川省农业综合执法力度，四川省农业厅政策法规处制定《关于加大农业综合执法队伍建设力度，大力推进依法治农的意见》，对全省执法体系建设提出明确要求。在抓好农业综合执法试点的同时，编制《四川省农业执法服务基础设施建设规划》，按照财政部关于法制执法经费预算的有关规定，帮助各地争取将农业法制执法经费纳入财政预算，促进各地执法体系建设。到2005年底，全省共有45%的市（州）建立农业综合执法机构，70%的县（市、区）农业部门建立农业综合执法机构，有法制执法人员3000多人。

## 第二节　法制建设

### 一、农业立法

（一）农业地方性法规和政府规章

四川省于2001年7月4日制定《四川省农村集体资产管理办法》。2001年9月22日完成《四川省农作物种子管理条例》的修订。通过修订解决种子行政管理和执法监督经费保障，品种出现不可克服缺陷或丰产性丧失无退出停用机制，故意更改品种审定名称、一品多名、标识混乱，种子广告虚假宣传比较突出等问题。2002年7月20日完成对《四川省〈中华人民共和国农业技术推广法〉实施办法》的修订。2002年11月30日完成对原有《四川省农业承包合同管理条例》和《四川省农民负担管理条例》的废止工作。2003年3月28日完成《四川省种植业无公害农产品管理办法》的制定。2005年5月26日完成《四川省农药管理条例》的修订，取消农药经营许可证的行政审批事项。

（二）农业法律、行政法规及农业部规章的立法征求意见工作

2001年后，根据农业部部署，全省先后完成对国家《农业法修订草案》《中华人民共和国农产品质量安全法（草案）》《农民合作经济组织法（征求意见稿）》《肥料管理条例》等法律、法规及规章立法征求意见的工作，结合四川农业农村经济实际，提出建设性意见供全国人大、国务院和农业部采纳。

（三）涉农法律法规规章的审核

2001—2005年，全省完成相关部门起草的涉及农业的法律、法规及规章草案的审核150余件，提出修改意见建议230余条。

### 二、行政审批

从2002年开始，按照中共四川省委、四川省人民政府的要求，四川省农业厅对系统内的行政审批事项进行全面清理。到2005年，共保留“在非疫区进行省规定的植物检疫对象研究、国外引种检疫审批、国有农业生产科研教学用地土地占用、主要农作物新品种审定、主要农作物引种同意、种子质量检验机构资质、种子检验员证、农作物种子生产许可证、农作物种子经营许可证、向国（境）外提供农作物种子资源、从事农作物商品种子进出口业务、设立外商投资农作物种子企业、跨省调运蚕种检验检疫合格证书、新建蚕种场和冷库、蚕种生产许可、蚕种供应（经营）许可、肥料登记、农药广告审查、农药登记初审、外国人在中国进行农业野生植物考察审核、农业野生植物进出口审核、国家二级保护野生植物出售和收购审查、国家二级保护野生植物采集审核、国家一级保护野生植物采集、农业转基因生物标识”25项行政许可项目，公布取消“农业新技术审定，使用不达标种蚕制种批准，农药出口，种子进出口计划，种子铁路公路运输计划，农作物种子质量合格，权限范围内农业技术和新产品推广许可，农业新技术审定，肥料、农药、农膜类生产资料新产品推广登记”等10项行政许可事项。

《中华人民共和国行政许可法》实施后，省政府于2001年成立四川省政务服务中心，同年10月9日正式对外办公，四川省农业厅保留的行政审批事项全部纳入政务中心集中受理。2001—2005年共受理、办结行政审批事项1159件。

### 三、执法责任制

从2001年开始，全省按照省政府的要求，在农业系统推行执法责任制。2002年，全省农业系统对成都、宜宾、泸州、自贡等地及四川省农业厅的执法责任制情况进行抽查，及时纠正古蔺县农业局种子管理制度违规问题。2003年，全省农业系统重点贯彻省政府关于执法人员"十不准"的规定，加强执法队伍教育管理。2004年，省人大、省统计局对省农业厅《中华人民共和国传染病防治法》《公共卫生突发事件应急处理条例》的实施进行执法检查，对乐山市人民政府在实施《无公害农产品管理办法》及四川省农业厅实施《关于加强村社财会人员上岗资格证管理的通知》中存在的问题予以纠正。2005年，对自贡、泸州、内江、资阳等地执法责任制开展情况进行抽查。按照农业部部署，在全省农业系统组织开展农业行政处罚案卷评查工作，共组织评查处罚案卷2008卷。

### 四、行政复议

四川农业行政复议工作从2001年起正式开展，当年受理乐山川兴种业有限公司要求撤销成都市农牧局以"经营未经国家和四川省审定通过的'雅玉10号'杂交玉米种子"为由，对该公司作出的行政处罚决定；四川正成种业有限责任公司要求撤销成都市农牧局对该公司因经营未经审定的玉米种子"登海3303"作出的行政处罚决定；四川省绿丹种业有限责任公司要求撤销成都市农牧局对该公司经营的成单22、23、24杂交玉米良种的行为作出的行政处罚决定；四川西南科联种业有限责任公司要求撤销成都市农牧局对该公司经营未经国家和四川省审定通过的"雅玉10号"杂交玉米种子行为作出的行政处罚决定。四川省农业厅对以上3个行政复议申请，经过严格审查，依法维持成都市农牧局的行政处罚决定。2002年受理成都西部农业工程研究所请求撤销成都市农牧局的处罚决定的农业行政复议，该案涉及罚没金额107.6万元。四川省农业厅经过认真调查，反复审核，依据法律法规规定，作出部分维持、部分撤销的复议决定。2003年对雅安市天全县小河乡关家村八组村民彭述康就林权的归属和承包纠纷问题提出的行政复议，依法作出不予受理的决定。2004年依法受理四川省科杏种业有限责任公司以处罚主体错误为由，要求撤销凉山州农业局作出的行政处罚决定的行政复议。经审查，四川省农业厅依法维持凉山州农业局的处罚决定。

## 第三节　执　法

### 一、农资打假

#### （一）建立机构

四川农资打假工作始于2000年，国务院当年印发《关于开展严厉打击制售假冒伪劣商品违法犯罪活动联合行动的通知》，2001年印发《关于整顿和规范市场经济秩序的决定》和国务院办公厅

《关于继续深入开展严厉打击制售假冒伪劣商品违法犯罪活动行动的通知》。农业部、国家工商总局、国家质检总局、国家供销总社按照国务院的要求，联合印发《关于深入开展农业生产资料打假联合行动的通知》，四川省按照国务院和农业部的要求，建立健全农资打假工作机制，成立四川省农业行业打击制售假冒伪劣农业生产资料行动领导小组，并把打假责任落实到专人。各级农业部门成立相应的组织机构，具体负责农资打假工作。

（二）清理农资经营主体

2005年，按照农业部《关于进一步规范农业系统所属农资经营主体行为的紧急通知》要求，四川对全省21个市（州）180个县（市、区）农业局所属的农资经营主体进行清理。全省农业系统共有农资经营企业321家。经营单位层次：省3家，市16家，县302家；农资经营单位性质：全民136家，集体137家（其中股份合作11家），个体48家；农资经营隶属关系：隶属于农业系统58家，事业站直接管理263家；农资经营形式：单位自己经营208家，承包经营64家，联合经营25家，有资格未经营24家。

农资生产情况：种子生产单位29家，肥料生产单位10家，农药生产单位5家；办理许可情况：种子生产许可证31家，经营许可证272家，委托24家。

农资经营分类：种子经营229家，农药经营258家，肥料经营163家。广元市有118家不具备农资经营条件，其中取缔农资经营资格24家，限期整改94家。其余对基本符合经营条件的395家，要求加强管理，完善和建立健全经营档案和各项管理制度。

（三）农资打假主要成效

2003年，全省开展围绕种子、农药、肥料等重要农资产品的农资打假工作，当年全省农业部门作为执法主体，共出动执法人员75732人次，整顿农资市场及经营网点50992个，查获假劣农资产品162.87万公斤，货值4197.31万元，捣毁农资制假售假窝点209个。立案查处违法违规案件6259件，其中案值在5万元以上的大要案件10件。在对三类重点查处的农资产品中，立案查处的案件有：种子2372件，结案1925件；肥料661件，结案546件；农药3226件，结案2649件。查处不合格种子55.32万公斤，劣质肥料89.28万公斤，假冒伪劣、禁用和过期不能使用的农药18.27万公斤，为农民群众挽回经济损失7335.8万元。

2004年，省农业厅印发《关于全省开展农资打假护农专项治理行动意见》和《关于进一步加强农资打假工作的通知》，全省共出动执法人员51323人次，检查整顿农资市场及企业58910个，查获假劣农资产品265万公斤，捣毁农资制假售假窝点146个。立案查处违法违规案件4770件，结案4767件。其中受理举报案件2233件，在对三类重点查处的农资产品中，立案查处的案件有：种子2567件，结案2545件；肥料616件，结案535件；农药1587件，结案1587件。查处不合格种子64.7万公斤，劣质肥料176.53万公斤，假冒伪劣、禁用和过期不能使用的农药24.5万公斤，为农民群众挽回经济损失9800多万元。

2005年，全省共出动农业执法人员6.6万人次，发放宣传资料1110万份，整顿农资市场3.1万个，检查农资企业和经营门市7.1万个，立案查处违法违规案件5675件，受理群众举报案件1696件，涉案人员4148人。查获假劣农资产品159万公斤，货值813万元，捣毁制假窝点104个。通过案件查处，为农民群众挽回经济损失9269万元。

## 二、毒鼠强专项整治

2003年，省政府开展毒鼠强专项整治工作，从省到县成立由农业系统部门牵头，公安、工商、卫生、经贸、环保、质监、药监、安监、爱卫会、邮政等部门为成员的毒鼠强专项整治工作小组。副省长杨志文担任省毒鼠强专项整治工作小组组长。各级领导小组办公室设在农业部门，省级的日常工作由省农业厅政策法规处负责，将职责和任务落实到各级农业部门和厅属相关单位与人员。全省印发有关毒鼠强专项整治工作的文件10余个，召开专项整治工作会议3389次，保证毒鼠强专项整治措施落实。

2003—2005年，全省共组织专项整治检查、督查、督办小组2045个，出动专项整治督查人员2855人，张贴农业部等九部委通告6万余份，印发宣传资料300多万份；出动执法检查人员6万多人次、执法检查车1万多台次，检查整顿市场8000多个、经营单位3万多个，依法吊销各类证照300多家，取缔非法经营摊点3500多个；核准定点杀鼠剂经营单位4700多个，完成农田灭鼠2000多万亩；共立案436起，结案420起，涉案人员1132人，查处公安部提供线索的案件146件，移送司法机关60件，涉案人员67人；全省共收缴销毁毒鼠强等违禁鼠药4000多公斤。

# 第七章　农业宣传展览

## 第一节　机构设置

1957年，四川省成立四川省农业展览馆（以下简称省农展馆），1980年在省农展馆的基础上建立四川省农业管理干部学校，两单位合署办公，同属学校党委领导，取消馆级领导称谓。

1983年恢复设置副馆长。1985年11月，四川省机构编制委员会（以下简称省编委）核定省农展馆为县级事业单位。

1987年，设置馆长职位，同时内设展览科和声像科，分别承担全省农业展览和声像宣传工作，撤销展览办公室，1991年1月设农展馆办公室负责行政、后勤工作。

1991年6月，省编委同意在省农展馆的基础上增挂“四川省农业宣传中心”牌子，实行一套班子、两块牌子，不增加人员编制。

1992年3月，省农展馆与四川省农业管理干部学院（1984年由校升院）正式分离，直接隶属四川省农业厅领导。

## 第二节　农业展览

1984年10月，省农展馆在成都市举办“四川省农村专业户勤劳致富展览”。到1985年6月闭幕，共接待包括北京、上海、云南、内蒙古等省（市、自治区）在内的省内外观众10余万人次。1984年4月，省农展馆承担省委宣传部在省展览馆举办的“天府概貌展览”第一馆中农林部分的设计、制作、布展和展出管理工作；11—12月，承担由农牧渔业部农业司在全国农业展览馆举办的全国优质农产品展评会四川展区的筹办工作。四川省展出以优质大米、优质水果为主的四大类近60个品种的产品，其中8种水果在鉴评中获得全国优质水果称号。

从1986年9月开始，省农展馆负责筹备省委、省政府在省展览馆举办的“四川省经济文化建设展览”中农牧馆工作，从农业、畜牧业、国营农场、农机化服务、科技与教育、对外交流六个方面展示四川农业自然资源概况、农业产业结构调整、农业和农村经济发展、农民生产和生活条件改善等方面取得的巨大成就。该展览于1987年4月15日正式开幕。

1988年，省农展馆筹办，与省农业厅经作处、计财处、农场管理局合作，参加农牧渔业部在全国农业展览馆举办的“第四届全国优质农产品展销会”。四川展销摊位30个，共有31个市（地、州）、县组织大量优质农副土特产品参加展销。展销会从1月27日起至2月10日结束，历时15天。

1989年11月至1990年2月15日，省政府将“四川省经济文化建设展览”更名为“四川省经济科技展览”。省农展馆对农牧馆作调整、修改、充实、完善。

1990年12月，农业部在北京全国农展馆举办全国科技兴农展览。省农展馆承担四川展区的设计、制作、布展、管理工作。四川展区分为序幕、农业科技长足发展、成果应用效益显著、科技兴农落到实处、展望未来前程似锦五个部分，共展出31个项目和2个综合部分，180件实物展品。

1991年10月6—18日，农业部在北京全国农展馆举办首届中国农业博览会，四川展厅占地360平方米，由省农展馆承担筹展。四川展团有53个产品获奖，其中金奖3个、银奖11个、铜奖11个、优质农产品28个。

1991年11月，国家农业综合开发领导小组办公室在北京全国农展馆举办“全国农业综合开发成果展览”。省农展馆承办省财政厅委托的四川展区的全部筹备、设计、制作、布展与展厅管理工作。四川展区以“耕地深度开发大有可为”为题，展示内容包括四川省中部丘陵区改造中低产田土项目、四川省长江上游水土保持重点防治区工程项目、四川省长江中上游防护林体系建设项目、四川省广汉、郫县、简阳三县（市）瘦肉型猪系列开发项目、四川省国家级杂交水稻种子生产基地建设项目、四川省草场建设项目等。

农业部于1991年12月10—14日在泰国曼谷举办“中国优质农产品及科技成果设备展览会”。四川省由省优质农产品中心和省农展馆牵头组织参展，省农展馆具体负责展区的设计、制作和赴泰布展工作。

1994年5—6月，省政府在省展览馆举办“四川省对外招商展览”，其中农业和畜牧业两大部分由省农展馆筹展。9月，国内贸易部主办的“中国国际水果博览会”在北京民族文化宫举行，省农展馆负责四川展团的设计、制作、布展工作。

1994年10月，国务院办公厅、国家计委和中宣部举办的“庆祝中华人民共和国成立45周年图片展览”在北京劳动人民文化宫开幕，省农展馆负责完成四川展区农业部分的文字、图片等资料的提供和图片的制作。

1995年9月，农业部主办的“全国绿色食品宣传展销会”在北京开幕，四川部分由省农展馆承担设计与制作。10月，农业部举办第二届中国农业博览会，四川展厅以“巴蜀农业”为题，展出成就与资源、新成果与新技术、新品种与新产品、合作与交流、思路与目标共5个方面的内容。参展产品有155个品种获得奖牌，其中金奖64个、银奖64个、铜奖27个。

1996年10月中旬，省财政厅主办、省农展馆承办的四川省“八五”财政支农展览在省展览馆举行。

1997年，省农展馆承办第三届中国农业博览会四川展区“四川农业走向市场”部分，获得组委会颁发的最佳组织奖和最佳设计奖。该届农博会，四川省有13个产品获得名牌产品称号。同年10月，国家农业综合开发领导小组办公室在北京民族文化宫举办全国农业综合开发十年成果展览，省农展馆承担四川展厅“农业综合开发惠泽巴山蜀水”的全部筹备和展出管理工作，获得最佳组织奖和优秀设计奖。

1998年8月，省农展馆受省农业厅土肥处委托，完成反映改造中低产田土成就的“改田改土十周年成果展览”的设计制作，在市（地、州）农业局长会议期间展出。10月与省农业厅科教处合作完成反映四川农村改革二十年的图片展“腾飞”。

1999年9月23—28日，由农业部主办，在北京全国农展馆举行1999中国国际农业博览会。四川展团筹备工作由四川省农业厅牵头，省农展馆承担展览部分的筹备、展出工作，以“天府农业谱新篇”为题，系统展示四川省农、牧、渔、农机、乡镇企业等方面的新成果、新技术、新工艺、名特优新产品。展览期间，四川省农业厅农场局组织四川省部分涉农企业参加展销会，四川优质产品供不应求，共有31个产品获得“1999中国国际农业博览会名牌产品”称号。

2000年5月，省农展馆承担省政府在成都国际会展中心举办的四川·中国沿海企业产品博览暨招商洽谈会中“四川农业·绿色食品”部分的设计制作。9月，受省政府救灾办公室、四川省农田水利基本建设指挥部办公室的委托，完成四川省“九五”农田水利基本建设成就展览的设计制作。

2001年11月，农业部在北京农业展览馆举办以“发展与合作”为主题的“2001中国国际农业博览会”，省农展馆承担四川展区的设计制作，以“成就篇·回首‘九五’，成就斐然”“农业篇·农业科研，硕果累累”“农业篇·科技兴农，增产增收”“农业篇·调整结构，全面发展”“牧业篇·六畜兴旺，繁荣市场”“渔业篇·发展水产，丰富菜篮”“农机篇·发展农机，服务农业”“企业篇·五业并举，欣欣向荣”八大篇幅，全面展示四川农、牧、渔、农机、乡镇企业、农业科技等方面的新成果、新技术、新工艺、名特优新产品，突出高新技术在农业领域的应用和所取得的成就。还组织名牌产品认定、名特优新产品展销、技术交流、招商引资等活动。四川省阆中蚕种场古城醋厂、蒙山茶场等12家企业参展，贸易成交金额1794万元。

2002年10月，省政府在成都国际会展中心举办“2002四川·中国西部博览会”，省农展馆承担巴中市展区的筹备工作。

2003年，省农展馆承担省农业厅粮油处组织的“稻香杯”新闻发布会的展览陈列工作。

2004年9月，省农展馆承担完成在北京举办的首都庆祝中华人民共和国成立55周年游园活动展览中四川展览部分筹备组织工作。10月承担农业部在北京农业展览馆举办的“第二届中国国际农产品交易会”四川展团设计筹展工作。12月，省农展馆和省农业厅科教处等合作，在广安市举办“实施‘三百’科技示范工程，促进农民增粮增收”图片展览。

2005年10月，省农展馆承办在北京全国农业展览馆举办的“第三届中国国际农产品交易会”四川展团筹展工作，组织9家企业参展。四川展团获得农业部颁发的优秀组织奖和组委会颁发的设计金奖。

## 第三节　声像宣传

四川省农业声像宣传工作从1985年起步，至1991年设立声像科，专门从事农业声像宣传工作。1985—1987年，分别摄制《农业区划》《沙棘》《致富之路》《庭园经济》《生态平衡》等电视专题片，发放到农村及有关单位。

1988年，省农展馆与省农业厅科教处合作，从1988年9月至1989年10月，派出摄制组到南充市农科所完成科教专题片《南薯88》的采访、拍摄、制作。该片于1990年2月在四川电视台播出，宣传推广良种对农业增产的重大作用。1988年受四川省农业区划委员会委托，摄制反映四川省农业区划资源调整和区划工作10年成就的电视专题片《一簇绚丽的科技之花》，1990年7月在四川电视台播出。

1990年，与农业部声像中心合作，摄制科教专题片《油菜的秋发技术》，在中央电视台播出；与四川影视中心合作摄制介绍先进供销社坚持为农服务的专题片《为农服务，农富我兴》，在四川电视台播出；与有关部门合作摄制介绍四川省先进企业的电视专题片《造龙的人》和《闪光的“钻石”》，在四川电视台播出。

1991年，为参加首届全国农业综合开发成果展览，拍摄反映四川农业综合开发成就的专题片《向耕地的深度开发进军》，获得第四届中国农业电影电视“神农奖”。

1992年，为首届中国农业博览会编辑制作《四川农业》综合信息专题片；为四川省财政厅摄制反映川中地区农业综合开发情况的专题汇报电视片《川中地区农业综合开发》。

1993年，拍摄川东地区农业综合开发项目专题电视片《巴山春潮涌》；与四川省种子站合作摄制《玉米杂交制种》专题片。

1994年，为四川省对外招商引资会摄制专题片《四川农业概貌》3集，中英文版各1套；为四川省农业厅摄制反映四川旱地改制情况的农业专题片2集。

1996年，为四川省农业厅粮油处摄制农业科技专题片《旱育秧技术要点》《抛秧》《水稻三环唑浸秧技术》3部。

1997年，为成都市第一农科所摄制专题片《早市蔬菜》，为四川省财政厅摄制专题片《农业综合开发，惠泽巴山蜀水》。

1998年，为四川省财政厅摄制电视专题片《丰碑》及反映四川省农业综合开发成就的5集电视专题片《惠泽天府》，在四川电视台播出；为四川省农业厅植保站摄制推广农村安全储粮技术的电视专题片《农户安全储粮》，在四川电视台播出。

1999年，为四川省农业厅植保站摄制专题片《病虫害防治》，在四川电视台播出；与四川省农业厅粮油处合作，摄制电视专题片《四川圆好玉米梦》，在四川电视台播出；摄制反映四川省农业厅党组群体公仆形象的电视专题片《耕耘者足迹》，在四川电视台播出。

2000年，与四川省农业厅粮油处合作摄制专题片《固定厢沟麦稻双免耕秸秆还田栽培技术》《种登海良种走科技之路》《优质稻大有可为》3部，其中部分内容被中央电视台选用；摄制新闻片《金色攀西》。

2001年，摄制《调整产业结构，实施大豆工程，发展规模养蚕》《连续麦（油）稻秸秆还田，免耕种植》《实施沃土工程，推广秸秆还田技术》《2001中国国际农业博览会纪实》等专题片并制作VCD光盘。

2002年，摄制电视科教片《香蕉穿孔线虫的调查和鉴定》、电视专题片《再铸辉煌》和《四川农业产业结构调整巡礼》并制作VCD光盘。

2003年，摄制电视专题片《四川优质农产品博览》并制作VCD光盘8000余张，发放到全省各乡、镇；摄制《龙头》《绿色食品》《青贮玉米》《四川省首届花卉博览会》等，制作VCD光盘8000余张，发放到有关市（州）、县农业部门、科研院所和省级有关单位。

2004年，围绕稳定粮食生产、发展农村经济和产业结构调整，与中央电视台七频道合作摄制并播出电视专题片《天府人勤春色浓》；摄制电视专题片《火红的产业——南亚热作巡礼》《铸造科学的丰碑》。

2005年，与四川省种子站合作拍摄2005年大春农作物“两杂”品种推荐系列作品（包括摄制电视宣传片、宣传挂图、宣传手册等）；摄制《RRE在四川——促进中国西部农村可再生能源综合发展应用项目纪实》《农民之路》《沼气在燃烧》《第六届花博会》《谁持彩练当空舞》等电视专题片，并制作成VCD光盘分发给省、市、县各协作单位和全省各市（州）农业部门；由四川省农业厅主办，四川省农业宣传中心承办，在四川网络电视台资讯频道开办《四川农业》网络电视栏目。

# 第八章　农业技术推广体系

## 第一节　演变历程

1985年，全省已建立县农业技术推广中心25个，乡（镇）农技站2000多个，到1993年底，已建市（地、州）级农技中心12个，占市（地、州）总数的57%；已建县农技推广中心172个，占农业县总数的95%；已建乡镇农技站4648个，占乡镇总数的95%。1996年底，全省完成乡镇农业技术推广机构编制的核定工作，共核定乡镇农技站4573个。到2005年3月，全省有县级推广中心180个，乡镇级推广机构4869个（含农业服务中心、独立农技站和区域推广站）。

四川农技推广体系建设历经4个发展阶段。

1986—1990年，是四川农技推广体系建设的巩固和发展阶段。农技服务组织的服务内容由单一的产中服务逐步延伸到产前、产后全程的社会化系列服务。从1989年起，各级农业部门在关键农时季节，坚持组织开展“百、千、万”科技服务，即省里派出100名、市里派出1000名，带动县乡1万名农业科技人员，到生产第一线，实行“一保两挂”，为基层干部和农民群众“出点子、抓种子、教法子、做样子、探路子”，开展技术培训、政策咨询和科技服务。开展“百、千、万”农业科技服务活动，成为各级农业部门、农技推广机构和广大农技人员的日常性工作。

1991—1995年，是四川农技推广体系建设的充实和创新阶段。核定乡镇农技服务机构人员编制，对乡镇农技站招聘的长期从事农技推广工作成绩显著的农业技术人员，实行“农转非”“聘转录”充实队伍。创新服务方式，开展“五统一”服务。在自愿、互利、优质的原则下，承担双层经营中“统”的职能。一是良种统供，全省90%以上的杂交水稻、杂交玉米良种，通过乡站供应到户；二是技术统训，全省主要农作物新品种新技术的统一培训率达100%；三是微肥统配，全省配方施肥面积达5600万亩，占总播面的40%；四是病虫统防，全省农作物统防面积达9559万亩，占防治面积的75%；五是地膜统给，全省地膜栽培达1300万亩。

1996—2000年，是四川农技推广体系建设的规范和提高阶段，基层农技推广体系建设走向制度化、法制化建设轨道。全省各级农技推广部门开展农业新技术、新品种、新农药、新肥料、新激素（以下简称“五新”）的引进、试验、示范、培训、宣传和推广。仅1998年，全省开展“五新”试验达4000项次，示范17000项次，面积达2700万亩次；开展“五新”培训2.3万期，参训乡、村、组干部，科技示范户和农民骨干达1300万人次；为加强“五新”宣传，播放科教片56万场次，收看人数980万人次，印发技术宣传资料1.5亿份，办黑板报2.5万期，开展广播讲座30万次，举办科技赶场300万次；推广新品种新技术3500项次，面积达5200亩次。

广泛开展以技物结合为主线的物化服务。1998年底，市、县、乡共有6600个单位兴办经济实体或开展经营服务，经营总额达16亿元，创纯利5300万元。

2001—2005年，是四川农技推广体系改革和调整阶段。2000年由省政府办公厅牵头，组织省人大、省政协、省农业厅、省畜牧局、省水产局、省农机局、省人事厅、省财政厅等厅局，就基层农技推广体制和机制创新，开展三次重要的政策性调研，提出开展基层农技推广机制创新、建立区域性农技站、开展农资连锁等探索性举措。

2002年6月，中共四川省委、四川省人民政府印发《关于全省乡镇事业单位机构改革的意见》（川委发〔2002〕17号），各地开始对乡镇农技推广机构进行改革。2003年1月，农业部、中央编办、科技部、财政部经国务院同意印发《关于开展基层农技推广体系改革试点工作的意见》（农经发〔2003〕5号）。绵竹市被列为全国基层农技推广体系改革试点。2003年7月，全省农技推广体系改革与建设现场经验交流会在乐至县召开。农村税费改革后，特别是乡镇机构改革后，一些地方的基层农技推广体系出现严重的“线断、网破、人散”局面，有的甚至危及农技推广工作的正常开展。面对改革攻坚阶段的艰巨任务，会议提出，学习乐至县观念创新、体制创新、机制创新、推广模式创新、培训理念创新的“五个创新”经验，围绕“稳固公益性、搞活经营性，强化监管”的总体思路，抓好试点。

从2004年起，为促进四川粮食的恢复性增产，以增粮增收“三百工程”、民族地区增粮增收工程、新型农民科技培训项目、测土配方施肥项目等为载体，每年在全省80个粮食主产县选择30个水稻生产县、30个玉米生产县、20个马铃薯生产县各建立示范片100万亩，实施“五良配套”（良种、良法、良制、良壤、良灌），示范推广主导品种和主推技术，开展主体农民培训。

2005年8月，全省农技推广体系建设座谈会在成都召开，会议肯定成都市设立区域性农技站的做法。2005年9月，省政府参事室专题调研组就四川农技推广体系的现状、存在的问题及解决问题的对策，广泛征求县（市）和乡、镇干部、科技人员、群众的意见，完成并上报《关于加强我省农业科技推广体系建设的几点建议》的调研报告。该调研报告认为：强化农业科技推广体系建设，势在必行。

## 第二节　队伍发展

### 一、核编定员

1990年，全省农技体系从业人员18350人，其中招聘农技干部7350人，配备村农技员52万人，扶持和发展科技示范户89万户，占全省总农户的3%。

1992年，省农业厅贯彻国务院《关于加强农业社会化服务体系建设的通知》和农业部、人事部颁发的《乡镇农业技术推广机构人员编制标准（试行）》以及《四川省人民政府转发省编委〈关于乡镇农业技术推广机构人员编制标准（试行）实施意见的通知〉》，在40个县试点，向省政府提出“关于乡镇农业技术推广机构人员编制标准（试行）实施意见”。在实施过程中，由于受全省区乡建制调整的影响，直到1996年底才完成乡镇农业技术推广机构人员的编制测算工作，到1996年底全省共核定编制21844名，站平4.8名。

1995年，经省政府同意，对乡镇农技站招聘的长期从事农技推广、工作成绩显著的农业技术人员，实行“农转非”“聘转录”。到1998年全省“农转非”7200人、“聘转录”580人，大大调动乡镇农技人员的工作积极性。到2000年底，全省市、县、乡在编国家农业技术推广人员共28000人，(其中市州1500人，县13500人，乡镇13000人)，大专以上学历占26%，中专以上学历占48%，拥有高级农艺师781人，农艺师5240人，助理农艺师8573人。另外，在乡镇农技站工作的农民技术员还有6400人，在村开展农业服务的村农技员34000人。

2005年3月，全省有县级农技推广人员10963人，平均每个县有60.7人，乡镇农技推广人员10753人，平均每个乡镇有农技人员2.15人。乡镇农技人员比改革前减少3153人，减幅达22.6%。

### 二、知识更新

1994年，省农业厅根据农业部、国家教委文件精神，配合省人事厅、省计委、省教委，在中等农校举办乡站实践生班，通过农业中专统一考试，单独划线，先后录取3910人进乡站班、实践生班学习，毕业后充实乡镇农技推广第一线。

从2000年起，组织实施基层农技人员知识更新培训计划，培训内容主要包括农业新技术、计算机信息技术、农业法律法规等，每年培训3000人。2001—2003年，全省共培训乡镇农技人员1万人。到2005年底，全省有5000多名乡镇农技人员或村兼职农技员参加农广校和“绿色证书”培训学习，取得中专文凭或绿色证书。

## 第三节　建设工程

### 一、基础设施建设

从1986年起，省财政每年下拨县乡两级农技体系建设补助经费450万元，用于县、乡两级农技体系建设。1987年，省计委同意，把农技体系建设纳入国家商品粮基地建设和省粮专资金县建设的重要范畴，从其中划出三分之一的经费用于乡站建设。至1998年底，全省农技推广机构基本建设各级总投资达5.5亿元。市、县、乡农技推广部门拥有房屋建筑面积152万平方米（其中市州级农技中心6万平方米、县级中心63万平方米、乡镇农技站83万平方米），拥有化验、检测仪器8.7万台(件)，总价值超过1.5亿元，拥有试验基地18万亩。

### 二、示范场建设

从2001年起，农业部、财政部共同实施农业科技示范场项目。“十五”期间，四川立项建设农业部科技示范场项目48个，项目分布在除甘孜州以外的20个市（州）、48个县（市、区），共建成示范场12.57万亩，其中水果类27个，占56.25%；蔬菜类8个，占16.67%；茶叶类7个，占14.58%；粮油类4个，占8.33%；中药材等其他2个，占4.17%。中央补助投资720万元，地方投资3648.86万元，各级政府投资1507.6万元，单位投资851.69万元，吸收单位或个人入股共

1280.57万元。

农业科技示范场主要承担当地公益性农业技术试验示范和推广任务，发挥以下作用：

（一）通过在示范场内引进和采用新品种、新技术、新的耕作和管理方法，服务和引导农业结构调整，提高种养业生产能力和效益，成为农业新技术、新成果、新品种的试验示范基地。

（二）通过接受农民咨询、印发农业科技信息资料、办培训班、现场示范等形式，把示范场办成市场信息反馈和实用技术培训的基地。

（三）通过提供优质良种、种苗，成为优质良种、种苗的繁育基地。

（四）通过农业科技示范场这个载体，探索农业科技推广新的运行方式和经营机制，为基层农技推广机构的改革提供条件。

**2001—2005年四川省农业科技示范场建设情况表**

表11-16

| 项目 | | 总计 | 2001年 | 2002年 | 2003年 | 2004年 | 2005年 |
|---|---|---|---|---|---|---|---|
| 建设项目数（个） | | 48 | 10 | 11 | 9 | 9 | 9 |
| 其中：1. 以种植业为主 | | 48 | 10 | 11 | 9 | 9 | 9 |
| 2. 以养殖业为主 | | 0 | — | — | — | — | — |
| 占用土地总面积（亩） | | 12748.86 | 3037.00 | 2671.30 | 2195.10 | 2511.00 | 2334.46 |
| 其中：1. 自有土地面积 | | 1907.20 | 470.00 | 152.00 | 1035.20 | — | 250.00 |
| 2. 政府无偿划拨土地面积 | | 600.00 | — | 250.00 | — | 350.00 | — |
| 投资总额（万元） | | 3639.86 | 1620.08 | 716.84 | 564.08 | 168.00 | 570.86 |
| 其中：1. 政府投资 | | 1507.60 | 613.50 | 334.82 | 299.48 | 84.00 | 175.8 |
| 其中：县、乡政府投资 | | 1105.30 | 456.00 | 134.82 | 299.48 | 84.00 | 131.00 |
| 2. 单位投资 | | 851.69 | 388.00 | 147.00 | 106.00 | 40.00 | 170.69 |
| 3. 吸收单位或个人股金 | | 1280.57 | 618.58 | 235.02 | 158.60 | 44.00 | 224.37 |
| 中央补助资金（万元） | | 720.00 | 150.00 | 165.00 | 135.00 | 135.00 | 135.00 |
| 正式职工总数（人） | | 511 | 111 | 104 | 101 | 75 | 120 |
| 其中：1. 技术人员数 | | 410 | 90 | 78 | 76 | 67 | 99 |
| 2. 来自农技推广机构的人员数 | | 354 | 87 | 47 | 70 | 65 | 85 |
| 临时用工工日总数（个） | | 209690 | 40150 | 32120 | 58118 | 49315 | 29987 |
| 运作方式 | 股份制（个） | 20 | 4 | 7 | 3 | 5 | 1 |
| | 承包制（个） | 28 | 6 | 4 | 6 | 4 | 8 |
| | 其他方式（个） | 0 | — | — | — | — | — |
| 引进示范新品种（个/年） | | 883 | 243 | 180 | 94 | 71 | 295 |

续表11-16

| 项　目 | 总　计 | 2001 年 | 2002 年 | 2003 年 | 2004 年 | 2005 年 |
|---|---|---|---|---|---|---|
| 引进示范新技术（项/年） | 441 | 74 | 97 | 63 | 113 | 94 |
| 免费培训农民及干部（人次/年） | 324369 | 123010 | 41041 | 48900 | 56450 | 54968 |
| 带动农户数（户） | 209636 | 61663 | 39197 | 18970 | 56900 | 32906 |

## 三、农业科技入户工程

从2005年起，农业部组织各级农业部门实施“农业科技入户工程”。全省在21个市（州）29个县（市、区）实施“农业科技入户工程”项目，其中，实施部级“农业科技入户工程”6个县（市、区），实施省级“农业科技入户工程”23个县（市、区）。“农业科技入户工程”以推广主导品种、主推技术和实施主体培训为关键措施，以整合资源与创新农技推广服务机制为突破口，采用政府推动、部门组织、专家负责、技术包户、责任到人等组织形式，实现人员、技术、品种、物资、信息等“五入户”，探索新形势下农业技术快速、便捷进村到人、入户、到田的新途径。

**2005年四川省实施农业科技入户工程的县（市、区）名单一览表**

表 11-17

| | |
|---|---|
| 部　级 | 乐山市市中区、泸县、中江县、广安市广安区、阆中市、双流县 |
| 省　级 | 成都市新都区、富顺县、米易县、泸州市纳溪区、犍为县、安县、射洪县、苍溪县、宜宾市翠屏区、达县、彭山县、巴中市巴州区、西昌市、中江县、资中县、仪陇县、武胜县、简阳市、汉源县、九寨沟县、泸定县、盐亭县、万源市 |

# 第九章　农业信息

1986—2005年，经过20年的努力，四川各地实现由单一抓种植业生产信息收集、分析和发布向全方位抓农业信息体系建设、农业和农村综合信息服务，以及农业信息化建设的转变，基本形成一个上下相连、左右贯通、初具规模的农业信息服务体系。

## 第一节　机构职责

### 一、省级机构

1984年11月，四川省农牧厅党组研究决定，在四川省农牧厅办公室调研科的基础上，成立四川省农牧厅农业信息服务中心，与四川省农牧厅办公室一套班子、两块牌子，主要承担农业调研、综合材料起草和全省农业信息收集整理发布工作。

1988年7月，四川省机构编制委员会批准四川省农牧厅农业信息服务中心从四川省农牧厅办公室划出，成立四川省农牧厅信息中心，为省财政全额预算拨款事业单位，核定事业编制20名。1992年8月，四川省农牧厅批准信息中心内设综合科、调研科和开发部。

2000年3月，由于四川省农牧厅已更名为四川省农业厅，经四川省机构编制委员会批准，四川省农牧厅信息中心更名为四川省农业厅信息中心，机构规格、隶属关系、人员编制、经费开支渠道不作变动。2002年6月，四川省农业厅批准将其内部机构调整为综合科、农情科、网管科3个科。

### 二、市县机构

由于农业部、四川省农业（牧）厅对基层信息机构的建立没有正式文件统一硬性要求，市（州）、县（市、区）农业信息机构的建立，相对比较零散。最早成立机构的有广元、南充、乐山、绵阳等市（地）。2005年底，全省单独建立信息机构的市（州）级农业局有17个，县级农业局有119个，没有成立专门信息机构的也指定了信息工作部门。

基层农业信息工作队伍不够稳定，人才紧缺的矛盾比较突出。2005年底，全省市（州）、县（市、区）农业局信息工作人员有651人，其中市（州）级101人，县（市、区）级550人。专职信息人员229人，其中市（州）级41人，县级188人；兼职信息人员422人，其中市（州）级60人，县级362人。乡（镇）一级有6800名信息员，多为农经或农技员兼任。

## 三、工作职责

1988年3月，四川省农牧厅印发川农牧政〔1988〕12号文，对四川省农牧厅农业信息服务中心的工作职能作出规定。随着农业信息工作的不断发展，四川省农业厅信息中心工作范围不断拓宽，实际工作职责远超文件规定范围，主要有：研究制定农业和农村经济信息体系及农业信息化建设规划、项目计划和有关政策、规定，并组织实施和监督检查；指导协调农业部门信息体系及信息化建设；组织协调农业部门开展信息服务，研究制定全省农业信息搜集、整理和发布制度，监测分析农业农村经济运行形势，组织开展主要农产品市场预警、预测并组织发布全省农业生产、灾情、政策、科技和市场信息；组织开展对全省农业发展有重大影响的专题调查研究；承担省委、省政府下达给省农业厅的党务、政务信息目标任务；承担农业部农情调研工作；编辑由省政府批准的四川省农业厅《快报》和《农业工作》两个厅刊；承担领导讲话、文件报告和农业综合材料的起草工作。

# 第二节 信息化建设

## 一、省级信息网络建设

1988年2月，农业部信息中心批复，将四川列为全国农业信息现代化试点，并明确“四川省是西南地区的系统网络中心”。1989年，在农业部信息中心的支持下，配备两台电脑和1台激光打印机。1990年，四川省农牧厅拨款20万元，购置1台WXⅡ630小型机、1台数字化绘图仪、1台复印机和1台胶印机，并单独装修1间40平方米的计算机机房，四川农业信息现代化建设开始起步。

2000年8月，四川省农业厅信息中心在国际互联网管理中心注册英文域名www.scagri.gov.cn，采用虚拟主机的方式建设“四川农业信息网”网站。四川农业信息网共开设地方农业、农业概况、农业研究、政策法规、生产动态、分析预测、种业信息、土壤肥料、植物保护、技术推广、科技教育、对外合作、绿色食品、名优特产、价格行情、致富信息、企业之窗等25个栏目。每年发布信息2000条左右，访问量逐年增加，2005年达到30多万人次。

2001年1月11日，四川省农业厅厅长办公会决定，启动省农业厅信息网络工程一期建设，并成立局域网建设领导小组。省农业厅信息网络工程一期实行“双网”建设，包括局域网（含省党政网）和国际互联网两个独立的系统，局域网系统为千兆以太网，国际互联网为百兆以太网。共建设4大内容：一是计算机主机房。对50平方米的主机房进行室内装修，并安装控温设备和防静电地板，实施防雷接地工程，使主机房达到网络设备运行环境的要求。二是结构化布线。主干采用的是光纤，从楼层分配间到各办公室是超五类双绞线，局域网和国际互联网独立布线，办公大楼每间办公室安置一个局域网和一个互联网信息点，形成“双网”独立连接。三是网络设备及系统软件集成。局域网主交换机采用思科（Cisco）4006，国际互联网主交换机采用思科（Cisco）4003，楼层交换机使用思科（Cisco）产品。局域网接入四川党政网，采用四川党政网统一规划的IP地址；国际互联网接入四川省电信ADSL专线，后改为光纤，统一规划IP地址。四是应用系统。在局域网建设四川省农业厅办公系统，实现网内邮件收发、实时交流、公文流转、档案和会议管理、信息发布和浏览等功能。

整个工程建设和试运行历时 16 个月。2002 年 5 月 23 日，四川省农业厅网络工程一期建设通过专家组竣工验收，正式运行。

2002 年 6 月，农业部启动“农业部指挥调度卫星通信系统”项目建设，对每省投入 30 万元，用于小站卫星天线、接收设备、安装施工、技术培训等。四川省农业厅和四川省发改委拨款 40 万元，配套建设小站卫星天线基础和避雷接地工程，以及购置相应的网络设备如服务器、路由器、防火墙等。经过两年的建设，2004 年 6 月正式建成，开通卫星电视会议功能，四川实现单向接收农业部电视会议信号。

2003 年 3 月 20 日，四川省农业厅厅长办公会决定，四川省农业厅信息网络工程二期建设上马。共建设三个方面的内容：一是综合布线。对四川省农业电视广播学校、农业部土壤肥料测试中心（成都）办公楼进行局域网和国际互联网“双网”布线，对四川省农业厅 20 幢职工宿舍进行国际互联网单网布线。二是设备和系统软件集成。主交换机采用华为 3526，楼层交换机采用华为系列产品，局域网和国际互联网实现与一期工程的无缝连接。三是网络应用。在互联网电信专线接入端配置网络管理软件，进行 IP 地址转换，将用户名和 IP 地址绑定，实现四川省农业厅国际互联网的全网控制管理。整个工程建设和试运行历时 19 个月。2004 年 11 月 3 日，四川省农业厅网络工程二期建设通过专家组竣工验收，正式运行。

## 二、基层信息网络建设

县（市、区）一级网络平台建设，有条件的建局域网，暂无条件的先按照“五个一”的标准建设，在互联网上建立本地农业信息网站，为乡、村、农户提供农业信息服务平台。乡镇一级，重点建设信息接收站，解决信息进村入户问题，农民群众可直接在信息接收站通过网络，了解市场动态，掌握供求信息，咨询专家，学到实用科技，签订供销合同，并可发布供求信息，接收、发送电子邮件等。2001—2003 年，四川省各级农业部门共投入 2300 多万元用于基层农业信息网络建设。到 2005 年底，成都、绵阳、广元、乐山等 13 个市、63 个县建成信息服务平台，76 个市、县在互联网上开通农业信息网站，2000 多个乡（镇）、专业大户、专业市场实现与互联网联网。全省建成乡镇农村信息服务站 1643 个。

## 三、“三电合一”农业信息服务试点

2005 年 4 月，农业部印发《关于开展三电合一农业信息服务试点工作的通知》（农市发〔2005〕6 号），决定在全国选择具有一定基础的 6 个地级和 50 个县级农业部门，开展“三电合一”农业信息服务试点建设，重点推广电话、电视、电脑“三电合一”的农业信息服务模式。四川省都江堰市、金堂县、阆中市被列为首批试点单位。主要建设电话语音系统、电脑网络系统、电视节目制作系统。“三电合一”农业信息服务项目的推行，探索出一条解决农业信息进村入户“最后一公里”问题的有效途径，强化信息服务手段，提高服务质量和水平，取得明显的经济和社会效益。

四川省志·农业志

# 第十二篇　农业建设与发展

1986—2005年，随着国家改革开放不断深化和发展，各个领域和事业发生巨大变化。四川农业领域在产品基地建设、绿色食品开发、国际合作方面探索出一条适合西部农业大省的可持续发展路子，为区域农业发展积累了经验。

# 第一章 农产品基地建设

“七五”以后，国家加大四川农业基础设施建设投入力度，至2000年底，中央、省、地、县联合投资建设农业商品生产基地县96个，其中，商品粮生产基地县52个，优质青稞、青豌豆生产基地县19个，优质荞麦生产基地县1个，马铃薯种薯脱毒及良种繁育生产基地县4个，优质油菜生产基地县10个，优质棉花生产基地县8个，优质甘蔗生产基地县2个；另外还建设旱作节水农业生产试验示范基地县10个、“三元结构”种植试点示范生产基地县3个和一大批名、特、优、新优质农产品生产基地。基地建设极大改善四川农业生产条件，显著提高农业综合生产能力，促进四川农业和农村经济全面发展。

## 第一节 基地建设投入

### 一、“七五”期间（1986—1990）投资

（一）商品粮基地

“七五”期间，农业部安排四川省三批商品粮生产基地建设，第一批1987—1988年安排南充市郊（高坪、嘉陵、顺庆）、达县、荣县、江油、彭州5个县，总投资1800万元，其中：中央投资900万元、地方配套投资900万元；第二批1989—1990年安排宣汉、大竹2个县，总投资1000万元，其中：中央投资500万元、地方配套投资500万元；第三批1990—1991年安排梁平、开县、垫江3个县，总投资1040万元，其中：中央投资520万元、地方配套投资520万元。

（二）优质棉花基地

1986年，农业部安排四川省仁寿县、简阳市2个优质棉花生产基地建设，总投资648.4万元，其中：中央投资402万元（含事业费补助投资159万元）、省配套投资110万元、市县投资136.4万元；1986年安排射洪县、1987年安排中江县2个优质棉花基地培训中心建设投资120万元，其中：中央投资60万元、地方配套投资60万元；1990—1991年安排南部县优质棉花生产基地建设，总投资323万元，其中：中央投资150万元、省配套投资64万元、市县投资109万元。

（三）优质农产品（果茶）基地

1986—1988年，农业部安排四川省安岳柠檬，茂汶苹果，资阳花生，资中柑橘，长宁甜橙，富顺、荣县、井研柑橘等优质农产品生产基地建设，中央补助投资875万元。1986—1990年安排江安、东坡、金堂脐橙，南溪夏橙，蓬安锦橙，盐源、越西苹果苗木，峨眉山峨蕊、竹叶青茶，邛崃文君

茶，广安白市柚，苍溪猕猴桃，叙永大樱桃，合江晚熟荔枝，攀枝花水果等优质农产品生产基地建设，中央补助投资420万元；资阳天府花生、成都大头菜、天府魔芋、广汉油菜加工、巴中羽绒厂等优质农产品加工项目建设，中央补助投资255万元。

## 二、“八五”期间（1991—1995）投资

### （一）商品粮基地

“八五”期间，农业部安排四川省四批商品粮生产基地建设，第一批1991—1992年安排温江、郫县、广汉、富顺、渠县5个县（市）商品粮生产基地和松潘、若尔盖、壤塘、阿坝县、甘孜县、炉霍、道孚县7个青稞生产基地建设，总投资3177万元，其中：中央投资1650万元、省投资512万元、县（市）配套投资1015万元；第二批1993—1994年安排泸县、宜宾、乐至、邻水、巴州、都江堰6个县（市、区）商品粮生产基地建设，总投资3760万元，其中：中央投资1462万元、省投资414万元、县（市、区）配套投资1884万元；第三批1994—1995年安排双流、崇州、苍溪、剑阁、平昌5个县（市）商品粮生产基地建设，总投资2250万元，其中：中央投资900万元、省投资140万元、县（市）配套投资1210万元；第四批1995—1996年安排新都、大邑、德阳市市中区、东坡、安岳、岳池、广安、仪陇、阆中9个县（市、区）商品粮生产基地和康定、稻城、马尔康、黑水县4个青稞生产基地建设，总投资7650万元，其中：中央投资2900万元、省投资464万元、市（州）县配套投资4286万元；1995—1996年安排昭觉县荞麦生产基地建设，总投资140万元，其中：中央投资75万元、省投资7万元、凉山州投资20万元、县配套投资38万元。

另外，农业部安排四川省三批7个商品粮生产基地建设完善项目，其中：1991—1992年安排荣县、达县2个商品粮基地完善项目，总投资200万元，其中：中央投资80万元、地方配套投资120万元；1993—1994年安排彭州市、江油市、宣汉县3个商品粮基地完善项目，总投资300万元，其中：中央投资120万元、地方配套投资180万元；1995—1996年安排郫县、大竹县2个商品粮基地完善项目，总投资200万元，其中：中央投资80万元、地方配套投资120万元。

### （二）优质棉花基地

农业部安排四川省四批优质棉花生产基地建设，第一批1991—1992年安排遂宁市市中区、中江县2个优质棉花生产基地建设，总投资724万元，其中：中央投资300万元，省投资120万元，市、县（区）配套投资304万元；第二批1993—1994年安排盐亭县棉花种苗繁殖基地建设，总投资250万元，其中：中央投资100万元，省投资30万元，市、县配套投资120万元；第三批1994—1995年安排射洪县优质棉花生产基地建设，总投资400万元，其中：中央投资160万元，省投资18万元，市、县配套投资222万元；第四批1995—1996年安排三台县优质棉花生产基地建设，总投资400万元，其中：中央投资160万元，市、县投资240万元。

### （三）优质油料基地

1995—1996年，中央安排四川省广汉市优质油菜生产基地试点建设，总投资350万元，其中：中央投资140万元，省投资20万元，德阳市、广汉市配套投资210万元。

### （四）优质农产品基地

1991—1995年，农业部安排四川省苍溪、都江堰、什邡猕猴桃贮藏库，成都果品库；金堂、西充、雷波脐橙，南充柑橘，蒲江早熟红橘；成都樱桃、水果种苗，都江堰山楂，汉源金花梨；峨眉

山竹叶青茶，名山蒙顶山茶，都江堰、井研优质茶，蒲江名茶，犍为茉莉花；西昌果菜，成都鲜切花，郫县盆景花卉；广汉油菜，成都花生，夹江茶叶加工等优质农产品生产基地和加工项目建设，中央补助投资1065万元。

## 三、“九五”期间（1996—2000）投资

### （一）商品粮基地

“九五”期间，农业部安排四川省两批商品粮基地建设，第一批1997—1998年安排通江、营山、蓬安、中江、金堂、邛崃、绵竹、合江、冕宁县9个县（市）商品粮生产基地，甘孜州的理塘、新龙和阿坝州的小金、金川、黑水县5个青稞生产基地建设，总投资6270万元，其中：中央投资2530万元、省投资417万元、市县配套投资3323万元；1997—1998年安排凉山州马铃薯脱毒种薯生产基地建设，总投资350万元，其中：中央投资150万元、州县配套投资200万元；第二批1999—2000年安排什邡、犍为、安县、射洪县4个商品粮生产基地和白玉、巴塘、德格、松潘县4个青稞生产基地建设，总投资2700万元，其中：中央投资1080万元、省投资200万元、市县配套投资1420万元。另外，农业部安排四川两批商品粮生产基地建设完善项目，1997—1998年安排温江、富顺县、广汉市3个商品粮基地完善项目，总投资300万元，其中：中央投资120万元、地方配套投资180万元；1999—2000年安排泸县、渠县2个商品粮基地完善项目，总投资200万元，其中：中央投资60万元、地方配套投资140万元。

1996—2000年，国家计委安排四川省内江市市中区、内江市东兴区、资中、威远、隆昌、雁江、简阳、安岳、乐至9个县（市、区）大型商品粮生产基地建设，总投资1亿元，其中：中央投资5000万元、地方配套投资5000万元。

### （二）优质棉花基地

1999—2000年，农业部安排四川省中江县、南部县2个优质棉花生产基地完善项目，总投资200万元，其中：中央投资80万元、省投资10万元、市县配套投资110万元。

### （三）优质油料基地

1997—1998年，国家计委安排四川省双流、宣汉县2个优质油菜生产基地建设，总投资650万元，其中：中央投资260万元，省投资25万元，市县配套投资365万元；1998—1999年国家计委安排彭州、崇州、新都、广汉、绵竹、什邡6个县（市）长江中上游优质“双低”油菜生产基地建设，总投资2500万元，其中：中央投资1000万元、省投资100万元、市县配套投资1400万元；1999—2000年安排邛崃、旌阳2个市（区）优质“双低”油菜生产基地建设，总投资1250万元，其中：中央投资500万元、省投资30万元、市县配套投资720万元。

### （四）优质糖料基地

1997—1998年，农业部安排四川省宁南县优质甘蔗生产基地建设，总投资425万元，其中：中央投资150万元、省投资20万元、州县配套投资255万元；1999—2000年安排会东县优质甘蔗生产基地建设，总投资400万元，其中：中央投资160万元、州县配套投资240万元。

### （五）“三元结构”种植示范基地

1997—1998年，农业部安排四川省蓬溪县“三元结构”种植试点示范基地建设，总投资300万元，其中：中央投资100万元，市、县配套投资200万元；1999—2000年安排乐至县、眉山市东坡

区2个县（区）“三元结构”种植试点示范基地建设，总投资400万元，其中：中央投资200万元、县（市、区）配套投资200万元。

（六）旱作农业示范基地

1996年，农业部安排四川省广安区旱作农业示范基地建设，中央补助投资20万元；1997—1998年安排简阳、射洪、剑阁、广元市元坝区4个县（市、区）旱作农业示范基地建设，总投资700万元，其中：中央投资280万元，省投资40万元，市、县配套投资380万元；1999—2000年安排蒲江、洪雅、资阳市雁江区、蓬溪、万源5个县（市、区）旱作农业示范基地建设，总投资800万元，其中：中央投资400万元，市、县（市、区）配套投资400万元。

## 四、“十五”期间（2001—2005）投资

（一）商品粮基地

**水稻商品粮基地**　“十五”期间，农业部安排四川省两批商品粮基地建设项目，第一批2001—2002年安排新都、邛崃、富顺、广汉4个县（市、区）优质水稻生产基地建设，总投资960万元，其中：中央投资640万元，省投资160万元，市县（市、区）配套投资160万元；第二批2003—2004年安排崇州、绵阳市游仙区、武胜、仁寿4个县（市、区）优质水稻生产基地建设，总投资780万元，其中：中央投资620万元、省投资80万元、县（市、区）配套投资80万元。

**大型商品粮基地**　2001—2002年，国家计委安排四川省南充市大型商品粮食基地建设项目，包括南充市顺庆区、南充市高坪区、南充市嘉陵区、南部、营山、蓬安、仪陇、西充、阆中3区5县1市1所（市农科所），总投资7500万元，其中：中央投资5000万元，省投资800万元，县（市、区）配套投资1700万元；2003—2004年安排内江市大型商品粮食基地续建项目，包括内江市市中区、内江市东兴区、资中、威远、隆昌2区3县及市农科所，总投资3500万元，其中：中央投资2500万元，县（市、区）配套投资1000万元；2005年安排绵阳市大型商品粮食基地建设项目，中央投资1500万元；安排南充市大型商品粮食基地续建项目，中央投资1500万元。

**青稞商品基地**　2001—2002年，农业部安排四川省甘孜州青稞良种繁育基地建设项目，总投资790万元，其中：中央投资500万元、州配套投资290万元。2003—2005年国家发改委安排四川省甘孜阿坝藏区青稞商品粮生产基地建设，中央投资3050万元。

**水稻小麦良种基地**　2004—2005年，农业部和国家发改委安排四川省简阳、宣汉、邻水、仁寿、达县、彭州、安岳7个县（市）水稻良种繁育基地和荣县优质小麦良种繁育基地项目，总投资5630万元，其中：中央投资5060万元，县（市）配套投资570万元。

（二）优质棉花基地

2001—2002年，国家计委和农业部安排四川省大英县优质棉花基地建设项目，总投资240万元，其中：中央投资120万元、省投资20万元、县配套投资100万元；2003—2004年国家发改委和农业部安排乐至县优质专用棉花基地建设项目，总投资150万元，其中：中央投资120万元、县配套投资30万元；2004—2005年国家发改委和农业部安排射洪县棉花良种繁育基地建设项目，总投资631万元，其中：中央投资570万元、县配套投资61万元。

（三）优质油料基地

2001—2002年，农业部安排四川省成都市第二农科所优质油菜制种生产基地建设项目，总投资

160万元，其中：中央投资80万元、市县配套投资80万元；2004—2005年国家发改委和农业部安排眉山市东坡区优质油菜良种繁育基地建设项目，总投资638万元，其中：中央投资580万元、市县配套投资58万元。

（四）优质糖料基地

2003—2004年，国家发改委和农业部安排四川省米易县特早熟甘蔗良种繁育基地建设项目，总投资200万元，其中：中央投资160万元、县配套投资40万元。

**1986—2005年四川省农业基地建设投资情况表**

表12-1　　单位：万元

| 年度 | 合计 | 商品粮棉油糖基地 | | | | 优质农产品基地 | | | | | | 示范基地 | | | |
|---|---|---|---|---|---|---|---|---|---|---|---|---|---|---|---|
| | | 粮食 | 棉花 | 油料 | 糖料 | 茶叶 | 水果 | 蔬菜 | 蚕麻药 | 青稞 | 增粮增收 | 三元结构 | 节水农业 | 沃土工程 | 标准粮田 |
| 合计 | 396368.1 | 58208 | 4505.4 | 7717 | 1045 | 2717 | 11009.6 | 7176.8 | 12085.3 | 6837 | 2150 | 135 | 2125 | 630 | 4125 |
| “七五”时期 | 22516.8 | 4160 | 1079.4 | — | — | 488 | 1741.2 | 460.0 | — | — | — | — | — | — | — |
| 1986年 | 4315.2 | 705 | 594.4 | — | — | 110 | 110.0 | — | — | — | — | — | — | — | — |
| 1987年 | 5042.1 | 750 | 100.0 | — | — | 5 | 620.2 | 130.0 | — | — | — | — | — | — | — |
| 1988年 | 5073.7 | 1140 | 70.0 | — | — | 210 | 620.0 | 230.0 | — | — | — | — | — | — | — |
| 1989年 | 3464.9 | 515 | 55.0 | — | — | 163 | 189.0 | 100.0 | — | — | — | — | — | — | — |
| 1990年 | 4620.9 | 1050 | 260.0 | — | — | — | 202.0 | — | — | — | — | — | — | — | — |
| “八五”时期 | 73705.8 | 13349 | 1906 | 175 | — | — | 321.4 | 35.0 | 6735.3 | 1570 | — | — | — | — | — |
| 1991年 | 7827.3 | 1168 | 553.5 | — | — | — | 50.0 | 15.0 | 1657.5 | 439 | — | — | — | — | — |
| 1992年 | 8022.2 | 1170 | 465.5 | — | — | — | — | — | 1658.6 | 438 | — | — | — | — | — |
| 1993年 | 7161.8 | 1700 | 136.0 | — | — | — | 271.4 | 20.0 | 1274.1 | — | — | — | — | — | — |
| 1994年 | 23750.1 | 3950 | 271.0 | — | — | — | — | — | 847.1 | — | — | — | — | — | — |
| 1995年 | 26944.4 | 5361 | 480.0 | 175 | — | — | — | — | 1298.0 | 693 | — | — | — | — | — |
| “九五”时期 | 143039.9 | 20015 | 400.0 | 6649 | 825 | 289 | 1330.0 | 384.8 | 1134.0 | 1517 | — | — | — | — | — |
| 1996年 | 20208.0 | 4290 | 80.0 | 175 | — | — | 144.0 | — | — | 692 | — | — | — | — | — |
| 1997年 | 23008.8 | 3600 | — | 325 | 225 | 20 | 180.0 | — | 145.0 | 225 | — | — | — | — | — |
| 1998年 | 28334.6 | 5600 | 80.0 | 2612 | 200 | 110 | — | — | 190.0 | 225 | — | — | — | — | — |
| 1999年 | 36661.1 | 3263 | 140.0 | 2912 | 200 | 59 | 175.0 | 209.8 | 249.0 | 187 | — | — | — | — | — |
| 2000年 | 34827.4 | 3262 | 100.0 | 625 | 200 | 100 | 831.0 | 175.0 | 550.0 | 188 | — | — | — | — | — |

续表12-1

| 年度 | 合计 | 商品粮棉油糖基地 | | | | 优质农产品基地 | | | | | 示范基地 | | | | |
|---|---|---|---|---|---|---|---|---|---|---|---|---|---|---|---|
| | | 粮食 | 棉花 | 油料 | 糖料 | 茶叶 | 水果 | 蔬菜 | 蚕麻药 | 青稞 | 增粮增收 | 三元结构 | 节水农业 | 沃土工程 | 标准粮田 |
| “十五”时期 | 157105.6 | 20684 | 1120.0 | 893 | 220 | 1940 | 7617.0 | 6297.0 | 4216.0 | 3750 | 2150 | 135 | 2125 | 630 | 4125 |
| 2001年 | 20445.0 | 2880 | 120.0 | 243 | 20 | 700 | 1000.0 | 3441.0 | 1650.0 | 400 | 50 | — | 570 | 290 | — |
| 2002年 | 17839.0 | 3605 | 120.0 | — | — | 515 | 819.0 | 826.0 | 757.0 | 100 | 50 | — | 555 | 270 | — |
| 2003年 | 38696.6 | 2605 | 140.0 | 20 | 100 | 340 | 3722.0 | 1330.0 | 1203.0 | 820 | 50 | 65 | 880 | 70 | — |
| 2004年 | 37963.0 | 3133 | 440.0 | 230 | 100 | 85 | 1512.0 | 340.0 | 350.0 | 700 | 1000 | 70 | 120 | — | 2085 |
| 2005年 | 42162.0 | 8461 | 300.0 | 400 | — | 300 | 564.0 | 360.0 | 256.0 | 1730 | 1000 | — | — | — | 379 |

## 第二节　商品粮基地建设

### 一、商品粮生产基地

商品粮生产基地建设，各个时期的建设内容不完全一致。“七五”期间建设的重点有下湿田改造、小型排灌渠系水利设施、良种繁育及供种体系、县（市、区）乡（镇）农业技术推广服务体系、植保病虫害防治机具等方面；“八五”期间建设的重点有中低产田土改造、小型农田水利设施、良种繁育基地，县（市、区）乡（镇）农业技术推广服务体系、农机化耕作机械及植保病虫害防治机具等方面；“九五”“十五”期间建设的重点有良种繁育基地、小型农田水利设施、县（市、区）乡（镇）农技推广综合服务设施、农业信息服务网络设施、科技示范园区设施建设、植保病虫害防治机具等方面。

商品粮生产基地建设，“七五”以后，改造中低产田土76.5万亩，修建排灌沟渠536公里，建成提灌站413处，新增排灌机械618台（件）、农业机械3200台（套），总动力1.73万千瓦，新增和改善灌面102.6万亩；建设县农技推广业务用房15.27万平方米，修建种子仓储设施及业务用房1.63万平方米，晒坝2.7万平方米，购置种子加工检验、土化仪器、植保机具等设备1.8万台（件）。培训农民技术员41.38万人次，推广新技术363项，推广面积3436万亩，防治病虫害3730万亩次。

通过商品粮生产基地的建设，形成一批新的生产能力，增强农业发展后劲，对促进种植业结构调整、稳定粮食生产等方面作用显著。通过资金、物资、技术的配套投入，在建设中立足提高耕地质量，建设高产稳产基本农田，坚持相对集中成片，山、水、田、林、路统一规划，综合治理。实行工程措施、生物措施、农耕农艺措施相结合，建一片成一片，当年建设，当年见效，提高单产，增加总产。充分发挥商品粮生产基地县在促进全省粮食连续增产中骨干的示范引导作用。根据2005年的调查，粮食产量在6亿公斤以上的商品粮食基地县与全省相比，基地县粮食总产量1974万吨，占全省的57.9%；人均占有粮食462.3公斤，比全省的394.5公斤高67.8公斤。“九五”和“十五”

初期建设的内江（含资阳）、南充市大型商品粮食基地，对全省粮食增产的贡献率分别达到20.1%、18.3%。

## 二、青稞基地

四川省甘孜、阿坝两州是中国第二大藏区。解决藏族群众越温脱贫，粮食是关键，而青稞又是藏族群众特需的口粮。“七五”时期以后，在甘孜州、阿坝州建设优质青稞生产基地县19个，总投资6927万元，其中：中央投资5020万元、省投资380万元、州投资474.5万元、县投资1052.5万元，重点用于改善种子繁育、推广、生产、加工设施；建设排灌沟渠、坡耕地改造、“三沟三池”、土地平整、农耕农艺配套设施；建设温室、网室、检验室、库房、加工车间、挂藏室、烤种室、鉴定室、催芽室、晒场等设施和科技示范区；购置部分科研、开发、生产、加工、检测用仪器设备和农机具；提高种子生产繁育、科技开发、加工能力和科技含量。优质青稞基地建成后，年提供优质青稞良种200万公斤，保证青稞大田生产用种实现种子质量标准化，同时向项目区外提供部分优质青稞种子。2005年甘孜、阿坝两州优质青稞生产基地面积达75万亩，占粮食面积的35%，比建设前增长6.1%；平均亩产由“九五”初期的141公斤，提高到2005年的200公斤，增加59公斤。

## 三、青豌豆基地

青豌豆是四川省甘孜州、阿坝州很具特色的地方品种，是人们喜食的传统食品。1997年农业部和四川省先后安排黑水、金川、小金、炉霍、道孚5个县青豌豆基地建设，总投资415万元，其中：中央投资120万元、省投资135万元、州县投资160万元，建成青豌豆良种繁育基地2万亩，改善基础设施，生产潜力充分发挥，产量成倍增长。2005年种植面积扩大到15万亩，总产量达2000万公斤。四川省农技推广站引进法国半无叶豌豆品种（定名为龙豌1号），植株呈直立生长，种皮白色，在阿坝州、甘孜州高原种植，粒大饱满，亩产比普通豌豆高一倍以上。

## 四、马铃薯基地

1995年，农业部安排四川马铃薯良种繁育脱毒种薯生产基地建设项目4个，计划总投资781万元，建设种薯脱毒原原种繁育基地、脱毒原种扩繁基地、实验室、组培室、种薯库房、玻璃温室、钢架大棚、工厂化网室；配备种苗检测仪器设备和种苗运输工具；在凉山州西昌农科所建立脱毒微型薯生产基地，在凉山州、甘孜州选择14个地方建立网室原种生产基地。2005年推广栽培马铃薯脱毒种薯面积60多万亩。马铃薯脱毒种薯原原种薯（微型薯）建设后，经原种、生产用种两级扩繁，每年可产脱毒甘薯原原种苗300万苗，脱毒马铃薯200万粒，生产基地为农民提供生产用脱毒种薯7亿公斤，可栽培薯类脱毒良种面积700万亩，按每亩增产粮50公斤（折原粮），年增产粮食35万吨。

## 五、荞麦基地

四川省是全国荞麦的重要产区，常年种植面积占全国的三分之一，在国内外具有优势。四川种植荞麦的区域主要集中在凉山州的高山与河谷地带，种植面积50多万亩，占全省70%以上。为充分发挥四川荞麦生产区域优势，1995年农业部安排昭觉县建设荞麦生产基地，总投资140万元，重点加强良种繁育基地的基础设施建设，进行新品种选育，良种繁育基地的改造，良种繁育技术推广服务体系的建设，同时先后育成审定几个新品种。到2000年，凉山州荞麦种植面积达74.2万亩，总产量达14.1万吨。与之配套的产品加工技术取得较大进步，其加工产品已进入消费市场。21世纪初四川豪吉集团、西昌农专、凉山州苦荞粉厂3家企业从事苦荞产品开发，总设计生产能力1.5万吨，实际年产1万吨。生产的主要产品有苦荞营养粉、苦荞疗效粉、苦荞芝麻羹，以及给制药厂提供降糖苦荞原料粉、给面粉（面条）厂提供苦荞面粉原料粉，市场销售很好，每年出口荞麦产品1万多吨。

## 第三节 优质农产品（经济作物）基地

### 一、优质棉花生产基地

1987年开始，四川按照“调整种植布局，稳定主产区，调减次产区，依靠科技，努力提高单产，提高品质，增加效益，建立与棉花市场形势相适应的生产格局”的基本思路，推进棉花规模化、区域化种植。至1996年，全省建成简阳、仁寿、遂宁市市中区、中江、南部、射洪、盐亭、三台8个优质棉花生产基地县，“十五”期间建成大英、乐至、射洪3个优质棉花良种繁育基地。

优质棉花生产基地建设总投资4086.4万元，其中：中央投资2222万元、省投资402万元、地（市）投资281.1万元、县（市、区）投资1181.3万元。主要建设优质棉花良种繁育基地8万亩、优质棉花原种“三圃”420亩、优质棉高产示范区13.4万亩。在划定的良种棉生产繁殖区进行小型农田水利设施建设，修建排灌渠系，改良土壤，培肥地力；完善农技体系服务设施，购置检测仪器设备；建设良种棉收购点32个，建设简阳、仁寿、遂宁市市中区、中江、南部、射洪、盐亭、三台、大英、乐至10个县（市、区）优质棉加工厂及其配套设施。优质棉花基地建成后，充分利用四川杂交棉种生产优势，发挥高产、优质、抗病虫新品种的增产增效潜力。

### 二、优质油料生产基地

从1995年开始，宣汉、双流、崇州、彭州、新都、邛崃、广汉、什邡、绵竹、德阳市旌阳区10个县（市、区）先后被列为长江上中游优质“双低”油菜生产基地，总投资5568万元，其中：中央投资2560万元、省投资175万元、市投资897万元、县（市、区）投资1936万元。建设优质“双低”油菜良种繁殖基地8055亩，生产示范基地8.6万亩，引进选育新品种系75个；修建原原种繁育网室3000平方米，种子检测室、实验室、化验室2400平方米，油菜籽种子储藏库1550平方米，挂藏室1600平方米，晒坝1678平方米；整修排灌渠系10.1万米，田埂1.4万米，机耕道8000米，改造试验田295亩及小型农田水利配套设施；增容电力120千伏安。购置油菜籽加工、包装、冷藏、品质检测等仪器设备987台（套、件）。

优质“双低”油菜基地建成后，改善油菜生产基础条件，培肥地力；完善技术服务体系和品质检测设施，统一繁育制种，统一组织供种；提高油菜籽品质，提高油菜饼的综合利用效率；建立生产示范基地，培植龙头企业，形成优质油品牌产品。通过项目的实施，推动全省优质“双低”油菜的普及。已建成的油菜基地优质“双低”油菜种植面积占油菜种植总面积的90%以上，“双低”油菜正逐步取代普通品种，成为当地的主推品种。全省推广的优质“双低”油菜种植面积逐年扩大，逐步取代普通品种，成为主推品种。1995年全省优质“双低”油菜种植面积120万亩，占油菜总面积的22%；2000年达365万亩，占油菜总面积的39%；2005年达852.7万亩，占油菜总面积的70.6%。

## 三、优质糖料生产基地

四川攀西地区的安宁河流域，属南亚热带季风气候，光、热、水资源极为丰富，种植甘蔗产量高、品质优，是高产高糖分甘蔗生产的最适宜区域。1997—2000年，农业部先后安排凉山州的宁南、会东两个县建设优质糖料生产基地，2003—2004年安排米易县特早熟甘蔗良种繁育基地建设。项目总投资1025万元，其中，国家计委470万元，省财政配套投资20万元，州县财政配套投资535万元。改造中低产蔗田20620亩及小型农田水利设施，修建排灌沟渠89.4公里、蓄水池2523口、沉沙池210口、卵石地埂1600米、机耕道69.3公里；建设高产示范基地2000亩，良种繁育基地1600亩；建成观测圃、株系圃、原种圃10亩、一级蔗种540亩、二级蔗种2700亩、三级蔗种5000亩；修建甘蔗技术推广培训、检测、实验室、化验室628平方米；购置检测仪器设备72台（套）。甘蔗生产基地建成后，2005年总产量达133万吨，年新增原种生产能力50吨，良种普及率提高到90%，生产实用新技术得到广泛应用，甘蔗产量增加，品质提高，为攀西地区及四川省蔗糖生产提供更多的优质原料。

# 第二章　绿色食品

## 第一节　发展概况

四川绿色食品开发与全国同步，1990 年从国营农场系统起始。中共四川省委、四川省人民政府先后将“大力发展绿色食品”列入《四川省国民经济和社会发展“九五”计划和 2010 年远景目标纲要》和《中共四川省委四川省人民政府关于抓住西部大开发机遇加快发展的意见》等文件中。2001 年，四川省人民政府办公厅出台《关于加快我省绿色食品业发展的意见》，进一步对四川绿色食品发展落实优惠政策，加大政府扶持力度，为绿色食品发展营造良好的政策环境条件。主管绿色食品工作的四川省农业厅，把绿色食品工作作为农产品质量安全工作的一项重要内容，统一规划、统一安排、统一落实。

至 2005 年，四川各地围绕农业产业结构调整、“粮食增产、农业增效、农民增收、农产品竞争力增强”的农业发展目标，绿色食品事业快速发展，产品从少到多，申报企业逐年增多，申报范围逐步扩大，管理体系逐步完善，发展速度不断加快。绿色食品开发从农场系统向全社会推进，开发的绿色食品由一般初级产品向名、特、优、新产品发展；开发规模由一般小型企业向对区域经济有一定影响的龙头企业发展。全省初步形成以基地建设为基础，以拳头产品、名牌产品为开发重点，以龙头企业为先导的绿色食品发展格局。

开发了一大批竞争能力强、市场占有率高的绿色食品和有机食品，提升了四川农产品和食品的精品形象。截至 2005 年底，全省有 126 家企业的 444 个产品获得绿色食品标志使用权，产品涵盖粮食及粮食制品、油料、水果、蔬菜、茶叶、酒类、饮料、牛奶及乳制品、肉类 9 大类 57 种，许多产品还是全省的名牌产品。绿色食品开发在数量稳步增长的同时，产品结构也逐步优化，初级产品占 22%，初加工产品占 26%，深加工产品占 52%。绿色食品年产量 94 万吨，年销售额 40 亿元。开发有机食品 100 个，产量 6500 吨，产值 2. 5 亿元。产品开发数量与经济规模位居全国前列，西部省区第一位。

培育出一批经济实力雄厚、产业带动能力强的农业产业化龙头企业，推动四川省农业产业化经营的发展。截至 2005 年底，全省 150 家省级农业产业化龙头企业中有 32 家绿色食品生产企业，占绿色食品企业总数的 25%，其中有 6 家绿色食品企业为国家级农业产业化龙头企业。逐步形成以省级农业产业化龙头企业、知名企业及其产品为主体，其他食品企业和产品积极参与的绿色食品发展格局。

建成一批各具特色的绿色食品生产基地。全省根据各地生态优势和资源优势，先后建成水果、蔬菜、茶叶、大米、高粱、小麦、红薯等种植业绿色食品基地780多万亩，绿色食品畜牧业养殖基地规模分别为奶牛5万头、生猪11万多头、牦牛35万头、家禽100万只。各类绿色食品、有机食品基地带动种植、养殖农户410万户，户均增收300多元，新增农业产值5亿多元。省内不少地区，绿色食品开发成为区域经济发展中最富特色和活力的新的经济增长点。

## 第二节 管 理

### 一、管理体系

四川省绿色食品管理机构的组建历经3个阶段：第一阶段为1990年至1992年上半年，没有成立专门的机构，由四川省农业厅农场局兼管；第二阶段为1992年7月至1994年，四川省农牧厅内设四川省农牧厅绿色食品办公室，挂靠厅农场管理局，逐步开展绿色食品委托监测、初审、转报、管理、规划等工作；1994年底后为第三阶段，四川省机构编制委员会批准成立四川省绿色食品发展中心，为四川省农牧厅领导的县级事业单位。2001年4月，四川省农业厅将四川省绿色食品发展中心从厅农场局分离出来，由省农业厅直接管理。

按照农业部提出的“三位一体，整体推进”部署，2003年9月中绿华夏有机食品认证中心四川省分中心成立，挂靠四川省绿色食品发展中心，实行两块牌子、一套班子；受中绿华夏有机食品认证中心的委托，负责全省有机食品的申报、咨询、培训、宣传、管理等业务，正式启动四川省有机食品认证工作。

从1995年起，四川省绿色食品发展中心积极支持有条件、有积极性的市（州）、县建立绿色食品管理机构，截至2005年底，乐山、成都、凉山、绵阳、泸州、广元、甘孜、德阳、自贡、巴中、遂宁、南充、宜宾、攀枝花、阿坝、雅安、资阳、眉山、达州、内江20个市（州），洪雅、巴中市巴州区、郫县、南江、江油、乐山市五通桥区、雅安市雨城区、天全、犍为、马边、蒲江、北川、邛崃、攀枝花市仁和区、大邑、名山、金川、茂县、荣县、双流、仁寿21个县（市、区）成立绿色食品管理机构，初步形成以四川省绿色食品发展中心为主体，各地绿色食品管理机构为网络，环保、质检、工商等部门密切配合，各级财政部门大力支持的开发管理体系，使四川省绿色食品管理工作逐步走上正规化、规范化的道路。

### 二、工作步骤

四川省绿色食品发展中心在完善体系建设的同时，从四川实际出发，明确发展思路，制定四川省绿色食品“九五”“十五”发展规划，坚持以质量为核心和“数量与质量并重、认证与监管同步”的方针。在技术路线上，依据绿色食品标准，严格按照“从土地到餐桌”全程质量控制模式的要求，严把质量关，宁缺毋滥，稳步发展。在管理手段上，一是抓质量监管。按照《中华人民共和国商标法》《中华人民共和国产品质量法》《农业部绿色食品标志管理办法》等法律法规，对绿色食品实施严格、规范的标识管理。加强对获证产品后续质量跟踪监督管理，对获证产品和企业（产地）坚持实行年度抽查、检查制度。每年配合部级食品质量检测中心对绿色食品产品进行抽检。从2002年开始，全面开展企业年检，并督促企业在生产操作过程中严格按照绿色食品标准进行生产，确保绿色食品的质量和信誉。二是开展市场打假。针对市场上出现的假冒绿色食品现象，各地农业行政主管部门和各级绿色食品管理机构积极联合工商管理、技术监督等部门，依法打击各类假冒绿色食品行为，纠正不规范使用绿色食品商标标志的行为，维护绿色食品的良好形象，保护企业和消费者的合法权益。1994 年 6 月 17 日，四川省农牧厅与四川省工商行政管理局联合在《四川日报》《四川食品报》上发布公告，公布四川省已获得绿色食品标志的企业及产品。1997 年，在全国率先以四川省农业厅和四川省工商行政管理局的名义联合印发《关于加强绿色食品标志使用管理工作的通知》，指导企业严格按照绿色食品标准进行生产，规范使用绿色食品标志，认真履行标志使用协议。2001 年 9 月，四川省农业厅与四川省工商行政管理局联合印发《关于依法使用、保护"绿色食品"证明商标的通知》，在全省开展打击假冒伪劣绿色食品，依法保护绿色食品证明商标的"红盾执法"行动，规范绿色食品营销市场，维护四川绿色食品事业健康发展的良好市场环境。

## 第三节　宣传及市场开拓

### 一、全国性的宣传活动

1994 年 1 月 22—30 日，中国绿色食品发展中心在上海展览中心举办"首届中国绿色食品 1994 上海宣传展销会"，四川组织 11 家绿色食品企业及正在申报企业参展，四川产品十分畅销，供不应求，深受上海市民欢迎。

1995 年 10 月 22—25 日，为配合中国绿色食品发展中心 5 周年纪念活动，中国绿色食品发展中心在天津国际展览中心举办第二届中国绿色食品宣传展销会。四川组织 10 多家绿色食品企业及正在申报的企业参展，产品受到消费者欢迎，有的产品供不应求。四川展团获得组委会颁发的优秀销售展位奖。

1997 年 12 月 13—16 日，四川组织 12 家绿色食品企业及正在申报的企业参加在广州中国出口商品交易会馆举行的"1997 绿色食品博览会"，四川展团获得十佳展位展示设计奖。

2000 年 5 月 29 日至 6 月 2 日，中共四川省委、四川省人民政府在成都国际会展中心举办"2000 年中国沿海企业博览会暨投资洽谈会"，全省 38 家企业 100 多个产品参展，提高绿色食品的知名度，扩大市场影响力。

2000 年 11 月 11—14 日，中国绿色食品发展中心在昆明世博交易中心展览馆举办"中国绿色食品 2000 昆明博览会"，四川的绿色食品及名、特、优产品，吸引不少客商前来咨询、洽谈、订货。四川展团获得优秀展团奖。

2002 年 11 月 2—6 日，中国绿色食品发展中心在福州国际会展中心举办"中国绿色食品'2002 福州博览会暨海峡两岸农产品洽谈订货会"，四川省组织 40 多家企业的 140 多个产品参展。四川展团展品琳琅满目、布展新颖，获得组委会颁发的优秀展团奖。李记酱菜调味品有限公司的李记泡菜、阆中古城醋厂的阆洲牌保健醋获得畅销产品奖。同年由省政府主办的"2002 四川 · 中国西部农业博览会"，四川省绿色食品发展中心统一组团，设专门的绿色食品展馆参展。共组织 40 多家企业 110

多个产品参展。展板图文并茂，展品琳琅满目，展示四川省绿色食品12年间的发展成就。

2003年11月11—16日，农业部在北京举办“首届中国国际农产品交易会”，四川省组织绿色食品生产企业的200多个产品参加农交会的展示、展销。

2004年3月8—18日，中国绿色食品发展中心组织全国11个省、自治区的28家企业共76人赴日本参加“第二十九届东京国际食品饮料博览会”和“福冈市新食品、食材商谈会”，并与日方共同举办第四届“中日绿色食品贸易洽谈会”，四川代表团组织本省部分绿色食品参展。

2004年12月3—6日，中国绿色食品发展中心在上海国际农展中心举办第七届“中国绿色食品'2004上海博览会”，四川组织21家绿色食品、有机食品企业的156个产品参展，并获得“优秀组织奖”。哈哥兔业有限公司、内江威宝食品有限公司、四川省大渡河食品有限公司、四川妙达怡美厨食品有限公司、四川林湖茶厂5家企业的产品获得该届博览会“畅销产品奖”。

2005年6月10—13日，中国国际贸易促进委员会粮食行业分会、中国粮食行业协会、中国绿色食品发展中心、中国绿色食品协会、广西壮族自治区粮食局7个单位共同主办的“2005中国（南宁）东南亚粮农产品绿色食品展览会暨粮农加工技术设备展示会”和“中国国际（东盟）粮农发展论坛”在南宁国际会展中心举办，四川绿色食品展团展品丰富、布展新颖，获得组委会颁发的优秀组织奖。四川吉香居泡菜系列产品、乐至德发工贸公司食用油系列产品获得畅销产品奖。8月28日至9月1日，农业部、黑龙江省人民政府主办的第五届中国（齐齐哈尔）绿色食品博览会在齐齐哈尔市举办。四川组织郫县豆瓣公司、内江威宝食品公司、成都欧升健康食品公司、四川麦瑞尔食品公司等7家企业150余个产品参展，获得组委会颁发的最佳组织奖。四川省麦瑞尔食品公司的纤维素、成都欧升健康食品公司生产的菌干妈、内江威远茶厂的碧海神针等产品获得畅销产品奖。

## 二、省内宣传活动

1992年8月，全省召开绿色食品新闻发布会，首次向新闻界和社会各界推出四川首批绿色食品。

1995年5—10月，中共四川省委宣传部、四川省农牧厅、四川省环保局联合在全省开展绿色食品宣传活动。召开“绿色食品在四川——机遇与发展”研讨会，引起社会广泛关注，影响较大。

1996年创办《四川绿色食品简报》，宣传政策、交流经验、传递信息。

2003年4月，四川省绿色食品协会和《中国食品报》四川记者站联合举办“四川省‘圣迪乐’杯绿色食品宣传周”，并在成都举行开幕式。

2004—2005年，多次召集企业和新闻单位进行座谈，并邀请记者到绿色食品企业进行追踪报道。先后利用四川电视台、四川有线电视台及《四川日报》《成都商报》《四川青年报》《华西都市报》《四川食品报》《四川工人日报》等媒体对绿色食品进行宣传报道；摄制《四川绿色食品工程》电视专题片，在四川电视台播放。同时印制散发大量宣传挂历、笔记本、纸杯、T恤等宣传资料和纪念品。先后在成都、乐山、西昌、泸州、德阳等城市的公共汽车车身上进行绿色食品广告宣传。

宣传活动扩大了四川绿色食品的影响，促进绿色食品市场的开拓，调动各地开发绿色食品的积极性，使咨询、申报绿色食品的企业逐年增多。

## 第四节　绿色食品基地

### 一、茶叶基地

四川茶园大多分布在海拔1000米以上的盆周山区，距城镇较远，远离厂矿等污染源，生态环境优越，是发展绿色食品的优势产业。截至2005年底，先后以乐山的沐川、马边、峨眉山，宜宾的高县、珙县、屏山县，眉山的洪雅，雅安的名山、荥经，成都的邛崃，自贡的荣县，巴中的南江县等地为重点，建成60万亩茶叶基地。

### 二、水果基地

全省以省优、部优水果为基础，改造和建立一批较为稳定的绿色食品水果生产基地30万亩。主要有成都市新都区的柚子，双流县的葡萄、枇杷、梨基地；苍溪县的猕猴桃、雪梨基地；凉山州盐源县的苹果基地；会理县的青皮软籽石榴基地；攀枝花市米易县、盐边县的桂圆、芒果基地；眉山市青神县、丹棱县的柑橘基地；资阳市安岳县的柠檬基地；阿坝州汶川县、茂县甜樱桃、李子等基地，金川县的金花梨基地；德阳市中江县的油桃基地；巴中市南江县的核桃基地等。

### 三、蔬菜基地

成都附近的平坝区是蔬菜的集中产区，以量多、质好、品种全而闻名全国。截至2005年，先后在成都的彭州市、郫县，内江的隆昌、威远县，眉山的洪雅县、东坡区，资阳市，巴中市的通江县，阿坝州的茂县、汶川县，凉山州的西昌市，雅安的天全县，自贡市的富顺县，遂宁市的船山区、乐山市的马边县、峨边县等地建成90万亩绿色食品蔬菜及食用菌、竹笋生产基地。

### 四、粮油基地

四川是产粮大省，有众多的商品粮油基地县，并有很多优质米品种。截至2005年，在成都市的邛崃市、新都区，自贡市的富顺县，达州市的大竹县，巴中市的南江县、平昌县，遂宁市的船山区、安居区，南充市的阆中市，绵阳市的游仙区，乐山市的丹棱县，凉山州的西昌市，资阳市的简阳市、乐至县等地建成优质大米、薯类、玉米、小麦、高粱等基地120万亩。

### 五、畜禽肉奶类基地

四川省的绿色食品肉类产品主要是猪肉和兔肉、牦牛肉制品。四川是全国牦牛肉的主产区之一，川西北草原是全国五大优良牧区之一，其生态环境处于自然状态，未受工矿企业、农药和化肥的污染。截至2005年底，已建成以川西北高原为重点的绿色食品牦牛肉生产基地，建立450万亩天然牧草基地，拥有牦牛64万头；以川中丘陵大县为重点的畜牧养殖加工基地，双流、邛崃、什邡等地养殖绿色食品生猪11万头，成都、绵阳、西昌等地养殖绿色食品家禽120万只，洪雅、成都、宣汉、雅安等地养殖绿色食品奶牛2.5万头。

## 1990—2005 年四川省绿色食品产品数量及结构情况表

表 12-2

| 年度 | 绿色食品企业（个） | 绿色食品产品（个） | 产量（万吨） | 基地面积（万亩） | 按类别分（个数） | | | | | | | | |
|---|---|---|---|---|---|---|---|---|---|---|---|---|---|
| | | | | | 粮食制品 | 油料 | 果品类 | 蔬菜类 | 茶叶 | 饮料及酒类 | 畜禽蛋类 | 乳制品 | 其他 |
| 1990 | 3 | 4 | — | — | 2 | — | — | 2 | — | — | — | — | — |
| 1991 | 5 | 7 | — | — | 2 | — | 1 | 2 | — | — | — | 2 | — |
| 1992 | 5 | 7 | — | — | 2 | — | 1 | 2 | — | — | — | 2 | — |
| 1993 | 6 | 9 | — | — | 2 | — | 1 | 2 | 2 | — | — | 2 | — |
| 1994 | 5 | 7 | — | — | 1 | — | 2 | — | 2 | — | — | 2 | — |
| 1995 | 9 | 19 | — | — | 4 | — | 3 | — | 3 | — | 3 | 6 | — |
| 1996 | 16 | 49 | — | — | 5 | — | 8 | 2 | 3 | 12 | 13 | 6 | — |
| 1997 | 22 | 88 | 8.0 | 60 | 11 | — | 7 | — | 5 | 42 | 17 | 6 | — |
| 1998 | 24 | 96 | 10.0 | 110 | 11 | — | 7 | — | 3 | 44 | 16 | 15 | — |
| 1999 | 29 | 104 | 11.5 | 180 | 11 | — | 8 | — | 5 | 44 | 16 | 18 | 2 |
| 2000 | 34 | 130 | 13.0 | 227 | 10 | 3 | 5 | 5 | 34 | 40 | 24 | 6 | 3 |
| 2001 | 48 | 155 | 25.0 | 300 | 13 | — | 7 | 11 | 6 | 25 | 3 | 16 | 6 |
| 2002 | 57 | 172 | 43.0 | 360 | 32 | 2 | 10 | 43 | 21 | 25 | 21 | 6 | 8 |
| 2003 | 79 | 241 | 58.0 | 480 | 44 | 4 | 17 | 45 | 32 | 30 | 32 | 22 | 15 |
| 2004 | 103 | 338 | 72.0 | 686 | 66 | 4 | 22 | 35 | 49 | 31 | 40 | 27 | 64 |
| 2005 | 126 | 444 | 94.0 | 780 | 110 | 7 | 27 | 90 | 74 | 32 | 37 | 29 | 38 |

说明：1997 年前数据含今重庆市辖区

# 第三章　国际合作

## 第一节　对外交往

### 一、外事接待

1984 年，四川省农业厅在援外办公室的基础上成立外事办公室，具体办理对外技术交流和引进外资工作。1986 年后，四川农业国际合作工作向多层次、宽领域、全方位推进，实施“引进来”“走出去”的战略，积极合理有效利用国际国内两种资源和两个市场，引进资金、智力、技术、良种，开展对外交往、对外贸易、对外经济技术合作与援助。到 2005 年，全省农业系统共接待外来团组 163 个 1000 多人次。

### 二、出国访问

1996 年 1 月 3—26 日，国家外国专家局批准并部分资助，四川省部分市（州）县农业局局长一行 16 人到泰国，参加国际农业管理干部培训班。

1998 年 2 月、4 月，国家外国专家局批准并部分资助，四川省先后分 2 批、每批 5 人到美国举办四川省植物检疫性病虫害检测、防除及法规管理培训班。

1999 年 12 月 26 日至 2000 年 1 月 23 日，国家外国专家局批准并部分资助，四川省部分省市（州）县种子公司经理一行 18 人到美国参加种子商业化生产培训班。

2001 年，四川派出国团组 2 个，分别到加拿大、以色列考察交流。

2003 年 12 月，四川省农业经济代表团一行 9 人，到德国考察农民协会发展情况。

2004 年 11 月，四川省农业厅受农业部委托，就中国援助缅甸建设“中缅农业合作示范园”项目，派 6 名专家组团到缅甸实地考察。

2005 年 5 月 10 日，四川省农业厅两次派专家组共 11 人到缅甸，确定“中缅农业合作示范园”项目建设内容，并签署《关于实施中缅农业技术合作示范园建设项目的纪要》。

### 三、对外劳务输出

（一）对俄罗斯农业劳务输出

1989 年 2 月 23 日，四川省农业厅与俄罗斯新西伯利亚州和车里雅宾斯克州农工委签订《关于试种油菜、蔬菜、大豆的协议》。随后，由四川省农业厅和德阳市农业局组织实施劳务输出。1989—2005 年，先后从省农业广播学校和全省农业系统选派6800人次到俄罗斯上述两州40多个农场，种植33.75万亩土地，年产蔬菜50多万吨，四川纯收入（美元及实物）折合人民币8000多万元。

（二）对以色列建筑装饰项目劳务输出

1994—1997年，四川农业系统派往以色列建筑装饰人员90多人，人均月收入600多美元。

（三）研修生派遣

从1983年开始，四川每年向日本广岛县派遣农业研修生，专业涉及水稻、蔬菜、水果、花卉、畜禽奶、农机、农产品加工、农技推广、农业经营管理等方面。至2000年底，四川共向日本广岛派遣研修生164人。

1987—2005年，四川省共向德国派遣农业研修生20余人，主要到德国农业科研院所、农协等学习农业技术。其间有少量研修生被派往美国。

## 第二节　外资利用

### 一、外资引进和利用

1986年，成都市引进世界银行贷款803万美元，主要用于淡水鱼的饲养、鱼苗繁殖、病虫害防治等。

1987年，联合国粮农组织向仁寿县提供14.5万美元的无偿援助，主要用于专家的聘请、调查、分析、培训等，以帮助农户提高农业生产经营管理水平。同年，资阳县接受欧共体捐款170万美元，开展水土保持，项目执行期为1987—1991年。

1988年，成都市接受欧共体无偿援助483万美元，开展奶类开发，项目执行期为1988—1993年。

1989年，四川接受联合国粮农组织无偿援助15万美元，主要用于在黔江、邻水开展技术支持与帮助，人员培训等。

1990年，四川与日本广岛合作，在金堂县建立中日友好柑橘园。同年，四川省农牧厅与日本政府开发援助机构合作，在黔江、广元、青川、平武、仪陇等地（市）、县实施日本国政府对华粮食增产援助项目。日本先后提供25亿日元（相当于2174万美元）的农药、化肥、汽车等物资，用于项目区开展以工代赈项目，执行期2年。同年，四川省畜牧局引进国际农业发展基金会贷款1800万美元，在雅安、达川、广元等地实施奢侈畜牧发展项目，执行期为1990—1995年。

1991年，四川省农牧厅引进世界银行贷款2808万美元，在宜宾、泸州、万县、涪陵等16个县（市、区）实施长江上中游地区农业综合开发项目，执行期为1991—1997年。

1992年，泸县接受联合国开发计划署无偿援助25万美元，用于当地开展平衡施肥技术的开发，项目执行期为3年。

1993年，四川省农牧厅引进世界银行贷款631.3万美元，用于农业技术推广体系建设，项目执行期为1993—1999年；同年，四川省畜牧局引进世界银行贷款515万美元，用于畜牧服务业体系建设，项目执行期为1993—1999年；同年，四川引进世界银行贷款874万美元，在南充、绵阳等地实施农业综合开发。主要内容有农田水利基础设施建设，生产开发，技术培训等，项目执行期为1993—1997年。

1994年，四川省畜牧局接受加拿大援助286万美元，在内江实施瘦肉型猪的综合开发。

1995年，四川省农牧厅接受联合国粮农组织援助120万美元，在简阳、仁寿实施粮食安全特别计划项目，项目执行期为3年。

同年，四川省农牧厅接受联合国粮农组织援助21万美元，在三台县、资中县开展农户储粮害虫的综合防治。同年，四川省种子公司引进世行贷款39万美元，在南充、内江等地实施种子商业化开发。

1997年11月1日，世界粮食计划署和国际农业发展基金会在华第一个联合投资的四川川东北农业综合开发项目正式开工实施，项目执行期5年，总投资3359万美元，其中计划署援粮3.2万吨，折资680万美元，农业发展贷款1132万美元，政府配套1250万美元，农户投入297万美元，在南部、阆中、仪陇、嘉陵4个国家级贫困县（市、区）实施，以扶贫开发为宗旨，实行山、水、林、路综合治理，促进项目区经济、社会、生态协调持续发展。同年，四川省农牧厅接受联合国粮农组织援助20万美元，在简阳、仁寿等10个县实施农户多样化的生产示范，项目执行期为1997—1999年。

1998年，四川省畜牧局同德国合资进行保健品及饲料添加剂生产，德方出资467万美元，主要进行兽用保健品、饲料添加剂产品的系列开发、示范和销售等。同年，联合国粮农组织粮食电视基金向广元市朝天区和遂宁市蓬溪县各无偿援助1万美元用于西瓜、马铃薯的生产与开发项目。

1999年，四川省畜牧局与新西兰阿科公司合资建立肉牛屠宰加工基地。外方出资300万美元，设计屠宰加工肉牛能力为10万头。同年，中日技术合作加强中国农业技术推广体系建设项目启动实施，项目合作期5年，日本国际协力事业团提供5亿日元的无偿援助。项目由四川省农牧厅组织自贡等地参加实施。同年，联合国粮农组织提供1万美元，用于在乐山市沙湾镇太平店肖家村开展秋大豆生产项目。

2000年，联合国粮农组织向四川省农业厅提供1万美元捐款，用于射洪县实施旱地无公害蔬菜生产和农户培训等项目。同年，四川省农业厅接受联合国粮农组织援助开展水稻病虫害综合防治，主要内容有农民培训、生态保护和减少高毒高残农药的使用等。同年，四川省农业厅与联合国粮农组织合作开展对农村鼠害的控制，对10个县的鼠情进行调查及评价，进行鼠害监测与控制实验，总结灭鼠策略及方法，培训教师及农民等。同年，联合国粮农组织向四川省农业厅提供1万美元，援助射洪县瞿河乡高家沟村的旱地无污染蔬菜栽培项目。

2001年，联合国粮农组织向四川省农业厅提供1万美元，援助绵阳市游仙区农户养鸭项目。

2003年，联合国粮农组织向四川省农业厅提供1万美元，援助阆中市贫困村农户家庭地毯编织示范项目，2004年项目结束。

2004年，中国—加拿大小农户适应全球市场发展项目四川省级蔬菜供应链管理示范项目、油菜供应链管理示范项目和猪肉供应链管理示范项目正式启动。项目执行期为5年，加方向四川提供约230万加元的项目经费，用于支持各类分项目开展的培训和技术支持等软件建设，中方提供等额的项目配套资金。同年，中国—加拿大可持续农业发展项目在四川正式启动，执行期为5年，旨在帮助项目执行地建立一揽子有效利用、可持续的土地等资源管理系统、农业技术推广系统并改善农业发展环境。加方提供四川300万加元项目经费，支持在绵竹、彭州、红原、富顺、越西5个县重点开展保护性耕作、旱地农业发展、农技推广、畜牧生产、草原整治、政策与商业环境改善等项目活动。

2005年，联合国粮农组织向四川省农业厅提供1万美元，援助仪陇县农户肉鸭养殖示范项目。

### 二、农业引智

#### (一) 引进专家

1985年后，四川先后从德国、日本等国家引进农业专家18人，共31人，专家工作日达400多天。通过引智派出培训团组和个人12批，参加培训人员62人。

#### (二) 引进优良品种

20世纪80年代后，四川通过引进国外专家、派出农业技术人员培训等方式，先后从发达国家引进一大批优良农作物品种，促进四川农产品质量的提高。如四川从国际玉米、小麦中心引进的威2.4大麦不仅产量高，亩产达300—400公斤，且具有适应性强、耐瘠、耐旱、早熟品质好等优点；从日本引进的“山川极早”特早（特晚）熟柑橘已在四川成都、德阳、南充、乐山等市推广，不仅品质优良，且具有良好的丰产性、适应性、早熟（晚熟）性，比一般早熟温州蜜柑提早半个月以上上市，弥补9月中下旬无柑橘鲜果的空白，市场销售每公斤增加0.5元，每亩至少增加500元；从美国引进的“橘橙七号”品种兼具橘与橙二者的优良性状。

从国外引进的双低油菜、优质糯米、高产玉米体现出明显的竞争优势；从日本引进的多种优质蔬菜、水果品种，在成都市第一农科所试种成功。引进的新作物品种使四川农副产品市场品种丰富，改善居民的食物结构。

#### (三) 引进先进技术

1985年后，四川不断引进国外农业新技术，如柑橘简易修剪技术；硅肥施用技术；农户安全储粮技术；被誉为“塑料绿色革命”的日本地膜覆盖栽培技术；水稻旱育秧、抛秧技术；设施蔬菜栽培技术；平衡施肥技术；水稻IPM技术等，改进传统农业，取得明显丰产效果。

## 第三节　对外援助

### 一、双边援助

#### (一) 斯里兰卡工艺品加工及蚕桑项目

1984—1986年，四川派出5名木雕、石雕、木刻、金银首饰加工制作、竹编藤编工艺品技术人员到斯里兰卡传授技术，派蚕业专家指导当地人栽桑养蚕。

#### (二) 科特迪瓦农渔业项目

根据1986年6月和8月中国同科特迪瓦政府换文和签订的协议，中方帮助科方在南部地区恢复和扩建阿甘湖淡水鱼养殖场，实行鱼种繁殖、成鱼养殖，引进新鱼苗种和技术培训。1986年底四川派出考察组6人，1987年3月派出鱼技组5人到现场工作，后因中科双方对援建项目的内容和做法意见不一致，项目停止实施，鱼技组于1988年4月回国。

（三）贝宁农业项目

1986年1—3月，四川派出5人考察组，对中国曾经援助移交给贝宁的8个水稻垦区进行恢复可行性考察并提出建议。1988年4月，四川派出12名农业技术人员到贝宁，对德伟、科威农业垦区项目进行恢复建设。1988年9月和1990年3月贝方对德伟、科威垦区恢复工程签字验收，1990年3—5月移交贝方。1986年10月，四川派出4名专家参加贝宁马兰维尔灌溉区技术服务项目的投标，中标后签订贝宁人民共和国马兰维尔垦区恢复工程项目合同书。

自1988年1月开始，四川先后派出6名农业专家，就贝宁恢复马兰维尔垦区进行工程设计、施工，开展生产管理以及农技人员培训。后因贝宁国家经济困难，四川援外人员提前于1989年12月5日回国。1991年2月至1997年3月，四川应贝宁政府请求，共派出24名专业技术人员，对贝方德伟、科威垦区技术合作项目执行每期各为2年的3期技术合作任务。

（四）马里甘蔗种植及制糖项目

1984年底，中国、马里两国签订上卡拉制糖联合企业蔗糖生产合作管理协定，由四川省轻工厅援外办公室、四川省农牧厅援外办公室联合承担该协定的组织实施。从1984—1985年榨季到1993—1994年榨季，四川先后向马里派出70多名农业专家，负责两个甘蔗农场6万多亩土地的甘蔗种植技术指导、生产管理。

1991年8月，四川省农业厅派出农业专家1人，参加赴马里糖联总体发展规划技术咨询组，执行中国国际工程咨询公司与马里糖联签订的上卡拉制糖联合企业总体发展规划和可行性研究报告。1992年5月，咨询组完成任务。

（五）泰国皇家农业开发项目

根据中、泰两国政府于1992年6月在泰国曼谷签订的备忘录，中国政府援助泰国发展农业生产，项目由四川省农业厅援外办公室承办。项目主要内容是：向泰国提供农机具、蔬菜种子、果树种子、种苗。派遣农业专家5人，蔬菜专家1人，食用菌专家1人，植物组织培养专家1名。于1994年12月完成任务。

（六）中缅农业技术合作项目

四川省农业厅承办的中缅农业技术示范园建设项目于2004年启动，2005年开始实施，项目用5年左右的时间，将缅甸仰光附近50公里左右的太极镇坎塔亚农场作为示范园建设地址，建设一个150亩左右的高起点、高标准、高规格的农业技术示范园。2004年11月，四川省农业厅第一次派出6人专家工作小组，到缅方开展示范园前期考察选点工作。2005年5—10月派出专家11人。根据当地土壤、地形、地貌、水源灌溉条件，现场勘测和规划项目建设内容。中华人民共和国农业部和缅甸农业与灌溉部于2005年签署《中缅农业合作示范园项目合作协议》。

## 二、多边援助

（一）埃塞俄比亚“南南合作”项目

1997—2005年，四川省农业厅先后派遣8批32人次的中国专家，到埃塞俄比亚阿姆哈拉地区和提格雷地区开展粮食安全项目框架内的“南南合作”农业综合开发项目工作，于2005年底全面完成各项工作内容，所有援埃专家回国。四川省农业厅向农业部报送项目竣工报告。中国驻埃塞俄比亚大使馆对四川专家组的工作给予充分肯定。

（二）尼日利亚“南南合作”项目

四川省农业厅于2003年12月至2004年1月和2005年4—5月在成都成功承办农业部赴尼日利亚“南南合作”项目第二期和第四期英语培训班，来自四川、贵州、甘肃、湖北、吉林和陕西等省份的200多名农技人员参加培训。并先后于2004年3月、2005年1月和11月分3批派赴尼日利亚2名水产专家、15名农业技术员、19名水产技术员和8名畜牧技术员、1名养蜂技术员共44人。

## 四川省志·农业志

# 附　录

# 一、名 录

## 1986—2005年四川省农业（农牧）厅副厅级以上干部一览表

表附-1

| 机构名称 | 姓 名 | 职 务 | 任 期 |
| --- | --- | --- | --- |
| 四川省农牧厅 | 刘昌杰 | 厅党组书记、厅长 | 1983.01—1988.06 |
| 四川省农牧厅 | 刘 明 | 厅党组副书记、副厅长 | 1983.01—1988.03 |
| 四川省农牧厅 | 陈庆福 | 厅党组成员、副厅长 | 1983.01—1989.05 |
| | | 厅党组副书记、副厅长 | 1989.01—1991.05 |
| 四川省农牧厅 | 陈协蓉 | 副厅长、巡视员 | 1984.08—1994.01 |
| | | 省九届人大委员、常委、农委副主任 | 1994.01—2004.09 |
| 四川省农牧厅 | 李守福 | 厅党组成员、副厅长 | 1984.01—1990.12 |
| 四川省农牧厅 | 张中伟 | 厅党组书记、厅长 | 1988.06—1993.02 |
| 四川省农牧厅 | 张 宾 | 厅顾问 | 1983.01—1990.12 |
| 四川省农牧厅 | 方有祥 | 厅党组成员 | 1981.03—1990.12 |
| 四川省农牧厅 | 帅 韧 | 厅党组成员、省农科院党委书记 | 1983.01—1989.09 |
| 四川省农牧厅 | 陈德静 | 厅党组成员、副厅长 | 1986.08—1990.02 |
| | | 省农科院党委书记 | 1990.02—1995.08 |
| 四川省农牧厅 | 汪懋琨 | 厅党组成员、省畜牧局分党组书记、局长 | 1986.10—1992.06 |
| 四川省农牧厅 | 张作干 | 厅党组成员、省农机局分党组书记、局长 | 1983.01—1989.10 |
| 四川省农牧厅 | 刘祖荣 | 厅党组成员、省农机局分党组书记、局长 | 1989.01—1996.12 |
| 四川省农牧厅 | 席玉贵 | 厅党组成员、省乡镇企业局副局长 | 1984.11—1987.05 |
| | | 厅党组成员、省乡镇企业局局长 | 1987.05—1991.08 |
| 四川省农牧厅 | 黄培根 | 厅党组成员、省农干院党委书记 | 1987.09—1988.04 |
| | | 副厅级调研员 | 1984.04—1991.02 |
| 四川省农牧（农业）厅 | 文正经 | 厅党组副书记、副厅长 | 1991.07—1993.03 |
| | | 厅党组书记、厅长 | 1993.03—2002.03 |
| | | 省政协农委副主任、主任 | 2002.03— |

续表附-1

| 机构名称 | 姓 名 | 职 务 | 任 期 |
| --- | --- | --- | --- |
| 四川省农牧（农业）厅 | 张禹安 | 厅党组成员、省农干院党委书记 | 1990.01—1993.10 |
| | | 副厅长 | 1993.05—1997.09 |
| 四川省农牧（农业）厅 | 刘福银 | 厅党组副书记、副厅长 | 1996.12—1997.03 |
| 四川省农牧厅 | 王雨顺 | 厅党组成员、副厅长 | 1991.11—1993.04 |
| 四川省农牧（农业）厅 | 陈 谦 | 副厅长（1990.05 明确为正厅级待遇） | 1990.03—1998.01 |
| | | 省政协农委副主任 | 1998.01—2004.02 |
| 四川省农牧厅 | 谭嘉林 | 厅党组成员、厅直机关党委书记 | 1993.12—2000.02 |
| 四川省农牧（农业）厅 | 罗蜀华 | 助理巡视员 | 1988.06—1995.03 |
| 四川省农牧（农业）厅 | 雷正阳 | 助理巡视员 | 1988.04—1995.03 |
| 四川省农牧（农业）厅 | 崔明新 | 助理巡视员 | 1990.06—1996.01 |
| 四川省农牧（农业）厅 | 刘 键 | 厅党组成员、党组副书记、副厅长 | 1994.01—2005.12 |
| 四川省农牧（农业）厅 | 冯 丹（女） | 厅党组成员、副厅长 | 1994.02—2006.12 |
| 四川省农牧（农业）厅 | 任永昌 | 厅党组成员、省农干院党委书记 | 1994.01—2000.12 |
| 四川省农牧（农业）厅 | 熊联泽 | 厅党组成员、纪检组长 | 1991.05—1995.03 |
| 四川省农业厅 | 陈正雄 | 厅党组成员、纪检组长 | 1995.06—2000.10 |
| | | 助理巡视员 | 2000.11—2004.02 |
| 四川省农业厅 | 赵学谦 | 厅党组成员、副厅长 | 1996.01—2006.10 |
| 四川省农业厅 | 范敬超 | 厅党组副书记、副厅长 | 1997.08—2000.07 |
| 四川省农业厅 | 邓维思 | 助理巡视员 | 1997.08—2000.08 |
| 四川省农业厅 | 吴忠厚 | 厅党组成员、副厅长 | 1998.06— |
| 四川省农业厅 | 于 伟 | 厅党组书记、厅长 | 2002.03—2003.02 |
| 四川省农业厅 | 滕彩元 | 厅党组副书记、副厅长 | 2000.08—2003.03 |
| | | 党组书记、厅长 | 2003.03— |
| 四川省农业厅 | 王西安 | 厅党组成员、厅直机关党委书记 | 2000.04— |
| 四川省农业厅 | 张锡坤 | 厅党组成员、纪检组长、监察专员 | 2000.11— |
| 四川省农业厅 | 赵世勇 | 总农艺师 | 2004.11— |
| 四川省农业厅 | 涂建华 | 助理巡视员 | 2004.11— |
| 四川省农业厅 | 傅志康 | 厅党组副书记、副厅长 | 2005.07— |

# 二、大事记

## 1986 年

**4 月** 袁绍良、柴敬宗等人获得四川省人民政府颁发的四川省科学技术进步二等奖。

**5 月 8 日** 四川省机构编制委员会发文核定四川省蚕业制种公司为县处级事业单位。

**5 月 13 日** 中共四川省委、四川省人民政府发文，明确规定把国营农场管理机构和四川省农工商公司分开，恢复四川省农牧厅农场管理局。

**6 月 10 日** 四川省人民政府颁布《四川省蚕种管理暂行条例（试行）》。

**7 月** 四川省人民政府决定在川东南大抓再生稻示范推广，当年全省推广面积 69 万亩（含重庆市），平均亩产稻谷 75 公斤。

**是年** 中共四川省委、四川省人民政府把建设县农业技术推广中心作为农技推广体系改革的重点，省人大六届第四次会议将“七五”期间建设 70 个县农业技术推广中心写入《四川省国民经济和社会发展的第七个五年计划》，省财政每年从支农资金中安排 200 万元专款支持建设完善县农业技术推广中心。

**是年** 全省油菜菌核病大发生，达到 5 级，发生面积 495.78 万亩次，占播种面积的 47.26%，为历史上最重的一年；稻纵卷叶螟大发生，达到 5 级，发生面积 197.7 万亩，占播种面积的 5.56%。

**是年至 1989 年** 农业部、财政部安排四川省 22 个名特优农产品补助项目（不含重庆市），总投资 906.7 万元，其中：部级补助投资 385 万元，地方配套投资 196.5 万元，农民集资 82.1 万元，银行贷款 243.1 万元。

## 1987 年

**2 月 18 日** 四川省人民政府批准地方国营、民营橡胶和热带作物生产归口由省农牧厅农场管理局管理。

**4 月** 日本科学技术交流团赠送成都市科学技术协会樱花树苗 15 株，经检疫发现带感根头癌肿病，病株率达 73.3%，按照检疫规定全部销毁。

**4—10 月** 四川省农牧厅以“中国四川国际农业培训中心”名义对莫桑比克 30 名农业技术和管

理人员进行培训。这是四川省第一次承担该类任务。

**7月** 四川省机构编制委员会同意，在成都土壤测试中心挂“四川省农业环境保护监测站”牌子，实行一套机构、两块牌子。

**9月5日** 四川省农牧厅、四川省工商行政管理局转发农牧渔业部、国家工商行政管理局《关于加强农作物种子生产、经营管理的暂行规定》的通知，对商品种子的生产和经营，实行种子生产许可证、种子经营许可证、种子质量合格证和营业执照管理。

**11月21—23日** 以山下武雄为团长的日本农交协会代表团一行12人到四川考察，访问乐山蚕种场、成都缫丝厂及养蚕乡镇企业、养蚕农户。

**是年** 四川进行蔬菜产销体制改革，全省各地陆续放开蔬菜品种、价格和市场，逐渐步入市场经济轨道，蔬菜生产得到迅速发展，基地由城郊向农区转移。

**是年** 长江上中游地区水果开发项目开始立项和实施。该项目是由世界银行贷款和国内各级共同投资建设柑橘、龙眼、荔枝、枇杷等优质果品基地的项目。

## 1988年

**6月** 四川省机构编制委员会同意，将中华人民共和国农牧渔业部成都植物检疫站更名为中华人民共和国成都植物检疫所。

**7月** 四川省机构编制委员会同意，将农业信息服务中心从四川省农牧厅办公室划出，成立四川省农牧厅信息中心；撤销合作经济处，组建四川省农村经营管理总站。

**8月** 杨明均获得农业部颁发的全国农牧渔业丰收一等奖，尚洁萍、龚文章、程瑞鲁、宋治世获得农业部颁发的全国农牧渔业丰收二等奖。

**9月22日** 四川省计划经济委员会、四川省农牧厅印发《关于农作物良种实行运输归口管理的通知》，对农作物良种的铁路运输实行运输计划归口管理。

**9月** 游正明、张积秀、李仕鸿获得农业部颁发的科学技术进步三等奖，戴兰君、龚文章、程瑞鲁获得农业部颁发的“先进个人”和“先进工作者”称号。

**10月** 农业部同意，将成都土壤测试中心更名为成都土壤肥料测试中心。

**是年** 四川省农村合作基金会成立。

**是年** 全国各地开始实施“菜篮子工程”，实行市长负责制，四川蔬菜生产的发展进入“丰富菜篮子”阶段。

## 1989年

**4月** 林荣寿、谭家兴获得四川省人民政府颁发的四川省科技进步二等奖，四川省农牧厅植检站获得四川省科技进步三等奖。

**6月** 四川省机构编制委员会同意，撤销四川省农牧厅政治部和政治部组织处，设立监察处，与纪检组合署办公；设立审计处，将原政治部干部处更名为人事处，将原政治部老干部处更名为离退休干部管理处。

**7月** 四川省编制委员会批准，四川省农民体育协会成立。

**同月** 四川省从上海口岸进口的美国和阿根廷小麦20万吨，发现带有检疫对象假高粱和有毒杂草曼陀罗。各地植物检疫部门加强对加工面粉监督，焚烧下脚料，禁止作种用，做好疫情监测，有效防止检疫对象传播蔓延。

**8月** 章锐获得农业部颁发的全国农牧渔业丰收一等奖，龚文章、宋治世获得农业部颁发的全国农牧渔业丰收二等奖。

**10月** 四川省植检站先后4次查处从省外调入四川的带水稻细菌性条斑病的“特青二号”和“Ⅱ优63”案件。

**12月20日** 1981年9月12日成立的中央农业广播学校四川省分校，更名为四川省农业广播电视学校。

**是年** 全省小麦赤霉病大发生，达到5级，川西北常发区发病严重，全省发生面积700.9万亩，占播种面积的28.5%。

## 1990年

**3月** 四川省机构编制委员会批准成立四川长江上中游地区水果开发项目办公室。

**5月6—12日** 哥伦比亚农业部部长加夫列尔·罗萨斯·维加率农业代表团一行6人到四川进行友好访问。代表团在川期间，就农业科技交流和经济合作领域、形式及共同感兴趣的合作项目交换意见。

**5月15日** 四川省蚕种质量监督检验站成立，为四川省蚕业制种公司内设机构。同年7月正式开展蚕种质量检验工作。

**5月** 四川省机构编制委员会批准成立四川农药检定所。

**6月** 四川省机构编制委员会同意设立四川省农牧厅政策法规处。

**8月** 马继良、龚文章、程瑞鲁、张积秀、熊远俸、章锐、杨明均、樊雄伟、徐大明获得农业部颁发的全国农牧渔业丰收二等奖，肖贵友获得农业部决算报表一等奖，舒锦铨获得“农业部先进工作者”称号。

**12月4日** 长江上中游地区水果开发项目正式签字生效。在宜宾地区江安县、长宁县、南溪县、宜宾县、宜宾市，泸州市市中区、泸县、合江县，涪陵地区涪陵市、垫江县、丰都县，万县地区奉节县、开县、万县市、万县、云阳县16个县（市、区）建设新果园8.70万亩，改造原有果园7500亩。

**12月** 四川省农牧厅植检站获得四川省人民政府颁发的四川省科学技术进步二等奖，袁少良、徐南生、倪文泽获得“农业部先进工作者”称号。

**是年** 柑橘小实蝇在攀枝花市仁和区、盐边县、米易县，宜宾地区屏山县，凉山彝族自治州德昌县、普格县、盐源县、会理县、西昌市9个县（市、区）发生危害，芒果、梨、苹果受害较重，一般受害约40%，个别品种达90%以上。

**是年** 全省水稻螟虫大发生，达到5级，发生面积2902.23万亩，占播种面积的84.13%。

**是年** 四川省开始引进遮阳网覆盖蔬菜栽培技术，首先在成都市、乐山市、泸州市示范，效果显著，随即在全省推广。

## 1991年

**2月** 四川省人民政府批准将四川省农牧厅畜牧局更名为四川省畜牧局，四川省农牧厅农业机械管理局更名为四川省农业机械管理局。

**3月** 四川省机构编制委员会批准建立四川省优质农产品开发服务中心，与四川省长江上中游地区水果开发项目办公室实行一套人员、两块牌子。

**同月** 杨明均获得四川省人民政府颁发的四川省科学技术进步一等奖。

**5月28日** 四川省七届人民代表大会常务委员会第二十三次会议审议通过《四川省农作物种子管理条例》。

**5月** 在全国"七五"星火科技成果博览会上，万源市"巴山雀舌"茶获得金奖，"巴山毛峰"富硒茶获得银奖，"巴山毛尖"茶获得优秀奖。

**同月** 四川省机构编制委员会同意，将四川省乡镇企业局划归四川省农工委管理，撤销四川省天府开发公司，成立四川省农垦开发公司。

**9月** 张启申、游正明、张积秀获得四川省人民政府颁发的四川省科学技术进步二等奖，吴德芳获得四川省人民政府颁发的四川省科学技术进步三等奖。

**12月** 四川省蚕丝学校获得"纺织工业部先进单位"称号，朱兆举获得"农业部先进工作者"称号。

**是年** 水稻旱育秧引入四川，科技人员结合四川生态特点和种植制度要求，因地制宜加以改进，使该项技术更切合四川实际，实现大、中、小苗配套。

**是年** 全省小麦蚜虫特大发生，达到5级，发生面积1393.56万亩，占播种面积的54.16%；稻飞虱大发生，达到5级，发生面积730.93万亩，占播种面积的21.26%；稻纵卷叶螟大发生，达到5级，发生面积217.9万亩，占播种面积的6.34%。

## 1992年

**2月** 四川省人民政府批准将四川省畜牧局单设，四川省农牧厅不再承担管理职能。

**同月** 四川省机构编制委员会同意将四川省农垦局勘测队更名为四川省农业工程勘测设计所。

**9月** 刘宇、杨莉获得农业部颁发的全国农牧渔业丰收二等奖。

**11月** 张启申获得国家科学技术奖评审委员会颁发的科学技术进步奖一等奖。

**是年** 全省小麦赤霉病大发生，达到5级，发生面积706.35万亩，占播种面积的27.15%；水稻稻瘟病大发生，达到5级，发生面积478.4万亩，占播种面积的13.88%。

## 1993年

**2月** 成都信芳园艺有限公司从荷兰进口康乃馨苗3万株，经检疫发现有中国尚无记载的香石竹萎蔫病，按照检疫规定全部进行销毁。

**3月** 瞿光贵、张启申、龚文章、刘牛、朱军、杨伟、彭东胜、王明英、叶存式、罗林明获得四川省人民政府颁发的四川省科学技术进步二等奖。

**9月** 刘宇、刘牛获得农业部颁发的全国农牧渔业丰收二等奖，吴德芳、张积秀、徐大明获得农业部颁发的全国农牧渔业丰收三等奖。

**11月** 四川省机构编制委员会同意将四川省种子公司更名为四川省种子站。

**同月** 在成都双流国际机场口岸旅检中检获从中国台湾旅客携带的10公斤柚子中有国家二类植物危险病虫寡毛实蝇，按照规定全部予以销毁处理。

**是年** 始于日本的水稻旱育抛秧高产栽培技术在四川示范推广。该技术具有省工、增产、增收优点，一般亩产增加5%—10%。

**是年** 全省水稻稻瘟病大发生，达到5级，是1985年后又一大发生年，全省150个县发生叶瘟，占总县数的60%，发生面积738.5万亩，占播种面积的22.01%；稻飞虱大发生5级，历史上第二个重发年，发生面积506.41万亩，占播种面积的15.09%。

## 1994年

**1月** 许宗林、罗为民、李仕鸿、罗楠、宋治世获得四川省人民政府颁发的四川省科学技术进步二等奖。

**10月** 在重庆市沙坪坝区歌乐山镇首次发现美洲斑潜蝇疫情。

**同月** 宋治世获评享受国务院政府特殊津贴。

**11月** 从中国台湾到四川旅客携带莲雾水果中检出桔小实蝇，按照规定全部销毁。

**12月22日** 成都市植保植检站在成都市驷马桥农贸水果批发市场查获2万多箱“广东红江橙”带柑橘溃疡病，病果率57.7%。

**12月** 四川省机构编制委员会批准成立四川省绿色食品发展中心，为四川省农牧厅直属县级事业单位，四川省农牧厅绿色食品办公室予以撤销。

**同月** 从中国台湾入境旅客携带的兰草中检出兰花花叶病毒病和番环斑病毒病，监督货主全部予以销毁。

**是年** 全省开始示范推广稻茬麦免耕露播稻草覆盖高产简化栽培技术。该技术是一项既增产增收，又用地养地结合的现代农业可持续发展新技术，2005年全省栽培面积达到358.5万亩，一般每亩增产小麦30—40公斤，省工节支80—100元。

## 1995 年

**1 月** 马继良、熊远俸获得四川省人民政府颁发的四川省科学技术进步奖一等奖，刘牛获得四川省人民政府颁发的四川省科学技术进步二等奖。

**9 月 25 日** 四川省机构编制委员会批复，四川省蚕业制种公司更名为四川省蚕种管理总站，其机构级别、人员编制和经费渠道不变。

**10 月** 杨明均获评享受国务院政府特殊津贴，赵大森获得农业部颁发的全国农牧渔业丰收三等奖。

**12 月** 四川省人民政府批准，四川省农牧厅更名为四川省农业厅，撤销省政府柑橘办，其行政管理和行业管理职能及人员划归省农业厅，省农业厅内设 14 个职能处室和直属机关党委。

**是年** 四川省八届人民代表大会常务委员会第十八次会议审议通过《四川省蚕种管理条例》。

**是年** 四川省人民政府同意，四川省农业厅、四川省人事厅、四川省公安厅、四川省粮食局在全省开展符合条件的乡镇农技推广人员“农转非”工作。

**是年** 四川省开始狠抓玉米生产，到 1999 年全省玉米栽培面积达 2040 万亩，平均亩产 340 公斤，总产量 69.4 亿公斤。与 1994 年相比，全省玉米栽培面积扩大 243 万亩，亩产提高 119 公斤、增长 54%，总产量增加 29.6 亿公斤、增长 74%，

**是年** 全省小麦蚜虫历史性大发生，达到 5 级，发生面积 2033.76 万亩，占播种面积的 77.34%；稻飞虱大发生，达到 5 级，全省发生面积 418.71 万亩，占播种面积的 12.67%。

## 1996 年

**5 月 28—29 日** 应农业部邀请，以联合国粮农组织总干事雅克·迪乌夫为团长的一行 5 人，到四川省简阳市白马庙村检查“粮食安全特别计划项目”。四川省人民政府省长张中伟会见并宴请代表团一行。

**7 月** 四川省农业广播电视学校通过农业部科教司、中央农广校的评估、检查和验收，获得农业部颁发的“全国育才兴农示范校”荣誉。

**8 月** 马继良、刘代银获得农业部颁发的全国农牧渔业丰收一等奖。

**9 月 1 日起** 根据中央和省委有关指示精神，万县市、涪陵市、黔江地区划归重庆直辖市，四川省市（地、州）级农场管理机构由 26 个减为 22 个，市（地、州）、县农场个数由 337 个减为 247 个。鉴于全省市（地、州）机构改革正在进行，按照“上下对口”的原则，均保留农场管理机构。

**9 月 5—8 日** 联合国粮农组织和农业部在成都市召开联合国粮农组织粮食安全特别项目政策研讨会。联合国粮农组织驻华代表库瑞希及亚太局政研室官员到会，四川省人民政府副秘书长柳斌杰到会讲话。

**11 月** 四川省机构编制委员会同意，四川省农业厅农作物良种试验站更名为四川省原良种试验

站；同意四川省农业厅农场管理处更名为四川省农业厅农场管理局。

**同月** 杨祥禄获得“农业部先进工作者”称号，徐大明获得农业部颁发的科学技术进步三等奖。

**12月24日** 四川省八届人大常委会第77号公告公布《四川省农业技术推广法实施办法》，自1997年1月1日起施行，蚕桑技术推广纳入调节范围。

**是年** “世行贷款长江水果开发项目”建设结束，新建果园8.70万亩，改造果园的配套建设7500亩，安装7条商品化生产线，完成培训中心建设和培训任务，完成项目总投资6077.78万美元，其中世行贷款超过3100万美元。

**是年** 农业部在全国开展大规模基层农技推广人员定编、定岗、定员工作。四川省完成乡镇农技推广人员编制测算工作。截至1996年底，全省有乡镇农技站4573个，编制21844名。

**是年** 四川省农业厅、四川省人事厅在全省开展乡镇农技推广人员聘用干部转录用干部的工作，全省有500名优秀农技人员转为国家录用干部。

**是年** 全省小麦条锈病大发生，达到5级，发生面积441万亩，是前4年平均发病面积的14倍，占播种面积的16.47%；小麦赤霉病大发生，达到5级，发生面积808.02万亩，是前7年平均发病面积的1.27倍，占播种面积的30.18%。

## 1997年

**1月22日至2月6日** 国际农发基金会、联合国世界粮食计划署和联合国项目服务办公室及农业部联合在成都市召开“川东北综合开发项目”启动研讨会。国际农发基金会中国项目主管马顿斯和世界粮食计划署驻华代表泽文斯基到会，对该项目的提款、报账和项目的监评提出要求。

**1月** 四川省机构编制委员会同意成立四川省农学会。

**同月** 省农技推广总站获得四川省人民政府颁发的四川省科学技术进步奖一等奖；李仕鸿、康厚生、党寿光、胡强获得“农业部先进工作者”称号。

**2月** 刘宇获得四川省人民政府颁发的四川省科学技术进步一等奖。

**5月** 四川省机构编制委员会同意，四川省农业环境保护监测站与成都土壤测试中心分设，为省农业厅直属事业单位；同意成立四川省农业厅机关后勤服务中心；四川省农业机械管理局单设，省农业厅不再承担管理职能。

**同月** 四川大力推广水稻杂糯间栽技术。该技术是四川水稻栽培一项新技术，在不影响原杂交中稻产量情况下，一般每亩可增产糯稻40—50公斤，增收60—80元。

**9月6日** 四川省人民政府根据国务院《植物检疫条例》，结合四川实际，制定的《四川省植物检疫条例》，经四川省八届人大常委会第二十八次会议审定通过，公布施行。

**10月22日** 国家专利局发明专利公报第43号公布《家蚕种成品检疫方法》获得国家专利（公开号：CN1162744A）。该专利由四川省蚕种管理总站提出专利申请（申请号：96117763.2），发明人：曾华明、叶永林、冯永德、潘荣、潘杰、陈佑伟、王升华、邓德菊。

**11月** 经批准，取消中华人民共和国成都植物检疫所牌子。

**12月5—9日** 联合国粮农组织驻华代表处在四川召开粮食安全特别项目三年示范期总结暨表彰

大会，联合国粮农组织驻华代表库瑞希、毕希到会。

**是年** 全省首次命名30个省级优质蚕产基地县，并制定目标考核办法。

**是年** 全省小麦赤霉病大发生，达到5级，是1989年后又一大发生年，发生面积861.56万亩，占播种面积的31.47%；水稻螟虫大发生，达到5级，发生面积3208.6万亩，占播种面积的97.40%。

**是年** 南美斑潜蝇在四川省的6个市（地、州）20个县（市、区）发生，面积达28万亩，两种斑潜蝇混合发生8万亩。

## 1998年

**3月10—21日** 应农业部邀请，以菊池雅夫为团长的日本国际协力事业团一行5人到四川访问，就中日两国政府间技术合作的“加强农业技术推广体系建设项目”进行第二次调查。该项目系日本政府提供无偿援助，援助金额5亿日元，在成都市和自贡市实施。

**3月** 秦蓁、李刚获得四川省人民政府颁发的四川省科学技术进步二等奖。

**6月** 四川省农业科学院从四川省农业厅划出单设。

**8月21日** 四川省机构编制委员会批准，在四川省农业工程勘测设计所增挂“四川省南亚热带作物发展中心”牌子，其机构规格、人员编制、领导职数等不作变动。

**10月16日** “世界粮食日和粮食电视节目纪念大会”在成都市举行。农业部副部长路明、国家粮食储备总局副局长李俊玲、联合国粮农组织驻华代表库瑞希参会。会议表彰四川省粮食生产、粮食安全先进代表19人。

**12月12日** 中共四川省委副书记、四川省人民政府省长张中伟出席全省第八次农广校工作会并讲话。

**是年** 固定厢沟麦（油）稻免耕秸秆覆盖还田种植技术在全省示范推广，到2005年全省达到184.6万亩，每亩全年增产粮食85公斤，省工节支和增收300元。

**是年** 为规范和完善基层农技推广机构制度建设，四川省农业厅制定《乡镇农技推广机构十大制度》，并以手册形式印发到全省5000多个乡镇农技站。

**是年** 全省稻飞虱大发生，达到5级，发生面积545.1万亩，占播种面积的16.74%；稻纵卷叶螟大发生，达到5级，发生面积170.5万亩，占播种面积的5.24%；稻秆潜蝇大发生，达到5级，发生面积128.85万亩，占播种面积的3.96%。

## 1999年

**3月** 全省有农村合作基金会4435个，集资额256.96亿元，其中会员股金215.6亿元，会员人均约3000元，借款总额217.06亿元。四川省农村合作基金会筹资规模居全国之首，占全国的四分之一。

**4月** 国务院作出清理整顿合作基金会决定，四川提出“能并则并，该关则关，政府承诺，分期偿还”的基本方针和具体政策措施。

**11 月** 四川省农技推广总站获得农业部颁发的全国农牧渔业丰收一等奖，李仕鸿、康厚生、党寿光、高瑛、胡强、刘汝之、朱怀林获得农业部颁发的科学技术进步奖一等奖。

**12 月 14 日** 根据政企分开原则，四川省农业厅直属的四川省国营农工商联合总公司、四川省农垦开发公司、四川省农业科教仪器公司、四川省白河牧场与四川省农业厅脱钩，整体移交四川省国有资产管理有限责任公司。

**是年** 四川省九届人民代表大会常务委员会第十次会议审议通过《四川省农药管理条例》。

**是年** 全省水稻纹枯病大发生，达到 5 级，发生面积 1140.46 万亩，占播种面积的 34.94%；油菜蚜虫大发生，达到 5 级，发生面积 604.85 万亩次，占播种面积的 58.56%，为 20 世纪 80 年代以后最重的一年；小麦条锈病大发生，达到 5 级，发生面积 1030.8 万亩，占播种面积的 37.77%，比大发生的 1996 年高 1.18 倍，为 20 世纪 80 年代以后最重的一年。

## 2000 年

**2 月** 四川省农技推广总站获得四川省人民政府颁发的四川省科学技术进步二等奖，廖华明、刘牛、赵绍斌获得农业部颁发的全国农牧渔业丰收二等奖，王少伯被四川省人民政府授予“四川省劳动模范”称号。

**5 月 23—28 日** 中国茶叶流通协会、成都市人民政府、四川省农业厅主办的 2000 年中国（成都）国际茶博览会在成都国际会议展览中心举行，全国 20 多个省（市、自治区）和中国台湾地区，以及日本等国的 80 多家厂商参会。该次博览会的“名茶评比家”活动评选出金奖 7 个、银奖 12 个。

**6 月** 吴忠厚（第一完成人）等人完成的课题“中低产田土改造技术的研究及应用”获得四川省人民政府一等奖。

**7 月 7 日** 四川省人民政府办公厅印发《关于印发四川省农业厅职能配置内设机构和人员编制规定的通知》，将原由四川省国土局承担的农业资源区划职能划入四川省农业厅；将四川省农业厅农村环境保护职能交给四川省环保局，取消对四川省农业厅属企业的直接管理职能；将四川省丝绸公司承担的蚕桑、蚕种行业管理职能及其直属事业单位四川省蚕种管理总站、四川省蚕丝学校，四川省南充、三台、阆中、西充、苏稽 5 个蚕种场划归四川省农业厅管理。

**7 月 8 日** 《中华人民共和国种子法》公布，种子管理进入有法可依时期，种子企业逐步成为市场主体。四川省 256 家国有种子企业启动政企脱钩工作。

**9 月 2—4 日** 联合国粮农组织总干事雅克·迪乌夫率 24 个国家的农业部部长、有关国家常驻联合国粮农组织代表和有关国际机构高级官员 54 人，在农业部副部长刘坚、农业部国际合作司司长唐正平陪同下，到四川省考察“FAO 在华粮食安全特别计划项目（简称粮安项目）”。

**9 月 20—21 日** 应农业部邀请，联合国粮农总干事助理、粮农亚太区域代表辛格到四川实地参观、检查粮食安全项目。

**12 月** 四川省农技推广总站、林勇、吴德芳、刘代银、梁南山、熊远俸、刘基敏、章锐、樊雄伟获得农业部颁发的全国农牧渔业丰收一等奖。

**是年** 全省小麦条锈病大发生，达 5 级，发生面积 700 万亩，占播种面积的 29.18%。

## 2001 年

**1 月** 刘代银获得国务院颁发的国家科技进步二等奖，谭家兴、刘宇获得四川省人民政府颁发的四川省科学技术进步一等奖。

**2 月 26 日** 《主要农作物品种审定办法》《农作物种子生产经营许可证管理办法》《主要农作物范围规定》发布，对规范品种审定、种子生产经营活动作出规定。

**4 月** 刘代银被四川省人民政府授予“有突出贡献优秀专家”称号。

**7 月** 杨祥禄被农业部评为“九五”期间全国农业计划先进工作者。

**9 月 3 日** 中共四川省委组织部印发《关于利用农广校加强村社干部学历培训的通知》，全省农广校系统实施村社培训工程。

**9 月 22 日** 四川省九届人民代表大会常务委员会第二十五次会议审议通过《关于修改〈四川省农作物种子管理条例〉的决定》。修订后的《四川省农作物种子管理条例》颁布实施。

**10 月** 刘代银获评享受国务院政府特殊津贴，宋绪贵获得农业部颁发的全国农牧渔业丰收一等奖，四川省农技推广总站、梁南山、刘基敏、陈静获得农业部颁发的全国农牧渔业丰收二等奖。

**12 月** 四川省机构编制委员会同意，在四川省农业环境保护监测站增挂“四川省农产品质量检测认证中心”牌子。

**是年** 四川省农业科技工作者在借鉴马达加斯加水稻强化栽培体系成果和理念的基础上，针对四川及国内类似生态区“低日照、高湿度、小温差”的气候特点，通过试验，自主创新，推出“水稻超高产强化栽培技术”。

**是年** 国务院批准农业部在全国开展“无公害农产品行动计划”，蔬菜生产正式进入“净化菜篮子”阶段，彭州市、广汉市成为四川省首批全国无公害蔬菜基地县。

**是年** 全省小麦条锈病大发生，达 5 级，发生面积 830.09 万亩，占播种面积的 36.81%。

## 2002 年

**1 月** 四川省农业厅植保站刘可、罗林明获得四川省人民政府颁发的四川省科学技术进步奖一等奖，四川省农技推广总站、谭家兴、张红非、卢戟获得四川省人民政府颁发的四川省科学技术进步二等奖。

**2 月 19 日** 四川省机构编制委员会同意，四川省蚕种管理总站更名为四川省蚕业管理总站。

**9 月** 四川省农技推广总站、四川省农业厅植物检疫站、李刚、高瑛、李涛获得农业部颁发的全国农牧渔业丰收一等奖，段新友、朱万成获得农业部颁发的全国农牧渔业丰收二等奖。

**是年** 四川省农业厅命名宁南县等 21 个优质蚕茧生产基地县。在四川农业产业发展“十五”规划中将蚕桑列为四川八大优势农产品，并首次规划出攀西、川中北、川南三大蚕桑优势产业带。

**是年** 废止《四川省农业承包合同管理条例》和《四川省农民负担管理条例》。

**是年** 全省小麦条锈病特大发生，达5级，发病面积1523.2万亩，占小麦种植面积的57.7%。

**是年至2003年** 农业部安排四川省阿坝、广元、绵阳、遂宁、眉山、甘孜、德阳、资阳、南充、巴中、乐山、雅安12个市（州）建设小麦条锈病菌源地综合治理试验站，项目总投资3600万元，其中：中央投资3000万元，地方配套600万元。

**同期** 农业部批准四川省在成都市第二农科所建设国家油菜改良分中心、在南充市农科所建设国家甘薯改良分中心、在四川省农科院泸州水稻所建设国家水稻改良分中心3个项目，总投资3100万元，其中：中央预算内专项资金2200万元，地方配套900万元。

**是年至2004年** 农业部在全国12个省开展基层农技推广机构改革试点，四川省绵竹市参加改革试点。

**是年至2005年** 国家安排四川省136个县（市、区）建设农村户用沼气项目，国家投资21670.2万元，建设农村户用沼气21.67万户，每户实施“一池三改”（建沼气池、改厨、改圈、改厕）。

## 2003年

**5月7日** 四川省农业广播电视学校增挂“四川省农民科技教育培训中心”牌子，实行一套机构、两块牌子，其隶属关系、机构规格、人员编制和经费渠道等不作变动。

**5月** 四川省农业厅完成《四川省攀西地区绿色产业（种植业）发展规划》，提出特色水果（晚熟芒果、石榴、早市枇杷、酿酒葡萄、早熟脐橙）、早市蔬菜、蚕桑、粮食（优质稻、脱毒马铃薯、荞麦）、花卉、甘蔗六大支柱产业的发展规划。

**10月** 刘基敏获得农业部颁发的全国农牧渔业丰收一等奖。

**是年** 全省水稻稻瘟病大发生，达5级，发生面积532万亩，占播种面积的17.83%；稻纵卷叶螟大发生，达5级，发生面积228.78万亩；小麦条锈病大发生，发生面积905万亩，占播种面积的47.56%。

## 2004年

**1月** 中共四川省委、四川省人民政府将四川省建设厅承担的农村能源建设行政管理职能划入四川省农业厅，全额拨款事业单位四川省农村能源办公室划入四川省农业厅管理。

**2月** 四川省农技推广总站、刘代银、梁南山获得四川省人民政府颁发的四川省科学技术进步二等奖，王少伯被中华全国总工会授予全国五一劳动奖章。

**8月24日** 四川省农科院植保所从荷兰引进茄子种子20克，经酶联免疫实验，带有烟草环斑病毒，四川省植检站对该批次带疫隔离种植材料进行销毁检疫处理。

**9月** 四川省人民政府、中国国际茶文化研究会等单位承办的第八届国际茶文化研讨会暨首届蒙山国际茶文化旅游节在雅安市举行。26个国家和地区、国内32个省（市、自治区）的领导和2400

名茶业界专家、学者、企业代表参加活动。中国工程院院士、中国茶叶学会名誉理事长、中国农业科学院茶叶研究所研究员、博士生导师陈宗懋参加活动，并考察四川省部分茶区和茶叶企业。

**11月2日** 蓬安县人民法院公开审理一起违反植物检疫法律法规，导致柑橘溃疡病疫情扩散蔓延，给国家和人民造成300万元重大经济损失的案件。这是中华人民共和国成立后四川省植物检疫人员首例违法案件。

**12月** 省委、省政府决定从2005年开始在全省免征农业税及附加。

**是年** 国家确定在全国13个粮食主产省（自治区）实施优质粮食产业工程，四川省有39个县（市、区）被纳入实施范围。

**是年** 西藏飞蝗在雅砻江、金沙江及其支流的农田、湖沼泽地及草场局部大发生，达5级，发生面积246万亩；小麦条锈病大发生，达5级，发生面积850万亩，占播种面积的44.67%。

## 2005年

**1月** 段新友、张冬川获得四川省人民政府颁发的四川省科学技术进步奖一等奖，四川省农业厅植保站、沈丽获得农业部颁发的全国农牧渔业丰收一等奖。

**2月** 四川省农技推广总站、刘基敏、段新友、张冬川获得四川省人民政府颁发的四川省科学技术进步二等奖，杨万金被四川省人民政府授予“四川省劳动模范”称号。

**7月** 四川省机构编制委员会批准，四川省长江上中游地区水果开发项目办公室更名为四川省园艺作物技术推广总站，继续与四川省优质农产品开发服务中心实行一套机构、两块牌子。

**同月** 高瑛被中共四川省委、四川省人民政府授予“有突出贡献优秀专家”称号。

**9月** 杨祥禄、付洪被农业部等八部委授予“全国农业产业化先进工作者”称号。

**11月20日** 四川省种子站参与的“印水型水稻不育胞质的发掘及应用”获得国家科技进步一等奖。

**12月** 柑橘溃疡病在四川省7个市11个县（市、区）发生，共销毁感染柑橘溃疡病的苗木1358.6963万株，幼树和成年挂果树101.658万株。

**是年** 农业部在全国25个省开展基层农技推广运行机制研究试点，成都市郫县、乐山市五通桥区参加改革试点。

**是年** 全省水稻稻曲病大发生，达5级，发生面积392.73万亩，占播种面积的13.13%；小麦条锈病大发生，达5级，发生面积880.98万亩，占播种面积的43.50%。

# 三、文献辑存

## 四川省农作物种子管理条例

（1984年9月2日四川省第六届人民代表大会常务委员会第八次会议通过，
根据1991年5月28日四川省第七届人民代表大会常务委员会第二十三次会议
《关于修改〈四川省农作物种子管理条例〉的决定》第一次修正，
2001年9月22日四川省第九届人民代表大会常务委员会第二十五次会议修订，
根据2006年9月28日四川省第十届人民代表大会常务委员会第二十三次会议
《关于修改〈四川省农作物种子管理条例〉的决定》第二次修正）

**第一条** 根据《中华人民共和国种子法》，结合四川省实际，制定本条例。

**第二条** 在本省行政区域内从事农作物品种选育和种子生产、经营、使用、管理等活动，适用本条例。

**第三条** 县级以上人民政府农业行政主管部门主管本行政区域内农作物种子工作，其所属的种子管理机构负责具体管理工作。

**第四条** 省人民政府设立专项资金，用于扶持良种选育、试验和推广。农作物种子行政管理和执法监督所需经费列入同级人民政府财政预算。

**第五条** 县级以上人民政府应当贮备一定数量的救灾备荒种子。贮备计划和动用贮备救灾备荒种子，由县级以上人民政府农业行政主管部门报同级人民政府批准。

贮备救灾备荒种子所需贮藏设施，由同级人民政府按国家有关规定解决；贮备救灾备荒种子产生的政策性亏损，由同级财政对承储单位予以适当补贴。

**第六条** 主要农作物品种在推广应用前应当通过国家级或者省级审定，具体审定办法，按国务院农业行政主管部门的规定执行。

主要农作物以外的其他农作物品种是否申请品种审定由选育者决定。

通过审定或者同意引种的主要农作物品种，在推广应用过程中发现有不可克服的缺陷或者丰产性等优势丧失的，经省农作物品种审定委员会审核同意后，由省农业行政主管部门公告停止经营、推广。

**第七条** 有下列情形的品种，不得经营、推广：

（一）应当审定而未经审定通过的；

（二）未经同意引种的；

（三）审定通过或者同意引种但不在适宜种植区域内的；

（四）省级以上农业行政主管部门公告停止使用的。

**第八条** 通过国家级或者省级审定的品种，在本省审定或者引种，应当使用原审定名称。

通过审定和引种的品种，其包装标识和宣传广告应当使用审定名称，不得使用其他名称；审定名称应当印制在种子包装物表面上部三分之一范围内，字体应当显著、突出，单字面积应当大于其他标识文字的单字面积的1倍，字体颜色与背底形成强烈反差。

**第九条** 引种应当具备下列条件：

（一）引种单位具有主要农作物种子经营许可证；

（二）品种通过国家级或者省级审定；

（三）品种属于相邻省、自治区、直辖市同一适宜生态区域；

（四）经省农业行政主管部门组织试验并同意。

**第十条** 主要农作物品种参加区域试验1年后，按照省以上农作物品种审定委员会指定的区域进行生产试验。试验品种不得有偿使用。

**第十一条** 主要农作物的商品种子生产实行许可制度。

申请种子生产许可证的，由直接组织种子生产的单位或者个人提出申请。

委托农民或者乡村集体经济组织生产的，由委托方提出申请；委托其他经济组织生产的，由委托方或者受托方提出申请。

变更主要农作物种子生产地点和品种的，应当依法办理变更登记手续。

**第十二条** 申请主要农作物种子生产许可证的，应当具备《中华人民共和国种子法》第二十一条规定的条件，并达到以下要求：

（一）生产主要农作物杂交种子的，注册资本500万元以上；生产主要农作物杂交亲本种子和常规种原种种子的，注册资本100万元以上；

（二）种子晒场500平方米以上或者有种子烘干设备，种子仓库800平方米以上，种子检验用房60平方米以上，仪器达到一般种子质量检验机构的标准；

（三）经省级以上农业行政主管部门考核合格的种子检验人员2名以上；熟悉种子生产技术的中级以上农业技术职务人员3名以上，其中农业高级技术职务人员1名以上。

**第十三条** 申请主要农作物杂交种子及其亲本种子、常规种原种种子生产许可证的，应当提交以下资料：

（一）生产许可证申请表；

（二）种子检验人员资格证明、种子生产技术人员技术职务证书复印件；

（三）注册资本证明；

（四）检验设施和仪器设备清单及产权证明；

（五）种子晒场情况介绍或者种子烘干设备和仓储设施清单及产权证明；

（六）种子生产地点情况介绍及检疫证明；

（七）种子生产所在村的生产种子的证明（含品种、面积）；

（八）生产品种介绍，品种为授权品种的，应当提交品种权人同意生产的书面证明或者品种转让合同，生产种子是转基因品种的，应当提交农业转基因生物安全证书；

（九）种子生产质量保证制度。

**第十四条** 申请主要农作物杂交种子及其亲本种子、常规种原种种子生产许可证的，按以下程序办理：

（一）申请人向生产所在地县级人民政府农业行政主管部门提出申请；

（二）县级人民政府农业行政主管部门应当在收到申请材料之日起20日内完成审核工作；审核时应当对生产地点、晾晒烘干设施、仓储设施、检验设施和仪器设备进行实地考察，对符合条件的，签署审核意见，报省人民政府农业行政主管部门，审核不予通过的，书面通知申请人并说明原因；

（三）省人民政府农业行政主管部门应当在收到审核意见之日起20日内完成核发工作，对符合条件的，发给生产许可证，不符合条件的，应当制作不予核准通知书，由审核机关转交申请人。

**第十五条** 主要农作物常规种的大田用种生产许可证，由生产所在地县级以上人民政府农业行政主管部门核发。核发条件由省人民政府农业行政主管部门根据本条例具体规定。

**第十六条** 种子生产应当保证质量。受委托制种（繁殖）基地的农户，应当服从统一安排，不得妨碍种子生产。因规划制种（繁殖）隔离区给农户造成损失的，由组织种子生产的单位或者个人予以赔偿。

**第十七条** 申请主要农作物杂交种子经营许可证的，应当具备《中华人民共和国种子法》第二十九条规定的条件，并达到以下要求：

（一）注册资本500万元以上；

（二）种子晒场500平方米以上，种子仓库800平方米以上，种子检验用房60平方米以上，仪器达到一般种子质量检验机构的标准；

（三）经省级以上农业行政主管部门考核合格的种子检验人员2名以上；中级以上农业技术职务人员3名以上，其中农业高级技术职务人员1名以上。

**第十八条** 申请主要农作物杂交种子的亲本种子、常规种原种种子经营许可证的，应当具备《中华人民共和国种子法》第二十九条规定的条件，并达到以下要求：

（一）注册资本100万元以上；

（二）经省级以上农业行政主管部门考核合格的种子检验人员1名以上。

**第十九条** 申请主要农作物杂交种子及其亲本种子、常规种原种种子经营许可证，应当提交以下材料：

（一）经营许可证申请表；

（二）注册资本证明；

（三）种子检验人员、贮藏保管人员资格证明、技术人员技术职务证书复印件；

（四）检验种子质量的仪器设备、加工设备、仓储设施的清单及产权证明；

（五）种子经营场所证明。

**第二十条** 申请主要农作物杂交种子及其亲本种子、常规种原种种子经营许可证的，按以下程序办理：

（一）申请人向经营者所在地县级人民政府农业行政主管部门提出申请；

（二）县级人民政府农业行政主管部门应当在收到申请材料之日起 20 日内完成审核工作；审核时应当对经营场所及加工、包装、贮藏保管设施和检验种子质量的仪器设备进行实地考察，对符合条件的，签署审核意见，报省人民政府农业行政主管部门，审核不予通过的，书面通知申请人并说明原因；

（三）省人民政府农业行政主管部门应当在收到审核意见之日起 20 日内完成核发工作，对符合条件的，发给主要农作物杂交种子及其亲本种子、常规种原种种子经营许可证，不符合条件的，应当制作不予核准通知书，由审核机关转交申请人。

**第二十一条** 申请主要农作物常规种的大田用种经营许可证、主要农作物以外的种子经营许可证的，注册资本为 100 万元以上；其他条件及程序，由省人民政府农业行政主管部门根据本条例具体规定。

**第二十二条** 农民个人自繁、自用的常规种子有剩余的，可以在集贸市场上出售、串换，不需要办理种子经营许可证。

**第二十三条** 种子经营者有下列情形之一的，可以不再办理种子经营许可证，但不得分装、包装种子，并应当在办理或者变更营业执照之日起 15 日内向当地县级人民政府农业行政主管部门备案：

（一）种子经营者专门经营不再分装的包装种子的，提交营业执照复印件；

（二）受具有种子经营许可证的种子经营者书面委托代销其种子的，提交营业执照、委托代销合同、销售品种名录、种子经营许可证复印件；

（三）种子经营者按照经营许可证规定的有效区域设立分支机构的门市销售种子的，提交营业执照复印件。种子经营者按照经营许可证规定的有效区域设立分支机构的，提交种子经营许可证、营业执照复印件、销售品种名录，并向当地县级人民政府农业行政主管部门和原发证机关备案。种子经营者提交的种子经营许可证、委托代销合同复印件，应当加盖委托单位印章。

**第二十四条** 种子经营者专门经营不再分装的包装种子的，或者受具有种子经营许可证的种子经营者书面委托代销其种子的，以及种子经营者按照经营许可证规定的有效区域设立分支机构的门市销售种子的，应当具备下列条件：

（一）经县级以上人民政府农业行政主管部门培训，有农业技术基础知识的人员；

（二）必要的种子保管条件；

（三）固定的营业场所。

具有种子经营许可证的种子经营者委托代销种子的，委托和被委托双方应当签订书面委托代销协议，被委托方不得再委托代销种子。

种子经营者应当向购种者出具有效购种凭证，被委托方出售种子应当使用委托方的有效售种凭证。种子经营者应当依法建立种子经营档案。

**第二十五条** 对栽培、气候、区域等条件有特定要求或者属特殊、专用用途的种子，种子经营者应当向种子使用者提供相应栽培措施和使用条件的说明。

**第二十六条** 禁止任何单位和个人到他人的种子生产基地向农户收购种子。

**第二十七条** 农业行政主管部门负责农作物种子质量的监督工作。

承担农作物种子质量抽查检验工作的检验机构，应当具备相应的检测条件和能力，并经省级以上人民政府有关行政主管部门考核合格。

**第二十八条** 农作物种子包装标签应当包括产量、特征特性、适宜区域、抗病性、抗逆性内容。

农作物种子广告、包装标签使用的数据和引用语应当与该品种审定公告一致。

**第二十九条** 由于不可抗力原因，为生产需要必须使用低于国家或者地方规定的种用标准的农作物种子的，应当经用种地县级以上人民政府批准，但种子标签应当注明种子的实际质量指标和使用方法。

**第三十条** 违反本条例第七条规定之一的，由县级以上人民政府农业行政主管部门责令改正，没收种子和违法所得，并处以 1 万元以上 5 万元以下罚款。

**第三十一条** 违反本条例第八条第二款规定的，由县级以上人民政府农业行政主管部门责令改正，并处以 1000 元以上 1 万元以下罚款。

**第三十二条** 违反本条例第二十三条或者第二十四条第二款、第三款规定的，由县级以上人民政府农业行政主管部门责令改正，并处以 1000 元以上 1 万元以下罚款。

**第三十三条** 违反本条例第二十五条规定的，由县级以上人民政府农业行政主管部门责令改正，拒不改正的，没收种子和违法所得。

**第三十四条** 违反本条例第二十六条规定的，由县级以上人民政府农业行政主管部门责令停止收购，没收种子和违法所得，并处以 1 万元以上 5 万元以下罚款。

**第三十五条** 违反本条例第二十八条第二款规定，由县级以上人民政府农业行政主管部门或者工商行政管理机关责令改正，并处以 1000 元以上 1 万元以下罚款。

**第三十六条** 违反《中华人民共和国种子法》和本条例有关规定，给种子使用者造成损失的，种子经营者应予赔偿，赔偿额包括购种价款、有关费用和可得利益损失；构成犯罪的，依法追究刑事责任。

**第三十七条** 农业行政主管部门执法检查时，对涉嫌违法生产、经营的种子，经县级以上人民政府农业行政主管部门负责人批准，可以先行登记保存。

转移先行登记保存种子的，由县级以上人民政府农业行政主管部门处以种子货值 2 倍以上 5 倍以下罚款。

**第三十八条** 违反本条例规定，行政主管部门及其工作人员不按规定实施行政许可、监督检查、处罚、强制措施的，对其直接负责的主管人员和其他直接责任人员依法给予行政处分；构成犯罪的，依法追究刑事责任。

**第三十九条** 本条例所称主要农作物是指稻、小麦、玉米、棉花、大豆、油菜、马铃薯、甘薯。

**第四十条** 少数民族地区生产主要农作物商品种子以及经营农作物种子的具体标准，由省人民政府农业行政主管部门另行规定。

**第四十一条** 本条例自公布之日起施行。

# 四川省蚕种管理条例

（1995年12月20日四川省第八届人民代表大会常务委员会第十八次会议通过）

## 第一章 总 则

**第一条** 为了加强蚕种管理，保证蚕种质量，维护蚕种选育者、生产者、供应者和使用者的合法权益，促进蚕业和丝绸生产的发展，根据《中华人民共和国农业法》等法律、法规的规定，结合四川实际，制定本条例。

**第二条** 凡在四川省行政区域内从事蚕种选育、生产、供应、使用活动的单位和个人，必须遵守本条例。

本条例所称蚕种，包括家蚕的原蚕种和普通蚕种；原蚕种包括原原母种、原原种、原种。

**第三条** 蚕种是重要的农业生产资料。地方各级人民政府应加强对蚕种管理工作的领导，支持蚕种的科学研究，鼓励蚕种生产单位和使用者采用先进的科学技术，保障全省蚕丝业的健康发展。

**第四条** 四川省蚕种管理总站统一负责全省蚕种的管理工作。

市、地、州和县级蚕种管理机构受省蚕种管理总站的委托，负责本行政区域内蚕种的管理工作。

**第五条** 在蚕种生产、供应、质量管理和科学研究、技术推广等工作中成绩显著的单位或个人，由县级以上地方人民政府给予表彰或者奖励。

## 第二章 蚕品种选育审定和推广

**第六条** 蚕品种资源受国家保护。全省蚕品种资源的搜集、整理、保存、鉴定和研究，由省蚕种管理总站组织有条件的省级科研、教学和生产单位具体实施。

**第七条** 凡引进的蚕品种资源，必须经过检疫、隔离试养，确认无疫病后方能利用。向国外提供蚕品种资源，必须按国家关于种质资源对外交流的规定办理。

**第八条** 家蚕品种的选育，由省蚕种管理总站会同有关部门根据国家的统一规划，组织科研、教学和生产单位进行。

家蚕品种选育应从本省自然条件出发，适应商品生产发展的需要，培育出优质、高产、高效的蚕品种。育种单位提供新蚕品种时，须提供品种性状及饲养技术等资料。

**第九条** 加强原蚕种繁育体系的建设，确保推广品种的优良特性。育种单位应负责自育品种原原母种的保纯繁殖，提供生产部门定期更换。

**第十条** 新蚕品种实行省统一审定制度。省设立家蚕品种审定委员会，负责全省新培育蚕品种的审定和引进蚕品种的审议。家蚕品种审定委员会的委员，由省蚕种管理总站从科研、教学、生产和管理单位的专家中聘任。

**第十一条** 家蚕品种审定委员会审定合格的新蚕品种，由省蚕种管理总站公布。各地在利用经审定合格的新蚕品种时，应经区域性试验和论证；经试验和论证可行的，由省蚕种管理总站统一组织生产和推广使用。

**第十二条** 经家蚕品种审定委员会认定的蚕品种杂交组合型式不得更改。未经审定或审定不合格的蚕品种，不得生产、推广和宣传。

育种单位选育的新蚕品种，需要在省内试繁、试养的，按照家蚕品种审定委员会的规定进行。

**第十三条** 审定合格的新蚕品种在生产推广过程中，如发现有不可克服的弱点，家蚕品种审定委员会应提出终止推广的建议，并由省蚕种管理总站公布。

**第十四条** 经审定合格的家蚕新品种，可以实行有偿转让。新蚕品种繁殖技术的专利保护，依照国家有关法律规定办理。

## 第三章 蚕种生产

**第十五条** 全省蚕种场和蚕种冷库的建设，由省蚕种管理总站统一规划。新建、扩建、改建蚕种场和蚕种冷库，报省蚕种管理总站批准后方能申办立项建设手续。

蚕种场和蚕种冷库附近五公里以内，任何单位和个人不得修建排放有毒物质、污染蚕种生产环境的砖瓦厂、农药厂、化工厂和油库等。

**第十六条** 蚕种生产单位必须具备相应的生产设备和技术力量，具有与蚕种生产能力相适应的桑园和稳定安全的原蚕基地。

蚕种冷库必须具备相应的冷藏库房、仪器设备和技术力量。

**第十七条** 蚕种生产和冷藏实行生产许可制度。生产许可证由省蚕种管理总站根据全省蚕种的需求总量和本条例第十六条、第十八条的规定核发。

科研、教学单位从事以供应、销售为目的的蚕种生产应申领生产许可证，但从事以科研、教学为目的的蚕种生产除外。

**第十八条** 原蚕种的繁殖生产，由省蚕种管理总站指定有条件的蚕种生产、科研、教学单位按省统一计划繁殖生产。未经指定的蚕种生产、科研、教学单位或者个人，不得从事原蚕种的繁殖。

原种生产单位对无蚕种生产许可证的单位，不得发放原种。

**第十九条** 蚕种生产单位必须依照蚕种生产许可证核定的生产种类和数量按计划组织生产。未经发证机关批准，不得与无证生产单位或者个人联合制种。

**第二十条** 蚕种冷库由省蚕种管理总站实行统一管理。蚕种冷库必须按照蚕种生产许可证核定的冷藏能力冷藏蚕种，对无生产许可证和供应许可证的单位不得发放蚕种。有下列情形之一的蚕种，不得允许入库：

（一）无蚕种生产许可证的单位生产的蚕种；

（二）无调运许可证调入省内的蚕种；

（三）无检验检疫合格证调入省内的蚕种。

**第二十一条** 蚕种生产单位和蚕种冷库应严格执行蚕种质量标准和生产技术操作规程，确保蚕种质量。因不可抗力因素必须使用达不到质量标准的种茧制种的，须报省蚕种管理总站批准。

## 第四章 蚕种供应

**第二十二条** 原蚕种的供应，由省蚕种管理总站根据全省普通蚕种的需求总量有计划地调拨到省属蚕种场和市、地、州蚕种管理机构，由市、地、州蚕种管理机构按计划调拨到蚕种生产单位。

普通蚕种的供应实行合同定购，由蚕种生产单位与蚕种供应单位签订供应合同，纳入各级蚕种管理机构的产销计划管理。

**第二十三条** 县级蚕种供应单位向农民供应普通蚕种实行许可制度，许可证由省蚕种管理总站统一核发。

**第二十四条** 凡生产供应的蚕种，必须在包装上注明生产单位、生产许可证号、品种、卵量、生产年季、批次、有效期限等，并贴附蚕种质量合格证。

**第二十五条** 凡生产供应的蚕种必须保证质量，严格执行国家定价。因蚕种质量给使用者造成经济损失的，应当承担赔偿责任。

**第二十六条** 运输进出省的蚕种，应向省蚕种质量监督检验站申报检疫或者领取调运许可证，交通运输部门凭检验检疫合格证或者调运许可证办理承运和领取手续。科研、教学单位寄送试验用蚕种，凭本单位的证明办理寄送手续。

**第二十七条** 原蚕种和普通蚕种的价格，由省蚕种管理总站会同省物价部门统一制定。

**第二十八条** 蚕种场收购原蚕种茧，不交纳蚕桑技术改进费。

依照国家规定收取的蚕种改良费和价格风险金，由省蚕种管理总站统一收取，专户储存，专款专用，任何单位和个人不得截留和挪用。

## 第五章 蚕种检验和检疫

**第二十九条** 省蚕种质量监督检验站负责全省蚕种质量的监督管理，负责组织原种、省属蚕种场普通蚕种的检验及省际间调运蚕种的检验检疫。

市、地、州蚕种质量监督检验机构，负责本行政区域内蚕种质量的监督管理和普通蚕种的检验检疫。未设立蚕种质量监督检验机构的，其普通蚕种的检验由省蚕种质量监督检验站负责组织。

省和市、地、州蚕种质量监督检验机构聘任的蚕种质量监督管理人员，具体从事蚕种生产、检验、供应、使用过程中的质量监督管理工作。蚕种质量监督管理人员必须经培训合格，持证上岗。

**第三十条** 凡生产、供应的蚕种，必须经蚕种质量监督检验机构检验，合格的发给省统一印制的蚕种质量合格证。

无蚕种质量合格证的蚕种，蚕种冷库不得安排出、入库，任何单位和个人不得供应和使用。

**第三十一条** 蚕种的检验检疫，必须按照蚕种质量标准和蚕种检验规程进行。检验不合格的蚕种，蚕种生产、供应单位必须在蚕种质量监督检验机构的监督下就地销毁，不得调运、入库、出库、供应和使用。

进出口蚕种的检疫，按《中华人民共和国进出境动植物检疫法》的规定执行。

## 第六章 法律责任

**第三十二条** 违反本条例第十二条的规定，生产推广未经审定或者审定不合格蚕品种的，责令立即停止生产和推广，就地销毁蚕种，可处5000元以上3万元以下的罚款；拒不停止违法活动的，吊销许可证。

违反本条例第十二条的规定，更改蚕品种杂交组合形式的，责令就地销毁蚕种，可处1000元以上5000元以下的罚款。

**第三十三条** 违反本条例第十五条的规定，未经批准新建、扩建、改建蚕种场和蚕种冷库的，责令立即停止建设施工；继续施工的，查封或者折价变卖继续施工的设备和建筑材料，并处5万元以上10万元以下的罚款。

**第三十四条** 违反本条例第十七条、第十八条的规定，无证生产繁殖和冷藏蚕种，或者对无证的生产单位发放原种的，没收蚕种及其收入，并处相当于违法所得2—5倍的罚款。

**第三十五条** 违反本条例第十九条的规定，不依照核定的生产种类和超过核定的生产数量组织生产蚕种的，没收违法生产的蚕种及其收入，可处3000元以上1万元以下的罚款。

违反本条例第十九条的规定，未经批准与无证生产单位或个人联合制种的，吊销生产许可证，没收蚕种，并处1万元以上5万元以下的罚款。

**第三十六条** 违反本条例第二十条的规定，允许无证的蚕种入库或者对无证单位发放蚕种的，封存或者销毁无证的蚕种，没收违法发放的蚕种和违法所得，并处相当于违法所得3—6倍的罚款。

**第三十七条** 违反本条例第二十三条的规定，未经许可向农民供应蚕种的，责令立即停止供种；拒不停止的，没收蚕种及其收入，并处相当于违法所得4—8倍的罚款。

**第三十八条** 违反本条例第二十六条的规定，未经检验检疫或者无证从事省际间蚕种调运活动的，责令立即停止，没收蚕种及其收入，并处4万元以上8万元以下的罚款。

**第三十九条** 违反本条例第二十八条的规定，不按规定交纳蚕种改良费和价格风险金的，责令限期交纳；逾期不交纳的，每日加收相当于应交金额2‰的滞纳金。

**第四十条** 违反本条例第三十条的规定，安排无质量合格证的蚕种出入库，或者供应无质量合格证的蚕种的，没收蚕种，就地销毁，并处2万元以上8万元以下的罚款。

**第四十一条** 违反本条例第三十一条的规定，拒不销毁检验不合格蚕种的，强制销毁蚕种，吊销许可证，并处2万元以上5万元以下的罚款。造成经济损失的，责令赔偿损失。构成犯罪的，依法追究刑事责任。

**第四十二条** 国家工作人员违反本条例的规定，有下列行为之一的，给予批评教育或者行政处分；构成犯罪的，依法追究刑事责任：

（一）对不具备条件的单位和个人发给蚕种生产许可证的；

（二）对未经检验或检验不合格蚕种出具检验证书或者质量合格证的；

（三）对省际间调运无检验检疫合格证或者无调运许可证的蚕种办理承运和领取手续的；

（四）超越检验权限检验蚕种的；

（五）允许无证蚕种入库的；

（六）对无证单位发放蚕种的；

（七）安排无质量合格证的蚕种出入库；

（八）拒不就地销毁不合格蚕种的；

（九）未经批准使用达不到质量标准的种茧制种的；

（十）在蚕种生产、冷藏、供应、检验、统计等工作中弄虚作假的。

**第四十三条** 本条例规定的行政处罚，由省蚕种管理总站或其委托的下级蚕种管理机构决定。

本条例规定的行政处分，可由省蚕种管理总站或其委托的下级蚕种管理机构提出建议，由其所在单位或者上级机关决定。

**第四十四条** 违反本条例其他规定的，由工商、技术监督、物价、环境保护等行政主管部门依法予以处罚。

**第四十五条** 当事人对行政处罚决定不服的，可依法申请行政复议或者提起行政诉讼。超过法定期限不申请复议、不起诉又不履行的，由作出处罚决定的机关申请人民法院强制执行。

## 第七章 附 则

**第四十六条** 本条例具体应用中的问题，由四川省蚕种管理总站负责解释。

**第四十七条** 本条例自1996年3月1日起施行。1986年6月10日省人民政府发布的《四川省蚕种管理暂行条例（草案）》同时废止。

# 四川省《中华人民共和国农业技术推广法》实施办法

（1996年12月24日四川省第八届人民代表大会常务委员会第二十四次会议通过，
根据2002年7月20日四川省第九届人民代表大会常务委员会第三十次会议
《关于修改〈四川省《中华人民共和国农业技术推广法》实施办法〉的决定》第一次修正，
根据2004年9月24日四川省第十届人民代表大会常务委员会第十一次会议
《关于修改〈四川省《中华人民共和国农业技术推广法》实施办法〉的决定》第二次修正）

## 第一章 总 则

**第一条** 根据《中华人民共和国农业技术推广法》的规定，结合四川省实际，制定本实施办法。

**第二条** 凡在四川省行政区域内从事农业技术推广活动的，必须遵守本实施办法。

**第三条** 本实施办法所称农业技术，是指应用于种植业、林业、畜牧业、渔业、蚕桑业的科研成果和实用技术，包括良种繁育、施肥培土、病虫草鼠防治、栽培和养殖技术，栽桑养蚕技术，饲料加工技术，畜禽疫病防治技术，农副产品加工、保鲜、贮运技术，农业机械技术和农用航空技术，农田水利、土壤改良与水土保持技术，农村供水、农村能源利用和农业环境保护技术，农业气象技术以及农业经营管理技术等。

本办法所称农业技术推广，是指通过试验、示范、宣传、培训、指导以及咨询服务等，把农业技术普及应用于农业生产产前、产中、产后全过程的活动。

**第四条** 农业技术推广应当遵循下列原则：

（一）有利于农业和农村经济的发展；

（二）尊重生产经营组织和农业劳动者的意愿；

（三）因地制宜，经过试验、示范；

（四）国家、农村集体经济组织扶持；

（五）实行农业技术推广机构、科研单位、有关院校与群众性科技组织、科技人员、农业劳动者相结合；

（六）讲求农业生产的经济效益、社会效益和生态效益。

**第五条** 鼓励和支持科技人员开发、推广应用先进适用的农业技术。

鼓励和支持农业劳动者和农业生产经营组织应用先进适用的农业技术。

鼓励和支持引进国外先进的农业技术，促进农业技术推广的国际合作与交流。

**第六条** 地方各级人民政府应加强对农业技术推广工作的领导，组织有关部门和单位采取措施，促进农业技术推广事业的发展。

**第七条** 县级以上地方人民政府农业、林业、畜牧、水利、水产、农机、蚕桑、气象主管部门（以下统称农业技术推广行政部门），在同级人民政府的领导下，按照各自的职责，负责本行政区域内有关的农业技术推广管理工作。

同级人民政府科学技术行政部门对农业技术推广工作进行指导。

**第八条** 对在农业技术推广工作中做出贡献的单位和个人，给予奖励。

## 第二章 农业技术推广体系

**第九条** 农业技术推广实行以农业技术推广机构为主，农业科研单位、有关院校及群众性科技组织、农民技术员相结合的推广体系。

**第十条** 县级以上国家农业技术推广机构的职责是：

（一）参与制定农业技术推广长远规划和年度计划，并组织实施；

（二）负责重大科技成果的推广和先进实用技术的引进；

（三）对农业新技术进行试验、示范；

（四）开展农业技术指导、技术咨询、技术培训、技术承包、普及农业科学知识；

（五）对当地推广销售的种子、化肥、农药、兽药、饲料等农用生产资料进行生产监测和市场监测以及农业环境保护监测管理；

（六）开展技物结合，兴办经济实体；

（七）搜集、整理、传递农业科学技术情报和经济信息；

（八）对下级农业技术推广机构实行业务指导。

**第十一条** 乡（镇）农业技术推广机构是国家在农村基层设立的全民所有制事业单位，由县级人民政府农业技术推广行政部门和乡（镇）人民政府实行双重领导。

县级人民政府农业技术推广行政部门负责乡（镇）农业技术推广机构的政策、业务指导和人员、资产、财务管理，在征求乡（镇）人民政府意见后按规定程序任免其主要负责人。乡（镇）人民政府负责综合协调、监督等行政管理和政治、思想教育，提供必要的工作和生活条件，配合县级人民政府农业技术推广行政部门做好乡（镇）农业技术推广机构的人员管理。

**第十二条** 乡（镇）农业技术推广机构的主要职责：

（一）参与制定农业技术推广计划并组织实施；

（二）组织农业技术的宣传培训；

（三）提供农业技术、信息服务；

（四）对农业新技术进行试验、示范；

（五）指导村农业技术综合服务站或农民技术人员及其群众性科技组织的农业技术推广活动；

（六）开展技物结合，兴办经济实体。

**第十三条** 村民委员会设立的农业技术综合服务站和配备的农民技术员在上级农业技术推广机构的指导下，宣传农业技术知识，落实农业技术推广措施，为农业劳动者提供产前、产中、产后技术服务。

**第十四条** 乡（镇）以上地方各级国家农业技术推广机构的人员编制，按照国家和省编制管理规定核定，专编专用，任何单位不得挤占。对缺编人员应及时补充到位。

**第十五条** 乡（镇）以上地方各级国家农业技术推广机构的人员构成，应当以专业技术人员为主体，其比例原则上不低于80%。

**第十六条** 乡（镇）以上地方各级国家农业技术推广机构的专业科技人员，应当具有中等以上有关专业学历，或者经县级以上农业技术推广行政部门主持的专业考核、培训，达到相应的专业技术水平。

中专农业学校可以从农业技术推广机构中招收在岗农业技术员，实行定向招生，定向分配。

乡（镇）农业技术推广机构招聘人员，应选聘具有农民助理技师以上职称的人员。

村农业技术推广人员，应具有农民技术员以上的职称。

**第十七条** 在乡（镇）从事农业技术推广工作的专业科技人员，应按规定给予评定技术职称。在评定职称时，应当将他们从事农业技术推广工作的实绩和接受专业教育的情况作为考核的重要内容。其中不具备规定学历者，需参加省级农业行政部门组织的专业知识培训，并将培训成绩作为评聘技术职称的依据。

**第十八条** 各级农业技术推广机构应当建立试验、示范基地，具备必备的仪器设备、服务设施和培训场所等。

企业、事业单位和社会团体、个人从事农业技术推广工作的，必须具备相应的设施、设备和资金。

## 第三章 推广与应用

**第十九条** 推广农业技术应当根据农业和农村经济发展的需要，制定农业技术推广项目。重点项目应列入有关科技发展计划，由农业技术推广行政部门和科学技术行政部门按照各自的职责，相互配合，组织实施。

**第二十条** 向农业生产经营组织和劳动者推广农业新技术、新品种，必须在推广地区经过试验、示范证明具有先进性、实用性和经济合理性。

**第二十一条** 地方各级人民政府应积极组织推广农业先进技术，农业生产经营组织和农业劳动者应积极学习和采用农业先进技术。

向农业劳动者推广农业新技术的，必须坚持自愿原则，尊重农业劳动者的意愿。

## 第四章 保障措施

**第二十二条** 地方各级人民政府应当逐步提高对农业技术推广的投入，在财政预算内保障用于农业技术推广资金的增长应当高于财政经常性收入的增长幅度。

**第二十三条** 地方各级人民政府应从下列资金中确定适当的比例，筹集建立农业技术推广专项资金：

（一）国家和地方的财政拨款；

（二）国家和地方农业发展基金、农业技术推广机构的自营收入；

（三）国家扶持的区域性开发和基地建设资金、农业综合开发资金；

（四）以工补农、以工建农资金；

（五）粮食、棉花、油料、经济作物及牲畜等农产品的技术改进费、新品种开发基金；

（六）集体经济组织的积累资金；

（七）国内外有关组织与个人提供的贷款和捐赠资金；

（八）县级以上人民政府决定的其他资金。

**第二十四条** 地方各级审计部门应对农业技术推广专项资金的安排、使用情况实行定期审计，并将审计结果报告同级人大常委会和人民政府。

**第二十五条** 地方各级人民政府财政部门对农业技术推广机构必要的仪器设备购置、农技推广人员工作和生活条件的改善，要给予资金上的保证。

**第二十六条** 乡（镇）农业技术推广机构应按国家规定做好定编、定员工作。定编、定员后的乡（镇）农业技术推广机构的人员工资和事业经费纳入县级财政预算。

**第二十七条** 乡（镇）农业技术推广机构合同聘用的农民技术员的报酬，从农业技术推广专项资金和有偿服务收入中列支，并按国家规定办理医疗、养老保险。

村农民技术员的补贴，由村集体经济组织实行定额补助和由县、乡（镇）财政给予补助。

**第二十八条** 县、乡（镇）、村级农业技术推广机构依照国家规定经营化肥、农膜、农药及其他农业生产资料，有权从生产企业直接购货，或在农业生产资料经营单位进货，并按国家规定的价格销售。

**第二十九条** 农业技术推广机构根据当地农村经济发展的需要，可以兴办优质粮、油等农副产品加工企业及其他为农业服务的企业，并享受有关税收、信贷等优惠政策。

农业技术推广机构从事经营服务和兴办为农业服务的企业所取得的利润，主要用于发展农业技术推广事业。任何单位和个人不得平调或摊派，财政不得因此减少农业技术推广事业费。

**第三十条** 乡（镇）农业技术推广机构的试验基地、推广服务设施、生产资料及其他资产，国家投资购置的，属国家所有；乡（镇）农业技术推广机构购置的，属乡（镇）农业技术推广机构所有。

**第三十一条** 农业技术推广专项资金应当专款专用，任何单位和个人不得截留、挪用。

农业技术推广机构的资产，任何单位和个人不得侵占、平调、挤占。

**第三十二条** 国家农业技术推广人员在县、乡（镇）级农业技术推广岗位累计从事农业技术推广工作30年（女性25年），其中在乡（镇）不少于20年（女性15年），并在该岗位退休的，在退休标准金基础上增加10%以上的退休生活补贴。其具体数额比例，由县级人民政府决定。

**第三十三条** 乡（镇）农业技术推广机构招聘的农业技术人员，长期从事农业技术推广服务工作成绩显著，并按国家规定转为非农业人口的，在国家聘转录指标内，经考核合格后可以正式录用为乡（镇）农业技术推广机构的人员。

## 第五章　法律责任

**第三十四条**　违反本实施办法规定，强制农业劳动者应用农业技术，给农业劳动者造成损失的，应当承担民事赔偿责任，直接负责的主管人员和其他责任人员，可以由其所在单位或者上级机关给予行政处分。

**第三十五条**　农业技术推广行政部门及其工作人员违法行使职权，侵犯公民、法人和其他组织权益造成损失的，受害人有依法取得行政赔偿的权利。

**第三十六条**　当事人对行政处罚不服的，可依法申请复议或直接向人民法院起诉。逾期不申请复议、不起诉又不履行的，由作出行政处罚决定的机关申请人民法院强制执行。

## 第六章　附　则

**第三十七条**　农作物种子技术的推广，依照《中华人民共和国种子法》和《四川省农作物种子管理条例》的规定执行。

**第三十八条**　本实施办法所称的县级以上国家农业技术推广机构，是指县级以上地方人民政府农业技术推广行政部门设置的从事农业技术推广工作的事业单位。

本实施办法所称的蚕桑主管部门，是指省蚕种管理站和市、州、县（市、区）人民政府设立的蚕业（蚕桑）管理局。

**第三十九条**　本实施办法从1997年1月1日起施行。

# 四川省植物检疫条例

（1997年8月19日四川省第八届人民代表大会常务委员会第二十八次会议通过）

## 第一章　总　则

**第一条**　为了防止为害植物的危险性病、虫、杂草传播蔓延，保护农业、林业生产安全，根据国务院《植物检疫条例》，结合四川实际，制定本条例。

**第二条**　省农业行政主管部门、林业行政主管部门按各自的职责主管全省植物检疫工作。县级以上农业行政主管部门、林业行政主管部门所属的植物检疫机构，负责执行植物检疫任务。

**第三条**　各级植物检疫机构必须配备专职植物检疫员，并可根据工作需要在科研、教学、生产和其他有关单位聘请兼职植物检疫员，协助开展植物检疫工作。

**第四条**　各级植物检疫机构应逐步建立健全植物检疫实验室或检验室，配备必要的检验、监测设备。

**第五条**　各级植物检疫机构在依照本条例规定执行检疫任务时，行使下列职权：

（一）进入车站、机场、港口、码头、集贸市场、仓库等应施检疫的植物、植物产品的存放场所和生产基地，实施检疫检验和检疫监督，并依照规定采取样品；

（二）查阅、复制、摘录与应施检疫的植物、植物产品有关的货运单、发票、检疫单证等；

（三）询问与植物检疫有关的人员；

（四）按国家有关规定收取植物检疫费。

**第六条** 在植物、植物产品流通量大的集贸市场和承担植物、植物产品主要调运任务的车站、机场、港口，植物检疫机构可以设置检疫室，执行检疫任务。在机场设置检疫室，须报市、州以上人民政府、地区行政公署批准。

应施检疫的植物、植物产品的托运人或收货人，应当主动申请检疫或者报验检疫手续。

铁路、航空、邮电、交通、工商、港口、海关等有关部门，应当积极配合，协助植物检疫机构履行植物检疫职责。

植物检疫人员在进入车站、机场、港口、仓库以及其他有关场所执行植物检疫任务，应穿着检疫制服和佩带检疫标志。

## 第二章　检疫范围

**第七条** 各级植物检疫机构，应对本地区的种子、苗木和其他繁殖材料的繁育单位和应施检疫的植物、植物产品的生产、经营单位进行植物检疫登记。

**第八条** 植物检疫对象和应施检疫的植物、植物产品名单内的检疫分工，按国务院《植物检疫条例》的规定执行。

国务院农业主管部门规定的植物检疫对象和应施检疫的植物、植物产品，由农业行政主管部门的植物检疫机构负责检疫。

国务院林业主管部门规定的植物检疫对象和应施检疫的植物、植物产品，由林业行政主管部门的植物检疫机构负责检疫。

**第九条** 省农业行政主管部门、林业行政主管部门负责制定和发布本省补充的植物检疫对象和应施检疫的植物、植物产品名单，其补充名单内的植物、植物产品检疫分工由省人民政府决定。

**第十条** 各级农业植物检疫机构、森林植物检疫机构应当按照法律法规规定的职责分工实施植物检疫，不得要求当事人重复检疫。

## 第三章　植物检疫对象的划区、控制和消灭

**第十一条** 各级植物检疫机构对本地区的植物检疫对象应每三至五年调查一次，重点对象一年调查一次，并根据调查结果编制检疫对象分布资料。

**第十二条** 植物检疫机构对于新发现的检疫对象和其他危险性病、虫、杂草，必须及时查清情况，立即向当地人民政府和省农业行政主管部门、林业行政主管部门报告。当地人民政府应采取紧急防疫措施予以消灭。

**第十三条** 局部地区发生植物检疫对象的，应划为疫区，并采取封锁、消灭措施，防止植物检疫对象传出。疫区内的种子、苗木及其他繁殖材料和应施检疫的植物、植物产品，限制在疫区内种植、使用，禁止运出疫区。发生地区已比较普遍的，则应将未发生地区划为保护区，防止植物检疫对象传入。

**第十四条** 省农业行政主管部门、林业行政主管部门可以根据疫情发生与蔓延情况，提出划定

疫区和保护区方案，制定相应的封锁、控制、消灭或保护措施，报省人民政府批准，并报国务院农业主管部门、林业主管部门备案。

疫区、保护区的改变和撤销的程序，与划定时同。

**第十五条** 任何单位或个人对植物检疫对象的研究，均不得在检疫对象的非疫区进行。农林院校和试验研究单位因教学、科研确需在非疫区进行时，必须经国务院或省农业行政主管部门、林业行政主管部门批准，并采取严格的控制措施，防止疫情扩散。

**第十六条** 植物检疫对象的普查，重大疫情的控制和消灭由地方各级人民政府组织，其费用纳入财政安排。

**第十七条** 在发生疫情的地区，植物检疫机构可以派人参加当地的道路联合检查站或者木材检查站；发生重大疫情时，经省人民政府批准，可以设植物检疫检查站，开展植物检疫工作。

## 第四章 产地检疫

**第十八条** 各级植物检疫机构按国家有关规定，对种子、苗木和其他繁殖材料、应施检疫的植物、植物产品实施产地检疫，并签发产地检疫合格证。

**第十九条** 种子、苗木和其他繁殖材料的繁育单位或个人，必须有计划地建立无植物检疫对象的种苗繁育基地、母树林基地。新建繁育基地，在选址之前，应征求植物检疫机构的意见。植物检疫机构应帮助其选择符合检疫要求的地方建立繁育基地。

**第二十条** 已发生检疫对象的繁育基地，应当立即采取封锁、消灭措施。在检疫对象未消灭之前，所繁育的种子、苗木或者其他繁殖材料不得扩散。

**第二十一条** 试验、示范、推广的种子、苗木和其他繁殖材料，必须事先经当地植物检疫机构检疫，查明确实不带植物检疫对象的，发给植物检疫证书后，方可进行试验、示范和推广。

## 第五章 调运检疫

**第二十二条** 调运植物、植物产品，属于下列情况的必须实施检疫：

（一）列入应施检疫的植物、植物产品名单的，运出发生疫情的县级行政区域之前，必须经过检疫。

（二）凡种子、苗木和其他繁殖材料，不论是否列入应施检疫的植物、植物产品名单和运往何地，在调运之前，都必须经过检疫。

**第二十三条** 从省外调入应施检疫的植物、植物产品，调入单位必须事先征得省植物检疫机构或其委托的植物检疫机构同意，并向调出单位提出检疫要求；调出单位必须根据该检疫要求向所在地的省级植物检疫机构或其委托的植物检疫机构申请检疫。从省内调出时，调出单位应当根据外省调入单位的检疫要求，向省植物检疫机构或其委托的植物检疫机构申请检疫。

**第二十四条** 省内调运应施检疫的植物、植物产品，由县级以上植物检疫机构检疫。

**第二十五条** 凡调运应施检疫的植物，植物产品的单位或个人，在调运前都必须取得由植物检疫机构签发的植物检疫证书。

**第二十六条** 植物检疫机构应按下列不同情况签发植物检疫证书：

（一）在无植物检疫对象发生地区调运植物、植物产品经核实确不带植物检疫对象的，签发植物检疫证书；

（二）在零星发生植物检疫对象的地区调运种子、苗木等繁殖材料的，应凭产地检疫合格证签发植物检疫证书；

（三）对产地植物检疫对象发生情况不清楚的植物、植物产品，必须按照《检疫技术规程》进行检疫，证明不带植物检疫对象后，签发植物检疫证书；发现有检疫对象时，必须严格进行除害处理，合格后签发植物检疫证书。

**第二十七条** 植物检疫证书，由省植物检疫机构按国务院农业行政主管部门、林业行政主管部门制定的格式统一印制。

植物检疫证书由专职植物检疫员签发，证书有效期不得超过30天。禁止伪造、涂改、买卖、转让植物检疫单证、印章、标志、封识。

**第二十八条** 对应施检疫的植物、植物产品，托运人应当凭植物检疫证书办理托运或者邮寄手续。无植物检疫证书或者货证不符的，铁路、航空、邮政、交通承运部门和其他从事运输的单位或个人不得运递，并应当及时通知植物检疫机构。

**第二十九条** 各级植物检疫机构有权对调入的植物、植物产品进行查证。必要时可以复检。

对调运的植物、植物产品，经检疫发现检疫对象的，植物检疫机构有权予以扣押、封存，并责令托运人或经管者进行除害处理，无法处理的，责令改变用途或销毁。

**第三十条** 从国外引进种子、苗木及其他繁殖材料的单位或个人，应当事先向省植物检疫机构提出申请，办理检疫审批手续。货物入境时，必须持有省植物检疫机构批准文书和出口国检疫证，并符合中国的检疫要求。引种单位应将入境情况及时报告省植物检疫机构。

**第三十一条** 从国外引进的种子、苗木及其他繁殖材料入境后，引进单位或个人必须按省植物检疫机构的要求进行隔离试种。隔离试种期间，省植物检疫机构应会同当地植物检疫机构进行调查、观察和检疫，证明确实不带危险性病、虫、杂草的，方可分散种植。

经检疫发现检疫对象和其他危险性病、虫、杂草的，必须按省植物检疫机构的意见处理。因此造成经济损失的，由引种单位或个人承担。

**第三十二条** 对可能被检疫对象污染的包装材料、运载工具、场地、仓库等应实施检疫；已被污染的。托运人应按植物检疫机构的要求处理。

**第三十三条** 因依法实施检疫需要的车船停留、货物搬运、开拆、取样、储存、消毒、销毁处理等费用，由托运人负责。

## 第六章　奖励与处罚

**第三十四条** 具备下列条件之一的单位或个人，由县级以上人民政府或者农业行政主管部门、林业行政主管部门给予表彰、奖励：

（一）在植物检疫对象和危险性病、虫、杂草普查工作中成绩显著的；

（二）在植物检疫对象的封锁、控制、消灭工作中成绩显著的；

（三）积极宣传和模范执行植物检疫法律、法规，与违法行为作斗争，事迹突出的；

（四）在检疫技术研究和应用上有重大贡献的；

（五）认真履行职责，协助检疫机构开展工作，成绩突出的。

**第三十五条** 有下列行为之一的，由植物检疫机构依照国务院《植物检疫条例》第十八条的规定进行处罚；处以罚款的按以下标准执行：

（一）未依照本条例办理植物检疫证书或者在报检过程中弄虚作假的，可处200元以上1000元以下的罚款；

（二）伪造、涂改、买卖、转让植物检疫单证、印章、标志、封识的，植物检疫机构应当予以没收、销毁，并可处500元以上6000元以下的罚款；

（三）未依照本条例规定调运、隔离试种或者生产应施检疫的植物、植物产品的，可处1000元以上8000元以下的罚款；

（四）违反本条例规定，擅自开拆植物、植物产品包装，调换植物、植物产品，或者擅自改变植物、植物产品的规定用途的，可处500元以上4000元以下的罚款；

（五）引起疫情扩散的，处以2000元以上50000元以下的罚款。

违反本条例规定调运应施检疫的植物、植物产品，植物检疫机构有权予以封存、没收、销毁或者责令改变用途。销毁所需费用由责任人承担。

**第三十六条** 不按要求处理被污染的包装材料、运载工具、场地、仓库的，由植物检疫机构责令纠正，可并处500元以上10000元以下罚款。

**第三十七条** 违反本条例规定，试验、生产、推广带有植物检疫对象的种子、苗木及其他繁殖材料或者未经批准在非疫区进行检疫对象活体试验研究的，由植物检疫机构责令停止违法活动，没收违法所得，可并处以2000元以上10000元以下罚款。

**第三十八条** 违反本条例规定，不在指定地点种植或者不按要求隔离试种，或者隔离试种期间擅自分散种子、苗木和其他繁殖材料的，对当事人处以1000元以上8000元以下罚款，并责令纠正。

**第三十九条** 逾期不交纳植物检疫费的，每日按收费总额的3‰加收滞纳金。

**第四十条** 植物检疫人员在植物检疫工作中，交通运输部门和邮政部门有关工作人员在植物、植物产品的运输、邮寄工作中，徇私舞弊、玩忽职守的，由其所在单位或其上级主管部门给予行政处分；构成犯罪的，由司法机关依法追究刑事责任。

**第四十一条** 植物检疫机构及其有关部门工作人员违法行使职权，侵犯公民、法人和其他组织造成损失的，受害人有依法取得行政赔偿的权利。

**第四十二条** 当事人对植物检疫机构的行政处罚决定不服的，可以自接到处罚决定通知书之日起十五日内，向作出行政处罚决定的植物检疫机构的上级机构申请复议；对复议决定不服的，可以自接到复议决定书之日起十五日内向人民法院提起诉讼。当事人逾期不申请复议或者不起诉，又不履行行政处罚决定的，植物检疫机构可以申请人民法院强制执行或者依法强制执行。

## 第七章 附 则

**第四十三条** 进出境植物的检疫，按照《中华人民共和国进出境动植物检疫法》及其实施条例的规定执行。

**第四十四条** 本条例具体应用中的问题，由省农业行政主管部门、林业行政主管部门负责解释。

**第四十五条** 本条例自公布之日起施行。1984年公布的《四川省植物检疫实施办法》同时废止。

# 四川省农药管理条例

（1999年8月14日四川省第九届人民代表大会常务委员会第十次会议通过，根据2005年5月26日四川省第十届人民代表大会常务委员会第十五次会议《关于修改〈四川省农药管理条例〉的决定》修正）

**第一条** 为了加强对农药生产、经营和使用的监督管理，保证农药质量，保护农业、林业生产和生态环境，维护人畜安全，根据《中华人民共和国农药管理条例》，结合四川实际，制定本条例。

**第二条** 在四川省行政区域内生产（包括原药生产、制剂加工和分装，下同）、经营和使用农药，必须遵守本条例。

**第三条** 省农业行政主管部门负责全省农药登记、农药质量监测鉴定和执法监督管理工作。县级以上农业行政主管部门负责本行政区域内的农药监督管理工作。

县级以上人民政府的其他有关部门在各自的法定职责范围内负责有关农药监督管理工作。

**第四条** 生产农药以及含有农药有效成分的肥料、进口农药和分装农药，必须申请农药登记。

农药登记申请，应向省农业行政主管部门提出。具体工作由省农业行政主管部门所属的农药检定机构办理。

**第五条** 申请农药登记的单位应向省农业行政主管部门所属的农药检定机构提交农药产品化学、毒理学、药效、残留、环境影响、标签等资料及农药样品。

用于农药登记的药效试验和毒理学试验，必须由具有国家规定的有试验资格的单位进行。有试验资格的单位不得为本单位农药产品进行登记试验。

**第六条** 省农业行政主管部门所属的农药检定机构收到农药登记资料和农药样品后，应当及时进行审查，并在30日内书面通知申请人。

**第七条** 申请登记的农药产品，必须具有经省以上农业行政主管部门所属的农药检定机构审查批准的农药标签，其内容包括：

（一）农药名称、商品名和通用名；

（二）有效成分、含量、剂型和净重量或净容量；

（三）农药登记证号；

（四）农药生产许可证号（或生产批准文件号）、产品标准号，但进口的原装农药除外；

（五）农药类别颜色标志条、毒性标志；

（六）产品性能、使用说明和注意事项；

（七）生产日期（批号）；分装农药必须同时标明分装日期（批号）；

（八）质量保证期；

（九）企业名称、地址、电话、邮政编码；分装农药必须同时注明生产、分装企业的名称。

农药标签确实无法记载上款内容的，应当附具与标签具有同等效力的说明书，补充完善上款内容。

经批准的农药标签需要变更的，应重新报批。

禁止假冒、伪造或擅自更改农药标签。

**第八条** 经登记的农药，在登记有效期限内改变剂型、含量或者使用范围、使用方法的，应当申请变更登记。

农药登记有效期限届满，需要继续生产经营的，必须在有效期限届满前30日内申请续展登记；逾期未申请续展登记的，视为自动撤销登记。

**第九条** 农药生产管理，必须严格依照国家有关法律法规执行。

**第十条** 下列单位可以经营农药：

（一）供销合作社的农业生产资料经营单位；

（二）植物保护站；

（三）土壤肥料站；

（四）农业、林业技术推广机构；

（五）森林病虫害防治机构；

（六）农药生产企业；

（七）国务院规定的其他经营单位。

上述单位设立网点经营农药的，应当加强对经营网点的管理，并对经营网点的行为承担法律责任。经营网点不得再下设网点经营农药。

农药经营权不得转让、出租。

经营卫生杀虫剂不适用本条规定。

**第十一条** 禁止农药监督执法单位及其工作人员参与农药经营活动。

**第十二条** 经营农药的单位、网点，必须具备下列条件：

（一）农药经营人员必须参加有关农药法律、法规及知识培训并经县级以上农业行政主管部门考核合格；

（二）有与其经营的农药相适应的营业场所、设备、仓储设施、安全防护措施和环境污染防治设施、措施；

（三）有与其经营的农药相适应的规章制度；

（四）有与其经营的农药相适应的质量管理制度和管理手段。

**第十三条** 农药经营单位应当符合本条例第十条和第十二条的规定，并依法向工商行政管理机关申领营业执照后，方可经营。

**第十四条** 农药经营单位或经营网点购进农药时，应当向生产企业（或供货单位）索取农药登记证、生产许可证（或生产批准文件）复印件，与农药产品标签标明的内容核对无误，并经查验具有产品质量合格证后，方可进货。

**第十五条** 农药生产企业、农药经营单位或经营网点出售农药，必须开具售货票据。农药经营单位或经营网点以及农药使用者购买农药，有权索取购货票据。

**第十六条** 农药经营单位或经营网点的营业人员，应当向农药使用者正确说明农药的用途、使用方法、用量、中毒急救措施和注意事项，不得误导农药使用者扩大农药的适用范围。

**第十七条** 省农业行政主管部门应当根据本省实际情况，适时向社会公开发布在一定区域内推广、轮换、限制或禁止使用的农药品种。

**第十八条** 县级以上农业行政主管部门负责本行政区域内的农药安全使用、合理使用的指导工作，并组织对农药使用者进行农药知识和使用技术培训。

**第十九条** 农药使用者应当严格按照标签标明的内容使用农药，不得随意扩大使用范围、加大施药剂量和改变使用方法。

严禁在蔬菜（包括食用菌类）、瓜果、茶叶和中草药材等作物上使用剧毒、高毒和高残留农药。

严禁使用国家已禁用的各种剧毒急性杀鼠剂。剧毒、高毒农药不得用于防治卫生害虫。

**第二十条** 禁止生产、经营下列农药：

（一）未经农药登记和未取得农药生产许可证或者农药生产批准文件的；

（二）未经农药登记的含有农药有效成分的肥料；

（三）国家已撤销农药登记或明令禁止生产的；

（四）假冒、劣质农药。

**第二十一条** 禁止经营下列农药：

（一）包装上无标签的、标签内容不齐全又无说明书作补充的或者标签残缺不清的；

（二）超过质量保证期限报废的；

（三）省农业行政主管部门明文规定禁止经营、使用的。

**第二十二条** 超过产品质量保证期限的农药产品，如需继续销售的，其生产者、经营者必须向省农业行政主管部门所属的农药检定机构报检，经检验具有使用价值的，可以在规定期限内销售，但必须注明“过期农药”字样，并附其使用方法和用量。

**第二十三条** 县级以上农业行政主管部门应对安全使用农药的情况实施监督检查，做好主要农副产品农药残留量的检测工作，并定期公布检测结果。

禁止销售农药残留量超过标准的农副产品。

**第二十四条** 对没收的假农药、劣质农药、过期报废农药、禁用农药以及无证、缺证农药，废弃的农药包装和其他含有农药的废弃物，需要进行销毁处理的，必须严格遵守环境保护法律、法规的有关规定，防止环境污染，并接受环境保护行政主管部门监督。销毁没收的农药所需费用，由违法责任人承担。

**第二十五条** 未经登记的农药，禁止刊登、播放、设置、张贴广告。

农药广告内容必须与农药登记的内容一致，并依照广告法和国家有关农药广告管理的规定接受省级以上农业行政主管部门审查。

**第二十六条** 违反本条例第四条第一款、第二十条（一）、（二）、（三）项和第二十一条（二）、（三）项规定的，由县级以上农业行政主管部门责令停止违法行为，没收违法所得，并处违法所得1倍以上10倍以下的罚款；没有违法所得的，并处10万元以下罚款。

**第二十七条** 违反本条例第七条、第二十一条（一）项规定的，由县级以上农业行政主管部门给予警告，没收违法所得，可以并处违法所得3倍以下的罚款；没有违法所得的，可以并处3万元以下的罚款。

**第二十八条** 违反本条例第八条规定的，由县级以上农业行政主管部门责令限期补办变更、续展手续，没收违法所得，可以并处违法所得5倍以下的罚款；没有违法所得的，可以并处5万元以下的罚款；逾期不补办的，由原发证机关责令停止生产、经营，吊销农药登记证。

**第二十九条** 违反本条例第十条规定，擅自经营农药的，由县级以上农业行政主管部门会同工商行政管理机关依法处理；转让、出租农药经营权的，由县级以上工商行政管理机关责令改正，可并处1万元以下罚款。

**第三十条** 违反本条例第十一条规定的，由有权机关依法给予违法单位负责人或直接责任人行政处分；并由县级以上农业行政主管部门没收违法所得，可并处违法所得2倍以下罚款；没有违法所得的，可处1万元以下罚款。

**第三十一条** 违反本条例第十六条规定，给农药使用者造成损失的，应依法赔偿，并由县级以上农业行政主管部门处以损失额二倍以下的罚款。

**第三十二条** 违反本条例第十九条规定的，由县级以上农业行政主管部门根据所造成的危害后果，给予警告，可以并处3万元以下的罚款。

**第三十三条** 违反本条例第二十条（四）项规定的，由县级以上农业行政主管部门或者法律法规规定的其他有关部门没收假农药、劣质农药和违法所得，并处违法所得1倍以上10倍以下的罚款；没有违法所得的，并处10万元以下的罚款；情节严重的，由原发证机关吊销农药登记证、农药临时登记证、农药生产许可证或农药生产批准文件。

**第三十四条** 违反本条例第二十二条规定的，由县级以上农业行政主管部门没收过期农药，经省农业行政主管部门所属的农药检定机构检验，对尚具有使用价值的，在当地农业行政主管部门所属的植物保护机构指导下定点限期使用。所获收入，扣除检验、贮运等费用后，上缴财政。

**第三十五条** 违反本条例规定，造成农药中毒、环境污染、药害等事故或者其他经济损失的，应当依法赔偿。

受损失的单位和个人，可以依法向违法使用者、违法经营者或违法生产者索赔。

**第三十六条** 违反本条例的其他行为，有关法律、法规已作出规定的，从其规定。

违反本条例，构成犯罪的，依法追究刑事责任。

**第三十七条** 省农业行政主管部门可以委托所属的农药检定机构具体实施本条例规定的部分行政处罚。

**第三十八条** 农药行政执法人员履行监督检查职能时，有关单位和个人不得拒绝和阻挠。

农药行政执法人员执行监督管理职务时可以依法进入农药生产、经营、使用和仓储场所进行检查，查阅、复制、拍摄、摘录与农药有关的资料，询问当事人和有关证人，采取抽样取证的方法、先行登记保存和异地封存的措施。

农药行政执法人员对因公接触到的有关技术资料和商业秘密，负保密责任。

**第三十九条** 农药管理人员、行政执法人员违法办理农药登记，违法审批农药标签或农药广告，或者不履行法定职责或滥施处罚，徇私舞弊或索贿受贿的，依法给予行政处分；构成犯罪的，依法追究刑事责任。

**第四十条** 本条例自公布之日起施行。

# 四川省基本农田保护实施细则

（四川省人民政府令第77号　1996年2月29日）

**第一条**　为了合理利用土地，切实保护基本农田，根据国务院《基本农田保护条例》的规定，结合四川实际，制定本细则。

**第二条**　本细则适用于四川省行政区域内基本农田保护区的划定、保护和监督管理。

**第三条**　县级以上人民政府应当将基本农田保护工作纳入国民经济和社会发展计划，并列入政府目标管理。

县级以上人民政府土地管理部门和同级农业行政主管部门按照国务院《基本农田保护条例》和本细则的规定以及本级人民政府规定的职责，负责本行政区域内基本农田的保护管理工作。

乡（镇）人民政府负责本行政区域内的基本农田保护管理工作。

**第四条**　编制基本农田保护区规划应当根据基本农田的地理位置、自然条件，以土地利用总体规划和农业资源调查区划为依据，并与城市规划、村镇建设规划相协调。

**第五条**　省土地管理部门和省农业行政主管部门会同其他有关部门根据国务院基本农田保护规划，编制全省基本农田保护区规划，经省人民政府审查同意后，报国务院批准。

县级以上人民政府土地管理部门和同级农业行政主管部门会同其他有关行政主管部门根据上一级人民政府的基本农田保护区规划，编制本行政区域内的基本农田保护区规划，经本级人民政府审查同意后，报上一级人民政府批准。

乡（镇）人民政府应当根据县级人民政府的基本农田保护区规划编制本行政区域内的基本农田保护区规划，报县级人民政府批准。

**第六条**　全省基本农田保护面积不得低于1994年耕地面积的80%。

省人民政府根据全省实际，确定基本农田的布局安排，并向市（州）人民政府和地区行政公署下达基本农田保护的数量指标；市（州）人民政府或地区行政公署逐级下达到县（市、区）和乡（镇）人民政府，并落实到村社。

**第七条**　下列耕地原则上应当划入基本农田保护区：

（一）国务院有关行政主管部门和县级以上人民政府批准确定的粮、棉、油和名、优、特、新农产品生产基地；

（二）平原和丘陵一、二台土的水田和旱地；

（三）大、中城市蔬菜基地；

（四）农业科研、教学和良种繁育基地。

**第八条**　基本农田保护区的基本农田按两级划分：

（一）高产、稳产农田，有良好水利与水土保持设施的耕地，经过治理改造和正在按计划实施治理改造的中低产田，以及长期不得占用的耕地，划为一级基本农田；

（二）生产条件较好、产量较高、规划期内不得占用的耕地，划为二级基本农田。

**第九条** 基本农田保护区的划区定界工作，以乡（镇）为单位进行，由县级人民政府土地管理部门会同同级农业行政主管部门组织实施。

基本农田保护区划定后，由市（州）人民政府、地区行政公署或其委托的有关行政主管部门组织验收。验收结果报省土地管理部门和省农业行政主管部门备案。

**第十条** 基本农田一经划定，任何单位和个人不得擅自改变或占用。国家和省能源、交通、水利等重点建设项目选址确实无法避开基本农田保护区，需要占用基本农田保护区内耕地的，必须依照土地管理法律、法规规定的审批程序和审批权限向县级以上人民政府土地管理部门提出申请，经同级农业行政主管部门签署意见后，报县级以上人民政府批准，发给《基本农田占用许可证》。

**第十一条** 占用基本农田按下列规定审批：

（一）占用二级基本农田 3 亩以下（“以下”含本数，下同）的，由县级人民政府批准；

（二）占用二级基本农田 3 亩以上 10 亩以下的，由市（州）人民政府或地区行政公署批准（其中，成都市和重庆市人民政府可以审批占用 3 亩以上 20 亩以下的二级基本农田）；

（三）占用二级基本农田 10 亩以上（成都市和重庆市占用 20 亩以上）1000 亩以下、一级基本农田 500 亩以下的，由省人民政府批准；

（四）占用二级基本农田 1000 亩以上、一级基本农田 500 亩以上的，由国务院批准。

**第十二条** 非农业建设经批准占用基本农田保护区内耕地的，除依照土地管理法律、法规的规定进行补偿、安置外，由用地单位或个人负责开垦与所占耕地的数量和质量相当的耕地。没有条件开垦或者开垦不符合规定的，依照下列标准缴纳或者补足占用基本农田保护区耕地造地费（以下简称耕地造地费）：

（一）一级基本农田每亩按征地费（包括土地补偿费、青苗和附着物补偿费、安置补偿费，下同）的 2 倍计算；

（二）二级基本农田每亩按征地费的 1 倍计算。

**第十三条** 小型水利工程、人畜饮水工程等直接为农业服务的工程项目，以及占用基本农田保护区内的菜地，已按国家有关规定缴纳新菜地开发建设基金的，免缴耕地造地费。以国家投资为主兴建的能源、交通、通信、水利、国防军工等大中型建设项目，经国务院批准，可以免缴耕地造地费。

**第十四条** 耕地造地费由批准用地的县级以上人民政府土地管理部门负责收取。对收取的费用，按省、市（地、州）各 20%，县（市、区）60%的比例分配，并交当地财政专项储存，专项用于基本农田的开垦、建设和中低产田的改造，以及基本农田的划定和保护管理工作。耕地造地费由土地管理部门和农业行政主管部门各按 50%的比例安排使用。

耕地造地费的具体收取、使用和管理办法，由省土地管理部门和农业行政主管部门会同省财政、物价行政主管部门另行规定。

**第十五条** 县级人民政府应当根据省制定的基本农田地力分等定级标准和当地实际情况，制定当地的地力分等定级办法，由其农业行政主管部门会同土地管理部门组织实施，对基本农田保护区内耕地地力分等定级，并建立档案。

**第十六条** 鼓励农业生产者对其经营的基本农田增施有机肥，保持和培肥地力。在土地承包期间，地力升级的，由集体经济组织给予奖励；地力降级的，由经营者予以赔偿。

**第十七条** 在使用、保护和管理基本农田中，有下列情形之一的，由县级以上人民政府土地管理部门、农业行政主管部门给予表彰奖励：

（一）合理利用耕地成绩显著的；

（二）对开发土地资源，保护耕地有重大贡献的；

（三）积极检举揭发乱占滥用耕地、破坏耕地行为的。

**第十八条** 违反本细则规定，由土地管理部门或农业行政主管部门依照土地管理法律、法规和国务院《基本农田保护条例》的规定处理。

**第十九条** 本细则具体应用中的问题，由省土地管理部门会同省农业行政主管部门共同解释。

**第二十条** 本细则自发布之日起施行。

# 四川省农村集体资产管理办法

（四川省人民政府令第153号 2001年7月30日）

## 第一章 总 则

**第一条** 为了加强农村集体资产的管理，维护农村集体资产所有者、经营者的合法权益，根据国家有关规定，结合四川实际，制定本办法。

**第二条** 本办法所称农村集体经济组织，是指村、社（组）全体农民以生产资料集体所有制形式设立的独立核算的组织。

本办法所称农村集体资产，是指农村集体经济组织全体农民共同所有的资产。

**第三条** 本省行政区域内农村集体资产的经营管理，适用本办法。法律、法规另有规定的，从其规定。

农村集体经济组织以农村集体资产投资举办或参股的企业等经济实体，以及依照协议享有农村集体资产经营权的其他单位和个人，其经营管理适用有关的法律、法规和规章。

**第四条** 农村集体经济组织负责经营管理农村集体资产，并通过其全体成员会议或成员代表会议行使经营管理权。

农村集体经济组织可设立专门的组织具体经营管理农村集体资产，也可委托有关机构具体经营管理农村集体资产。

**第五条** 县级以上农业行政部门负责组织实施本办法，依照本办法对本行政区域内农村集体经济组织经营管理农村集体资产进行指导与监督；所属的农村合作经济经营管理机构负责具体工作。

水利、林业等有关部门按照职责分工，依照有关法律、法规，做好相关农村集体资产管理工作的指导与监督。

## 第二章 农村集体资产的确权

**第六条** 农村集体资产包括：

（一）依法属农村集体经济组织所有的自然资源，包括土地、森林、山岭、草原、荒地、滩涂、水面等；

（二）依法属农村集体经济组织所有的现金、存款及有价证券等；

（三）农村集体经济组织以资金、劳务投入形成的资产及其收益；

（四）依法属农村集体经济组织所有的专利、商标、商誉等无形资产；

（五）依法属农村集体经济组织所有的其他资产。

**第七条** 农村集体经济组织对农村集体资产依法享有占有权、使用权、收益权和处分权，任何单位和个人不得非法干涉。

严禁非法侵占、哄抢、平调、挪用、私分、损坏或变卖农村集体资产。

**第八条** 农村集体资产所有权、使用权依照国家有关规定登记确权以后，农村集体经济组织应报乡（镇）农村经营管理机构登记备案。

**第九条** 农村集体资产所有权、使用权有争议的，由当事人协商解决，也可依法申请有关行政机关裁决或向人民法院起诉。

## 第三章 农村集体资产的经营与管理

**第十条** 涉及农村集体资产的下列事项，农村集体经济组织必须召开全体成员会议或成员代表会议，并获得过半数通过：

（一）年度财务预算、决算及年终收益分配方案；

（二）重要农村集体资产招标、发包、出租、转让；

（三）确定或改变重大投资项目，购置或处置重要农村集体资产；

（四）较大金额的借贷，固定资产的借用，对外捐赠，或将农村集体资产用于担保；

（五）农村集体资产经营目标（包括折旧、保值、增值指标）的确定。

需要对农村集体资产的价值进行评估的，应依法委托具有合法评估资格的机构评估。

**第十一条** 农村集体经济组织可以采取招标、发包、出租、入股等形式经营农村集体资产。

采取招标、发包、出租等形式经营农村集体资产的，除依法应向农村集体经济组织全体成员发包的以外，其他的农村集体资产均可向农村集体经济组织以外的成员招标、发包、出租，但同等条件下本农村集体经济组织成员享有优先权。农村集体经济组织成员之间变更土地承包协议的，须经本农村集体经济组织审查同意，并报乡（镇）农村经营管理机构备案。

**第十二条** 经营农村集体资产应依法签订合同。

禁止采取欺诈、胁迫、恶意串通方式进行招标、发包、出租、入股、转让、借贷、借用、捐赠等。

**第十三条** 依法经营农村集体资产的单位和个人享有合同约定的经营权和收益权，负有管理、保护和合理经营农村集体资产的义务。

**第十四条** 农村集体经济组织应按国家有关规定建立、健全财务制度。

农村集体经济组织进行年终收益分配时，应结算全年收支，清理债权债务，并按全体成员会议或成员代表会议通过的决议、决定和国家有关规定进行提留和分配。

## 第四章 农村集体资产的监督

**第十五条** 农村集体经济组织应当建立农村集体资产民主监督小组。

农村集体资产民主监督小组成员由农村集体经济组织全体成员会议或成员代表会议选举产生。农村集体经济组织的负责人、财会人员及其直系亲属，不得担任农村集体资产民主监督小组成员。

**第十六条** 农村集体资产民主监督小组的主要职责：

（一）监督检查农村集体经济组织全体成员会议或成员代表会议通过的有关农村集体资产经营管理决议、决定的执行情况；

（二）监督检查农村集体经济组织的财务情况；

（三）监督检查有关农村集体资产经营行为及合同的签订与履行情况；

（四）听取并反映有关农村集体资产经营管理的意见或建议。

**第十七条** 农村集体经济组织每季度应公布一次财务收支及农村集体资产权属变动情况，重大事项随时公布，接受群众监督。

**第十八条** 农村集体经济组织成员有权对农村集体资产的经营管理提出询问，有关负责人应当答复；也可以直接向乡（镇）农村经营管理机构反映。

**第十九条** 农村集体经济组织财会人员的任用，须经乡（镇）农村经营管理机构考核批准，并报县级农业行政部门备案。

**第二十条** 农村集体资产权属变动的，农村集体经济组织应及时报乡（镇）农村经营管理机构登记备案。

农村集体经济组织应定期向乡（镇）农村经营管理机构报送农村集体资产统计报表，接受审计与监督。

农村集体经济组织的负责人和财会人员离任时，应接受乡（镇）农村经营管理机构的离任审计。

**第二十一条** 对违反本办法规定的行为，任何单位和个人均有权向县级以上农业行政部门举报。

## 第五章 法律责任

**第二十二条** 农村集体经济组织有下列情形之一的，由县级以上农业行政部门予以警告，责令改正：

（一）对本办法第十条规定的事项作出决定，未经农村集体经济组织全体成员会议或成员代表会议讨论并获得过半数通过的；

（二）对土地等农村集体资产的经营，采取欺诈、胁迫、恶意串通等方式进行招标、发包、入股、转让、捐赠或其他行为的；

（三）进行年终收益分配时，未按全体成员会议或成员代表会议通过的决议、决定和国家有关规定进行提留和分配的；

（四）不公布或不及时公布财务收支及资产权属变动情况的；资产统计报表及资产变动情况不报送乡（镇）农村经营管理机构备案的；

（五）财会人员的任用，未经乡（镇）农村经营管理机构考核批准的。

违反上款第（一）、（二）、（三）项规定的，可对直接负责的主管人员和其他责任人员处1000

元以下罚款；违反上款第（四）、（五）项规定的，可对直接负责的主管人员和其他责任人员处200元以下罚款。

**第二十三条** 各级农业行政部门、农村合作经济经营管理机构及乡（镇）农村经营管理机构有关人员在对农村集体资产经营管理的指导、监督工作中滥用职权、徇私舞弊、玩忽职守、谋取私利的，应依法给予行政处分。

**第二十四条** 违反本办法有关规定造成经济损失的，应依法赔偿；构成犯罪的，由司法机关依法追究刑事责任。

**第二十五条** 当事人对行政处罚不服的，可依法申请行政复议或向人民法院起诉。逾期不申请行政复议，也不向人民法院起诉，又不履行行政处罚决定的，由作出行政处罚决定的机关申请人民法院强制执行。

### 第六章 附 则

**第二十六条** 乡（镇）农村集体资产的经营管理，参照本办法执行。

**第二十七条** 本办法自发布之日起施行。

## 四川省农村能源建设管理办法

（四川省人民政府令第163号 2002年11月1日）

### 第一章 总 则

**第一条** 为合理开发和利用农村能源资源，加强农村能源建设管理，促进农村能源技术的推广和产业发展，保护和改善生态环境，发展生态农业和绿色农业，根据国家有关法律、法规，结合四川实际，制定本办法。

**第二条** 在四川省行政区域内从事农村能源建设活动的单位和个人，必须遵守本办法。

**第三条** 本办法所称农村能源，是指沼气、秸秆、薪柴等生物质能和太阳能、风能等能源。

**第四条** 省建设行政主管部门负责全省农村能源的统一监督管理。其所属的农村能源管理机构具体实施全省农村能源建设的管理、推广工作。

市、州、县（市、区）主管农村能源工作的部门负责本行政区域内农村能源工作的监督管理。

县级以上有关部门应当在各自的职责范围内做好农村能源建设管理工作。

县、乡（镇）应当建立健全农村能源技术推广服务体系，开展农村能源科普和技术服务。

**第五条** 国家鼓励开发利用农村能源。农村能源建设实行因地制宜、多能互补、综合利用、讲求效益和开发与节约并重的方针。

农村能源建设应当与天然林保护、退耕还林工程、开发扶贫工作、农业产业结构调整相结合。

**第六条** 县级以上人民政府应当根据当地经济和社会发展的需要，将农村能源建设纳入国民经济和社会发展规划、年度目标计划。

**第七条** 对在农村能源建设中有重大发明创造以及在技术推广、管理工作中作出显著成绩的单位和个人，由各级人民政府或者主管农村能源工作的部门给予表彰、奖励。

## 第二章 开发与利用

**第八条** 县级以上主管农村能源工作的部门应当根据当地农村能源资源、用能结构、用能水平和社会经济发展状况，制定并组织实施农村能源建设发展规划和计划。

**第九条** 县级人民政府及其建设行政主管部门应当将农村能源建设纳入村镇规划，并组织实施。

农（牧）民生活用农村能源设施应当纳入农村住宅通用设计标准。具体办法由省建设行政主管部门另行制定。

**第十条** 县级以上主管农村能源工作的部门应当加强农村能源的技术研究，组织推广下列农村能源利用技术：

（一）农村户用沼气池、生活污水净化沼气池、大中型沼气工程及其沼气综合利用技术；

（二）太阳能热利用和发电技术；

（三）风能利用技术；

（四）省柴灶、型煤炉、秸秆气化和成型技术；

（五）烤烟节能、砖瓦窑节能技术；

（六）其他成熟的农村能源技术。

**第十一条** 鼓励有条件的农户按照统一规划修建沼气池，对沼气发酵原料、沼气和沼气发酵残余物进行综合利用，建设生态富民家园。

**第十二条** 凡污水处理厂管网不能覆盖的区域，应当按当地规划的要求修建生活污水净化沼气工程。

**第十三条** 鼓励排放高浓度有机废水的酒厂、糖厂、肉联厂等企业和养殖场、屠宰场建设废水净化沼气工程。

**第十四条** 光热、风力资源充足的地区应当推广太阳能热水器、太阳灶、太阳能暖房、太阳能光伏发电和风力发电。

## 第三章 建设管理

**第十五条** 从事生活污水净化沼气池、大中型沼气工程设计或者施工的单位须取得省建设行政主管部门或其委托的部门颁发的资质等级证书。具体办法由省建设行政主管部门另行制定。

**第十六条** 农村能源工程的设计、施工单位必须按专业技术规范设计、施工。

**第十七条** 沼气生产工、太阳能利用工必须经职业技能鉴定考核合格，取得由国家统一制发的职业资格证书。

**第十八条** 县级以上主管农村能源工作的部门对农村能源建设的工程质量和施工安全进行监督。

**第十九条** 农村能源建设项目和技术改造项目的立项、设计、招投标、施工、监理等应当遵守国家有关规定。

## 第四章 生产与经营

**第二十条** 省建设行政主管部门组织制定全省农村能源建设的地方标准、技术规范，经省质量技术监督行政主管部门审查颁布后实施。

**第二十一条** 县级以上质量技术监督部门应当会同主管农村能源工作的部门对本地区生产、经营的农村能源产品进行质量抽查。

**第二十二条** 农村能源产品应当符合《中华人民共和国产品质量法》和标准化法律、法规的规定。禁止生产和经营国家明令淘汰的农村能源产品。

**第二十三条** 从事农村能源开发利用、技术推广和产品经营的单位和个人，应当保证技术和产品的安全性，向用户宣传安全操作知识。

## 第五章 保障措施

**第二十四条** 农村沼气池属于农业基础设施，可划给一定面积的土地，按照国家和省的有关规定减免有关费用。

**第二十五条** 对农村能源高新技术项目，按照国家有关规定给予信贷扶持，安排农村能源技改节能专项资金和其他项目信贷优惠。

**第二十六条** 按照国家有关规定，经财政、税务行政机关批准给予从事农村能源开发、建设、经营的企业税收优惠。

## 第六章 罚 则

**第二十七条** 违反本办法第十五条规定，非法从事生活污水净化沼气池、大中型沼气工程设计、施工的单位，由县级以上主管农村能源工作的部门给予警告，并处3万元以下的罚款。

**第二十八条** 违反本办法第十六条规定，农村能源工程的设计、施工单位未按专业技术规范设计、施工，造成农村能源工程设计、施工重大质量事故或者重大伤亡事故的，应当负责赔偿；县级以上主管农村能源工作的部门可对其处3万元以下的罚款。

**第二十九条** 违反本办法第十七条规定，未取得职业资格证书，以营利为目的从事沼气生产、太阳能利用的，由县级以上主管农村能源工作的部门处以1000元以下的罚款。

**第三十条** 违反本办法第二十二条规定，生产、经营假冒伪劣农村能源产品的，由质量技术监督、工商行政管理部门依法予以处罚。

**第三十一条** 农村能源管理工作人员索贿受贿、玩忽职守、滥用职权、徇私舞弊或者不履行职责的，由所在单位或者有关主管部门给予行政处分。

## 第七章 附 则

**第三十二条** 本办法自2002年11月1日起施行。

# 四川省种植业无公害农产品管理办法

（四川省人民政府令第169号　2003年5月1日）

**第一条** 为加强种植业无公害农产品管理，确保农产品质量安全，提高农产品国内国际市场竞争力，促进农业可持续发展，根据国家有关规定，结合四川省实际，制定本办法。

**第二条** 在本省行政区域内从事种植业无公害农产品（以下简称无公害农产品）生产、经营及监督管理的单位或者个人，必须遵守本办法。本办法所称无公害农产品，是指产地环境、生产过程和产品符合国家或者省有关标准的要求，并经认证合格的种植业农产品。

**第三条** 县级以上人民政府农业行政主管部门主管无公害农产品生产过程的质量安全，监管农业投入品的使用，会同经济贸易行政管理部门协调有关无公害农产品发展的政策措施。

质量技术监督部门依法组织制定和修订无公害农产品相关标准，规范无公害农产品认证工作，抽查、监管并查处无公害农产品加工中违反质量安全法规的行为。

工商行政管理部门负责组织实施无公害农产品市场交易秩序的规范管理和监督，查处假冒无公害农产品。

经贸、计划、财政、税收、金融、环保、卫生、药监、检验检疫等部门在各自职责范围内做好无公害农产品相关工作。

**第四条** 县级以上人民政府应当根据农业产业政策，结合本地实际，制定有利于无公害农产品发展的规划、措施和优惠政策。

县级以上人民政府有关部门应当制定、采取切实可行的措施，支持、扶持无公害农产品生产、外销和出口。

**第五条** 无公害农产品产地应当符合无公害农产品产地环境标准，具有明确的区域范围，露地种植达到1000亩以上，温室、大棚等设施种植达到20亩以上的生产规模。

**第六条** 申请无公害农产品产地认定的单位或者个人（以下简称申请人）应当向生产所在地县级人民政府农业行政主管部门提出书面申请。书面申请应当包括下列内容：

（一）申请人的姓名（名称）、地址、联系方式；

（二）产地的区域范围、生产规模；

（三）无公害农产品生产计划；

（四）产地环境报告；

（五）其他有关材料。

县级人民政府农业行政主管部门自收到申请材料之日起，在5个工作日内完成对申请材料的初审工作并报市、州人民政府农业行政主管部门。申请材料不符合要求的，书面通知申请人并说明理由。

**第七条** 市、州人民政府农业行政主管部门自收到有关材料之日起，在10个工作日内依据无公害农产品产地环境标准完成对产地环境的现场检查并报省人民政府农业行政主管部门。不符合标准的，书面通知申请人并说明理由。

**第八条** 省人民政府农业行政主管部门收到有关材料后，应当及时委托具有资质资格的检测机构对产地环境质量进行检测。检测机构应当在30个工作日内完成检测工作，并出具检测报告。

省人民政府农业行政主管部门自收到产地环境检测报告之日起10个工作日内完成认定。认定合格的，颁发无公害农产品产地认定证书，认定不合格的，书面通知申请人并说明理由。

**第九条** 无公害农产品产地应当依据无公害农产品产地认定证书设立标示牌，标明无公害农产品产地名称、面积、范围、认定单位、认定时间、生产责任人等内容。

**第十条** 无公害农产品生产单位或者个人应当严格执行无公害农产品生产技术规程，遵守省人民政府农业行政主管部门公布的生产无公害农产品禁止使用、限制使用的农业投入品的规定。

**第十一条** 无公害农产品生产单位或者个人应当建立无公害农产品生产档案，如实记录生产过程中病虫害发生情况，种子、农药、肥料及植物激素等农业投入品使用情况，以备查验。

**第十二条** 县级以上人民政府农业行政主管部门、农业技术推广机构、专业技术协会、专业技术合作经济组织应当做好无公害农产品生产经营的指导、服务工作，推广无公害农产品生产技术。

**第十三条** 禁止向无公害农产品产地排放废气、废水、固体废弃物。

**第十四条** 申请无公害农产品认证的单位或者个人（以下简称申请人），应当向国家认证认可监督管理委员会批准的专门从事无公害农产品认证工作的机构（以下简称认证机构）提出书面申请。书面申请应当包括下列内容：

（一）申请人的姓名（名称）、地址、联系方式；

（二）产品品种、产地的区域范围和生产规模；

（三）无公害农产品质量控制措施；

（四）无公害农产品产地认定证书，或者有关专家的评审材料；

（五）生产档案；

（六）具有资质资格的检测机构出具的产品检测报告；

（七）其他有关材料。

**第十五条** 认证机构应当自收到有关材料之日起15个工作日内完成认证。认证合格的，颁发无公害农产品认证证书；认证不合格的，书面通知申请人并说明理由。

**第十六条** 获得无公害农产品认证证书的单位或者个人，可以在生产经营场所和产品的包装、广告、说明书等宣传资料、物品上使用国家规定的无公害农产品标志。

**第十七条** 鼓励设立无公害农产品专卖场所。无公害农产品专卖场所应当标明以下内容：

（一）无公害农产品品名；

（二）无公害农产品产地认定证书号；

（三）无公害农产品认证证书号；

（四）无公害农产品生产者；

（五）无公害农产品生产地点。

批量购买者向销售者索要有关资料的，销售者应当提供能够证明前款内容的书面资料。零星购买者要求了解有关情况的，销售者应当出示前述书面资料。

**第十八条** 未取得无公害农产品认证证书的农产品，不得以无公害农产品名义宣传、销售。

**第十九条** 任何单位和个人不得伪造、冒用、转让、买卖无公害农产品产地认定证书、产品认证证书、标志。

**第二十条** 行政监督部门应当加强对无公害农产品产地及其产品的监督检查。发现有不符合国家有关标准等情形的，应当责令改正；情节严重或者确已达不到国家有关标准的，发证单位应当注销无公害农产品产地认定证书、产品认证证书。

**第二十一条** 从事无公害农产品的产地认定和产品认证机构不得收取费用。检测机构的检测按国家规定收取费用。

**第二十二条** 违反本办法规定，伪造、冒用、转让、买卖无公害农产品产地认定证书、产品认证证书和标志的，由县级以上人民政府农业行政主管部门或者工商行政管理部门责令改正，销毁伪造、冒用的无公害农产品产地认定证书、产品认证证书和标志，并处2万元以下罚款。

**第二十三条** 违反本办法规定，有下列行为之一的，由县级以上人民政府农业行政主管部门责令改正，并处1万元以下罚款：

（一）未取得无公害农产品产地认定证书或者违反该证书的内容设立无公害农产品产地标示牌的。

（二）擅自扩大无公害农产品产地范围的。

（三）使用农业投入品违反省人民政府农业行政主管部门公布的生产无公害农产品禁止使用、限制使用农业投入品规定的。

违反规定使用农业投入品致使农产品不符合无公害农产品标准，或者致使产地环境不符合无公害农产品产地环境标准的，取消其认证证书、认定证书。

**第二十四条** 本办法第二十二条和第二十三条规定的行政处罚的具体标准，由市、州人民政府确定后在该市、州行政区域内统一执行。

**第二十五条** 违反本办法规定，以无公害农产品名义销售未取得无公害农产品认证证书的农产品的，由县级以上人民政府农业行政主管部门协同工商行政管理部门依法查处；给消费者造成损失的，依法承担赔偿责任。

**第二十六条** 违反本办法规定，对不具备条件的申请人颁发无公害农产品产地认定证书、无公害农产品认证证书的，或者对具备条件的申请人拒绝颁发无公害农产品产地认定证书、无公害农产品认证证书的，或者出具虚假检测证明、虚假检测结果的，对责任人依法给予行政处分；构成犯罪的，依法追究刑事责任。

**第二十七条** 本办法自2003年5月1日起施行。

# 编后记

文章千古事，得失寸心知。《四川省志·农业志（1986—2005）》（以下简称《农业志》）编纂工作历时12年，12年风雨征程，12年默默奉献，上百人倾情付出，向读者展现出一幅四川农业改革发展的历史画卷。《农业志》编纂始终围绕安排部署早、工作见效快、编纂质量好作有序推进，现将编纂过程记录于下。

**安排部署早**。第一轮《四川省志·农业志》始于20世纪80年代后期，当时四川省农牧厅设有农业志办公室开展志编工作。第一轮修志结束后，机构撤销。本次续修任务由省农业厅信息中心承担。

2000年初，四川省农业厅信息中心作为《农业志》编纂工作的主办单位，召集有关处（室、站）相关人员，研究提出《农业志》整体构架、篇目设置、字数分配等具体内容，经几次征求意见和修改，形成初步方案。同年12月，经省农业厅领导同意，省农业厅向厅属各单位发出《关于编写〈四川省志·农业志（1986—2005）〉的通知》（川农业函〔2000〕520号），对修志工作提出要求、明确责任、分解任务、下达目标。按设定，《农业志》共20篇、65章。

2007年3月，根据《中共四川省委办公厅　四川省人民政府办公厅关于调整续修〈四川省志〉断限的通知》（川委办发电〔2007〕21号）和四川省地方志编纂委员会（以下简称省志编委）《关于印发〈四川省志·凡例〉和〈四川省志〉编写细则的通知》（川志发〔2006〕24号）要求，省农业厅向厅机关各处（室、局）、厅属各事业单位发出《关于编纂〈四川省志·农业志（1986—2005）〉有关内容调整的通知》（川农业函〔2007〕133号），将修志时限从1986—2000年调整为1986—2005年，并对编纂工作提出进一步要求。

2008年6月、2009年4月，省农业厅分别以川农业函〔2008〕393号文、川农业函〔2009〕280号文向省志编委报送《农业志》篇目，得到省志编委正式批复，为规范编纂《农业志》打下基础。

**工作力度大**。2006年底，省农业厅常务副厅长傅志康主持研究并确定《农业志》编纂工作由省农业厅办公室牵头、厅信息中心具体实施。厅办公室负责对所属单位的工作任务进行统筹协调、绩效考核，同时负责经费保障和日常管理，由厅办公室1名副主任具体牵头主抓；厅信息中心具体负责业务工作，推动编纂方案落地见效，由厅信息中心主任主抓实施。

为做好本次《农业志》编纂工作，厅相关领导多次召开专门会议，协调有关单位，抽调蹇继明、王升华等长期从事农业工作、熟悉四川农业生产发展情况、具有较强写作能力的人员，组建《农业志》撰写小组，落实日常办公场地，配置工作条件，进行编纂的前期准备工作。

2008年11月，王升华被抽调参与《汶川特大地震四川抗震救灾志》（农业部分）编纂工作，《农业志》编纂及日常工作由蹇继明负责。

在省农业厅领导和有关部门的关心支持下，《农业志》编纂工作经费被纳入2007年省级财政预算，并于2007年上半年落实到位，为《农业志》编纂工作顺利开展奠定坚实基础。

按省农业厅《关于编纂〈四川省志·农业志〉有关内容调整的通知》（川农业函〔2007〕133号）要求，将2007年全厅机关各处（室、局）、厅属各单位《农业志》资料收集、初稿编纂、人员落实、工作进展等纳入2007年省农业厅对各单位的目标管理内容，为《农业志》前期编纂工作顺利推进创造条件。

严把志书质量。《农业志》编纂始终将质量提升摆到突出位置。一是认真审核资料。按《农业志》篇目、内容要求，对各处（室、站）提供的资料进行认真审阅、分析，力求做到准确、客观、公正。二是落实责任，认真编辑。为确保《农业志》按时、保证质量完成编纂，并向精品目标迈进，工作实行岗位责任编纂制，各章编纂责任落实到人，做到责任落实、任务落实，充分调动各编纂人员的积极性。三是突出重点，加强指导。为按时、按质完成《农业志》编纂工作，厅信息中心与各单位加强联系，督查各单位及时开展资料收集和初稿撰写，并对初稿撰写人员进行培训，给予及时指导。四是认真统稿，反复修改。质量是《农业志》的生命和价值所在，厅信息中心在加强指导的同时，认真进行统稿，反复修改，力求资料真实、可靠，行文简洁、流畅。

2010年8月，农业厅将《农业志》初稿印发厅属各单位征求意见，编辑室对各单位反馈意见进行认真消化并系统补充完善，为初审工作顺利推进打下基础。2011年7月，厅信息中心将《农业志》初审稿分送省农业厅历任厅长刘昌杰、张中伟、文正经、于伟、滕彩元，以及初评审查小组成员，征求意见。同年9月9日，省农业厅召开《农业志》初评会议。初评小组充分肯定《农业志》编纂成果，提出进一步补充、完善意见，一致同意《农业志》通过初审。

2012年1月《农业志》提交复审后，省志编委复审组集中解决志稿部分内容的总结材料改写转换问题，少数篇章内容空乏的整合问题，以及全志在称谓和形式上的统一问题，使提交终审的送审稿格式规范、形制统一、内容丰富、符合志体。

2013年10月28日，《四川省志》审核委员会召开第十五次审查验收会议，对《农业志》进行终审验收。终审会议认为：该志突出了四川农业发展阶段性特点；注重突出“农村改革”“粮食安全”“农民增收”主线；全志借鉴调查分析方法，运用综合图表展示，体现了志书实用价值。终审专家一致同意《农业志》通过终审验收，交付出版。

本次续修《农业志》得到省地方志工作办公室领导、专家现场培训和指导，在此，表示诚挚谢意！

由于编者水平所限，本志疏漏、错讹之处在所难免，祈望各位领导、专家和广大读者批评指正。

《四川省志·农业志（1986—2005）》编纂委员会编辑室

2020年9月